U0923092

江宁非物质文化遗产资源集萃

中国人民政治协商会议南京市江宁区委员会　编

（下）

南京出版社

纸马祭祀习俗

基本概况

纸马祭祀习俗，流布于江宁区境内。

纸马亦名神马、甲马、黄表，是一种在纸上画神像，涂以彩色，祭祀过后进行焚化的祭品，因纸上所画神的坐骑为马而得名。

在江宁民间，一般人家多在大年三十于房屋中堂供上纸马，其上写有“答谢天地”等祝福话语，用于祭祀祖先，以表示对祖辈先人的感激之情。

纸马一般以纸刷印雕刻木版而成，全幅为一方形。其横竖两边尺度的长短各有不同，长的可及数尺，短的仅有数寸，有的是正方形，有的是窄条形。通常其中部为神祇之像，左右两侧是侍从。神像前面一般为香案，空白之处点缀与神祇有关的器具或动植物，以及祈福的物品。四周边缘还有装饰纹样。神祇的名号多标于神像的上方，字样横列如匾，或标于像前中央，字样竖列如神主，少数标于其他地方。

江宁地区曾流行将多位神祇共印在一张纸上的纸马。神祇数目不等，少则两三种，多则五六种，最多可至数十种。两种神祇画在一张纸上的纸马多分上、下两栏，每种神祇各贴一栏。如关帝在上、财神在下者，俗名“上官下财”。三种神祇画在一张纸上的纸马较多，一般左右并列，如家宅六神。更多的神祇，则分栏排列，如“天地三界十方万灵真宰”“诸神总圣”等都是。这一类纸马，除标题神祇总号外，每种神祇名号有的另行标出，也有的不再分别标出。又有若干种纸马，前后相重，排成一叠。还有纸马的左右两端各余出白纸一段，折向后方，两端粘连成夹层，复于其内夹入一幅小型纸马。如有的乡镇流行的财神马，内夹一喜神马或库官马。

纸马先以黑色印于白纸上作底，然后涂上各种颜色。简单的仅涂少数红、黄、绿、蓝等色的横竖宽线，这是用来点缀的。也有不涂任何颜色的纸马。而精致的纸马，则用多种颜色套印，加上金色，或特以金色纸印制神祇像的面部，借以表现神祇威严。还有一种特制的灶王马，以各种颜色纸，雕成各种图案纹样，缀于四周。

纸马，有大小、精粗之分，但总体可分为有装饰性和无装饰性两种。新年所用的纸马多半具有装饰性，而平时所用则没有装饰性。同一地域内流行的同一种神祇的纸马，也有大小、精粗的不同。至于不同地域流行的纸马，其大小、精粗、种类、样式更是不同。总的来说，较为发达的地方，所流行的纸马种类、样式多，精粗都有；经济状况差的地方所流行的纸马种类少，样式简单，有粗无精。样式多的纸马，必定使用比较普遍。反之，则使用较少，不太流行。

纸马流行的种类，也与地方环境有关。如乡

民国时期南京周边的纸马图案

村流行青苗神马、半王马、马王马，近水的地方则流行与鱼、龙有关的纸马，如金龙四大王马、鳌鱼大士马等等。

历史传承

纸马祭祀之习，由来已久。唐代谷神子《博异志·王昌龄》记载，唐开元年间，王昌龄在回京城的船上，因水上风大，为祈求平安，他准备了祷神的酒脯、纸马献于“大王”之神。这里献神的纸马，是否如江宁神像之纸马，限于资料，还不能肯定。宋代孟云老《东京梦华录》则记载，北宋汴梁百姓在新年时，于灶上贴纸马，这似乎与江宁之纸马相似。《前武林旧事》卷六还记载，“作坊门内有印马作坊”，此印马作坊有可能即是印制神像纸马的工厂。

元代以后，民间出现焚烧纸马祭神、以祈求平安的习俗。元人杨瑀《山居新话》记载，钱塘人应中甫，在请神设祭时曾“以金纸甲马，同焚炉中”。明代陈阶《日涉编》记载，为了禳灾，民间有用纸马“送至江浒焚之”的习俗。清代梁章钜《浪迹续谈》卷八记载：“又纸上画神佛像，祭赛后焚之，曰甲马。”清代褚人获《坚瓠甲集》卷四《除夕元旦词》记载，除夕用“纸马送神，多着同兴纸”。这与江宁除夕以纸马祭祖的习俗类似。

关于纸马名称由来，清代虞兆隆《天香楼偶得》云：“俗于纸上画神像，涂以彩色，祭赛既毕，则焚化，谓之甲马，以此纸神所凭依，似乎马也。”清代李王逋《蚓庵琐语》亦认为如此：“世俗祭祀，必焚纸钱甲马。有穹窿山施炼师（名亮生），摄召温帅下降，临去，索马，连烧数纸，不退。师云：‘献马已多。’帅判云：‘马足有疾，不中乘骑。’因取未化者视之，模板折坏，马足断而不连，乃以笔续之，帅遂退。然则昔时画神像于纸，皆有马以为乘骑之用，故曰纸马也。”《读书青年》1945 年第 2 期于鹤年《纸马浅谈》一文认为：“纸马亦名神马，亦名甲马。‘纸马’和‘神马’似乎都是从‘甲马’演变出来的。纸马的‘纸’，言其用纸印制而成。神马的‘神’，言其为神祇的代表。”

清代江宁地区纸马习俗，极为流行。潘宗鼎《金陵岁时记》“纸马”条详细记载了当时的纸马习俗：“取红纸，长约五尺，墨印财神、仙官或莲座等状。新年立春，供设厅堂，削木如牌坊形，高尺余，曰纸马架。纸马之中幅横列‘答谢洪恩’四字。俗说答谢洪承畴之恩，谓满清入关，承畴参订制度，隐为保全汉族居多，其意指此。至中秋，则刻月宫太阴星君，祀灶则刻东厨司命星君，纸皆尚白。若遇喜寿事，则刻喜神、寿星。”可见清代江宁地区，在新年立春时，一般人家需将纸马放在木制牌坊形的纸马架子上。纸马一般用长约 5 尺的红纸制作而成，上面墨印财神、仙官或莲座，并书写“答谢洪恩”四字，旧说这是为了答谢洪承畴之恩。

民国时期，江宁纸马习俗依旧流行，一般人家堂上所供纸马上所书的“答谢洪恩”，已改为“答谢天地”。民国夏仁虎《岁华忆语》“除夕”词条记载：“金陵人家，除夕最忙碌。祭祀之礼三：祀祖先、祀灶、祀天地也。张先世遗像曰悬影，分桌列馔，举家叩拜。祭毕不送，谓‘请祖宗在家过年也’。撤馔不撤饭，饭上插青松枝，安红枣，曰年饭。又供饦饾，制以面，中实以糖，如小鼓状，三叠为具，上插纸花。男子授室者，妇必有献，曰供果，枣、橘、柚唯所便。房族众者，则几案为满焉。曰接灶，迓灶神也，厨娘治庖厨，令光洁，灶盒中以红纸书曰‘东厨司命之位’，旁贴小春联。供品则与送灶同，加年饭与饦饾也。夜将午矣，曰辞年，堂上供纸马，书‘答谢天地’。生火盆，燃炮竹，供则清茗及发糕、年糕之属。家人集而拜跪，谓一岁平安，谢神佑也。三祀毕，则诣尊长前行辞年礼。妇有献于尊长曰茶，率时果或糖饴。尊长有赐于儿童，曰压岁钱……是夕也，炮竹声如汤沸鼎中，杂以锣声、骰子声、数钱声，盖千门万户皆春声矣。”

新中国成立后，江宁纸马祭祀习俗被视为封建迷信，逐渐遭废止。据1963年9月9日中共江宁县委宣传部《关于农村旧年画和迷信品的调查情况简报》档案，在1962年冬，江宁县仍然存在“纸马”等迷信品：“我县去冬以来所发行的迷信品和旧年画，绝大部分都从外地进货的。据我们在县供销社的了解，去冬以来从南京进货的迷信品，如各式冥票、锡箔、纸马、庙内籤文和灶神、灶仙、三堂、五神等迷信品和旧年画。”“纸马”等类迷信品，除从南京、泰兴等外地进货外，江宁地区不少集镇也有印制发行。上引档案又介绍：“据我们在湖熟、土桥、小丹阳等三个集镇的了解，发现有九家自产自销门神、灶君和千钱、纸马、庙内籤文等迷信品。”由此可见，纸马祭祀习俗，在湖熟、土桥、小丹阳广泛流行。

当代影响与价值

纸马是民间传统木刻黑白版画的一种特殊艺术形式，具有丰富的历史文化内涵。它承载了旧时江宁人敬畏祖宗、知恩图报的传统美德，以及祈福禳灾、迎春纳福的朴素心理，有不可忽视的精神价值与和谐价值。与纸马相关的仪式活动，以及其上所描绘的神像、纹饰、文字等，在很大程度上反映了江宁人的传统信仰及艺术水平，具有一定的文化价值、艺术价值、美学价值。因此，如果能够为江宁纸马融入现代元素，创造出具有江宁特色的新的文化创意产品，则既可推动当地文旅事业及经济的发展，也可让这一传统旧俗获得新生。

烧五七习俗

基本概况

烧五七习俗，流布于江宁全境。

烧五七，是指旧时江宁民间在亲人死后的第五个七日，进行家祭与上坟的活动，属于古时祭七（又称烧七、作七、换饭）中最为隆重的一个仪式。

旧时江宁地区在亲人去世后，一般由阴阳先生根据死者的生辰八字及咽气时日，决定出殡之日。从出殡之日起算的第七天（也有的从死者咽气时算起），即第一个七日，俗称“头七”。以后每过七天，依次为二七、三七等，至七七四十九天而停止，称“断七”“收七”。若某七祭日正逢农历节气，则需提前一天或推后一日祭祀，俗称“避节”。在亡者出材之前，阴阳先生一般会将每一个七日的具体日期写在黄纸上（也称七单），然后贴在堂屋墙上，丧者家人依照日期办理相关祭祀活动。

江宁烧五七

祭七时，如死者儿女齐全，且人数较多，一般由孝子出资负责祭双七，即二、四、六共三个七日。双七祭祀时，孝子要买菜办酒，在家中堂屋中进行家祭亡者，家祭时需磕头、烧纸钱给亡者。亡者已出嫁的女儿们，则应该前来参加双七祭祀，但也可请假不来。单七则由亡者已出嫁的女儿负责，即一、三、五、七共四个七日。每逢单七，由女儿花钱买菜，并在自家烧好，用担子挑到娘家祭祀，还应定制纸扎品，如楼房、箱子、女佣、轿及轿夫、马及马夫，近年还增加了彩电、冰箱、轿车等。这些纸扎品在祭祀之前，先挑到亡者坟前焚化，所以称“烧七”。单七祭祀时，亡者儿子必须到场。此外，每次祭七菜肴的样数需单数，俗称“逢单”，且必须递增。如头七 3 样菜，二七则 5 样，三七则 7 样，四七则 9 样，以此类推。

旧时江宁民间祭七时，以“五七”最为重要，俗称“烧五七”。这是因为人们俗信五七日为亡者回煞日。在这一天，亡者的灵魂会回家看望亲人与生前居住的地方，然后才去投胎。故在“五七”

这天，亡者家人会携带祭品去坟前及家中祭祀，相关仪式最为隆重。“烧五七”这天，一般由亡者女儿花钱采办祭品，女儿、女婿及侄女、外甥女等，每户挑来十多样菜肴和多种纸扎品祭祀，菜肴需放置家中堂屋作祭，纸扎品则送到墓前焚烧。从坟地回家后，还需在家中作祭。祭后将祭祀菜品重新加热炒熟，以供全体家人及帮忙者共享。

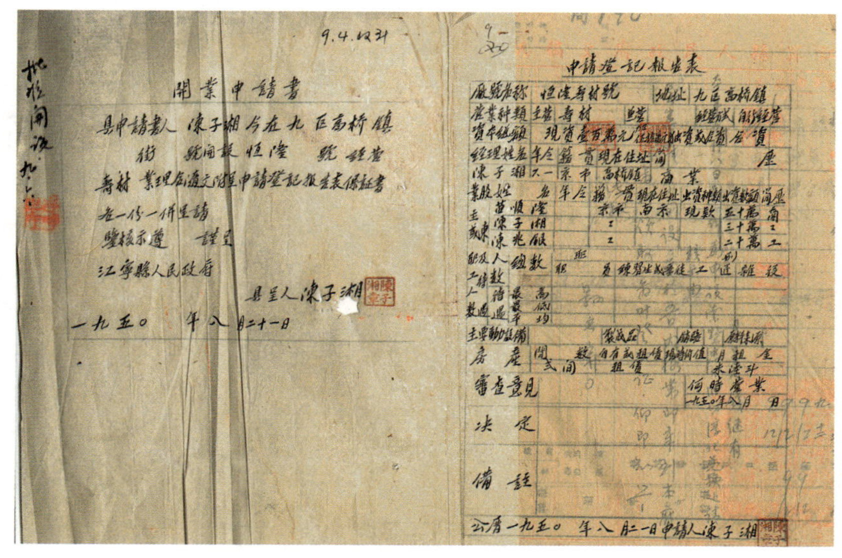

開業申請書

具申請書人陳子湘今在九區高橋鎮 街 號開設恒隆 號經營壽材業理合遵照規定申請登記檢呈表保證書各一份一併呈請鑒核示遵 謹呈

江寧縣人民政府

具呈人陳子湘

一九五〇年八月二十一日

申請登記報告表

1950 年恒隆寿材店开业申请书

历史传承

江宁地区“烧五七”习俗，至迟清代已有。清末民初徐寿卿《金陵杂志》云：“每逢七日，设盛馔以祭，如有女已嫁者，必于六七之日致祭，俗云六七不吃自家饭，当家则延请僧道，礼忏讽

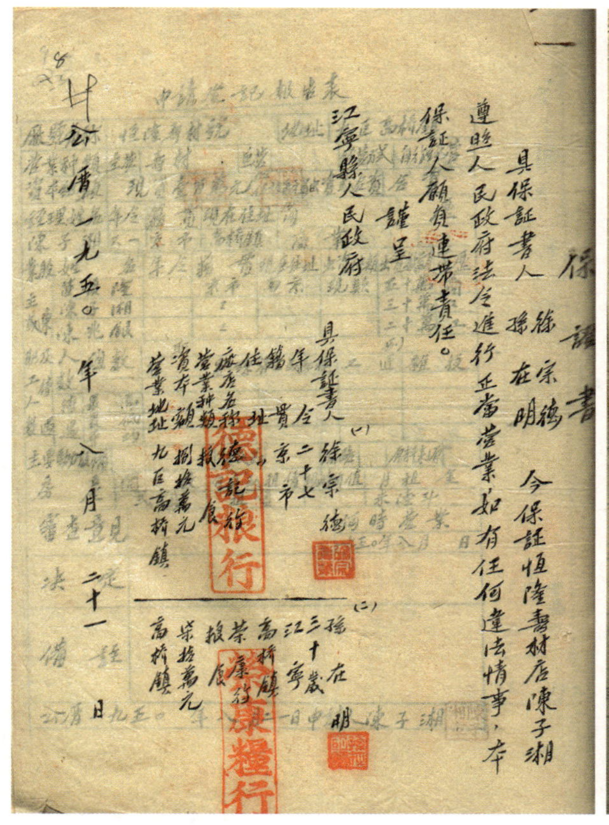

保證書

具保證書人徐宗明今保證恒隆壽材店陳子湘遵照人民政府法令進行正當營業如有任何違法情事本保證人願負連帶責任

謹呈

江寧縣人民政府

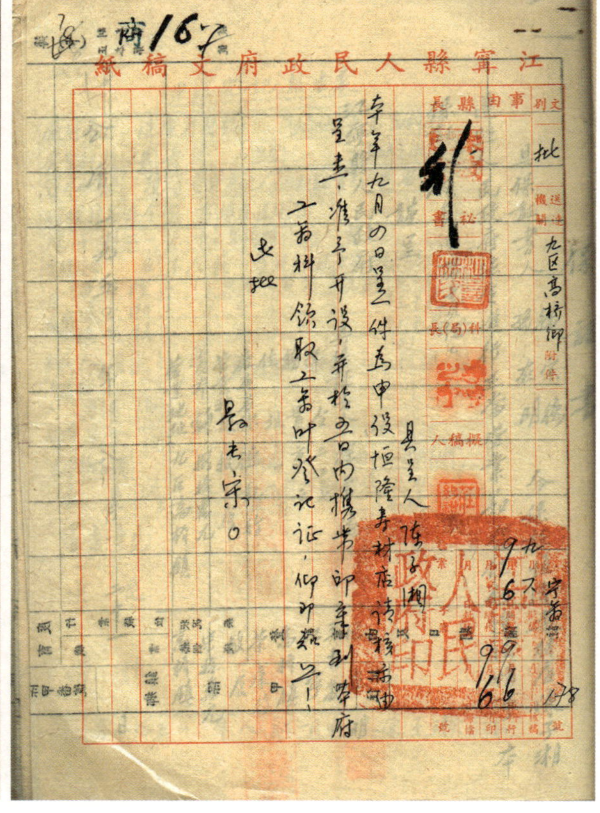

江寧縣人民政府文稿紙

1950 年恒隆寿材店开业保证书及江宁县人民政府的批复

经，以求冥福。”又载：“择七单，注以亡者年庚及气绝时日，与星者推算择入殓之吉时，避冲犯之方，偶一不慎，即犯车丧恶煞，最为不祥。故金陵视之极为重要。”由此可见，在晚清民国时期，江宁人家在“烧五七”时，要准备美味佳肴祭祀，亡者已嫁的女儿，必须携带饭菜，在“六七之日致祭”，儿子则邀请僧人、道士，诵念经文，为亡者求冥福。民国叶楚伧《首都志》卷十三“礼俗”条记载：“七日一祭，谓之作七。”可见其俗之流行。

新中国成立后，烧五七习俗继续流行。如今，江宁地区这一习俗不再像从前那样讲究，但在部分城镇及僻远乡村仍有保留。

当代影响与价值

烧五七的习俗，是江宁民间丧葬礼俗的重要内容之一，寄托了人们对亡者的不舍、哀思与缅怀，体现了浓浓的亲情，在一定程度上反映了当时人们的丧葬观、家庭观，具有丰富的精神文化内涵。烧五七时，亡者儿女们齐聚家中或坟前，协商操办相关事项，这无疑加强了家庭成员之间的联系，对树立正确的家庭伦理观，构建和谐社会，也有一定的现实意义。

上新坟习俗

基本概况

上新坟习俗，流布于整个江宁区境。

上新坟，旧称赶社，是旧时将新亡亲人埋葬后，家人前去祭拜新亡者坟墓的民俗活动。

江宁地区上新坟习俗的内容颇多，家中如有亲人新亡埋葬后，在收七之后的第一个清明，或第一个冬至，或第一个春节前夕，不论是否脱孝，新亡者的孝子孝女都要上新亡者的坟墓，以免他（她）在节日期间冷落孤独，俗称“上新坟”。

上新坟时，已出嫁的女儿往往携带祭品和纸扎品，直接来到坟墓前设祭，焚化纸扎品，痛哭流涕，泣不成声。孝子则一大清早带着工具，来到墓地，进行挑土修坟，同时在墓圹周边广植松柏。如是清明节，还得更换新坟帽和飘挂，即在草茂之地新挖坟帽，将原有的坟帽敲碎，用新坟帽换上，并用白长条纸剪成飘挂，串在柳枝条上，插于新坟帽中间。然后在坟前叩头 3 次，再烧些纸钱。事毕后，兄弟姐妹互相劝慰，然后回家在堂屋置酒焚纸祭拜。

历史传承

早在明清时期，江宁地区上新坟习俗已经较为流行。明代《正德江宁县志》卷二“风俗”条记载：“二月祀墓。新丧者，多在社日前行礼，谚云新坟不过社。”案：社，指的是春社，是祭祀土地神的日子，古无定日，自宋代起多以立春后第五个戊日为社日。也就是说，明代江宁地区祭祀新亡者的坟墓，大多在春社日之前举行。每当这一天，各地乡村还会演社戏、吃社饭、饮社酒，热闹不亚于岁终大腊。

清宣统二年（1910），南洋劝业会第一次开幕。当时所印的徐炎森《金陵杂志》“赶社”条云：“清明日上坟，古例也。宁省人家有新坟者，必于春秋社前三日致祭，化楮帛云。过社日之后，如不上坟，鬼即为社公敲扑云。”可见，当时江宁民间认为，上新坟要在春社前三日致祭。如果在社日之后没有上新坟，则亡者鬼魂要被社公上刑鞭打。民国潘宗鼎《金陵岁时记》“扫墓”条亦云：“吾乡扫墓，多在清明。惟新葬者必于社日，谓之赶社。以紫纸长条镌连缀钱式，插于墓顶，名曰挑钱。”也就是说，上新坟要在社日，称为“赶社”。届时，人们要在墓顶插上紫纸长条镌连缀钱式飘挂，即民间称的“挑钱”。

民国时期，上新坟习俗继续流行，但时间已从春社日改为清明节前几天。夏仁虎《岁华忆语》“清明”条载：“清明上坟插柳，厥礼至重。俗谚至谓‘清明不插柳，再生变黄狗’，恶夫忘亲不

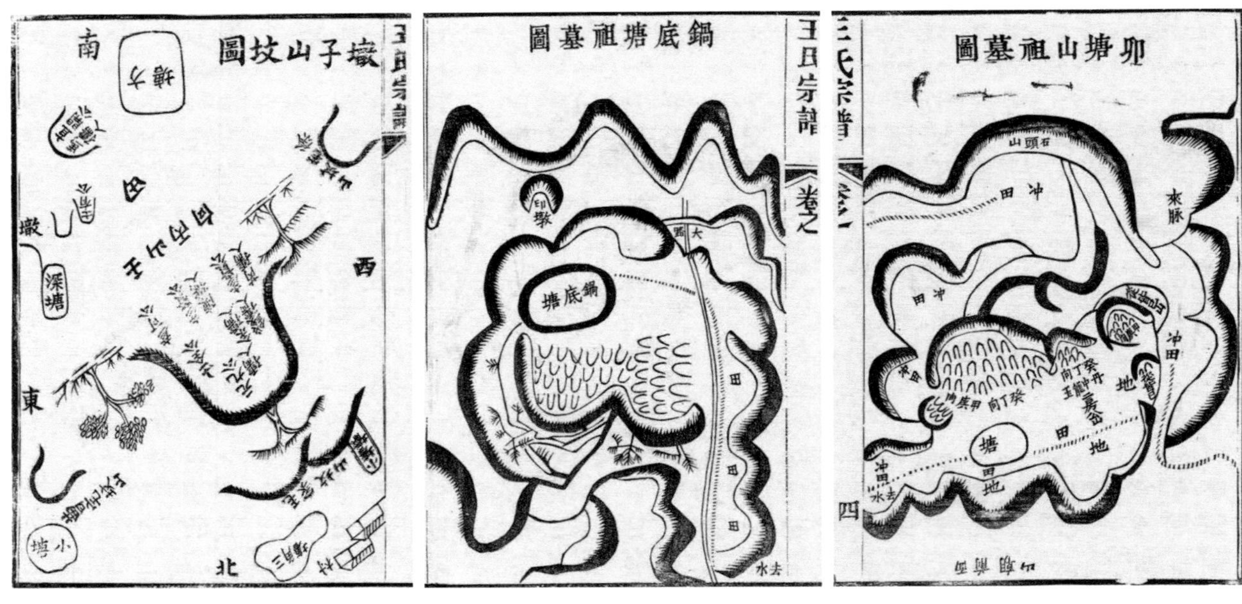

山阴《王氏宗谱》中的墩子山坟图、锅底塘祖墓图、卯塘山祖墓图

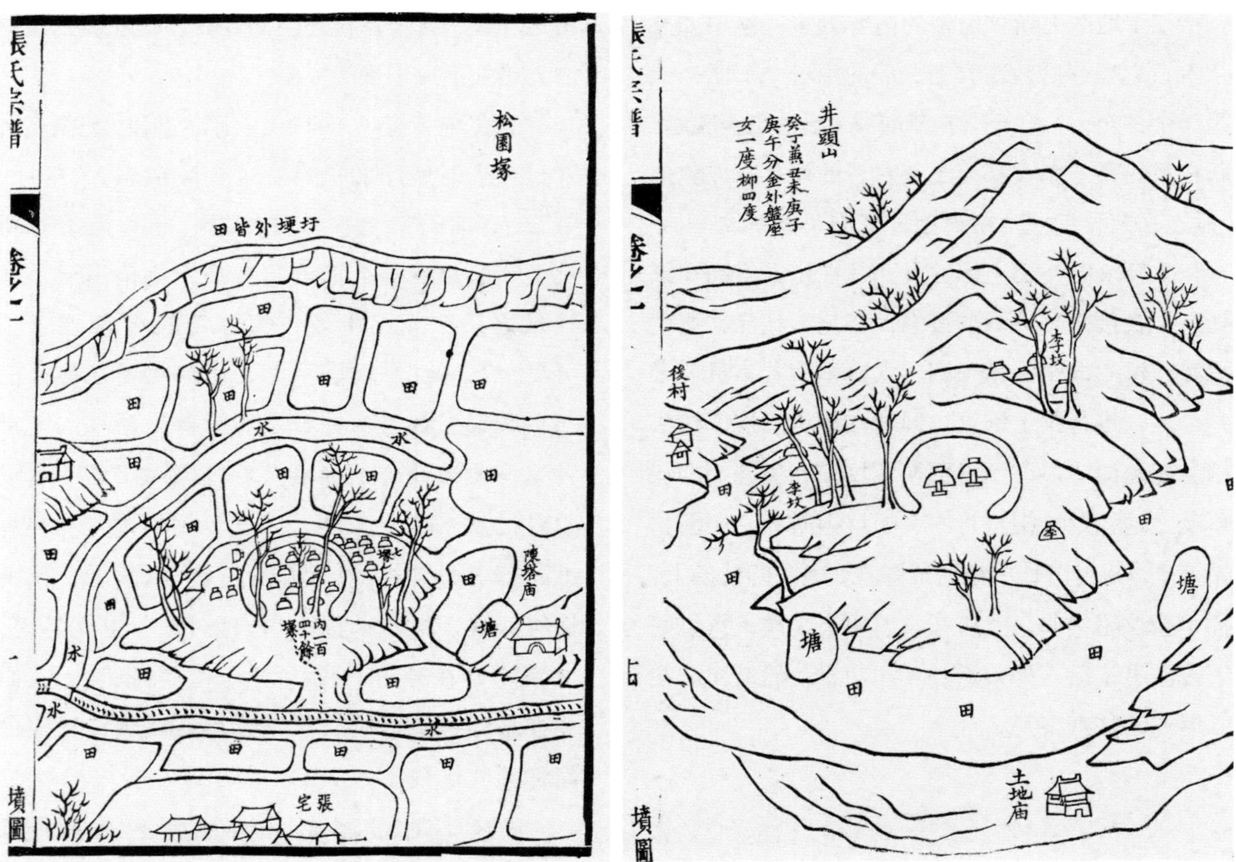

湖熟《张氏宗谱》中的松园冢坟图、井头山坟图

《横溪张氏宗谱》中的村西老坟山图

孝也。是日除在家设祭外，男子多出城扫墓。其有新葬之家，则须于清明前数日诣之，俗谓‘新坟不过社’也。祭具曰春山，竹制为提榼，分三层，中置肴浆，饭则抟之。另割生肉，曰刀头，以祭山神。祭扫毕，则倾榼，媵以钱，犒守坟人。守坟人亦置熟鸡子数枚于榼，以为报。金陵人家重视守坟人，尊之曰坟亲家。守坟人亦呼坟主曰亲家，自居敌体。虽荐绅之门，渠辈来，往往高坐，主人以客礼待之。盖请代守亲墓，礼宜加敬。非若北方之视坟丁若奴也。”从这可以看出，上新坟时，家人需要携带竹制提榼祭具，名曰“春山”。这类器具分三层，里面放饭菜。此外，家人还要割生肉祭祀山神。

当代影响与价值

上新坟习俗，是江宁民间丧葬礼俗中一种特殊的祭祀活动，今日仍广泛流行，只是在一些细节上有所变化。它寄托了人们对新亡亲人的深切哀思，体现了血浓于水的浓浓亲情，在一定程度上反映了江宁人的孝思观念，具有丰富的精神文化内涵。传承这一传统丧葬习俗，对于加强家族成员的情感交流，培养家庭的认同感，凝聚集体的力量，构建和谐社会，都有一定的现实意义。

迁坟习俗

基本概况

迁坟习俗，流布于江宁区境。

迁坟，又称洗骨、拾金、捡金、移葬，是指由于某种原因，需将原来的坟墓迁移至别处的活动。江宁旧谚云："穷不改门，富不迁坟。"不到万不得已，一般人家是不会随便迁坟的。江宁民间迁坟，主要有选地、起骨、安葬、圆坟四道程序。

选地：在迁坟前，主家一般要请风水先生选择吉地，以作为被迁亡者的新坟地。迁坟时间一般选择在清明节、中元节来临之前，据说在这两个节日让先人"入土安身"，可起到护佑后人的作用。

起骨：指的是从原坟墓中将尸骨起出来，收敛至新制的寿材中的行为。旧俗认为尸骨不能见光，故起骨一般在半夜进行。如果必须在白天起骨，则需在坟上搭建防晒黑布棚。起骨时，主家需先供香烧纸，然后哭坟告知墓中先辈移葬的原因、新吉地位置等。随后，动土起棺。由于年代已久，棺木及遗体已经腐烂，人们需要用小铲子仔细寻找尸骨。尸骨出土后，需由家人用竹筷从头到脚按顺序重新排放入新棺中。部分地方则将遗骨简单装入缸甏内，改葬他处即可。

安葬：一般在当天清晨进行。安葬时，将新棺木或缸甏缓缓放入新墓穴中，加盖石后，填墓穴，起坟堆。与此同时，主家需敬香烧纸，告慰亡灵。

圆坟：圆坟前，需要在祭台上摆放五碟、五碗、5个馒头、2碗水饺，还有酒、茶等，再烧

石塘《王氏宗谱》中的坟山图

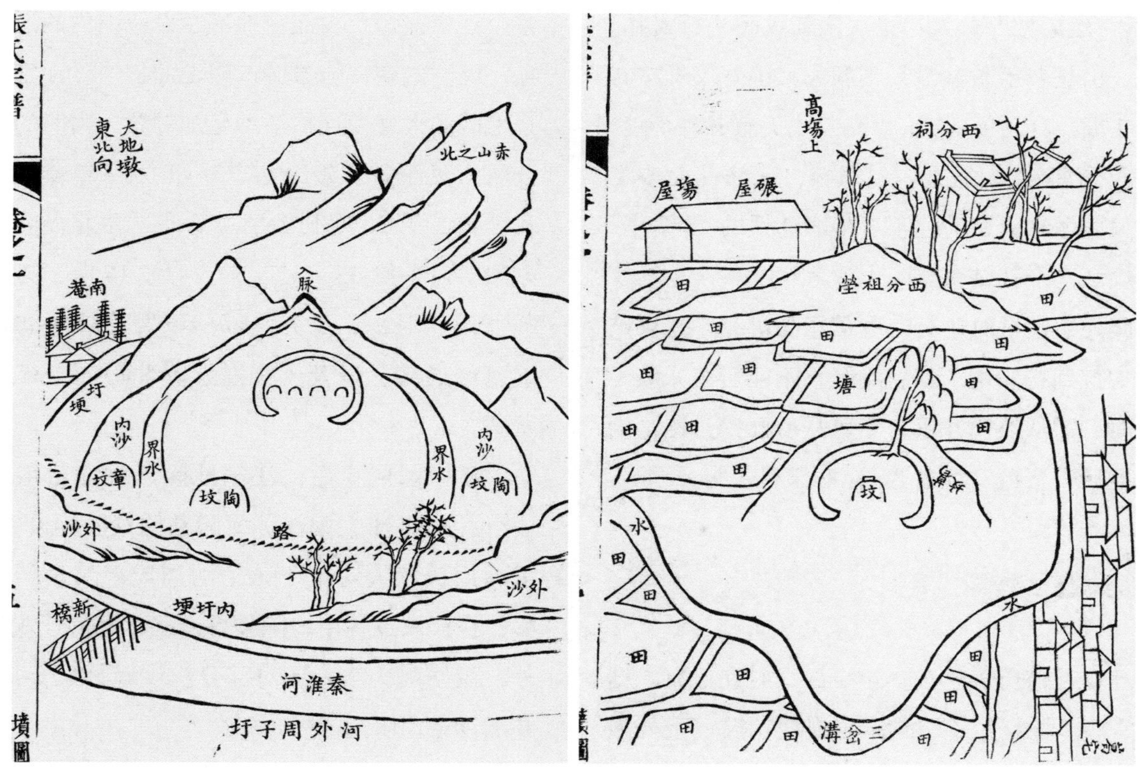

湖熟《张氏宗谱》中的大地墩坟图、高场上西分祖茔

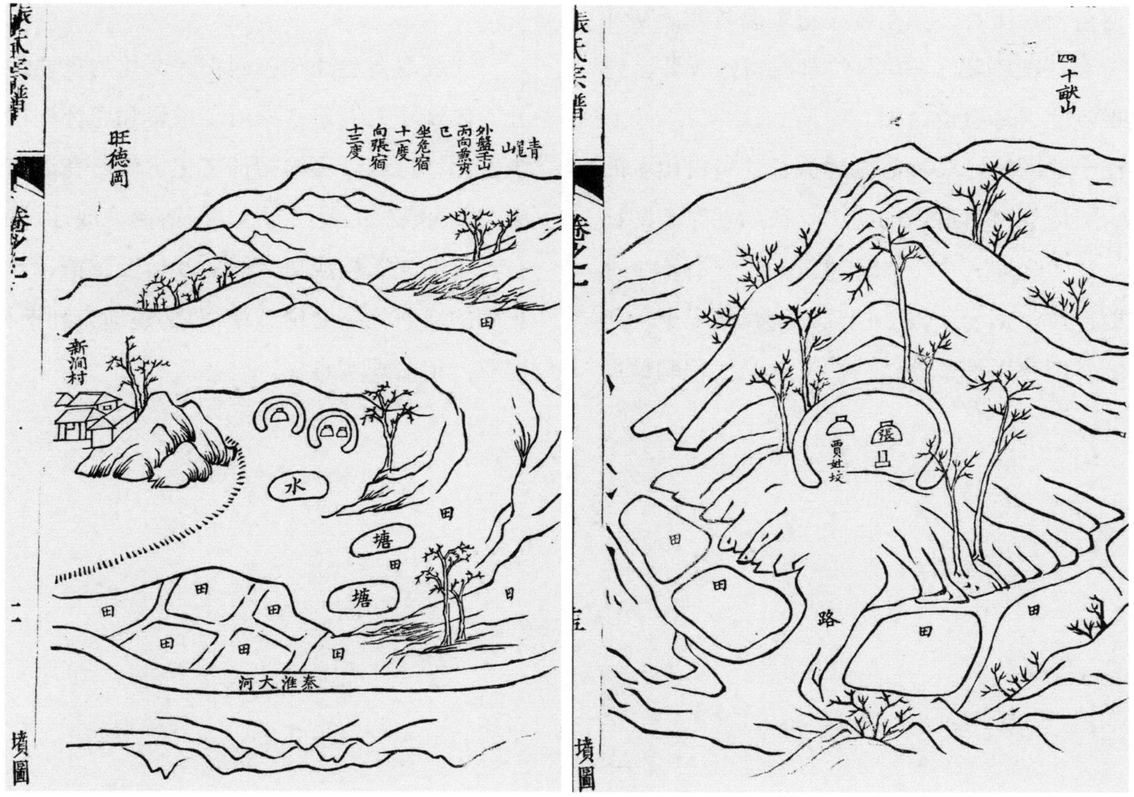

湖熟《张氏宗谱》中的旺德冈坟图、四十亩山坟图

纸上香，然后按辈分大小依次向新坟磕头行大礼。之后，由长辈手拿铁锹，带领大家围着坟堆左右各转3圈。在转圈时，长辈需向坟头撒五谷杂粮，并随声念诵：“一撒金，二撒银，三撒儿女成了群。只要做官为宦的，不要喝酒赌钱的。”事毕，则迁坟活动全部结束。

此外，迁坟时还有一些禁忌与讲究：迁坟破土时如挖到蛇、龟、鼠、蟾等，不能斩杀；破土开坟时，需从坟前开挖，不可从后开挖，这是因为“掘后”音近“绝后”，为不吉利之兆。

历史传承

迁坟习俗历史悠久，至少西汉时期已有。据《汉书》卷九十七《外戚传》记载，汉宣帝外祖母博平君死后，宣帝将外祖父思成侯王廼改葬至奉明顾城庙南，与博平君合葬。魏晋南北朝时期，迁坟习俗较为流行，如东晋大将军温峤死后初葬豫章（今江西南昌），但不久即被朝廷改葬至建康建平陵北、幕府山之阳。

江宁地区的迁坟习俗源远流长，考古出土的墓志、买地券材料可以证明，早在六朝时期即已流行。清代晚期，由于城市建设，江宁有不少地区需要迁坟。据《申报》记载，清光绪三十一年（1905），因建设沪宁铁路，沪宁铁路工程购地局曾令江宁藩司负责江宁地区建设范围内的迁坟事项。民国时期，随着城市建设的加快，江宁及南京地区的大规模迁坟活动更加频繁，当时的迁坟公告常见于各类报纸杂志。如1929年《首都市政公报》第28期刊发了《筹商迁移北极阁坟墓办法》后，第33、35、39、41、46期，先后登载财政、卫生、工务等部门下发的迁葬北极阁坟墓的通知，以及《拨发迁葬北极阁一带坟墓费案》。

新中国成立后，江宁地区迁坟之习俗继续流行。2018年，因江苏省园艺博览园建设需要，孟塘周氏族人对位于该地的周氏祖坟进行了迁移。在迁坟过程中，除举行一些常见的迁坟仪式外，孟塘周氏族人还对部分祖坟碑刻进行拓印，并加以整理研究。

当代影响与价值

迁坟习俗是江宁民间丧葬文化的重要组成部分，体现了人们重视孝道、敬畏和感怀先祖的传统美德，具有一定的精神文化价值。在迁坟过程中，家族成员汇聚一起，共同协商完成迁坟活动，有利于加强家族成员之间的联谊及感情，对树立正确的新时代家庭伦理观，对构建地方和谐社会，都有一定的现实意义。

民间孵鸡习俗

基本概况

孵鸡习俗在江宁农村普遍存在，传承至今。

江宁农村孵鸡通常采用自然与人工相结合的孵化方法，一般是每年春节过后开始。也有在收完麦子过后开始，最迟的是在夏天。收完麦子过后孵鸡叫麦茬（桩）子鸡。夏天孵的叫过子鸡，那时孵的鸡，因气温高，好孵难养，多长不大。

江宁民间孵鸡一般有以下 9 个步骤：

1. 选蛋。要选新鲜的三天内下的蛋，最好选强壮的、没有病的公鸡“打水”的鸡蛋。

2. 布置鸡窝。用稻箩或大筐，在里面填些干净的、用手揉搓软和的稻草，做成如同大鸟的窝，再在窝巢中放一张牛皮纸（也可不放）。

3. 放入母鸡。把选好的鸡蛋放成堆状，用双手捧起老母鸡，轻轻放下，同时口中呼唤：“轻轻的，乖乖的，孵出儿来吃油米噢。”声音是高是低，要根据老母鸡的神态、动作和行为习惯区别对待，有的要哄，有的要狠。

4. 收拾鸡窝。收拾鸡窝时要把孵鸡盖上，让它不见光亮，但要能透气，以防闷坏。每天（一般在晚上）要让鸡下一次鸡窝，下鸡窝时要把窝里的鸡蛋盖上，让鸡吃一些稻子、喝些水后再将鸡放进鸡窝。

5. 翻蛋。每日要翻几次蛋。一般母鸡自己会翻蛋。如果是新孵的母鸡，它自己不会翻蛋，则需要人工翻动，使所孵的鸡蛋受温均匀。

6. 照“云”。鸡蛋上面空的地方，显出一个小黑点。这个小黑点，人们管它叫“云”，它是成鸡的关键。为了确保成功率，在孵化十天左右就要把鸡蛋在灯下照一照，看看有没有“云”，如果没有就拿掉。

7. 出壳。孵化到 20 天左右，小鸡就在蛋壳里发出叽叽叽的声音，这时得将盖子揭去，让它随时冒头（当地叫 kan 头），一旦有两三个冒头，就要把它翻到上面，防止被压坏致死。如果是夜里，更要赶紧处理，千万不要等着它像野鸡一样蹦出来。

8. 出笼。小鸡一出壳，就要拣去蛋壳，将小鸡放入老母鸡胸前去捂一捂。如果有几只小鸡同

1986 年农历四月初九的淳化庙会上刚孵出的小鸡

时出壳，就得用容器竹笼、米斗或稻箩装些稻草并垫上棉花，将小鸡放进去。

9. 饲喂。小鸡全部出齐后，最多三五天就要开食，可以吃一些食油拌的碎米饲料。如果小鸡拉不下来屎，还要在饲料中加点食油和少许切碎的青菜叶，切忌让刚出蛋壳的小鸡吃整米，尤其是未泡水的整米。

孵鸡时，还有一些特殊的习俗：孵鸡时不要有震动、撞击声；窝巢里面要放一块铁，防止雷击；孵鸡时，忌宰杀家禽；对待第一次孵小鸡的母鸡要耐心和细心，不得疏忽大意，切忌打骂。

历史传承

中国孵鸡的历史十分久远。据先秦文献《夏小正》："正月，鸡桴粥（育）。"桴，即伏，就是抱窝孵小鸡。到宋代，已出现家禽的人工孵化。罗愿《尔雅翼》说："其生子多者，不暇伏，则以牛矢沤而出之。"这是利用牛粪发酵的热量，可以不分季节地进行孵鸡。至清代，黄宗羲之子黄百家所著的《哺记》，是我国最早的家禽人工孵化专著。在著书期间，黄百家多次访问当地的"哺坊"，记录了炕孵、缸孵、桶孵等多种孵化法。其中的"照蛋"法，即"看胎施温"技术，与江宁的照"云"一脉相承，其具体方法是："尽垩其室"，就是设置暗房，"穴壁一孔，以卵映之"，即利用阳光透视蛋中情况，观察"其壳中之情形纤悉，时刻先后，历历不爽"。所得出的孵化规律是："开始"止见黄白"，三日"其珠渐红而稍大"，六日"见血生头，状似蜘蛛"，七日"生眼一只，黑细如菜子，雄左而雌右"，十三日"生足翼"，十六日"见微毛"，二十六日"如击核桃，渐离壳"，二十九、三十日"破壳齐出矣"。他认为，观察鸡蛋的胚胎发育，可以及时控制孵鸡情况。

江宁农村家禽养殖，尤其是养鸡、孵鸡是最常见的家庭副业。"鸡生蛋，蛋孵鸡"，周而复始。久而久之，孵鸡的技术就老教少习，代代相传下来。

当代影响与价值

孵鸡在全国各地农村普遍存在，其孵化技术及习俗，则是各地民众基于当地自然资源、地理气候及长期的生产生活经验而逐渐形成的，因而具有较为明显的地域性。现代养殖技术的发展，使得孵鸡越来越科学化、规模化、机械化，传统的孵鸡模式在今日江宁农村已经越来越少见，一般只有当地的老人尚熟悉传统孵鸡的技术与习俗了。江宁民间孵鸡习俗具有比较鲜明的地域色彩，在一定程度上可为现代养鸡技术的创新提供借鉴，同时也可作为传统特色乡村建设的重要元素之一。

避暑纳凉习俗

基本概况

避暑纳凉习俗，旧时流布于整个江宁区境。

江宁旧时有火炉之称。每到夏季，特别是三伏天，天气炎热，为了避暑，一般人家想尽一切办法进行纳凉。比如：白天可以选择树荫下、池塘边。傍晚时分，暑气难消，为了能够休息好，保证第二天干活有精神，一般选择露天纳凉。纳凉方式可谓五花八门，渐渐地形成了避暑纳凉习俗。

汤山供销社马头牌冰棒箱

据口碑资料，旧时夏季，每当太阳落山后，在东山集镇大马路、二马路沿街的人家，就会有大人或小孩，从家里用盆接自来水端到自己门口外，洒在晒了一天的大小均称的石头铺成的道路上，使得地面热气尽快散发。当时二马路旁边的石头，都是很均匀的石板。二马路长数千米，有的人家离河边或者池塘比较近，就会直接去挑水回来撒在地上；而家距离池塘比较远的人家，则会选择接自来水浇在道路上，散去暑气。然后，每家每户抬出竹编凉床，还有的人家会将门板卸下来。过去人家的大门是两扇，是带有插销的那种，有门窝，很容易卸下。接着，在门板两侧架上长板凳，就可以当成床了。也有的将一块块店铺门面板，用长板凳架好，作为纳凉休息的床。等放学的、下班的一起回家后，各家就会将家里吃饭的桌子搬出来，端出煮好的绿豆汤或绿豆稀饭，再摆上几样黄豆酱、大头菜、豆腐乳、炒冬瓜皮、酱油干子、小毛鱼干等小菜，全家人其乐融融地吃起了晚饭。

纳凉竹床

那时，没有电风扇，更不用说空调了。但每

汤山温泉

家会有几把蒲扇，基本上是每人一把。一边吃晚饭，一边摇着蒲扇。吃饭时，各家都有大人、小孩品尝自己做的小菜，爱喝酒的大人会喝上不超过 2 两酒量的几小杯，同时聊聊社会见闻、家长里短。生活虽然简单，但是邻里关系十分融洽。

晚饭后，男女老少只要会游泳的，会到二马路东靠近现在新一路的一口大水塘游泳。会游泳的会从塘这边游到那边，不会游泳的就在塘里洗个澡。回来后，再在家里擦点香皂，用自来水冲一下，换套衣裤就行了。然后各人都躺在自家纳凉床，或坐在凳子上休息，相互谈天说地，或听小半导体里的样板戏、说书等。儿童们大多是继续疯玩，有的躲猫猫，有的捉萤火虫，用小玻璃瓶装起来取光。到了夜里 10 点左右，有的回屋休息，但更多的人家直接架蚊帐在外过夜，也有不用蚊帐的直接在凉床上睡觉了。当时社会治安特别好，各家的门都是开着的。

历史传承

所谓“纳凉”，就是乘凉的意思。夏夜避暑纳凉的习俗，由来已久。唐代杜甫《陪诸贵公子丈八沟携妓纳凉晚际遇雨》中有“竹深留客处，荷净纳凉时”的句子，宋代苏东坡有“遥想纳凉清夜永，窗前微月照汪汪”的名句。清代纪昀的名著《阅微草堂笔记》有“庭院纳凉”的记载。与江宁颇有渊源的《红楼梦》第六十一回，也有描述“丫鬟们都在院内纳凉”的现象。

清宣统二年（1910），在南京创刊的，由江南巡警总局编辑并发行的《江南警务杂志》刊发

汤山水魔方乐园

汤山街道矿坑公园

了一则关于夏夜纳凉的消息："为出示严禁恶俗以端风化事：照得宁垣城厢内外，每交夏令，大街小巷多有居民铺户，裸体纳凉在路旁纵横睡卧，黑夜之际，难保无车马碰伤。更有不肖之徒，袒裼裸裎，年轻妇女亦竟将裤脚挠起，甚至男妇同榻，毫无遮盖，尤为不顾羞耻。此等恶俗，实属有关风化……合亟出示严禁：为此示仰诸色人等，一体遵照，自示之后，务各互相劝诫，晚间在门外纳凉，须靠路旁，不得任意睡卧街上，有碍交通而免危险……倘有不遵，一经查出，定即拘案罚办，决不姑容。"也就是说在清末，南京城里路边避暑纳凉就很流行，以至于因无序影响交通而遭到禁止。

民国时期，南京东郊的紫金山是众所周知的避暑胜地，北郊的栖霞山等地也是达官贵人青睐的避暑纳凉的地方。当然去牛首山避暑，更是不错的选择。还有选择到汤山避暑的民众，也不在少数。另有一些有钱人家会用天然冰避暑。夏季游泳也是个避暑的好方法，但当时南京有 100 多万人口，开放的游泳池仅中央路一个，纯属独家经营。用火爆来形容，一点都不为过。

对于江宁县而言，众多的水塘、湖泊，就成了天然的游泳池，到水塘边避暑纳凉的人也不在少数。在江宁部分集镇的大街小巷，太阳一落山，凉床、门板、凉席全部搬出来，一个挨着一个，仿佛一条长蛇阵。男男女女，横七竖八，各具形态。一把蒲扇，呼哧呼哧使劲地扇着。

民国时期，南京及江宁的冷饮店生意也很火爆。一到夏天，大街小巷就会多出一些应时的冷饮室。裁缝店的老板会腾出一间店面，兼卖冰淇淋、汽水之类的冷饮。家具店更是就地取材，现成的桌椅，生意也相当不错。最吃香的，要数棒冰了。"棒冰马头牌，马头牌棒冰"，卖棒冰的和卖西瓜的，和二十世纪八九十年代的情景差不多，走街串巷叫卖。如果此时大汗淋漓，听到这种极具诱惑的叫卖声，可想而知是怎样一种心情了。

据说还有一种消暑的好办法，就是打麻将。4 个人围在一起，手脑一起运动，似乎一点也不觉得热。这时注意力全集中到牌上，蚊虫叮咬，以及冷热都置之度外。八圈打完，回去冲个凉，一天就打发过去了。

三伏天的夜晚，选择路边避暑纳凉，这种景象二十世纪六七十年代仍然普遍存在。骑着自行车，车后驮着一只棒冰箱，沿着各街道、各乡村叫卖，仍然是二十世纪八九十年代的一道亮丽风景。

当代影响与价值

避暑纳凉习俗，承载了旧时江宁人日常生活的珍贵记忆，在一定程度上反映了旧时江宁人夏日的生活方式、生活态度与生存智慧。其间蕴含着丰富的文化内涵，如邻里间的互动、聊天、吃凉食、听老一辈讲故事等，展现出一幅幅闲暇安逸的生活画面。随着社会的不断进步与发展，江宁地区的避暑纳凉习俗朝着更文明、现代的方向演进，从以前铺凉床、摇蒲扇等，到如今坐在屋中吹空调、电扇。不过，传统的避暑纳凉方式，在今日江宁少数僻远乡村仍有遗留，他们仍然在大树下乘凉，仍然摇着硕大的蒲扇，仿佛是在世外桃源。这无疑是值得回味的旧俗活化石。

汤山温泉的洗浴习俗

基本概况

汤山温泉的洗浴习俗，旧时流布于汤山街道。

江宁的汤山温泉远近闻名，“到汤山去”是旧时来南京旅行的游客熟知的一句类似于广告的口头禅，其目的主要是宣传可以到汤山温泉洗浴，以放松身心。这对每一位游客来说，确实是一件令人心驰神往的美事。汤山地区洗浴设施较好且名气较大的温泉有 3 个地方：

1. 陶庐。陶庐是江宁士绅陶保晋于 1919 年所建，是汤山地区第一个温泉别墅。陶庐有一栋两层别墅、两栋平房。别墅一共有 13 间房屋，有泳池 6 个。两栋平房中一栋有房 5 间，男浴池 3 个，另一栋有房 1 间，女浴池 2 个。陶庐初期仅供陶氏亲眷和亲朋好友使用，后公开对外营业。对外营业后，客人可以在陶庐休息住宿，住宿费按天计算。陶庐附设的温泉浴室，每人一池，洗浴者每人纳费 1 元，其费用较贵。客人较多时，有时需排队数小时，才能轮到洗浴。民国时期，有人在 1937 年《津浦铁路日刊》第 1766—1788 期发表《汤山休沐记》一文，文中写道：“返陶庐略憩，相继入浴。室分内外间，外室供休息，内为浴池，设备尚周，有冷热放水龙头，可以调节温度。泉水含硫质较多，比重亦较普通水为重。浴罢，周身发汗，四肢酥软，其舒适有非笔墨可以形容者。”在作者眼里，汤山温泉“陶庐”洗浴之妙，是笔墨所不能形容的。

2. 汤山俱乐部，是专供民国要人的洗浴场所，一般人不得入内。

3. 汤泉浴室。每人三角大洋，属于大众化的浴室，男女浴池各一口。

旧时，在汤山温泉洗浴过后，人们一般会喝杯清茶，部分文人墨客还会题个词、吟首诗、留副对联、书个匾，更有甚者用一篇游记散文，留下在汤山温泉洗浴的美好记忆。

历史传承

汤山温泉洗浴的历史，最早可追溯至魏晋南北朝时期。据成书于晋代的《吴郡录》记载：“江乘县有汤山，出温泉二所，可以治疾。”相传南朝刘宋时期江夏王刘义恭曾策马蹚过汤水河来到汤山一带游览，见到热气腾腾的温泉水喷涌而出，遂有感而发，作《汤泉铭》诗：“秦都壮温谷，汉京丽汤泉。炎德资远液，暄波起斯源。”又相传南朝梁代有位太后曾用汤山温泉治好了皮肤病，于是梁武帝封汤山温泉为圣泉。

至唐代，时任浙江观察使的韩滉之女患了恶疾，浴于汤山温泉而愈。为表示感谢，韩滉将预备给女儿做妆奁的钱拿出来，建造了一座圣汤延

民国年间的汤山汤王庙

1933年汤山温泉之泉源

祥寺。南宋《景定建康志》载：“在城东六十里上元县神泉乡汤山其处有圣汤延祥院。”元《至正金陵新志》引《乾道志》载：“圣汤院，在城东南六十里汤山下。唐德宗时，韩滉为浙江观察使，滉小女有恶疾，浴于汤而愈。乃以妆奁建寺于汤山之右。”石迈《古迹编》记载：“用以洗浴治疮。”《舆地志》云:汤山温泉“饮之能治冷疾”。1928年第20期《国闻画报》刊发“圣人”的《汤山小志》:“汤山养病殊适宜，小房间每日四元，住一月可打八折，吃饭瀏浴都在其内，举凡肺病胃病皮肤病均有奇效。”这些记载都显示了汤山温泉能够治病养生。

明清时期，汤山温泉的影响与日俱增，其奇特的疗效使慕名者络绎不绝。《南汤山志》记载了生活在清代中期的河南人黄学干，花费万金赴汤山沐浴治病之事。志载黄学干“无虑万金”,“闻南京有温汤极佳，乃独携仆役十余人，买大舟，沿淮南行十余日，抵宁一浴即返”。这一事迹在汤山家喻户晓，至今仍为人津津乐道。曾任江宁知县的袁枚长途跋涉两度前往汤山温泉沐浴，并留下《沐汤山》一诗：“为寻圣水濯尘缨，爱忍春寒远出城。刚是杏花村落好,牧童相约过清明。方池有水是谁烧，暖气腾腾类涌潮。五日熏蒸三日浴，鬓霜一点不曾消。延祥寺里证前因，二十年前借住身。今日僧亡菩萨在,应知我是再来人。野外闲行乐有余，阿连底事劝回车。天生此水温存性，只恐妻孥转不知。”

民国时期，因为国都所在，汤山温泉的影响力达到顶峰，吸引了大批文人墨客、政界显要前来游玩洗浴，其中不少留下了吟咏汤山温泉的传世佳作。《南汤山志》之“艺文”，就收录了清袁枚及民国时期邵元冲、熊希龄、韩国钧、戴传贤等80多位政要、文人吟咏汤山温泉的118篇作品，大多是有感而发，才情思路汩汩而出，进一步提

汤山温泉旧影

1930 年代汤山陶庐温泉外景

升了汤山温泉的知名度。

此外，还有不少学者对汤山温泉的疗效等相关问题进行了专题研究。如笔名为“因奕”的学者在 1936 年 1 月 6 日《京沪、沪杭甬铁路日刊》第 1708 号第 34 页上发表了《汤山温泉》一文，其略云：“矿物质对人的身体有益，用温泉的泉水洗浴或内服，是可以疗疾强身的。据说时常洗浴，能健胃活血，并能疗治筋骨酸痛、肺病、皮肤病、脊髓痨，以及半身不遂、各种慢性呼吸等病症。如时常内服，则能疗治心胃疼、肠胃病、传染病、偻麻帝斯等病症。”医学士王若俨的《鉴定书》则指出，汤山温泉为石灰泉的一种，所含钙量约居全固形物的四分之一。“若肺痨、若各种慢性呼吸器病（气喘慢性气管枝炎）、若皮肤病（温疹丹毒寄生性血行性皮肤病）、若淋疾、若全身病（肥胖病糖尿疾软骨病之类）、若传染病（现已有报告，对于猩红热，用钙盐类注射数次而愈之数例）、若偻麻帝斯等，皆以钙为最有效之治疗药”。也就是说，汤山温泉对治疗多种疾病，都有疗效。

1933 年汤山温泉用铁管接水供给浴室使用

新中国成立后，江宁县人民政府在汤山先后建造一座室内游泳池、10 多家浴室 100 多个大小浴池等。各地慕名而来洗浴、疗养、治病的每年有数万人次。1984 年“金陵新四十景”及楹联评选，汤山温泉被列为新四十景之一，定名为“汤山温泉”，其楹联一为“造化独钟情，地热温泉流沸水；寻幽得佳境，楼高碧树映汤山”，一为“客至探汤为浴德，泉生温室自留春”。

当代影响与价值

汤山温泉可以养病疗疾，有益于人体健康，对现代医学的研究具有一定的参考价值。它在历史上曾经吸引众多文人墨客、政界显要前来游浴，并留下大量诗词文章，极大提高了汤山温泉的知名度，还赋予汤山温泉洗浴特殊的精神文化与历史内涵。近年来，随着江苏省汤山工人疗养院、汤山温泉康养小镇、汤山温泉旅游度假区的建设，汤山温泉已成为各地游客到南京旅游的打卡胜地，有力推动了汤山地区文旅事业及社会经济的发展。

分家习俗

基本概况

分家习俗，旧时流布于江宁区全境。

分家习俗全国都有。江宁本地有一句较为有趣的俗语："老爷不听老爷叫。"意思是家里的儿子们都长大成家了，个个有自己的主意，相互不服气就要分家。也就是说，因为家中兄弟不睦，所以一拆两散，就要分家。

旧时江宁地区家庭分家时，一般要请娘家兄弟，即分家诸子的母舅主持，或请家族中德高望重的长者主持，同时要请本家和近支族人，以及乡里有威望的人等作见证人，俗称"中见人""中人""中间人"。这体现了亲族之间不可隔断的血脉连系，以及分家过程中来自家族的宗法监督的权威性与必要性。

分割财产是分家的主要内容。家产的分割继承，一般有指定法和拈阄法两种。指定法是先由家长和族中长辈合议，直接拿出分割和继承方案。一般是先除下养老等用项，再将家产按兄弟几人分家，就均分成几份。方案首先必须征得母舅认可，然后由家长指定按诸子次序，某一份由长子继承，某一份由二子继承，以此类推。

不过，为体现分家财产的公平性，以减少不必要的误解和纠纷，民间更多采用的还是拈阄法，即"阄分"，俗谓之"抓阄"。抓到的阄上所列各项财产，即为本人分到的家产。代字人则按阄中所列各人应得的财产，在现场拟就分书。几人分家，就要写几份分书。分家诸子及中人、代字人等在每份分书上签上姓名及立分书的日期后，即成为正式分书，交由各人分执，作为分家后各人所得家产的凭据。分家过程到此结束。其后是诸子各立门户、各守家业，并按分家时的规定履行对父母的赡养责任。

据 2011 年《横溪街道志》"分家"词条记载："兄弟分家为'大顶香火小顶灶'，即堂屋的东西分给老大，厨房的东西分给老小，其余的家产每人一份，搭配均匀。如果分家时发生争执，就请族中有声望的人或舅父仲裁解决，并立下'分单纸'（协议），三天后便分灶起火立炊。"分家的一般原则是均分，但在旧时江宁地区分家时，一般老儿子和大孙子要多得一份家产，因此江宁俗语说："老儿子、大孙子，老奶奶的命根子。"意思就是小儿子和长房的大孙子最受当家老太太的疼爱，小儿子年纪比较小，大孙子作为长孙地位比较重要，都需要格外特殊照顾，故在分家的时候会多分得一份家产。需要注意的是，在禄口的马铺、杨家湾、张桥一带存在"没有钱、有钱都不分家"的情况。

如对分家结果不满意，可以事后算账，也就是第二次分家，还得由母舅或者族中德高望重

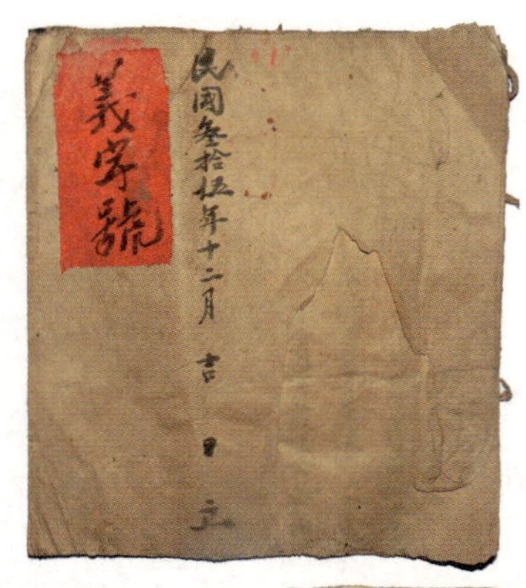

義字號

民國叁拾伍年十二月 吉 立

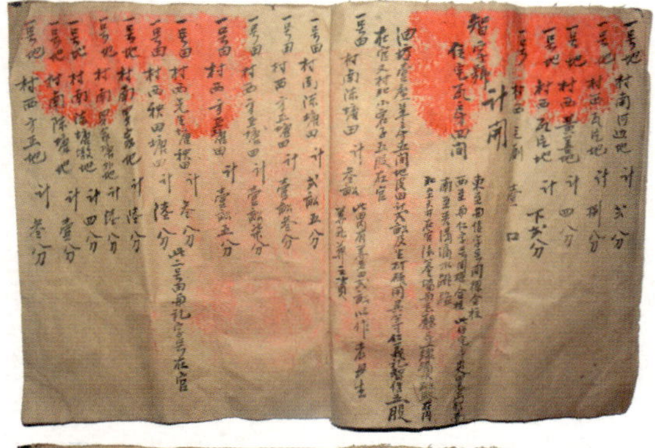

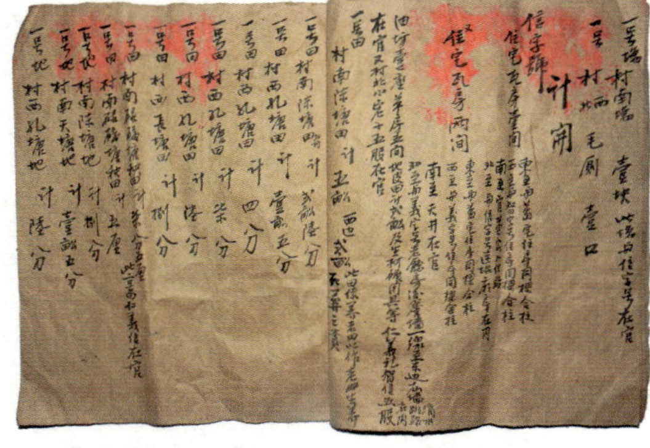

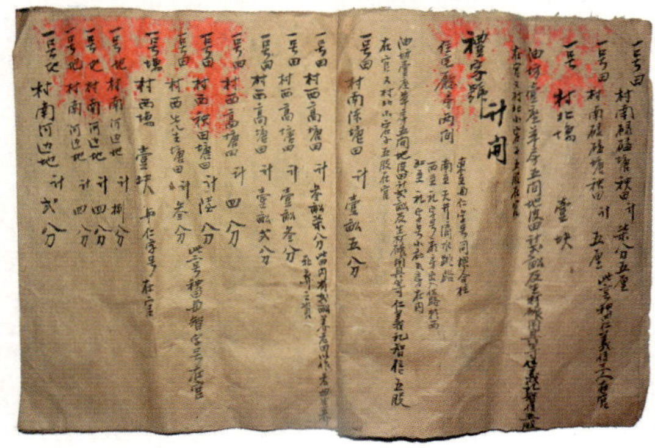

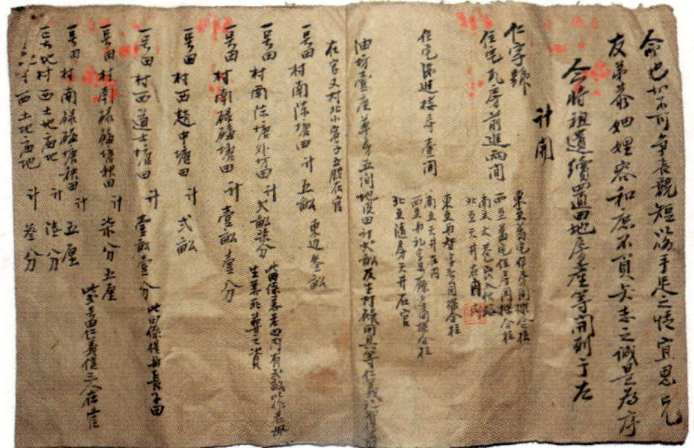

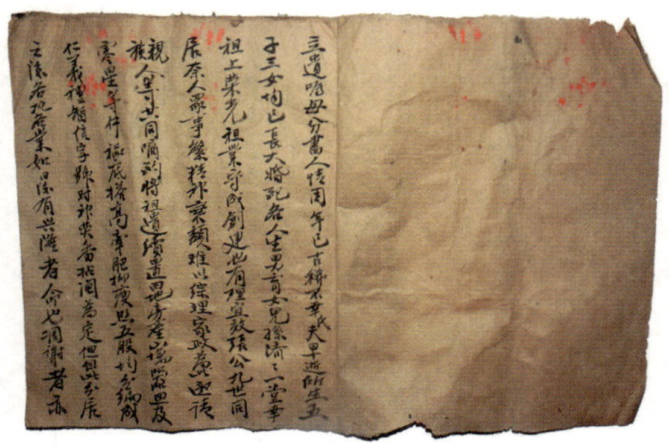

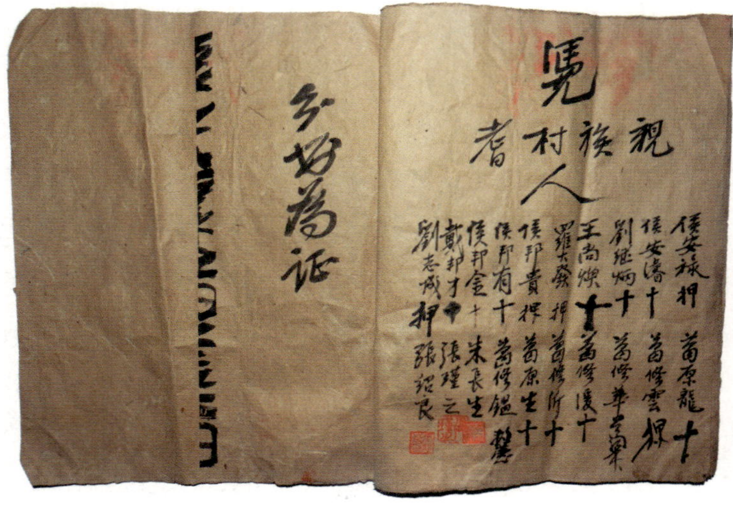

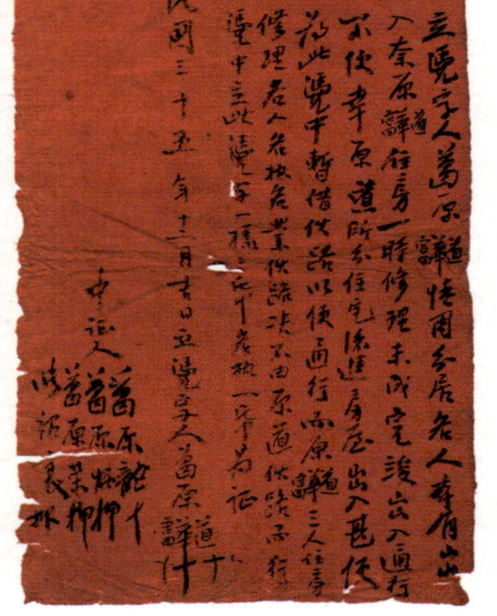

民国时期汤山葛氏析产文书

的长者居中主持。第二次分家时，主持人一般尝试让兄弟几个坐下来和谈调解相关财产的重新分配。如果协商不成，可能要上衙门打官司。江宁有句俗话，叫“好男不在分家时，好女不在嫁时衣”，就是说好男儿要自己打拼，分家的时候不争家产，好女儿陪嫁的时候不要东西。其目的是激励下一代积极图强，不要在分家财上斤斤计较。

历史传承

分家的习俗，由来已久，《史记》《汉书》中就屡有“诸子析产”的记载。如赫赫有名的“陆贾分金”，陆贾休官后平分家产，与子孙以为生计。《史记 · 郦生陆贾列传》载：“孝惠帝时，吕太后用事，欲王诸吕，畏大臣有口者，陆生自度不能争之，乃病免家居。以好畤田地善，可以家焉。有五男，乃出所使越得橐中装卖千金，分其子，子二百金，令为生产。”可以说，分家产是历朝历代都有的现象，且以平分为主流。但像陆生分得如此平均的并不多见，多数当如江宁流传的，会偏重少子、长孙。清乾隆五十年（1785）重修《上元诚达张氏宗谱》中的《祠堂宗子礼仪记》记载了上元诚达张氏分家的相关信息：“至于一族之中，或有鼠牙雀角之事，阋墙操戈之隙，或由田土经界之不明，或因分析争财之厚薄，或以富欺贫，以强凌弱，种种不法，概听宗子剖决。不服，方许呈官究治。如此则大宗之法行，一家之政修矣。”旧时，封建律法对分家有种种限制，如《大清律例》规定：“祖父母、父母在者，子孙不许分财异居。”社会习俗也以父母在而兄弟分家为“不孝”。但若“父母许令分析”，则法令不禁，习俗亦认可，故旧时分家一般是在征得父母的同意下进行。

1946 至 1964 年，江宁葛氏曾经三次分家，分家流程较为清晰，具有比较高的参考价值。

据葛家荣提供的资料，江宁葛氏第一次分家是在 1946 年 12 月。葛原道生有五子，故此次分家“照五股均分，分编成仁、义、礼、智、信字号”，将“祖遗、续置田地、房产、山场、器具及零星等件”进行分割。采取拈阄的方式，自此分居之后，“各执各业，如日后有兴隆者，命也。凋谢者，亦命也。”在分家遗嘱上还特别提醒：“切不可争长竞短，以伤手足之情。”

葛氏第二次分家，是源于 1951 年的土地改革。1951 年，江宁县人民政府推行土地改革，规定不动产归私人所有，产权明晰。江宁县政府发给六区阜泉乡葛原道三份土地房产所有证，记载田地 18.4 亩、草房 5 间，面积 1 分 5 厘合 100 平方米（其中村中 3 间、村北 2 间）、楼房 3 间，面积 6 厘合 40 平方米，村北宅基地 2 分 3 厘合 153 平方米，村中宅基地 3 厘合 20 平方米。1951 年 12 月 31 日，为了妥善分割家产，葛原道将自己的家产进行了分配，并敦请族人及邻居进行见证。这次分家是因为“今因长、次二子意见不合，时生口角，影响生产，不得以邀请亲族人等共同商议，二子也都愿意，决议分炊另过”。

葛原道与妻子王氏一共生有 4 男 2 女，长女已经出嫁，长子葛道谋已经成家，次子葛道训才 17 岁，其余两子年龄尚小。根据遗嘱规定，葛原道夫妇及两个幼子一女，跟次子葛道训一起生活，“家中所有田房园场及农具家具凭公搭配”，也就是进行分配。“自立分家之后，各执各业，不得争多嫌少，将来兴衰不等，均无异说。”也就是财产分割后，兄弟俩不再有异议。由于葛原道夫妇的后事由次子负责，因此遗嘱特别说明：“愚夫妇生前故后皆归次子道训料理，其遗产及一切用具均归道训及二幼弟承受，于长子道谋毫无干涉。”参与家产分割的除葛原道及长子葛道谋、次子葛道训外，还有葛原荣、葛原炳、朱长林、葛修正、葛原满、葛德强、葛原龙、葛原华、葛原富、庞家璜等。

1964 年，葛家进行第三次分家。这一次的立遗嘱人为王尚珍。遗嘱中提到：

立遗嘱人王尚珍，年满六十，所生四子二女，先夫早亡，长女早已出嫁，长子早已分出，四子招赘朱门，自愿将葛姓房屋用具一律均归道训、道生二人均分，毫无道谋、道宝想涉。次女年幼未婚，生活出嫁费用一律有受产人负担，次女每年所劳动工分钱有他二人另用，工分粮补助道训三分之一，工分钱不够另用，有双方完全负责，毫无其他人想涉。现已老母有道训扶养、次女有道生扶养，次女出嫁之后，老母生活殡葬费有双方负担。现有瓦房壹间，均归他二人使用，以后二古（股）均分，现有草房三间，二古（股）均分，东边一间明向前半间，有道训居住；西边一间明间后半间，有道生居住，所有零星对象、生产用具，一律当面分清，以后再无异言，恐口无凭，立此遗嘱书为证。

受分人：葛道训、葛道生。

凭亲友人：葛元炳、葛元荣、葛元富、葛德友、葛道谋、葛道宝、葛修珠。一九六四年立分书为证。

这次分家，受分人为葛道训与葛道生两人，与其他两个儿子葛道谋与葛道宝无关。遗嘱明确了各自的赡养、扶养的义务，以及对房产、零星物件、生产用具的分割，并邀请葛氏族人进行见证，从而避免了今后因财产分配问题产生矛盾。

当代影响与价值

天下没有不散的宴席。上至皇室，下至百姓，无论是富户还是穷户，分家析产是旧时大家庭繁衍发展的必然结果。分家意味着旧家庭的分裂，新家庭的诞生，是社会不断发展进步的重要因素。分家习俗，延续至今。虽然现代家庭一般都是独生子女，诸子之间的分家习俗逐渐远去，但由于生活习惯的不同，如今年轻子女成婚以后，一般与父母分居，拥有自己的小家庭，这种新型而又特殊的分家习俗已占据主流，是当今社会的普遍现象。传统的与父母共同生活的旧式家庭伦理观已被打破，且离我们远去。这样看来，通过对分家习俗相关资料的深入发掘，既可以保护地方记忆，也可为当今和谐社会的构建提供新思路，故具有重要的现实意义。

建房禁忌与阴损习俗

基本概况

建房禁忌与阴损习俗，旧时流布于江宁区境。

旧时江宁地区建房中的禁忌、阴损行为很多，如果不小心犯了忌讳，人们认为对屋主、家人、居住者以及房屋本身都很不吉利，甚至会影响主家事业、学业和收成等。其中虽多是捕风捉影、以讹传讹的迷信说法，但日积月累却形成了一种特殊的风俗。其中建房禁忌主要有：

1. 建房忌“前大后小、前宽后窄”。人们认为这种形状的房子形似棺材，房屋不聚气，易泄气。房基地及房屋都应该方方正正，但如前窄后宽，或前小后大，虽不够显眼，但却被认为是好事。

2. 厢房忌高于、宽于、长于正房。旧时民间的厢房，其正梁一般架于正房的二梁或三梁之上，不可以架于正房的正梁之上。厢房的进深，往往等于正房开间的三分之二，厢房的檐口也大大低于正房的檐口，做到主次分明，尊卑有序。如正房为三间，厢房只能盖二间。如厢房高于主房，前房高于后房，则被视为是“奴大欺主”。

3. 大门忌过大，更忌小于房门、后门或侧门。对整座房屋来说，大门小而房多房大者为实，大门过大而房屋较小则为虚，形同牛棚马厩。

4. 地基忌前高后低，屋内地平忌高高低低。地基前高后低，站于门前则一览无遗，不利于“藏龙卧凤”，被视为大不吉利。室内应同一水平，否则跌跌撞撞，很不安宁。

5. 室内房门忌门对门，特别是大门忌正对小门、房门、厕门、厨门等。如正对，则被认为是“大眼瞪小眼”，家人永不和睦，所以屋内各门均应错开位置开门。前后进敞厅的大门，因主要用于过道，不是卧室，所以几进敞厅的前后门，均应在同一轴线上相对。即便如此，有的人家往往还在第一进或最后住人一进的天井中，堆砌假山石加以遮挡。

6. 忌左右不对称。如三间两厢住房，正堂在正房中间一间，如四间两厢，则应将中间两间建成同样的正堂，否则就不对称。即使有三进五进，

龙都杨柳村古建筑

陶吴古寺木构建筑

左右两边必须对称。如某处面积较大，也不必全盖满，多余场地可另辟为与正房相邻的花园。

7. 屋脊、屋檐忌西高东低或右高左低。左边或东边稍低，则被视为“阴盛阳衰”“家无正主”。东与西、左与右应一样高，或者东、左稍高一点，此即俗称“青龙可以高一丈，白虎不该抬头望”。

8. 做门有四忌：民间忌用桑木，多喜用柳、榆、椿木作门板；忌用铁钉，俗以为门上用铁钉如同“钉棺材”，拼合门板只能用竹签，再加横木作公榫，半嵌入门板中加固。横木公榫多为四道或六道，取“四四如意”“六六大顺”之意；忌讳三、五道，否则被认为是“三煞进家”“五鬼把门”；忌用公榫内穿，否则会“穿肠过肚”遭凶事。

旧时江宁民间在建房过程中，如果房主人作恶多端，民愤较大，或房主对工匠过分刻薄，或者态度恶劣，工匠会采用各种“阴损”来加以报复。这如同“凿方山断长垄以泄王气”的传说那样，故意破坏东家的风水，以达泄忿解气的目的。江宁地区称这种行为是“阴损”，工匠们也笃信这些包括语言、动作、物品的阴损行为，可使屋主蒙受灾殃，得到报应。民间常见的“阴损”做法，一般有以下几种：

1. “小牛拉车”。用小牛犊拉大车木制模型，暗藏在门边墙内，牛头向外，能把家中的财气拉走，让屋主家业破败，家主早亡。

2. “门下独木桥”。在门坎踢脚石以下留一个小洞，洞内放一碗水，碗上横担一只筷子，俗以为能使屋主人步履艰难，处处临险。

3.“门槛钉楔”。在门槛正中心钉下一只竹筷，或是一枚铁钉、一个木楔，俗称“穿心钉”，使屋主及家人夭折早亡。

4.“小鬼唱戏”。旧时的外墙多为“空斗子墙”，砖头扁立相交，墙中为空洞（也有的用土石填满），如用两个泥人置于一个空斗子内，上面再砌实，形同棺材，则主家可能死人。

5. “置三煞”。在正梁上暗自钉下三根铁钉，再在钉上扣几根黑线，叫“黑三煞”，俗以为能咒屋主人死亡。

6. “设忌标”。即设置犯忌讳的恶性标记，如提高白虎位，降低青龙位，让房主暗遭不幸。

1936 年江宁农隐园

1985 年江宁土坯房

湖熟手工艺街老房子

7.“斩地龙”。房屋一般不该建在涧沟上，但无法避开时，应事先疏通涧沟，架上石板，以利通水。俗以为涧沟为“地龙”，其上建房屋能使屋主发旺。但如果有人夜间在涧沟上插一把铁锹，或将其挖断或堵塞，就能斩断“地龙”，使主家由旺变败。

需要说明的是，工匠自己做“阴损”时也有些禁忌：一不能让别人看见，二不能对任何人说起。一旦有别人知道，不仅不灵验，而且因为做了亏心事，他所企望的结果就会落到自己及家人头上。

民间关于阴损的传说很多，讲起来也活灵活现。这虽然都是迷信邪说，毫无科学依据，但却有惩恶向善的教育意义。相传秦桧祖屋为“天鹅孵蛋地”布局，因秦桧卖国求荣，工匠们遂用鹅卵石修一条弯弯曲曲的羊肠小道，如同长蛇，吃光了天鹅蛋，因而其后代一蹶不振。

由于建房为传统时代家中之大事，为保证房屋的质量，旧时屋主人在建房时期基本上都会给予工匠们好吃好喝，只要不过分，主家一般都会尽量满足工匠们的正当需求，且不会轻易得罪工匠。

历史传承

建房禁忌与阴损的诸多说法，流传已久，这一知识体系乃旧时建房工匠师傅口口相授，代代相传。因此，一般只有从事瓦、木的工匠，才会知道并传承这样的风俗。如今，江宁乡村自建房屋已非常罕见，加之建房禁忌与阴损相关知识多仅限于行业内部，且秘不示人，故现在知道这一知识的工匠逐渐极少，已接近消失。

当代影响与价值

建房禁忌与阴损是旧时从事房屋建筑的工匠，所掌握的有关专业知识，是一种特殊的地方传统文化。它是人们在长期的生产生活实践中所积累的特殊经验与知识，蕴含了古人在选地建房方面的非凡智慧，具有一定的历史价值、文化价值及精神价值。建房的禁忌，体现了旧时人们趋利避害、祈求家宅平安的美好愿，及对美好生活的向往。而建房阴损则在一定程度上起到了劝人为善的作用。近年来，随着大规模的城市化建设，江宁地区已是高楼林立，自建房急剧减少，知晓和运用建房禁忌与阴损知识的工匠寥寥无几，但仍有孑遗。挖掘整理相关资料，不是宣扬知识信息，而是保护地方记忆，同时希望利用这些文化资源，对现代社会的乡村建设有所启发与借鉴。

上梁习俗

基本概况

上梁习俗，流布于江宁区境。

旧时江宁地区建房有着一整套的流程，其中以上梁最为重要，也最为讲究。在上梁之日，亲朋好友均来贺喜，建房主家则要大办酒席宴请大家，以示庆贺。上梁时送的礼多为红布、香烟、对联、鞭炮、被单面子及现金，后来生活条件好了，就送装裱好的中堂画、电器等物件。讲究的人家要点燃蜡烛，杀生，摆果盘供祭。江宁地区的上梁习俗，主要有择日、暖梁、上梁、挂红、接宝、抛梁等仪式，每一个程序都有相应的喜话，极具地方特色。

择日：建房前，主家需请阴阳先生选择开工吉日，看好门向，择定上梁日期、时辰等。日子选好后，告知亲友，以便备礼祝贺。上梁日最好为阴雨天，寓意“雨得梁头蓬蓬起”，大吉大利，预示主家兴旺发达。

暖梁：上梁前一天或当天上午，主家的岳父母须备一担礼物，包括米糕、猪头、鲤鱼、公鸡、猪大肠，红、绿布各一大块、金花一对、蜡烛一对、红灯笼一对、鞭炮若干、摇钱树一株及红包等。主家的舅舅、姑妈、姨妈、伯、叔等长辈，一般送字画、红包、礼盒等贺礼。

举行暖梁仪式时，主家将正梁架在两张板凳上后，需在梁前设供桌，点上蜡烛，供三牲（猪头、鲤鱼、公鸡），烧高香。主家还需准备一只筛子，内放糕点、糖果、点心，并请人在红、绿方布上写“长命百岁”“黄金万两”“吉星高照”“紫气东来”“平安吉祥”“富贵满堂”等字样。然后，再用铜线压住布脚，钉于正梁中间，两边各插一支金花，金花旁边挂上来客的喜帖。梁上放米糕、点心后，主人叩头，木匠则说喜话：主家富贵建新房，今天全家喜暖梁。正梁本为千年木，原在长白山顶上。千里迢迢登尊位，建起新房万年长。之后，主家将供酒端起，从梁东头洒向西头，再从西头洒向东头。这时的喜话是：一对金龙喜洋洋，手拿刨花暖金梁。左暖三道生贵子，右暖三道状元郎。暖梁仪式结束后，主家设宴招待亲朋好友及瓦、木匠师傅。

上梁：即把梁架在两边山墙上的仪式，主要是架设正梁。在上梁吉日的上午，主家需在门墙两边挂对联，上书“巧逢黄道吉日，喜遇紫薇仙君”，横批“上梁大吉”，或书“宝地造新房，吉人承五福”，横批“紫气东来”。堂前则挂“紫微星图”，梁上贴“文昌到宫”“紫微高照”“飞熊镇宅”等条幅。吉时一到，下面的人点燃绕在梁上的小鞭炮，屋顶上师傅燃放天地响，一时鞭炮齐鸣。此时，瓦匠大师傅站东边墙头，木匠大师傅站西边墙头，双方将系有红布条的长绳拴住正梁两头，并在下面众人的托持下，缓缓拉起，使披红挂绿的正梁平稳上升（一般为东略高，西略低）。正梁到达屋脊后，瓦、木匠大师傅各捧一头，移上正位，合上榫头。

1953年江宁秣陵镇居民盖新房

上梁过程中，为讨主家高兴，多出喜钱，瓦、木匠大师傅喜话不断。如说：手托金盘步步高，主家新房接灵霄。东西南北金看到，八方财神来献宝。又说：脚踩木梯去上梁，主家金银千万两。福禄寿喜样样全，来年再造高楼房。又说：天上金鸡叫，地上凤凰声。今日黄道日，正在上梁时。又说：脚踏楼梯步步高，手捧仙果和仙桃。有人问我何处去，紫金梁头走一遭。你前走我后赶，一对金鸡赶凤凰。凤凰不落无宝地，贵人出在你府上。又说：上梁上梁，金玉满堂；上梁上梁，儿孙兴旺。

架设正梁时，有专门的喜话：正梁稳稳登正位，东家世代都富贵。金银财宝堆成山，紫薇财神来相会。又说：长白山上千年木，主家请来盖新屋。子孙满堂皆富贵，状元及第多福禄。又说：正梁步步高升，主家福禄进门。祥云盘绕门户，瑞气屋中升腾。向正梁上洒酒时，喜话则为：一酒东方寅卯木，主家宝地造新屋。二酒南方巳午火，天造地设子孙多。三酒西方甲酉金，田地屋产是黄金。四酒北方子亥水，喜祥顺利见紫薇。再酒中间四季土，五谷丰登满仓库。梁上的瓦、木匠大师傅说喜话时，主家和下面仰望梁木的人则一起拍手叫好，可谓一呼一答，气氛热烈而浓厚。

古梅亭庵雕刻大梁

上梁时，如遇小雨，则被人们视为吉兆（某些人家会选择在雨天上梁）。喜话有：上梁巧遇及时雨，东家满屋堆金玉。雨得梁头喜洋洋，东家世代都兴旺。子孙都是忠孝郎，全家老少都健康。年年五谷大丰收，头头六畜都健壮。金银堆到屋梁脊，恩泽乡邻都沾光。

挂红：主家要将亲朋好友送来的红布搭于正梁上，之后再取下。其时喜话有：手拿红罗一片纱，亲戚六眷恭贺他。昨天还在长街卖，今天飘落富豪家。手拿金花响灿灿，金花插在紫金梁。金花就是摇钱树，东家就是沈万山。

接宝：在正梁上稳后，瓦、木匠大师傅把拴在梁上的长绳解开，然后将长绳拴住上梁时主家系礼品用的空元宝篮，并缓缓放到地面。之后，主家的亲朋好友向篮中放入钱物，再由师傅拉上正梁，这即为接宝，也叫系宝。

龙都地区上梁接宝仪式较为独特，在上梁之前，一般由女主人的娘家人制作一特大馒头（有的里面放钱币），然后主家也要准备小馒头。上梁时，顶上的师傅们将大馒头和小馒头等食品拉至梁上，然后象征性地扔下几个，主家则用被单面子、帽子、箩筐在下面稳稳地接住，谓之“接包”（意味接宝）。之后，主家将接到的食品供放家中，寓意“宝到”“宝来”。

为讨要喜酒，瓦、木匠大师傅需要在接宝时喜话不断。如主家是老头，则说：脚踏金砖到花厅，蟒袍玉带顺地拖。今天接我紫金宝，福也多来寿亦多。若是老太，则说：老太接宝笑哈哈，八幅罗裙顺地拖。今天接我紫金宝，千年媳妇万年婆。若为子女，则说：少东家接宝接一张，接我紫宝进书房。紫宝接去鸿运转，来年定中状元郎。若为媳妇，则说：嫂子接宝喜洋洋，抬头看见自家梁。今日接我紫金去，来年定生状元郎。好男生五个，好女生一双。七子团圆家兴旺。若为小姑子，则说：小姑子接宝接一双，接我紫金进绣房。描龙绘凤绣鸳鸯，绣得鸳鸯成双对，绣得凤凰配成双。

抛梁：接宝结束后，瓦、木匠师傅需向屋下

横溪街道陶吴大王村王氏祠堂大梁

佘村明清时期建筑

五个方位洒酒或抛撒馒头、糖果、糕点、花生等食品，俗称抛梁。他们一边抛，一边说些大吉大利的彩头话，围观的村民和亲朋好友蜂拥而上，争先恐后地抢，一时人声鼎沸，热闹非凡。这时要说的喜话是：抛糖抛到东，紫薇东来太阳红。抛糖抛到南，文曲星来育子男。抛糖抛到西，太白送块金土地。抛糖抛到北，北斗送来全家福。

上梁时还有些讲究与禁忌：主家需挑选上好的、经江水煮过的木料为屋梁，并选择其中较粗的为正梁；建房时，要请阴阳先生选择门向，门向好，全家大吉大利，门向不好，不但不吉利，甚至全家惨遭天灾人祸；门向不能正对邻居的墙角，若避不开，可将自己大门门向略偏；人站在大门口，不能看到前面邻居厨房的烟囱，若避不开，可在自己大门顶上安一面小镜子，以避凶险；正梁要用水平尺端平，屋顶不能一边高一边低。此外，因地处河网地带，旧时江宁地区建房上梁的木料大多从安徽、江西等地水路运来，至南京后集中于上新河一带，之后再运往江宁各地。

江宁民间认为上梁习俗源于木匠祖师爷鲁班，并流传着一个故事。相传有一天，鲁班路过一户正在盖新房的人家，该户聘请的木匠粗心，将梁锯短了几分。见此情况，鲁班前来帮忙，将梁一锯两段，中间接上一截，并将一块红布搭在中间遮住接头部位。之后，这户人家将木梁架至两侧墙头，不长不短，正合适，众人十分惊讶。收工时，鲁班忽然不见，众人认为这是神仙驾到。从此以后，当地建房上梁必用红布包住正梁，相沿成习。

历史传承

从古至今，在建房过程中，以上梁最为隆重。汉史游《急就篇》记载“榱椽欂栌瓦屋梁”。此梁即指房屋之梁。唐代韩鄂《四时纂要》卷一记载，

1960 年方山、龙都及湖熟地区地图

江宁龙都杨柳村朱氏住宅

江宁龙都杨柳村朱氏住宅砖雕门楼

唐代正月中建房，“昏晓上梁架屋”则百事皆顺。

唐宋时期，民间开始出现在房屋上大梁时，举行一种诵唱“上梁文”的仪式。宋居简《北磵文集》卷九所录的《慧日僧堂上梁文》，即是宋代的上梁文。明代徐师曾《文体明辨序说》对上梁文有专门解说：“上梁文者，工师上梁之致语也。世俗营构宫室，必择吉上梁，亲宾裹面（馒头），杂他物称庆，而因以犒工。于是匠伯以面抛梁，而诵此文以祝之。其文首尾皆用俪语，而中陈六诗。诗各三句，以按四方上下，盖俗礼也。”由此可见，在明代，一般“营构宫室”上梁时，主家需要选择吉时，犒劳匠人，而匠人要诵祝上梁文，亲朋好友则需赠送主家礼品等。《明史》卷二百五十四《张玮传》即记载，明代天启年间（1621—1627），广东有官吏在建造魏忠贤祠过程中，曾向时任广东提学佥事的张玮乞求写魏忠贤祠的上梁文。

据口碑资料，江宁地区的上梁习俗，至迟在清代民国时期已有。江宁区境特别是秣陵地区的古宅，如马家楼房、龙王庙、秣陵集镇老街等，这些老宅梁上都雕刻着与民间传说故事有关的图案，如“八仙过海”“观音送子”等，是旧时当地上梁习俗的实物证据。

当代影响与价值

上梁习俗历史悠久，是千百年来人们在长期生产生活中积累的经验认识，寄托了人们对房屋永固、避邪制煞、富贵长久及子孙满堂的美好愿望，具有丰富的历史价值、文化价值、精神价值。江宁地区一般人家在上梁时，需择吉日、吉时、讲吉祥话、办酒宴，进行繁琐复杂的仪式，一派喜庆热闹的场景，处处洋溢着浓浓的邻里乡情，是人们传统居住、生活观念的直接体现。

近若干年来，随着城市建设步伐的加快，江宁区境内许多农村被拆迁，原居民住进了经济适用房、拆迁保障房，乡村自建房的情况已少见，故传统木构建筑的上梁习俗已处于消亡的边缘，仅在部分僻远乡村可见，但相关仪式亦从简，往往是主家与瓦木匠谈妥上梁喜钱数目，一次付清款项即可。

圆灶习俗

基本概况

圆灶习俗，旧时流布于江宁区境。知情人张卫星、笪本才。

圆灶，即新灶建好后，在泥瓦匠走之前，阖家庆祝灶成、开伙吃饭的仪式。旧时的江宁乡村每家建新灶时，都要祭祀灶神，礼成方为圆满，灶王爷安妥了，一家饮食安顿了，打灶也算正式结束，所以叫“圆灶”。

圆灶的日子有讲究。以前村子里家家户户都吃灶，所以都要搞圆灶，最好选在二月二，此日俗称“龙抬头”，预示着一年都有好兆头。此外，也可挑选逢双的日子，特别是农历的双月双日，寓意双喜临门，喜庆吉利，最好是数目带“八”的，比如初八、十八、廿八等，更讲究一些的人家还会请风水先生专门择个吉日。

知情人邱卞氏口述圆灶风俗

所谓“民以食为天”，灶台直接关系着百姓的食品生计，因此江宁普通人家都十分看重圆灶，认为其意义非凡。日子选好的当天，一定要闹一闹，在外面放鞭炮。打灶动工前要点烛放炮，圆灶时也要放炮，磕头烧香，有始有终，有头有尾。之后在灶台下点火，烧火的材料也有讲究，要用当季田里的废料。比如春天圆灶，那就拿春天田里的废料来烧火，像麦秸、芝麻秸、菜籽秸等。

老灶台

开火时，主人要在烟囱上贴一张“福”字，再把锅架好，准备煎青葱豆腐。选择这样一道简单的菜肴，是为了讨个好口彩，叫“一清二白保平安”，以期望清白传家，平安度日，寄托最朴

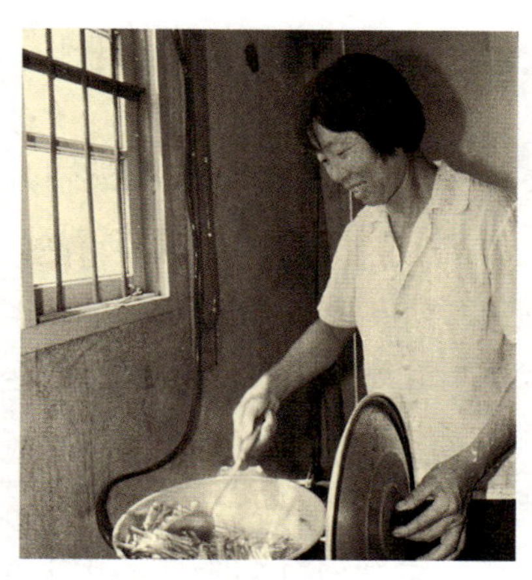

1986 年谷里乡居民使用煤气灶

殷巷出土的西晋青瓷灶

实的愿望。此后就可以烧其他的菜肴了。因为各家人口不一，无论是单灶、双灶，还是三眼灶或四眼灶，烧出来的都叫第一顿饭。可以借此机会，犒劳一下为打灶出力的泥瓦匠，表达全家的谢意。

圆灶时，还要在灶台上摆上一份“条子糕”。这不是给家里人吃的，而是敬给灶老爷的，寓意步步高升，希望灶王爷上天言事，下天保民，俗语云：“上天讲好话，下地保平安。”因为“条子糕”事关重大，圆灶之后，家里大人也要小心看着，不能让小毛娃、小猫小狗碰糕。“条子糕”需要一直摆到朽烂了，才能丢掉。

历史传承

对灶神的祭祀习俗，在民间影响很大，流传极广，相传源于古人的拜火习俗。《释名》曰：“灶，造也，创食物也。”灶神的职责就是执掌灶火，管理饮食，后来扩大为伺察人间善恶，以降福祸。灶神信仰是中国百姓对“衣食有余”梦想追求的反映，而贡灶糖、贴神像、贴福字、贴对联等行为，则是相沿千年的向灶神祈福的方式。民间流行的“圆灶”一俗，就是祭灶习俗在江宁地区的特定表现形式。

据相关资料，江宁地区的圆灶习俗至少可以追溯到明清时期，是当地极具地方特色的一项民俗活动。我国一些地方有“男不拜月，女不祭灶”之说法，不让女子参加祭灶活动。宋代的范成大在《祭灶诗》中就描绘了当时女性在祭灶时回避的场景，诗云：“云车风马小留连，家有杯盘丰典祀。猪头烂热双鱼鲜，豆沙甘松粉饵团。男儿酌献女儿避，酹酒烧钱灶君喜。”但江宁的圆灶活动并不避忌女性，这一点在夏仁虎《岁华忆语》之“祀灶”中可得到验证，其文曰：“二十三俗谓小除夕……祀灶，妇媪之祀也。是夕，厨娘皆换新衣裙，主妇主其祀，士大夫弗与也。”夏仁虎殁于 1963 年，主要生活在民国时期，作为老南京，他记录的民俗在包括江宁在内的南京当有一定的代表性。由此可知，南京腊月二十三祭灶，由主妇主祭，厨娘换新衣，女性才是祭祀活动的主体。此俗与其他地区颇为不同。

作为讨好灶王爷的供品，白糕、条子糕是“江宁版”“南京版”的灶糖。《金陵岁时记》形容南京的灶糖，其“式如元宝，以芝麻和糖，焙焦之为金，以麦糖揉之为银，供祀灶神”。这类灶糖既在做法上讲究，又在造型上精致，所以作者潘宗鼎骄傲地说“吾乡始有”。需要说明的是，在江南民间，与灶相关的习俗，多有一定的相似性，并非江宁和南京所独有。晋人周处《风土记》即有“腊月二十四日夜祀灶”的记载，所谓“白一岁事”，与《清嘉录》中的记载及今天流传的一些民谚十分相似。民以食为天，果不其然。

当代影响与价值

与祭灶有关的习俗在我国民间流传甚广，充分展现了在民以食为天这一思想的影响下，对灶神崇拜的普遍性。全国各地祭灶习俗多不相同，则说明民间灶神文化的丰富性和复杂性。江宁地区的圆灶习俗，具有比较明显的地域色彩，反映了当地民众的功利主义心理，能够满足人们家和事兴的朴素愿望和追求，可为研究江宁民间信仰提供丰富的资料，因而具有比较重要的历史和精神文化价值。

新中国成立后，圆灶习俗在江宁城镇乡村仍然极为盛行。自 20 世纪 70 年代起，随着城乡居民煤气灶的使用，以及后来家用电器的普及，电饭煲取代了灶的部分功能，圆灶习俗在今日江宁流行的区域在逐渐缩小。如今，江宁城镇人家，其土灶大锅均摇身变成了燃气灶，灶头神龛没有了，与祭灶活动相关的送灶、接灶、圆灶习俗均已淡化。尽管如此，其中蕴含的乐观向上的精神和向往美好生活的情感，仍值得我们追忆。

农家流水席

基本概况

农家流水席，流布于整个江宁区境。

旧时在江宁的乡村，农家遇红白喜事办酒宴，不像城里在饭店一开几十桌，无论穷家还是富户，一般都是在家筹备操办，他们会在自己家院子里搭起棚子，并聘请厨子烧菜办席。宴席开始，也不排席次，三四桌或四五桌连续不断地开席，一桌人吃完下去了，又一桌人坐上来吃，独有一番风味，俗称“流水席”。农家流水席虽然不像酒店宴席那样正规，但也有一套严格的流程与要求。如一盘一盘的凉菜、热菜、素菜、荤菜，需要按照顺序不间断地端上，直到摞起来，摆满一大桌。而吃酒席的亲戚朋友，吃完一轮，紧接等待下一轮，如行云流水般不停地上菜，不停地吃。这种形式的宴席就叫“农家流水席”。

农家流水席来的客人，基本上是主家的亲戚、邻居及好友。由于同样生活在一个村子，一遇红白喜事，同村关系要好的人，或隔壁邻居就会主动到主家去帮忙。为表示感谢，主家会邀请来帮忙者的家人一道吃流水席，这种情况俗称“围情”。

农家流水席的厨子，一般请的是当地的农民，他们的手艺各有各的绝妙。通常农家办酒宴的前几天，主家就已经把厨子请好了。在酒宴的前一天，被请的厨子用竹筐挑着酒席用的碗碟、砧板来到主家，根据主家提供的食物进行配菜。或烧或煮，或炸或煎，冷盘热碟一一拾掇好，到时浇上汤汁佐料就可以上桌了。帮厨的是左邻右居的妇女，她们在厨子的指挥下，有的摘菜，有的剁肉，有的杀鸡，有的宰鸭。相关食材洗净后，放在临时用门板搭起的案板上备用。

厨子一般使用主家厨房中的土灶，土灶上面安置有烧火做饭的三口铁锅。正日子那天，厨子在灶间挥勺忙个不停，一边用肩上的毛巾不时擦拭脸上沁出来的汗水，一边吩咐帮手配菜下锅。大盘小碟盛好后，放在风凉处，开席之前正式上桌。

农家流水席上菜是讲究顺序的，先上炒菜，再上蒸（煮）菜，最后一道是鱼。从上菜到摆放，从菜品组合到进餐，都有一整套规矩礼节。其上桌菜都是大盘大碗的，家养的土鸡、土鸭，烧得色香俱全，味道诱人。红烧肉大而油亮，肥而不腻。细磨的豆腐切块整齐，香嫩可口。蔬菜是农家菜园里自产的，由猛火炒出来，原汁原味，纯正鲜美，撩人食欲，让人回味。如果是吃喜酒，为烘托喜庆气氛，在流水席进行到一定程序（一般在快结束时）后，年轻人之间还流传着“扣饭”的习俗。姑娘们用碗盛好饭背在身后，说笑时趁人不在意，眼疾手快把一碗饭扣到还没有吃完饭人

知情人口述农家流水席

的碗里，弄得被扣饭的人狼狈不堪，使得吃席者满堂大笑。为预防被姑娘们扣饭，小伙子们只得用一只手捂着饭碗吃饭。不然，再被扣上一碗饭，那你就吃不完兜着走了。

历史传承

江宁农家流水席起源于何时，已不可考。相关资料显示，民国时期摆“流水席”十分流行。据 1926 年《语丝》第 86 期记载，一位慕老太太死后，家中大摆“桌子板凳，以便开流水席”。1935 年 5 月 7 日《益世报（天津）》所载对河北平山农民平常食物调查报告，其中即有“流水席”。1922 年 7 月 20 日《大公报》记载了长沙商会大摆“流水席”宴请湖南省议员之事。

20 世纪的江宁乡村，农家流水席十分盛行。进入 21 世纪后，随着大规模的城市化建设，传统乡村逐渐消失，目前仅少数僻远地区还流行着农家流水席的习俗。

当代影响与价值

传统村落的居民，大多是沾亲带故的亲戚朋友，故农家流水席的举办，一般会集聚村内绝大部分的村民，他们或来吃席、或来帮忙操办事项，场面十分喧嚣热闹。这一习俗是传统乡村居民社会交际往来的一种特殊形式，体现了淳朴美好的邻里乡情，能够增加村民之间的情感，凝聚集体的力量。在吃流水席时，人们品尝着农家小菜，聊着家长里短，处处洋溢着浓厚淳朴的乡情，场面温馨而又感人。如今，随着大规模的城市建设，江宁乡村传统的农家流水席已逐渐远去，我们仅能在偏远地区或书本上，来感受旧时江宁浓浓的乡情与淡淡的乡愁。作为传统乡村文化的一部分，农家流水席承载了人们太多太多的情感与美好回忆。就此而言，保留传承这一习俗仍具有一定的意义。

过房干儿子习俗

基本概况

过房干儿子，或称“拜干老子”，由“栓颈绊”“换宝书挂锁”和“开锁”3个部分组成，其习俗主要流布于禄口街道及周边地区。

“拜干老子”一般选定农历二月初二（龙抬头的日子）。主家准备好一根2尺多长的红头绳，系上一枚顺治铜钱和一枚康熙铜钱，让干老子套在干儿子的颈上打个结（表示顺心如意、太平安康之意）；随后，干儿子整齐衣冠，向干老子下跪叩首，并请干老子起一别名，如“长命”“长生”“长根”之类的名字；接着，请理发师将干儿子头顶性命堂处剪成寿桃型的发型，后脑壳留有半圆状头发，准备结辫子，表示传宗接代的根系。之后的2年中的二月二，干老子都要为干儿子送上银项圈和手镯。

以后的3年中，干老子要给干儿子送宝书。宝书是长约一米、宽半米多的裱历，上印有银灰色的“过继”字样或双古钱的画面，其中书有2排8个字：“苏才郭福，姬子彭年（表示有苏东坡的才学、郭子仪的福气，像姬昌那样生99个儿子，活到彭祖那样年纪）。”中间落款：“××× 于 × 年 × 月过继给 ××× 为螟蛉之子。”“螟蛉之子”语出《诗经·小雅·小宛》：“螟蛉有子，蜾蠃负之。”意思是蜾蠃不产子，于是捕螟蛉回来当义子喂养。按：蜾蠃是一种黑色的细腰土蜂，常捕捉螟蛉入巢，以养育其幼虫。古人误以为是代螟蛉哺养幼虫，故称养子为螟蛉义子。再用红头绳系着四枚顺治太平钱（表示顺顺当当，太太平平），挂在“宝书”中间。由干老子亲手给干儿子套上一块长命锁，上面刻有“长命富贵”等字样，又套上银项圈、银手镯和玉雕如来帽花。

到了干儿子10岁生日，干老子给干儿子开锁，剃小辫子，点香火祭祖，祈祷祖宗保佑传家接代。

江宁儿童腰鼓

历史传承

过房干儿子（拜干老子）的习俗，在清末、民国时期很盛行，一直延续到新中国成立后。

旧时，过房干儿子有多种情形：有的是自己无儿无女；或只有女儿，遂在同姓晚辈族人中挑选干儿子，过继到自己名下，为的是继承自己的家产，撑起自己的门户。有的是异姓拜干儿子，这种情况在社会名流中较多。比如民国时期的梨园界比比皆是。还有过房干儿子是因某一家族（庭），人丁不旺，唯恐失去传宗接代、光祖耀宗的继承人，而寻求另一人丁兴旺、和善富贵的家族（庭）的长辈为干亲的一种习俗。比如《上海漫画》1937 年第 10 期刊发了江栋良《一份大富人家传出了要领一个干女儿或干儿子的消息后》的漫画，画面中前来应聘的人挤满了门庭。还有的是因为孩子属相与父母属相相克，父母唯恐其不能长大成人，故为其找一个与其属相相符的人作干老子等。

禄口茅亭古树

顺治铜钱

过房干儿子这种风俗，各地都有，细节虽多不同，但大的方面还是相近的。如老北京人，干爹干妈也要送干儿子一把长命锁，还要送一套小衣服，包括帽子帽花，与江宁有类似之处。在河南农村，婴儿出生的头一天早上，要对“碰”到的第一个人磕头讨名，农村早起的多为拾粪老头，就信口胡诌出“粪筐”“箩头”“狗娃”“猫娃”等名字，在小时候叫叫，与江宁赐小名的做法接近。

当代影响与价值

“过房干儿子”是旧时江宁民间育儿习俗的一种，极具地方特色。该习俗表达了那些特殊家庭对于人丁兴旺、传宗接代与和善富贵的美好愿望，传承和丰富了当地的历史文化内涵。这种习俗，在今日江宁已经不太流行，但仍有孑遗，对于保存地方记忆，对于满足部分特殊人群需求，仍有一定的意义。

撞干爹习俗

基本概况

撞干爹习俗，主要流布于湖熟街道龙都地区。

撞干爹，又称撞喜，是旧时在婴孩满月或农历二月初二，家人抱婴儿出门，将在路上碰见的第一个男性拜为孩子干爹的一种习俗。江宁旧俗认为，撞干爹后，孩子就可以避免夭折，可以健康成长了。

江宁地区撞干爹的具体习俗包括以下内容：在婴孩满月或二月二这天清晨，以子孙金贵（怕小孩不成活）的人家，一般由父母抱着或牵着小孩，带一壶酒和四样菜，站在村口大路上，等待过往行人。如果碰到头一个人是男性，则认作干爹，表示小孩从此过继给外姓干爹为子。届时，干爹需要给钱物作为回礼，若身无钱物，可摘下衣服上的一颗纽扣，意为“扣住”了。或从地上拣个石子作为礼物，意为“实实在在”之意。若干爹姓陈或刘则更好，意为“存”“留”住了。

在路上撞完干爹后，孩子父母当即就要问明对方姓名、住处。三天后，孩子父母需要备礼品，带上婴儿登门拜认。被拜干爹者要设酒款待亲家，并赠送婴儿衣帽等礼品。从此两家拜为亲戚，逢节日、喜事，互相往来。婴孩第一个碰见的人，无论是官是民，是富是贫，即便是个讨饭的，也要拜寄，认其为“干爹”。

认干爹的那天，干爹要更改孩子的姓名，给他起新名，如“拴呀”“踩呀”“存存”“小狗”等等，其取意与“泼皮”“存住”“踩住”“扎实”有关者为好。之后，要由孩子的父母将书写有孩子新名的“保书纸”给干爹，意思是已将孩子“过继”给他。“保书纸”一般要挂在干爹家的正堂之上。

关于撞干爹习俗的由来，也有人认为是因为旧时有的孩子体弱多病，希望通过在路上“撞干爹”，可以使孩子的病尽快好起来。撞干爹习俗，还有其他一些讲究。如撞干爹忌讳施、史和白姓。干爹若家境不好，也易发生矛盾。孩子所认干爹必须是双亲俱在、儿女双全的人，并且身体要硬朗。据说这样，孩子就能在干爹的庇护下健康成长。

需要说明的是，旧时所谓撞干爹，虽名之曰

江宁区博物馆收藏的清代“子孙”铭紫砂鼓式盖罐

"撞"，其实大多孩子父母已事先物色好了对象。不过，也有人因为迷信"收人家一个，自家要伤一个"这样一种说法，怕对自家孩子不利，故不愿收干儿子的。

历史传承

撞干爹，与收义子、认干爹的传统习俗相关，最早可追溯至东汉时期。西晋陈寿《三国志·吕布传》记载，东汉晚期，董卓因宠信吕布，将其收为义子。魏晋南北朝时期，这一现象逐渐流行。如北魏杨炫之《洛阳伽蓝记》记载，北魏时期，"隐士赵逸来至京师，汝南王（元悦）拜为义父"。唐代李百药《北齐书·和士开传》记载，北齐权臣和士开，"富商大贾朝夕填门，朝士不知廉耻者多相附会，甚者为其假子"。唐宋时期，收义子的现象更为普遍，如安禄山先是被幽州节度张守硅"养为子"，后来又成为杨贵妃的养儿。更有甚者，后唐太祖李克用的假子、义儿众多，乃至建立起了"义儿军"。南唐开国者先主李昪，原亦是杨吴权臣徐温的养子。北宋欧阳修《新五代史》还专门辟立了《义儿传》。

据口碑资料，江宁地区的撞干爹习俗，起源于明清时期，至新中国成立初期，在部分乡村仍有流传，其后则逐渐被废止。今日江宁知其俗者，无论是乡村，还是城镇，都已经不多了。

当代影响与价值

撞干爹习俗，是旧时江宁民间育儿习俗的一种，表达了一般人家对于人丁兴旺、传宗接代与家庭和睦的美好愿望，寄托了父母长辈对幼儿的舐犊和爱护之情，极具地方特色，具有比较重要的历史文化内涵。如今，这种习俗在江宁已经不再流行，但作为传统人生礼俗之一部分，对于保存地方记忆，满足部分特殊人群的心理需求仍有一定的意义。

踩药渣习俗

基本概况

踩药渣习俗，流布于江宁区境。

旧时江宁民间，有病人服中药后，将药渣倒在三岔路口，供过往行人踩踏之俗。这是因为，人们认为病人服过中药后，病魔即收入药渣中，经行人踩踏后，病魔将不再继续害人，病人的病也就痊愈了。

关于踩药渣习俗的来源，江宁民间还流传着一个传说。相传唐代著名医师孙思邈医术高超，常常为穷者治病，不收取酬金。有一天，竟然有一只老虎上门求救，孙思邈治好老虎的创伤。从此以后，为报恩情，这只老虎每日都会驮着孙思邈去患者家治病，治完后，再将其驮回家。后来人们发现，有时老虎将孙思邈驮回家后，又回到了患者家门口。患者虽然知道这是孙思邈家的老虎，不是很恐惧，但孩子们还是非常的害怕。患者遂将此事告知孙思邈，孙思邈也不得其解。后来他发现，原来是因为病人贫困，孙思邈未收取酬金，而老虎认为患者没有及时支付酬金，所以才会又去患者家讨要。于是，孙思邈与患者约定，每次吃过药后，将药渣倒在路口。同时，他告诉老虎，如果发现患者将药渣倒在路口的，就说明酬金已经给了，就不要惊扰人家了。从此以后，老虎再也没有折回患者家门的情况，大家都获得了安宁。久而久之，人们逐渐形成了将药渣倒到路口的习俗，并代代相沿。

历史传承

踩药渣的习俗由来已久，相传起源于唐宋时期。资料显示，晚清民国时期，踩药渣习俗在不少地方都十分流行，相关迷信深入人心，牢不可破。如清光绪十六年（1890）十二月十八日《申报》登载了上海妇人踩药渣习俗：“仆尝见

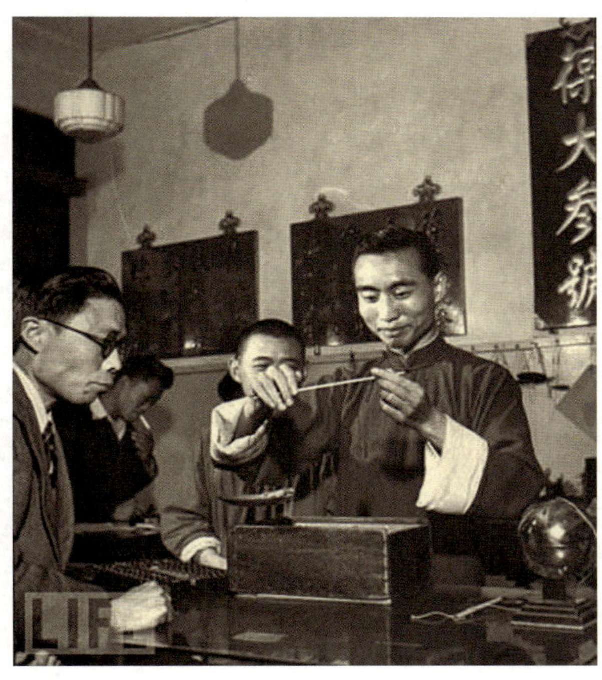

民国药店

佣妇倒药渣于当街，面斥之，则曰：‘凡病人服药，必将药渣倾于当路，使众践踏之，病乃易愈。’问此说从何而来，则云：‘相传有此一说。’询诸他人，亦谓果有此说，是真所谓习俗之见，牢不可破者矣。”宣统二年（1910）《中西医学报》第2期朱诒彬《宜改药渣泼路之陋习》一文也说：“然每见各处街衢，有病家牢不可破之恶习，莫如将服药后之药渣，泼于当路，积习相沿，竟无良法劝免。”1914年《浙江警察杂志》第8期一篇公文亦载：“本月十日，《天目报》载杭垣一种迷信习俗，凡遇病人服过之药渣，须倾倒街心，使行人踏过，病人即可脱灾……”1916年《小说新报》第7期登载的寄恨《谐薮滑稽新语:踏药渣》则云：“或问余曰，某每见病家煎药，以药渣倾泼街心，任路人践踏，其义何居，据说系有踏散之意，未识当否，余曰：乡人俗风，本能索解。”从以上记载来看，踩药渣习俗，不独江宁县境所有，全国各地都有这样的风俗。

民国时期，这一习俗因影响街面整洁与居民生活，常常受人诟病指责，有不少学者还发文加以批判。如1937年《每月画报》第3期过客《从倒药渣说起》一文，指出当街倒药渣是一种自私的行为：“那些中国药的药渣，病家总把它倒在有很多人行走的地方，因为他们相信，药渣一经行人践踏，那毛病便给别人带走了。我晚上在弄堂口走进走出，总会践踏到很多的药渣，十分讨厌，有时更有滑跌的危险，然却并不曾因践踏药渣而生病！”1933年《青年生活（南京）》第22期苦雨《药渣与伤风》一文，还用一首打油诗来讽刺当街倒药渣行为：“出卖重伤风，一见就成功。若要毛病好，药渣抛路中。”

关于踩药渣习俗的来源，也有学者进行讨论。如1928年《卫生报》有一篇《药渣弃置街衢之由来》说：“孙思邈真人，唐之隐士也，华原人，通百家，兼医术，为人治病，著手成春，遇病贫者，恒不取酬。一日，有一猛虎冲门而至，曲前蹄，张其口，作跪求状，真人度其求医，视其喉已溃，盖食野兽骨鲠在喉间。思奏以刀圭，恐一觉痛，必大嚼断矣，乃置一铜圈于虎口内，伸手去其骨，糁以药，除其铜圈，虎摇尾而去。隔数日，虎复来，蹲在户外，俟真人出，作乞其乘坐状，真人遂骑至病家。如此，日以为常，间有病家未酬者，其虎驮真人归后，复至病家不去，病家知虎虽不为患，然孩儿辈颇呈惊惶，告之真人，真人亦不解其故，后察得顿时酬医金者，虎不至，始悟其索酬也。真人后与病家约，服药后可将药渣倾于门外，真人即与虎言曰：‘凡有药渣在门外者，已酬矣，汝不得再去惊扰。’虎颔之。由此病家得安矣。今人谓药渣弃置街衢，经万人踏者病可即愈，盖以讹传讹耳。今之走方医生手摇虎撑者，即真人之遗风也。真人寿至百余岁乃卒，著有《千金方》九十三卷传世。”这与江宁地区流传的相关传说基本相同。

当代影响与价值

新中国成立后，江宁地区踩药渣习俗仍普遍流行。如今，在江宁部分乡村及居民小区内仍可见到路旁倾倒的药渣，无疑是当地踩药渣陋习之孑遗。踩药渣习俗，是旧时江宁传统信俗之一，表达了人们趋利避害、渴望健康的朴素心理，具有一定的精神文化内涵。这一习俗虽然属于封建迷信思想的产物，但其承载了旧时江宁的乡土记忆，反映了当时人们的生活方式，对研究江宁历史文化具有一定的意义。

夜啼郎习俗

基本概况

夜啼郎习俗，旧时流布于江宁区境。

夜啼郎，又称夜啼狼、夜哭郎，是对小儿夜晚哭闹者的一种称呼。在旧时江宁民间，一般人家如遇新生婴儿夜啼不止，便会在村头、街道上张贴红色或黄色的符咒文字，内容一般为“天皇皇，地皇皇，我家有个夜啼郎，过路君子念一遍，一觉睡到大天亮”，以为此法能治婴儿夜啼。

事实上，孩子夜啼原因一般有三个：患害疾病、感觉不适、神经刺激。但旧时由于医疗条件所限，加上贫困人家无钱替婴儿治病，人们只能幻想通过张贴符咒这一迷信方式解除其困扰，这也是夜啼郎习俗在江宁地区曾经广为流布的主要原因。

历史传承

据文献记载，魏晋南北朝时期，曾流行用猛将之名吓唬治疗幼儿啼哭的方法。如《太平御览》卷四八八记载，曹魏时期，张辽从吴军中奋力突围，力挫吴军，威震江东，当时江东地区有孩儿啼哭不止，便会吓唬孩子说“张辽来了”。《宋书》卷八四记载，南朝的刘胡勇猛善战，屡屡大破蛮兵，蛮人畏惧，故当时若有小儿啼哭，家人会吓

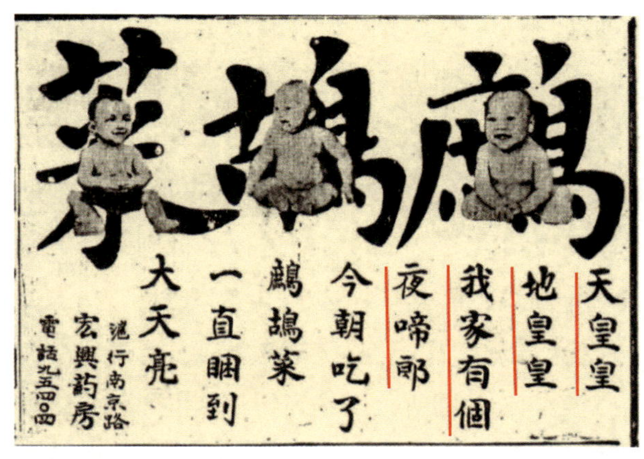

《申报》中记载的夜啼郎歌谣

唬说“刘胡来了”，孩子啼哭便止。《魏书》卷七三记载，北朝的杨大眼善骑乘，冲突坚阵，所逢敌将无不胆裂，传言淮泗、荆沔之间有孩童啼哭不止，就恐之说“杨大眼来了”。

与江宁地区类似的夜啼郎贴符咒的风俗，至少元代已有。元代《法海遗珠》卷十八即载：“小儿莫夜啼，朱书田字在肚脐。路上逢着李达道，自是老君上马时。我有拨火杖，将来作门将。拐捉夜啼鬼，至晓打不放。急急如律令。”明代戚继光扫平沿海地区的倭寇，威名远扬。当时，人们将其形象编入止啼咒：“天皇皇，地皇皇，莫惊我家小儿郎；倭倭来，不要慌，我有戚爷会抵挡。”据江盈科《雪涛诗评》记载，邑中“贾人门上或粘一小帖，书‘天皇皇，地皇皇，我家有个夜啼郎’，盖谚词为儿啼发也。”明代和尚释函

可《千山剩人禅师语录》卷六云："天皇皇，地皇皇，我家有个夜啼郎。往来君子读一遍，安眠稳睡到天光。"《涅槃经》说婴儿啼哭不止的时候，父母可以拿一片杨树黄叶，对他说"莫啼莫啼，我与汝金"。婴儿看见已生真金，便止住不哭了。清代吴宁澜《保婴易知录》卷二《夜啼呪》云："天苍苍，地皇皇，我家有个夜啼郎，来往君子念一遍，小儿睡到大天光。"《厘正按摩要术》按："是语用纸敬书，书后遍贴路旁，为人易见之处，总不要四眼见。"这些夜啼郎符咒文字与江宁流传的版本已较为相近。

民国时期，其习俗继续流行，甚至有学者发表专文加以讨论。如1935年《现世报》第35期《告夜啼郎》对夜啼郎习俗进行了批判："'天皇皇，地皇皇，我家有个夜啼郎，仁人君子念一遍，一夜困到大天光'。这一大段文字，是每一个街头墙角、公共厕所可以见到的。这里面包含之意思是说，孩子生病，没法医治，恳求众人帮帮忙，让孩子的毛病转好。可见，念一遍至多是大众替病孩做一回祷告，怎样能叫毛病转好呢？毕竟是个哑谜，好啰，让我来替你修改一下。'天皇皇，地皇皇，人家若有夜啼郎，快服婴孩快乐片，一夜困到大天光'。这样才有意义，确有指示社会迷津的效益，不像以前的神秘不可解了。'婴孩快乐片'是小儿百病的良药。"1940年《大观园》第3期刊发的笔名九姐的《家庭迷信，父母须知：夜啼郎》一文，亦对夜啼郎习俗进行了批评："'天皇皇，地皇皇，吾家有个夜啼郎，仁人君子念一遍，一夜困到大天光'这种红纸条儿，陋巷衖口小便处、公坑所，烂膏药般，触目皆是，岂诗中有'打油'体，这便是'打尿诗'吗？"他还根据医药原理指出："梦魇虽不只限于小儿女，不过，小儿子患此者更多，实为夜啼之最大原因，日间遇可怖可愕之事物，由恐惧而幻为梦魇，小儿女脑筋薄弱，稍受震动，或响动，即生恐惧，易于梦魇夜啼。不明事理之家庭父母，见小儿女惊惶失眠、梦寐不安、啼哭不止，以为女落魂魄，受魔蛊迷，实可怜可笑矣。"作者在文中还介绍了消除小儿梦魇的方法："一避免可怖可愕之事物，一面养成小儿女大胆之习惯，如发生任何恐慌事件，父母力持镇静，更晓谕儿女，勿怕勿惧，就寝之前，减少食物，使身心舒泰，精神安宁。夜啼除神经刺激外，亦有属于疾病者，必有病象可见，如发热、疲劳、啼哭等等，务须延请儿科医生诊治。"

当代影响与价值

新中国成立后至二十世纪八九十年代，江宁城镇及乡村仍流行夜啼郎习俗，民间张贴的一般是红色或黄色的夜啼郎止啼符咒。如今，这一习俗已基本消失。夜啼郎习俗，是旧时江宁民间育儿信俗的重要内容之一，蕴含了丰富的精神文化内涵。这一习俗寄托了人们对婴儿健康平安、茁壮成长的美好期盼，体现了父母对孩子的舐犊之情，在一定程度上反映了当时人们的育儿观，具有不可忽视的历史研究价值。如今，随着医疗水平的不断提高，以及人们医学知识的普及，夜啼郎现象已有较为科学的处理方法，相关习俗已不再流行，仅作为地方集体记忆常常为人提起。

抢富水习俗

基本概况

抢富水习俗，主要流布于淳化街道、湖熟街道龙都社区等地。

抢富水，又称拖富水。旧时农历二月初二清晨，江宁淳化街道、湖熟街道龙都社区等地的农户都争着先去村外的清水沟拎一桶水回家，倒在自家的水缸里。据说这样能把“金蛤蟆”抢回家，就能发财，当年有个好的“运道”。他们还认为，每年只有一家能抢到“金蛤蟆”，到底是哪一家，则要碰运气。有些地方则是在二月二吃过午饭后，进行抢富水活动。其时，村民去村里的水井或水塘里挑水，所挑的水要倒到自家的水缸里，直至将家里所有的水缸倒满。旧俗认为，家中水缸里的水溢出来，则预示着来年发大财。水缸满了之后，人们需要将自家院子打扫干净，在门口再放上一个大棍，意思就是要挡住家里的财气，不让它跑出去。

除了抢富水习俗外，农历二月二这天，江宁地区还有“土地会”“抢地会”等活动。其时人们需将过年所杀的猪头、猪尾拿出来蒸煮，集体烧香、磕头，以祭祀土地神。在这一天，人们还

1950年代初江宁简易自来水

1937 年江宁县乡村卫生实验区开凿改良水井

不能下田做工，以免触怒“土地老爷”。

历史传承

富水一词，最早见于北魏郦道元《水经注》卷三十二：“又东南流而右会富水，水出竟陵郡新市县东北大阳山。水有二源，大富水出山之阳，南流而左合小富水，水出山之东，而南径三王城东。”这里的富水指的是流经新市县的富水河。唐代江夏郡新市县旁还有富水县（今属湖北），《后汉书》卷一《上光武帝纪》李贤注称，唐代江夏郡新市县“故城在今郢州富水县东北”。唐代郢州还有特产富水酒，李肇《唐国史补》卷下即云：“酒则有郢州之富水。”由此可见，古代湖北地区有富水、富水县及富水酒，但其似乎与江宁抢富水之“富水”无关。而《礼记·郊特牲》：“富也者，福也。”东汉许慎《说文解字》云：“富，备也。一曰厚也。”可见“富”有福气、富贵的意思，那么“富水”字面意义是指能带来富贵、福气的水。而江宁地区抢富水活动，即是为了能抢个富贵的好彩头。故抢富水之“富水”，所指应该是可以让家庭富贵的水。

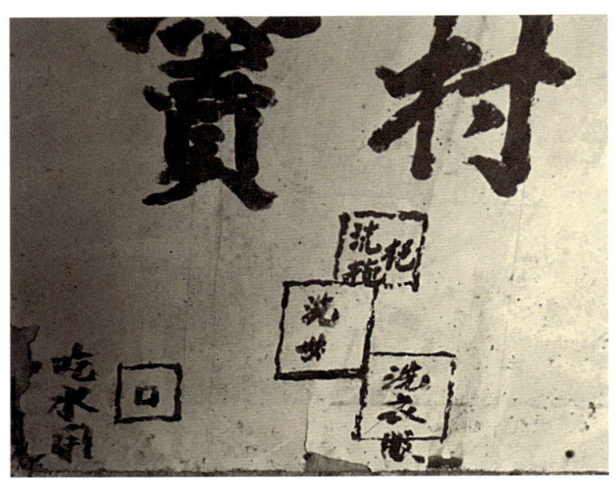

1990 年代窦村水系使用分区

据口碑资料，湖熟街道龙都、淳化街道等地的抢富水习俗，起源于明清时期，流行于民国时期。1937 年，抗日战争全面爆发后，江宁各乡镇相继沦陷，社会动乱，以致这一习俗戛然而止。抗战胜利后至新中国成立初期，又曾一度恢复，后逐渐消失。如今，随着大规模的城市建设及人们观念的变化，抢富水习俗已经消失不存。

当代影响与价值

抢富水习俗，是旧时江宁民间的岁时节令之一，具有很强的娱乐性，极具地方特色。它寄托了人们对家庭和顺、富足的殷切期望及对美好生活的向往，在一定程度上反映了当地百姓的生活方式与精神风貌。人们在抢富水的过程中，你追我赶，场面十分热闹，充满了淳朴的浓浓乡情。就此而言，保留与恢复这一习俗，既可保存江宁地方记忆，也可丰富当下乡村的民俗文化生活。

打神鼓的习俗

基本概况

打神鼓的习俗，主要流布于江宁街道司家、梅府、江宁等社区及禄口街道彭福社区一带。

据当地老人回忆，过去打神鼓是一项为群众喜闻乐见，具有很强的娱乐性和观赏性的春节活动，举办的时间为每年农历正月十三至正月十八，活动期间由各村殷富人家操办夜餐，各户派一人就餐。

其流程比较复杂。正月十三晚开始“起鼓”，村民们先到寺庙里“请鼓”。随后，全村的青壮年男子手持红灯笼随鼓队出游田埂，以祈求风调雨顺、五谷丰登。“起鼓”仪式结束后，鼓队选一场地开始“跳鼓”，其名目有“童子拜观音”“走四仙桥”“开荷花”等，有时还由体壮者表演“口咬水桶”，一口咬起四五十斤重的水桶，绕场一周。表演之后，鼓队还会到主办者家里唱鼓词，以“楔子”引头，接唱《万劝》《十二月花名》等通俗唱本。正月十八“打神鼓”结束后，鼓队会再次将神鼓送回寺庙里寄放，称为“敬鼓”，又叫“落灯”。

打神鼓现有进门颂词和出门颂词流传于世，均由演唱者即兴编排，取材灵活。

进门颂词：1. 呔！新春鼓人进门来，对招生意又招财。招财童子南门进，利市仙官送宝来。呔！呔！呔！ 2. 呔！一进大门四角旗，门前插的凤凰旗。上面又有龙戏水，天井两条凤游池（“龙戏水”比喻屋脊，“凤游池”比喻天井旁的漏水沟）。

出门谢词：1. 吃罢茶来扰主家，茶中又有欢团花。欢团本是糯米做，欢天喜地在主家。2. 吃

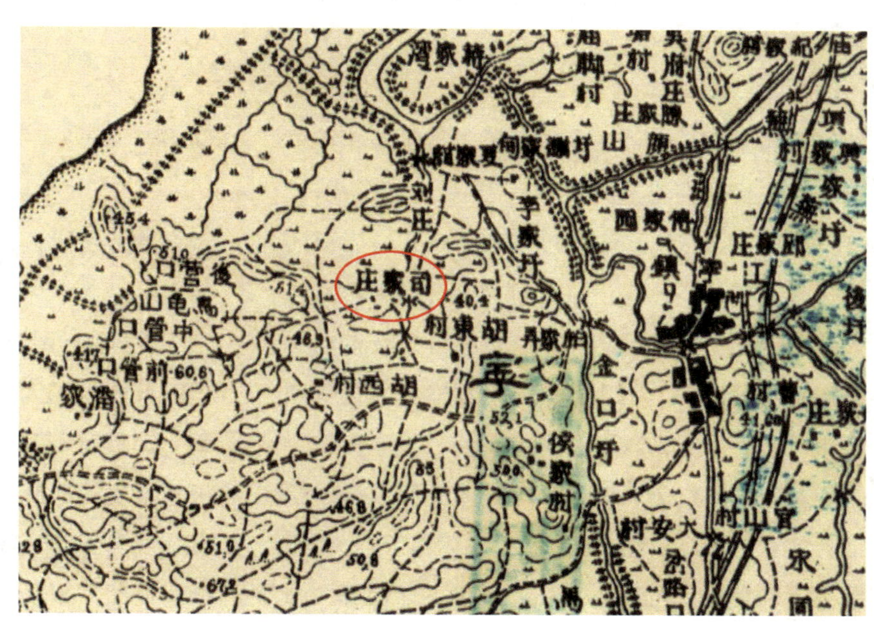

老地图上的司家庄地名

江宁鼓乐

罢茶来谢主家，多谢主家枣子茶。枣子开花结枣子，早生贵子在主家。

此外，《江宁区文化志》对打神鼓的流程还有另一番描述。该志记载的打神鼓时间为正月初一至正月十五，初一打“热闹鼓”，打鼓者要先沐浴，喝三遍酒，吃生猪肉，意在净身、扬气和征服（危害庄稼的牲畜和野兽）；初三打“夜鼓”，当晚家家挂小灯笼，上贴“五谷丰登”字样；初七打“上七鼓”，十三至十五打“赤膊鼓”。不管雨雪天寒地冻，甩鼓者上身赤膊，下穿棉裤，站在3张大鼓上共甩300下，下面锣鼓手快速敲打助兴。

历史传承

我国的打击乐有着悠久的历史，早在3000年以前的周代，就已创制和使用了像“编钟”“编磬”等具有乐音的打击乐器，是我国音乐艺术中极其宝贵的遗产。打击乐器有着丰富的音色、节奏及演奏方法，演奏起来令人精神振奋、情绪昂扬，因此常被用于社火、庙会、祭祀等场合，以烘托热闹、欢庆的氛围。明清时期，江宁地区的锣鼓乐开始兴起，无论在乡村或城镇，逢年过节都能看见各式各样的锣鼓表演，“打神鼓”即是其中一种。

江宁地区打神鼓的习俗源于清朝末年，盛行于民国年间。当时村民为祈求风调雨顺、五谷丰登的年景，便于每年春节之时相约“打神鼓”。据江宁街道陈彬老人回忆，在他十多岁时，也就是二十世纪三四十年代，今江宁街道一带就盛行打神鼓的习俗，并有一本专门介绍如何打神鼓的书，可惜已经散佚。

新中国成立后，随着时代的变迁，人们的生活习俗也发生了巨大改变，“打神鼓”这一民间习俗逐渐消失，终于1956年春节后退出历史舞台，至今未有恢复，仅有部分唱词传世。

当代影响与价值

打神鼓是一项极为热闹的民俗活动，部分70岁以上的当地老人对打神鼓还留有深刻的记忆。该民俗活动可以将不同身份、不同年龄的人们聚集在一起，有着极强的参与性，在丰富群众文化生活的同时，也增强了地区民众的集体认同感，促进了社会和谐，具有一定的社会价值。此外，打神鼓还有着强烈的地域色彩，其唱词也是地方文化的表现，是民间文化的活态传承，因而也有一定的文化价值。

土法说天气

基本概况

土法说天气，流布于江宁全境。知情人吴玉门、朱庆舜等。

旧时，没有气象站，也没有气象台，祖祖辈辈与田地打交道的农民，种粮食、种庄稼，都要靠天，俗称望天收。雨量充沛、年景好的时候，收成也好。反之，如果遇到水灾、干旱、大风等自然灾害，那么，收成也将大打折扣。这时，掌握以二十四节气为基础的天气知识，并根据这些知识来种植庄稼，就显得十分重要。土法说天气，就是先民们将在实践中总结出的气象规律，经简单整合形成的一套民间谚语，可以据此看天行事，以确保当年的收成。

江宁地区的土法说天气极具地方特色，其中不少是关于自然现象的总结。比如说到雨雪天气，便会有“雨雪年年有，不在三九在四九”的说法。这是指每年冬天“进九”(数九即是从冬至日算起，每九天算一“九”)后，到了“三九”或者“四九”，总会有几场雨雪天气。又或说“三九四九，拿不出手”“三九四九，冰上走”，这个时期是一年中最冷的时候，故有此俗语。

江宁民谚中还有不少指导农业生产的内容。如“处暑萝卜白露菜”，指在处暑节气时，需要撒下萝卜种子，等到夏天就会有萝卜上市；而在白露节气，则要播撒青菜籽，经过一个阶段的打理，嫩绿嫩绿的菜秧就上了餐桌。再如“清明螺丝端午虾，九月重阳吃爬爬”，这也很好理解，即清时前吃螺丝，营养丰富，而端午时吃的是虾子，也是有滋有味。重阳吃爬爬，重阳节时螃蟹肥美，蟹黄最多，这时最适合吃的佳肴是螃蟹。

更多的则与天气相关。如“东干牛轭西干雨，南干北干无大雨”，意思是下过雨之后，会在东边或者西边出现彩虹。牛轭，是牛脖子上配的颈箍，以防止牛走脱。牛轭呈弧形的，有点像彩虹，故有此谚。又如“黑云接驾，不阴就下”“云低要雨，云高转晴”“红云变黑云，必有大雨淋”“雨后生东风，未来雨更凶”“小暑一声雷，倒转做黄梅”“处暑晴，干死河边铁马根”“不怕初一阴，就怕初二下”“久晴大雾必阴，久雨大雾必晴”“十雾九晴”等等。

与天气相关的谚语，有的是根据生活经验总结得来，如“东风急，备斗笠”“一场秋雨一场寒，十场秋雨穿上棉”“云往东，车马通；云往南，水涨潭；云往西，披蓑衣；云往北，好晒麦”等。

有的与大自然的物候有关，如“泥鳅跳，雨来到；泥鳅静，天气晴”“青蛙叫，大雨到”“鸡进笼晚兆阴雨，燕子低飞要落雨，蚂蚁搬家早晚要下”“蚊子聚堂中，来日雨盈盈”“一日南风三日曝，三日南风狗钻灶”“朝霞不出门，晚霞行千里”等。

有的与看云的细节有关，已经具备一定的科学知识了，如：“黑猪过河，大雨滂沱”（大块碎雨云）；“炮台云，雨淋淋”（堡状高积云）；“天上鲤鱼斑,晒谷不用翻”（透光高积云）;“棉花云，雨快临”（絮状高积云）；“天上钩钩云，地上雨淋淋”（钩卷云）；“鱼鳞天，不雨也风颠”（卷积云）;“天上扫帚云，三五日内雨淋淋”（密卷云）;“火烧乌云盖，大雨来得快”（积雨云）；“天上花花云，地上晒死人”（毛卷云）等等。

此外，还有“水缸淌汗，雨在路上”等天气预报式的民谚。旧时，农村没有安装自来水，为了方便起见,每家都会用一个陶瓷的大水缸盛水。如果天气不好，有雨的时候，水缸的表面就会有水珠子渗出，这种方法屡试不爽。同样，如果发现咸干菜、咸肉的表面有水珠，那说明也将会有大雨。

历史传承

天气对农业生产的影响至关重要，因此对天气的观测是广大农村地区的重要事项。我国是最早开始气象观测的国家之一，商代的甲骨文里已有许多卜雨问晴的记载。经过数千年的不断总结，民间形成了许多与气象知识相关的谚语，大大方便了农民的生产生活。

这类总结，既是农谚，也是活泼的知识，来自长年的生活积累。江宁地区的土法说天气，是江宁地区一代一代的先辈，在对天气的日常观测基础上，结合二十四节气和传统节日，总结形成的一套朗朗上口、抑扬顿挫的民间谚语，对气象规律的掌握较为精准，在当地具有广泛的影响。

随着气象科学的发展，精准预报天气情况已经不再是难事。如今打开手机，就能看到千里之外的天气预报，“土法说天气”一类民间谚语已经不再流行，但那些朗朗上口的民谚俗语，仍是江宁民众集体记忆的一部分，令人回味无穷。

当代影响与价值

土法说天气，源自靠天吃饭的传统生产生活方式。在没有任何科学手段可以借助的情况下，人们根据自己的生活经验和细致观察，总结出天气变化的规律。中国是一个农业国家，江宁地区的先民世代以种植、捕捞和畜牧为主要谋生方式。这些谋生方式对天气的依赖性很强，因此在江宁的民间文化宝库中，与天气相关的谚语就占据了十分重要的位置，蕴含有大量的气象知识，客观上指导了当地村民的农业生产活动，具有一定的科学价值，是一类特殊的非物质文化遗产。

土法说天气是江宁人民智慧的结晶，以睿智和直白的语言传达了对各类自然现象的观察和思考，是气象研究的重要参考资料。这些谚语所涉的不少民间知识，至今仍然准确，若将之与现代天气预报方法和工具相结合，并灵活运用，或许可以发挥更大的作用。

横山古道运输习俗

基本概况

横山古道运输习俗，主要流布于横溪街道横山社区及周边地区。

横山位于苏皖两省交界的江宁、溧水、博望三地交界处。据《同治上江两县志》载:“(横山) 在江宁东南一百二十里。《建康志》:‘周回八十里，高一百丈。’《丹阳记》:‘丹阳县东有横山，或云楚子重至于衡山即此山。’四面望之皆横，又曰横望矣。山有十五峰，界于溧水、当涂接。”

现在保存基本完好的横山古道，位于江宁区横溪街道横山社区邓村自然村后山。该道具体修建于何时，已无从考证。据邓村村民介绍，相传过去邓村路边立有一石碑，碑文记载古道修于元朝。

调查人员曾跟随村民,从邓村后山登临古道。这条古道从博望山口村始，途经青旮野、邓村、上庄古桥等，串联了十几个自然村。古道铺设于两山之间最低的山坳处和山林间，仍保存完好的有从江宁横山的邓村，到当涂博望山口村的一段石板路，长 3000 至 4000 米，宽 2 米多，山西南边山口村的石板路保存得更完整。古道中部的两省交界处，有一座简陋庙宇，名为三元殿。据村民介绍，此地过去有三元庵，庵西诸山属当涂，三元庵大殿内有分界碑。从现场情况看，周边确有老地基、砖瓦等旧物，故三元殿应是三元庵后改之名。

这条石板古道基本完好，铺设十分讲究，中间为整块条石铺成，旁边则用稍小的青石铺列，中间的整石已被独轮车轧出非常深的车辙印，最深的辙痕约 10 厘米。从这些深深的车辙印可以推断，这条路上往来车辆频繁，独轮车是当时商队翻山越岭的主要运输工具。这条石板路的修建，说明当时横山地区商贸活动的繁荣，原先的山林土路已不能满足商业活动的需求，建设高规格的石板路应该是为了与主要运输工具相配套。

人力与畜力是古代近距离交通的重要手段，横山也不例外。当地有谚曰 :“早上山、晚下山，肩挑柴禾到关上，扁担头上挂米缸。”周边城镇

横山古驿道的文物保护标识碑

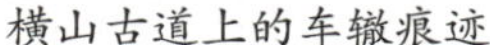
横山古道上的车辙痕迹

横山古道

的物资交换基本是肩挑人扛、用驴子及骡子驮，极少用到马。驴子与骡子是当地殷实人家才有的财产，或为粮行、面粉坊、豆腐坊饲养，既满足自家的运力需要，亦可雇给其他有需要的人家。独轮车的出现，给山区运输提供了更为便利的条件，可以承载更多货物。

据村民们回忆，横山古道一直到1990年代还在正常使用，周边村落有许多与安徽博望等地联姻的人，凡有亲戚往来都走这条道。横山草药多，过去卖草药买粮食，不是人挑肩扛，就是畜力或人力车。由于这条古道从邓村到山口村十分便捷，山坡较缓，是横山地区连接小丹阳大道距离最短的道路，去集镇做买卖的人，大多也用箩筐担着货物在此路上来回奔走。

据当地村民介绍，原来的横山古道有3条，现保存下来的横山古道是往西南方向通往安徽的。另有一条是往北通往南京城的古道，1956年因建设赵村水库被淹没。还有一条古道位于横山东麓，经铜山至溧水，其大半已为落叶腐殖质与泥土覆盖，仅山腰处与邻近铜山一段可见。

历史传承

横山是南京地区最早出现的地名。《左传》载：鲁襄公三年（公元前570）春，“楚子重伐吴，为简之师，克鸠兹，至于衡山”。鸠兹为芜湖古称，衡山即横山。

横山纵深百里，物产丰富，盛产太子参、当归、黄芪、苍术、桔梗、荆芥、薄荷、藿香等各类中草药。山中有松、柏、竹、枫、榉、榆树、杉树等各类树种。有狼、野猪、黄羊、穿山甲、野兔、野鸡、刺猬等野生动物。山脚下盛产水稻、小麦、油菜、山芋、大豆、桑、麻等农作物。这些山货或农作物需要不断运出，周边的小丹阳、陶吴、横溪、铜山等集镇的各类生活用品也需要从外运进。横山与外界的道路运输，就与这种频繁的物资交换密切相关。

横山外围的小丹阳路，很早就成为江宁地区的主要交通要道，向西可去江乘、秣陵，向南通往安徽，向北通往南京城。横山周边的丹阳湖、石臼湖也是重要的水路交通管道，临近的铜山石埝村、禄口秦村都有水陆码头，再往北的秣陵关有三个水陆码头，接秦淮河通衢。

据《同治上江两县志》记载：“上元之民善商，江宁之民善田，龙都之民善卖药，乌龙山之民善陶，西善桥亦善陶，陶吴之民善剞劂，秣陵之民善织。”可见清末江宁的商品经济已颇具规模。随着市场的繁荣，社会分工的细化，运输方式也更加多样，有畜驮、畜力车、人力手推车、独轮车、

横山古道旁的庙宇

横山古驿道

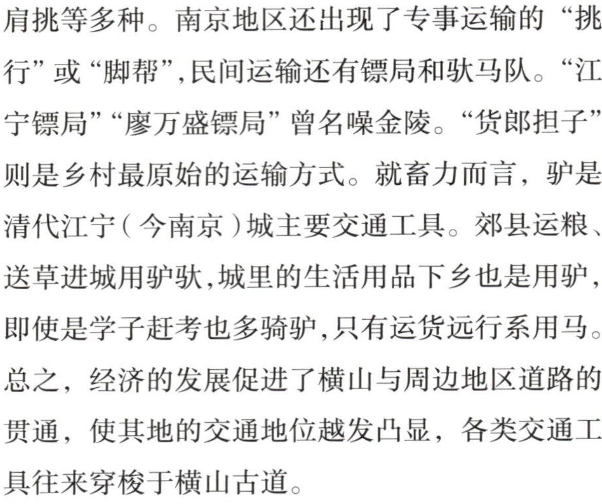

肩挑等多种。南京地区还出现了专事运输的“挑行”或“脚帮”，民间运输还有镖局和驮马队。“江宁镖局”“廖万盛镖局”曾名噪金陵。“货郎担子”则是乡村最原始的运输方式。就畜力而言，驴是清代江宁（今南京）城主要交通工具。郊县运粮、送草进城用驴驮，城里的生活用品下乡也是用驴，即使是学子赶考也多骑驴，只有运货远行系用马。总之，经济的发展促进了横山与周边地区道路的贯通，使其地的交通地位越发凸显，各类交通工具往来穿梭于横山古道。

横山自然环境优美，有“绝壁垂松”“玉泉临空”“丛林夜月”“丹灶寒烟”“壁立万仞”“龙泉含井”“石上棋盘”“石门古洞”八景，又有澄心寺、西林院、大圣院、长山庵等庙宇，香火旺盛。相传南朝道教领袖陶弘景一度隐居横山，横山也因此称隐居山。史载唐代的李白，宋代的杨万里、张孝祥、杨杰、郭祥、李之仪等文人骚客先后来横山游览，横山古道当年曾经留下他们的身影。

此外，横山古道还见证了抗日烽火岁月。1938 年 5 月，新四军第二支队挺进横山开辟根据地，粟裕、钟期光、江渭清、彭冲等，先后在这里领导横溪及周边地区人民开展抗日游击活动。其时，新四军的作战多靠步行，其物资补给只能靠人力与畜力。而日军的进攻不仅有步兵，还有更多的骑兵进入横山。虽然日军装备先进，但横山古道及在山岭间的其他小道，不适合机械化部队的进攻，只能靠骑兵及步兵，可知横山古道在新四军英勇抗击日本侵略者的战斗中发挥了积极作用。

横山古驿道运输习俗知情人刘维保接受采访

当代影响与价值

横山古道记录了横山地区交通运输的历史与乡土信息，

是当地经济文化与物资交流的走廊，具有比较重要的历史文化价值。近年，横山古道得到南京历史文化研究者及爱好者深度关注，他们通过撰文等多种形式为之宣传，使其知名度大大提升。当地政府已着手将横山新四军抗日根据地的红色文化与横山的山水资源、古道遗存相结合，作为乡村特色游向外推广，还计划将古道边的邓村打造成极具内涵的美丽乡村，接修邓村后山的道路到古道旁，以方便人们游览。相信在这些举措的促进下，横山古道定能在新时代的乡村振兴工作中焕发生机。

业氏的家规家训

基本概况

横山业氏主要居住于禄口街道铜山、横山一带，其家规家训颇具特色，对后世影响甚大。

禄口地区流传有“先有横山业，后有曹镇周”的俗语。据《业氏宗谱》记载，横山业氏以李泌为始祖。李泌（722—789），字长源，京兆（今陕西西安）人，原籍辽东襄平（今辽宁辽阳）。早慧，七岁能文。唐玄宗诏试宫中，命以象棋为题赋诗，被称为奇童。《三字经》称“泌七岁，能赋棋”，即指李泌。十二岁时，李泌受到张九龄的奖爱，常引家中，呼为“小友”。李泌长大后，十分博学，常游嵩山、华山、终南山间，慕神仙不死之术。天宝年间（742—756），李泌以翰林供奉东宫，太子待之甚厚，后为杨国忠所嫉，隐居颍阳。肃宗即位，李泌入议国事，收复两京，多是他的谋略。之后，又为李辅国等嫉恨，去隐衡岳（在今湖南）。代宗即位，李泌被重新起用，但又为宰相元载等人所忌。他在出任杭州刺史等时，皆有政绩。德宗朝，李泌拜中书侍郎，同平章政事，位至宰相，封邺侯。贞元五年（789）三月，李泌卒，年六十八，朝廷赠太子太傅。其子李繁撰《邺侯家传》记其功业。李泌以虚诞自任，辅佐四朝天子，在军事、政治、外交诸方面做出了卓越贡献，在治理国家上也颇多建树。据说他喜穿一身白衣（唐代无官职者可穿白衣），历史上称他为“白衣丞相”。李泌去世后，其次子李繁迁居于邺（今河南安阳）。到第三世孙李键、李钺时，因遭五代之乱，李键、李钺举族避居于邺之西乡，复筑“思邺堂”，同时改“业”为姓。至北宋末年靖康之变，中原沦陷，业氏第二十一世孙业旭公随宋高宗赵构南徙渡江，先居建康钟山，后不满宋室偏安，乃匿迹于江宁横山北麓后汪村。从此，业氏在横山繁衍生息，称为横山业氏。

业氏定居江宁横山后，世代繁衍，人丁兴旺，并逐渐形成良好且影响颇大的家规家训。据修于1948年《业氏宗谱》载，“业氏家训”的主要内容有：“明礼让，以厚风俗；务本业，以定民志；

业氏宗祠

业氏宗祠全景

训子弟，以禁非为；自诬告，以全良善；诫窝匪，以免株连；完钱粮，以省催科；联保甲，以弭盗贼；解雠忿，以重身命。”其主要告诫业氏子孙要相互礼让，不能忘本；要教育业氏子弟，不能胡作非为；要善良，不能参入匪帮，避免合族遭到株连；要按时缴纳钱粮，与各地联合起来，防贼防盗；不要记仇，要敬重生命。

《业氏宗谱》所载家训与其他氏族宗谱较为相似，如1944年编修的《王氏宗谱》的“家训”：“敦孝弟，以重人伦；笃宗族，以昭雍睦；和乡党，以息争讼；种农桑，以足衣食；尚节俭，以惜财用；隆学校，以端士习；黜异端，以崇正学；讲律法，以敬愚顽；明礼让，以厚风俗；务本业，以定民志；训子弟，以禁非为；息争讼，以全良善；诫窝逃，以免株连；完钱粮，以省催科；联保甲，以弭盗贼；解雠忿，以重身命”。

旧时江宁各族编修宗谱时，一般都会将“家规”收录其中。家规就是家族立规矩，是宗族子孙的行为准则，如果违反，最严重的惩罚是“于谱图中削其名，永不许归宗”。《业氏宗谱》中记载的业氏的家规有12则：“最忠义、孝父母、友兄弟、宜夫妇、教子孙、睦宗族、重婚姻、别男女、谨丧礼、崇节俭、戒赌博、戒争讼。黜异端以崇正学、讲律法以敬愚顽、尚节俭以惜财用、隆学校以端士习、敦孝弟以重人伦、和乡党以息争颂、笃宗族以昭雍睦、重农桑以足衣食。”从内容上看，《业氏宗谱》所载家规与其他氏族宗谱大同小异。如淳化《杨氏宗谱》收录的“家规十八条”、江宁《潘氏宗谱》的“祠规十二则”、《汤氏族谱》的“教约二十条”、《同阳周氏宗谱》记载的“家规”。

俗话说“家法大于王法”，即触犯家规，是要动家法的。旧时横山业氏祠堂一般一年只在清明节祭祖时打开，其他时间仅有族人犯了比较严重家规才会开祠堂。横山业氏族人触犯家规有个惩罚，叫“镇麻”。镇麻有轻有重。轻者属于小教训，把人绑在木梯子上，连人带梯子浸在湖里，浸一下提出来一下，还要在一旁斥责他。重者就是死刑，把人身上绑石头，丢塘里淹死。据业衍忠介绍，他年少时曾听过一个因触犯业氏家规而被处死的真实案例。由此可见，业氏的家规还是很严的。

《业氏宗谱》

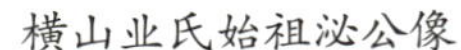
横山业氏始祖泌公像

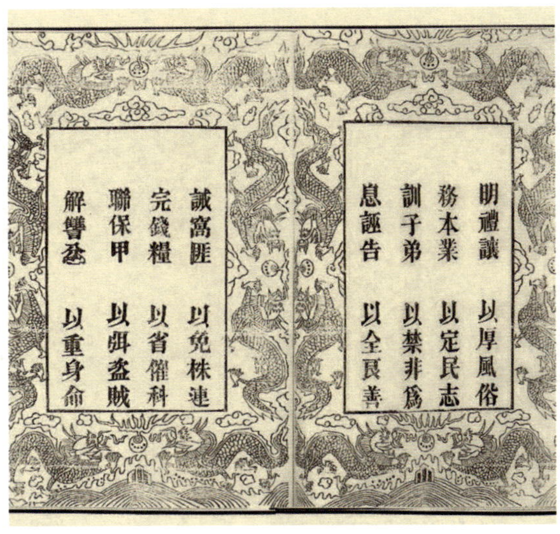
明禮讓 以厚風俗
務本業 以定民志
訓子弟 以禁非爲
息誣告 以全良善
誡窩匪 以免株連
完錢糧 以省催科
聯保甲 以弭盜賊
解讐忿 以重身命

横山业氏家训

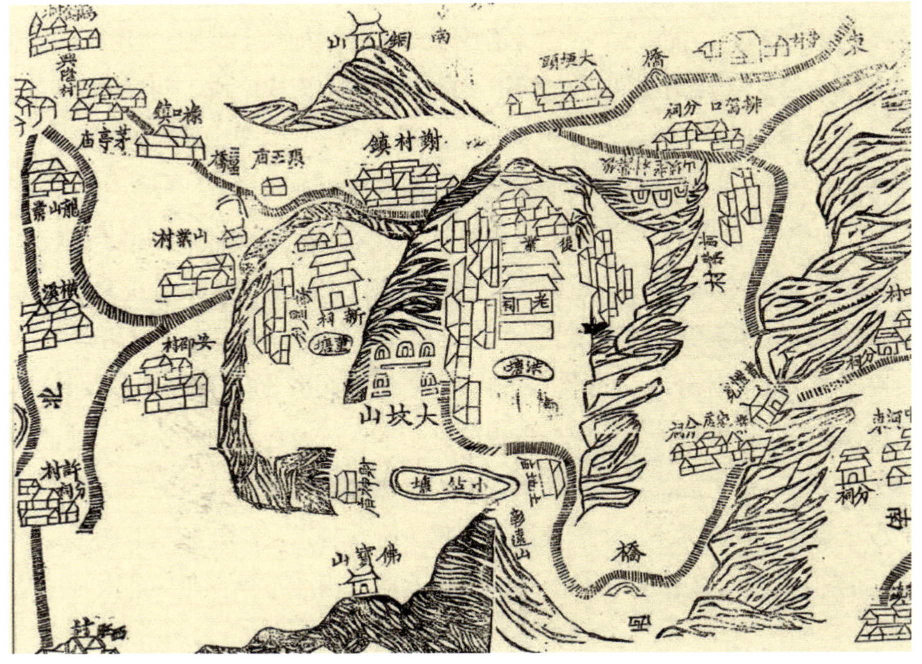

横山业氏村图

历史传承

横山《业氏宗谱》有近800年的修谱史，最早一次修于南宋淳熙二年（1175），最近一次重修系1948年。早在南宋时期，业氏族谱中就已经刊载了业氏家规家训。其后，横山业氏族人一直以族谱中所载的家规家训为行为准则，代代繁衍，人才辈出。据《金陵通传》卷二十四载，至清代，横山业氏已聚居千余家，自云李邺侯后裔，避难改姓业，有大业、前业、后业三村。

2008年初，根据家谱中祠堂旧样，定居于铜山前业村、后业村的业氏后裔重建了业氏宗祠，并再次重修了家谱。重修的《业氏宗谱》记载了业氏始祖李泌及其后代的世系、世表、源流、宗派、诰敕、像赞、别传、墓志、祠堂记、祠规、家规、宗约、家训、家范、义田记、义庄记、墓记、墓图、艺文、著作、对联等内容。

值得一提的是，历史上有许多名人曾关心《业氏宗谱》，为之写序题字，如南宋的陆九渊、周必大，元代的业福禄，明代的陶承学、陈王道，清代的查秉钧，民国的洪兰友、马元放、李宗黄等。

当代影响与价值

横山业氏的家规家训，是千百年来业氏族人遵循的行为准则，是劝导性道德激励与强制性犯禁惩罚的结合。它以正面训导、潜移默化地引导族人崇德向善为主，旨在教导子孙知廉耻、辨是非、明善恶、常修善德、常怀善念、做有德之人，并引导后代子孙树立正确的人生观、世界观和价值观。通过对家规家训的遵守，教育业氏后裔形成良好的行为习惯与道德品质，这对现代家庭教育模式具有一定的借鉴价值。

溧塘周氏的家规家风

基本概况

溧塘周氏的家规家风，流布于禄口街道溧塘社区溧塘阁村。

禄口街道溧塘社区溧塘阁村村民周守信家中，珍藏着一套《同阳周氏宗谱》，谱中记载了溧塘阁村周氏家族的传奇历程。早在唐代，周氏一族便定居于此，以农桑为本，商贾富家，崇尚学习，结交才士，家风雍睦，奕世传承。在千余年的时光中，其家族涌现出许多优秀子弟，他们的事迹载于史乘，光耀于乡里。

一个乡村家族，能做到九世同居，少长和乐，能做到人才辈出，历千年而不衰，如此绵延的世泽，与周氏家族敦厚的家风休戚相关。《同阳周氏宗谱》所记的家训有七条，以示劝勉，由族人周彧景撰写。

其一教育子女：因材施教，贵在能自立；其二孝顺父母，友爱兄弟：要感念父母养育之恩，体会兄弟一体之意；其三夫妇之道：在乎有别，男刚正，女贞静，家道才能成立，才能长久；其四祭祀之礼：应谨守朱子家礼，不做佛事；其五正以立身：族人要从事正当职业，以立身持家，不得流为盗贼、倡优、奴隶；其六勤俭为本：当牢记“勤俭”二字，然又不可鄙吝不堪；其七恶行勿作：酗酒、赌博、狎优娼、恋娈童，辱先败家，切不可有此恶行。

另有家规十条，以示惩戒，由族人周之恒撰写。

其一敬宗祠：宗祠不得污损，祠内物品不许私借，祠内不得存贮各家物品，祠前不得堆积柴草，阻碍神路；其二严祭祀：春秋祭祀遵照朱氏家礼，诚敬举行；其三尊户长：家政大事及一切赏罚，听从户长发落；其四慎出入：祠内钱谷，如实登记，不得出错、隐瞒；其五恤孤寡：族中孤寡老弱，本房收养，如有不足，族众补助，毋令失所；其六顺父母：子事父母，妇事舅姑，以先意承颜为上；其七崇尊长：卑幼事尊长，以恭敬逊让为主；其八谨成员：族人无子收养，不得立外姓为后；其九守封禁：祖茔封禁后，不得盗葬、盗卖及伐树木；其十清败类：族人甘为隶卒倡优及势家奴才，削去名籍，永不许归宗。

宗谱中的家训、家规往往着眼很高，期望子弟登圣贤之域，有的直接采用名人的治家格言或帝王的训谕。周氏家训、家规则平实朴素得多。古人教育子弟，往往从“黎明即起，洒扫庭除”开始。《易》云“圣人有以见天下之赜”，在纷繁复杂的表象背后，可以探求事物隐秘的走向。周氏家训、家规正体现了着眼身边小事的踏实，体现了防微杜渐的深致用心。善其小者才能成其大，慎其始者才能敬其终。从周氏家训、家规中，可以找寻一个家族行稳致远的文化密码。

历史传承

溧塘周氏以南唐周组七为始祖，宗谱记载：“组七公，讳燧……公孙九世同居，家法公严，内外雍睦。南唐、大宋叠受奖敕。”而在周组七迁居溧塘前，周氏先人生活在江宁横山一带。谱载唐代诗人李白和周氏先人周惟长有交往：“楠公字惟长，迁隐横山，李太白常止其家，约为‘青山十友’，赠以《周子横山隐》之诗。”此事在明朝《南畿志》、清朝《乾隆上元县志》皆有记载。唐天宝十二年（753）到十四年（755）之间，李白南下，游历宣城、当涂、金陵之间，遇到了隐居横山之南、丹阳湖边的周惟长。周惟长富有才情，李白说他：“时作白苎词，放歌丹阳湖。”佩服于他与天地相往还、不汲汲于一身荣辱的达观态度：“当其得意时，心与天壤俱。闲云随舒卷，安识身有无。”在诗的结尾，李白说：“羽化如可作，相携上清都。”如果可以羽化登仙，李白觉得周惟长可与携手，遨游六合之外。“不事王侯，高尚其事”，超然于尘俗之外的周惟长，成为周氏家族的精神楷模。他告诉后人，遇到社会动荡，世风日下时，应当退处山林，洁身自爱，坚守内心的宁静和精神的自由。

宋元之际，溧塘周氏的代表性人物是在科场脱颖而出的周霆龙父子。周霆龙在宋理宗时获得乡试江南第一的好成绩，可惜年寿不永，未及进士而卒。子周仁甫在宋端宗时，举乡贡进士。宋亡，被东平郡王严公荐为属郡学官，后迁福建同安主簿，在任皆有政声。元名士虞集所著《道园学古录》中，有《同安县主簿周君仁甫墓志铭》一文，是应溧塘周氏亲戚所请而作。文中称，周仁甫宋时为乡贡进士，还未奏名，宋朝亡了。他不因朝代更迭而废弃学业，名声日起。入元后，被招为泉州同安县主簿，辞官归于溧塘，优游山水之间。他始终怀有济民之志，岁大饥，出粟千斛助赈。他不屑于名利，朝廷有令，捐粮者封官，周仁甫不应。朝廷搜举遗逸，地方推荐，他坚辞，最后终老乡间，时人都佩服其恬淡清高。虞集最后写下这样的铭文：“居以忠厚，俨以严毅。身退有时，子学有师。”可见对周仁甫品格才学的认可。

周氏宗谱还收录有元末明初高僧蒲庵来复的长诗《浩然楼歌》和七言绝句《题周息斋先生竹》。释来复，字见心，号蒲庵。这两首诗也见于其传世《蒲庵集》中。来复在《浩然楼歌》后记中说：“及来江左，间尝见其一二子弟，率皆清雅可尚，盖其义方之训有来矣。”说明周氏子弟有良好的学养，堪为人表。由上述记载可知，在元朝统治时期，汉族人虽地位低下，但周家没有放松子弟的学习修为，特别注重与优秀

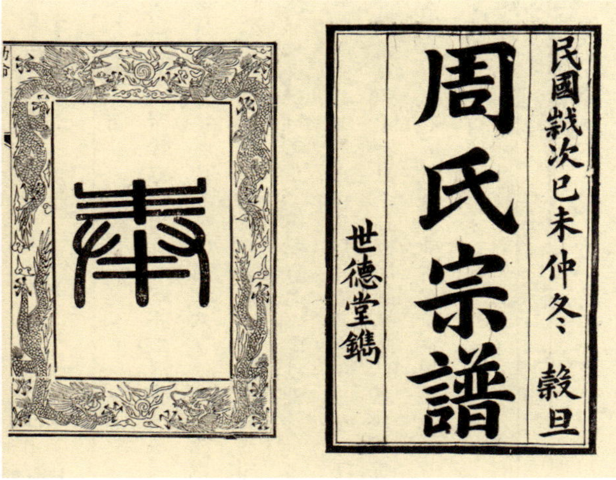

《同阳周氏宗谱》书影

文人的来往，崇文儒、重词章依然是家族风尚。

元末明初，族人周祓的一次义举，不仅改变了他的个人命运，而且让家族与帝王产生了关联。谱中记载，周祓“曾任江西南昌府武宁县主簿，在任有声。行详《上元县志》。”《康熙上元县志》云：“按旧志，明师渡江，周氏九世孙祓糗粮以迎，乃官祓武宁主簿。”清末民初南京方志学家陈作霖在《金陵通传》一书中，对这件事有更加生动的描述：“周祓，字子华，江宁人。生于元季，闻明太祖渡江，喜曰：‘此仁者之兵，秋毫无犯，真吾主也。’即具糗粮往迎。太祖大悦，除武宁主簿。”可见，周祓善于持家，家道殷实，且能审时度势，在元朝末年的纷扰中，识得明主，紧紧跟随。另外，周祓通文能诗。清朝朱绪曾所汇编《金陵诗征》中，收录有周祓诗歌一首。宗谱中还收录有一通永乐元年明成祖颁赐给周祓的敕书：“特赐冠带，俾仍旧职还乡，抚国子孙，优游暮年。”周祓晚年，作为太祖旧臣，受到太宗皇帝眷顾，成为乡里荣耀。

传统中国以宗法为社会基石，历来以大家族长期聚居为荣，溧塘周氏为其中佼佼者。明朝初年，翰林院学士陶安撰《周氏同居记》一文，赞美了周氏家族九世同居的美德，文言：“为其长者类皆尊而能勤，富而能俭，以率其下。用是家法严明，人心齐一，孝友慈爱之情油然交至，未闻有间言戾色也。”清朝《康熙江宁府志》《康熙上元县志》《乾隆上元县志》都摘录陶安文章，宣扬周氏九世同居的事迹。周氏敦厚良善的家风，也成为这一地区跨越数个朝代的楷模。

《康熙上元县志》还记载了周祓裔孙捐粮赈饥的事迹：“正统间，祓孙镛又出粟赈饥，旌为义民。”宗谱中收录有一通正统六年（1441）朝廷颁发给周镛的敕书，称：“汝能出谷二千一百石，用助赈济，有司以闻，朕用嘉之。”正统时，天下饥荒，令纳谷千五百石者敕奖为义民。在义民中，周镛出谷较多。财富聚集固属不易，如何使用财富，将他散向何处，不光体现所有者的仁心，而且考验着他的智慧。周祓、周镛顺应时势，义助民困，将家族命运与历史走向、百姓冷暖紧紧联系在一起。他们的眼光和境界远超一般大户、富户，可谓是善用财者。

周氏族人也重视地方事务，造福乡梓。据宗

续修宗谱序

事莫難於創而易於因前人不避其難業既舉而創之且再修之後之人弗克相因似續以繼承先志則宗緒中湮而將來之纘述奚從此莫為之後雖盛弗傳昔

《同阳周氏宗谱》之续修宗谱序

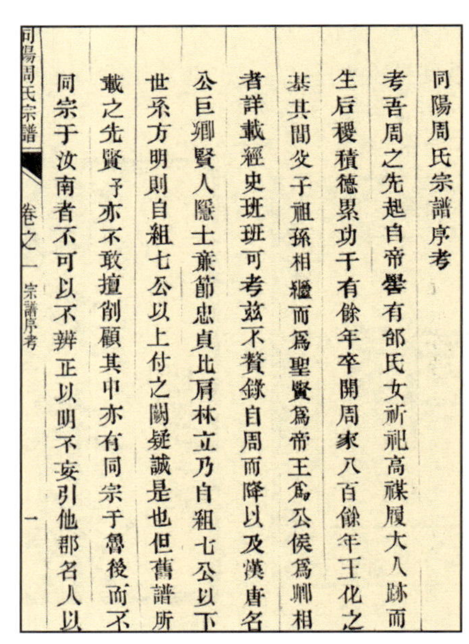

同陽周氏宗譜序考

考吾周之先起自帝嚳有邰氏女祈祀高禖履大人跡而生后稷積德累功千有餘年卒開周家八百餘年王化之基其間父子祖孫相繼而爲聖賢爲帝王爲公侯爲卿相者詳載經史班班可考茲不贅錄自周而降以及漢唐名公巨卿賢人隱士廉節忠貞比肩林立乃自祖七公以下世系方明則自祖七公以上付之闕疑誠是也但舊譜所載之先賢予亦不敢擅削顧其中亦有同宗于魯役而不同宗于汝南者不可以不辨正以明不妄引他郡名人以

同陽周氏宗譜 卷之一 宗譜序考 一

《同阳周氏宗谱》之宗谱序考

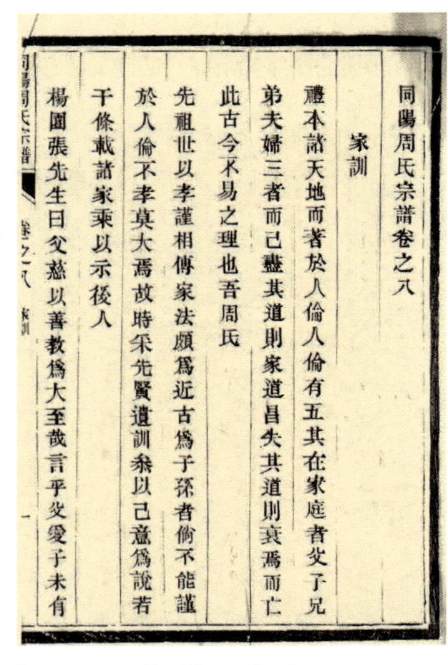

同陽周氏宗譜卷之八

家訓

禮本諸天地而著於人倫人倫有五其在家庭者父子兄弟夫婦三者而已盡其道則家道昌失其道則衰焉而亡此古今不易之理也吾周氏

先祖世以孝謹相傳家法頗爲近古爲子孫者倘不能謹於人倫不孝莫大焉故時采先賢遺訓參以己意爲說者干條載諸家乘以示後人

楊園張先生曰父慈以善教爲大至微言乎父愛子未有

同陽周氏宗譜 卷之八 家訓

《同阳周氏宗谱》之家训

谱中《铭銮公传》一文记载：清末其族人周铭銮曾供事两江督院兵房，吏事练达。咸丰年间太平天国战争之后，铜山地区百废待举，乡间尤需人才。县令请他任道德、静洁两乡总董。周铭銮感慨道："士生今世，不能兼善天下，不当造福乡闾耶？"遂受命。他视两乡公事如家事，尽力处置，民无争斗，吏不侵扰。当时民生凋敝，朝廷号召百姓垦植，各乡都敷衍了事，周铭銮意识到此举的重要性，开导父老，积极开展垦务活动，很快见出成效，税赋日渐充裕，民困得以缓解。同治七年（1868）秋，江宁承宣布政使李褒以"绩著乡闾"匾额，表彰周铭銮为家乡所建功绩。

周氏世代生活在铜山南麓，他们像对待浩然楼一样，珍惜爱护家乡的山水景观，以此为豪。即便走得再远，周氏子弟都会心系故土，他们中的许多人也像周铭銮一样，为建设家乡，奉献智慧，奉献力量。

当时的乡里富户，每遇喜庆，多请优伶到家中演剧，成为一种时尚。周氏家训对这一现象的负面影响有深刻的认识，告诫族人不可效仿："世俗所谓体面，乃有大不体面者存焉。"能从大家习焉不察，以为是新潮光彩的现象中，看出隐藏的危机，周氏族人可谓用心深远。

家训是劝勉，家规就是惩戒。周氏家规设立了族人不可逾越的界限。家规强调："凡族人有游惰失业，甘为隶卒倡优，及以身靠主之类，族众当于谱图上削其名，永不许归宗。"无论在历史上，还是现实中，能为权贵豪富效力，供其驱使，人们都会羡慕。在周家，却将此种人等同于盗贼、倡优。他们情愿子弟靠双手吃饭，哪怕工作辛苦，收入微薄，也不愿他们游走富贵之门，给人当奴才。周家人相信，一技可以立身，可以传家，他人的威权，他人的财富，岂可依靠。据周守信介绍，今天在各行各业的翘楚中都有着周氏族人的身影，从此亦可以看出良善家风、家训家规所起的作用。

当代影响与价值

知礼仪、重家风是中华民族的优良传统，家训是家庭的核心价值观，家规是家庭的"基本法"。溧塘周氏的家规家风作为一种集体认同，对家族成员有着春风化雨、润物无声的影响。同时，周氏家风也是当地民风的重要组成部分，优良家风的传承为他人树立了模范，使得当地形成了淳朴文明的乡风与社会价值观，对于村民整体素质的提高起到了重要的作用，客观上促进了乡村文化的发展，具有重要的社会教化作用与精神文化价值，在新时代的乡村振兴工作中发挥着不可忽视的作用。

在现代家族中，小家庭的独立趋于普遍，个人的自由取代了家族的威权，子弟的教育培养更加社会化，这些都是时代发展趋势所致。但家族的传承、家风的影响仍很重要。如今，溧塘社区在新建的村史馆中，以优秀家族文化与时代新风尚为契合点，重点展示周氏家风、周氏历史上的贤达及与著名历史人物的交往等内容，让大家了解这个传奇的乡村家族。

立杆的习俗

基本概况

在家族祠堂前竖立旗杆的习俗，主要流布于江宁街道。

旧时立旗杆，不仅可以光耀门庭，还可以激励后人积极进取。只是立杆并不属于普通家族，只有通过科举做官或者有其他重要业绩，才可以在家族祠堂前竖立旗杆。

据居住在江宁街道栖凤路的朱治龙口碑资料，朱氏家族的总祠堂前，就曾立过多根旗杆。某人若想树立旗杆，首先要得到本族人士认可。由分支的族长向总祠堂申请，并填写表格。总祠堂收到申请后，会组织一个专门的调查组，负责人是总族长，一般由族中德高望重的长者监督，干事的是族人，属于工作人员。在散布各地的朱氏分支中，都指定有考察人员，比如江苏朱氏就有两位考察人员。其申请初步通过总祠考察后，由所属地的考察人员、总祠堂下派的工作组，对提出申请的一支族人进行考核，主要考察这一支族人的品德、学识，在当地的口碑，对国家、社会、宗族的贡献情况。还一定要看看族谱的保护与传承情况，评选得到认可了，才能立杆。

立杆的时间，一般在每年的四月到六月间。立杆当日，族老都要来观礼，尤其是立杆的这一支分族的族老必须要在场。旧时立杆的场面十分隆重，程序繁多，立杆前要先沐浴、敬心敬口、焚香祷告、放鞭炮，还要宴请宗族里的长者等才算完成。现在流程已经简化，焚香后宴请族老即完成有关程序。

历史传承

祠堂，是供奉与祭祀祖先或先贤的场所，是我国儒家传统文化的象征。宗祠制度，产生于周

朱氏紫阳家庙

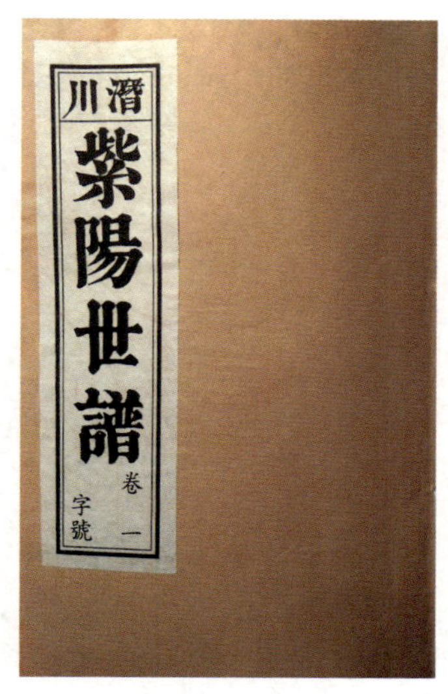

江宁街道朱氏《紫阳世谱》封面

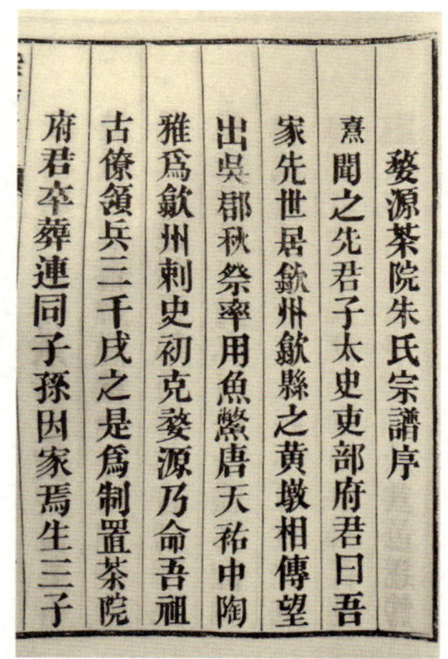
婺源茶院朱氏宗譜序
熹聞之先君子太史吏部府君曰吾
家先世居歙州歙縣之黄墩相傳望
出吳郡秋祭率用魚鱉唐天祐中陶
雅爲歙州刺史初克婺源乃命吾祖
古僚領兵三千戍之是爲制置茶院
府君卒葬連同子孫因家焉生三子

江宁街道朱氏《紫阳世谱》书影

代，宋代著名理学家朱熹提倡家族祠堂，宗祠始在民间开始普及。旧时许多祠堂的门前都立有旗杆，代表了一个家族对功成名就者的表彰。树立旗杆有着严格的规定，只有考取一定功名或被授予官职的族人，才有资格在祠堂前立杆。一个祠堂门前立的杆越多，就意味着这个家族考取功名的人越多，其地位也就越显赫。立旗杆的作用，一是光耀门楣，二是激励后人进取，是中华民族祠堂文化的重要组成部分。

江宁街道朱氏分支族长朱治龙，是南宋著名理学家朱熹后裔，属紫阳朱氏。紫阳朱氏与江宁有着深厚的历史渊源，据 1927 年续修的《紫阳宗谱》记载，早在唐代，朱氏祖先就曾在金陵生活。清乾隆九年（1744）朱氏修谱时，还特意函请江宁府朱世润撰写谱序。据朱治龙口碑资料，朱氏祠堂立杆的习俗至迟在清代就已经形成，听族里老人讲，该习俗可以追溯至宋代。到了民国时期，立杆在江宁地区仍然流行。新中国成立后，立杆习俗逐渐衰落，“文化大革命”时被彻底废止。1990 年代，朱氏族人又重新把这个习俗恢复起来。目前，一共有七八支朱氏族人在朱氏祠堂前立过杆子，甚至连迁徙到中国台湾的一支朱氏后裔也在朱氏祠堂前立杆。

当代影响与价值

立杆是传统家族文化的核心内容之一，是一种荣誉的象征，反映了祈求族人平安健康、家族繁荣以及永世传承香火的美好愿望，是对族中杰出人物的认可。通过这一传统习俗，可以感受其中隐藏的家族认同的情感意识，这是一种世代积淀下来的思想文化理念，包含同一家族的价值观念、心理结构等群体意识，对当下弘扬社会主义核心价值观仍具有一定的价值意义。

祭祖礼俗

基本概况

旧时在春节、清明、十月朝或冬至日，各家族都要举办祭祖活动，其礼俗相沿至今，流布于江宁全境。

祭祖有公祭和家祭之分，公祭就是整个家族祭祀，家祭是指某一个家庭里的祭祀。就公祭来说，一般在每年举办祭祖活动的前三天，本宗族的各房头分别选派一人（一般是长房当家人）组成祭祖筹办工作小组，他们敲着锣，打着鼓，吹着唢呐，放着鞭炮，从上一年举办祭祖活动的人家处将宗谱（或宗图）及香炉、蜡烛台等，请到本年举办祭祖的人家，并把宗图悬挂在堂屋的正面墙上，摆好供桌，放上供品，点着香和蜡烛，再烧些纸钱，这样前后展示六天，让族人瞻仰。此外，祭祖筹办组人员还要围坐在一起，议论过去一年中宗族中发生的重大事情，需要表彰或帮扶的对象。期间，还要指定专人负责祭祖的烟、酒、茶等物资采购、厨师聘请、就餐人数（包括60岁以上老人吃白搭饭）统计等等。

正日这天，各户选派一人到祭祖地点，给祖宗烧纸、跪拜，在参加宴席之前相互问候，拉拉家常。筹办小组的工作人员向四面八方来拜祖的同宗族人敬烟、倒茶，安排席位。本年度有人去世的人家，烧了纸钱后，请本宗堂主管人员将去世人的名字填写在宗谱上他的位置。开席前，本宗堂的长辈主持人还得发表简短的讲话，要求本宗堂的所有人要尊老爱幼，和睦乡里，为祖宗争光，并宣布下一届接祖人的姓名、地点及注意事项。拜祖酒席钱和其他费用，按本宗堂户数平均

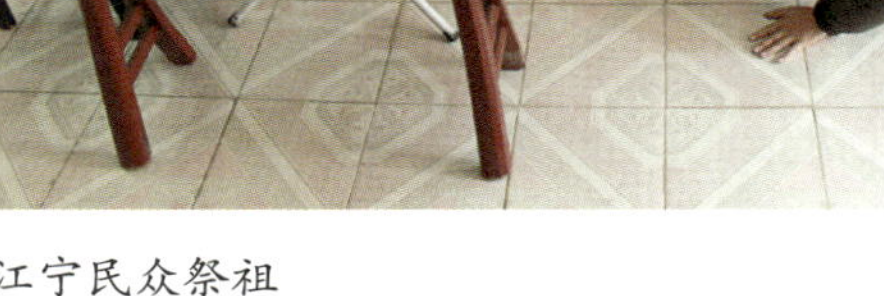

江宁民众祭祖

江宁民众清明祭祖

摊派。三天后，本宗堂祭祖筹办小组的工作人员再次聚集在一起，敲锣打鼓，燃放鞭炮，把宗图请下，与祭祖工具一起保存好。

而家庭祭祀，一般是在中午。过去，大多人家正屋摆放着八仙桌和供桌。祭祀时，供桌上放上供品和香炉，有八成熟的荤菜和素菜，碗里面装饭，还要整成球形，把它放在供桌上面，一般摆八到十碗。筷子与酒杯，祭祖的时候都要摆放在左手。这个仪式叫做请祖宗。然后是烧纸钱、焚香、叩拜，叩拜时要按辈分大小依次磕头。仪式结束后，要送祖宗。送祖宗也要带上部分菜和酒，来到之前请祖宗的地方，把酒撒到地上，再烧上纸钱、金元宝、银锭子等，向祖宗跪拜祈福，保佑平安。

据口碑资料，现在男女都可参加祭祖活动，但旧时江宁不少人家祭祖只限男性参加，女眷禁止参加。祭祖这天，在祖宗牌位前，说话要有礼貌，不可胡言乱语。

江宁地区的祭祖活动，绝大多数乡村都是按老规矩进行，比较隆重。有祠堂庙宇的宗族，每年举办一次或两次，以清明为主，冬至也行。没有宗祠的家族，轮流组织活动的比较多。也有少数家庭祭祖活动比较简单，就在路边、埂

江宁民众祭祖场景

《张氏宗图》

头设祭，那一堆堆灰迹代表着对先祖的哀思。

因大家族的祭祖多为各户轮流筹办，所以对这一习俗的流程、规矩知晓者颇多。每年清明、中元、冬至、春节几大节日，大家族都可以举行祭祖。据朱庆舜介绍，仅禄口一地就有十多个宗祠举办祭祖活动。他们朱氏家族每年两祭，祭祖当天要挂宗开谱，进祠堂，上祭名，供祭品，烧香纸，跪拜谒，放鞭炮，集体餐。

春节的家祭最为常见。许多人家，年二十九或三十（除夕）这一天中午，在堂屋设祭，摆开八仙桌或方桌，三面放坐凳，左右两两相对，上席为三座。上席前设拜垫，置燃纸盆，可燃烧锡箔、纸钱、冥票。桌上放三样、五样或七样供品，有鱼、肉、肉圆、鸡鸭荤菜及素菜，有茶杯、酒盅、饭碗、筷子，由主人请祖宗，口曰：“过年了，凡是家祖回来吃饭，拿钱噢！”态度谦恭诚恳，举止文雅。接着家人依次跪拜磕头、焚烧纸钱，门外燃放鞭炮。活动结束后，还要将祭祖用的鱼和元宝锅巴盛好放入米缸里，寓意“年年有余（鱼）”。

清明、冬至的普通家祭则要上坟祭扫,烧纸钱，也有人带水果、糕点和鲜花。有坟堆的则插柳，插绿色柳条，不用红柳，还要挖坟帽、挂幡。

历史传承

中国传统社会是宗法制社会，祖先崇拜是维系宗族体系的精神支柱。殷周时代，即已奉祀祖先为神明，与天帝共祭。此后，这一礼俗代代传承。大家族的祭祖之礼多于祠堂（家庙）举行，一般平民百姓则在家中设木牌神主，上书各位祖考、祖妣官位和姓名。

传统的祭祖活动有沐浴更衣、戒食酒肉、焚香供食、跪拜行礼等仪式。到了近代，祭祖礼俗有所变化，一般有挂宗图、供祭品、焚香纸、轮流跪拜、聆听族中长辈主持人讲话、聚餐等活动。祭祖所需要的费用，按房头大小顺序摊派。

与江宁颇有渊源的《红楼梦》第 53 回详尽描写了祭祖活动，堪为金陵地区大户人家祭祖的样板：

且说宝琴是初次，一面细细留神打量这宗祠，原来宁府西边另一个院子，黑油栅栏内五间大门，上悬一块匾，写着是“贾氏宗祠”四个字，旁书“衍圣公孔继宗书”。……里边香烛辉煌，锦幛绣幕，虽列着神主，却看不真切。只见贾府人分昭穆排班立定：贾敬主祭，贾赦陪祭，贾珍献爵，贾琏、贾琮献帛，宝玉捧香，贾菖、贾菱展拜毯，守焚池。青衣乐奏，三献爵，拜兴毕，焚帛奠酒，礼毕，乐止，退出。

众人围随着贾母至正堂上，影前锦幔高挂，彩屏张护，香烛辉煌。上面正居中悬着宁、荣二祖遗像，皆是披蟒腰玉；两边还有几轴列祖遗影。

《张氏宗图》局部

贾荇、贾芷等从内仪门挨次列站，直到正堂廊下。槛外方是贾敬、贾赦，槛内是各女眷。众家人小厮皆在仪门之外。每一道菜至，传至仪门，贾荇、贾芷等便接了，按次传至阶上贾敬手中。贾蓉系长房长孙，独他随女眷在槛内。每贾敬捧菜至，传于贾蓉，贾蓉便传于他妻子，又传于凤姐、尤氏诸人，直传至供桌前，方传于王夫人。王夫人传于贾母，贾母方捧放在桌上。邢夫人在供桌之西，东向立，同贾母供放。直至将菜饭、汤点、酒茶传完，贾蓉方退出下阶，归入贾芹阶位之首。凡从“文”旁之名者，贾敬为首；下则从“玉”者，贾珍为首；再下从“草头”者，贾蓉为首；左昭右穆，男东女西；俟贾母拈香下拜，众人方一齐跪下，将五间大厅，三间抱厦，内外廊檐，阶上阶下两丹墀内，花团锦簇，塞的无一隙空地。鸦雀无闻，只听铿锵叮当、金铃玉珮微微摇曳之声，并起跪靴履飒沓之响。

一时礼毕，贾敬、贾赦等便忙退出，至荣府专候与贾母行礼。

《红楼梦》描写的祭祖仪式，虽然与现实中江宁民间的祭祖有异，但可以见到其肃穆的场景中，对宁、荣二祖神像的敬畏。此外，族人立定的位置昭穆有序，祭祖过程井然有条，体现了这一传统宗法礼仪活动的神圣与庄严，与如今吃宗酒较为热闹而杂乱的场面迥然不同。

清代乾隆五十年（1785）重修的《上元诚达张氏宗谱》卷一《祠堂宗子礼仪记》叙述了湖熟张氏的公祭仪止：

若冬至祭始祖，立春祭先祖，以及冠婚告庙时祭荐新，皆当由宗子以主之。即元旦贺谒合族，子姓宜会于祠堂之下，宗子主妇先就位，众子姓随班以居其下。引赞者唱，而宗子拈香毕，众子

横溪张氏祠堂图

姓偕宗子行四拜礼，平身，众子姓降下一等，宗子主妇升左西向，众子姓亦行四拜礼。子为宗子，而父居子姓之列，亦不敢避。若宗子主妇殁日，众子姓皆服九月衰，故曰尊祖而敬宗也。然于祠堂之中，尊卑长幼在焉，宗子主妇仍居分定班次，复还尊者，礼众子姓，亦以分之，尊者皆拜焉。遇父母则行四拜礼，若伯叔父则升上西向，子姓北向，行二拜礼；兄弟则兄居东，弟居西，相向行二拜礼，妇亦如焉。既没，百世不迁。

然宗子尤当自重，不重则无威严以统众子姓，亦不可太立崖岸，有露圭角。诸事宜，得大体。苟宗子不习礼节，不能修身教家者，众子姓得以几谏而匡救之，谏而不听，则告庙而请于始祖之前，数其过而更易之，重立支中嫡子，以承前之大宗。故为宗子者，务要诚心端行，以为一族之仪表，不容苟且失足而坠厥家声。其为子姓者，尤当战兢自持，不得少有犯于宗子。至于一族之中，或有鼠牙雀角之事，阋墙操戈之隙，或由田土经界之不明，或因分析争财之厚薄，或以富欺贫，以强凌弱，种种不法，概听宗子剖决。不服，方许呈官究治。如此则大宗之法行，一家之政修矣。所谓五世则迁者，小宗也。其支中所尊，则与大宗族中所尊同，凡登正寝，或冠婚，或丧祭，亦当请命以为主。由此类推，可驯至也。至于器数之设、礼文之具，程朱二夫子言之备矣。

湖熟张氏的以上资料颇为珍贵，印证了《红楼梦》描述的以宗子贾敬为中心、其他众子姓排列有条不紊的祭祖场景。据说，旧时江宁大族的祭祖礼仪也要排练，在活动中不能出错，否则会受到责罚。需要说明的还有，《上元诚达张氏宗谱》以《朱子家礼》为依归，所记载的“冬至祭始祖，立春祭先祖，以及冠婚告庙时祭荐新”“元旦贺谒合族，子姓宜会于祠堂之下”诸礼俗，应该是当时的礼俗，今日则未见流传。

新中国成立后，各类祭祖活动有所弱化，“文化大革命”期间甚至被列为“破四旧”对象，不少宗谱宗图被毁。但据吕业民介绍，他的家乡淳化，祭祖习俗一直传承有序，“文化大革命”期间也从未中断。改革开放以来，江宁各地祭祖礼俗逐渐得到恢复。

当代影响与价值

祭祖是一项内涵丰富的传统礼俗活动，具有重要的教育价值。在祭祖活动中，人们对祖先虔诚尊敬、缅怀恩德的行为，可以激发孝思，可以对后辈产生潜移默化的影响，具有很好的教化作用，有利于形成团结友爱、尊老爱幼的家庭乃至社会风气，可以加强宗族成员的集体认同感与凝聚力。江宁祭祖礼俗广泛涉及民间饮食、文学、音乐、诗词、礼仪与禁忌等诸多内容，是中华民族传统礼俗文化不可或缺的组成部分，开展文明祭祖活动对当下构筑和谐社会仍具有一定的现实意义。

石塘王氏祭祖习俗

基本概况

石塘王氏祭祖习俗，流布于横溪街道石塘社区后石塘自然村。

后石塘村是一个历史悠久的古村落，有文字可稽的历史早至宋嘉定八年（1215），距今八百多年。村中有一座王氏宗祠，相传为王氏一族于建村时一并修建的。每年的农历十月初十，宗祠都会举行祭祖活动，称为“十月朝”。除本村外，迁至贾村、南山坎、朱门、陆郎、云台、红星、丹阳、东善桥等地的王氏后人，均会前来参加祭祖活动。

旧时，祭祖活动需要通知宗亲，一般由石塘村的负责人通知其他地区的各房头，再由各房头按例通知。现在通讯发达了，可以电话、微信等方式通知，不再层层传话。王氏祠堂曾有祠堂田、祠堂塘等公产，其收入用于祠堂维护及祭祀活动，不够的再由各房头分摊。新中国成立后，祠堂公产划归集体所有。

祠堂管理分工也很明确，有负责财务的，有负责采买的，有负责祭祀主持的。过去祠堂承担的家族事务比较多，如调解家族内部矛盾、分家、婚丧嫁娶、困难接济等等，甚至还会为远道回来祭拜的宗亲解决吃住等。现在的祭祖活动形式比以前简化很多，基本上一天就可完成。祠堂内备有桌凳、炊具、碗筷等，每年参加活动者至少有

今日石塘村全貌

100人以上。桌位的安排是按辈分来分，同一辈分的按年龄分座。王氏字辈为“恭德允宜盛”，目前最大辈分应该是“德”字辈。现在因祠堂没有公产，每次活动需要按人头收取费用。

每年的十月初十上午，各房头会在祠堂大厅按辈分有序排好。祠堂先人排位前有香案，在其上摆好供果、供品、香炉等祭品，再燃放鞭炮。然后由主持人宣读祭词，其内容包括感念先祖功德，告慰先人，重温家规家训，劝诫后辈子孙好学进业、重德轻利、忠信孝悌，等等。一般由参加祭祖活动的最长者先跪拜上香，然后由主持人逐一按辈分分序叩首跪拜。祭祖仪式完毕后，各房宗亲可以相互交流，按辈分上桌喝酒吃饭。

王氏宗谱

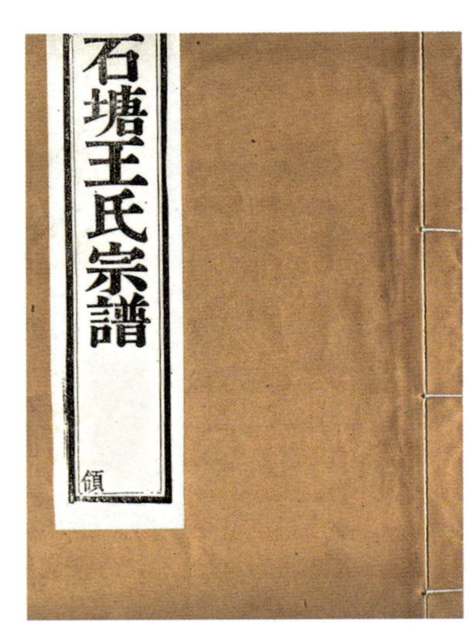

《石塘王氏宗谱》

石塘王氏宗祠旧影

历史传承

祭祖风俗在古代宗法社会中十分流行，祖先崇拜为家族体系的精神支柱，是传统家族的信仰形式，是维系宗族体系的重要手段。旧时大家族的祭祀活动多在祠堂或家庙举行，普通人家则在家设祖先灵位，多选择先祖生日、忌日或元日，清明、十月初十、冬至等节日举行。

据民国潘宗鼎《金陵岁时记》和夏仁虎《岁华忆语》记载，在南京及江宁民间有十月初十祭祖上坟的习俗，类似于清明节，所不同的

石塘王氏宗祠内景

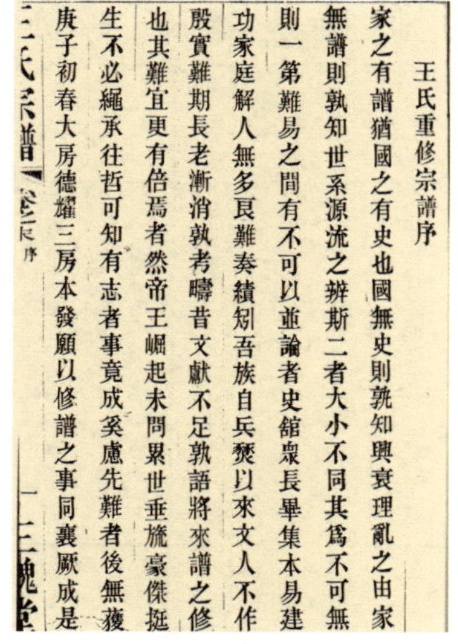
王氏重修宗譜序
家之有譜猶國之有史也國無史則孰知興衰理亂之由家無譜則孰知世系源流之辨斯二者大小不同其爲不可無則一第難易之間有不可以並論者史館梟長畢集本易建功家庭解人無多艮難奏績矧吾族自兵燹以來文人不作殷實難期長老漸消孰考疇昔文獻不足孰語將來譜之修也其難宜更有倍焉者然帝王崛起未問累世垂旒豪傑挺生不必繩承往哲可知有志者事竟成奚慮先難者後無獲庚子初春大房德耀三房本發願以修譜之事同襄厥成是

石塘王氏重修宗谱序

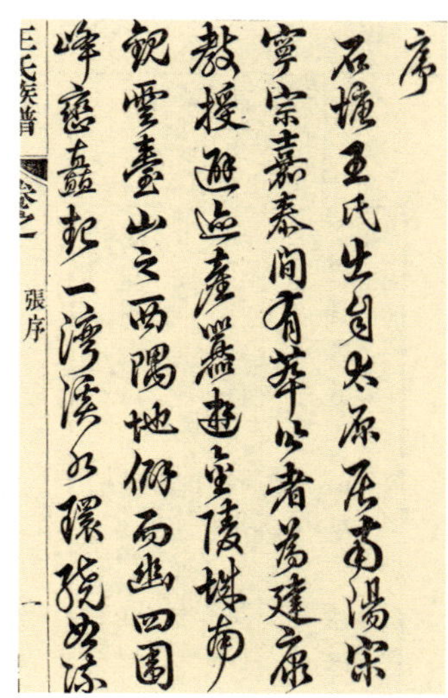
序
石塘王氏出自太原氏南渡宗寧宗嘉泰間有萃公者爲建康教授遊遍虞麓避金陵城南觀雲臺山之西陽地僻而幽四圍峰巒聳起一灣溪水環繞

石塘王氏宗谱序

家禮圖

《石塘王氏宗谱》中的《家礼图》

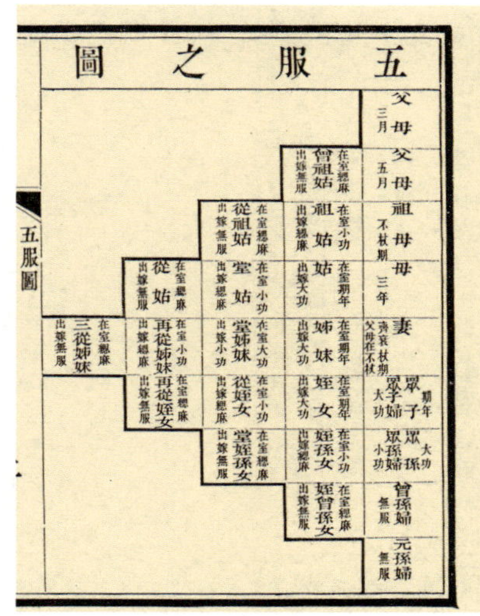
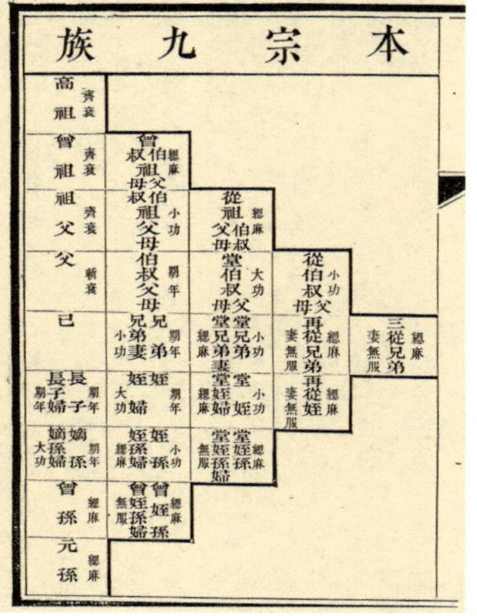

《石塘王氏宗谱》中的《本宗九族五服之图》

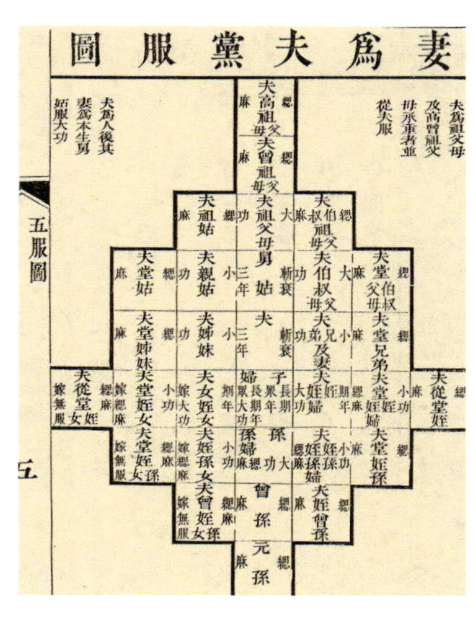

《石塘王氏宗谱》中的《妻为夫党服图》

是上坟时不做坟帽子，而是到纸扎店买纸衣、纸裤、纸棉衣、纸棉被等在坟前焚烧，其意思是冬天来了，给亡者送寒衣，即谚语所谓“十月十，家家送寒衣”。如果没有祠堂或家庙，则相关家族的祭祖活动采用轮回模式，每年一户，在接送宗谱、供桌、香炉、烛台等祭祀用品时，会有很隆重的送请仪式。随着时代变化，大规模的祭祖活动在江宁乡村已不多见了。

王姓是后石塘村的开村之姓。据《王氏族谱》记载，南宋嘉泰年间（1201—1204），王姓五十一世祖王萃一任建康府学教授。他治学严谨，精通理学，卸任后举家迁至云台山西麓的后石塘村。他的三个儿子也陆续辞官，跟随父亲来到后石塘。王萃一为自己寻到了一块理想的终老之地，也为后世子孙寻到了一块繁衍生息的福地。王氏先祖们在后石塘村疏泉凿石，筑室而居，垦田而耕，依山而樵，规划并建设了祠堂、神庙、坟茔、田地、水系等基础设施，排布井然有序。始祖萃

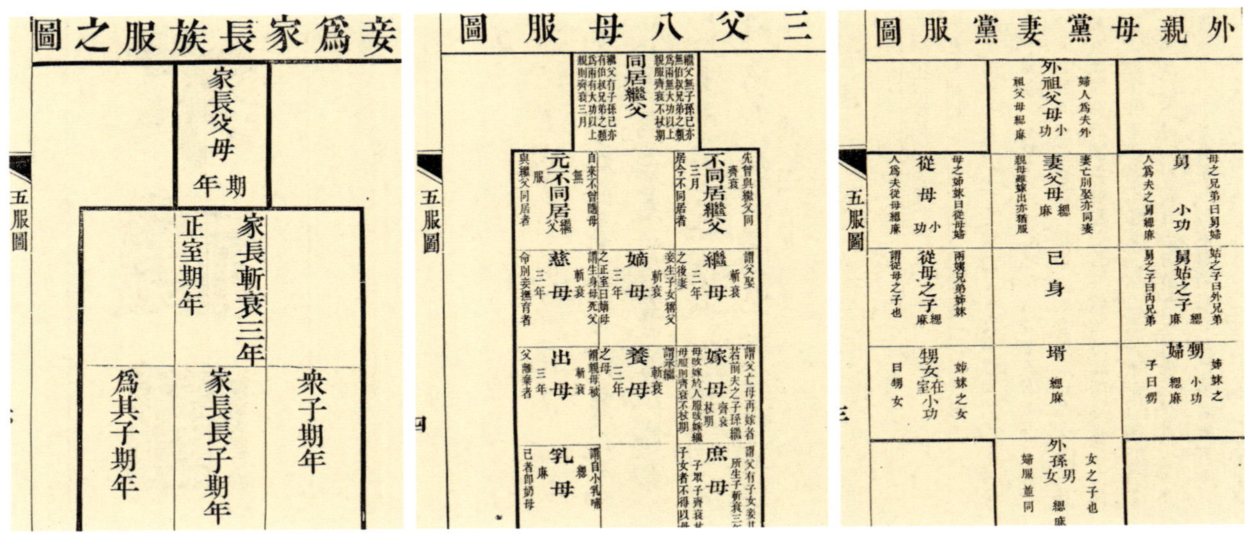
妾爲家長族服之圖

家長父母 期年

家長斬衰三年　正室期年

衆子期年　家長長子期年　爲其子期年

三父八母服圖

同居繼父　不同居繼父　元不同居繼父

繼母　嫡母　慈母　養母　嫁母　庶母　出母　乳母

外親母黨妻黨服圖

外祖父母　妻父母　從母　舅

已身　從母之子　舅姑之子

甥　壻　外孫

《石塘王氏宗谱》中的《妾为家长族服之图》《三父八母服图》《外亲母党妻党服图》

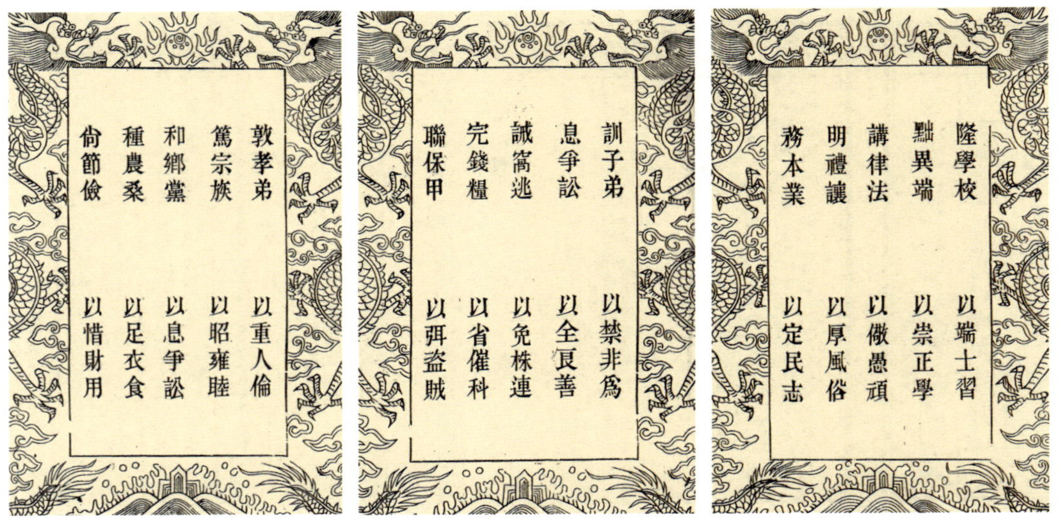
敦孝弟　以重人倫

篤宗族　以昭雍睦

和鄉黨　以息爭訟

種農桑　以足衣食

尚節儉　以惜財用

訓子弟　以禁非爲

息爭訟　以全良善

誡窩逃　以免株連

完錢糧　以省催科

聯保甲　以弭盜賊

隆學校　以端士習

黜異端　以崇正學

講律法　以儆愚頑

明禮讓　以厚風俗

務本業　以定民志

《石塘王氏宗谱》里的家规

一公和王宁氏生有三男两女，长子再一世居石塘，次子再二迁居贾村，三子再三迁居南山坎。现在石塘村的王氏族人为天字号特大房。

王氏宗祠为三间两厢，始建于南宋开禧元年（1205），其后代有修葺。晚清太平天国时期，祠堂几乎全部被毁。1940 年，王氏族人重建祠堂，并把祠堂附近的长在狮形巨石上的大榉树买了下来，“狮背伞”成了庇护王氏宗祠的灵物。新中国成立后，祠堂先后被征用为学校、仓库、加工厂等。2000 年，其族人再次捐款筹资重修祠堂。2004 年清明节，王姓族人举行宗祠落成典礼，还从山西太原请来了远祖王乔像，以供祭拜。

当代影响与价值

祭奠祖先是中华民族的传统美德，蕴含着传统文化中以血缘为基础的“孝悌”思想，表达了对家族祖先的缅怀与感恩，在祭祖过程中还体现出族人之间的相互尊重与关爱，因此石塘王氏祭祖习俗具有一定的精神文化价值。此外，祭祖习俗关乎传统的“礼”文化，有着比较繁杂且严肃的祭祀礼仪，涉及等级、秩序等内容，可以规范家族成员行为，提升道德修养，对现代乡村社会新型治理模式的探索具有借鉴意义，值得进一步保护与传承。

随着现代生活节奏的加快，不少传统习俗逐渐为今人淡忘，但石塘王氏族人仍在每年十月初十举行隆重的祭祖活动，继续保留较多的传统礼仪。不仅如此，在祭祖活动中，王氏家族还破除陋习，倡导两性平等，鼓励家族中的女性参加祭祖活动，体现了更大的包容及与时俱进。这都值得充分肯定。

后石塘村的风水信俗

基本概况

后石塘村的风水信俗，流布于横溪街道石塘人家社区。

后石塘村是横溪街道石塘人家社区所辖的一个自然村，村中有174户，共454口人。村民王允和家中珍藏着一套修于1944年的《王氏族谱》，详细记载了后石塘村的山水地貌与村名由来，谱载："观云台山之西隅，地僻而幽，四围峰峦矗起，一湾溪水环绕，如流数里，左磨笄，右垒土，两山高数十丈，俨若户枢笃峙，盖天设键，以锁钥所宇也……因其环山如塘，名曰石塘。中界有一小垄，前则施氏居焉，别之曰后石塘。"

根据《王氏族谱》记载，王氏始祖为南宋建康府学教授王萃一，他深谙易学，了解风水。他见后石塘山形秀丽，风水绝佳，便将此地选作归隐田园的栖息地，并按堪舆义理在村中安排祠堂、神庙、坟茔、居室、田地、水系，布置井然有序，开创了王氏子孙重农务本、耕读传家的平静自在的生活。至今在这个山村仍保留着王氏宗祠。据此看来，后石塘村已有近千年的历史。

后石塘村原住民有王姓、施姓两族，后又有从安徽、河南及其他地方迁徙而来的程姓、汪姓、胡姓、杭姓、方姓等。各姓村民本都有各自的信仰习俗，但在千百年的发展中，大家求同存异，共同守护着家园的安宁，逐渐形成了多元化的后

石塘村全景

石塘村传统信俗，为全村人民所传承。由于后石塘村是严格按照堪舆术规划的，有着独特的风水格局，所以许多信俗都与风水信仰密切相关。

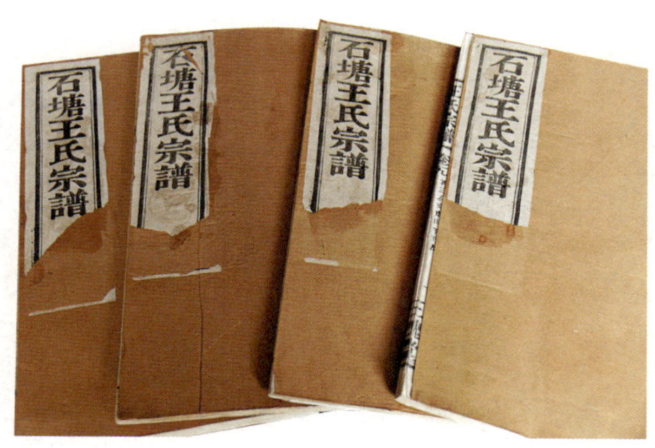

《石塘王氏宗谱》书影

历史传承

作为一座拥有近千年历史的古村落，后石塘村中至今仍流传着许多风水信仰与习俗，其主要内容如下。

1. 两座土地庙

过去的乡间村庄一般都会有一座土地庙，这是源于远古人们对土地权属的崇拜。土地能生五谷，是人类的衣食父母，因而人们常祭祀土地，祈求五谷丰登、丰衣足食。据村中 70 岁以上的老人回忆，后石塘村过去有两座土地庙，村南、村北各一座，这与一般乡村有所不同。《王氏族谱》介绍了“一村两庙”的原因。据该谱记载，后石塘村的村前、村后，即南、北进村口，各有一座拱形桥，像两把有钥匙的锁，护卫着村庄，所以要建两座土地庙与之呼应，共同守护家园，祈求平安。

过去土地庙的对联大都是“保农夫四时吉庆，佑田禾五谷丰登”，或“佑当地清泰，保吾庄平安”等等，都是表示农人对于土地菩萨的期望，后石塘村土地庙对联则与之不同。一位 76 岁的程姓长者还记得其上下联分别以“日”“月”异型的四字组成。这两座土地庙毁于二十世纪五六十年代。

2. 两座拱桥

王氏祖祠在后石塘村的南边，当初建造时这里应该是村口，周围是田垄山地。祠堂边通往村口的地方，建有一小拱形桥，村民习惯称之为“祠堂桥”。由于西边山垄流下来的山水常年冲积，在此形成了小沟壑，阻断了进村的路，村民便搭建拱桥以便进村。村北边也有一条路进村，入村处也建有一小拱桥，名为“游子桥”。据村民介绍，这两座桥就是后石塘村的两把锁，拱形的设计就是将桥设计成锁的样子，把持着村前村后两个大门，护卫村庄周全。

《王氏族谱》有载：“俨若户枢笃峙，盖天设键，以锁钥所宇。”可见建桥既是方便出行之举，又是风水理念的落实。至于具体的建桥时间，则没有人能说得清了。

3. 狮背伞之神灵

在王氏宗祠的门口，有一巨石形同狮背，石头上有一颗巨大的榉树，枝繁叶茂，叶冠如伞，一直以来大家都把这里称之为“狮背伞”。

相传，王氏祠堂建造初期，某年大雨，洪水肆虐，田地尽毁。雨过天晴后，一块巨型狮子石挡于祠堂边，形象威武雄壮，极其逼真。不久，无土的狮背上生长出一颗榉树，根植石头，生长迅速，叶冠浓密，如一把伞撑在狮背上，村里百姓视为神物。

自从狮背伞神降落后石塘村后，该村就不允许舞狮子等活动，也不允许作为建筑装饰的石狮子落户。过去，周边村落春节期间都有玩狮子的串村走户，后石塘村只允许玩花灯、龙船的进村。至今，后石塘村民没有人家敢打破这个传统，怕

《石塘王氏宗谱》之西山下坟图

冲犯了狮背伞的神灵之气，给村庄带来灾祸。

4. 村中有神道

在后石塘村的中轴线上，有一条南北走向的主干道，村中人称“中间巷”。这是过去村庄的主干道，也是一条神道。这条神道的铺设，源于开村之王氏先人深谙风水。

后石塘村地势北高南低，东西走向中还有一条长岗，称之为“来龙岗子”。在这“来龙岗子”的正中，又分成东西南北线，神道跨东西走向的来龙岗子。村中人家有人去世，抬材出殡一定要走这条路。后石塘村出殡习俗与江宁其他地区有一点细微的区别。在出殡回来后,除了“跨火”辟邪外,主家还要准备生姜糖水。生姜糖水被称为“糖生水”,与“唐僧”谐音，寓意长生不老。

据村中年长村民介绍，过去后石塘村虽地处偏僻，却是个非常美丽富裕的村庄。村中大姓过去多半在杭州、苏州做丝绸生意，村中建筑也是苏式风格。民国时期南京商会会长、著名实业家、慈善家魏家骅，死后就葬于后石塘村。

魏家骅的家族曾在南京经营“魏广兴”缎号，民国《中国现代实业志》即载：“魏广兴丝织厂，每年产量在 2000 匹，产值在 80000 元。”直到魏家骅去世，“魏广兴”缎号仍不断发展，仅次于南京胭脂巷的“李久大”缎号。魏家骅墓至今还在后石塘村，村民称为“知府墓”。

村中原先的建筑基本毁于太平天国战火，之后的若干年重建恢复，有些人家因此凋敝，有的外姓就此买下衰落人家的房屋或地皮。1960 年代出生的村民，还对村中老屋有印象，一般都带有照壁、排水系统、门楼、院内蓄水池等。据村中 80 多岁的长者回忆，因房屋之间都有回廊，下雨天，村中人走路不需要雨伞。

在美丽乡村建设之前，村中神道不宽，路边

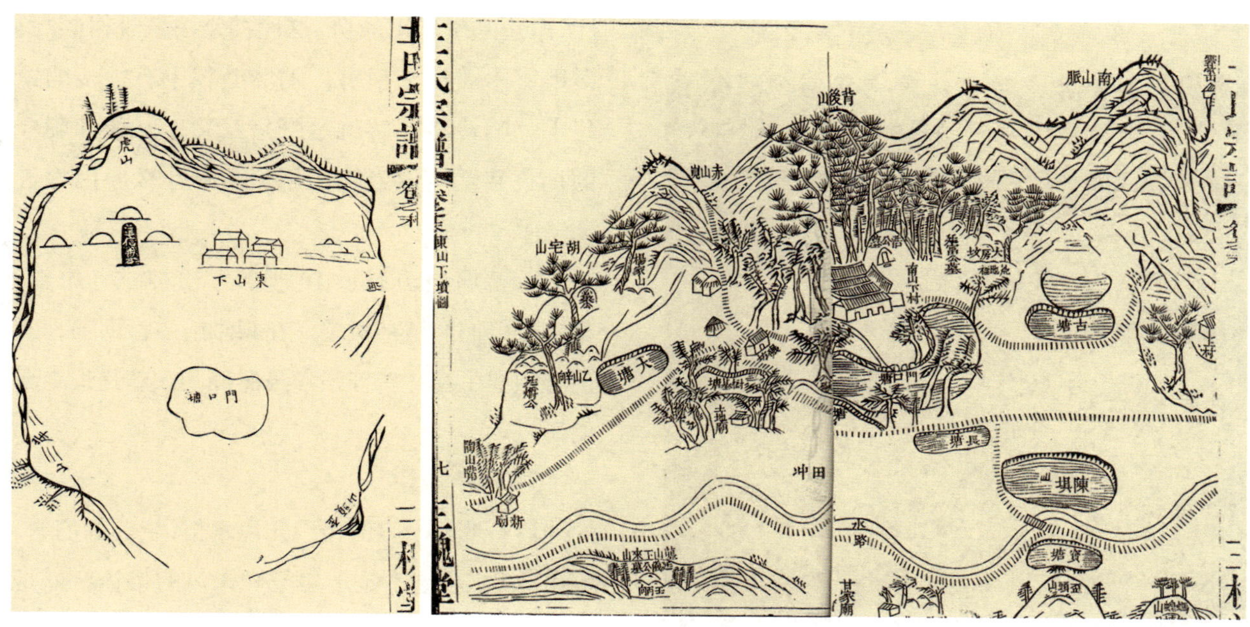

《石塘王氏宗谱》之东山下坟图

有排水沟，排水沟旁都是碎砖瓦砾，人们说这就是过去村里被毁房屋的遗存。在美丽乡村建设中，神道与村中其他地方的施工现场，曾挖出非常多的条石等建筑构件。改造后的后石塘村，仍尊重村民的习俗，留出神道。

5. 衲头庵古刹变家庙及多神信仰

衲头庵古刹在后石塘村的西南方向，基址 2 亩，佛殿 3 楹，观音殿 3 楹，僧院 1 房，是座小刹，位于前石塘村前的半山坡上。通往衲头庵的山路下，有一汪山泉，当地人称九龙凹，现在是石塘人家的著名旅游景点九龙潭。衲头庵在明葛寅亮所著《金陵梵刹志》里有记录："衲头庵在郭外南城山南乡，南去所领建昌寺十五里，北去聚宝门九十里。"

岁月变迁，衲头庵经年失修，无法维继。与后石塘村毗邻的前石塘村、姚头村，均在衲头庵周边，多有共同信仰与习俗。因修葺费用不菲，衲头庵本身也无力负担，三个村就采用共同出资的形式修葺衲头庵，并将衲头庵归置为家庙，由三个村共同维护。至于这样的形式从哪个年代开始，现在的村民无从知晓。

据口碑资料，抗日战争时期，衲头庵的斋房曾被日本人烧毁。1958 年，寺庙所在的山脉探出有硫磺矿，相关部门把衲头庵寺院作为矿工的宿舍，后来损毁。目前还留存老地基、老柱础、佛塔遗存、7 棵老树，其中有 3 棵老银杏树，还有 1 棵巨大的梓树。

6. 衲头庵供奉弥勒菩萨与观音娘娘

佛教三节时，后石塘村、前石塘村、姚头村三个村的村民都会扶老携幼参加活动，到衲头庵里吃斋饭。三村的村民也可以在此做祛灾、辟祸、祈福等系列法事活动。活动前与庙里住持沟通好，除准备活动必须的器具外，寺庙还会给村民准备茶水糕点。这里过去曾是村民的精神庇所，活动频繁，香火旺盛。

后石塘村民与周边乡民对诸神的信仰由来已久，与衲头庵相近的寺庙还有明性寺、高台寺、般若寺、幽谷庵等。雪浪禅师曾到访过衲头庵、般若寺与幽谷庵。雪浪禅师，即释洪恩，是明朝嘉靖、万历年间的高僧，尝说法雪浪山中，故世

石塘王氏宗祠

称雪浪洪恩，其诗文集有《雪浪集》。他曾游遍后石塘附近寺庵，作有《游般若寺》《白云庵访嬾庵，坐其室读〈庄子〉》《宿幽谷庵喜逢静厓法兄》等诗，其《经衲头庵忆法秀禅师》诗云："绽衲居无定，双林一岭分。磬声和断续，香霭逗氤氲。石迳连疏竹，溪流隔片云。丹书征出处，已是不逢君。"

村东边的云台山上建有一座大庙，最为宏伟，村民习惯叫大庙，也有记载为白云庵，有庙堂90间、佛像数百件。还有一座小庙叫西山庙，也有庙堂数十间、佛像数十件。西山庙老住持成顺，临终前进入一口大缸，安然坐化，其真身一直不腐，成为云台山一大灵迹，当地人称作"老人干"。村东北半山腰还有一座被仓颉庙，供奉造字的仓颉。后石塘村北边山下的渣塘村，也有一座神堂，20世纪70年代一度被当作村中的小学校。有房3楹，中间为大厅，西边为小厅，东边是生活用厢房。这座神堂建筑规格颇高，砖雕、木雕技艺精湛，隔墙缝隙中有很多响铃猪毛，响铃猪其实就是野猪豪猪，坚硬如刺杆的褐色猪毛可以当簪子用，不知什么原因埋进墙缝中。

后石塘周边有近10座庙宇、神堂、庵堂，都是村民们的精神殿堂。在艰难的生活面前，人们必须要生存，多神崇拜虽然混乱，却是最本真的愿景。

7. 风水忌讳

后石塘村一直流传一句风水俗语"前井后塘，家破人亡"。这不是一句空穴来风的俗语，而是一段村民代代相传的故事。

后石塘村有两口古井，一口位于村中星满塘边，井口提桶勒痕深刻，是当时王氏家族开凿，距今800余年，现在井上建有亭子保护。新中国成立后，为了解决村中吃水难的问题，曾试着在村中挖井，还专门请过勘探队来村中凿井，都没有成功，开凿的井都不出水。一直到20世纪80年代，这口井一直是村中饮用水源。

还有一口是位于村东边的施氏古井。村中原有施姓（又称时姓）人家，与一王姓家族人有姻亲关系，施姓为舅家。后两家反目结仇，传说这户王姓人家在施家门前连夜挖深井，门后开塘。此后施家连遭不幸，家门衰落。再之后，石塘村无施姓，东边古井一直废弃在田冲里。直到今天，后石塘村民一直在意村内开挖井、塘。

8. 抢亲陋习

抢亲事件在旧时江宁地区时有发生。抢亲有几种情形，一种是娶不起媳妇的强抢寡妇为妻；一种是女方已经订婚，但又赖账反悔的，男方就召集人手前去抢人，抢来就入洞房；还有一种是女方不满意婚约，与心仪的对象先约好，让男方来抢亲。1934年编印的《江宁县政概况》即载："本

石塘村景

县抢孀恶习由来已久，不但蹂躏女权，且亦影响治安。”

后石塘村地处山区，群山阻隔，相对封闭。村上老人回忆，村中有寡妇在河边洗衣时被人抢走的。还有一女子，从小娃娃亲定给男方家长子，后长子不幸夭亡，男方家就将其许配给另一个儿子。女方不喜欢这个儿子，就与自己心仪之人说好，以抢亲的形式成婚。据说，抢亲时要将村上的人打点好，男方有专人沿村散帖、散喜糖等，希望路人不要管闲事。

9. 祭祖与修谱

石塘村王氏祠堂始建于南宋开禧元年（1205），其后历代均有修葺。新中国成立后，祠堂一度划归集体所有，其地先后成为小学校、生产队仓库、加工厂，甚至牛棚。2004 年初，在废弃 60 多年后，经王氏族人协力重修，并定于每年农历十月初十为祭祖的日子。分散在各地的王氏后人来到他们祖先开创的栖息地，在祠堂先祖牌位前祭拜，每年参加的人数至少 100 人以上。此外，族中有重大事项也在宗祠商定，祠堂成为王氏族人集体活动的中心。

程姓是后石塘村的又一大姓，于清朝中后期从安徽怀宁县迁来。1999 年，安徽怀宁篁墩镇成立程氏敦睦堂第八届宗谱编修委员会，得知有一支程姓后人定居后石塘村，遂辗转找到后石塘村。自明成化年十八年（1482）至 1932 年，《程氏族谱》先后编修 7 次。按祖制，族谱每 30 年修一次，当时已两度失修。石塘村的程姓积极参与修谱工作，今《新安程氏统宗世谱》就存放在后石塘村。

王姓与程姓的祭祖与修谱，让后人一次次接受爱家、爱宗、敬祖的教育。“顺父母、和兄弟、重儒术、务农业、崇节俭、息争讼”等家训，在后辈子孙耳边时时响起。村民奉行“忠厚传家远，诗书继世长”的祖训，对子弟的读书非常重视，形成了浓浓的尊师重教风尚。1970 年代，虽然交通偏僻，但后石塘村小学成绩一直在全乡名列前茅。小学老师程国华作为一介书生，不擅农活。

为了让他安心教书，由村民包办他家的全部农活，一时传为全县佳话。1984 年，后石塘村还出了个全县高考状元，被北京大学录取。

当代影响与价值

作为一座延续近千年的古村，后石塘村有着深厚的历史积淀，并从中衍生出了形式多样的风水信俗。这些信俗是当地民众的历史记忆，锻铸了后石塘村独有的文化生态及行为方式，是非物质文化遗产活态传承的典范，具有厚重的历史和精神文化价值。其中虽然有迷信与糟粕，但更多的还是优秀传统习俗，寄托了普通民众的生活理想，是乡民们对自我文化的认知与选择，是当地居民社会价值观的真实反映，对建设新时代的江宁乡村治理模式有着一定参考价值。

石塘人家是江宁最先打造的美丽乡村之一，后石塘村至今保存的古井、王氏祠堂、狮背伞等古迹，颇受游客欢迎。它们让美丽乡村有内涵，有灵魂，已经成为石塘人家的旅游名片。若能进一步挖掘、整理、展演其中有意义的传统信俗，或能成为当下江宁乡村全面振兴工作的一个新亮点。

湖熟张氏村落风水习俗

基本概况

湖熟张氏村落风水习俗，流布于湖熟集镇东南一带。

看风水，又称相地术，古称“堪舆”，是古代一种占相阳宅（生人住宅）和阴宅（死者墓葬）的地形、环境、结构、坐向，以测断吉凶休咎的方术。旧俗认为，风水好不好，不仅关系到生人的吉凶祸福，而且还会影响到子孙后代，即所谓的“一阴宅、二阳宅，两宅宝地世代福”。

江宁民间看风水，不管是选定住房宅基地，还是为过世长辈选择墓地，多会礼请风水先生（阴阳先生）到场。风水先生一般是具备风水知识及技能，且头脑聪明灵活、能说会道的人，多为兼职。在主家指定的范围内，风水先生观察地形、地势、道路、出场、光照、水流、风向等情况，综合判断宅地吉凶，用罗盘测定最佳方位和最佳方向。然后在选定地块的四角打下木桩，作好标记，以便今后施工建设。建造阳宅时，还得请风水先生推荐开工、上梁日期，门向，井灶方位，以及堂屋、卧室的布局等等。因为旧俗认为，这些要与风水有关。建置阴宅同样要根据风水择日、定向并确定丧葬程序等。从充分利用自然环境，建立人与大自然和谐相处这一点来看，风水之说有一定道理，但往往会被风水先生蒙上一层很强的迷信色彩。

湖熟诚达张氏村落的选址，即遵循了自古以来的风水知识。据清乾隆五十年（1785）上元诚达张士经主修的《张氏宗谱》卷二收录的清康熙二十五年（1686）王恒所撰“宗谱原序”记载：“至贵公之子昱公，见诚达之襟山带河，钟英毓秀，洵天作名区也。遂复迁之，迄今繁殷滋盛，称上元巨族。”可见张氏迁居于诚达村落，正是看中了这里的风水。该谱卷一收录的张氏十一世孙允毓《乡井志》，对风景如画的诚达村落风水进行了详细描述：“诚达村，其居平洋，其产属圩，其俗诗书耕种，亦有服贾经商、运筹货殖者，间

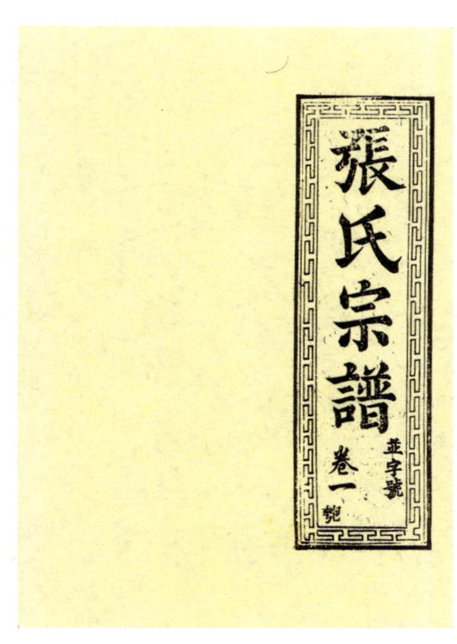

湖熟《张氏宗谱》的封面

有执一技以适四方者，背环秦淮大河，而青龙山乃其发脉处焉。北距秦淮一里，东距长岭村一里，西距马场围一里，西北距湖熟镇五里，又西北距省城六十里，县治在焉。东距赤山十里，东南距句容之谢桥五里，南距朱巷五里，西南距高阳桥十里，南距甲山二十里，东距张庙三十里，稍折而北，距句容县治四十里而遥，南距溧水之开泰三十里……”由此可见，诚达村襟山带河、钟英毓秀，交通便利，由水路达秦淮河仅一里，而陆路达湖熟镇也只有五里。应该说，选择此处居住，属风水极佳之地。

更为重要的是，张氏村落四周还有被誉为八景的自然风光，是一处山清水秀的理想居住之所。这八景分别是香林晓钟、平湖秋雁、板桥红树、秦淮古渡、官沟渔唱、芦荡樵歌、绛岩晴雪、梁台夜月。《张氏宗谱》卷二还收录了诸多赞美这八景的诗、词、赋，有张毓《五言古诗八首》、梅春林《七言绝句八首》、俞世珩《七言律诗八首》、毛舒《七言律诗八首》、张毓《七言律诗八首》、杨凤翔《调寄减字木兰花》和《诚达八景赋》、朱縓《诚达八景赋》、张毓《诚达八景赋》等。这些作品，无不对诚达村的优美风光给予礼赞，同时也表达了对张氏祖先择其地定居的独到眼光的敬佩之情。

从《张氏宗谱》卷一“先茔图考”看，张氏阴宅的风水也十分讲究。谱中所绘“松园冢”“祠堂前冢”“大坟冢”“小坟冢”“庵墩”“大地墩”“青龙山”“俞家墩”“和尚庄”“高场上”“赤山”“牛狮冈”“瑞麟山”等地坟图中，均可见“前有照，后有靠”的风水模式。这说明风水之说对张氏家族墓地的影响之重。

历史传承

先秦时期，人们已经有了风水的意识，它与占卜、卜筮等古老巫术共存，在建房选墓等方面都有体现。但风水作为一种专门术语，则最早见于传为晋郭璞所著的《葬书》。该书是一部专论风水的著作，书中说“气乘风则散，界水则止，古人聚之使不散，行之使有止，故谓之风水”。

宋代是风水术走向成熟的黄金时代。由于罗盘的使用，以探讨“阴阳气理”为特征的“理气

湖熟《张氏宗谱》中的祠堂前冢、大坟冢与小坟冢、张母墓图

湖熟《张氏宗谱》中的牛狮冈墓图、栾墅村墓图

派”的风水学得到发展。明清时期风水术仍然兴盛，但相关理论驳杂混乱。清末以降，风水术基本上已经沦为江湖骗术，加上清末民初新学的兴起，风水术在民国时期总体呈现衰落之势。新中国成立后，提倡科学文明，破除封建迷信，风水术成为遭人唾弃的封建糟粕，风水习俗的实践处于低潮时期。

张氏徙居湖熟诚达村，历史悠久。《张氏宗谱》中收录有元至正十年（1350）的《张氏宗谱原跋》一篇、明正统八年（1443）张珂《张氏家乘原序》一篇，可见湖熟张氏村落风水习俗最早可追溯至元代。

风水术涉及建筑环境的选址、规划和建设之方方面面习俗。近若干年，传统文化研究方兴未艾，加上对传统建筑认识的反思，以及对人居生态环境的日益重视，风水术这一传统国学再次被人们所广泛关注，批判者有之，溢美者有之，实践者有之。

当代影响与价值

湖熟张氏村落的风水习俗，是千百年来湖熟诚达张氏在长期生产生活中所积累的生活经验与知识，蕴含了古人在选地建房、建墓等方面的非凡智慧，具有一定的历史价值、文化价值及精神价值。湖熟张氏村落，其建筑布局、山水植被配置，均强调顺应自然、融入自然，体现了“天人合一”的传统风水理念，以及趋利避害、祈求平安的美好愿望，对当下生态文明理念下的美丽乡村建设，对推动江宁绿色健康发展，促进人与自然和谐共生等方面，都有一定的现实意义。

看风水信俗

基本概况

看风水信俗，流布整个江宁区境。

风水术俗称“看风水”，亦称“勘舆术”“相地术”“青乌术”等，是根据宅基或坟地周围的风向水流等形势推断其吉凶祸福，从而指导阳宅（住宅）和阴宅（坟陵）的定向、定位、布局及营建的民间信俗，流行于全国各地。

风水先生对环境的选择十分看重，他们以民众的精神、安全、生存三个方面的需要为原则，用地质罗盘仪、角尺、卷尺等工具，根据实际地形，因地制宜地确定最佳选址，其主要理论依据是阴阳五行学说，即所谓“阴阳交媾，方成美地”。

在阳宅的理想选址上，风水先生追求朝向为东南 15°，要求“东有水，西有道，山、林、水、道四者皆全”，院落的布置需要“房前不栽桑，屋后不植松”，周边环境最好也要“前有水，背靠山，青龙高、白虎低”。

在建造墓葬的选址上，坟向最佳为西南 30°，要求“背依大山，前有照，后有靠，两边又有抱”。这样的墓地就是块“景也为仙，人也如仙”的乐土。无论阳宅或阴宅的选址或营造，必须注意原生态的保护和利用，不得破坏原始风水，让青山碧水永驻人间。

相应的，风水信俗也有一些禁忌，如住宅围墙之内，特别是房屋四角不能种桑树。因为“桑”与“丧”谐音，不吉利。房屋的西北面不能有水池，否则称为“白虎开口”。还有“四周低、中间高，此处建家不得好”“空旷无碍为吉地，气散风冲凶方”等民间信俗。

因为有庞大的信俗需求，江宁地区为人阳宅、阴宅选址定向的风水师不少，还有专业与业余之分。较有影响的风水师有谷里地区公塘的李华，梁塘的尹万才，张溪的陈国良、薛国云，谷里集镇的石国云、严明祥等。

历史传承

风水，古称堪舆。《汉书·艺文志》录有《堪舆金匮》十四卷，注曰：“堪，天道。舆，地道也。”堪舆又指造《图宅书》之神。风水是中国古人用来探讨和解释人与自然环境关系的学问，以求得人和天地万物的和谐，达到趋吉避凶之目的。

风水信俗在中国有着悠久的历史。据《轩辕本纪》载：“黄帝始划野分州，有青乌子善相地理，帝问之以制经。”甲骨卜辞中有“卜宅”的记载，可见风水之术于上古已现端倪。战国末年，燕齐方士多行阴阳五行说以卜宅相地。

汉代，与风水相关的术数有形法、堪舆两家。前者或行相地、相宅之术，有《宫宅地形》诸书。

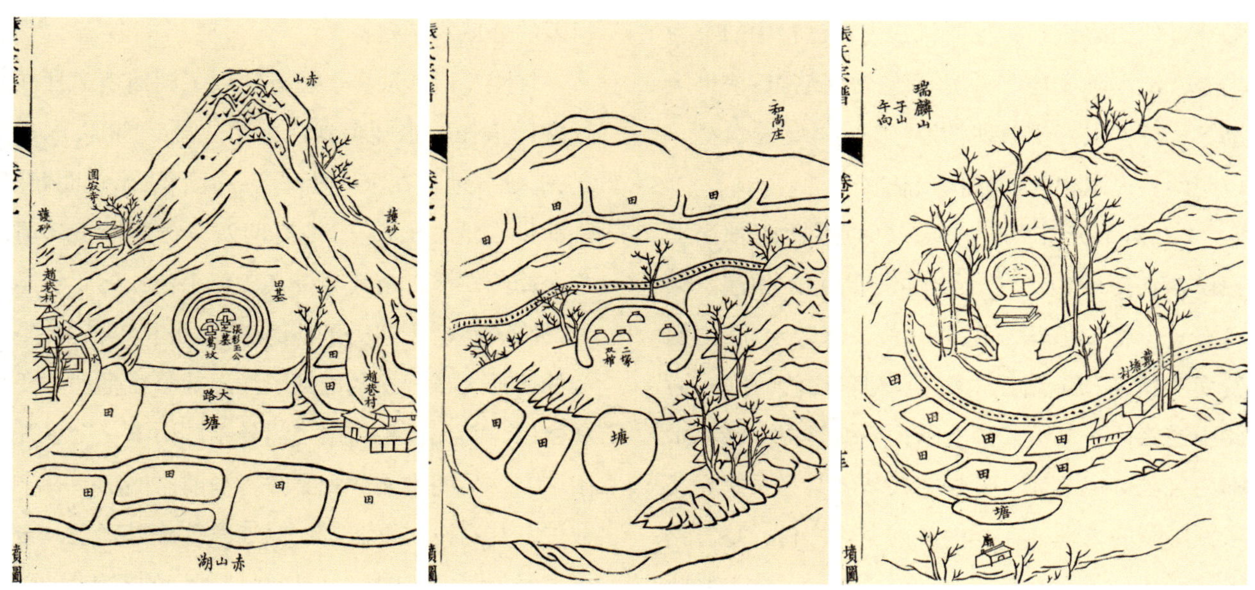

湖熟《张氏宗谱》中的赤山、和尚庄、瑞麟山

后者又称“日者”，讲究下葬立宅时令，有《堪舆金匮》诸书。另传青乌子为汉时人，有《相冢书》。故后世风水理论基本源于汉代，而“青乌术”则成了风水术的代称。东晋郭璞《葬书》云：“葬者，乘生气也。经曰：乘风则散，界水则止，古人聚之使不散，行之使有止，故谓之风水。”“风水”一词始见记载。

唐宋以后，堪舆学日益成熟，形成了形派和理派两个派别。形派也称形势派，主要以形势、形法、峦体为基础，注重龙、穴、砂、水、向，俗称“地理五诀”。理派也称理气派，主要以理气、卦义、方位、宗庙为基础，以八卦、天星、十二支、五行为“四纲”，讲究方位，有许多“煞”“忌”，十分复杂。

关于江宁历史上村落、居址、墓地、祠庙等建筑在选址、建设过程中的风水实践，在各类文献中多有记载。据横溪街道石塘人家《王氏家谱》介绍，王氏始迁祖王萃一就深谙此学，谱中记载：“（王萃一）观云台山之西隅，地僻而幽，四围峰峦矗起，一湾溪水环绕如流数里，左磨笄，右累土，两山高数十丈，俨若户枢笃峙，以锁钥所宇也。萃公乃筑室定居于此。因其环山如塘，名曰石塘。中届一小垄，前则施氏居焉，别之曰后石塘。”王萃一选择定居石塘，主要是看中这里的山水形势，两山形成天然门户，将气运聚集其中。好的风水能够藏风聚气，石塘村的山水形势完全符合这一要求。王氏还在村子出入口建了 2 座土地庙，庙前小溪上建 2 座拱桥，形如门锁，更加增加了空间的凝聚。

无独有偶，汤山庞氏先人在择地定居时，也充分考虑了山水运势环境。《庞氏家乘》记载：“（庞氏）诸公于斯仰而四顾，则诸山旋绕，俯而近视，则池塘连接；且阡陌相连，亩亩可耕，实称沃野。私相计议：采于山，则材木茂密而美；钓于水，则鲂鲤赤尾而鲜可食也。栖隐乐业，何必桃源。遂于神泉乡汤山之南，诛其茅、构其庐而村矣。”

最能体现风水观念的是墓地选址，相关的记载往往会透露这方面的信息。《至正金陵新志》载：“柳世隆墓在倪塘。世隆晓数术，于倪塘创墓，与宾客践履，每往，常坐一处，及卒，墓正其坐处。”柳世隆，字彦绪，河东解县（今山西省永济县）人，在南朝齐高帝、武帝两朝均受重用，官至尚书令。他通晓风水，生前就常去自己相中的墓地坐坐。清人陈文述有《倪塘访齐散骑常侍柳世隆墓》一诗：“大好倪塘埋骨地，二龙才望总公卿。”说明此墓风水很好，后代兴旺。

《万历上元县志》亦载：“（明代）刑部尚书顾璘墓在彭城山。”彭城山北与青龙山相连。顾璘有《卜得彭城乐丘诗》一首，诗云：“买山初费卖文钱，预卜新丘古涧前。旧日高人招隐地，此生逆旅待终年。”“预卜新丘”就是提前请风水师为自己选定墓地。又如明代著名学者顾起元父亲顾国辅的墓地，在今横溪街道曾庄村，墓志铭由状元焦竑撰写，铭文末云：“吉卜之从，兆此新冈。太史铭之，千秋永藏。”其葬地后来就叫顾家山，当时也是看中此处山冈是吉兆，是风水宝地。

《康熙江宁县志》载：“康太常墓在江宁新亭乡，太史公海之曾祖，官南太常卿，三世皆生长南都。术者谓太史状元，乃曾祖墓吉所出。”康海字德涵，陕西省武功县人，明弘治十五年（1502）殿试一甲第一名。他曾祖的墓，在江宁新亭乡（今殷巷一带），风水师说，康海能中状元，是他曾祖墓的好风水所致。

甘熙《白下琐言》卷五记载了湖熟街道杜桂村陶氏信任风水师得到回报的故事：“相传陶氏之先，延一地师在家卜地葬亲，十余年，事之罔懈。既而得吉地，师曰：‘地有两穴，一富一贵，请主人择一穴，以余穴葬予亲，可乎？’陶欣然诺之，遂葬富穴。今陶氏丁蕃而巨富，是其穴已发作，卒如地师之言。”卷六记载了汪恩的家族墓地：“汪观察恩，其先世墓在聚宝门外翠屏山下，金星开阳结穴，吴朗生文学观文呼为渔翁撒网形，有十数圹，其裔设立第一祭、第二祭等碑以别之，至今书香不替。”这是一个形势特别好的家族墓地，给后人带来学业上的成就。卷七记载了甘氏十一世祖的坟茔风水：“建昌寺在江宁南乡，出聚宝门九十里，距小丹阳三里。其地有油坊桥，亦名甘府桥。……距寺里许有纪家山，予十一世祖正三公墓在焉。先大夫尝曰：‘山势厖厚，枝脚蕃衍，远祖诸茔，以此为最。’”甘熙父亲也精通风水，说他十一世祖的坟茔风水最好，他们这一支后代人丁兴旺。

值得一提的是，民国时期江宁县政府迁定新

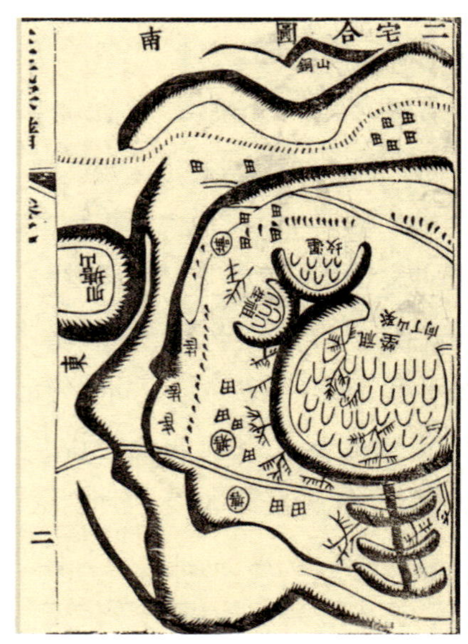

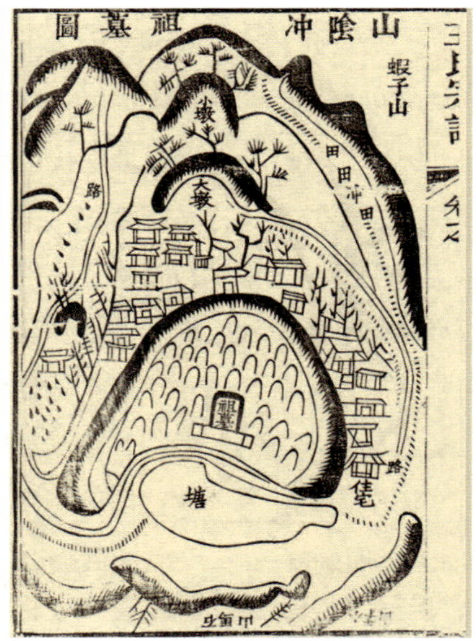

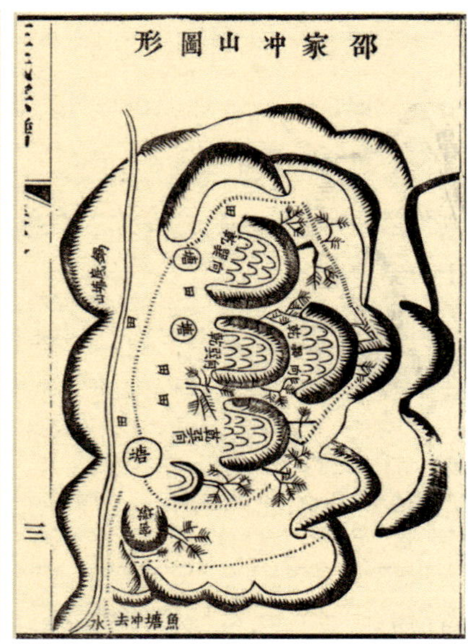

山阴《王氏宗谱》中的二宅合图、山阴冲祖墓图、邵家冲山图形

址时也曾考虑风水因素。1933 年，民国江宁自治实验县政府决定搬出南京城，选择新址时，有多个地点可供选择，最终选中土山（今东山）脚下，其中一个重要原因是新址后有土山为靠，前有竹山可照，右有秦淮碧水环绕。这是一块典型的“后有靠，前有照，两边有傍，碧水前绕”的风水宝地，江宁人称为“撮簸地”，意为聚气、聚财、聚福之最佳场所。

当代影响与价值

风水信俗是中国传统文化的重要组成部分，它以“阴阳”为前提，以“生气说”为核心，以“藏风得水”为条件，是指导人们选取适宜的居住环境，用以制里建都、营寨修墓的专门理论，表达了人们对理想生活环境的追求，具有非常重要的历史文化价值。在传统社会，风水信俗是民众生活中必不可少的实用工具，在墓地、屋宅的选择和建筑过程中发挥着重要作用。传统风水理论中“崇尚自然”“天人合一”的思想也深入影响了民间社会生活，反映了我们的先民与环境相生共存的自然和谐理念，是中华民族古老生态观的体现，对现代社会生态文明建设具有重要的参考价值。

看风水信俗虽然也夹杂着一些落后的迷信色彩，但不可否认的是，它在客观上促进了中国传统建筑技术和景观设计的发展，是中国古代建筑科学的一部分，我们应该全面、理性地看待风水文化，汲取其中合理的内容、手段，将之与现代环境科学相结合，以达到追求美好生活的目的。

造桥信俗

基本概况

造桥信俗，旧时流布于江宁全境。知情人方长顺。

江宁地处江南水乡，境内河流纵横，因而各式各样的桥梁就成了当地的主要交通通道。旧时，民间对桥的理解与今人不同，因为桥梁关系着人们的日常生活，所以将造桥修路看作是有大功德的善举，对之隆重对待，久之便逐渐形成了一套独特的民间造桥风俗。

据知情人介绍，江宁乡间造桥前，要先请阴阳先生定日子、选地势。开工时也有祭祀信俗，有的地方会先请造桥师傅吃酒，称为“开工酒”。吃完酒后，由大师傅或当地乡贤领头，带领工人和乡民祭祀土地和行业神（多为鲁班）。祭祀时，要在桥址设案，摆放鸡、鸭、猪、羊等祭品，点香烛，行叩拜之礼。主持人嘴中要念吉祥语，祈求桥梁万年永固，过桥人平安无事。

造桥过程中，最关键的一道工序是桥主体建成后桥心石的安放，俗称“合龙”。据窦村老石匠方长顺介绍，每当桥梁基本竣工时，老师傅都会提前留出一个一尺见方的空位，用于安放桥心石。石桥合龙仪式一般选于下午举行，相传中午火气太重，若在此时进行仪式，就可能会伤人。合龙当日，会杀鸡办席，请工匠们吃饭，以示庆祝，俗称“合龙酒”。

值得一提的是，江宁人造桥在合龙时还有“喊魂”的习俗。旧时的江宁乡民认为桥有灵魂，修桥必要牺牲，不然就会有塌桥事故。因此，每待放置桥心石时，就会安排专人，选择经过的行人喊其姓名，这样就可以将此人的灵魂收于桥中镇桥。相传，被收走灵魂的行人会暴病而亡，因而此俗在

重修油坊桥碑

新中国成立后即被废止，改为杀鸡、杀狗以镇桥。

此外，在江宁一些地区，桥梁竣工后还会在桥旁修建桥神庙，上供桥神像，每年按时祭祀，以期桥神保佑。

历史传承

在中国传统的乡土社会中，修桥铺路一直是一件关乎民生的大事。由于古代造桥工程艰巨，

1925 年重修卢家桥工程纪事碑

陶吴集镇疏云桥旧影

且极易发生安全事故，为了保证施工过程中的安全和质量，民众往往会寄希望于神灵保佑，相信所谓的“吉凶”说，所以形成了与之相关的各类造桥习俗和仪式，并贯穿工程始终。

江宁的造桥信俗，具体起源于何时已不可考。但早在清道光年间，甘熙就于《白下琐言》一书中，对江宁民间的“喊魂”一俗有所提及，可见至迟在清中期江宁地区已基本形成较为完整的造桥习俗。

今横溪街道丹阳社区的油坊桥村，还有一座依旧俗建造的古桥，即油坊桥，是南京地区通往安徽宣城、歙县等地的重要交通要道。桥长 19.4 米、宽 5.8 米，为单孔拱形，拱径 8 米，全用青石砌成。两边的石砌护栏上刻以石狮镇守，雕刻精致。该桥始建之年已不可考。清乾隆年间于桥旁草中发现一残碑，碑上文字风化严重，仅有“至正正月重造”数字可辨，可知该桥元代已经存在。据地方志和碑刻资料显示，油坊桥曾于清乾隆七年（1742）、光绪中期、1917 年 3 次重修，现仍为当地的主要通道，是江宁区少有的有准确纪年、

重修资料详细完整的一座古桥，具有较高的研究价值。

油坊桥旁还有一座寺庙，始建于清乾隆四十七年（1782）左右，兼具桥神庙的功能。在桥北约20米处的一座房屋墙体中，有清雍正八年（1703）刻《古梅庵亭》、乾隆二十四年（1759）刻《重建油坊桥碑记》《乾隆甲子所收乐输碑记》，及1917年刻《重修油坊桥碑记》石碑4块。油坊桥于2006年被列入南京市文物保护单位。2013年，文物部门对油坊桥进行了专业修缮，对桥身进行加固，同时调低了拱桥的坡度，以保证村民通行安全。考虑到此桥是当地村民进出的唯一通道，政府还出资修建了宁鲍路，用来分流村民的出行压力，以更好地保护古桥。如今，此桥只允许行人和小型车辆驶入，大车不允许通行。其桥面的青石板已被磨得光滑锃亮，仿佛在向游客诉说当年的人来人往。

当代影响与价值

造桥历来被认为是一件能够获得功德与福报的大善事。作为一项重要的土木工程，会有比较复杂的民间信仰仪式与民俗活动伴随着造桥工程的始终。江宁地区也因此形成了一些独特的造桥仪式与风俗，这是一种难以磨灭的地方文化记忆。在当地民众看来，造桥习俗为的是讨一个好彩头，希望桥梁能够永恒长久，生活圆满如意。造桥礼仪是中国传统建筑礼仪的一个重要组成部分，在客观上对桥梁营造活动起到了指导作用，是传统文化和古老智慧的体现。

在现代科技十分发达的今天，传统的造桥信俗已逐渐被人们忘却。这些信俗或许带有一些迷信的成分，但其中也蕴含着深厚的历史沉淀，对我们了解传统的造桥文化具有较高的学术价值，值得进一步保护与研究。

祠山神信俗

基本概况

祠山神信俗，旧时流布于湖熟、吉山、夹岗、禄口、秣陵、方山等地。

祠山神姓张名渤，一般认为是西汉乌程横山人，亦有观点认为是新莽至东汉建武年间人，还有人认为是唐代人，或谓即张汤之子张安世。而据《三教源流搜神大全》记载：张渤生于西汉神爵三年（前59），是当时负责水利的官员。相传张渤曾经在江南治理胥河至震泽（今太湖）的中江水患。工程完工后，他又负责从荆溪开凿一条河道通往广德无量溪，工未告竣，就殉职埋葬于广德。乡民追念其劳苦功高，立祠奉为神灵。还传说在开凿河渎时，张渤曾在广德祠山役使阴兵，后身化猪形。因张渤“休功显德，敷佑生民”，且“旱劳疵疠，祷之辄应”，故历代帝王对张渤无不优礼褒崇。唐天宝年间（742—756），始加封张渤为水部员外郎。此后，历代皆有加封，宋仁宗康定元年（1040，一说庆历年间，1041—1048）封张渤为灵济王。崇宁三年（1104），赐庙额“广惠”，后累封至“正祐昭显威德圣烈王”。至宝祐四年（1256）又改封为“辅顺真君”。民间则通称为“祠山大帝”。

从宋代开始，江南诸省多设广惠庙，祠山神信仰在苏浙皖交界一带尤为深厚。旧时江宁多地都建有祭祀祠山神的庙宇，方山称方山大庙，禄口称茅亭庙，其他各地多称祠山庙。除供奉祠山神外，这些祠山庙还供奉其他神灵。

相传每年农历二月初八（一说三月十八）为张渤生辰，旧时江宁民众会在其日祭祀祠山大帝，称祠山大会，又称张王会。据《金陵岁时记》记载，晚清光绪二十九年（1903）春，该书作者潘宗鼎曾游高淳，亲眼目睹了祠山大会的盛况：“值祠

新建的方山大庙

山大会，乡人举邑之公正者为尸，面罩黑纱，被神冠服出游，仪仗咸备，惟享神特禁猪肉。”朱偰亦曾撰文描述方山大庙的祠山神祭祀活动：“至今每逢旧历三月十八日，乡民进香作社，演剧敬神，犹奉行不替。”可见方山热闹虔诚。

江宁地区不仅流传有祠山神的传说，也保存有一些独特的祭祀习俗。相传祠山神身化猪形，故祭祀禁用猪肉。甘熙云：“祠山大帝有身化豕形之异，故今祀之者不用猪肉。二月八日为王诞辰，前后必有风雨，俗号‘请客风，送客雨’。”在某些地区，人们会用狗肉代替猪肉祭祀祠山神。清末民初徐寿卿《金陵杂志续集》一书中称：“二月八日，为张王老爷吃冻食之期。张王庙内养一狗，专祭张王。先一日杀之，天必奇冷；前两日必风，后两日必雨，谓之‘请客风，送客雨’。然历试之，辄有奇验。”

高淳明清道教神像画中的祠山神张渤像

此外，祠山神信习也包含了对自然气候规律的总结。民国夏仁虎《岁华忆语》即载：“三月十三日，俗谓之‘张王老爷吃冻食’，必有大风雨。过此即无复冰沍，见免雹灾云。”民国陈乃勋《新京备乘》亦云：“俗传二月初八日为张王食冻（即王诞辰），届时前后必有风雨，俗号‘请客风，送客雨’。过此即不寒矣，无岁不验。”

历史传承

相传元朝末年，明太祖朱元璋曾赴广德部署攻打盘踞苏州的张士诚。他一度在祠山神庙求得灵签，祠山神托梦给他，预言他“贵为天子，必得天下”。朱元璋遂欣然作《祠山》诗一首，诗云：“天下英灵第一山，白云为阙石为关。高台近斗当空出，老树如龙挟雨还。兵革累经香火旧，鬼神常护道人闲。从军幸得来瞻此，挥指干戈动笑颜。”此后，明太祖军队攻战顺利。据《明史·太祖本纪》记载：“（元至正十六年夏六月）邓愈克广德。秋七月己卯，诸将奉太祖为吴国公。”11年后，明太祖建都金陵，国号大明。为感激祠山神的护佑，他派使臣到广德祠山春秋祭拜。洪武二十一年(1388)，他还在都城钦天山之阳建历代帝王庙、都城隍庙等十庙，其中就有祠山广惠祠。建成后，命文渊阁大学士、国子祭酒宋讷撰《敕建祠山广惠祠记》一文，刻石立碑。文中称：“都邑有祠，以宅厥灵，以祐兆民，俾年谷顺成，疵疠不作，阴功所至，鸿化以熙。”希望祠山神保佑百姓粮食丰收，身体康健。《明史》载：“祠山广惠张王渤以二月二十八日……皆南京太常寺官祭。”说明祠山神祭祀已列入明朝国家祀典。

据文献记载，除都城祠山广惠祠外，朱元璋还在周边大规模建设祠山庙，将祠山神信仰推向高峰，仅江南所建庙宇即达360座。据明人葛寅亮《金陵玄观志》记载，江宁境内有多座祠山庙。如湖熟祠山庙，“在郭城高桥门外，东城湖塾地。去洪武门七十里、所领朝真观十里。宋皇祐年建，嘉靖三年重修”。又有吉山祠山庙，“在郭城上方门外，去所领朝天宫四十里、聚宝门三十五里。南城吉山。登岭见大江。宋时建庙其上。国朝天顺年修。嘉靖年重修。今方事兴葺。”吉山祠山庙是中观，规模较大，明朝经过数次修缮建设。

清代，金陵各乡仍然留存多座祠山庙，庙中往往还祭祀其他神灵，祭祀活动也渐渐演变成庙会，祠山神信仰逐渐淡化。甘熙《白下琐言》即载：“夹冈张王庙即祠山大帝……今各乡祠山庙极多，每岁卜筊以定吉凶，则神之灵显匪伊朝夕矣。”周宝偀《金陵览胜诗考》一书记有茅亭庙：“在禄口镇，城东南七十五里，殿宇壮丽。”所祭祀的也是祠山神。有诗云：“俗云神姓张，古姓无此字。封号称祠山，今世无此地。言佐神禹功，书史略不记。”据《禄口街道志》记载，茅亭庙建于清康熙六十年(1721)，有祠山大帝正殿，相传为感夏禹治水之恩，尊禹王治水助手张渤为祠山大帝。

民国朱偰《金陵古迹图考》一书记载方山东麓有东霞寺，“寺下方为方山大庙，祀南宫祠山广惠大帝”。

当代影响与价值

祠山神信俗源于古老的神话传说，是江南地区普遍流行的神灵信仰文化之一，也是当地庙会习俗的重要组成部分，表达了旧时江宁百姓对传奇人物的深切追念与神灵的崇拜之情，具有一定的历史文化价值。明太祖借助“神道设教”方法，强调君权神授，祠山神信仰在包括江宁在内的广大地区得以强化、推广，进而拥有了十分广泛的群众基础，发挥了重要的社会功能。同时，因为祠山神被视作地方保护神，为当地民众提供了精神慰藉与心理压力释放的渠道，以此为基础产生的民众集体认同感增强了，促进社会内部的团结和稳定。此外，祠山神信俗中对自然气候规律的总结也体现了当地民众的古老智慧，具有一定的民俗研究价值。

张桥烧夹习俗

基本概况

张桥烧夹（当地口音念“嘎”）习俗，旧时流布于禄口街道的张桥、马铺和杨树湾一带。

张桥烧夹习俗，实质上是一种烧火祭神的仪式活动，类似现在的篝火晚会。其主要祭祀对象是掌管张桥这片土地的神灵——地主之神，目的是在庆祝丰收的同时，烧去晦气，免除灾祸，以祈求来年风调雨顺、国泰民安。

该活动一般选择在冬至或其前后，这个时间已属农闲，柴草都枯萎了，吃过晚饭后，村民集中到张桥村的张氏祠堂前的一块空地上组织烧夹，每年举办一次。其主要过程是：首先，在张氏祠堂前的空地上堆放由当地各家各户带过来树枝干柴，然后将树枝或柴禾堆起来，点燃，一直燃烧至天明。参加烧夹活动的民众，一般是居住在张桥、马铺和杨树湾等地的村民，也有附近村庄的人赶来看热闹，由于以张桥为主，故名“张桥烧夹”。

因为张氏是张桥的大户人家，烧夹活动一般由张氏族长（有时是村子里有文化的长辈）主持，每年由张氏各房轮流负责操办，或者由族长指定某年由某一房来操办烧夹。各房在操办烧夹的时候，会攀比谁家烧得旺。哪家烧得越旺，就表示

1940 年代初的江宁岔路口的稻田收割

这一活动开展得越成功，也预示着将来会发财幸福。熊熊燃起的篝火象征着红红火火的日子，故历来为村民重视。

烧夹时，村里十分热闹。村民们敲锣打鼓(一般是马铺锣鼓)，载歌载舞，女人、小孩都可以前来参观玩乐。与此同时，村里还会邀请本地或外地的戏班子来搭台唱戏，内容一般是“梁祝”，有时也唱自己编排的曲子。据口碑资料，张桥在江宁虽然算不上特别有名气，但在新中国成立初期，这里还是保留了三个戏班子。江宁廊檐班，就是烧夹时经常请来的戏班子之一。

历史传承

张桥地名，相传是因清代张氏族人在秦淮河上搭了一座简易木桥而得名。而火祭，或称燎祭，早见于远古时期，至商周时期成为国家祭祀制度中一种特殊的祭祀神灵的仪式。燎祭的原始对象一般是天神，有焚烧树枝和焚人两种基本形态，焚人现象是前者进一步发展的结果，从而使燎祭仪式显得更加虔诚和壮烈。明清以降，以大规模积薪而燎这样的方式开展祭祀活动，在民间并不常见。据口碑资料，张桥烧夹这一习俗始于清代，盛行于民国时期，其起源有待进一步分析研究。据知情人曹真财、朱庆财介绍，1948 年，张桥地区组织了最后一次烧夹。新中国成立后，由于张桥烧夹需要焚烧大量的树枝干柴，浪费资源，而且其祭神活动还涉嫌带有封建迷信性质，故被要求废止了。

当代影响与价值

在靠天靠地吃饭的传统农业社会，风调雨顺即意味着粮食丰收、生活富足，于是各地衍生出了各种各样祭祀土地神灵的习俗，张桥烧夹祭祀地主之神的活动即是其中之一。这一活动为旧时张桥、马铺等地民众自发组织，满足了当地村民期盼丰收、渴望幸福生活的美好愿望。这一颇具地域特色的民间信仰，已经深深根植于张桥等地民众的内心深处，成为这一地区民众的集体记忆。张桥烧夹习俗虽早已消失，但其中蕴含的精神文化内涵，仍值得我们挖掘研究。

江宁传统庙会

基本概况

旧时，江宁区境内庙宇众多，有土地庙、观音庙、东岳庙、娘娘庙、龙王庙、三郎庙、关帝庙、湖阳庙、方旗庙、五神庙等等。由于各庙宇供奉的神仙、菩萨不同，庙会举办的时间、地点和具体活动也有所不同，也就各具特色。每逢庙会期，都要请戏班唱戏祭神，抬着所供奉的菩萨游行“受祭”。游行时旗伞锣鼓开道，爆竹炮铳轰响，虔男信女朝拜敬香，以祈神赐福消灾。

江宁地区传统庙会众多，影响较大者如下：江宁街道二月二的二圣庵庙会，三月三的方旗庙会。铜山二月十九日的三郎庙会。谷里三月初六庙会。上坊三月二十八日的娘娘庙会。淳化街道的庙会主要有农历三月十二的七里岗庙会、农历三月十五的索墅集镇庙会、农历三月十六日的土桥庙会、农历三月十九的解溪集镇庙会及农历四

2009 年的淳化庙会

横溪手龙舞

旧时，横溪、陶吴、丹阳3地寺庙较多。能说得上来的寺庵，横溪有14座，陶吴有15座，丹阳有18座。其中有的毁于战火，有的毁于“文化大革命”时期。较大的有云台山的白云庵、神墩庙、大王庙、栖隐寺、上国安寺、财神庙、城隍庙等。有的大庙还建有“万年台”，建筑宏伟，专供唱戏。演员在台上演戏，台前有较大的广场，可容纳上万观众看戏。可惜栖隐寺、神墩庙、财神庙和城隍庙的万年台，早年都被拆除了。寺庵多，庙会自然也多。能说得清楚的庙会日，横溪为三月十七日、六月十三日，丹阳为五月十三日、六月二十四日、七月二十二日和九月二十三日，陶吴为三月初十。直到现在，部分地区仍在上述时间举办物资交流会。

月初九、十月初九的淳化集镇庙会一直延续至今。陆郎大庙庙会在二月初八。禄口茅亭庙会在三月初一。东善桥元山庙会在三月初三。麒麟集镇庙会在三月十四。东流郗祺庙会在三月初三。谷里凤雅庙会在三月初五、初六。陶吴庙会在三月初十。殷巷庙会在三月十五。上峰插花庙会在三月十九。铜山张王庙会在三月十九。龙都大庙庙会在三月二十二。方山桥头庙会在三月二十七、二十八。秣陵东岳庙会在四月初二。上峰寺后庙会在四月初三。

历史传承

江宁地区的传统庙会，由于所属庙庵的建筑年代不同，庙会的初创时间也有所不同，其鼎盛时期大多在清代和民国时期。新中国成立后，江宁庙会一度受“左”的影响停止，后来部分地区又有所恢复。庙会中旧有的迷信活动被要求停止，其中的物资交流等内容得到了保留，还新增了各类健康文娱活动，包括放电影、剧团演戏、耍杂技、耍马戏等，内容丰富多彩，形式多种多样。各地

今人绘《古韵湖熟胜境图》局部

有影响的庙会活动如下：

汤山地区的庙会众多，如汤水村的五圣庙会在三月二十五，东流镇的东流庙会在三月二十七，东岳庙会在三月二十八，作厂村的作厂庙会在四月十一，丁墅村的丁水庙会在正月十五、三月二十三和七月十五，杨家庙会在四月一日，桦墅村的南宫庙会在四月七日，陈家边的扒灰庙会在四月十七、嬴秦寺庙会在四月六日，坟头庙会在四月十五，小九华的九华殿庙会在七月终。

禄口集镇北的茅亭庙会影响大，旧址在禄口粮管所仓库，现为光明乳业仓库。清康熙六十年（1721），始建茅亭庙九十九间半。此后至民国年间香火旺盛。庙会期间，周边48社轮番献艺，酬神娱人，组织严密，分工明确，活动规范。20世纪20至30年代，庙会活动范围扩大至禄口镇街。1952年，改茅亭庙会为禄口物资交流会，延续至今。

江宁街道的庙会主要有农历二月二的二圣庵庙会和三月三的方旗庙会，都举行抬神亭赛会，唱戏3天，由4人抬着形似亭子的轿，内供神牌。庙会期间锣鼓震天，远近香客顶礼膜拜。

铜山地区影响较大的庙会有农历二月十九日的三郎庙会。庙会期间跳灯舞狮欢庆，走街串巷，信徒烧香祈祷，求保人畜兴旺。舞狮人每到一家，见情喊彩，家主馈赠食品。还有张王庙会在三月十九，张王庙原名红莲寺，始建于唐代，明清时期鼎盛，有房九百九十九间半，寺内有和尚200多人。太平天国时期，大部分被毁。后经张氏族人维修，故名张王庙。1957年，会址迁至铜山街，更名为物资交流会，延续至今。湖阳庙会在三月十五，庙内供奉有平定“安史之乱”大将张巡、二将许远、三将南齐云和白胡大将雷万春的塑像。庙会规模宏大，商贾云集，人声鼎沸。新中国成立后，改为举行物资交流会，至今盛况如故。

谷里集镇三月初六是眼香庙会日。眼香庙建于宋代，有房九十九间半，僧尼并存，供奉的是心肠好、人缘好的眼香娘娘。庙会期间玩亭子特别热闹，围观者多达数万人。1950年，改为物资交流会，会址由眼香庙改为谷里集镇。

谷里集镇农历三月六日和上坊集镇农历三月二十九日的娘娘庙会，所属四十八社上山进香，扛大纛旗，抬万岁牌，沿途摆香案，放鞭炮，热闹非凡。

江寧縣湖熟鎮城鄉物資交流大會統計表

一九五二年八月廿九日填

項目		日期、人數及金額	備註
日期、人數	實際交易天數	八天半	廿八日上午下雨停止交流半天
	大會起訖日期	五二年八月廿一—廿九日	
	交流代表人數	八人	南京六人鎮江二人
	其中區外代表人數		
	參加大會農民人數	約四萬人	
	大會工作人員數	五百八十八人	
交易總數（單位金額萬元）	總計	91,882	單面統計數
	委托組織銷合計	16,275	期貨12筆
	大會期間門市營業數	46,101	包括國營私營合作社
	臨時商場集場營業數	13,329	
	收購	[illegible]13	包括國營私營合作社

1952 年江宁县湖熟镇“七八”城乡物资交流大会工作总结

1986 年农历四月初九淳化庙会

陆郎集镇的二月初八庙会源于清康熙年间。庙会历时 3 天，群众自发到河西夏溪庙烧香、拜菩萨、唱戏玩亭子，参会者有一两万人之多，场面壮观。新中国成立后，改为物资交流会。每到会期，街道上人山人海，盛况空前。

秣陵集镇的东岳庙会在农历四月初二。庙会期间，商贾云集，香客众多，所属 30 社分批前来烧香拜佛，盛况空前。新中国成立后，“社火”被取缔，东岳庙被拆除，改为物资交流会，一直延续到 2004 年。

土桥集镇的庙会在农历三月十六，改为物资交流会后，每逢会期人如潮涌，货物如山，南京、句容、溧水和江宁各地的客商云集于此，按农具、家具、百货、服装、禽畜等划定摊位，有马戏、杂技等娱乐活动，以桂花园为中心向四面八方辐射，由派出所协同维持交通。十一届三中全会以来，庙会日已成为土桥的节日，全镇民众借此机会逛街、购物、走亲戚。

总之，新中国成立后，自 1952 年下半年起，为破除封建迷信，加强物资流通，江宁的庙会陆续改称“城乡物资交流会”，并将庙会地点由庙前寺后搬到区乡政府所在地。如果同一集镇庙会过多，则保留一二，其余的全部取消。时至今日，多数群众仍然习惯称物资交流会为“庙会”，去参加物资交流会仍称作“上庙”或“赶会场”等。

当代影响与价值

江宁庙会是各地在长期农耕渔牧生活中自发形成的以酬神为主要内容的民俗活动，含有历史、宗教、民俗、艺术、商贸等诸多文化内容，是研究江宁社会形态、民俗生活、民间信仰、传统手工业和商业发展的重要资料。时至今日，大多庙会形式已不复存在，但仍具有重要的不可替代的文化价值，庙会中的一些民间技艺表演具有较高的艺术价值，是民俗文化和民间艺术的重要资源。庙会中香客们的祭祀神佛、祈福禳灾，表达了各阶层群众的朴实心愿。

今日之庙会已不再具备从前那样极强的宗教意味，更多成为当地民众休闲娱乐的一种文化活动，在节庆中发挥着重要的作用。这种具有全民参与性的活动，极大地丰富了民众的文化生活，既带来了精神上的慰藉，也让人们在群体活动中获得了认同感，有利于社会的和谐稳定。庙会中所体现的一些文化传统，反映了当地民众的共同心理结构、思维习惯、生活风俗等内容，值得加以保护与传承。

2008 年 3 月，江宁传统庙会被江宁区人民政府列入第一批江宁区非物质文化遗产名录。

二月二二圣庵庙会

基本概况

二月二二圣庵庙会，流布于江宁街道上湖社区，以二圣庵为中心，涉及周围的 13 个村庄。

二圣庵庙会的会期以农历二月初二为正日，共历时六天，活动内容以玩亭子、唱大戏为主。据当地老人回忆，每年二月初二一大早，周边 13 个村庄的 13 张亭子（每村一张）就会到二圣庵前集中，由领头人带着玩亭子的人在这里祭神，祭品有公鸡、山羊、猪等。祭神时要烧香、叩头、放鞭炮，祈求神灵赐福。祭祀之后就在庙前广场上开始玩亭子。每张亭子由 4 名壮汉抬着，后面还跟着一群扛旗子和敲锣打鼓的人。玩亭子的人抬着亭子在广场中央不停地跑动，亭子四方挂着的一串串铜铃发出叮叮当当的声音。铜铃声和锣鼓声、喊叫声交织在一起，远远就能听到。其时观者人数众多，常将会场挤得水泄不通，场面十分壮观。

庙会期间，二圣庵周边 13 个村庄还共同集资，邀请外地戏班子来唱大戏，剧种以京剧为主。看戏的人很多，不少戏迷天天来看，还有不少外地人，来这里投亲靠友，一连好几天在这里看戏。为了满足进庙上香和看戏人的需求，许多商贩来这里自设香火、饮食等摊点，叫卖声不绝于耳，生意十分红火。二月二那天，二圣庵附近各村，家家户户都准备好酒菜，招待从四面八方前来赶庙会的亲朋好友，场面甚是热闹。

二月二庙会，祭拜的主要对象为土地神，主要目的是祈求土地神保佑五谷丰登。同时，庙会期间也有所禁忌，玩亭子的人在会期必须“净身”，除了剃头、洗澡之外，还不得与妻子同房。

历史传承

农历二月二是中国民间传统节日，又称春耕节、农事节、青龙节、春龙节等。是日，二十八

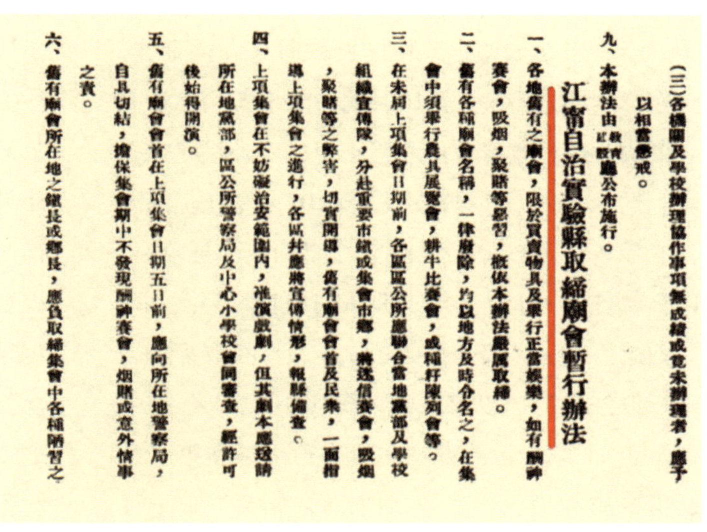

(三)各機關及學校辦理協作事項無成績或竟未辦理者，應予以相當懲戒。

九、本辦法由教育民政廳公布施行。

江甯自治實驗縣取締廟會暫行辦法

一、各地舊有之廟會，限於買賣物具及舉行正當娛樂，如有酬神賽會，吸烟，聚賭等惡習，概依本辦法嚴厲取締。

二、舊有各種廟會名稱，一律廢除，均以地方及時令名之，在集會中須舉行農具展覽會，耕牛比賽會，或種籽陳列會等。

三、在未屆上項集會日期前，各區區公所應聯合當地黨部及學校組織宣傳隊，分赴重要市鎮或集會市鄉，將迷信賽會，吸烟，聚賭等之弊害，切實開導，舊有廟會會首及民衆，一面指導上項集會之進行，各區并應將宣傳情形，報縣備查。

四、上項集會在不妨礙治安範圍內，准演戲劇，但其劇本應送請所在地黨部，區公所警察局及中心小學校會同審查，經許可後始得開演。

五、舊有廟會會首在上項集會日期五日前，應向所在地警察局，自具切結，擔保集會期中不發現酬神賽會，烟賭或意外情事之責。

六、舊有廟會所在地之鎮長或鄉長，應負取締集會中各種陋習之

1935 年《内政公报》刊登《江宁自治实验县取缔庙会暂行办法》

宿中的东方苍龙七宿星象之角宿星从东方地平线上升起，民间谓之“龙抬头”。它象征着阳气生发，雨水增多，春耕亦由此开始，被视作祈求风调雨顺、驱邪禳灾、纳祥转运的吉日。一般认为，至迟从唐朝开始，中国人就有庆祝农历二月初日的习俗，贞元五年（790），唐德宗定农历二月一日为中和节。宋代虽未见“龙抬头”的相关记载，但据周密《武林旧事》所言，南宋时二月初二这一天宫中有“挑菜”御宴活动。元代之后，关于“二月二龙抬头”的各种民俗活动记载便多了起来，《析津志》在描述大都城的风俗时就提到“二月二，谓之龙抬头”。此后，“龙抬头”作为全国性的节日在民间广泛流传，江宁地区的二月二庙会即与此节密切相关。

土地信仰亦是江宁二月二庙会的重要源头。相传二月初二是土地公公的生日，为给土地公公“暖寿”，旧时江宁地区便在此日举办土地会。届时每家会凑钱为土地神祝贺生日，到土地庙烧香祭祀，敲锣打鼓，放鞭炮。民国潘宗鼎《金陵岁时记》“土地会”条载：“乡村以二月二日赛土神会。”指的就是此类民俗。

二月二一类的庙会虽是江宁地区的传统民俗，但其中也积聚了不少陋习，乡民们常常借酬神赛会，吸烟聚赌，不但旷费农时，虚耗金钱，且亦影响地方治安。民国时期，江宁实验县政府一度决心通过政府力量改造庙会，以破除此类恶习。据 1935 年《内政公报》第 16 期《江宁自治县取缔庙会》一文介绍：“江宁自治实验县政府，以县属各地，每逢庙会日期，辄有迎神赛会之举，非独迷信陋习，实为社会颓风。原订有取缔庙会暂行办法，特加以修正，以资切实取缔。”其中列举了 11 条修正的方案，其中第一条和第二条是这样的：“第一条，各地旧有之庙会，限于买卖物品器具及举行正当娱乐；如有酬神赛会、吸烟聚赌等恶习，悉依本办法取缔之。第二条，各种庙会旧有名称，应一律废除，概以地方时令名之；在集会时须举行农具展览会、耕牛比赛会，或种籽陈列会等。”还规定了庙会上要宣传新生活运动及卫生常识，在不影响交通的情况下，准演戏剧，但要通过审查后，方可出演。从中可以看出，这样的修订，对新中国成立后的物资交流会也具有一定的影响。江宁自治实验县取缔庙会的行动，也获得了外地媒体的支持，《民间（北平）》杂志 1935 年第 22 期以《利用庙会期间提倡生产比赛》为题，对江宁自治实验县取缔庙会给予高度评价。

新中国成立后，根据相关规定，包括二圣庵庙会在内的传统庙会已不复存在，改以每年农历二月初二在江宁集镇举办规模盛大的物资交流大会，而二圣庵也于 20 世纪 50 年代初被拆除。

当代影响与价值

作为延续多年的民俗文化传统，二月二二圣庵庙会一度发挥了民俗信仰的道德功能、情感功能和社会控制功能，让土地神信仰、经济交流和群众社会生活三者有效融合，进一步强化了旧时乡村庙会的经济运营能力，将庙会经济融入了一种生动和谐的文化氛围之中，用最直观的方式展示了地方风俗文化，具有一定的历史、文化、精神与经济价值。如今二月二二圣庵庙会虽已不复存在，但“二月二，龙抬头”“剃龙头”“回娘家”等相关传统习俗，在江宁各地仍然广泛流行。其实对于二月二二圣庵庙会中的旧习，没有必要全盘否定，其中健康的地方特色文化因素，我们还是应该有选择地保护与传承，进而在新时代继续发挥传统民俗的凝聚力、感召力。

二月初八夏溪庙会

基本概况

夏溪庙会，流布于江宁街道陆郎社区，时间为每年农历二月初八。

旧时，陆郎镇也称陆郎桥，乃江宁县属的一个乡镇，该地人民俭朴，风俗敦厚。陆郎街西北面的河西有一座庙宇，名为夏溪庙。

清朝时，陆郎辖区分八个社，分别为醒陆、石门、夏溪、后城、涧边、南门、西宁、马府，每个社相当于一个行政村。每年农历二月初七之前，每个社请专人用木料制成一个亭子（又名太位），亭子类似轿子，高约 1.5 米，四角挂有铜铃和红飘带，抬起行走时叮当作响，饶有趣味。到了初七夜里，4 个身着蓝背心、红裤子，脚穿草鞋,腿打绑带的小伙子会抬着亭子在本社游村、祭祖。相传，抬亭子的人在玩亭子的前几日就不能与妻子同房。否则，不仅亭子玩不好，而且还会被菩萨捉弄惩戒。

二月初八早饭后，各社的亭子全部集中到夏溪庙玩耍。亭子后面还跟着一班人，有的扛伞举旗，有的吹喇叭，还有的敲锣打鼓，观者云集，热闹空前。随后玩亭子的人至夏溪庙烧香拜佛，拜毕，则抬着亭子到戏楼后一块面积约 10 亩的田地中继续玩耍，结束后各回本社。

玩完亭子，夏溪庙就开始唱大戏。夏溪庙的戏台很大，可容纳 64 名演员同时登台演出。戏目由各社自定，每天由一个社出戏，轮流转，一直唱到二月十五。轮到哪个社唱戏，这个社的负责人就上台讲话，燃放鞭炮，然后才开锣唱戏，唱戏经费由 8 社平摊。看戏的人很多，不少外地戏迷还自带行李到陆郎投亲靠友，住下来，天天看戏，直到收场。

二月初八庙会期间，各地商贩还会赶到会场做生意，会场上生活用品、小吃茶饮无所不包，叫卖声不绝于耳。同时，四面八方的善男信女都聚到夏溪庙烧香拜菩萨，大殿里香火缭绕，来往香客络绎不绝，场面热闹非凡。

历史传承

据口碑资料，夏溪庙会源于清朝康熙年间，是由陆郎周边群众自发组织的集体性活动，距今已有四百多年历史。

陆郎的夏溪庙会在江宁西南境名气颇大。每次庙会历时 3 天，参会者可达一两万人之多。届时，周边地区的群众都聚集到夏溪庙，进行烧香拜佛、唱大戏、玩亭子等活动。据《江宁街道志》记载，1937 年，侵华日军进入江宁，烧毁了夏溪庙的庙宇和戏楼。由于庙宇被毁，此后当地居民在二月初八便不再举行唱大戏、玩亭子等活动，

夏溪庙会

香客亦不再上夏溪庙烧香拜佛。但二月初八的集会仍保留了下来，只是由庙会变成了物资交流会。据当地老人回忆，交流会上除了有农具、家具、小吃、服装等商品供乡民们买卖交流外，还有杂技和马术表演，可见交流会中仍存在着各类娱乐活动。

夏溪庙会一直延续到新中国成立后的 1952 年。此后，地方政府改夏溪庙会为“物资交流大会”，举办日仍为二月初八，以前的庙会会场变成了商品交易市场，会期仍为 3 天。时至今日，当地许多群众仍然习惯称“物资交流大会”为“庙会”，去参会也被称为“上庙”。

当代影响与价值

夏溪庙会是流行于陆郎社区及周边的一项地域性传统民俗文化活动，是当地民间信仰的重要载体，寄托了陆郎地区民众向往美好生活的朴素愿望，在很大程度上为当地居民提供了心理慰藉，具有重要的社会价值。庙会上的玩亭子与戏曲演出等文化活动更是为村民所喜闻乐见，丰富了民众的文化生活，为民间艺术交流提供了宝贵的平台，也让当地民众在享受文化盛宴的同时，潜移默化地接纳了传统文化的精华，寓教于乐，使乡土文化得以传承。由此看来，夏溪庙会也具有重要的历史文化价值。除了祭祀之外，夏溪庙会还吸引了数量众多的摊贩前来参会，极大地方便了村民们的物资交流，促进了乡村经济的发展，因此具有一定的经济价值。如今，夏溪庙虽已不存，但作为地名仍在继续使用，不过已讹误为“下溪庙”，当地也很少有人知道这里曾经是四方闻名的夏溪庙会所在地了。

三月初三元山庙会

基本概况

三月初三元山庙会，旧时主要流布于今秣陵街道元山社区及周边地区。

元山庙会是以民间信仰、群众文化活动及商贸活动为主要内容的民俗活动，会期为农历三月初一至初三，会场范围包括元山庙周围及元山老街，参会者主要来自元山周边的陶吴、秣陵、小丹阳、横溪、江宁、板桥等集镇。

据当地老人回忆，元山庙会的组织者与领导者一般由时任地方长官和元山庙住持担任。每届庙会有三个自然村的民众为其服务，称为上社，由元山九社（村）轮换负责。

庙会的准备活动一般在三月初一的前几天就已开始，会首与庙中和尚会提前安排人员平整山路，清理沿途浮石，填平坑洼，拓宽险道，搭建临时茶棚，设置香烛、鲜花、蔬菜、瓜果、药物、茶水等摊位，布置好外地香客、游客、商贩、文艺演出人员的吃住场所，并装饰好戏台。

三月初一一早，来自四面八方的香客、游客、商贩就陆续上山。初一下午，元山戏台就开锣唱大戏了。戏班子是元山庙会组织人员从南京大戏院请来的，从初一一直唱到初三。戏台下，人头攒动，个个聚精会神地在观看演员的精彩表演，不时响起热烈的喝彩声。

三月初三，是元山庙会最热闹的一天。这天元山庙周围人山人海，围满了前来朝山拜佛、请愿还愿的善男信女。他们对庙里的各路神仙上香祭拜，祈福禳灾，或许愿，或还愿，十分虔诚。庙中和尚此日十分忙碌，一边还礼，一边收纳香客供奉的钱物，有时还会从其他寺庙请来和尚帮忙。庙前的大石碑下聚集着上庙的香客和从外庙赶来念经颂佛的斋姑、僧侣，大天炉（香炉）中也插满了梵香，整个庙宇梵音缭绕，烟火弥漫。

元山庙山脚下的元山古镇更是热闹非凡，各类民间文艺演出和民俗活动齐聚于此，踩高跷、耍旱船、莲湘舞、抬花轿、跑驴舞、老汉推车、滚龙灯、采茶灯等传统节目相继上演，还有耍猴、说书、玩杂技、测字相命的江湖艺人，形式多样。庙会会场同时也是商品交易的场所，遍地皆是买卖衣物、农具及日用品的商贩，远处还有买卖牛、猪、羊、鸡、鹅、鸭等牲畜的交易市场。整个会场上叫卖声、演唱声、说笑声不绝于耳，上空还回荡着元山庙里的钟磬声，呈现出一派热闹祥和之景。

历史传承

据相关资料记载，元山庙会至少始于清朝，盛行于晚清民国时期。

相传清朝时，苏北有一个富人得了怪病，到

处问医求药，却始终毫无见效。有一天，他骑着马，来到元山地界，发现这里很有特色。只见山上树木苍翠，萝攀藤绕，山间云雾弥漫，鸟语啾啾，山中遍布奇花异草，清香四溢，周围清静幽雅。置身于这山光峦影中，宛如到了人间仙境。富人觉得这山很有灵气，定有神仙居于此中。于是他对元山烧香跪拜，并许愿：若能得到山神保佑，使自己的病痊愈，家业兴旺，他愿捐资在山西北建一座庙宇，并出家为僧，终日在元山伺奉山神。富人回家后，身体迅速转好，什么毛病也没有了，并且从此家业兴旺，财运亨通，只两年时间，就成了当地的首富。

他心中明白，这是元山的神灵在庇佑自己，遂决意完成当年发下的宏愿。于是他带足银两，请来工匠，在元山西北角建造了 11 间高大的庙宇，大塑神灵金身，为这座庙宇取名广慈庙。他本人也在此庙剃发为僧，晨灯暮鼓，吃斋念佛。而后，他修桥铺路、施舍济贫，广做善事，并收徒一人。富人死后，葬于元山后山，其墓今人称为和尚坟。他的徒弟又收了两个徒弟，大徒弟名通修，二徒弟名无名，继续于山中修行，广结善缘。

从此以后，元山庙有灵的消息越传越广，越传越神，前来朝山敬香的人也越来越多，后来逐渐形成了三月初三元山庙会。庙会活动期间，善男信女朝山礼拜，祭祀诸神灵佛像。他们向神像烧香磕头、祈福消灾，并向庙主敬献财物。广大游客则是借此游春，探亲访友，看灯瞧戏，参与热闹繁华的经贸活动。

民国时期，元山庙会受到了地方政府的青睐，得以进一步发展，影响力达到鼎盛。1927 年冬，元山镇长李如楷为了扩大元山庙会的影响，提高其知名度，请来修造元山街道的瓦木工，在广慈庙前老戏台的基础上，重建了一座新戏台。这戏台下层高 1.8 米，上层高 4 米，共有 3 间房屋，并在屋后加建化妆室。戏台四角外张，飞檐翘壁，每角配挂风铃一个，常随风发出清脆悦耳的响声。戏台取名为元山戏台，采用全木结构建造，据说为当时中华门外七十二戏台中最精致、最漂亮的一个。

为了更好地举办三月初三元山庙会，当时的江宁区第二区区长还让元山镇长李如楷出面，请了周边的三个自然村作为庙会的承办村。旧称上庙会为上社，每个大自然村为一社，3 个村为 3 个社，也叫客社。除了这 3 个客社外，后来承办庙会的村落有毛埂、陈仁、石塘张、石塘李、石塘尤、石塘半、东塔、西塔、南山共 9 个，也就是流传至今的元山九村。

元山戏台建好后，李如楷利用三月初三元山庙会的契机，从南京大戏院请来戏班子，从三月初一下午开场唱大戏，一直到三月初四下午，成功地吸引了数以千计的信众前来参会看戏。同时，他还安排人把新铸造的大天炉和新雕刻的石碑放在庙前，大大改善了元山庙的环境，使之更为庄严。

抗日战争时期，南京失陷，元山庙惨遭侵华日军焚烧，但庙会仍然按期举行，不过远不如当年盛况。

新中国成立后，农历三月初三元山庙会活动被废止，改为物资交流大会，一直延续至今。原来的元山戏台于 1958 年拆除，元山庙前的大香炉也在 1958 年大炼钢铁时被处理了，元山庙旧址则改为元山小学校。如今，元山庙旧址上仍存有三棵古银杏树，它们根深叶茂，郁郁葱葱，是元山庙会的见证者。

当代影响与价值

元山庙会是秣陵街道传承历史悠久的一项大

型民俗活动，它源自当地居民对神佛灵异的朴素信仰，寄托了人们对美好生活的向往之情，具有相当重要的历史和精神文化价值。随着元山庙会的兴盛，也为当地民众提供了稳定的商品交易平台，拉动了地方经济的发展，是区域经济体的重要组成部分，发挥着重要的经济功能。此外，元山庙会还承载着巨大的社会价值，除了宗教活动和商业集市活动外，会场上还有着大量的民间艺术表演和传统民俗活动，给人们带来了欢愉和乐趣，极大地丰富了人们的文化生活，是当地百姓共同的民俗文化记忆。时至今日，元山社区 60 岁以上的老人，对元山庙会还保存了深刻的记忆，许多民众仍称物资交流大会为元山庙会，足见其影响之大。

三月初六眼香娘娘庙会

基本概况

三月初六眼香娘娘庙会，流布于谷里街道境内。

在原谷里乡向阳行政村眼香山（后讹为野香山），有一座名为眼香庙的古庙。旧时每年阴历三月初六，为眼香庙的庙会，香火十分旺盛。相传，这天为眼香娘娘的生日，因为眼香娘娘心地善良，人缘好，各路菩萨、神仙都赶来给眼香娘娘贺寿。

庙会当天，眼香庙所在地即被数以万计的人群包围。他们中有前来朝拜神灵的善男信女，有诵经唱佛的各寺僧侣，有前来许愿还愿的村民，更多的是走亲访友、结伴踏青来看热闹的普通百姓、南来北往看准商机的商贩和赶场卖艺的戏班子。甚至有部分香客提前几天就来到眼香庙，向住持敬献钱物，并在山下路旁搭起凉棚，向游人奉献茶水、饭菜、果品、香烛等，行善助善，十分虔诚。

上午九时许，眼香庙祭拜典礼开始，鞭炮齐响，锣鼓喧天，僧侣们像做道场一样吹打弹奏，站立在殿内佛坛两旁。接着，信徒们在会主的带领下，虔诚地将身着华丽服饰的眼香娘娘佛像“请”下大殿神坛，安放于花轿（辇）之中。四名身体强壮的轿夫穿着红衣红裤、扎着黄头巾，抬着眼香娘娘像开始巡游。轿前有手执龙旗的人在前方开道，轿后有乐队随行。像轿沿着寺庙和各会场巡礼一周后，人们又将眼香娘娘像重新安放于神坛之上。住持开始上香，司礼僧人站立两旁，对神像行三拜九叩之礼。信徒们接着攒香、焚表、叩拜、诵经，然后又到各殿堂跪佛、焚香，向神像许愿、还愿，祈福禳灾，求子孙、祛病痛，求吉祥平安、升官发财，各了心愿。

整个祭祀活动结束后，人们涌入眼香庙山脚下的各个会场，参加那里的人群自发组织的各种活动。会场中，人头攒动，人声鼎沸，热闹非凡，有唱大戏的，有跑马献艺的，有耍猴讨钱的，有卖狗皮膏药、书画古董的，有卖衣服、陶器、犁耙水车、钉钯锄头锹、木桶竹具等生活劳动用品的，各种风味小吃随处皆有买卖，稍远处还设有畜禽交易市场。其中，尤以庙会的传统活动——“玩亭子”所在地最为热闹。

历史传承

据相关史料记载，谷里的眼香娘娘信仰及庙会起源于宋代，一直延续至今。一般认为，眼香娘娘的原型是宋高宗赵构之妃刘氏，以善治目疾著称。相传高宗南渡时，刘妃因故滞留建康（今

晚清时期的庙会

南京）牛首山一带，终生为民众治疗眼病。因她医德高尚，医术精湛，让许多患者重见光明，深受广大民众爱戴和敬仰，被尊为“眼香娘娘”，殒后建庙祀之。

而南京地方志记载，南京主城周边至少有两座眼香娘娘庙，一座在南门外窑岗村，另一座在牛首山西麓的向阳鲍塘村山上，即现在谷里街道境内的眼香娘娘庙。值得一提的是，虽然大多记载认为眼香庙与宋高宗之妃有关，但也有观点认为可能与萧梁公主有关。《灵芬馆诗集》即云：“萧梁公主祠，俗名眼香庙，祈目疾有验。”

据明代《金陵玄观志》记载，谷里眼香庙始建于南宋，重修于明万历二十年（1592），是一座僧尼并存的庙宇，旧时梵音绕梁，香火旺盛，名扬四方。庙宇依山而建，建筑宏伟壮观。从山脚到庙门是一条用大青石铺成的百级台阶，庙门的平台上端放着一尊高 1.25 米，围长 1.75 米，重 2000 斤的铜香炉。庙内建筑气势不凡，庄严肃穆，有关公殿、碧霞殿、念佛堂、斋堂、大雄宝殿、观音大殿等。两旁禅房古朴工整，顺山势叠起，错落有致。眼香娘娘殿更是金碧辉煌，眼香娘娘神像由贵重的红木雕塑而成，慈眉善目，身着华丽娘娘服，神像的头、躯干、四肢活动自如，栩栩如生。

每年三月初一、初二，眼香娘娘庙周边的善男信女和庙中的僧尼，忙着打扫庙宇、殿堂，平整山路。到三月初三这天，数名尼姑在周边乡村信女的帮助下，给眼香娘娘神像洗脸洗澡，换上金光灿灿的凤冠霞帔。据说，给眼香娘娘洗过脸和身子的水，百姓视为“圣水”，可治眼疾，可祛除头痛疾病，故大家争着舀回，当作灵丹妙药保管。这些传说表明，在医疗科学技术落后的封建时代，眼香娘娘信仰寄托了广大人民对光明的向往之情。清人陈文述《宋妃祠》一诗咏赞眼香娘娘，诗云：“潇潇暮雨暗灵旗，天水苍凉又一时。车驾仓皇人去远，湖山金碧梦归迟。暮潮沧海梅妃冢，明月扬州绣女祠。都是生平凭吊处，南朝遗事不胜悲。”

谷里眼香寺庙在晚清太平天国时期和抗日战争时期几经摧毁，余下的庙宇残迹于 1958 年被全部拆除，庙址变为采石场。1950 年，眼香娘娘庙会被废止，僧侣集体还俗，原来的庙会活动被改为农村集镇物资交流大会，会址由眼香庙南移至谷里集镇。二十世纪五六十年代，由于物资紧张，会场商品减少，规模盛况不如以前，“文化大革命”期间，又被当作“四旧”被勒令禁止，1978 年后才恢复举行，后延续至今。

当代影响与价值

谷里眼香娘娘庙会是以民间信仰、民间文化、民间商贸为主要内容的民俗活动，是长期以来人民大众在社会生活中自发形成的传统集会，具有厚重的历史文化内涵，是当地传统文化的活态表现，传承着特殊的精神气质和文明礼仪。作为谷里地区乡民最重要的集体民俗文化活动，眼香娘娘庙会表达了当地信众祛除眼疾、恢复光明的朴素愿望，承载着周边村落共同的集体记忆，并且衍生出与此相关的众多民俗活动，具有重要的精神文化价值。

此外，眼香娘娘是江宁地区具有较大影响的民间信仰之一，具有鲜明的地方特色，是地域文化的重要组成部分，拥有地域文化符号的特殊地位。因此，如果能适当恢复一些由该信仰衍生出的民俗活动，并结合相关历史传说加以宣传，或许可以打造出一张独属于谷里街道的文化名片。

三月十九铜山张王庙会

基本概况

三月十九铜山张王庙会，流布于禄口街道铜山集镇及周边地区。

张王庙会是以民间信仰为主要内容的群众自发性文化活动。张王庙原名红莲寺，始建于南唐时期，庙址位于今禄口街道浣溪村西侧，占地百余亩。庙会时间为每年农历三月十九日，当日香客众多，周围百十里内前来烧香拜佛、祈福禳灾的乡民络绎不绝。香客们以“车栊自备，茶水不扰，虔诚祭祀，戴福还家”为原则，以“行善助善”为庙会主旨，在多年的庙会进香活动中，形成了一套约定成俗的程序，包括进香、祭祀、祭坛、祭塔、拜祖、拜碑、回香等。庙会所用的器具有拨子旗、门旗、钱粮挑子、香袋、会贴、茶棚等，乐器有锣、鼓、镲、钹、笙、管、笛、唢呐等，供器有香炉、蜡扦、烛台、签筒、花瓶等。

新中国成立初期，张王庙会被改为物资交流会，会址移至铜山街。改革开放前，铜山街范围较小，但每逢三月十九物资交流会，铜山乡各村的百姓大多赶来参加。他们有的买生产资料，有的买生活用品，老人、小孩也来看看热闹，买些吃的喝的。除铜山地区外，周边的禄口、横溪、陶吴、小丹阳及溧水柘塘、石湫等乡镇的部分百姓和小商小贩，乃至南京、东山、溧水的一些国营单位和私营业主，也时有所见。交流会场上人头攒动，街面挤得水泄不通，叫卖声、吆喝声此起彼伏,场面甚是热闹。交流会的物资名目繁多，木器、竹器、铁器等生产物资一应俱全，还有各种被褥、服装、鞋帽、针头线脑等生活用品，以及各种小吃水果。牛、猪、羊、鸡、鹅、鸭等牲畜也在交流之列。

改革开放后，铜山集镇大大扩容。东起金肯学院，西至原粮管所足有 2 千米；南自南夏村、铜山中学，北至金城学院足有 1.5 千米，比原铜山街扩大了近四五倍。街道两边高楼林立，各类商店、超市星罗棋布，但物资交流会的传统仍保留了下来，会期仍为农历三月十九日及前后各 1 天，共 3 天。每逢交流会的前几天，就有城管部

江宁庙会交流的铁农具

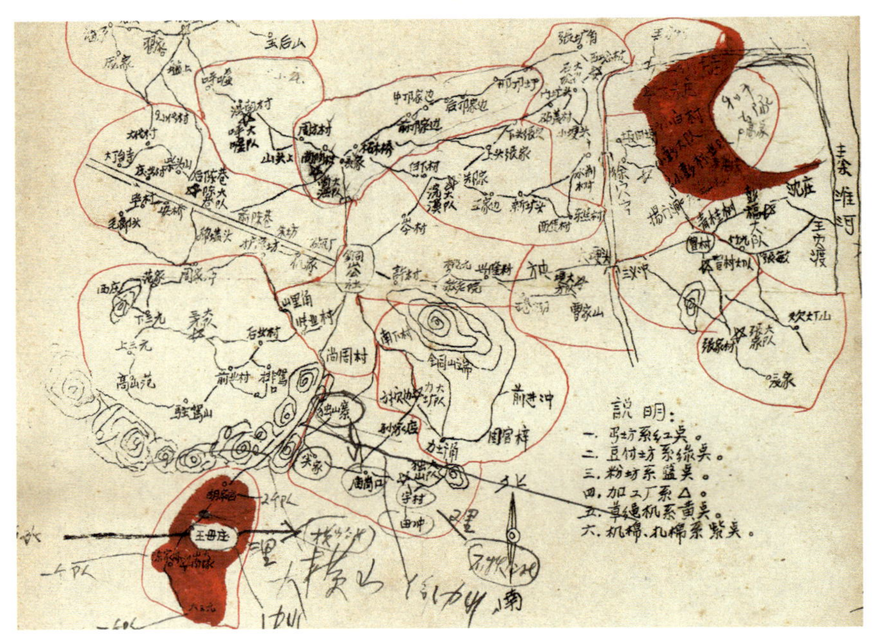

铜山公社地形概况示意图

门将街道分点划线，以供本地和外地客商摆摊设点。会期结束后，街面被打扫得干干净净，一切恢复如初。

历史传承

相传旧时铜山张王庙（红莲寺）建筑宏伟，有房九百九十九间半，寺内有和尚200余人。红莲寺的庙会开始只是做一些香烛、饮食和茶水生意，并没有固定日期。后随着寺庙发展，香火日盛，至明末达到鼎盛，周边村社前来礼佛的香客络绎不绝，红莲寺也成为当地一大名寺。入清以来，红莲寺逐渐衰落。当时庙内住持为非作歹，借进香之机奸污良家民女，乾隆皇帝下江南得知这一情况后，一气之下焚毁了部分庙宇，庙会也自此走向低潮。

太平天国时期，红莲寺部分建筑再遭焚毁，后经浣溪村张氏一族重建。张氏认为天上玉帝是张姓，又由他们张氏一族重建该庙，遂更名为张王庙，在张王庙大殿正中供奉的神像为张王菩萨。旧时每逢农历每月的初一和十五，张氏会安排专人前去拜祭。因为三月十九前后，天气转暖，农忙将至，百姓需要购买生产和生活资料，也因为“九”是个位数中的极数，也是“久”的谐音，有“长久”之意，故张氏将原来没有固定日期的庙会定为每年农历的三月十九，人称“张王庙会”。

抗日战争时期，张王庙内的“三清殿”“子孙殿”建筑被部分拆除。至1958年“大跃进”时期，张王庙残存的庙宇建筑被全部拆除。至此，张王庙荡然无存。1957年，铜山乡人民政府根据群众要求，决定将张王庙会更名为物资交流会，并将会址迁至铜山街，日期仍为每年农历三月十九，并一直延续至今。

当代影响与价值

铜山张王庙会源自当地民众求子嗣、祛病痛、求吉祥、保平安等民俗信仰需求，同时吸引了境内及周边众多的工商业者，会场商贾云集，摊贩众多，方便了民众的商品与物资交流，促进了当地的经济发展。如今，张王庙会以物资交流会的形式得以保留，虽已不再举行盛大的祭祀活动，但仍在乡民生活中发挥着重要作用，是一个特殊的文化空间，承载了铜山及周边地区民众的集体记忆，具有重要的历史文化价值。

四月初二秣陵关庙会

基本概况

四月初二秣陵关庙会，流布于秣陵集镇及周边地区。

秣陵关庙会的会期为农历四月初一至初三，共历时三天，以四月初二为正日。庙会（过关）前三天须吃素食，不进荤。赶庙会的乡民到秣陵后，不得先去亲戚朋友家，而是直接到东岳庙烧香礼拜后，方可探亲、访友、游玩。庙会期间，秣陵地区所属三十六家“社火”，从农历三月二十八日起，分期分批前来东岳庙朝拜、烧香。“社火”队伍由一壮实青年领头，他手执高约一丈八尺的大旗，边走边舞。紧跟其后的是锣鼓队，他们抬着龙亭，每人头包头巾，身穿盔甲，浩浩荡荡地朝东岳庙走去。朝拜途中，若偶遇另一支“社火”队伍，则常常因为抢道而发生斗殴。

从三月十五一直到四月初八，秣陵关桥南、桥北两个大戏台会通宵达旦地唱京戏，秣陵人称“桥南桥北唱对台”。唱对台期间，剧目不能重复，各个朝代的戏要先古后今，排序不可混乱。遇到有身份的人来看戏并赏钱，这时戏班暂停演出，改跳“家公”，以示谢赏。除了秣陵集镇外，附近东善桥、陶吴、禄口、龙都、殷巷等邻近乡镇村民也常带着小孩来赶庙会，寓意为到秣陵来过“关”。过了“关”，自己的孩子就会平平安安。

庙会时，秣陵集镇沿街摊贩极多，各类物品琳琅满目，价格便宜。四月初二后，农村逐渐进入春耕季节，故庙会也是农具交易之所，会场上多种农具齐全，供人们选购。除桥南大街、桥北大街、骆家巷等主要街道外，连秣陵关外围的梅家巷、大体巷、北关口等地也摆满了摊点，十分热闹。

2019 年 12 月江宁农村物资交流会

历史传承

东岳大帝，又名泰山神，是中国汉族的传统民间信仰之一。相传，东岳神为五岳之首，主管鬼魂与人间生死转化。每年的农历三月二十八日为东岳大帝的诞辰，因此每到农历三四月份，全国的善男信女们都会在当地的东岳庙举行盛大的祭祀活动，以期大帝保佑。该信仰在民间广为流传，秣陵关的四月初二庙会即源于此。

旧时，秣陵关桥南有一座东岳庙，里面供奉着东岳大帝，庙有60余间房，庙门口有8座石人。相传秣陵关东岳庙始建于明朝初年，庙会亦自此起。当地人认为农历四月初二是东岳大帝的生日，故把这天定为朝拜东岳大帝的祭典日期，这与其他地方将三月二十八日定为东岳大帝生日的习惯颇为不同。东岳庙前有一座古戏台，称为桥南大戏台；桥北大街神墩附近还有另一座古戏台，称为桥北大戏台。

明清至民国时，秣陵关庙会盛况空前。据《秣陵镇志》记载，庙会期间，桥南、桥北两戏台的对台戏从三月二十八日凌晨开锣，直到四月初八才收场。演戏资金主要由各商号供给，戏班子不准唱重复剧目，镇上还专请一老儒点戏，稍出差错，戏班子就要遭石块、砖头的袭击，故江宁有民谚称“在秣陵关唱戏送命，在湖熟唱戏养病”。此外，由于秣陵是南京南门外的“关口”，四月初二的庙会亦是一个大规模的物资交易市场。是时，南至高淳、溧水、广德，西至安徽，北至南京等地的客商都纷至沓来，各类商品在庙会期间大批成交，使得四月初二成为秣陵地区最重要的节日之一。

值得一提的是，东岳庙会的习俗，在晚清民国时期的南京其他地区也较为盛行。据民国潘宗鼎的《金陵岁时记》记载，每年农历三月二十八至四月初二，双桥门东岳庙同样会举行盛大的赛会活动，城内鸡笼山十庙前的东岳庙也行庙会，

1950年代的秣陵关地图

秣陵渔家

1986 年 10 月，江宁县首届“物资杯”农民田径运动会

两处各极其胜。还有一首名为《南京风俗景》的南京歌谣唱到：“三月二十八，双桥门有个东岳会，龙舟凤辇奏仙乐，卖甘蔗荸荠谁都会，东关头的花子手上玩着蛇。”

新中国成立后，人民政府取缔了各地庙会中带有迷信色彩的活动，将其改为“物资交流大会”，以大力扶持和促进城乡物资交流活动。起初，秣陵关物资交流会会场依旧热闹，供销社会组织应时商品上柜销售，附近的学校、机关、矿山也来参加举重、篮球、玩石锁等体育比赛，围观者如云。“文化大革命”中，秣陵关物资交流会停办两年，恢复后不复当年盛况。2005 年，由于城镇开发建设，物资交流会彻底停办。

据资料记载，1950 年代初，东岳庙被拆除。1953 年，桥北大戏台拆除，于旧址建秣陵中学。1974 年，桥南大戏台亦被拆除。

当代影响与价值

秣陵关庙会原是为纪念东岳大帝生日而举行的宗教性集会，后逐渐演变为一项集民间信仰和武术、杂技、舞蹈、器乐等传统技艺为一体的综合性庙会，是秣陵地区民俗文化的集中表现形式，充分展现了当地文化取向的多元性，具有重要的历史文化价值。同时，秣陵关庙会也是当地民众宣泄不安情绪的重要途径，通过朝拜东岳大帝，带自家小孩“过关”等象征性的活动，他们得到了一定的精神安慰，在一定程度上维系了乡村社会的稳定，是精神文化价值的体现。如今，秣陵关庙会虽已停办，但带小孩“过关”等习俗在秣陵地区仍有相当大的影响力，体现了非物质文化遗产的活态性，其中蕴含的地方特色文化记忆值得我们进一步保护与传承。

四月初八湖熟庙会

基本概况

四月初八湖熟庙会，主要流布于湖熟街道河南社区及周边地区。

湖熟街道位于江宁区东南境，东与土桥相邻，西与龙都为界，南接周岗和句容，北与淳化毗连，其历史悠久，交通便利，是江宁地区的一处重要集镇。旧时民间信仰活动在湖熟集镇的居民生活中有着十分重要的地位。当地居民每逢农历四月初八佛诞日，都要赶庙会，看浴佛，祈平安。这一天周边各社都会擎着社旗，抬着龙亭，从四面八方结队来镇，到湖熟朱峰寺进香拜佛，并表演戏剧、杂要等娱乐节目。久之，就形成了规律性的集会，即四月初八庙会。

湖熟四月初八庙会的会期为每年农历四月初八到十一，共历时 4 天，以四月初八为正日。据当地老人回忆，其实在四月初七，湖熟庙会的耕牛集市就已开始。来自苏、浙、皖三省的农户，会在这天牵着水牛、黄牛犊子随行就市，故称“牛市”。牛市兴旺时，沿着秦淮河的河滩可聚集上千头耕牛，场面十分壮观。

旧时，各村社都有在迎神赛会时表演杂技等节目的班子，俗称“武会”。湖熟镇朱峰门设有“会口”，统管城里的各档武会。从三月中旬开始，各会贴出告示，规定上街日子、集会地点、出发时间、打伙（吃饭）的时间与地点，及香会纪律。周边各村社香会则自由上街，自订行程，不受“会口”所管。

四月初八，武会开始上街。上街后，先要到朱峰寺焚香、叩拜、号佛，此称“报号”。“报号”时，先由前引手执社旗，把各香会领入寺院，首先向神庙进献钱粮（香烛、纸码），然后再由会首上香，行三拜九叩之礼。会众叩拜，攒香、焚表，

1970 年代湖熟庙会（著名摄影家姚克慎摄）

1930 年代湖熟耕牛比赛

最后尽献技艺，各香会表演拿手的绝技。礼毕，会众分散活动，到各神殿、观庵，按照各自信仰去许愿、还愿。待各自了却心愿，又集体到香亭回香。最后，会首等人回到庙里，向僧人致谢，买一朵红绒花戴在胸前，称之“戴（带）福还家”。

庙会期间，各村社团香客云集于此，十分热闹。他们祭祀佛、道、儒各路神仙，祈福禳灾、求子嗣、祛百病、求吉祥平安，十分虔诚。文会为庙会和香客提供各种义务服务，如食宿、茶水、药品、缝补衣服等；武会则表演杂耍卖艺，如舞狮子、荡湖船、跌跤跤会等，尽献技艺，娱人娱神。还有戏班在大街上搭台唱大戏，吸引了不少戏迷。

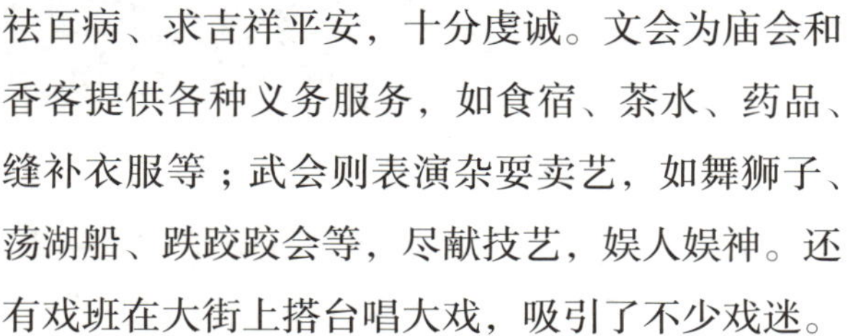

同时，庙会也为当地居民提供了难得的物资交易场所。从初八到十一，各地来展销农具、百货的商贩络绎不绝。他们多数来自江宁、句容、溧水、溧阳、高淳和南京城内，也有来自浙江、安徽等外省的远客。在庙会的数天前，湖熟的商业工会就会划好地盘，把同行业的商贩设在一处，以方便交易进行。初八正日时，集镇上人山人海，前来买卖和游玩的群众可达四五万之多，是当地一大盛会。

历史传承

在汉传佛教传统中，农历四月初八是佛祖释迦牟尼的诞辰，各寺庙会举行盛大的诵经法会，并根据佛祖诞生时龙喷香雨为其沐浴的传说，用净水灌洗佛像，故该日又被称作“浴佛节”。

早在南北朝时期，中国的佛教信众就会在四月初八举行盛大的礼佛活动。《洛阳伽蓝记》即载：“至（四月）八日，以次入宣阳门，向阊阖宫前受皇帝散花。于时金花映日，宝盖浮云，旛幢若林，香烟似雾，梵乐法音，聒动天地。”可见在北魏时期，四月初八就已成为佛教徒的重大节日，甚至连皇帝也会参与其中。唐宋时期，该节进一步向民间渗透。据周密《武林旧事》之“浴佛”条记载：“四月八日为佛诞日，诸寺院各有浴佛会，僧尼辈竞以小盆贮铜像，浸以糖水，覆以花棚，铙钹交迎，遍往邸第富室，以小杓浇灌，以求施利。是日，西湖作放生会，舟楫甚盛，略如春时，小舟竞买龟鱼螺蚌放生。”《东京梦华录》亦载：“四月八日佛生日，十大禅院各有浴佛斋会，煎香药糖水相遗，名曰‘浴佛水’。”可知此时浴佛节已远远超出了寺院法事的范畴，成为全国民众共同参与的活动，完成了由宗教节日向民族节日的转变。

湖熟的四月初八庙会，相传始于明洪武年间，已有六百多年历史。热闹非凡的庙会，一直是湖熟百姓津津乐道的话题，其盛况也见于民国时期的报刊资料中。

《中外经济周刊》1926 年第 103 期刊载了《南京湖熟镇之骡马市》一文。据该文介绍，湖熟骡马市为南京乡间的四个重要镇市之一，其距南京稍远，为小丹阳、淳化镇、溧水、高淳、秣陵关等地往来适中之地，境内河道甚多，主干为秦淮河，故交通便利，素以产米著名。该镇有红庙一所，每逢农历四月八日佛诞日，远近民众皆来参

1936 年湖熟耕牛比赛情形

农作用具

庙，同时携各种物品来此出售，凡农具食品、衣物玩好无一不备，而其最大宗则为骡、马、驴、牛。每年四月八日至十日为会期，此三日中骡马等共在万头以上，陈设地方每延长至十余里，各处欲购骡马驴牛者，皆来此购买。凡欲来此出售物品者，在会期前三日即须至该地警署报告，届时方有陈列场所，故该地警察署每年收入异常饶富。湖熟镇骡马市的捐税定例为每头抽捐洋钱二角，每年可收捐洋二百元以上。

1937 年出版的《星华》革新第 3 号，也刊载了署名“椿身”的《四月初八江宁湖熟的大市集》一文，用相当篇幅对湖熟四月初八庙会进行了全面介绍：湖熟因为商业发达，由江宁县辟为商业区，每年例于农历四月初八有一市集。聚各种交易在一广场中，计分木器、竹器、铁器、农具、磁陶器，以及衣服、布匹、梳篦、牛马驴骡等，举凡农民日常需用之物，应有尽有。卖药的、玩武术的、唱书的、卖荷兰水的小贩们，布满在会场的每个角落。湖熟邻近的村民，平时须购之物，均在四月初八会场购买，故聚集不下数万人。本镇商人为使顾客流连其中，集资在广场中搭建

057

湖熟镇一九五六年“四八”物资交流大会工作总结：

（一）大会准备过程：

本镇“四八”物资交流大会是在市场管理委员会的统一领导下，根据业务需要，责成有关部门，成立了秘书、业务（包括供应、统计、集场废商）、治安、卫生（包括调解）、宣传（包括文字、漫画、广播）等四个大组，负责大会具体工作，并根据市场分布特点，划分五队，设立六个管理站——竹铁器、木器、百货、什粮鸡鸭、牲畜交易、座商等，以加强市场管理和控制税收，并动员能够运用的职工、妇女、学生、工商界等206人参加大会服务。

为了充分准备货源满足农民对生产和生活资料的需要，会前市场管理委员会组织有关部门人员分别在丘陵、圩田地区重点调查了两个农业社的经济情况和购买力情况。国合部门除结合当前市场需要和对照历年销售情况准备物资保证供应外，并召开了工商业者大会进行物资交流的意义教育，提高经营积极性和服务质量，大量组织货源支持农业生产。

为了防止乘机牟取厚利，杜绝抬价还价，教育工商界订出规格质量，作好明码标价，同时并加强了饮食业的教育管理工作，做到使群众有的吃，吃的好，动员和组织饮食商贩临时分设32个供应点，改变供应方法，克服过去集中购买拥挤排队的现象。

（二）大会进行情况：

大会共进行四天，总的成交额为65,466元，其中销售额60,564元，收购额4,893元，生产资料占22.19%，生活资料占77.01%，公私比重：国营占20.7%，合作社占30.48%，合营私营（包括农民）占[illegible]，若与去年同期比较，则今年购销总额为去年购销实绩76,287元下降[illegible]

1956 年湖熟镇“四八”物资交流大会工作总结

戏台，请乡班唱京戏，以吸引客源。市集共四日，戏亦于市集完毕之日停止。最后一日为扫场会。戏有日夜之分，日戏下午二时至五时，夜戏则由

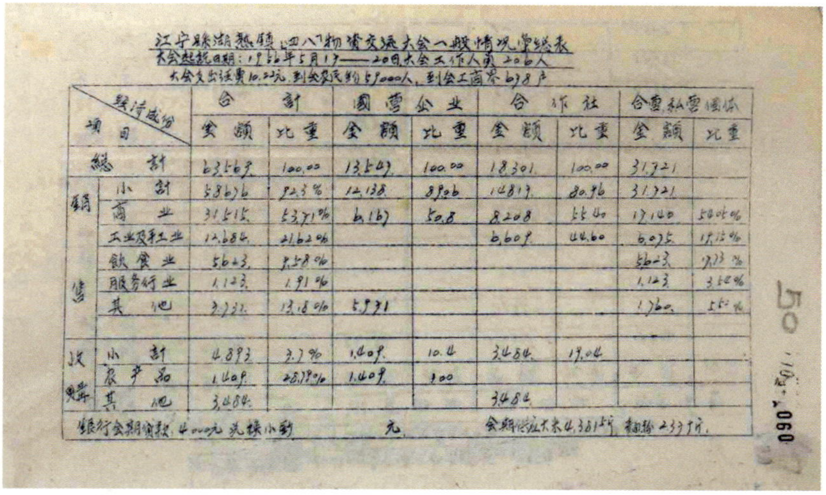

1956 年湖熟镇“四八”物资交流大会一般情况汇总表

晚间六时至次早五时，名为“两头红”，即上台与下台均在日光中。乡人鹄立广场观戏达 11 小时，不知疲倦，并相互挤撞，汗气冲霄。因为会场人流众多，福音堂的修女也会借机前来布道，用花花绿绿的彩纸招徕乡民。

新中国成立后，江宁县人民政府废止了一大批带有迷信色彩的民间庙会，湖熟庙会也被改为物资交流大会，会期仍为农历四月初八。值得一提的是，江宁区档案馆所藏资料中有两份关于湖熟庙会的档案，详细记录了在庙会改为物资交流会初期所遇到的困难，使我们能够一窥当时的社会变迁历程。

据《1952 年湖熟镇城乡物资交流大会工作总结》档案记载，湖熟镇将过去的庙会改成物资交流大会后的首次举办时间为 1952 年 7 月 28 日和 7 月 29 日。由于缺乏经验，此次物资交流大会的效果并不理想，没有意料之中的火爆。尤其是牛市场，农民反映很不好。当地政府进行了深刻的反思，在之后的几年中不停探索，终于在 1956 年取得了初步成效。根据《湖熟镇一九五六年“四八”物资交流大会工作总结》档案资料，当年举办的物资交流大会，在为期四天的举办时间中，到会人数有 59000 余人次，参加大会的商贩有 678 户。虽然由于连续的阴雨天气，总体上看没有 1955 年的“四八”交流大会热闹，但比之 1952 年的物资交流大会还是有了很大提升，受到了更多的关注，也产生了一定的影响。

当代影响与价值

湖熟庙会原是为纪念佛祖释迦牟尼诞辰而举办的宗教性集会，后逐渐演变为当地一项大型传统民俗活动，是民众集体生活的重要组成部分。除祭奠仪式外，当地还有上万人参与的各种民间民俗文艺表演活动及大型交易集市，如舞龙、舞狮、民乐鼓亭、提香拜香、唱京戏、杂耍卖艺等，早已深入人心，成为当地居民不可或缺的精神文化需求与日常生活中的调味剂。庙会上地域特色浓郁的歌舞表演、服饰道具等民间艺术，充分体现了对传统乡土文化的传承，具有重要的历史文化价值。

如今，每逢农历四月初八，湖熟仍举行盛大的物资交流会，但旧时庙会中的传统文化活动却已鲜见。我们认为，传统庙会中诸如荡湖船、玩亭子等民俗文艺表演是地方文化的重要体现，相关活动和习俗值得进一步保护与传承。若条件允许，可在物资交流会中设立非物质文化遗产展示展演平台，集中展示相关习俗与节目，以进一步推动文旅融合，在吸引游客的同时，也保护了文化传统，守住了文化根脉。

宋墅土地会

基本概况

宋墅土地会，主要流布于秣陵街道宋墅及周边地区。

旧时的江南农村，一般每隔三里五里，即每一个村社（相当于现今的村委会），都会在田头建有一座小型土地庙，供上一尊土地菩萨。土地菩萨又称“土地神”“社神”，被民间视作掌管当方土地及其收成的神祇，所以各地农村每年都要举行祭祀活动，称作“（村）社会”“社戏”或“土地会”。相传土地菩萨的生日是农历二月初二，因此每到这一天，各村社就会把土地庙粉刷一新，乡民们自发敲锣打鼓，齐聚于土地庙前挂灯点烛，再由高龄老人领头烧香祭拜。各村各庄还组织踩高跷、演社戏、玩石锁等娱乐活动，有的长达二三天。

宋墅土地会的会期就是农历二月初二，这一天宋墅乃至整个淳化镇的农家都会集合起来，一般以十数户为一组，一起敬拜土地，并置办酒肉，共同聚餐。据《江宁风俗》《淳化街道志》《江宁区文化志》诸书介绍，在二月初二宋墅土地会时，要把过年时所杀的猪头、猪尾拿出来蒸煮，再集体烧香、磕头、祭土地神，这一天不能下田做工，以免触怒“土地老爷”。

1930 年代宋墅古宅及雕饰

需要说明的是，宋墅村原来属于淳化镇，2006 年，经过多次区划调整后已并入秣陵街道。

历史传承

土地信仰是中国极为普遍的民间信仰，自秦汉以来就广泛流行于各地。古代把土地神和祭祀土地神的地方都叫“社”，按照民间的习俗，每到播种或收获的季节，农民们都要立社祭祀，祈求或酬报土地神。相传农历二月初二是土地神的诞辰，人们会于当日举行对土地的祭祀活动，故称“社日”。据《荆楚岁时记》记载：“社日，四邻并结宗会社，宰牲牢，为屋于树下，先祭神，然后享其胙。”可知早在南北朝时期，该风俗就已盛行。民国潘宗鼎《金陵岁时记》“土地会”条云：“乡村以二月二日赛土神会。”所指就是诸如宋墅二月初二土地会一类的活动。

宋墅土地会具体起源于何时已不可考，应不晚于清末。值得一提的是，民国时期的宋墅土地会，除了二月初二这一天外，还在七月初二举办，这与其他地方颇不相同。据1934年出版的《金陵大学农学院丛刊》第23号乔启明《江宁县淳化镇乡村社会之研究》一文记载，宋墅当时有190户、人口934人，“在宋墅农人中认为最要紧的一位尊爷，就是‘土地菩萨’。他们崇拜土地的原因，以为可以保护他们‘五谷丰登’‘人口平安’。他们又说土地菩萨的职务，好比是人间的村警，完全是阴间一个报上传下的使者。我们若把乡村土地庙的楹联，拿来仔细一为研究，就可明白不少了。什么‘保农夫四时吉庆，佑田禾五谷丰登’‘佑当地清泰，保吾庄平安’，这都是表示农人对于土地菩萨的希望，也好似这些是土地菩萨的本分。因为土地菩萨对于他们生活上有如此的重要，所以每年在阴历二月初二和七月初二这两日，就把大家联络起来。做‘土地会’的日子，届时每一农家，出钱二千文，买办鸡、鱼、肉三样东西，名曰‘三牲祭礼’，来供祭土地。大家在这天，除敬土地而外，还有聚餐会，本村上的一切公共事业，都可在这一天来讨论改革。”可见在民国时期，每年宋墅的土地会是当地乡民生活的重要组成部分。

新中国成立后，取缔了一批不适时宜的庙会

高淳明清道教神像画中的土地神像

以及相当一批带有迷信色彩的民间活动，宋墅农历二月初二和七月初二的“土地会”就在其列。如今，历史上这一颇具地方特色的土地会已经鲜为人知。

当代影响与价值

宋墅土地会是土地神信仰的一种形式，它源于人们对土地的崇拜，寄托了宋墅地区民众祈求风调雨顺、祛灾避害的美好愿望。在土地会的举办过程中，土地菩萨这一形象满足了农村信仰者生活中的一些心理需求，踩高跷、演社戏、玩石锁等娱乐活动也丰富了民众的文化生活，在一定程度上维护了社会稳定。土地信仰是中国民间信仰的重要组成部分，土地会则是这一传统文化的集中表现形式，如今虽已不再盛行，但仍具有重要的文化价值，相关习俗值得进一步挖掘和宣传。

娘娘会

基本概况

娘娘会，旧时主要流布于今秣陵街道宋墅及周边地区。

宋墅位于淳化集镇西约五里的地方，是当地一个较大的村庄。村中有一条南北走向的街道，沿街设有茶馆、酒店、杂货铺等。由于宋墅有一对南朝陵墓神道石柱，因此在江宁县一直是比较著名的地方。旧时在淳化镇周边的乡村社会里，宗教生活有着相当重要的影响力。在其周边的一般村庄，不仅有单个村庄设立的各种小庙，如土地庙、财神庙、龙王庙等，还有不少由好几个村庄联合设立的较大的社庙。每年在一定的时候，各村农民就会联合起来，在大型社庙中敬拜菩萨，这种活动在当地被称为“香会”。这样的活动，与村民们的日常生活紧密结合在一起，故成为旧时乡村民俗的重要组成部分。

宋墅作为淳化镇周边一个较为典型的村庄，宗教影响力在当地亦十分明显，每年都要举行多种“香会”活动，“娘娘会”就是其中之一。宋墅“娘娘会”一年分为两次集会，一次在农历四月初十日，一次在农历九月初十。许多已婚妇女，为了能够早得贵子，都会在每年的这两日，成群结队地来到宋墅的护国庵，并购办香烛纸爆，焚香拜神，以祈求菩萨保佑，能够心想事成。

以上资料来自民国时期报刊和口碑调查。而据《淳化街道志》记载，宋墅“娘娘会”的会期在农历三月初十。当日上午，各家妇女自愿出钱，聚集在一起烧香、磕头、敬娘娘菩萨，祈求送子娘娘能送子赐福。下午，已生子的妇女再去烧香还愿，多以公鸡、团子作为祭品。

江宁女子鼓舞

历史传承

送子娘娘是中国民间宗教

信仰中掌管生育之女神，具有送生保育的神格，因此每逢农历三四月份，各地就会举行盛大的祭祀活动，以期送子娘娘保佑多子多福。其信仰在传统乡村社会广泛流传，宋墅的娘娘会习俗就源自此信仰，在当地盛行已久。该习俗在民国时期达到鼎盛，这与当地经济发展、人口增长密不可分。

据乔启明在1934年出版的《金陵大学农学院丛刊》第23号发表的《江宁县淳化镇乡村社会之研究》一文记载："（宋墅的）娘娘会是已经出嫁的女子组织的，目的在于求子，每年集会两次，一在四月初十，一在九月初十。当地已婚女子参加者，约占百分之六十，集会的地点，在宋墅护国庵内，每年消费约百余元，平均每人费用，凡未生子的女子约需洋五角，生子者约需洋二元。组织的方法系无论谁人上庙，以铜元五十枚为注册费，至日每人各携米一升、铜钱三百文，并购办香烛纸爆，焚香拜神。次年如果生子，并须作糕点、馒头等谢神。当女子赴庙的时候，涂脂抹粉，装饰特别华丽。在会的前夕，还有清音歌唱及吃唱等等的娱乐。"

从乔启明的记述来看，虽然"娘娘会"的消费并不算低，但附近的妇女却乐此不彼。我们可以想象，护国庵的"灵验"，曾经令众多已婚女子深信不疑，她们怀揣着早日为人之母的梦想，虔诚地在送子娘娘神像前祈祷。去护国庵参加"娘娘会"的有两种女性，一种是祈求生子做母亲的，另一种是实现了愿望，然后去还愿的。

如今，护国庵已不复存在，宋墅村也因城市建设早已拆迁，曾经热闹一时的娘娘会也仅存于当地老人的回忆中了。

秣陵娘娘巷

当代影响与价值

宋墅娘娘会是中国民间送子娘娘信仰的一种表现形式。在传统的农业社会中，繁育后代是一个家庭最要紧的事务，而"娘娘会"最重要的一项功能就是保佑祈祷者生育子嗣，因此被许多家庭视作实现家族延续的重要途径，在很大程度上为当地居民提供了心理慰藉，具有重要的精神文化价值。与此同时，"娘娘会"中的各类祭祀活动也是中国传统文化的体现，反映了中华民族的传统思维方式，具有重要的历史文化价值。此外，"娘娘会"的举办使得大量人群聚集，方便了当地农副产品交流，促进了宋墅及周边地区的经济发展，也在一定程度上为区域社会经济结构的形成提供了助力。

三茅会

基本概况

三茅会之习俗，旧时流布于江宁地区全境，尤其是淳化街道及周边地区。

三茅会的会期为农历二月十一日至十六日，参加三茅会的人需要交纳会费，并推举四大头家、二十四小头家组织办理。由于江宁距离句容茅山较远，一般于二月十四日从江宁各地起香，二月十五日至句容茅山拜香，二月十六日进香人员返回江宁，三茅会结束。三茅会一大特点，就是有组织地游行、祈福、消灾。游行的队伍多由锣鼓开道，众人抬着神龛，穿过一座座沿途的乡村，或者沿着街道行进，每经过一户人家，这户人家就在门口迎接，然后燃放鞭炮。游行的队伍浩浩荡荡向茅山进发，气氛相当热闹。

历史传承

三茅会是道教传统庙会，源自当地居民对三茅真君的崇拜。三茅真君是道教传统神仙，指的是茅盈、茅固、茅衷三兄弟。相传他们在西汉时于江苏句容县境内的句曲山修道成仙，句曲山也因此改名茅山。早在东晋葛洪所著《神仙传》中，就有关于茅氏三兄弟的记载，可见民间对三茅真君的信仰活动早在魏晋时期就已盛行。

旧时的三茅会是茅山周边地区的一大盛会，江宁地区的许多民众都在会期参与其中，从现存的部分地方文献中可以一窥当时的盛景。

据徐寿卿（名炎森）编、清宣统二年（1910年）南洋劝业会印的《金陵杂志》“神会志”之“茅山会”条记载：“茅山在句容县西南，上有三茅宫。相传有茅氏弟兄三人，修真于此，而得道焉。正月中，烧香者无间远近，趋之若骛。各乡合数村为一会，以小木龛为佛座，龛高约一尺五六寸，广约一尺余，制作屋宇形，雕刻精细，镂金错彩，中坐五七寸高神像。龛前伸小木二，一人负之于肩，随者执锣鼓、铙钹，镗镗于后。亦间有旗伞者，游行街市。正月望前，每日均有数起。每人身负黄色布囊，上书‘朝山进香’云。”

民国潘宗鼎在《金陵岁时记》之“茅山会”词条中，详细介绍了三茅会的来历。其书引《列仙传》记载：茅盈，字叔升，有两个弟弟。大弟茅固，字季伟；次弟茅衷，字思和。茅盈生于汉景帝中元五年（前145），后弃家修道，教二弟延年不死之法。汉元狩二年（前121），五帝君传大帝之命，拜茅盈为东岳上卿司命真君、太元真人。王母命上元夫人授茅固、茅衷《太霄隐书丹景道经》。潘氏又引《云笈七签》指出，当时茅盈的两个弟弟都在朝廷做官，得知茅盈白日飞升，就一同弃官，于永光五年（前39）三月六

三茅真君像

太茅君茅盈像

二茅君茅固像

三茅君茅衷像

日渡江，在东山中寻得兄长，后遂称东山为茅山。此山在句容县，凡三峰，各有宫殿。江宁乡民每到这日，就会举行茅山会，乡人肩负神龛，鼓乐前导。茅山庙中道士为人祈福，燃灯多盏，与供奉人的年龄相同，中以某盏为本命灯，灭之则凶，往往有验。每逢旱年，亦前往祷告，正应和了苏轼诗句“待向三茅乞灵雨”。

夏仁虎在《岁华忆语》的“出会”词条中，也对茅山会进行了描述，文载：“赛会游行，四月为盛。乡间之会，有所谓茅山会者，特肩小亭阁，间以锣鼓而已……昔时商民富实，物力充牣，一会分若干起。有所谓某某老会者，旗幡灯伞，踵事增华。又饰人家俊秀小儿，扮各种戏装，肩之游行，名曰抬阁。迤逦恒至里许，游行数日而毕。所过人家，争供设、放炮竹，曰迎会。粉白黛绿，倾城往观。儿童罢读，妇女辍工。其意虽取诸驱疫，然耗费物力，甚无谓也。所可述者，足见民力之盛衰耳。"

1934 年《金陵大学农学院丛刊》第 23 号发表的乔启明《江宁县淳化镇乡村社会之研究》一文，详细介绍了宋墅三茅会的举办流程，其文曰："三茅会的目的，就在祭拜菩萨、祈福、免灾。地点在茅山，每年自二月十一至十六日，会期共六天，参加者男女都有，约占全村人口百分之七十。加入者每年约纳费二元，全会费用，约二百余元。组织的方法，是由全村敬香的农家，公举四大头家，及廿四小头家，发起办理。在二月十一日筹备布置，十二日烧香请神，十三日舁香案、旗伞、锣鼓等游神，十四日起香，十五日至茅山拜香，十六日归家。"

江宁东山出土的《三圣行宫碑记》拓本

当代影响与价值

三茅会作为地域性大型民俗活动，与江宁地区旧有社会生态和历史传统密不可分，是传统文化的载体，它与地域社会发展过程中的现实诉求直接相关，表达了民众的美好祈愿，具有重要的历史文化价值。三茅会在本质上保留了地方特色，传承了特殊的信俗，香会期间的各类活动还繁荣了区域经济。由于是群体性的社会活动，三茅会也是江宁地区民众的集体记忆，对加强民众的社会凝聚力、实现情感共鸣有着积极作用，具有重要的精神文化价值。

新中国成立后，各地的三茅会活动被逐渐废止。有些地方的三茅会，经政府引导演变成了物资交流大会，至今仍有较大影响力。针对这类由"三茅会"演变而来的集会，我们认为，可以因地制宜，适当恢复一些传统纪念活动，以突出地域文化特色，以之作为旅游资源来推动当地社会经济的发展，最终实现乡村的可持续性繁荣，加速乡村振兴。

淳化松岗庙会

基本概况

淳化松岗庙会，主要流布于淳化街道田园社区松岗庙村及周边地区。

淳化镇附近的松岗庙，是当地的一座大庙。庙会期间，周围几十个村庄的村民，都会来此上香。会期为每年农历三月十一至三月二十日，共计 10 天，正日为三月十八日。在这十天的会期中，凡加入这个庙会的村庄，都会来松岗庙中敬香，是时每天人山人海，异常热闹。

民国时期，金陵大学农学院的乔启明等在淳化镇做了一次村乡调查。他们认为松岗庙会不仅是一种农民宗教的集会，还是一种经济、娱乐的集会。乔启明指出，在松岗庙会上，附近村庄的农民可以购买到需要的各种生产资料、农具等，可见松岗庙会已由一种民间自发组织的宗教性集会，演变成了集宗教、经济、娱乐于一身的综合性庙会。

松岗庙会的组织共有 48 个团体，每一个团体叫一个“社”。每一个“社”，有一个“社的菩萨”。其周边各村亦大约相同，以宋墅村为例，宋墅村社也叫宋墅神社，是由 48 家出头组织而成，共分 6 号（即六社），每号有头家 1 人，共有 6 人，一般称为大头家。由每号推派年长者 6 人，共 12 人，叫做小头家，来协助大头家处理事务。每年庙会的费用，都由 6 个大头家摊派，其余的社内各家，只出铜元两枚，作为香资。全年共费洋 100 余元，每家大头家约费 20 元左右。大头、小头，每年轮流处理社务，权利义务，家家平等。

每年三月十一日，在本村护国庵，先行挂起祠山大帝神像，供献祭礼 48 盏；神锣一响，每社都得到齐，随后乃焚香叩头，凡是迟到者，处以铜元 6 枚的罚金，作为香资。

松岗庙村今貌

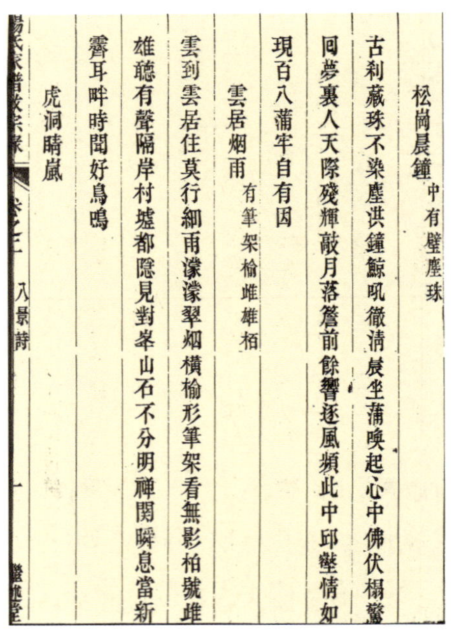
松岗晨鐘 中有璧塵珠
古刹藏珠不染塵洪鐘鯨吼徹清晨坐蒲喚起心中佛伏榻驚
回夢裏人天際殘輝敲月落簷前餘響逐風頻此中邱壑情如
現百八蒲牢自有因
雲居烟雨 有筆架榆雌雄栢
雲到雲居住莫行細雨濛濛翠烟横榆形筆架看無影柏號雌
雄聽有聲隔岸村墟都隱見對峯山石不分明禪関瞬息當新
霽耳畔時聞好鳥鳴
虎洞晴嵐

淳化《杨氏宗谱》中的《松岗晨钟》

江寧縣淳化鎮鄉村社會之研究 1

江寧縣淳化鎮鄉村社會之研究

喬啓明

一. 敍言

什麼叫做鄉村社會?鄉村社會所特具的是什麼?一個單獨的村莊是不是一個鄉村社會?「區,鄉,鎮」的各種組織,是不是一個鄉村社會?再我們平常所談的「鄉下」和「鄉村」是不是有鄉村社會的意思?要解決以上這種種問題,這就是我們為什麼要研究「鄉村社會」的第一點原因。

同時我們的徹底相信,在現代的中國,要增進農民生活,必得先有良善的農村組織,可是我們若要着手改良農村組織時,就不能不即時發生出來一種絕大的困難,這種困難,就是要問這裏所指的「農村」二字,還是一個籠統的鄉村代名詞呢?還是有一定的區域與範圍的,所以我們為要找到一個「改良農村組織,增進農民生活」的實現的方案時,我們不能不研究鄉村社會,這就是我們為什麼要研究「鄉村社會」的第二點原因。

那末,什麼叫做鄉村社會呢?社會這一個名詞,在中國舊文化書中,雖不很常見;文人雅士們的口中,雖不很常用,可是在鄉村農民的口頭上,什麼「醵社會」「出社會」等等的名詞—指他們每年在一定的時期所組織的崇拜菩薩的廟會而言,是常常能夠聽到的,譬如南京附近到了農曆二三月的時候,常見農人團體,背着什麼「長生老會」的旗子,與「朝山進香」的招牌,在街上行走,這就是他們的社會組織單位,也就是借着此種組織,以滿足其宗教的生活的,所以社會即人羣的組合,嚴復這譯社會學為羣學,也是此意;「社會」二字上邊再加上「鄉村」二字,就是專指鄉間的人羣事業而論,和城市間人羣的事業,是顯然劃出很清楚的界限的。

按「鄉村社會」四字,在英文為Rural Community 從他的語根上講,

《江宁县淳化镇乡村社会之研究》书影

家齐集松岗庙神像前，由头家执香叩首。团拜礼毕，大家出庙吃酒。每社由庙内供给酒菜各一碗，酒后再在庙内吃一碗面。

到了十四日夜里，行收草礼，即每社拿瓦片一块，置于一处。然后用公鸡血滴于瓦上，以定吉凶。若某一瓦片上，并无血痕，即为该村不幸之兆。

会后，这6家大头家将一切账目公布出来，并再交卸一切手续与来年的头家。

十二日的清晨，大家集合，锣鼓旗伞在前，龙亭殿其后，巡游全村一次，名曰消灭。然后抬至会所。

在十三日这天，名曰出龙亭，就是将龙亭抬至松岗庙进香。在出发之前，先打麻雀奔（鼓点名称），后由头家将红绸一条，挂于龙亭之上，名曰挂红，取其吉祥如意的意思。然后再供八色祭礼，例如糕馒、糖团、金花、猪头、鲤鱼、公鸡、蜡烛及香等。龙亭之内，放置上书“当今皇帝万岁万万岁”的木神位一个。随后出发时，仍以锣鼓旗伞在前，龙亭殿后。快到松岗庙的时候，要一齐奔跑，且须在庙内转一大圈子，名曰跑庙。然后大

据松岗庙村95岁的高爱华老师回忆，松岗庙占地约10亩，正殿5开间，坐东朝西，还有2座配殿。正殿前的广场很大，是每年庙会（过社火）的主要场所，旧时的庙会场面很大，人头攒动，熙熙攘攘，热闹非凡。

1986年农历四月初九的淳化庙会

历史传承

松岗庙会早见于民国时期报刊，在当时颇具影响。据 1934 年《金陵大学农学院丛刊》第 23 号发表的乔启明《江宁县淳化镇乡村社会之研究》一文记载："松岗庙是淳化镇乡村社会里最大的社庙，祠山大帝是这庙内的主神。此外，供奉着龙王、雷公、蝗虫等菩萨……该庙的附近，有一个村庄，村名也称'松岗庙'。据该处附近一般农人传说，松岗庙四十八社组织的历史，完全是为地方自卫。本来这个庙是属于一村的，当前清咸丰年间，南京为洪秀全占领，附近农村受害最钜，房屋焚烧，人口流离，当地领袖王延长，出面组织四十八社，借宗教信仰的力量，联络农民，响应清兵，后与洪军开战，连获胜利。当地农人，莫不悦服。王氏名松，远近农人都称他王老松。后来大家为纪念王氏保卫地方的勋劳，因此把他们首次集会的社庙，也称为松岗庙。"

通过这段记载可知，松岗庙会起源于晚清太平天国时期。当年太平天国建都天京（今南京），太平军与清军在南京周边展开拉锯战，战火波及江宁乡村。为对抗太平军，淳化镇地方领袖王延长将当地的村民组织起来，与太平军作战，保卫家乡不受侵害。由于王延长名松，后来，人们就将王延长率村民首次集会的地点称为松岗庙。

乔启明

松岗庙所供奉的祠山大帝，是汉代治水功臣张渤，曾在广德祠山役使阴兵，后身化猪形，民间通称为"祠山大帝"。从宋代开始，江南诸省多设广惠庙祭祀祠山神。因祠山神身化猪形，故祭祀禁用猪肉，并把农历四月之前各月逢"八"之日都作为祠山神张渤的生辰纪念，信众于其日祭祀祠山大帝，称作祠山大会，又称张王会。因其前后 3 日多有风雨，故有"张王老爷吃冻（冬）食，请客风，送客雨"之谚。据《金陵岁时记》记载，晚清光绪二十九年（1903）春，该书作者潘宗鼎曾游高淳，亲眼目睹了祠山大会的盛况："值祠山大会，乡人举邑之公正者为尸，面罩黑纱，被神冠服出游，仪仗咸备，惟享神特禁猪肉。"

松岗庙旧址

需要指出的是，民国时期的松岗庙会，既是乡民宗教与物质交流集会，也是藏污纳垢之所，庙会上的赌博、吸鸦片现象比比皆是，有些乡民一年辛苦所得，会在这几天输个精光，或吃光用光，令人十分惋惜。

当代影响与价值

淳化松岗庙会源于对传奇人物的深切追念与对神灵的顶礼膜拜，表达了当地民众的朴实心愿，人们在群体活动中获得了认同感，有利于社会的和谐稳定。松岗庙会融道教信仰、民间技艺、集市经济、民间小吃、表演等多样文化内涵于一体，是道教在民间的一种表现形式，对于研究中国传统庙会文化也具有重要的历史文化价值。

新中国成立后，江宁传统庙会或被取消，或被改为物资交流会，淳化松岗庙会就属于此列，虽然现在已经鲜有人知，但其中蕴含的地域共同心理结构、思维习惯、生活风俗等内容，对于当前城镇化进程中挖掘地方特色文化记忆具有重要意义，值得有选择地实施进一步的保护与传承，以为新时代的江宁乡村治理积累经验。

横溪庙会

基本概况

横溪庙会，是流布于横溪街道诸多庙会的总称，其主要庙会活动如下：

1. 农历二月初七，上庄安心庙庙会

这是中华门外每年最早的庙会，拜的尊神是“蚕娘娘”和“天花娘娘”，来的香客大都是横山山南山北的乡民。上庄大部分男人在外地做皮匠，过了二月初七就要出外做工。山南迟村、博望一带大多是铁匠，趁庙会来卖剪子、锥子等铁匠用品，也做其他买卖。

2. 农历二月十五日，双庙子庙会

旧时大柏村、小柏村前面有两座庙并列，合称双庙。这里的老百姓中流传有一段顺口溜：“九步三道桥，桥前一座庙，庙前一座窑。回头望一望，还有一道桥。”因这个庙会会期经常下雨，故有谚语“双庙子会场颤动动，不是下雨就是风。”

3. 农历三月十五日，赵村西山庙庙会

西山庙庙会形式较为特殊，与别处不同，主要特色有二：其一，庙会的时间仅为下午半日，俗称半个庙会；其二，这个庙会最早是于氏家族内部举办的庙会，族人各房之间可以在庙会上交

横溪秋景

横溪街道第一届全民运动会

换物品，各房女性之间相互调剂首饰、化妆品、衣服等穿戴物件，有点像唐朝皇宫里的宫市。

后来，这个庙会逐渐社会化，打破了家族的局限，扩大到呈村、东旺村、西旺村，一时间名声传得很远，逐渐有小商小贩在庙会上做起了生意，有卖小吃的，也有卖针头线脑的。

庙会所依托的西山庙是一座道观，它和保福寺原来是作为于氏家庙兴建的。相传明代赵村的于闽忠因为投靠了大奸臣严嵩，做了大官，于氏一门从此兴旺起来。到了晚清，社会动荡，于氏开始凋零。新中国成立初期，西山庙还有张道士父子居住。直到1966年“文化大革命”“破四旧”，西山庙才被拆毁，现在庙基遗迹仍可分辨。

4. 农历三月十七日，大王庙庙会

大王庙在曾庄，供奉的尊神传说是从北方来的一位乞丐郎中。他能治百病，救治好了许多穷苦百姓，信徒尊该神叫大王菩萨，其神像用檀香木雕刻。过去庙会期间，大王庙香火特别旺盛。新中国成立后，庙会改为城乡物资交流会，会址由曾庄移入横溪镇，现在仍是横溪地区主要的交流会，对当地经济发展起了一定作用。

5. 农历六月十三日，神墩庙庙会

神墩庙在红旗村夏庄对面田冲里，过去这里曾有一座巨大庙宇。庙前的万年台分上下两层，庙内供奉的主神不知是何神，听说与驱病魔有关。神墩原是先秦时期的台形遗址，土墩高于地面，既可防水，亦可防兽。神墩土质多为腐殖质，1966年春，人民公社大积农家肥，将神墩的土层全部运往各处农田作肥料，庙宇遂被拆毁。新中国成立后，神墩庙庙会移至横溪镇，改为城乡物资交流会。

6. 农历二月十九日，观音会

观音会是民国时期横山上庄村妇女自发组织的聚会活动。一般于会前几日，由村里大族有钱人家或有社会地位的女姓出面商讨活动经费，采买物资品类。相传当年有位翟老太太，原是铜山乡翟氏三小姐，虽家境贫寒，但在上庄女界较有号召力。至二月十九日上午，全村妇女老少集中在村南安心庙活动。安心庙供奉的是天花娘娘、送子娘娘、养蚕娘娘，进会的人都要洗手上香叩头。旧时妇女多是小脚，跪下去不容易站起来，要有人扶起。拜神后要聚餐，没有肉类荤菜，都是素食，其豆制品和蔬菜都用大盘子装盛，一桌四大盘。

观音会虽是女性组织的活动，其内部也颇多规矩。有钱有势人家的女眷在场面上比较风光，而小户人家女眷则缩手缩脚。桌面上喝的是自酿的米酒，一般先敬那些有地位的女眷。翟老太太虽是领头组织者，但也坐不到上首。其实聚餐吃喝并不重要，重要的是全村女姓穿戴打扮，集体亮像，有什么首饰、什么衣服都在这一天穿来显摆，故暗中实有赛富比美的氛围。

历史传承

横溪街道的传统庙会，由于各自所属庙宇不同，供奉的神祇也各不相同，所以庙会的沿革与传承多有不同，其鼎盛时期大多在晚清和民国时期。也有如赵村西山庙庙会，相传从明朝中期形成，至清道光年间逐渐消失，太平天国以后终止。新中国成立后，这些庙会中旧有的迷信活动被要求停止，但物资交流等内容得到了保留。

据口碑资料，旧时横溪地区每逢会期，村民都要请戏班唱戏祭神，抬着所供奉的菩萨游行“受祭”。游行时旗伞锣鼓开道，爆竹炮铳轰响，虔男信女朝拜敬香，以祈神赐福消灾。

其中横山上庄村庙会由当地大姓操办，其请神送神活动最具特色。村上的大姓有“五刘十三姓”之称，新中国成立前夕仅陈姓、孙姓、刘姓三姓尚有祠堂，所以庙会祭神拜神活动，需要轮换做庄。一般先由当年当值姓氏的男丁进祠堂打躬作揖后，将神像请下神坛，并包裹起来，把各色旗帜都用竹竿穿好，交给儿童拿好。而请神的另一姓氏，派出三个体壮青年，每人肩扛一只大香炉，随锣鼓放铳队伍之后，前往当值姓氏的祠堂。如果

2019 年横溪手龙舞表演

请神的当值姓男丁不够，则全村人都可以参加，但送神姓氏一般不得再参与其间。请神的队伍浩浩荡荡到祠堂门口，锣鼓、鞭炮、响铳、唢呐，各种声响轰鸣，声势浩大。请神人接着将神像挂上大殿的菩萨柯子，退下旗帜，辈份高的族长男丁敬上头香后，请神仪式就算结束了。

关于上庄的神堂布置，据相关记录，其正屋中间大堂后墙上挂着三幅纸质丝边神像，其中有

横溪手龙舞

一幅是千手观音像。神像下是一长方形木板平台，长 4 米、宽 1.5 米、高 1.2 米，俗称菩萨柯子，也叫神坛，锣鼓、旗帜都堆放在菩萨柯子上面。台前还有 3 只大鼎，俗称香炉。

当代影响与价值

横溪庙会形式多样，是民间信仰的综合表现，当地民众通过祭拜不同的神灵祈求庇佑与赐福，以期实现他们所希望的风调雨顺、五谷丰登、多子多福、婚姻美满、财源滚滚等诸多愿望。这些庙会与世俗生活密不可分，承载了深厚的历史文化积淀，涉及宗教信仰、商业贸易、文化娱乐等等，因此具有重要的历史文化与精神文化价值。同时，这些庙会还融入了较多民间艺术形式，成为各种民间艺术表演的平台，具有重要的民间艺术价值。此外，横溪庙会还在一定程度上满足了当地民众物质与精神上的需求，有利于社会稳定，促进了社会和谐。

今日之横溪庙会，仅与物资交流相关的有限内容被保存下来。今后若能在其中适当恢复传统庙会中的那些有意义的地方特色突出的文化活动，或许可以打造出一张横溪街道的新名片，以助力乡村振兴战略。

盂兰会

基本概况

盂兰会，旧时广泛流布于江宁全境。

农历七月十五是中国民间祭祀先祖的传统节日，此节在道、佛两教中均有重要地位，道教称其为中元节，佛教称之为盂兰盆节。每到这天，各地都会举行盛大的祭祀活动，佛教寺庙会举行盂兰盆会和水陆道场，道教宫观会举行中元斋醮，民众则会依当地风俗进行烧纸钱、放河灯、挑天灯和抢孤等活动，以纪念亡者、祈福后人。

江宁地区农历七月十五俗称七月半。盂兰会起源于目莲救母的传说，相传目莲的母亲枉死后，被打下地狱，整天整夜地遭受饿鬼、吊死鬼、屈死鬼、淹死鬼等恶鬼的欺凌折磨。目莲为救母亲，向如来佛祖祈求，佛祖向目莲传授了《盂兰盆经》，使他成了佛祖十大弟子中神力最大者，从而下地狱解救了母亲。为了纪念目连，每到七月十五，民间便会举行盛大的祭祀活动，由寺庙、行业、行市或村社组织“盂兰盆会”，届时要扎牌楼，搭经台，请和尚诵念《盂兰盆经》，超度孤魂野鬼早日投胎转世，该仪式被称作“斋孤”，又名“放焰（夜）口”。超度仪式完毕后，组织者以鸣锣为号，竞相把供品撒向人群，围观者一拥而上，争抢祭祀食品和供品，称之为“抢孤”。

如今，每逢农历七月十五，江宁地区的佛寺仍会隆重组织相应的佛事活动，以渡厄救难，超度亡魂。

历史传承

农历七月为初秋时节，秋天乃收获之季，古人常于该月中旬以时令佳品设供祭奠先祖亡灵，以祈祝丰收，称为“秋尝”。《礼记·月令》即载：“是月农乃登谷，天子尝新，先荐寝庙。”可见“秋尝”之礼早在周代就已出现，是中华民族的传统礼俗。汉代，人们还会在七月十四于水滨修禊，用流水洗濯祓除，以祈福、禳除灾疠。到了汉末，这些礼俗逐渐被整合到一起，于七月十五设供祭奠先祖亡灵，形成了中元节的雏形。据《斋戒录》记载，在公元2世纪时，就已有在中元七月十五日持斋祈福的记载。

佛教进入中国后，为了传播需要，开始寻求本土化，《盂兰盆经》在这一过程中起了重要作用，促进了佛教与中国本土礼俗文化的融合。《盂兰盆经》的内容为目连救母的故事，西晋武帝时名僧竺法护将之译为汉文后，因经中强调的孝道同以孝悌为本的中国传统儒家伦理十分契合，故在民间流传极广，成为佛教招徕信众的重要宣传工具。又因经中言七月十五日为“佛欢喜日、僧自恣日”，是日不少佛教寺庙会举行讲诵《盂兰

高淳明清道教神像画中的十八层地狱之金刚狱图、酆都阎罗王像

盆经》的斋会，久之就演变成了“盂兰盆会”。

关于“盂兰盆会”的记载，最早见于南北朝史料中。据《荆楚岁时记》记载：“七月十五日，僧尼道俗悉营盆供诸佛寺。按《盂兰盆经》云：‘有七叶功德，并幡花歌鼓果食送之。’盖由此也。”颜之推《颜氏家训》亦云：“杀生为之，翻增罪累。若报罔极之德，霜露之悲，有时斋供，及七月半盂兰盆，望于汝也。”由此可知，在南北朝时期，盂兰盆会已随着佛教的传播广泛流行于民间，并跟传统的中元祭祖习俗发生了融合。

值得注意的是，相传盂兰盆会的设立与梁武帝密切相关。据《佛祖统纪》记载，大同四年（538），梁武帝巡幸同泰寺，设盂兰盆会，供养众僧。可见南京地区也是盂兰盆会最早流行的地区之一，江宁地区的“盂兰会”习俗很可能也能追溯至南朝时期。

在明代地方志中保留有诸多关于江宁境内的“盂兰会”的记载。如《正德江宁县志》卷二“风俗”载：“（七月）十五日曰中元，僧舍营斋供荐亡，名盂兰会，又谓之鬼节。”明代名士盛时泰所著《牛首山志》亦载：“嘉靖癸丑七月望，予为母张建盂兰盆斋诗。”可见，在明代，“盂兰会”已成为江宁民间的一大盛会。

延至清代及民国时期，“盂兰会”在江宁地区仍颇具影响力，相关风俗记录于现存的地方文献中。如民国潘宗鼎在《金陵岁时记》之“盂兰会莲花落”词条中，就摘录了曾于江宁地区盂兰会上传唱的民谣，被称作“莲花落”。文载：“盂兰盆者，天竺云倒悬救厄也，谓如解倒悬之苦。令人饰食味于盆，误矣！盖托始于目莲比邱救母。吾乡是月，各街巷举行盂兰会，延僧道忏拜之外，独有所谓莲花闹者，即‘落’字转音，方言也。所唱大半里谣类，如苏白而不及其雅。昔闻洪杨乱前，骂驾桥以八月十六日举行盂兰会，盖当时延僧道者，预有定期，以次递举，故该处独后云。光绪间，奉新许仙屏方伯振祎任宁藩时，曾撰盂兰会祭文一首，今仅记其一二。有云：‘新鬼大，故鬼小，元武湖都是青磷；一姓姚，二姓王，白鹭洲长埋碧血。’多引南朝事实，惜全文已佚矣。按段成式《酉阳杂俎》云：‘一姓姚，二姓王，三姓汪，值洪水时，食都树皮，饿死化为乌都、猪都。’其说本此。”

1932 年出版的陈迺勋、杜福堃编《新京备乘》一书，在“风俗”之“盂兰会”词条中也对南京地区的盂兰会有着较为详细的介绍：“七月间，通城商民作盂兰会，自初一起迄十五，次第延僧拜忏，间以杂戏灯彩，辉煌灿烂，虽元宵节不是过也。又有舟次诵经，溯洄青溪、秦淮之间，剪五彩纸为荷花灯，沿流放之，谓之斋河孤。又有糊纸为舟，中供地藏王像，旁列十殿阎罗，舷外立冥官、鬼卒，狰狞可怖，名曰法船，无非以‘目莲救母遍游十八地狱’之说为背景云。”

需要指出的是，民国时期的盂兰会虽为百姓自发组织的，以纪念先人为主的祭祀活动，但在举办过程中有着浓厚的迷信色彩，且花费甚巨，在客观上加重了乡民的经济负担，是故不少有识之士在当时即对盂兰会中的乱象进行了严厉批评。

《顾伯虬遗诗》所录江宁顾我愚的《盂兰会》一诗就对“盂兰会”的荒唐进行了批驳，诗云:“妄听浮屠说十王，鬼需钱钞更荒唐。请将无数香花费，散与乡邻救死亡。”不少报纸杂志也对“盂兰会”进行过猛烈的抨击。

乔启明《江宁县淳化镇乡村社会之研究》一文，也痛批了盂兰会的愚昧之处：“盂兰会，阴历七月初一日，相传是地狱开放的日子，禁锢孤魂，多乘此外出觅食。每年七八月间病死者较多之故，即系孤魂作孽。故一般迷信男女，到了这日，每集款来作盂兰会，于七月十五日前后延僧焚香诵经施食，以求免灾。其实七月间多病是极普通的现象，因为这个时候，气候炎热，病菌繁殖甚快，且蚊蝇又多，传播更速，故死亡较多，固与异域孤魂并无关系的啊。农人未受教育，智识不充，仅知七月间之多死亡，而不知死亡较多之自有其故，以致附会神鬼，虚糜金钱，可叹可惜！”

饶有趣味的是，1948 年 9 月 18 日出版的《群言》杂志，刊登了一则《刘哲怒打盂兰会》新闻。事情发生在鼓楼二条巷。当年 8 月底，群众在巷内举行盂兰会时，被监察院副院长刘哲持杖捣毁。刘哲的本意是破除迷信，提倡节约。但盂兰会本来是民间积俗，再加上法律并无明文禁止，事件发生后，引起了南京城内相当的轰动。原来，在 8 月 30 日晚上，二条巷举行盂兰会，会上锣鼓笙笛，喧嚣一片，闹得刘哲不得安睡，便握着拐杖，冲入会场，举棍就打，把神台上陈设的祭品全部捣毁，电灯泡也被砸碎，顿时漆黑一片，居民与做法事的和尚纷纷逃避。这已经是刘哲一年之内第 4 次打人，引起了民众的强烈不满。南京多家报纸刊发了消息，事情一直闹到首都警察厅黄珍吾那里，这场闹剧才得以平息。据此可以发现，传统的盂兰会习俗与现代生活方式在当时已经开始发生冲突，其衰退已不可避免。

当代影响与价值

盂兰会来源于佛教经典《盂兰盆经》中目连救母的传说，本是佛教僧众讲经弘法的斋会，经过与民间中元祭祖习俗的长期融合，发展成为儒、释、道三教共同认可并参与的重要节日，为中国传统节日中较为独特的存在，是中华民族文化的重要组成部分，具有不可替代的历史文化价值。每年七月十五，一般百姓会在家设供祭拜祖先，寺庙宫观也会举行相应的活动。人们相信可以通过这样的方式最大限度地让祖先的灵魂得到慰藉，表达他们对逝去亲人的怀念之情，以及对未来美好生活的希望。从这点看来，盂兰会具有一定的精神文化价值。

新中国成立后，大型的“盂兰会”活动逐渐消失，但“七月半”习俗在江宁民间仍有较大影响，部分寺庙仍会在农历七月十五组织相应的活动，民众亦会于此日举行家祭活动。鉴于“七月半”至今仍是有影响的传统民俗节日，如果适当恢复盂兰会中的一些非迷信性质的纪念性活动，如放河灯等，并结合梁武帝设盂兰盆会等相关记载加以宣传，或许能将之打造成一个新的文化地标，在弘扬传统文化的同时，也可以作为文化资源促进当地社会经济的发展。

东流“郗祺会”

基本概况

郗祺会，主要流布于麒麟街道东流社区及周边地区。知情人为陈家邦。

东流社区位于麒麟街道北部，原名东流镇，镇东有一座小山，山上有东流庙，故名庙山。旧俗每年农历三月初三，东流庙都要举行一场红红火火、别开生面的庙会，名曰“郗祺会”。

据知情人陈家邦回忆，三月初三早上八时，东流镇周边 48 个社（一村为一社）的村民就会身穿各式服装，抬着郗祺塑像，搭着“人马”，举着大旗、万民伞和马叉，一路敲锣响鼓、舞龙逗狮，齐聚到东流庙山脚下。48 社齐集后，由轮流主祭的村社首先击鼓 3 响，在铿锵的鼓点引导下，48 社一齐点燃鞭炮，敲响锣鼓。尔后，各社按照事先排列的位次重新搭起“人马”，高举龙旗，敲起锣鼓，向山顶祠庙进发。走到半山腰，随着 49 声冲天炮响，“登山奠仪”正式开始。为抢先登山烧头香，各社会挑选 81 名青壮年分为 2 队，其中 21 人抢上山头，60 人阻止他队前行。待各队都到达山顶后，由最先到达祠庙者领着各队进庙堂，围着郗祺大圣像绕行一圈。接着各社拧下一只公鸡头抛进殿外水池中，乡民们纷纷向殿门口的青石板上摔鸡蛋。至此，历时数小时的赛会仪式结束。

江宁传统庙会（一）

庙会当晚，东流街上张灯结彩，还会举行社火和各种文娱表演，吸引周边村民纷纷前来观看。夜幕中，当地民众举着自制的排灯，在山路上绵延游行，宛如一条条游动的火龙，流光溢彩，伴随着人们的惊呼声、叫好声照亮天地。除了庙山脚下搭台唱戏外，东流街上还有踩高跷、扭秧歌、採花船、玩杂技、变魔术、舞龙灯、逗狮子等各类活动，场面热闹非凡，甚为壮观，直到深夜才陆续散去。

这一天也是乡村儿童们狂欢的日子。公鸡头（男孩）抱着鼓槌跟在各社（村）锣鼓队后面，一旦有打鼓手鼓槌打断了，他们就递上一根新鼓槌。毛丫头（女孩）则挤在人群里嬉笑打闹，还不时跑出来买点零食解解馋，甚是惬意。

江宁传统庙会（二）

做成龙旗，搭“人马”，举大旗，敲锣打鼓，呐喊着“抗击倭寇，保我家园！”倭寇不明所以，竟然被吓跑了。

数日后，这股倭寇得知此事原委，折回报复，血洗东流。在与倭寇的战斗中，郗祺英勇牺牲。后来，乡亲们为缅怀他抗击倭寇的功绩，在东流后山修建祠庙，每年农历三月初三就举办“郗祺会”来纪念这位爱乡爱民的英雄。

值得注意的是，农历三月初三也是中国传统节日中的上巳节。早在汉代，民众就会在这天“祓除畔浴”，结伴去水边沐浴，以驱除邪气。《后汉书 · 礼仪上》即载：“是月上巳，官民皆洁于东流水上，曰洗濯祓除去宿垢疢为大洁。”由此看来，东流村民选于该日行郗祺会很可能也与古老的上巳节习俗有关。

新中国成立后，东流郗祺会虽改为物资交流会，但仍是东流地区一年一度最热闹的一天，街道两旁商品云集，街心人头攒动，除了物质交流外，还有耍把戏、唱彩戏的各类民间艺人，只是

历史传承

东流郗祺会起源的具体时代已难以考证，据口碑资料，应不晚于明代中期，相传与当地村民抗击倭寇有关。

相传，明代嘉靖年间，有一股倭寇常到东流一带乡村烧杀抢掠，以致百姓一日不得安宁。东流镇南头有个叫郗祺的乡民激于义愤，秘密联合周边 48 村的村民，于农历三月初三聚集到东流镇上，一手打着伞，一手拿着叉，各村还用床单

杂技表演（明版画）

少了传统的祭祀、巡游等内容。

当代影响与价值

东流郗祺会是麒麟街道东流社区特有的一项传统民俗文化活动，旧时当地群众积极参与，最初是为了纪念传说中的抗倭英雄郗祺，后来逐渐演变成为集英雄崇拜、民间技艺、社火表演于一体的庙会，是东流地区民间信仰的重要表现形式，反映出当地民众的精神文化需求和多元文化取向，在凝聚民心、教化民众、展示家国情怀诸方面曾经发挥一定的作用。

如今东流庙早已坍圮，连残砖碎瓦可能也难以寻觅了，东流郗祺会也早已改为物资交流会，仅当地个别老人还保存有童年参加郗祺会的珍贵记忆。郗祺会有着强烈的地方特色，在江宁地区传统庙会中较为特别。众所周知，今日江宁乡镇物资交流会大多千人一面，若能在其中恢复郗祺会的一些传统文化活动，则不仅可以使相关活动别开生面，相信亦可助力新时代的乡村振兴工作。

禄口茅亭庙会

基本概况

禄口茅亭庙会，主要流布于禄口街道及邻近乡镇。

茅亭庙旧时为禄口地区的一座大庙，当地的民间香会均集于此庙管理，为庙会和香客提供各种义务活动。据相关资料，繁盛时期的茅亭庙占地3400平方米，建筑面积约2200平方米，号称九十九间半。整个建筑坐北朝南，庙前7米有一个3米高、5米宽的照壁，上镌“二龙戏珠”图案。庙西空地设戏台一座，台高约2米，面积80平方米。庙后有高约10米的太阳墩，又称“神墩”，墩顶有一颗高约16米的古榉树，被称为“神树”。庙门上方楷书“茅亭庙”3个大字，门内有戏台，称“万年台”，亦称“擂台”。往北是一座庭院，院内方砖铺地，中央置三足香炉，沿阶而上便是高达12米的正殿，殿内供奉的主神是“慈善大帝”夏禹，两旁有四大金刚拱卫，屋脊上书“五谷丰登”字样。院内两侧排列行宫殿、三宝殿等10殿，供奉的是雷公、观音菩萨等神像，共约百尊。

茅亭庙遗址

茅亭庙会是以民间信仰为主要内容的群众自发性活动，主要流行于以禄口为中心的周围48社（村），临近的铜山、秣陵、陶吴、横溪、丹阳、龙都等乡镇和南京的香客也有来敬香的。庙会活动以“车轮自备，茶水不扰，虔诚进庙，戴福还家”为原则，以行善助善为主旨，在多年朝顶进香活动中，组织严密，分工明确，形成了一套约定俗成的程序。

茅亭庙会的会期为农历正月初七至三月初二，周围48社按约定的时间，分别来庙朝顶进香，相关活动有打社火、玩龙灯、跳马灯、唱小戏等。除禄口地区48社外，外村香会也可到庙内自由烧香拜佛。他们是自定行程，日期不受庙会所管。

江宁传统庙会

各社到茅亭庙进香时，要先通过18块青龙石铺垫的路面，来到中央三足香炉前攒香焚表，再从香炉两侧拾阶而上，登上九级台阶，便是慈善大帝正殿。慈善大帝座像，高约5米，立于殿中，殿旁有四大金刚拱卫。会众在大殿内肃立，敬献香果供品。三拜九叩后，会众分散活动。他们到行宫殿、十殿阎罗等处神殿，或许愿，或还愿，最后到院内“万年台”登台献艺。各社（村）一般会表演最拿手的绝技，如耍龙、打鼓、跳灯、唱戏等，结束后各自出庙。各社到茅亭庙烧香约1天时间，大的社需要2至3天时间。

整个庙会内容丰富，形式多样，门类齐全，48社会员、香客及周边民众到茅亭庙或表演，或敬佛，或比赛，或看戏，或听书，或经商，或购物，或嬉戏，或逗乐，娱人娱神，各取所需，热闹非凡，盛况空前。

历史传承

茅亭庙位于今禄口街道北1里多的禄口行政村茅庙自然村，庙、村皆因茅亭铺得名。据《至正金陵新志》记载，在南往溧水的驿道秣陵铺和路口铺之间，设有李村铺、路口铺，未见茅亭铺之名。至明代，废李村铺和路口铺，在两铺之间新设茅亭铺。清代《嘉庆江宁府志》卷十八记载：“禄口镇北原设茅亭铺。”即是指此。

据早年尚存的茅亭庙内碑石记载，此庙建于清代康熙六十年（1721）正月，后于同治九年（1870）冬月重修，1930年代再次重修，后焚毁于抗日战争时期。由此看来，茅亭庙会的习俗应不早于清康熙年间。

清末至民国初年，茅亭庙香火最盛。抗战时期，茅亭庙建筑损坏严重，庙会活动停止。新中国成立后，庙会改为物资交流会，会址改在禄口街上，时间为每年农历三月初一。

禄口茅亭古树

茅亭庙几经劫难，至新中国成立初已破烂不堪，庙内仅剩东、西侧两排房屋，后来其旧址改作禄口粮管所仓库。21世纪初，又改为光明奶业库房。遗址上仅保存一棵榉树，高约 16 米，树围约 5 米，露根盘错，枝叶不败，远望犹如一顶巨大的伞盖，已被列为古树名木加以保护。

当代影响与价值

历史上的茅亭庙会香火旺盛，祭者如云，是禄口地域空间的文化中心和符号象征。除举办祭祀活动外，茅亭庙会也为当地民俗文化与民间技艺的展现提供了一个重要的平台，是传统文化的载体，具有重要的历史文化价值。旧时庙会的举办可以安抚民众情绪，一度在维持地方社会稳定方面发挥过积极作用。茅亭庙虽几经战乱，但仍有部分遗迹留存，考虑到它曾经拥有的地域文化符号的特殊地位，若能尽快将之作为一个特定的文化空间恢复，用于展示禄口地方历史与文化习俗，或许可以成为当下江宁乡村振兴建设工作的一个亮点。

方旗庙村社赛会

基本概况

方旗庙村社赛会的习俗，旧时主要流布于今江宁街道方旗庙周围一带。

江宁境内原有2座方旗庙，一座在今江宁街道建中行政村顾村附近，另一座在淳化街道解溪集镇，两庙均有赛会风俗。

清代、民国时期，江宁地区盛行赛会风俗，地处江宁街道的方旗庙就是附近各村社演戏祭神之处。庙中有关公殿、观音殿各6间，雷公祠山殿3间，殿内供奉有关帝、雷神、火神、太阳神、观音等各类神祇，可满足各村社的不同需要。庙左前方有高约6米的万寿台，全木结构。分前、后两台，前台有2间，供演戏用，后台有4间。戏台形如楼阁，雕梁画栋，非常壮观。

据《南京民俗志》“方旗庙会”条记载，牧龙镇方旗庙每逢农历三月初三举行庙会，为期3天，有抬神亭、唱大戏等活动。其中，抬神亭活动较有特色，该活动由4人抬着形似亭子的轿子，内供神牌，一路敲锣打鼓，穿行于人群之中，接受远近香客的礼拜。庙会还兼具物资交流功能，吸引了不少摊贩前来参会，届时叫卖声、吆喝声不绝于耳，热闹非凡。

另据《淳化街道志》之“庙会”词条记载，旧时，淳化镇境内的社庙，每年春季都会举行历时十天的迎神赛会活动。每一社庙有48社进香。一般一村一社，或两村为一社，也有一村分为两社的，解溪的方旗庙会亦属其中之一，但规模不及同地区的松岗庙和东岳庙。每至会期，当地青壮年男子就会抬着所供奉的菩萨出来“受祭”，并以旗伞锣鼓开道。伴随爆竹、炮铳的轰响声，信众上前朝拜进香，祈神赐福消灾。

历史传承

旧时，方旗庙所在之牧龙镇（今牧龙社区），是江宁南境一大重要集镇，在文献中多有记载。牧龙镇原名牧龙亭，又称木牛亭、牧牛亭、木龙亭，其历史最早可追溯至六朝时期。其地现存有南朝失考墓石辟邪2只。据《景定建康志》记载，此

1930年代的方旗庙失考墓石辟邪

方旗庙失考墓石辟邪

肆行赌博。其所祀之神也诞妄不经。”位于今江宁街道建中行政村顾村附近的方旗庙，就是附近各村社演戏祭神之处。其得名，可能源于社旗云集的壮观场景。

需要指出的是，除江宁外，赛会风俗在当时的整个南京地区都十分盛行。据民国陈迺勋、杜福堃编《新京备乘》之“赛会”条记载：“吴俗信鬼，故赛会最盛于江南。金陵城中，春则有东岳、都天诸会，秋则有金龙四大王、古城隍诸会。皆遨游四城，早出夜归，旗伞鲜明，箫鼓杂还，有两人层累而上者，谓之台阁，有四人盘旋升降者，谓之秋千，会中之最大观也。至二月中，钟山茅草滏有茅山会；六月十九，门东石观音庵、城北观音楼，皆有观音会；七月晦日，清凉山有地藏会，则舁诸小庵之神像集于大庵，标其名曰朝山进香。沿途茶寮密布，高悬彩灯，供应香客，结欢喜缘。老穉妇女，络绎于途，且有烧拜香、烧肉香各种怪状。大约为亲属祈病还愿者居多，其事固属迷信，其志不无可嘉云。”通过《新京备乘》的描述，可以推想，旧时的方旗庙村社赛会也必定是人山人海，热闹非凡。

地为古放牧之所，东晋永和年间曾置牧马浦，附近有木牛亭。亭至宋代已毁，但名仍存，后逐渐讹作牧（木）龙亭。亭旁是一个自然形成的小集镇，至清代规模日巨，《同治上江两县志》中已称之为“牧龙亭镇”，并将之标于《二县乡镇图》中。刊印于嘉庆十六年（1811）的《新修江宁府志》与宣统二年（1910）的《上元江宁乡土合志》中，对牧龙亭镇亦有提及。

上述资料表明，方旗庙所在的牧龙亭在清代已是相当繁华的集镇。牧龙亭这类的知名村镇，是在经过多年商业化的发展之后形成的，它们对传统各乡的划分产生了强烈冲击，逐渐成为新的乡村中心，这为方旗庙村社赛会一类活动的成功举办，奠定了坚实基础。

方旗庙村社赛会的习俗，具体起源于何时已不可考，至迟在清代就已经形成，民国时期处于鼎盛。民国初年出版的《江宁乡土志》中，对晚清时期江宁地区的赛会风俗就有着较为详细的记载：“（江宁）各乡镇俱有社庙，每届春季，相率为迎神赛会之举。或一村为一社，或合数村为一社，大率合四十八社而建一庙。赛会之时，每社各树神旗一，鸣锣击鼓，兴高采烈，敛钱演戏，

新中国成立后，江宁县政府废止了一大批带有迷信色彩的民间庙会的祭祀活动，逐步改变了村民的落后思想观念，并利用各类城乡物资交流加以引导，一些恶习终被制止，取而代之以健康欢乐的娱乐活动，诸如放电影、放录像、玩杂技、耍马戏等，内容丰富多彩，形式多种多样。方旗庙村社赛会也在废止之列。“文化大革命”中，方旗庙的大殿、戏台等主要建筑均被拆毁，赛会

活动自然不复存在。

当代影响与价值

作为延续多年的民俗文化传统，村社赛会长期存在于民众的日常生活之中，对人们的生活及生产方式产生了重大影响，是旧时民间社会十分重要的文化现象，具有重要的历史文化价值。每当民众遇到生离死别、自然灾害等仅凭靠自身力量无法解脱的困境时，他们就会通过村社赛会来祈求神佛保佑，放松精神上的负担，获得心理上的宽慰与疏导。方旗庙村社赛会也发挥着这样的功能，为周边地区的居民提供了精神慰藉，具有重要的精神文化价值。同时，方旗庙村社赛会在很大程度上满足了当地及邻近地区民众的物资交换与休闲娱乐的需要，便利了民众生活，有着一定的经济价值。

如今方旗庙早已不复存在，村社赛会的习俗也被废止多年，当年的盛况仅能从当地老人的口述探知一二。其实对于传统村社赛会习俗并无必要全盘否定，关键在于方向的引导，现在的人口素质较之旧时已有质的变化，相关部门可以选择性地恢复赛会活动中能展现地方文化特色的部分，则可为乡村振兴，为地方文化事业的发展添光加彩。

徐慕社火习俗

基本概况

徐慕社火习俗，旧时主要流布于湖熟街道徐慕社区及周边地区。

社火是旧时民间流行的庆祝春节的民俗娱乐狂欢活动，有高台、高跷、旱船、舞狮、舞龙、秧歌等项目，具体形式各地有一定差异。徐慕社火在江宁地区颇为有名，影响力也颇大。

徐慕社火与全国各地的社火大同小异，分为“文社火”“武社火”。“文社火”指的是戏班和小花戏表演，“武社火”一般指武术、高跷类的社火表演。其主要活动有：在街头表演耍龙灯、舞狮子、踩高跷、扭秧歌、跑旱船、大头娃娃等等。前面一般是锣鼓开道，各类表演队伍紧紧跟在后面，并随时停下来进行表演。在当时，徐慕社火活动还吸引了周边村庄的群众前来观赏玩乐，现场十分热闹。由于表演内容丰富，活动精彩，徐慕社火一直深受广大人民群众喜爱。

除徐慕社火外，湖熟地区的传统舞蹈项目还有湖熟荡湖船、周岗凉船、龙都娃娃鼓、万安脸子会、杨柳踩高跷、金桥狮子舞等。

历史传承

据研究，社火来源于古老的土地与火的崇拜。社，即土地神；火，即火祖，是传说中的火神。在以农业文化著称的中国，土地是人们的立身之本，它为人类的生存发展奠定了物质基础。火是人们熟食和取暖之源，也是人类生存发展必不可少的条件。远古人们凭着原始思维认为火也有“灵”，并视之为具有特殊含义的神物，加以崇拜，于是形成了崇尚火的观念。由古老的土地与火的崇拜中，产生了祭祀社与火的风俗。随着社会的发展和人们认识能力的提高，祭祀社火的仪式逐渐增加了娱人的成分，成为规模盛大、内容繁复

湖熟荡湖船表演

今人绘《古韵湖熟胜境图》局部

的民间娱乐活动。2006 年 5 月，民间社火经国务院批准列入第一批国家级非物质文化遗产代表性项目名录。

宋代范成大《上元纪吴中节物俳谐体三十二韵》有“轻薄行歌过，颠狂社舞呈”一句，其自注：“民间鼓乐谓之社火，不可悉记，大抵以滑稽取笑。”可见在宋代，民间已经流行鼓乐之社火，其主要用来滑稽取笑。宋人孟元老《东京梦华录》卷八亦载，宋代的社火活动有上竿、趯弄、跳索、相扑、鼓板、小唱、斗鸡、说诨话、杂扮、商谜、合笙、乔筋骨、乔相扑、浪子杂剧、叫果子、学像生、倬刀、装鬼、砑鼓、牌棒、道术之类，相关活动从白天一直延续到晚上。清代李斗《扬州画舫录》则记载，立春前一日，太守要在城东的蕃厘观迎春，命令官妓扮社火，如春梦婆等。清代吴敬梓《儒林外史》亦云：“湖州府太守衙前扎着一座鳌山灯。其余各庙，社火扮会，锣鼓喧天。人家士女都出来看灯踏月，真乃金吾不禁，闹了半夜。”这虽然说的是浙江湖州，南京江宁的情形也应该差不多。

湖熟踩高跷

湖熟周岗船闸旧影

据口碑资料，湖熟街道的徐慕社火习俗，其起源至少在晚清之前。从那时起，每逢迎神报赛、庆贺集会，徐慕地区都要举行游艺活动，锣鼓助威，狮子龙灯游行，人群相随，久而久之便形成了社火习俗。

当代影响与价值

社火是中国最古老的习俗之一，至少有着数千年的历史。徐慕社火习俗，是旧时春节期间江宁民间自发组织举办的群众喜闻乐见的一种大型娱乐活动，具有丰富的精神文化内涵。这一习俗寄托了人们对新年的美好祝愿，以及对幸福生活的向往，传递了一种积极向上、享受生活的乐观主义精神，具有不可忽视的精神价值、文化价值、和谐价值。作为一项重要的民俗文化资源，它能够增加乡民之间的情谊，凝聚集体的力量，同时也承载了老江宁人太多太多的情感与乡土记忆。就此而言，挖掘整理这一已经消失的古老习俗，对于保存地方记忆，推动当地文旅事业的发展，大有裨益。

龙都土地会

基本概况

龙都土地会，流布于湖熟街道龙都社区及周边地区。

土地信仰是中国极为普遍的民间信仰，在旧时的乡民社会中十分盛行，几乎每个村社都有自己的土地庙，龙都也不例外。相传农历二月初二是土地神的诞辰，因此每到这一天，龙都地区的居民就会举行盛大的集会活动以祭祀土地神，祈求获得丰收，俗称土地会。

据《龙都乡志》《湖熟街道志》等资料记载，在土地会这天，农民不下田做事，避免使土地神发怒。在栽秧前，由地方上当事的人出面按田亩收钱，买来肉、菜瓜、香烛等，到土地庙祭祀土地，敬奉土地神，以祈保佑今年丰收。烧香磕头后，把菜分回家，各自烧吃。也有把过年时所杀的猪头、猪尾拿出来蒸煮，专门供给土地神的。关心农事的人，还会根据这一天的雨晴状况，来判断当年收成的好坏。

值得注意的是，除了龙都以外，江宁地区的其他乡镇也会在农历二月初二这天祭拜土地。不过，由于举办活动的庙宇不同，庙会名称与内容也不尽相同，较为出名的有宋墅土地会和二圣庵庙会等。

历史传承

土地神信仰是中国历史悠久的传统民间信仰，自秦汉以来就广泛流行于各地。按照民间习俗，每到播种或收获的季节，农民们都要立社祭祀，祈求或酬报土地神。相传二月初二是土地神的诞辰，为给土地神贺寿，旧时江宁地区便在此日举办土地会。届时，每家会凑钱为土地神

1987 年龙都乡栽秧

龙都杨柳村朱氏住宅砖雕门楼旧影

祝贺生日，到土地庙烧香祭祀，敲锣打鼓，放鞭炮。除了民间的祭祀活动，官方也会在每年二月初二这天致祭土地神。清《嘉庆新修江宁府志》卷十三《祠庙》即载："土地神祠，在诸官署内。每年二月二日，诸官各诣本祠拈香。"

据口碑资料，龙都的土地会始于明代，在清代及民国时期尤盛。民国潘宗鼎《金陵岁时记》之"土地会"词条中，记录了江宁乡间行土地会的民俗，其云："乡村以二月二赛土地会。《礼》：'天子祭天地、山川、社稷，诸侯祭山川。'则人民之祀土地，僭也。又俗以二月二是为龙抬头，始于《帝京景物记》。吾乡女子新嫁者率于是日归宁。谚曰：'二月二，家家接女儿。'途中香舆往来如织，随载朱漆提盒，以贮馈赠之品。"由此可见，土地会最早是周代天子的祭地仪式，传至民间后形成民俗。该活动在民国时期的江宁乡村社会十分盛行。各地乡民除了在这天举行盛大的祭祀活动外，还有着让新嫁女儿回娘家的习俗。

新中国成立后，为破除封建迷信，根据政策规定，江宁县人民政府废止了一大批带有迷信色彩的庙会活动，龙都土地会也就此停办。

当代影响与价值

龙都土地会是土地神信仰的一种形式，从其诞生就有着浓厚的宗教色彩，在其发展过程中当地民众又不断地赋予它多种职能，寄托了信仰者祈求风调雨顺、祛灾避害的美好愿望，满足了他们的精神需求，具有一定的精神文化价值。同时，由于土地会是一项由官方和民众共同参与的集体性活动，它在一定程度上维护了社会稳定，增强了民众的集体认同感，具有明显的社会价值。在土地会的举办过程中，还会有各种文艺表演活动，呈现各种民间文化习俗，是地方传统民俗文化的集中表现，也极大地丰富了当地居民的文化生活。如今，龙都土地会虽已不再举办，但相关习俗是当地传统文化的重要组成部分，值得进一步挖掘与研究。

龙都火神会

基本概况

龙都火神会，主要流布于湖熟街道龙都社区及周边地区。

龙都集镇位于今江宁区东南部，东邻湖熟集镇，南、西、北3面为秦淮河环抱，南界周岗、禄口，西界秣陵，北望淳化、方山，是江宁境内一处历史悠久的古镇。

旧时的龙都集镇会持续数天举办火神会，会期正日为农历六月二十三日，传说这一天是火神爷的生日。火神会有大小之分，小火神会叫“做火神会”，参与者多属村民，自行集资统筹，要邀请道士前来念经，形式简单朴素。大火神会叫“摆火神会”，由当地有钱势的大户人家独资承办，承办人为显示权势与财气，更为祈求减免灾难、互祝喜庆平安，往往会出巨资隆重举办。每逢火神会期，四邻八乡的善男信女们都来会场奉送香纸，其意为免去一年的火灾。据知情者回忆，龙都的乡民们会在六月二十三日这天抬着火神塑像出游，唤作“火神出驾”，是火神会中最为精彩的节目。是时社火麕集，观者如潮。

据相关资料记载，火神会原为龙都村社中的救火组织，是以“敬火神”这一民俗形式，把全村成年男丁组织形成的救火队伍。该会一般以村有公塘沟沼所养之鱼为经济来源，购置水龙、水龙苗子、水斗等救火器具，将之配成整套救火工具，并推选德高望重的老师傅为“头首”，轮流执事。因为六月二十三日为火神诞日，乡民称这一天为“火神暴”，“暴”指希望灭火队能像暴雨一般浇灭火情，又称“火神会”，每年于此日办酒聚会。开席前，“头首”会带领队伍成员安装好水龙，抬去塘边灌水试龙。试后根据情况决定修理和添购新设备等事宜，以防发生故障。会后结算经济账目，出“明心榜”公布于众，并进行分工，以应紧急情况，做到忙而不乱，各执其事。

历史传承

龙都原名泉都，是江宁地区一处历史悠久的名镇。相关资料显示，早在宋代，今龙都社区所在集镇就已设市，成为当地乡村经济中心。据旧志记载，泉都市在上元县泉水乡，亦名龙都，离城五十五里，因其地多泉井，故称“泉都”。又因其地曾有九龙聚会之神话传说，又有“龙都”之别称。至元代，因龙都地处秦淮河上游东支要道，地理位置十分重要，故在此处还设有龙都巡检司，专门派驻巡检和弓兵巡防捕盗。至明代，仍设泉都市。据《同治上江两县志》《龙都乡志》记载，到清代，泉都已改市为镇，镇名“龙都”。

旧时龙都镇仅一条正街，长850米，宽约一

江宁传统庙会

丈至一丈五尺。正街中间由从苏州运来的质地坚硬的长方形菜籽石铺成，南北两侧各有五条小巷，分别通向沿河码头和街后各村圩田。南边五巷是许家巷、二廊阁、南街、史家巷、小巷，北边五巷是薛家巷、老梅中巷、土地庙巷、澡堂巷、谢家巷。街上共建七道圈门，中间有五道圈门，东、西两侧各有一道圈门。东侧街口建东关圈，亦称更楼，拱门上方中央刻“带淮门”三字，旁有明天启七年（1627）题款。西侧街口建西关圈，拱门上方有砖刻“拱阙门”三字。西侧更楼分上、下两层，高约二丈，底层为进出正街的通道，上层为打更或守卫者观望防护之所。一遇情况，东西两门紧闭，全镇联为一体。南街因比其他各巷宽长，两侧巷口亦建圈门，分别名为“对翠门”“紫凝门”，为集镇南大门。

火神信仰是中国传统民间信仰之一，古代中国的建筑多为土木结构，尤怕火灾，故民间敬畏火神，常于特定时日对其祭祀，以求消弭火患。汉代以灶为火神。唐、宋、明代，都以祝融为火神。到了明宣宗在位时期，又以王灵官为火德神。清制以每年农历六月十三，由地方官员到火神庙举行祭祀，并以祝融、阏伯作为一同配享的火神，龙都的火神庙会即源于此。据《清嘉录》记载，六月十三为火神诞日，江南地区在此日有不食荤、不饮酒的习俗，称为火神素。

旧时，除了龙都火神会外，清代江宁府城内外还有多座火神庙。据吕燕昭主持修纂的《嘉庆新修江宁府志》卷十三《祠庙》记载：“火神庙，在府治东北，诸官致祭。”《续纂江宁府志》卷四《祠祀》亦载：“火神庙旧在白衣庵。”上述资料表明，火神信仰在清代的南京地区有着相当强的影响力，每年江宁府官方都要到火神庙举行祭祀活动。

到了民国时期，虽然江宁县政府有取缔庙会的措施，但大多民众仍不改旧俗，坚持举办火神会。新中国成立后不久，江宁县人民政府废止了一大批带有迷信色彩的庙会活动，火神会也就此终止。

当代影响与价值

龙都火神会自明清以来就流布于湖熟街道龙都集镇，是火神信仰的重要表现形式。当地乡民认为火神可以明辨善恶、免去火灾、保佑信众喜庆平安，因此视之为消灾祛病的途经之一，这在很大程度上为需求者提供了心理慰藉，具有重要的社会与精神文化价值。同时，火神会中的各类祭祀活动与相关习俗也是传统文化的体现，是民俗信仰的真实写照，反映了当地先民的传统思维方式，具有重要的历史文化价值。如今，火神会虽已不再举办，但仍是当地民俗文化的重要组成部分，值得做好进一步的调查记录工作，以丰富地区传统民俗文化活动的内容和形式。

龙都东岳庙会

基本概况

龙都东岳庙会，或称龙都大庙庙会，主要流布于湖熟街道龙都社区及周边地区。

旧时龙都镇泉都街西边有座东岳大庙，是当地居民供奉东岳大帝泰山神的庙宇。据《湖熟街道志》之“东岳大庙”词条记载，该庙坐北朝南，背靠句容河河堤，南临老街街面，规模宏大，前后有多进，为合抱回廊式建筑。其主体正殿原是宫殿式建筑，有三层滴水，晚清太平天国时期毁于战火，不久重建改为二层滴水，飞檐翘角，檐高在 9 米左右，大殿面积近千平方米，屋面是一式的圈（筒）盖瓦，颇为壮观。

当地老人回忆，东岳大庙正殿的东西两侧都有厢房相衬。正殿的神台上塑坐着金身东岳大帝，神台前两侧塑立丈余高的四大金刚，金刚两旁塑有诸多佛像。正殿后有大天井，天井内植有花木等，两边各有一排 3 间僧舍。出正殿大门是青石板露天石台走廊，有青石栏杆相护，下三级台阶为一片青石铺面的大平台，平台正前有九级大条石接砌的台阶。台阶前面两侧是对称大方池，每个方池面积近 30 平方米，东西方池外角种有两人合抱的两棵银杏树，池口有青石护栏。再往前是以青石板铺面的整齐平坦的大广场，号称能容纳万人。广场两侧各有对称的 13 间平瓦房（圆筒瓦），屋外有木栏杆走廊，东西屋内皆供有神台佛像，面朝广场大院。

广场南建有大戏台，台门面北，与大殿和广场相对。戏台中央为正台，两旁有耳台。正台唱戏，耳台东为文场处，西为化妆处。两旁耳台各有直廊，连通广场大院的两边走廊。戏台后是串厅过道，串厅前是一条长方形的大天井，天井两侧的墙壁上，镶嵌着石碑，上镌碑文。天井南口石碑前各有一六角形水井。跨天井而南是过道，过道两侧各有一座马殿，马殿内有仿真泥塑神马。据传，某夜，神马离殿，跑到附近的农田里吃稻苗，回来时蹄上还粘有烂泥和稻草等。人们大惊，遂将大铁钉钉牢马蹄，让它不能走脱。镇上有老人回忆，说真看到过马蹄上的铁钉。走出过道，便是旻龙桥（回龙桥）。桥两侧为放生池。下桥即有高大的牌楼，此即进大庙的入口。牌楼正门两旁有雌雄大石狮把门，前方两侧还有高大的石栏杆围护的放生池。相传，清乾隆皇帝下江南时，曾来此观光。当时他们一行路过此地，随从向乾隆皇帝提及此庙。乾隆转身观看，但未进去，后人为永志此事，在其转身处，建了一座庵，起名“旻龙庵”。新中国成立后，此庵被拆毁。

农历每年三月二十二日，是龙都大庙庙会的会期，有周围 48 村社的施主前来敬香和观看社戏。这是一年当中东岳大庙最热闹的时候，也是香火最盛之时。据《龙都乡志》记载，是日，周边村社乡民赶来大庙敬香，有的村社还会“出会”表演。会场上商贾云集，买卖兴隆，全乡群众不论男女老幼，不管购物与否，都会换洗一新，到会场凑凑热闹。当家的会在这天为农业生产和生活所需购置农具、耕牛、家具和生活用品，青年男女则看戏、瞧杂耍、观“出会”，小孩也会挑选自己心爱的玩具和茶食点心，场面十分热闹。

历史传承

据《金陵玄观志》卷九记载，明代小庙龙都东岳庙为方山玉虚观所领。该庙距玉虚观十里、通济门六十里，始建于明正统年间，万历十三年（1585）重修。观内主要建筑有山门一座、东岳殿三楹、道院一房。观址占地二亩，东至官路，西至民田，南至民山，北至秦淮河。东岳庙在清末毁于战火，重建后的东岳庙规模较此前更为弘敞。整个大庙南北向，平面呈长方形，布局谨严整齐，气势雄伟。

东岳大帝，又名泰山神，是汉族的传统民间信仰之一。民众常于农历三四月份在当地的东岳庙举行盛大的祭祀活动，以期大帝保佑。该俗在江宁地区亦十分流行，除龙都东岳庙会外，有名的还有秣陵关东岳庙会等，不过因举办庙宇和地域不同，相关习俗和会期有一定差异。

清末民国时期，民间赛会之风盛行，南京地区举办的东岳庙会也因此见诸记载。据徐寿卿《金陵杂志》中《神会志》之“东岳会”一条记载：“东岳庙在南门外制造局旁。三月杪，为东岳诞辰，好事者遂舁神出巡，谓可以消灾弭患。于是，城内各业各结一会，旗伞、灯牌、抬阁、秋千，百出其奇，争巧斗胜。竞舁出之神，有东岳及其夫人、韦驼、善报司、速报司、财神等。更有无知男妇，身披红衣，手带镣铐，扮作罪人状，随于轿后不下千百人，云病时许于神前也。又有四五岁、七八岁之小儿，装作剧场之武小生、武三面、武老生等，腰悬利刃，手执杭扇，指套钻戒，胸挂金表，异样精彩，耀人眼目。手叉两腰，躯干矗直，耸立于大人之肩，毫无倚侧、惧怯之态。又有业骨董者，聚极昂贵之玉器、珍玩，制一精巧玲珑之担，罗列陈设，价值甚钜，使精壮练习之少年，挑之手，不扶掖而叉于两腰，行步如飞而不倾仆，以示技艺，而耸观瞻此两种，尤为会中之特色。”

民国潘宗鼎在《金陵岁时记》中，对南京城内外的东岳会也有这样一段描述：“东岳神相传为赵公明，能治鬼。吾乡通济门外双桥门之东岳庙，每年三月杪至四月初二赛会，陈列卤簿，皆

东岳大帝像

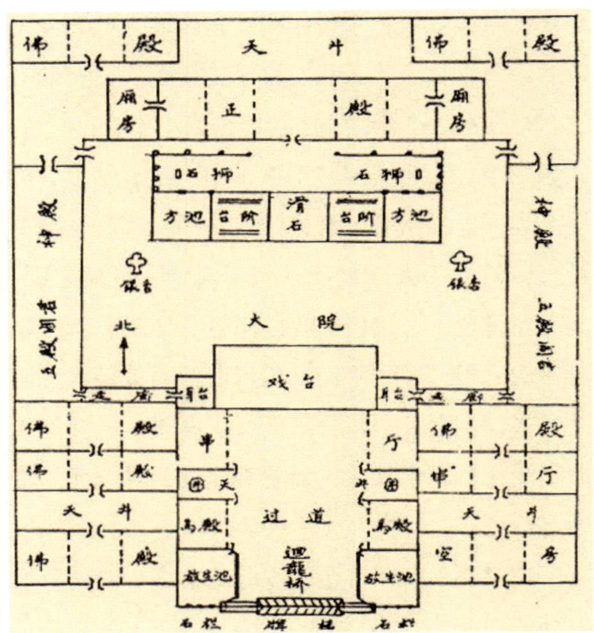

龙都大庙平面示意图

帝者上仪，杂以玩具、秋千、台阁之属咸备。而城北十庙前之东岳庙，亦于三四月间举行，各极其胜。每会一枝，各有名称，如天保、天福之类，领其事者曰会首。凡会所在，乡人鲜衣丽服，随会往来，俗谓会衬。”在这些文人的笔下，南京昔日东岳庙会的热闹场景清晰可见，为后世留下了不可多得的文字资料。

据口碑资料，龙都东岳大庙部分建筑毁于侵华日军。至 1949 年，仅存正殿及两厢部分房屋。新中国成立后，江宁各地的传统庙会均改设为物资交流大会，龙都东岳庙会，亦改为物资交流大会，并延续至今。大庙正殿前原有两棵银杏树，一棵于 1972 年建龙都公社大礼堂时被毁，另一棵于 1991 年枯死。

当代影响与价值

作为江宁地区重要的传统庙会之一，龙都东岳庙会早在明清时期就已盛行，在湖熟街道及江宁区都有一定的影响力。该庙会原为祭祀东岳大帝而举办，后逐渐演变为融宗教、艺术、民俗、经贸和游乐为一体的综合性集会，是一项定期举办的民俗活动，并带有集市性质，是江宁地区民俗文化空间的典型代表，充分展现了当地文化取向的多元性，具有深厚的历史文化底蕴。同时，东岳庙会也保留了大量民间传统文化内容，古老的祭祀礼仪、各类民间表演技艺在庙会中都得以充分展现，并成为当地民众文化生活不可或缺的一部分，承载着龙都居民的集体文化记忆。

前阳庙会接财神习俗

基本概况

前阳庙会接财神习俗，主要流布于湖熟街道龙都社区永跃塘西村及周边地区。

中国民间社会长期存在崇拜财神的信俗，每到农历新年时，人们就会互道“对我生财”“招财进宝”“恭喜发财”等传统祝福语，祈求来年财神保佑。俗传财神有5位，曰五路财神，生日均为正月初五，所以每当财神诞辰的前一天，也就是大年初四的晚上，家家户户都忙着接财神。该习俗在旧时的江宁地区十分盛行。

到了正月初五，在一些寺庙里，前来烧香接财神的人更是络绎不绝。旧时龙都永跃的前阳大庙就是附近居民祭祀财神之所。从初四晚到初五白天，庙里挤满了接财神的人，有做生意的，有为家人祈福保平安的，不仅龙都镇上，就连附近数十里外的乡民,也赶来接财神。是时鞭炮齐鸣，人声鼎沸，热闹非凡。

据《湖熟街道志》之“前阳大庙”词条介绍，前阳大庙位于永跃塘西村西北的小岗上，始建于明代，有前后四进，号称九十九间半。庙内有8个大殿，分别为玉皇殿、观音殿、慈善菩萨殿、阎王殿、安相殿、华佗殿、茅山主持殿、送子娘娘殿，还有三国堂、吵神堂等偏殿，可见其规模宏大。每逢前阳庙会期间，当地乡民会请戏班唱戏酬祭财神,抬着所供奉的财神游行“受祭”，以旗伞锣鼓开道，爆竹炮铳轰响，虔男信女依次朝拜敬香，祈神赐福消灾。

此外，据《龙都乡志》记载，除正月初四到初五迎财神外，前阳大庙还会在每年农历二月初八举办庙会，届时周边48社的村民都会赶来敬香做会。会场乡民麇集，聚满了看戏瞧杂耍、喝茶吃点心的香客，号称“南门（今中华门）外第一庙会”。

历史传承

财神是中国民间普遍信仰供奉的道教俗神，旧时的商店里大多供奉有财神，现在一些商店仍然能见到香案上供奉的财神，以期财运亨通。财神的起源较为复杂,有“赵公明”“五路神”“文武财神”等诸说。据口碑资料，前阳大庙供奉的财神为商朝宰相比干。相传，商末暴君纣王十分宠信妲己，有一天妲己要看比干的心是几个窍，比干被纣王剜心而死。后来，姜子牙帮周武王伐纣，灭亡了商朝，遂把那些因打仗牺牲的和被纣王杀害的人都封为神仙，比干所封是财神。

明清时期，接财神的习俗开始在民间盛行。相传财神的诞辰为正月初五,一年中，财神仅在

文财神像

武财神关羽像

这一天走下玄坛显圣。但财神的行踪难以捉摸，尤喜于夜间来到人家降神，所以一般在大年初四的晚上，就要做好接财神的准备。清人顾铁卿在《清嘉录》中引了一首蔡云的竹枝词，描绘苏州人在初五迎财神的情形，诗云："五日财源五日求，一年心愿一时酬；提防别处迎神早，隔夜匆匆抱路头。"诗中的"抱路头"亦即"迎财神"，可见在当时的民间社会，接财神一俗已蔚然成风。

民国时期，南京各地仍盛行对财神的祭祀活动，夏仁虎《岁华忆语》中"祀财神"词条即载："财神之祀，非古廛肆间最重之祀，率以二日曰牙祭，义不知何取，然大典也。是祀也，主人盛服先至，洁具牲醴。肆伙各偃卧，以候主人与掌肆者议，某宜留，某宜去。既定矣，则命其徒将命往曰：请某请某。得请者，欣然来与祭，而一岁之生涯定。否则未明，打包行矣。"

除了湖熟集镇、江宁集镇的接财神信俗外，有些地方还建起了财神庙，财神庙会悬挂这样的对联："只有几文钱，你也求，他也求，给谁是好；不做半点事，朝亦拜，暮亦拜，教我为难！"其文蕴藉含蓄，饶有幽默。

有意思的是，民国时期各界对财神还有多种戏称。江湖上称绑票为"接财神"，掌管财政大权的人也被称为"财神"。1947 年 4 月 15 日，在南京励志社举办的全国银行业同业公会联合会成立大会，也被称为"中国财神大会"。这些称呼虽为百姓戏称，但也具有一定的现实意义，在相当程度上反映当时民间对上层社会官僚贵族的厌恶之情。

据相关资料介绍，前阳大庙始建于明代，庙会之俗亦始于此。晚清连年的战乱，该庙部分建筑被毁，但几个主殿尚存，庙会活动仍然举办。民国时期，被毁部分建筑陆续复建。新中国成立前后，庙内还有道士、斋公近 10 人。1956 年，庙内建筑再次被毁。1969 年，万安圩破圩，因抢险急需圩桩木，大庙被彻底拆除，庙会也不复存在。

当代影响与价值

前阳庙会接财神习俗，是当地民众寄希望于财神能够保家宅平安、接财纳福的一种民间信俗活动，是中国传统财神信仰的一种表现形式。人们认为通过接财神,能够给家庭带来生机与希望,这一习俗寄托了人们对未来富裕生活的美好憧憬，具有重要的精神文化价值。同时，接财神习俗也是传统财富观念和经济伦理道德的体现，在中华民族的传统心理结构中占据一定地位。如今，作为传统信俗之一的大规模接财神活动，在江宁地区已经不再流行，但仍有不少信众会到寺庙里烧香接财神，在当代社会仍有一定的影响力，体现了非物质文化遗产的活态性，值得进一步保护与传承。

湖阳庙会

基本概况

湖阳庙会,流布于江宁街道铜井社区窑旺村。知情人王正林、陈建康。

铜井社区，位于江宁区西南部，毗邻安徽马鞍山，今属江宁街道。其东部、南部为云台山支脉洪幕山、白头山、娘娘山，皆属一两百米高的低山。山中的火山岩盆地蕴藏着火山（次火山）热液型金铜矿床。

铜井集镇旧有一座远近闻名的湖阳庙，还有一条河，名称铜井河。在铜井河北侧，还有座小庙与湖阳庙相隔不远，庙前有棵古老的朴树，庙后有座山叫混子山。很久以前，这里香火鼎盛，十里八乡的村民，男女老幼前来烧香求佛。相传已婚男女不能生育者，在拜佛后在混子山住上一宿，回家就能生子。如此一传十,十传百，铜井湖阳庙灵验的消息，传向了四面八方，乃至有从安徽和县、乌江一带远道而来烧香求子的信众。

每年农历三月十五和四月初一，为湖阳庙会的会期。据《铜井乡志》记载，在庙会期间，湖阳庙周边四村五圩的施主,都会来庙内祭祀诸神,并请来京戏班子唱戏三天。是时，上至芜湖，下至南京及江北各县的四方信徒前来朝拜的队伍络绎不绝。各队人数不一，多者达百余人，皆有会名，为首的是“神汉”（或称“马弁”)，多为彪形大汉，脚蹬粉底乌靴，手执青锋剑或马叉。其次为“探子”，头戴太监式绒帽，身着皂色衣裤，上披大红绶带，手执彩色马鞭，为神汉开路，他们大多是之前生病求神许愿后得以康复的男性青少年。各路朝神队伍前均有一杆五米多高的绣着会名的“蜈蚣”大纛旗引路，上书“敕封旻天大帝”。旗后紧跟乐队、锣鼓和几十把平顶大绣伞，其中“万名伞”上写满信徒姓名。跟在“马弁”之后的为‘神亭’，其后是全体信徒。整个队伍浩浩荡荡，甚为壮观。

据《江宁区文化志》介绍，湖阳庙与境内东岳庙、龙王庙、娘娘庙、五神庙齐名。每逢庙会期，诸庙宇多会请戏班唱戏祭神，抬着所供奉的菩萨游行“受祭”，以旗伞锣鼓开道，爆竹炮铳轰响，虔男信女朝拜敬香，以祈神赐福消灾。

历史传承

铜井社区，旧称铜井镇，相传为采铜旧址。唐《元和郡县图志》称:“(当涂)出好铜,与金类,《淮南子》《食货志》所谓丹阳铜也。”与当涂相近的铜井即因其境内有铜矿,并筑井开采而得名。南宋《景定建康志》已记有铜井市，则其筑井采铜的时间至迟在唐宋间，后因矿成市。元代时，因铜井地处连通苏皖的沿江要道，故官府在此设有驿路铺递。随着地表浅层铜矿的采尽，铜井古矿被废弃，但却保留了地名、采铜传说和采冶遗迹。据《同治上江两县志》载，清末时，铜井乡民因相信其山有铜的传说，遂在山中挖洞，“至三数丈，卒无所得”，可知当时铜井已无铜可采。

湖阳庙，原位于铜井行政村窑旺自然村，坐北朝南，为五间大殿，两侧连接厢房，中间是大院。正殿并列供奉着三尊大菩萨，正中央的是张巡，据传为唐代开元进士，起兵守御河南濉阳，城陷被安禄山军所杀，后升为旻天大帝。左右是许远、南霁云，其中许远相传为唐濉阳太守，亦被安禄山所杀。两旁站立雷万春等四尊菩萨，都手执武器。正殿两柱上挂有对联，上书“雪仗风威白漫田野能几日，云趁雨势黑满天地不多时”。厢房内有送子娘娘、催生娘娘、雷公、闪公、牛王等十尊菩萨，庙前方约百米处还有一座宫殿式戏台，建筑颇为壮观。

除湖阳庙外，旧时南京其他庙宇亦有供奉张巡者。民国潘宗鼎《金陵岁时记》之“都天会”词条即载：“门东大英府豆腐巷有都天庙，门西骁骑营上有善司庙，其神为唐张巡，青面紫须，狰狞可怖。光绪乙未夏，相传有神降于善司庙，遂重新都天赛会。先是，洪杨乱前，有小儿供一泥塑神像，忽有灵异，遂创善司庙焉。”

民国时期的湖阳庙会规模宏大，商贾云集，人声鼎沸。新中国成立后，每年农历三月十五日的湖阳庙会被废止，取而代之的是物资交流大会。湖阳庙拆于1955年，材料用以建设铜井中心小学，庙旁的古树则得以保留。2007年3月，混子山也在滨江开发区建设中被挖掉。为了保护古树，铜井社区将古树用水泥栏杆围住，使之成为湖阳庙遗址唯一的景观。

铜井地区历史遗迹众多，除了湖阳庙外，旧时还有兴福寺碑，由高阳许登撰写碑文。另据《小仓山房外集》记载，还有吴桓王孙策庙。清袁枚路过铜井，曾撰写《祭吴桓王庙文》。据清《同治上江两县志》记载，铜井镇南还有南宋秦钜宅。

当代影响与价值

湖阳庙会祭祀神灵众多，信众广布，吸引了大量民众参与，承载了当地民众的共同民俗文化记忆，是一项集民俗信仰、民间技艺、集市经济、娱乐表演等多样文化内涵于一体的集体活动，具有重要的历史与精神文化价值。庙会期间，乡民们各怀愿景拜祭神祇，以求解脱忧愁、愉悦精神。各类民间艺术表演，也极大地丰富了民众的精神文化生活，给当地居民增添了不少乐趣，有利于社会稳定，促进了社会和谐。随着庙会的兴盛，依附于庙会的较大规模的物资交流切实拉动了地方商业的发展，促进了区域经济体的形成，具有重要的经济价值。如今湖阳庙会虽已被逐渐淡忘，但其中蕴含的地域共同心理结构、思维习惯、生活风俗等内容，仍能为新时代的江宁乡村治理提供经验。

湖阳庙的传说源自于民间的生殖崇拜。在传统的农业社会中，繁育后代是一个家庭最要紧的事务，为了能生育子嗣，许多家庭将求神拜佛视作实现家族延续的重要途径。湖阳庙的传说，在很大程度上为当地居民提供了心理慰藉，具有重要的精神文化价值。其传说在当地流传甚久，在当下仍具有一定影响，充分体现了非物质文化遗产的活态传承性，值得进一步追寻其历史渊源，挖掘其历史价值。除湖阳庙传说外，铜井社区还留存有丰富的历史文化资源，如果能加以综合展示利用，相信会对宣传铜井历史文化大有裨益。

江宁春社报赛

基本概况

江宁春社报赛，是旧时流布于江宁全境的一种春季祭祀活动，主要内容为祭祀土地神。

土地神，古称“社神”，或称“五土神”，即东、西、南、北、中五方土地之神。社神崇拜和谷神崇拜不可分割，后代以社稷指代国家，它们的祭祀活动也置于一处，祭于一时。《隋书·礼仪志》即载：“凡人非土不生，非谷不食，土、谷不可偏祭，故立社稷以主祀。”所谓“报赛”，即指古时农事完毕后举办的谢神祭祀活动，以答谢神的保佑。

过去每逢春季，江宁各地都有特色鲜明的祭社活动。如横溪地区有正月初四或初八“发土”之俗，农家主人会带着香纸、爆竹到自家田里，面朝吉利方向（旧历书上标有某方大利）站定，然后焚烧香纸，燃放爆竹。与此同时，农家主人还要拿着铁锹喊一声“哎色色累”，然后挖一棵稻根带回家，盛在堂屋的香炉里。之后，农家主妇需向发土人奉上杯茶，以示庆贺。

又如农历二月初二，淳化街道青山社区的居民要把过年杀猪留下的猪头、猪尾蒸煮，集体烧香磕头，以祭土地神。这天不下田做工，以免触犯“土地老爷”。当地还有“抢富水”的习俗，在二月初二一大早，各家各户都争先去塘里挑水，把家里的水缸装满，盼望当年有好的财运。

而秣陵地区，每隔三五里就建有一座小型土地庙，供有一尊土地菩萨。每年农历二月初二日这天都要为其举行祭祀活动，以祈求丰收。农家还在自家门前桂花、栀子花及桃、梨等树木上挂上红布条，称为“赏红”。

江宁街道上湖社区一带则有举办“土地会”的习俗。相传农历二月初二是土地公公的生日，是日家家凑钱为土地神祝贺生日，当地人称为土地公公“暖寿”。乡民们齐聚土地庙烧香祭祀，并举行一系列庆贺活动。随着时间的推移，此俗

1988 年谷里乡农民田间治虫

逐步演变成了土地会。该会以二月初二为正日，历时六天，主要活动内容为玩亭子、唱大戏等。二月二日一大早，周边13个村庄的13张亭子（每村一张）就会到二圣庵前集中。人们先祭神，然后在庙前广场上玩亭子。庙会期间，13个村还共同集资请外地戏班子来唱大戏。

每年农历三月十八，淳化街道的松岗庙要举办庙会，当地称社火。庙会上有唱大戏、玩把戏等活动。每年徐瑭、咸墅两个村都要互相赛会，每村组织五六十名精壮男子，领头3个人叠罗汉，俗称三节头“个个”，最上层壮汉手持一丈见方的白色大旗。后面跟着许多举彩旗的，还有敲锣打鼓的、燃鞭炮的、放火铳的，气势威赫。各村的人相互比本领，举行诸如举石担子、玩石锁、顶个个、舞大旗、摔跤等活动，场面十分热闹。

农历三月二十二日这一天，湖熟街道龙都集镇会举办盛大的东岳庙会，这是一年中最热闹的时候。是时，龙都地区48社主都要来大庙朝圣、进香、观看社戏，这是将春社与庙会结合在一起的形式。著名的湖熟万安脸子会也参加社火、庙会表演，他们在龙都东岳大庙提前两天游行表演，连演4天，以至龙都庙会将正日由农历三月二十四日，改成三月二十二日，以保证脸子会充裕的表演时间。

横溪街道云台山的祭社活动叫“春秋报赛”。当地村民在春天祭社时，会进行一些竞技类活动，在各类项目中大显身手，其精彩程度令人啧啧称奇。乡民们还有拜“石丈人”的风俗。《宋史》载：“社稷不屋而坛，当受霜露风雨，以达天地之气，故用石主，取其坚久。”可见宋代的州、县社主多用石头制作，云台山春社拜“石丈人”的习俗可能也是受此影响。

其他的春祭旧俗，还有在春社日吃社饭者，这是将猪肉杂碎调和后铺于饭上的一种美食。或用葫芦瓢端社饭相赠，以表故旧之情。有人认为，今日人们所吃的盖浇饭，就是古社饭的遗风。还有部分地区流行“开秧田门”习俗，即在每年第一次下田插秧时，农家主人需点一柱香在秧田边绕一圈，同时还要燃放鞭炮。

历史传承

在传统社会中，人们认为祭社活动直接关系到一年的收成，具有十分重要的意义。《礼记·郊特牲》云：“社所以神，地之道也。地载万物，天垂象，取财于地，取法于天，是以尊天而亲地，故教民美报焉。家主中霤，而国主社，示本也。”可见祭社之目的就是要民众亲近土地，善待土地，懂得报答土地这一万物之本。

祭社是中华民族最为古老的传统民俗之一，历来受到人们的高度重视。旧时天子建国，必立社稷祭祀之所。《礼记》即载：“建国之神位，右社稷而左宗庙。”又因社稷需达天地之气，故建坛而不盖屋，必受霜露风雨。祭社活动的最高等级为“天子亲耕”。为祈求秋天丰收，天子会在春天于田里亲自耕作，为百姓立社。《谷梁传》载：“天子亲耕以供粢盛……亲耕谓自报，自为立社者，为籍而报也。国以人为本，人以谷为命，故又为百姓立社而祁报焉。”

社神的地位虽不及天子太庙中的先祖神灵，然而立社、祭社的范围十分广泛，故其在民间的影响力则更甚。据相关史料记载，周朝时，天子、诸侯不光自己立社，还为域内百姓立社，代表百姓祭神。官府会视村庄分布、人口多寡，在乡间立社，并冠以所在地里名、村名。隋朝时，百姓一般以25户为一社，对于旧社及人稀者，则不限其家。到了明朝，乡间社会的最小单位为里社，每里100户立坛一所，祀五土五谷之神。乡村的

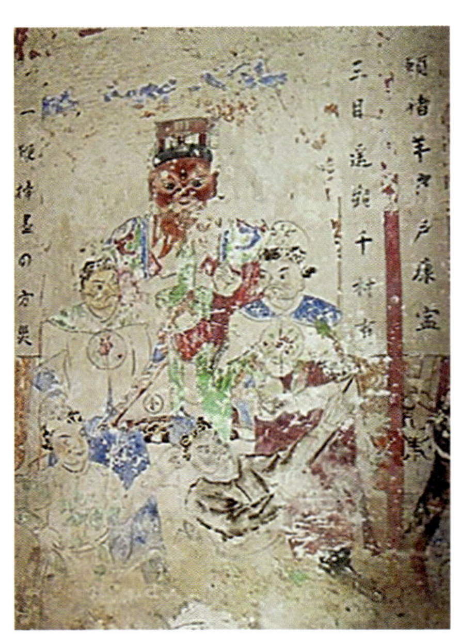

湖熟周岗下圩庄土地庙中的黑脸赵公明壁画

祭社活动不像官方那样隆重、正式，往往由乡民自发组织，氛围比较活泼、自由，内容以亲土重本为主，春祈秋报等程式化内容反而退居其次，颇具娱乐性。

六朝立国江东，建都金陵后即建有社稷坛。《晋书》即载："元帝建武元年（317）又依洛京，立二社（太社、官社）一稷。"《宋书》亦载，"《礼》，左宗庙，右社稷。历代遵之，故洛京社稷在庙之右，而江左又然也。吴时，宫东门雩门，疑吴社亦在宫东，与其庙同所也。宋仍旧，无所改作。"可见东晋南朝的统治者虽然偏居江左，仍不忘中原祖制，重视对社神的祭祀，立社悉遵洛阳旧京规制。

宋朝时，对社神的信仰和祭祀活动已经深入民间，各县乡都建有大大小小的社坛，并定期维护。《景定建康志》就记载了数任县令修缮上元县社坛的情形。志载淳祐五年（1245），陈梦高任上元县令，他见社坛圮陋不堪，便着手组织修缮。社坛新修之后，极大地提振了乡民的生产积极性，以致"终三年间，无岁不丰，十八乡之民，咏歌于春风和气中"。

此外，乡间的社庙也是人们兴歌登舞，举行各种富有地方特色活动的场所。宋朝诗人杨万里在任职金陵时，曾撰诗《宿金陵镇栖隐寺望横山》一首，描绘了陶吴地区春社活动的热闹景象。诗云："再见横山滴眼新，山僧劝我脱官身。灯笼箫鼓村村社，酒醆莺花处处人。忽忆诸公牡丹会，转头五柞去年春。野云墟月空荒寺，两袖寒风一帽尘"。从诗句中我们可以想象，宋朝江宁乡间村社的热闹欢腾之景。

明朝顾起元写有许多篇关于江宁的诗文，其中有《村社》一诗，描绘了当年江宁乡村春社情景。诗云："打鼓鸣锣落日前，女巫红袖舞仙仙。贫家日暮无烟火，随例排神乞社钱。"可见在祭神活动中还会穿插安排一些扶困救助事项。

官府定期祭祀社稷的礼制始于周朝，时以甲日祭之。宋朝时，岁以二仲月及腊月祭太社、太稷，州县则春秋二祭。明朝，仲春、仲秋的上戊（每月上旬之戊日），祭太社、太稷。在乡间，春社活动时间不是那么严格，往往与岁时活动"二月二"及三四月间的庙会融合在一起，且历时长久。《金陵岁时记》载："乡村以二月二日，赛土神会。""俗以二月二日为龙抬头……吾乡女子新嫁者率于是日归宁。谚云：'二月二，家家接女儿。'"这便是将祭社与岁时节日"二月二"结合在一起。

明末清初之际，湖熟地区盛行结社赛傩。据旧志记载："湖熟有好事者，结一社，每十年始一举。"10年中，为此"一日之会"要积银数千两。是时，当地各村社竞相赛演傩戏，前往聚观者多达数万人。傩戏一般于每年春季在各村社中举行，其目的主要是驱鬼逐疫、迎神祈福，但如此大规模集体赛傩的现象实为少见。

乡间村社活动也伴生了一些不文明现象，对

春社报赛知情人接受采访

1933 年，江宁自治实验县成立后，县政府于改良风俗方面，做出了取缔庙会中不良恶俗的决定，还规定了在庙会上要宣传新生活运动及卫生常识，在不影响交通的情况下，准演戏剧，但要通过审查后，方可出演。这些规定，使得传统春社活动从形式到内容都进行了很大程度的改良，客观上推动了传统酬神活动的近代转变。

乡民生活造成不良影响。清朝金鳌《金陵待征录》收录了吴越彦上高淳张明府书，其云：“条风乍拂，正宜有事西畴。乃神旂高树，社帖纷传，构花台，演传奇，所费不赀。诚不牵于祸福之说，严行禁止，救荒、裕课、弭盗，莫善于此。”这虽然说的是高淳的事情，但江宁南部的铜山、禄口等地，风俗亦与之相近，因此书中所言也切中江宁乡社活动弊端。书中还指出，“治金陵者，知秦淮之为害，而不知赌风之尤炽也。知赌风之炽，而不知乡村社会，其赌风更足虑也”。指出在春社庙会等乡村活动中，赌风烈于城市，为害更甚，更值得忧虑。民国《江宁县乡土志》亦载：“赛会之时，每社合树神旗一，鸣锣击鼓，兴高采烈，敛钱演戏，肆行赌博。其所祀之神，亦诞妄不经，似亟以禁止为是。”提到了春社中，敛钱、赌博、淫祀等几大问题，也建议禁止此类活动。

当代影响与价值

春天草木复苏，正是一年初始，农民会举行各种形式的祭祀土地神活动，目的在于向神灵祈求农业丰收。江宁春社报赛即是由土地神信仰衍生出的祭祀仪式，是一种集体民俗文化活动，普通民众皆能参与其中，客观上增强了乡民的集体认同感，塑造了和谐稳定的社会环境，具有重要的社会文化价值。江宁乡村传统春社报赛活动所传达的亲近土地、重视百姓生计的理念，与现在所提倡的敬畏天地、尊重自然的观念是相通的，在当代社会仍具有相当的参考意义。此外，春社活动中优秀的民间文化活动，亦有利于调节民众的生活压力与生活方式。若条件允许，将之与社区春季群众文化体育活动结合起来，既能愉悦身心，又可寓传统教化于其中。

佘村春社习俗

基本概况

佘村春社习俗，流布于东山街道佘村社区。

佘村位于东山街道上坊境内青龙山东麓，南接双龙湖，西倚青龙山，东望黄龙山，北接横山。村庄散落在青龙、黄龙两条山脉之间的狭长地带，东北高，西南低。境内山峦起伏，沟壑纵横，林木繁茂。依山势而起的天云湖、双龙湖遥遥相对，拦蓄着从群山众溪中下泄的雨水，形成了峡谷平湖交相辉映的桃源风光。独特的地理环境，造就了丰富的文化内涵。佘村春社就是在这样的环境中产生，并发扬光大的。

佘村的春社，在每年农历二月初一日举行，主要目的是通过祭祀祈福，保佑人民安居乐业。据《南京文化志》“二月初一”词条介绍，春社为春分时节举行的祭祀社稷活动。社代表土地，稷代表五谷，古人视祭社为重要活动，因此在春社日这天，官方和民间都会举行盛大的祭祀活动。

佘村春景

是日，地方官员会在当地社庙前奉羊彘、奏祭乐，跳文德武功之舞，行三拜九叩之礼。祭社后，民众还会演社戏、吃社饭、饮社酒，其热闹盛况不亚于岁终大腊。到了晚上，人们还会围着社火通宵唱跳，祈祷物产丰收，生活美好。

历史传承

春社是中华民族最为古老的传统民俗之一。古时于春耕前祭祀土神，以祈丰收，谓之春社。春社的举办时间一般为立春后第五个戊日，随着时代的发展，各地又根据自己的实际情况有所调整，南京地区的春社就定于农历二月初一。

据相关史料记载，南京地区的春社始于东晋时期，距今已有 1000 多年的历史。南宋时，建康府（今南京）及所辖的上元县、江宁县、溧水县、句容县和溧阳县均建有社稷坛。每到春社之日，人们都会到社稷坛举行祭祀，祈求来年五谷丰登。到了明初，春社更受到明太祖朱元璋的重视。在其支持下，洪武元年（1368）二月初一日，在都城南京举办了极为隆重的春社活动。据明《乐律志》记载，这一天，朱元璋亲自率领文武百官至端门西侧祭大社大稷。是日，各地演社戏、吃社饭、饮社酒，如同岁终大腊。春社日所吃的社饭，是把猪肉杂碎调和后铺于饭上。民间还用葫芦瓢端社饭相赠，以表故旧之情。相传，今日人们所吃的盖浇饭，就是古社饭的遗风。

根据当地佘氏、潘氏宗谱记载，佘村的春社，始于明代，相沿至清末民初。春社有公办和民办两种，佘村春社为民办性质，今已不存。

佘氏先祖为避灾乱由安徽大通地区迁徙于此。当时佘村地处偏僻，一片荒芜，佘氏族人在此修茅舍，垦荒地，辛勤耕作，繁衍生息。而后数百年间，孙氏、李氏、陈氏、潘氏等族陆续迁往佘村落户，村庄渐起规模。相传，因村落两侧

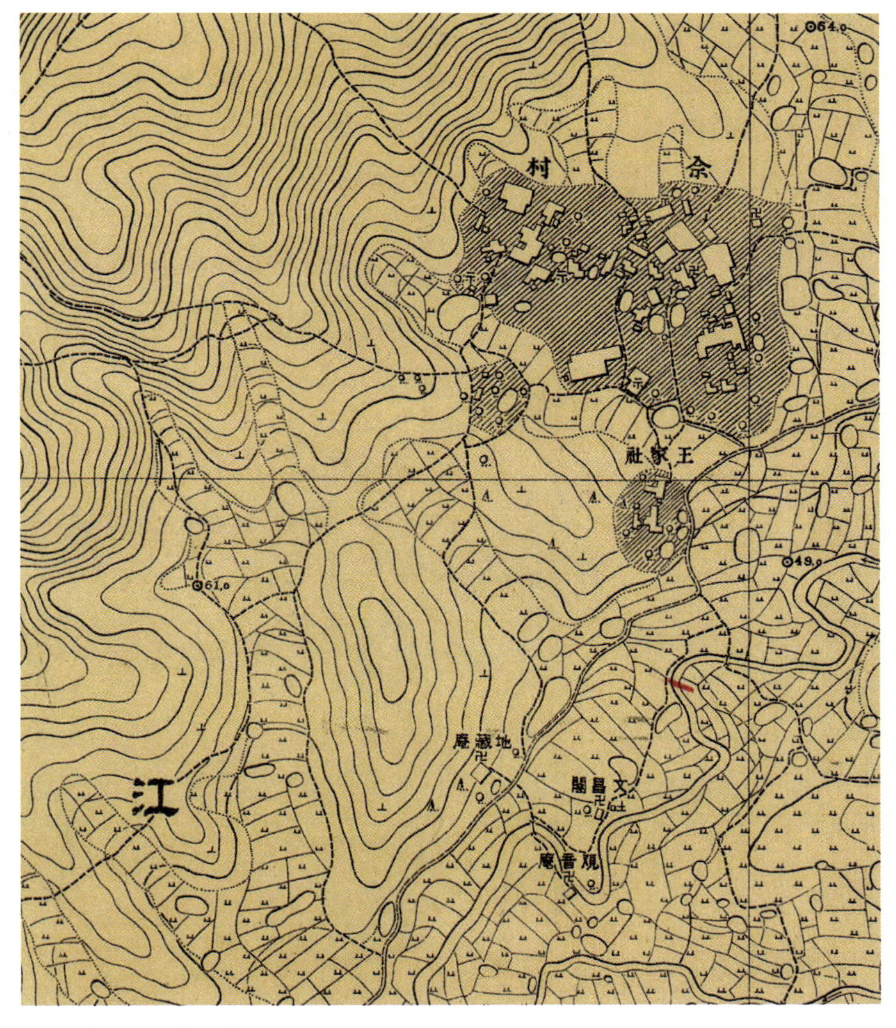

1933 年地图中的佘村

佘村丰收节

山脉绵延数十里，形似两条飞龙，故起村名为“龙村”。后因“龙”有犯上之嫌，明太祖朱元璋强令改名为“佘村”，一直延用至今。

《潘氏宗谱》卷一《潘氏始末自序》记载了潘氏先人迁居佘村的过程，文中说：“伏维我族，先世居河南归德府，遭明季乱，我始祖仁公挈家迁避而来江南上元县凤城乡之佘村。见其地群峰环抱，一水潆洄，地僻而静，有类世外桃源，因占籍而居焉。”

值得一提的是，《潘氏宗谱》卷四《佘村记》还详细记载了旧时的佘村风景：“吾乡佘村，即古龙村也。山环四围，有七社，发脉源远，佳气郁葱，居室率多南向，东邻虎洞，西峙龙山，天印耸于南，屏风远映，横山拱于北，罗列诸峰，其有迤逦曲直，绵延数十里，达孙塘堰外葛桥，折而入于秦淮大河者，是乃横山发源之水也。村之前后左右，映带参差，点缀其间者，曰小茅山，曰玉皇观，曰杨庵，曰地藏庵，曰文昌阁，曰观音庵，曰天宁寺，悉皆珠宫绀宇，楼阁嵯峨，为阴翳，为保障，为拱卫也。四处之晨钟暮鼓，与夫盘韵经声，互相铿应，流露于崇山潆水之间者，真令人耳目应接不暇，不禁心为之倾，神为之往也。”可见秀美的佘村风光，早已名闻遐迩，成为江宁的一抹亮色。

佘村锣鼓队

除春社活动外，旧时的佘村有许多祠庙，赛会之风十分盛行。上引《佘村记》又载：“村多祠宇，有轮奂蔚然而起者，潘氏祭祀之享堂也；有庙貌巍然存在者，为三茅宫也，是为村人公益之区，报赛之地。每岁春祈秋报，击壤吹豳，少长咸集，笑语欢声，群然饮福，不醉无归，待桑柘影斜，春社始散。至今犹相传为盛事。”

新中国成立后，江宁县人民政府取缔了一大批带有迷信色彩的民俗活动，佘村春社活动遂遭禁止。如今，佘村社区仅有年龄较大的个别老人，尚能回忆昔日春社的热闹场景。

当代影响与价值

佘村春社是当地土地信仰的一种形式，体现了当地民众对社神的崇拜心理。在传统的农业社会中，要发展农业，种植作物，就必须依靠肥沃的土地和适宜农作物生长的气候条件。为了得到好的收成，佘村乡民们常常寄希望于社神的保佑，祭祀社神也就成了一项必须且隆重的活动，具有重要的精神文化价值。作为一类流传甚广的民间习俗，佘村春社不仅保留了当地的社神信俗，还体现了当地敬老重礼、淳朴亲和的民风，在一定程度上维护了社会稳定，增强了民众的集体认同感，具有明显的文化传承功能与历史、社会价值。

佘村春社活动虽已不再举行，但相关习俗仍是当地居民的集体文化记忆。今日之佘村已成为江宁著名的古风旅游村，是当地“美丽乡村”建设的典范。在当前全面推进的“非遗进社区”的文化工程中，若能适当恢复佘村春社系列活动中与优秀传统文化相关的部分信俗，或能将之打造成一个集非物质文化遗产传承、体验、教育、培训、旅游于一体的最美“非遗”活态空间。

传统医药

概述

清康熙三十一年（1692）冬，康熙大帝得了疟疾，冷时如入冰窖，热时似进烤炉，御医们进进出出也束手无策。这时奉圣谕返京的西方传教士洪若翰要给康熙服金鸡纳霜，却遭到了御医的严厉反对。康熙决定先找人试药，结果如同俄罗斯童话那样，治好了试药者，最终也治好了皇帝。这是西药在中国第一次华丽登场。直至2018年统计，我国中医医院数量为3977，而西医院为29032，中西医对比为1∶7，可见一斑。

编者无意介入一直深受热议的“中西医论争”问题，但不可否认，西方科学知识的传入，以及现代科学技术的不断发展，使得传统医学知识的生存空间不断被压缩，人们理解传统医药的语境也随之逐渐消失，出现了“西化的中医”“中西医结合”等现象。“非遗”保护的介入，在一定程度上提高了人们对传统医药的认同感。

拿江宁淳化蛇药来说，就是经过几代家传试蛇试药而得出的成果。医生随手从笼子里提起一条毒性强烈的蝮蛇，让它咬自己，眼看边流血边红肿起来，随即口服自制药饼，安然无事。蛇药主要用半夏、半边莲等糅合在一起，用一个木槌，边槌边揉，揉烂即成，是典型的中国土方。传说很久以前，淳化有一座二帝庙，里面的斋公和尚在观察毒蛇的时候，发现它碰到特定的几种草就会故意避开。斋公就试着将这些草揉在一起，挤出汁来。当毒蛇再来时，就把草药放它头上，蛇立马就不动了。蛇药就是这样慢慢总结出来的。如今其第三代传承人胡开明，治好的蛇伤也有200多人，当年治疗蛇伤的一把小刀也流传下来。这些内容，很能引起年轻人对传统医药的兴趣。

我国民族药材多达8000余种，占国家药材资源总数的70%以上，分属于40多个不同民族的文化体系，目前国内已约有120家民族药物生产企业。这也是长年规范民族医药的结果，有望使我们建立自己的完整的民族医药标准体系，尽管当前仅有藏、维、蒙、苗、彝、傣六类医药有相应的国家标准。

在这一点上，南通奇人季德胜做得更好。他过去是生活在社会最底层的“蛇花子”，闯荡江湖数十年，他用青蛙汁涂在手上伸到蛇洞口，吹一阵口哨，就能唤雄蛇出洞。发出一种咯……咯的声音，雌蛇就会游出洞外，蜷缩身子，让他任意擒拿、摆弄。1954年，他把凝结着季氏家族六代人心血凝成的蛇药秘方献给人民政府。后来，他又花了近十年心血研究生产蛇药的标准化问题。

本书调查收录了大量前所未载的民间单方、验方，丰富了江宁的“非遗”资源，如单方治前列腺、单方治骨折、单方治马牙、简方治眼疾、单方治骨刺、单方无名肿毒医治、丹阳齐氏推拿、花塘掐吓、单方治肝炎、汤山“温汤元方”治蛊毒等等。

还有单方治疗乳房硬结肿痛，这是自二十世纪三四十年代开始，就流传于淳化地区徐墟村的。村民张美云家中藏有一枝很大的陈年老鹿角，她用刀从其上刮下一定量的鹿角骨粉，用清水煎煮，让患者服下，可消肿止痛。服法和用量为：每次取鹿角粉三至五钱，每日早晚各服用一次，连服两日，即可痊愈。后来还登载于《新中医》《中国医药科学》等杂志，也算是验方之一。

很多朋友对马牙比较陌生，其实它不是病，而是小儿应有的生理现象，是在口腔内齿龈边缘上的黄白色小斑点，出生后数周到数月内会自然消失。若马牙较大，则影响哺乳，或婴儿因此而烦躁不安，以致哭闹拒食，需要治疗。而江宁的单方简单有效，用生香附、生半夏各15克，以适量鸡蛋清调成糊状，抹在涌泉穴上（双），一般24小时即愈。

此外，上列的花塘掐吓，事实上就是急救昏厥时的掐人中穴，以及治疗头痛、治疗感冒、治疗牙痛、防止扁桃体发炎的掐虎口穴。这些江宁的祖传方法，都有着悠久的历史。

当然，在传统医药类“非遗”保护工作中，也因为制度的不完善和标准的缺失而出现了不少问题：传统医药类“非遗”名录层次不清，归类模糊，各级名录分类标准不一。更有学者指出，传统医药类国家级名录出现有将第一批国家级名录类别作为一级分类进行二级细化的做法、有根据国家级名录的主要类别分类，但并不严格进行“一级分类二级细分”的做法。这些问题必定会造成各地区申报和保护工作的混乱。所以江宁传统医药类的“非遗”资源，还需要进一步整理和完善，还有待广大有识之士的共同努力。需要说明的是，本单元所收中药方不要未经医嘱自行调配，以免药不对症，影响及时治疗，加重病情。

综上，长期以来，我国的医疗格局呈现西医为主、中医为辅、民族医学为补的特点，后两者作为非主流的知识系统，在官方认可度，及制定相关制度时获得的考量度方面都是处于劣势地位。当代社会整体的现代性发展，已逼迫着传统医药寻找新的出路。

民间单方中医药诊疗

基本概况

民间单方中医药诊疗，流布于江宁全境，其中以禄口民间中药疗法、禄口民间中医疗法和湖熟民间中医疗法等最具代表性。

禄口民间中药疗法，主要流布于禄口街道溧塘社区，传承人夏诗钧，1951 年生，溧塘社区南下村人。其诊断方法有切脉、观看、询问及穴位诊断。治疗方法则有膏药粘贴、草药浸酒内服，配针灸艾绒、火罐推拿等。其疗法中所用的膏药为夏氏中草药秘方，主要用天然中草药配置成药膏，外贴或外敷。医治无名肿毒，是夏诗钧拿手的绝活。他平时常去铜山、横山、茅山等地采挖天然中草药，并将其晒干、切片，再将一部分晒干、切片的中草药放在药锅里熬煮成药汁，制成膏药。另一部分则放在药罐里，倒上白酒浸泡一定的时间，制成药酒。该疗法主治无名肿毒、各种关节炎症等。

禄口民间中医疗法流布于禄口街道白云、茅亭社区，传承人张格飞，1955 年生，禄口集镇人。主治天花、风湿、颈椎、腰椎、筋骨疼痛、疔、疮、疖、疽、痈、痰。其诊断方法有脉诊、穴位诊断、问诊等。治疗方法则视具体病症而定，如天花采取插苗、种痘的方法；颈椎、腰椎、筋骨疼痛则采取推拿、揉、滚、摇、拍、打、敲、捶、搓等方法；风湿、疔、疮、疖等用针灸、艾绒、竹罐、火罐配合治疗；外科的无名肿毒用毒蛇、蜈蚣、蝎子、蚯蚓等晒干、炒脆、碾成粉末，再配用草药制成膏药。

湖熟民间中医疗法，流布于湖熟街道和进社区潘岗头，传承人邵生柏，1968 年生，湖熟集镇人。其诊断方法为：望其色，闻其味，问其声，切其脉。疗法包括药物疗法、针灸疗法、艾灸疗法、正骨疗法、推拿疗法、手术疗法等。邵生柏主治内、妇等科，外症病勘精湛，曾炮制出独特的奇效丹药，还研制出专为回民葬礼所用的“厝香散”。尤精针灸，其捻、转、插的功夫，砭、刺、熏、熨的手法，颇得李开艺先生真传，曾三针救一命，博得“小神仙”的美名。

中医拔火罐治疗

该疗法包括专治跌打损伤的十宝散，配方为炙乳香 15 克、全当归 10 克、广木香 5 克、甘草 15 克、番木鳖 10 克、炙没药 15 克、青木香 5 克、自然铜 15 克、川冬龙 15 克。须研成细末后吞食。也包括专治成年老伤的录痛散，配方为续断 40 克、五加皮 40 克、海风藤 4 克、木瓜 40 克、海马 20 克、虎骨 40 克、桂枝 40 克、寻骨风 40 克、牛膝 40 克、自然铜 40 克、海龙 20 克。须研成细末后吞食，每日三次，每次五克。

1987 年湖熟农民耙田

历史传承

禄口民间中药疗法的夏氏中医药方是祖传的。从夏诗钧爷爷开始，夏氏就用自采自制的中草药在民间治病。到其父夏国靖时，则用中草药膏为人医治肿毒。夏诗钧从十几岁开始继承祖传医药技艺。他刻苦钻研，行医几十年，积累了丰富的治疗经验，已成为治疗肿毒疮、疥、痈、疔、痰、疽、达背等多种疾病的名医，其家传秘方膏药在当地享有盛誉。

湖熟街道旧影

禄口民间中医疗法的传承人张旭鲁出身医学世家，其祖上在晚清时开门诊行医，以祖传医术见长。他从小爱好医学，先跟父亲学习了一些祖传医术，后在医专继续学习，18 岁毕业后从军，先后在国民党军队团部、军部行医。1949 年离开部队到禄口行医，牌号“张旭鲁诊所”。1954 年，到龙潭监狱改造，改造期间仍旧从医。由于医术高明，他被减刑释放，出狱后在龙都行医。从 1979 年开始，他向三儿子张格飞传授其中医推拿等医术。1989 年，回禄口群力办医疗站行医。1990 年病故。现在张格飞仍在禄口行医，在推拿、针灸等方面颇有名气。他的中医秘方、疗法已传授给其子张彪，其祖传中医疗法已后继有人。

湖熟民间中医疗法的传承人为张栋梁。其祖父张一峰，在栖霞山下的摄山镇行医多年。父亲张少鸿早年亦在摄山行医，因家财毁于兵火，遂全家迁至湖熟镇潘岗头。张栋梁从小就受其父熏陶，尽得家传。1928年，张栋梁应南京各界之盛邀，举家由湖熟迁入南京中华门西磨盘街10号（原清末道台蔡世保的私邸）开业行医，曾任中央国医馆第二届候补理事等职，其治疗方法一直相传至今。

当代影响与价值

民间单方中医药诊疗，是江宁诸多先辈在长期与疾病斗争中总结出的经验和理论知识，记录了各地不同的科学认知水平、生活情感态度与风俗信仰禁忌，包含着朴素的系统论、控制论和信息论内容，是当地民众集体智慧的体现，蕴涵着江宁地区特有的价值观念和气质情感，对地域文化的塑造有着不可忽视的作用，具有极高的历史文化价值。如今，这些中医药诊疗方法在民间仍具有较强的影响力，如果可以对相关“非遗”传承人开展研修培训，进一步提升其医术技能，让符合条件的传统医药类“非遗”代表性传承人依法取得医师资格，则无疑将会推动江宁地区传统医药的传承与发展。

2018年12月，民间单方中医药诊疗被江宁区人民政府列入第二批江宁区非物质文化遗产名录。

傅式接骨术

基本概况

傅式接骨术，以其全中药配方的接骨药闻名于世，流布于东山街道，已获得国家专利。传承人为傅绍华。

现代医学研究表明，人体各个部位的骨骼有着它自然的形状，患者一旦骨折，须骨科医生复位、固定，但断裂的缝隙依然存在。患者在恢复的过程中，骨头断裂的黑色缝隙之间会产生一种白蒙蒙的雾状物质，医学上称之为“骨痂”。当黑色的缝隙中全部长满了这种物质，骨头断裂的地方完全变白时，医学上即称患者痊愈了。可以说，骨痂就是使人体断裂的骨骼重新愈合的一种物质，而傅式接骨的核心就在于促进骨痂愈合。

傅式接骨术的传承人傅绍华，1953 年生，山东省青岛市人，是南京雨之润生物科技有限公司创始人，中美百科影响力人物数据库入驻专家，2020 年被聘为中国管理科学研究院中医药产业研究中心研究员。傅绍华家传的接骨老药方包含七味纯中药，分别为螃蟹壳、人参、党参、乳香、没药、地鳖虫、白鲜皮。传至傅绍华这一代时，经过他的进一步完善和组合，制成一种接骨药，可以补充人体需要的骨质成分，可以使骨折患者的断裂缝隙之间快速产生骨痂，以缩短患者的恢复时间。

傅式接骨术传承人傅绍华

傅式接骨药的用法用量为：一般骨折患者服药两副，服药时间 14 天；较重的骨折患者服药四副，服药时间 28 天。按医嘱服药一疗程后，便可在 X 光片上看到明显的骨痂生长情况。根据 X 光片显示的骨痂生长情况，再决定下面的服药时间。人体骨质含量在正常范围的患者，服用此药治疗，可以缩短 40%—60% 的恢复时间。对于骨痂生长迟缓、不产生骨痂、植骨手术后不长合等疑难杂症，该药也有一定的治疗效果。

历史传承

据口碑资料，傅式接骨术，是傅邵华的先祖于清代中期在民间行医时发明的。其接骨老药方，在民间已经流传了两百多年，证实具有促进骨痂生长的功效。

该药方由螃蟹壳、红参、党参、乳香、地鳖虫五味纯中药组成。旧法为直接炮制成粉冲服，但患者常反映药方制成粉末冲服口感不佳。在不改变药性的前提下，傅邵华将药粉制作成药丸，方便了患者服用，改善了服用口感。经傅邵华改良后的药方，可以补充人体需要的骨质成分，使骨折患者的断裂缝隙之间快速生长骨痂，缩短患者的恢复时间，从而达到早日康复的作用。

当代影响与价值

傅式接骨术，为傅家祖传多年的纯中医治疗骨病的医术，反映了传统中医药对动植物学的深刻认识，是经过长期的摸索实践而形成的理论知识，具有比较重要的科学价值。该药方治愈效果显著，深受骨折患者的好评，充分证明了中国传统中医药典籍的科学性，是地方传统医药文化的重要组成部分，为传统骨科医术的研究提供了新的资料。

此外，传承人傅邵华还成立了“南京市江宁区傅绍华骨痂生长研究中心”，通过对祖传药方的生产性保护，大大促进了江宁地区中医药研究水平的提升，还在一定程度上推动了当地经济社会的发展。

经过近三十年的不断探索和改进，2009 年

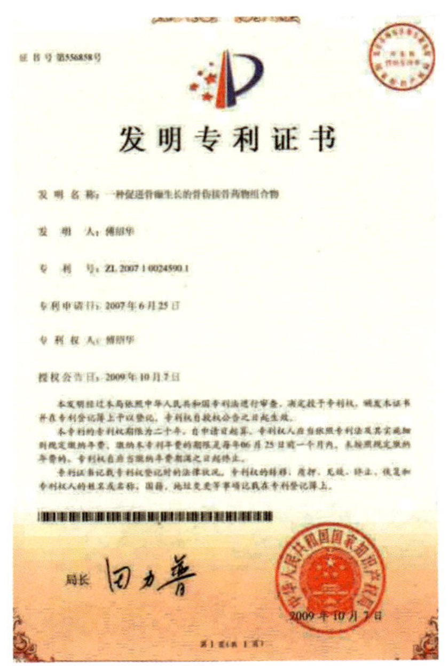

证书号第556858号

发明专利证书

发明名称：一种促进骨痂生长的骨伤接骨药物组合物

发明人：傅绍华

专利号：ZL 2007 1 0024590.1

专利申请日：2007年6月25日

专利权人：傅绍华

授权公告日：2009年10月7日

本发明经过本局依照中华人民共和国专利法进行审查，决定授予专利权，颁发本证书并在专利登记簿上予以登记。专利权自授权公告之日起生效。

本专利的专利权期限为二十年，自申请日起算。专利权人应当依照专利法及其实施细则规定缴纳年费。缴纳本专利年费的期限是每年06月25日前一个月内。未按照规定缴纳年费的，专利权自应当缴纳年费期满之日起终止。

专利证书记载专利权登记时的法律状况。专利权的转移、质押、无效、终止、恢复和专利权人的姓名或名称、国籍、地址变更等事项记载在专利登记簿上。

局长 田力普

2009年10月7日

第1页（共1页）

一种促进骨痂生长的骨伤接骨药物组合物发明专利证书

10 月 7 日，傅式接骨术以“一种促进骨痂生长的骨伤接骨药物组合物”为名，成功申请了专利，专利号为 ZL200710024590.1。可以说，傅式接骨术所蕴含的医药学科学价值已经得到相关部门的充分认可。如果未来进一步加大投入，应该可以发挥更大的作用，以造福于民。

2018 年 12 月，傅式接骨术被江宁区人民政府列入第二批江宁区非物质文化遗产名录。

中医小儿脾胃外治方法

基本概况

中医小儿脾胃外治方法，流布于江宁区境。传承人朱锦善。

中医认为，小儿稚阴稚阳之体，脏腑娇嫩，脾常不足，故多脾胃病。针对此类病症，江宁地区流传一种“中医小儿脾胃外治方法”，效果较佳。该方法是以外部贴敷为核心，配合按摩、推拿、熏洗、脐疗、熨敷、香囊等中医外治医技，辅助以食疗，来调理和治疗小儿脾胃病症。因为小儿服药难，与内治法相比较，这种外治方法似乎更易为小儿接受，其效果独特，作用迅速，更能显示出其临床实效，已被医学界广泛运用和推介。

历史传承

小儿脾胃是中医儿科理论学说关注的重要内容。《黄帝内经》最早论述了脾胃的基本生理、脾胃与五脏肢体的关系、脾胃的致病因素、脾胃的病理、脾胃病的治则治法，从而奠定了脾胃学说的理论基础。东汉张仲景《伤寒论》《金匮要略》记录了中医小儿脾胃外治的不少疗法。东汉《颅囟经》还对小儿疳痢的病因、症状、诊断、治法、方药，甚至服药方法都有比较详细的论述，指出“胃气虚”“逆气”是其直接病因。是书还罗列疳痢 15 种症状，分为肚疳、骨疳、筋疳、腑疳、血疳、心疳、脾疳等。

隋代巢元方《诸病源候论》认为“小儿脏腑之气软弱，易虚易实”“小儿胃肠嫩弱”“不胜药势”，并分析了小儿脾胃生理、病理特点，对小儿脾胃病进行了证候病因病机研究。宋代中医幼科鼻祖钱乙《小儿药证直诀》记录有“涂囟法”“浴体法”“兰香散”等多种小儿脾胃贴敷外治的方法。明代万全《育婴家秘》则指出“儿之初生，脾薄而弱，乳食易伤，故曰脾常不足也”，认为小儿初生脾薄弱，常被乳食所伤，导致脾常不足。清代吴尚先的《外治医说》标志中医小儿脾胃外治理论方法的渐趋成熟。晚清儒医李馨山将“稚阴稚阳”学说运用在中医儿科。近代著名中医儿科

传承人朱锦善在为儿童诊疗

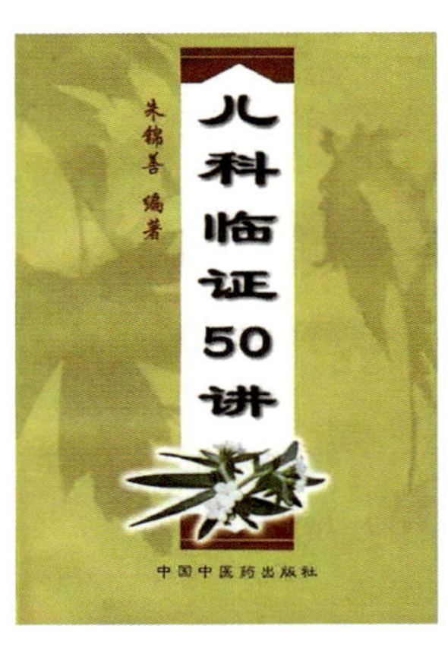

朱锦善教授儿科专著

学家徐小圃强调温培脾肾法在儿科疾病治疗中的重要性，提出只有在“脾健运、命火盛”的条件下，小儿才能充分得谷水之养，以壮形体。其外治熏洗透疹方法，为中医儿科界所推崇。

及至当代，著名中医儿科专家江育仁提出“健脾不在补，贵在运”的学术论点，发明了中药贴敷加推拿疗法的外治方法，并配合食疗方，以调理小儿脾运失健证，效果独特。关于小儿脾胃病治疗，著名中医儿科专家王伯岳则提出“调脾之法，贵在健运”。他在古方“五积散”的基础上，辨证加减白芷、枳壳、陈皮、半夏等中药，用于小儿脾胃病的贴敷外治，具有发表温里、活血祛湿的功效，颇受临床医生的推崇。

传承人朱锦善师承江育仁、王伯岳两位先生的衣钵，长期致力于敷贴疗法在儿科的应用，对小儿脾胃病治疗颇有建树，逐渐完善了“中医小儿脾胃外治方法”。1982 年以来，他先后在《山东医药》《中医杂志》《中医外治杂志（晋城）》发表《小儿脾胃的特点及其治法探讨》《万密斋小儿脾胃学术思想评介》《敷贴疗法在上儿科的临床应用》诸文，详细阐述钱乙关于“脾主困”的学术观点以及万全对“脾主困”的发挥，认为“脾主困”包括虚实两方面含义，对脾胃燥湿、纳化、升降失调的病理状态概括全面，尤其符合小儿脾胃的病理特点。他还积极探索恩师王伯岳的医案，撰写了《恩师百年，恩泽绵长：纪念一代名医王伯岳百年诞辰》等文章。

自 1988 年开始，朱锦善持续开展以中医小儿外治方法为核心的中医儿科学术研究和中医适宜技术的传承与应用。2007 年，他在江宁地区组建自己的技术团队，以技术输出的形式，在南京及周边地区设立多个中医适宜技术传承工作室，并亲传亲教，广泛推广以“中医小儿脾胃外治方法”为核心的中医传承。同时，他努力追溯学术源流，在中医儿科学领域潜心研究，成绩斐然。他与老师江育仁合著的《现代中医儿科学》已成为中医儿科从业者的工具书之一，由其主编的《儿科心鉴》被业界誉为当代中医儿科版《医宗金鉴》。

当代影响与价值

中医小儿脾胃外治方法，是中医学者在长期的临床实践中不断积累总结的治疗小儿脾胃的传统方法，凝聚了众多中医师的非凡诊疗智慧，其科学价值不言而喻。相比于其他同类“非遗”项目，中医小儿脾胃外治方法无须担心其传承问题，所需考虑的应该是如何扩大其影响力，让独具特色的江宁中医儿科药敷贴治疗方法走出南京，走向全国，这不仅有利于增强中医学者之间的学术交流，而且对加强小儿脾胃生理、病理变化的实验研究，促进现代中医儿科学的创新发展，均具有一定的现实意义。

2021 年 5 月，中医小儿脾胃外治方法被南京市江宁区人民政府公布为第三批江宁区非物质文化遗产名录。

单方治疗“痦背”

基本概况

单方治疗“痦背”（痈、疽），流布于江宁区淳化地区，传承人张美云、潘小红。

民间所称“痦背”，中医是指生在人背部的一种痈，用自己的手尽力越过肩部可以搭及，故称“痦背”。初发时，局部红肿、疼痛，然后逐渐肿大隆起，大小如杯口至碗口不等，其顶部有多个“脓头”，若破溃，则会有大量脓液（称作“花红脓”）。此病来势凶险，疼痛难忍，伴有发热、寒战。治疗不及时，可危及生命。治疗“痦背”的草药被称作“痦背草”，多生于山边、田野的高埂下部，茎叶呈藤蔓状，叶片比手掌略小，绿色，多裂，叶背有白色绒毛，藤蔓上有卷曲状的触须。药用部分为其根部。采挖时，将其根部取回，洗净，用木杵捣烂，剔除硬木质部分，然后加入适量的肥皂（老肥皂），捣成泥状。取用一大团药泥直接敷在患处。刚一敷上时，病人立即感觉清凉舒适，疼痛大减。然后，用洁净纱布把患处包扎，不时洒上洁净清水，以保持湿润。每一个昼夜换一次药。一般三天以后就可以使“痦背”的脓液全部排出，数个脓头也全部排出，脓头大小如黄豆、蚕豆不等，色黄、挺硬。脓头排出后，“痦背”开始“收头”了，消肿，退热。再经过三两天的用药和休养，患者即可完全康复，仅在患处留下一些疤痕。

淳化街道青山社区徐塕村张美云，于20世纪40年代，因得其父亲张正发所传，识得专治“痦背”的一种草药，并掌握炮制和敷用的方法，几十年间曾为许多“痦背”患者救治，疗效显著，深得人们赞誉。

1972年初夏，徐塕村曾有一青年的右大腿面上生了一个“小颗颗”，凸起一点点白色的小“脓头”，这其实只是个一般的毛囊炎，只需将脓头刺破挤出，再涂点消炎药，就没事了。该青年因方法不当，挤出脓头后，竟又在小小破溃处塞了一粒“六神丸”，认为“六神丸”可以解毒化瘀。谁料想几小时后，整个大腿一下子肿胀得非常吓人了，火烧火燎，疼痛难忍。于是，他跑到大队医疗站，医生说：“不好，好像成了痈了，这麻

传承人张美云

今日淳化青龙社区生态百果园

烦大了！”情急之下，该青年找到张美云，张美云立即上山采来“瘩背草”，如法炮制，敷到红肿处，将大腿用纱布包起，第二天红肿部位逐步收缩集中，出现了一窝隐隐的脓头，经过三天的换药敷治，脓头熟透，用经火烧过消毒的针挑出，再挤出了大约有一大茶杯的脓液，患者感到了说不出的轻松。然后，整个痈肿就开始痊愈了。整个过程没有使用西药，没有用抗生素治疗，竟也取得了非常好的疗效。

历史传承

据介绍，单方治疗“瘩背”（痈、疽），源自一位王姓道士。20世纪二三十年代，淳化镇西北的上村有位庄稼汉叫张正发，他与附近道观里的一位姓王的道士交好，经常来往，亲如兄弟。王道士通晓一定的医术，常常为当地百姓治病，甚是灵验，有一定的名气。王道士还特别擅长医治“瘩背”，但他每次上山去采草药时，总是独自一人，且会将草药的茎叶等不用的部分毁掉、埋掉，不让别人寻见和窃得秘密，一直是秘不传人。后来有一次，王道士对张正发说：“你老实忠厚，又不识字，日子过得紧巴巴的。我帮不了你的大忙，就传你一个治‘瘩背’的方子吧，今后你也可以多了一项小本领。”于是，张正发得此传授，也就经常为乡亲们解除病痛，做点好事了。1947年秋天，张正发因患“血吸虫病”晚期，腹胀如鼓，知道自己将不久于人世，于是就将治疗“瘩背”的单方传授给了自己的大女儿张美云。张正发死后，张美云出嫁，与徐塥村吕先霖结为夫妻，也就将此单方带了过来，为当地的村民服务了六七十年。张美云于2016年去世，终年93岁。张美云将这个单方传给了自己的二儿媳妇潘小红，潘小红如今已经70多岁。

当代影响与价值

在过去医疗水平不发达的年代，作为一种常

今日淳化青龙社区卫生室

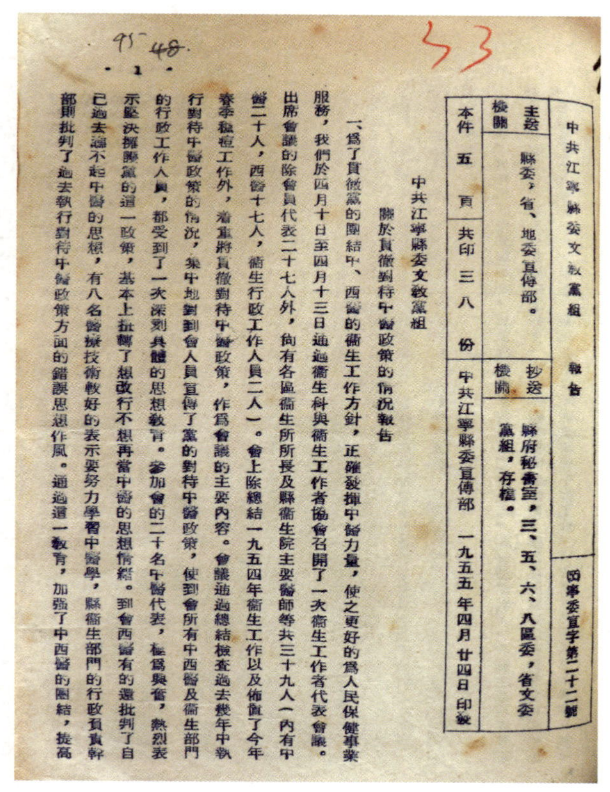

中共江寧縣委文教黨組 報告 四事委宣字第二十二號

主送機關：縣委，省、地委宣傳部。

抄送機關：縣府秘書室，三、五、六、八區委，省文委黨組，存檔。

本件五頁 共印三八份 中共江寧縣委宣傳部 一九五五年四月廿四日印發

中共江寧縣委文教黨組

關於貫徹對待中醫政策的情況報告

一、爲了貫徹黨的團結中、西醫的衛生工作方針，正確發揮中醫力量，使之更好的爲人民保健事業服務，我們於四月十日至四月十三日通過衛生科與衛生工作者協會召開了一次衛生工作者代表會議。出席會議的除會員代表二十七人外，尚有各區衛生所所長及縣衛生院主要醫師等共三十九人（內有中醫二十人，西醫十七人，衛生行政工作人員二人）。會上除總結一九五四年衛生工作以及佈置了今年春季種痘工作外，着重將貫徹對待中醫政策，作爲會議的主要內容。會議通過總結檢查過去幾年中執行對待中醫政策的情況，集中地對到會人員宣傳了黨的對待中醫政策，使到會所有中西醫及衛生部門的行政工作人員，都受到了一次深刻具體的思想教育。參加會的二十名中醫代表，極爲興奮，熱烈表示堅決擁護黨的這一政策，基本上扭轉了想改行不想再當中醫的思想情緒。到會西醫有的還批判了自己過去瞧不起中醫的思想，有八名醫療技術較好的表示要努力學習中醫學，縣衛生部門的行政負責幹部則批判了過去執行對待中醫政策方面的錯誤思想作風。通過這一教育，加強了中西醫的團結，提高

· 1 ·

1955 年，中共江宁县委文教党组关于贯彻对待中医政策的报告

见的皮肤疾病，“瘩背”一直困扰着普通民众。民间各地也流传着不同的治疗“瘩背”的方法，如河南清丰县就流传着老鹳草膏治疗“瘩背”的单方，与淳化单方一样有很好的治疗效果，反映了世代相传的传统中医药学普遍建立在动植物学的深入认识上，再经过长期的摸索实践与总结，因而具有很强的实践性与科学价值。

单方治疗“瘩背”，在江宁淳化地区流传多年，在当地很有影响。虽然现在当地农村因医疗卫生条件的改善，“瘩背”这种疾病已不多见了，但是作为一种民间医药技术的文化遗产，还是值得传承和作进一步研究。近年，江宁区淳化街道的吕业明通过采访、搜集、整理，撰写了《中草药单方治疗“瘩背”（痈、疽）》一文，使流传于淳化地区的单方治疗“瘩背”，被更多人所熟知，产生了更大的影响。

单方治疗哺乳期乳房硬结肿痛

基本概况

单方治疗哺乳期乳房硬结肿痛，流布于江宁区淳化街道徐墙村，传承人张美云。妇女在哺乳期间，常常因被婴儿吮吸乳汁而致乳头皮肤破溃、红肿和疼痛，或因种种原因而导致乳腺淤塞、发炎，出现硬结和肿胀。患者感觉畏寒和发热，疼痛难耐，乳汁排出受阻，不能正常给婴儿哺乳。这种症状，被淳化地区民间称作是乳房被小孩的嘴“烀”着了。在当年农村缺医少药的条件下，这时的患者及其家人是非常焦急和慌乱的。

自二十世纪三四十年代开始，淳化地区徐墙村就流传着一种专治这种病痛的单方，村民张美云家中藏有一枝很大的陈年老鹿角，她用刀从其上刮下一定量的鹿角骨粉，用清水煎煮，让患者服下，可消肿止痛。服法和用量为：每次取鹿角粉三至五钱，每日早晚各服用一次，连服两日，即可痊愈。

鹿角能行血、消肿一说，源自中国传统中医药典籍。张美云家藏的那支鹿角，其形较粗大，直径约6—7厘米，表面呈灰褐色，断面灰白色，质坚硬，似为马鹿角。此鹿角在吕家几代相传，看来已近百年，且也知晓其药用功效，用其服务乡邻，治病救人，也算一种功德。《上海护理》2005年第1期发表陆文娟《内服鹿角粉外加敷生酵面治疗产妇乳房胀痛的疗效》，这是较早见诸报端的有关鹿角粉治疗乳房胀痛的论文。此后，鹿角治疗乳房疾病的论文，如《新中医》《中国医药科学》等杂志也有报道。

历史传承

这个单方是张美云夫家的祖辈传下来的。其丈夫吕先霖的祖父吕守珪，字蕴芬，曾获取过功名，一度在湖南长沙为官，后在长沙开设当

1980年代的淳化青龙村卫生室

淳化街道生态蓝莓园

铺。吕先霖的父亲吕义和，字少芬，曾在湖北长江埠开有南北货店，晚年才回到家乡江宁县淳化镇的徐墙村养老。吕先霖一辈子在南京“做布店”（布店职员），此时已家境式微，但仍属小康。张美云家中藏有一物——一支很大的鹿角。吕氏先辈传说，此物能行血、消肿，是一剂良药，可以治妇女乳房硬结、肿胀。于是，张美云在数十年间一直用此物为乡邻和熟人无偿提供救治。但凡有哪个哺乳妇女的乳房被自己的婴幼儿的嘴“烀”着了，“上火”了，发生肿痛了，她都热心提供鹿角，让人家用刀子刮下一些鹿角粉，教给人家煎制和服用方法，帮助许多人解除了病痛。20 世纪 60 年代中期，有一次，本村的一个熟人来讨要鹿角粉，张美云因手头正忙，腾不开手，就将那个大鹿角让那人直接拿走，并说：“你用完后再还回来。”隔了十几天，鹿角还回来了，可却少去了一大半，原来还有二三斤重的，现在只剩下半斤左右了。再后来，又被村里人索要过几次。至 2016 年张美云 93 岁去世时，那剩余的鹿角也找不到了。时至今日，村子里有人哺乳期发生乳房硬结肿胀，仍会怀念张美云，可见这个单方在这个村子的影响之深。吕业明曾撰写《治疗哺乳期乳房硬结肿痛的单方》一文，介绍流布于淳化地区徐墙村的用鹿角粉治疗乳房胀痛的病例。

当代影响与价值

哺乳期乳房硬结肿痛在医学上称为急性哺乳期乳腺炎，中医上又称之为“乳痈”，指乳腺的急性化脓性感染，是产褥期的常见病，是引起产后发热的原因之一，最常见于哺乳妇女，尤其是初产妇。该病在哺乳期的任何时间均可发生，而哺乳的开始最为常见。中医上有内治、外治和内外兼治等方法。

鹿角在中医中又名“鹿茸”。外用鹿茸能使创伤，特别是化脓创伤迅速愈合。鹿角治疗妇女乳房硬结肿痛的单方，在江宁淳化徐墙村的实际应用，有力地验证了中国传统中医药典籍的科学价值，虽不是常见的中医治疗方法，却在一定程度上揭示了旧时江宁淳化地区民间医学发展与认知水平。当然，鹿角治疗哺乳期乳房硬结肿痛，也要因人而异。

毛虎农庄饲养的梅花鹿

民间蛇伤治疗及蛇药

基本概况

民间蛇伤治疗及蛇药，流布在淳化街道及其周边地区。传承人李炳强、胡开明。

旧时，江宁乡民被毒蛇咬伤时有发生，因未及时治疗而致死也是常事。民国时期，淳化集镇有一座二帝庙，庙里有一个斋公和尚，俗名吴承先。相传，斋公和尚出家几十年，除了做法事以外，经常外出观察毒蛇活动的情况。他发现，毒蛇在游动时会刻意避开几种草。后来，当他看到毒蛇游来时，就用糅合的几种草放到它头部，蛇马上就不动了。斋公和尚意识到，这几味药草或许能治疗被毒蛇咬伤的人，于是将这几种草糅合在一起，挤出汁水来，用这种方法来救治被毒蛇咬伤的人，结果十分有效。

治毒蛇咬伤的草药，主要有半夏、半边莲、五爪龙、珍珠草这几种，将其糅合在一起，用一个木槌，边槌边揉，揉烂即成。

半夏，中药名，为天南星科植物半夏的干燥块茎。夏、秋二季采挖，洗净，除去外皮和须根，晒干。具有燥湿化痰、降逆止呕、消痞散结的功效，可用于湿痰寒痰、咳喘痰多、痰饮眩悸、风痰眩晕、痰厥头痛、呕吐反胃、胸脘痞闷、梅核气，外治痈肿痰核，可缓解中蛇毒后的呕吐症状，《本草纲目》则称可以“除腹胀、目不得瞑、白浊、梦遗、带下”。

半边莲，中药名，为桔梗科植物半边莲的干燥全草，具有清热解毒、利水消肿功效，主治疮痈肿毒、蛇虫咬伤、腹胀水肿、湿疮湿疹，可与白花蛇舌草、虎杖、茜草等同用，用于毒蛇咬伤、蜂蝎螫伤等症，是治蛇伤的验药，《本草纲目》亦称“蛇虺伤，捣汁饮，以滓围涂之”。

五爪金龙，中药名，为葡萄科崖爬属植物狭叶崖爬藤的根或全株，具有祛风除湿、接骨续筋、散瘀消肿之功效，主治风湿、痹痛、骨折筋伤、跌打损伤、皮肤湿烂、水火烫伤、无名肿毒等症，有利于被毒蛇咬后的消肿。

珍珠草，中药材名，为大戟科植物叶下珠的全草或带根全草。夏、秋间采收，晒干。具有平肝清热、利水解毒之功效，可治肠炎、痢疾、传染性肝炎、肾炎水肿、尿路感染、小儿疳积、火眼目翳、口疮头疮、无名肿毒等症，有利于被毒蛇咬后的消毒。

历史传承

相传淳化街道的蛇伤治疗方法乃斋公和尚发明的。此方专治被毒蛇咬伤，治疗方法是，先用刀在火上烧一会儿消毒，将病人被毒蛇咬伤部位的伤口处划开，放出毒血，用消毒过的纱布洗一

下伤口处，然后用四味药草糅合敷在伤口处，用纱布包扎好就行了。然后每三天换一次药，最多不超过三次就治好了

为了保密起见，斋公和尚在给被毒蛇咬伤的人治病时，从来不给其他人看，更不告诉他人。直到快要圆寂时，他才将此秘技传给放牛娃李炳强，时为 1939 年。李炳强是今淳化街道双岗社区咸墅自然村人，据说那时他每天在二帝庙附近放牛，斋公和尚觉得他很憨厚，很讨喜，传给他秘方可以放心，就这样手把手地慢慢地教给他了。

新中国成立后，李炳强一边务农，一边从事农村基层领导干部工作。在工作之余，他专门收治被毒蛇咬伤的病人。1999 年，因年岁已高，他就将这门绝技传给了女婿胡开明，至今已有 20 多年的时间。

据不完全统计，经李炳强亲手治好的被毒蛇咬伤的病人将近 1000 人，经他女婿胡开明治好的也有 200 多人。当年李炳强治疗蛇伤的一把小刀也流传下来。

现在淳化街道及周边地区有被毒蛇咬伤者，一般都请胡开明治疗。龙都社区尹村的刘月兰（时年 41 岁）在自家大棚里种蔬菜时，不慎被毒蛇咬伤。经胡开明治疗后，不久就痊愈回家了。

当代影响与价值

民间蛇伤治疗及蛇药，是淳化地区三代传承人经过不断实践总结出的传统蛇伤治疗方法，体现了江宁民间的古老智慧，其治疗效果得到了广泛的验证，获得当地群众的高度认可，具有比较高的医药科学价值。毫无疑问，其治疗方法及用药，在深入分析研究的基础上，对于当今以西医为主导的蛇药系统来说，应该具有一定的参考借鉴价值，值得进一步保护与传承。

单方治贫血

基本概况

单方治贫血，流布于禄口街道马铺社区。传承人徐开宝，知情者王朱蕊。

贫血在江宁地区又被称为“黄病”，患者有诸如面色苍白、身倦无力、心悸、气短、眩晕、精神不振等临床表现。中医认为“诸血皆属于心”，一般将贫血划入“血虚”或“虚劳亡血”的范畴，而“虚劳”是脏腑亏损、元气虚弱所致的多种慢性疾病的总称。相较于西医，中医单方在治疗贫血时，常根据不同的症型来选择不同的方药。因此，在传统中医中流传着许多治疗贫血的方子，不同的地区和大夫治疗贫血的方法亦不相同。

禄口街道马铺社区有位德高望重的老中医，名为徐开宝。他医术高超，宅心仁厚，远近乡民都常来找他看病。据知情者回忆，徐开宝有一张专治贫血的药方，效果奇佳。该方分为食疗、药疗两份，药疗方案为当归12克、红花6克、川芎12克、白芍药12克、桃仁6克、生地黄12克。这个方子的主要功能是补血。食疗补血方则是用藕段、花生衣、黑枣、阿胶等煮水，日常服食。

老一辈的中医大都会自己种药、采药，徐开宝也不例外。据当地村民回忆，徐家在马铺有地，徐开宝将之辟为一块小药田，里面栽种了不少药材，花生衣就是他们家自己栽种的。至于采药，徐开宝经常赴附近的横山、方山、东山等地。徐开宝还常去临近的句容、安徽等地采一些中草药。南京城内外的紫金山、清凉山、五台山等，也曾留下徐开宝的足迹。

历史传承

民国时期，贫血的治疗备受关注。自1920年代末始，有关研究治疗贫血的论文常见诸报端。《医药学》《社会医报》《中华医学杂志》《新医

1960年代的江宁东山镇街景

药观》《医与药》《医药导报》等专业期刊，都对贫血的产生原因及治疗方案，展开了探讨和研究，获得了一批研究成果，推动了贫血症的治疗，对保障百姓健康，起到了积极作用。而流布于禄口街道马铺社区的徐开宝单方治贫血，则为这个国际医学问题提供了中国方案。

1983 年东山镇鸟瞰

单方治贫血，为马铺徐家祖传药方。传承人徐开宝是禄口街道马铺人，在民国至新中国成立初期，是当地远近闻名的中医先生。据知情者王朱蕊介绍，徐开宝是一位儒雅之士，也是马铺较有文化的中医之一，当地百姓都很崇拜他，在马铺有很高的威望。他心灵手巧，还会自己制作香烟。文人喜爱的小雅好，他也都习染。徐开宝的家是旧时马铺村中罕见的大瓦房，王朱蕊的外祖父与外祖母就曾到徐开宝家，请他看过病。徐家人世代中医，以看贫血（黄病）为主，医术不外传于人，皆是父子兄弟传授。徐先生治病惯用汤剂、散剂，只不过制药的时候关门闭户，

1995 年东山旧貌

连他家里的女眷也不可以看。

徐开宝已经去世多年，膝下有一子，从事工程技术管理工作，可惜无缘从医。为了不让秘方绝世，徐开宝晚年打破传统，托人将部分医术、秘方记录下来，传之后世，单方治贫血即为其中之一。

当代影响与价值

所谓单方即是单味药方，传统中医就是从单方用药开始的，是祖国传统医学的基础。江宁治贫血单方是治疗贫血的一种传统中医药方，承载着生活在江宁的先民同疾病作斗争的经验和理论知识，是中华民族宝贵的文化遗产，具有重要的历史文化和科学价值。该方既有药疗，也有食疗，是比较系统的民间补血益气配方，具有相当高的科学含量，有较多的科学成分和因素，是地方传统医药文化的重要组成部分。如今江宁治贫血单方的具体内容仍留存于世，值得进一步传承和保护。希望可以在此基础上进一步发掘研究，合理地开发其经济价值，发挥其现实功用，以推动江宁地区传统医药的传承与发展。

单方治前列腺

基本概况

单方治前列腺，流布于秣陵街道横岭社区。传承人王良寿。

前列腺炎是泌尿外科的常见病，以尿道刺激症状和慢性盆腔疼痛为主要临床表现。前列腺炎作为男性常见疾病，存在着很多的病因，不良生活作息、不规律饮食、性生活不当都可能引起炎症。因此，在治疗上首先要做好生活的调养，避免烟酒、少食辛辣、避免久坐、多运动、多饮水排尿。再者，也可根据中医单方进行调理。

从中医角度看，急性前列腺炎属于热淋范围，慢性前列腺炎属于精浊、淋浊范围。前列腺炎的中医治疗需要辨证施治。对于湿热下注型，宜清利膀胱，导泄湿热；对于实热型，宜清热泻火，解毒利尿；对于气血瘀滞型，宜行气活血，解毒止痛；对于阴虚火动型，宜滋养肾阴，清泻相火；对于肾阳虚弱型，宜温肾固精。

秣陵街道横岭社区村民王良寿家中，有一份祖传的中医食疗药方，专治前列腺炎，其主要用料有芹菜汁、胡桃壳、甘草梢、大黄、向日葵茶、绿豆芽汁、麝香壮骨膏、车前绿豆粥等。具体疗法如下：

1. 胡桃壳及芹菜绞汁治前列腺炎

取胡桃壳（即干核桃硬壳）约 500 克，用铝锅加水，以覆盖为宜。炖沸后以文火保持水沸，计 2 小时，加入 4 个不去壳的鸡蛋，再炖两小时，共计 4 小时。取出滤壳，每次服 1 个鸡蛋、1 大碗胡桃壳水（无毒副作用）。每天三次，连服三剂，尿胀尿痛便有好转，小便通畅后随即痊愈。用芹菜绞汁加冬蜜，长期饮用，疗效更佳。

2. 甘草梢治前列腺炎

取甘草梢 5 克，剪成小段，用开水冲泡频饮，每天更换一次。久饮此水能医治前列腺发炎、肿大和疼痛。但高血压病人不宜服用，因其有促使血压升高的副作用。

3. 茶饮及大黄治前列腺炎

取金银花 60 克、野菊花 30 克、生甘草 20 克，取清水煎汤内服，随意代茶饮用（限当日服完）。服药期间，禁用烟、酒及辛辣食物。将生大黄 50 克放砂锅内，加水 500 毫升，煎煮至 200 毫升左右，倒入小盆中熏会阴部。待药液不烫时，以纱布浸湿擦洗会阴部，每次 10 分钟左右。另取中极、会阴两穴，外敷用生姜汁调制的大黄末 10 克，以胶布固定。每天一次，连用 15 天为 1 个疗程。

4. 喝向日葵茶和绿豆芽汁治前列腺炎

每日取去掉籽的干向日葵盘 15 克，用凉水将干向日葵盘洗净，放入搪瓷盆中。加适量水，

中药甘草梢

中药大黄

干向日葵盘

煎煮 5 分钟，将煎煮好的药液放温，以替代茶饮。饮用 5 天，就能改善前列腺炎症状。绿豆芽汁亦可治前列腺炎：用新鲜绿豆芽若干，洗净后用干净纱布绞挤出芽汁，调入适量白砂糖后当茶饮，常饮可治慢性前列腺炎。

5. 麝香壮骨膏治前列腺增生

晚上沐浴后，坐在床上，沿脐下中线向下一寸半开始，在左右前列腺部位各贴麝香壮骨膏一贴，入夜就会感觉症状得到改善。24 小时后将膏药揭下，再贴一贴。如疼痛尚未解除，再在臀部（屁股上左右腰眼处）各贴一贴，这样 24 小时后疼痛定会减轻或解除。为了巩固疗效，以后每周再贴一次，时间仍为 24 小时一换。若症状未解除，可连续贴。

6. 车前绿豆粥治疗前列腺炎

将车前子 60 克、橘皮 15 克、通草 10 克用纱布包好，煮汁去渣，入绿豆 50 克和大米 100 克煮粥。空腹服用，每日 2 次，连服 7 日为 1 个疗程。此方适用于前列腺炎、小便淋痛等症。

历史传承

前列腺疾病是 50 岁以上男性中最常见的泌尿外科疾病，早在民国时期，就已受到相当程度的关注，有不少学者开展研究。《广济医刊》1924 年第 2 期《慢性前列腺炎之调查》、第 5 期《慢性白浊性前列腺症之治法》,《民生医药》1941 年第 62 期《前列腺肥大症》等文即属相关成果。

新中国成立后，人们继续重视传统医学的作用，经过不断摸索，中医关于前列腺疾病的诊断也逐渐为人所知，并形成了一批治疗前列腺的中医方法。上文介绍的秣陵街道横岭社区王良寿家藏的祖传治前列腺的单方，即属传统疗法之一。

据相关资料介绍，目前国内治前列腺的食疗单方还有不少，比较著名的有鲜马齿苋汁、赤小豆薏苡仁羹、蒲公英粥、紫花地丁玉米须蜜饮、桃仁炖鲫鱼、苁蓉羊腰羹、杜仲炖猪腰、莲子乌骨鸡、淡菜海米汤、核桃壳鸡蛋、葡萄鲜藕汁、杞子肉丝、干贝猪瘦肉汤、知柏地黄鸡、酒焖麻雀、黑豆橘皮炖狗肉、羊肉拌蒜等。此类药方多为利下类物质，适用于前列腺疾病患者，与秣陵单方有异曲同工之效。

当代影响与价值

食疗又称食治，是在中医理论指导下利用食

物的特性来调节机体功能，以获得健康或愈疾防病的一种方法，是中国传统医药理论的重要组成部分。秣陵单方治前列腺正是这一理论的重要实践，所需食材、中药的采集、炮制、药性、药量、配方、服用等方面均有明确的要求，体现了中国传统医药理论的系统性与精准性，反映了中药学作为一门传承数千年学科的科学性。此外，与该疗法相关的资料弥足珍贵，为当下前列腺诸方面疾病病理分析和治疗方式的研究提供了江宁智慧，值得进一步挖掘与传承。

单方治骨折

基本概况

单方治骨折，流布于横溪街道陶吴社区。传承人刘维保。

骨折是指骨的完整性破坏或连续性中断。当骨骼承受的力量超过自身能承受的最大强度时，就会发生骨折。常见的临床表现为外伤后，局部出现疼痛、肿胀、活动障碍等症状，骨的畸形、反常活动、骨擦音（感）是骨折的专有体征。严重的多发性骨折可导致休克，危及生命。

骨折的种类有头颅骨折、脊椎骨折、四肢骨折、手指骨折等多种。俗话说“伤筋动骨 100 天”，可见骨折是一种恢复周期较长的疾病，需要小心养护。骨折发生后，切不可随便移动伤者，一般情况下是送到医院进行治疗。也有简单处理上个夹板后，再送至医院的。

除了医院传统治疗外，民间也有一些偏方，对治疗骨折有一定的积极作用，也就是通常所说的单方。横溪街道陶吴社区的刘维保家中就有一张祖传单方，专治各类骨折。具体用材及用法用量如下：

1. 旋覆花、白糖治骨折

取旋覆花 15 克、白糖 31 克，可按伤部大小酌量加减。将旋覆花研为末，和白糖放入锅内，加适量水熬成浓膏，涂于筋断处。10 日后解开，视筋断处两头各生一小疙瘩，再敷 20 日即完好如初。

2. 用当归、乳香等治早中期骨折

取当归 12 克、乳香 6 克、陈皮 6 克、没药 6 克、生地 6 克、川牛膝 6 克、甘草 6 克、熟地 6 克、川芎 6 克、全虫 5 克、血竭（冲服）5 克。先加凉水 400 毫升，将药浸泡 30 分钟，随后煎药。第一次煎 15 分钟，取汁 200 毫升；第二次加凉水 400 毫升，煎 20 分钟，取汁 200 毫升，分 2 次服。上肢骨折，饭后服药；下肢骨折，饭前服药。间隔 6 小时服 1 次。血竭，用 1 岁半到 3 岁童便拌湿，再加汤药冲服。上肢骨折加川芎 12—15 克，下肢骨折加川牛膝 12—15 克，肋骨骨折加陈皮 10—12 克。疼痛肿胀加乳香、没药各 10—12 克。

中药旋覆花

中药乳香

历史传承

作为一种常见的外伤性骨科创伤，骨折一直是医学界的研究热点。民国时期，中国医学界对于骨折治疗的方法已有探讨，相关成果颇多。如《中华医学杂志》1934年第11期应乐仁《脊柱骨折及骨折脱骱之疗法》、《家庭星期》1936年第2期《骨折》、《南汇医学月刊》1948年第10期钱汉民《骨折概要》诸文等。与此同时，中国传统医学中关于骨伤的治疗方法也重新被人们发现，并被记录于中医学者编著的各类专著中。

《林如高骨伤验方集》有“活血镇痛汤”一方。该方组成为当归、白芍、生地、连翘、枸杞子、骨碎补、续断各9克，川芎、制乳香、制没药、三七各4.5克，桃仁、防风各6克，茯神12克，炙甘草3克。服法以水煎服，每日1剂，日服2次。可活血舒筋，化瘀止痛，补肾壮骨。本方由桃仁四物汤化裁而成，其中生地凉血散瘀，并用防风、连翘祛风清热；以桃仁、乳香、没药、三七活血化瘀、舒筋止痛；因骨断筋绝，故用枸杞子、续断、骨碎补补益肝肾、续筋骨；加上茯神宁心安神，甘草调和诸药。诸药合用，共奏活血舒筋、化瘀止痛、补肾壮骨之功。

《中国中医秘方大全》有“仙复汤”一方。该方组成包括当归、柴胡、花粉、山甲、桃仁、红花、防风、乳香、没药、赤芍、贝母、白芷、陈皮、甘草。以水煎服，每日1剂，日服2次。可活血散瘀、软坚消肿。骨折，除复位固定外，中药内治亦相当重要。其方所用的当归、桃仁、红花、乳香、没药、赤芍活血散瘀，柴胡、陈皮疏肝理气，防风、白芷疏风散邪，花粉、山甲、贝母软坚散结消肿，以助活血化瘀之力。组合成方后，有活血散瘀、软坚消肿之效。

《中国中医秘方大全》有“活血止痛汤”一方。该方组成包括当归、桃仁、牛膝、络石藤、丹参、苏木、地鳖虫各9克，红花、川芎、乳香、没药、陈皮、枳壳各4.5克。以水煎服，每日1剂，日服2次。可活血化瘀，消肿止痛。根据“坚者削之”“客者除之”“留者攻之”的治疗原则，其方以当归、桃仁、丹参、苏木、红花、地鳖虫、乳香、没药、川芎等共奏活血化瘀之效；然血随气行，故在活血化瘀药中佐以理气之药，如陈皮、枳壳等调达气机，有气行则血行之意，既照顾到调气疏肝之特点，又能增强活血化瘀之功。其方适用于跌打损伤、筋断骨折导致的瘀血阻滞、疼痛肿胀等症。

据口碑资料，刘维保家是陶吴一带有名的骨伤世家。早在民国时期，周边村民就常到刘家来看骨伤，其单方传至刘维保这一代已有近百年历史。

当代影响与价值

传统中医药在长期的发展过程中，形成了自己独特的医学体系，是我国最重要的非物质文化遗产之一。陶吴社区的单方治骨折就是传统中医药在骨伤科领域的运用范例，体现了陶吴先民的集体智慧，是当地重要的“非遗”资源之一。从实践角度看，该单方通过长期的临床探索，不断进行修正、总结和传承，形成了一套行之有效的治疗方案，治疗效果显著，深受骨折患者好评，具有较高的科学价值，有力地验证了传统中医药理论的正确性，可为现代骨伤医学的研究提供新资料与新思路。

简方治眼疾

基本概况

简方治眼疾，流布于禄口街道及周边地区。传承人吴秀英。

眼疾，即中医理论中对各类眼病的总称。中医眼科对人眼的生理功能、病理变化及疾病诊治方面的认识均有独到之处，它把眼睛看作是以脏腑经络为内在联系的有机整体的一部分，因此更注重治病求本，辨证施治。

相较于西医，中医在治疗眼疾时，常根据不同的症型来选择不同的方药。因此，在传统中医中流传着许多治疗眼疾的方子，不同的地区和大夫治疗眼疾的方法亦不相同。禄口街道的名中医吴秀英就有几张祖传简方，专治眼病，效果奇佳，远近乡民都常来找她看病。具体药方如下：

简方一：野苋菜治眼疾。野苋菜一味，置罐内，厚纸封口煎汤，纸上开一孔，以病目就孔薰之。

简方二：枫斗 9 克、西洋参 9 克、枸杞 12 克。主治补气强肾，明目。用法以水炖服，或打粉吞服。

简方三：鲜石斛 10 克、菊花 5 克。主治滋阴养肝、两目干涩、视物昏花。用法为洗净，代茶饮。

简方四：石斛 10 克、枸杞 15 克、菊花 10 克。主治肝肾阴虚、两目干涩、视物昏花。用法为煎汤代茶饮。

历史传承

作为常见的日常疾病种类，眼科疾病一直困扰着人们的生活。古代读书人更是饱受其害，甚至有读书会伤肝损目一说。因此，利用传统中医药理论治疗眼疾，在中国有着十分悠久的历史。在殷墟出土的甲骨文中，就有关于“目”“疾目”的记载。唐代时，中医眼科学迅速成长，出现了

野苋菜

西洋参

第一本中医学眼科专著《龙树眼论》，较为详细地记述了各类眼病的起因及治法，为中医眼科的进一步发展奠定了基础。

明清时期，中医学发展进入鼎盛，眼科也不例外，涌现了大量质量上乘的关于眼科的医药著述。清乾隆年间刊行的《经验丹方汇编》之“目疾部论”中，就记载了一些治疗眼疾的方子：“（目疾）其症七十二种，治之须究其源。大约红为热，白为冷，痒为风，湿为毒气之作也。风则散之，热则清凉之，冷则温补之，气结则调顺之。切不可用刀针点割，偶得其愈，出乎侥幸，倘或不然，终身之患。又不宜过用凉药，恐冰其血，凝不流，亦成痼疾。当量人老少气，体虚实用药。又有肾虚者，亦令眼目无光，或生冷翳，补煖下元，益其肾水自愈……”从《经验丹方汇编》可见，清人已认识到眼疾种类繁多，治疗眼疾最重要的是查清病因，方可对症下药。

民国时期，随着现代医学进入中国，中医眼科的发展进入了一个新的境地，许多眼疾简方相继发表。《中医杂志》1926 年第 19 期刊发了赵茀庭《眼疾验方》一文：“治肺经实白珠红方：黄芩三钱、淡竹叶三钱、连翘二钱、陈皮二钱、蝉衣二钱、花粉二钱、桑白皮二钱、薄荷钱半、车前钱半，水煮饭后服。”《励志》杂志 1932 年第 5 期发表了漱霞散文《牛首山记游》，文章说：“再到寺后山顶，见有岩陡出，状类牛首，上有二孔，中潴泉水，据云此水四季不涸，乡村妇孺，每届清明，来此洗眼，可免目疾。”这是民国时期传说用弘觉寺后山顶的泉水洗眼可治疗眼疾的记载。《长寿周刊》1933 年第 55 期载有“眼疾简单方”：“眼生赤肉，及发翳膜肿红各症，诸药罔效，可用桑叶煎汤，冲朴硝少许，以棉花蘸汤洗之，再用生地、脑片、朱砂、硼砂、冬蜜捣烂为膏，临睡之时，贴于眼眶。半月后，自可收功。盖桑叶、朴硝，有清肝火、退红肿之能；生地、冬蜜，能消炎止痛；朱砂、硼砂、脑片，去瘀退翳最妙。真简单之方。”

结合口碑调查资料和药方内容来看，禄口街道的治眼疾简方应当也是在此背景下产生的。

当代影响与价值

在医疗水平不甚发达的古代社会，眼科疾病一直困扰着广大民众的生活。经过长期的摸索实践，禄口街道的乡民总结出来的简方治眼疾的方法，是传统中医药理论的具体实践，为现代眼科医学贡献了江宁的智慧。该方治疗效果比较显著，深受周边群众好评，在一定程度上促进了当地医疗卫生系统的发展，体现了传统医药在眼科治疗问题上的独到方法，具有一定的医学价值。

单方治骨刺

基本概况

单方治骨刺，流布于东山街道及周边地区。传承人王兵。

骨刺，又称骨疣，是指骨关节因种种原因造成软骨磨损、破坏，从而出现的代偿性软骨增长，是一种自然的老化现象。根据患病部位不同，骨刺常见有颈椎处骨刺、腰椎处骨刺、跟骨处骨刺等。

现代医学对于骨刺的治疗方案一般为对症止痛治疗，推荐患者卧床休息，口服止痛药来缓解疼痛，严重时可能需要手术。此外，民间也有一些中医药方，对治疗骨刺有一定的积极作用，也就是通常所说的单方。生活在江宁区东山街道的王兵家中就有几张祖传单方，专治各类骨刺。具体治疗方案如下：

1. 单方治骨刺

每天晚上用热水泡一下脚，约 15 分钟。擦干脚，用薄塑料袋将脚后跟兜上，最好用包橘子或广柑的小塑料袋。兜好后，穿上袜子固定住，睡觉时也不摘。

2. 单方治双膝骨刺

用湿透的热毛巾二条，在双膝同时热敷半小时，温度不够就加热水。经过一个多月的治疗，走路不痛，可以正常上下楼梯了。

3. 陈醋治骨刺（一）

在药店买中草药川芎，将其研成细粉，并准备好陈醋，以一比五的比例，将川芎与陈醋装入玻璃瓶中调匀备用。使用时，摇晃搅动玻璃瓶，并用新购毛笔或棉签，蘸醋涂抹患处，每天早晚各一次，一般十天左右即可见效。

4. 陈醋治骨刺（二）

用棉花蘸陈醋，以湿透为度，贴敷在骨刺部位，用红外线照射至棉花干，醋的酸性通过皮肤毛孔以及经络穴位，渗透到骨质增生部位，使其逐步软化，使增生的骨刺棱角在长时期的气血冲击下变钝变圆，这样就可减少对周围组织的压迫，减轻疼痛，甚至消失。

5. 梧桐叶治骨刺

采集法国梧桐叶若干（干鲜皆可），洗净，加适量水煎开后，加进食醋 500 克，煮 30 分钟。待稍凉时浸泡患处，1 日洗 3 次，1 次 30 分钟，连续浸洗可治骨刺。

6. 鹅卵石消骨刺

找一个形如鸡蛋大小的鹅卵石，以圆而光滑者为佳。之后在伤处来回滚动，用力不可过猛，强度以自己感觉舒适为准；按摩的时间为早、中、晚各 1 次，每次 10 分钟，每半个月为 1 疗程，一般在两个疗程后即可见效。需要注意的是，按摩过程中可能会稍有疼痛，此时需要休息2天，以减轻疼痛。

历史传承

骨刺，西医称其为骨质增生，是人类老化的表现，因此它并不是传统意义上的“病”。现代医学认为，骨刺在大多数情况下是不需要治疗的，只有当它影响了关节的活动或者压迫神经，出现病症时，才应予以对症治疗。而传统中医则将之归为“骨痹”，认为与外伤、劳损、瘀血阻络、感受风寒湿邪、痰湿内阻、肝肾亏虚等病因有关。

中医对“骨痹”治疗方案的研究由来已久，宋代医学典籍《圣济总录》中即有“骨痹”一条，论曰：“《内经》谓人有身寒，汤火不能热，厚衣不能温，然不冻栗。是人者，素肾气胜，以水为事，太阳气衰，肾脂枯不长，一水不能胜两火。肾者水也，而生于骨，肾不荣，则髓不能满，故寒甚至骨也；所以不能冻栗者，肝一阳也，心二阳也，肾孤脏也，一水不能胜二火，故不能冻栗。病名曰骨痹，是人当挛节也。夫骨者肾之余，髓者精之所充也，肾水流行，则髓满而骨强。迨夫天癸亏而凝涩，则肾脂不长；肾脂不长，则髓涸而气不行，骨乃痹，而其证内寒也。虽寒不为冻栗，则以肝心二气为阳火，一水不能胜之，特为骨寒而已。外证当挛节，则以髓少而筋燥，故挛缩而急也。”

《圣济总录》是北宋政和年间，由宋徽宗组织太医院人员编纂的一本中医典籍。该书内容系采辑历代医籍，并征集民间验方和医家献方整理汇编而成，详述了各类疾病的病因病理及治法方药，代表着当时官方的医学水平。书中除了记述“骨痹”的病因病理外，也提供了几方治法，可与东山街道王兵家传药方共参，具体内容如下：

1. 肉苁蓉丸方（补骨髓，治寒湿）

肉苁蓉（酒浸，切，焙1两）；獭肝（1具涂酥炙，切）；柴胡（去苗）；秦艽（去苗土各3分）；巴戟天（去心）；黄（锉各1两）；人参（半两）；白茯苓（去黑皮3分）；熟干地黄（切，焙半两）；泽泻附子（炮裂，去皮脐各3分）；远志（去心1两）、山芋、蒺藜子（炒去角各半两）；石斛（去根3分）；浓朴（去粗皮，姜汁炙）；五味子、桂（去粗皮）；桃仁（汤浸去皮尖、双仁，炒，别研）；丁香、木香（各半两）；当归（切，焙3分）；芍药、陈橘皮（汤浸去白，焙）；赤石脂、槟榔、白术、干姜（炮）；郁李仁（汤浸去皮尖，炒，研）；甘草（炙，锉）；牡丹皮、蜀椒（去目并闭口者，炒出汗）；山茱萸、芎、牡蛎（炒各半两）。

上35味，捣研为末，再和匀炼蜜，和杵数百下，丸如梧桐子大。每服温酒下30丸，不拘时，日3服。

2. 石斛丸方（治肾虚骨痹、肌体羸瘦、腰脚酸痛、饮食无味、小便滑数）

石斛（去根）；牛膝（酒浸，切，焙）；续断（各3分）；菟丝子（酒浸，别捣）；石龙芮（炒）、桂（去粗皮各1两）；肉苁

中药熟地黄

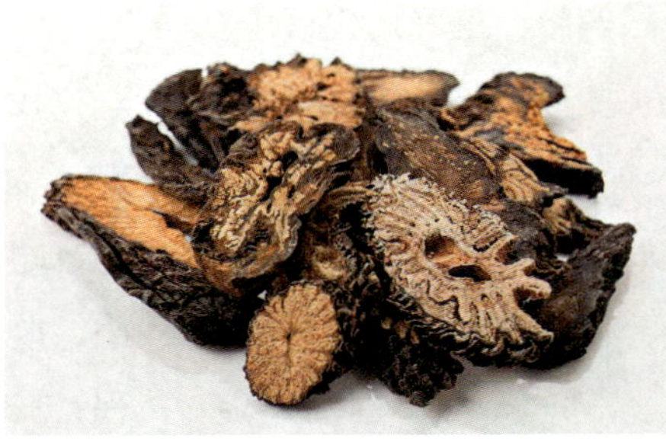

中药肉苁蓉

蓉（酒浸，切，焙 3 分）；鹿茸（去毛，酥炙 1 两）；杜仲（去粗皮，炙，锉）；白茯苓（去黑皮）；熟干地黄（切，焙各 3 分）；附子（炮裂，去皮脐 1 两）；巴戟天（去心半两）；防风（去叉 3 分）；桑螵蛸（炙）、芎（各半两）；山茱萸（3 分）；覆盆子（半两）；补骨脂（微炒）；荜澄、茄（各 3 分）；五味子（半两）；泽泻（1 两）；沉香、香子（微炒各 3 分）；薏苡仁（炒 1 两）。

上二十五味，捣罗为末，炼蜜和杵数百下，丸如梧桐子大。每服空心，以温酒下三十丸，日二服。

“佘”头寻宝亲子活动

佘村孝老敬亲村宴

3. 补肾熟干地黄丸方（治肾虚骨痹、面色萎黑、足冷耳鸣、四肢羸瘦、脚膝缓弱、小便滑数）

熟干地黄（切，焙）；肉苁蓉（酒浸，切，焙）；磁石（醋淬各 2 两）；山茱萸（3 分）；桂（去粗皮）；附子（炮裂，去皮脐各 1 两）；山芋（3 分）；牛膝（酒浸，切，焙 1 两）；石南、白茯苓（去黑皮）；泽泻、黄（锉各 3 分）；鹿茸（去毛，酥炙 2 两）；五味子（3 分）；石斛（去根，锉 1 两）；覆盆子、远志（去心各 3 分）；补骨脂（微炒 1 两）；萆（锉）；巴戟天（去心各 3 分）；杜仲（去粗皮，炙，锉 1 两）；菟丝子（2 两酒浸，别捣）；白龙骨（1 两）。

上二十三味，捣罗为末，炼蜜和杵数百下，丸如梧桐子大。每服空心，以温酒下三十丸，日三服。

4. 附子独活汤方（治肾脏、中风、寒湿成骨痹、腰脊疼痛、不得俯仰、两脚冷、缓弱不遂、头昏耳聋、语音混浊、四肢沉重）

附子（炮裂，去皮脐）；独活（去芦头各 1 两）；防风（去叉）；芎、丹参、萆菖蒲（各半两）；天麻、桂（去粗皮各 1 两）；黄（半两）；当归（切，焙 1 两）；细辛（去苗叶）；山茱萸、白术、甘菊花、牛膝（酒浸，切，焙）；枳壳（去瓤，麸炒）；甘草（炙，锉各半两）。

上 18 味，锉如麻豆。每服三钱匕，以水一盏，生姜三片，煎至七分，去滓，不计时候温服。

东山旧貌

5. 鹿茸天麻丸方（治肾脏气虚、骨痹缓弱、腰脊酸痛、脐腹虚冷、颜色不泽、意志昏愦）

鹿茸（去毛，酥炙 2 两）；天麻（1 两半）；附子（炮裂，去皮脐）；巴戟天（去心）；菖蒲（各 1 两，酒浸，切，焙）；天雄（炮裂，去皮脐）；独活（去芦头）；丹参、当归（切，焙）；杜仲（去粗皮，炙，锉，各 1 两）；肉苁蓉（酒浸，切，焙 1 两半）；磁石（醋淬，细研，水飞过 1 两）。

上 17 味，捣罗为末，炼蜜和匀，捣三五百下，丸如梧桐子大。每服 20 丸，加至 30 丸。空心及晚食前，以温酒下。

6. 肾沥汤方（治肾脏久虚、骨疼腰痛足冷、少食无力）

磁石（醋淬 2 两）；肉苁蓉（酒浸，切，焙）；黄 、人参、白茯苓（去黑皮）；芎桂（去粗皮）、菖蒲、当归（切，焙）；熟干地黄（切，焙）；石斛（去根）；覆盆子、干姜（炮）；附子（炮裂，去皮脐）；五味子（各 1 两）。

上 15 味，锉如麻豆。每服 3 钱匕，用羊肾一只，去脂膜，先用水二盏，煮肾取汁一盏，去肾入药末，煎至七分，去滓温服，空心、日午、夜卧共 3 服。

当代影响与价值

古代社会医疗资源比较匮乏，即使像骨刺这样今天看上去并不严重的疾病，也在很大程度上困扰着人们的生活。在漫长的历史长河中，先民们不断同疾病斗争，逐渐形成了一套行之有效的传统中医药理论，东山街道治骨刺单方即是其中之一。据口碑资料，其治疗效果比较明显，受到当地群众的好评，具有一定的医药学价值。在进一步挖掘分析的基础上，东山街道的治骨刺单方可以继续发挥其现实医学功用，以推动江宁地区传统医药的传承与创新。

单方治疗无名肿毒

基本概况

单方治疗无名肿毒，流布在禄口街道溧塘社区及谷里街道，影响力波及周边的江宁、陆郎、铜井、秣陵、陶吴、小丹阳等集镇。传承人夏诗钧、胡再牛等。

无名肿毒是一种骤然于局部体表发生红肿的证候，因发无定处而难于命名，故有是名。或名之痈疽疮疡、肿疡、虚疡。其症状或痛或痒，严重者焮赤肿硬，患部附近的淋巴结肿大。此病来势凶险，疼痛难忍，偶尔还会伴有发热、寒战。若治疗不及时，还可能危及生命。常见病因内有郁热，或因感受外邪风毒而发。

针对此类病症，传统中医药理论中有多种治疗方法，食疗、药疗兼备。在江宁民间就流传着两种专治无名肿毒的单方，其一是禄口街道溧塘社区的“禄口单方中药疗法”，其二是谷里街道的“中医治疗瘩背及无名肿毒”。这两方疗法效果显著，远近闻名，周边的南京、芜湖、马鞍山、镇江、无锡等地患者均有慕名前来求医者。

禄口街道的单方中药疗法主治无名肿毒、各种关节炎症等病症，诊断方法有切脉、观看、询问及穴位诊断。治疗方法则有膏药粘贴、草药浸酒内服、配针灸艾茸、火罐推拿等疗法。主要器具有银针、火罐、碾槽、碾滚、制药用的切刀等。其药方主要用中草药配置成药膏，外贴或外敷，辅以草药浸酒内服。该方传承人夏诗钧，生于1951年，自幼随其父采药、制药、学医。医治无名肿毒，是夏诗钧的拿手绝活。他平时常去铜山、横山、茅山等地采挖天然中草药，并将其晒干、切片，再将一部分晒干、切片的中草药放在药锅里熬煮成药汁，制成膏药。另一部分则放在药罐里，倒上白酒浸泡一定的时间，制成药酒。

谷里街道的单方中医治疗瘩背及无名肿毒，主治瘩背（痈）、无名肿毒、烧伤（烫伤在2度以下）、伤口溃烂等病症，使用器具包括煎煮中药材的铝锅、砂锅、铜锅，研制药剂的碾子等。

瘩背（痈）患者的皮肤局部会出现红肿，形成硬块，或有热痛，或有剧烈胀痛，其肿块由小变大，表面有许多脓头，流出脓液，并伴有发烧、寒战等症状。其治疗方法是为患者敷上自制的瘩背膏药，同时注射退热消炎的西药，作为辅助疗法。轻者一次见好，重者用三次药便痊愈。其药物配制，先将具有消肿止痛、排脓消毒、生肌长肉的中草药（如姜黄、大黄、黄柏、苍术、甘草、生天南星、白芷、天花粉、龙蔡、红升等）制成细粉，或将药材切碎，加水煎煮1—3次，每次煮沸一小时以上。接着过滤，将滤液先用直火加热，使之浓缩至稠膏状，再将黄腊和制好的药粉或药膏等中草药放在一个容器内，加入麻油（或花生油、动物油、凡士林），用微火烧至沸腾，冷却后即制成黄色的成品药膏。

历史传承

禄口街道单方中药疗法所用膏药为夏氏家传秘方膏药。夏氏一族是当地有名的中医世家，从夏诗钧爷爷开始，就用自采自制的中草药在民间治病，其父夏国靖则用中草药膏为人医治肿毒。夏诗钧从十几岁开始继承祖传医药技艺。他刻苦钻研，行医 40 余年，积累了丰富的治疗经验，已成为治疗肿毒疮、疥、痈、疔、痰、疽、痞背等多种疾病的名医。

谷里街道单方中医治疗瘩背及无名肿毒源于清末。当时谷里镇风雅乡亭子队的村民余明发在江浦学徒务工时，结识了当地的一位名医，两人相交甚笃。那时候，江南各地患瘩背和无名肿毒的人很多，许多患者无钱无药医治，或有钱无药医治，含恨死去。这位德高望重的民间神医看在眼里，急在心中，为了济世救民，他毫无保留地将自己研制的专治瘩背和无名肿毒的药方传给了余明发这位憨厚的庄稼汉，让他回乡为父老乡亲治病。余明发回到向阳亭子村，按照神医的秘方制成膏药，为家乡的瘩背和无名肿毒患者治病。据说只要用此药一敷，患者很快便消肿、止痛、愈合、生肌。

余明发用此秘方为无数患者治好了病，被人们称作“活神仙”。临终之前，他又将此家传秘方传给了其子余朝新。余朝新幼时读私塾，稍大后随父习医，得其真传，并结合治疗实践，对家传秘方进行完善，他胆大心细，敢于科学用药，对各种瘩疽，特别是无名肿毒等疑难症，诊断准确，医术精湛。新中国成立初期，板桥镇有王某患瘩背，久治不愈，患处糜烂，疮口达碗口之大，甚至骨头已外露，生命危在旦夕。患者及其家属来到余朝新诊所，请求医治。经余朝新的精心治疗，转危为安，经三次用药，疮口即痊愈。其后慕名前来就医的患者络绎不绝，除本地外，还有南京、芜湖、马鞍山、镇江、无锡等地的患者。尤其是在夏秋之交，求医者门庭若市。在收费上，他从不计较。有一次，他给一位讨饭的老妪治病，不但药费不收，而且留其在家中吃住，直到老妪痊愈。1968 年，余朝新调到大队医疗站工作。1970 年代，他破例收带徒弟胡再牛，传授追散粉、瘩背膏等多种秘方和治瘩背的多年临床经验。1976 年，余朝新患肝癌去世，去世前又将此家传秘方传给其妻、其子余保波和徒弟胡再牛。

当代影响与价值

在过去医疗水平不发达的年代，无名肿毒一

中药苍术

中药大黄

中药姜黄

谷里风光

直困扰着广大民众。在同疾病长期作斗争的过程中，江宁民间涌现了多种治疗方案，禄口街道单方中药疗法与谷里街道中医治疗瘩背及无名肿毒就是其中的典型代表。经过长期的医疗实践，其治疗技法不断完善、提高，在客观上保障了当地居民的生命安全，促进了民间医学的发展，具有一定的医学价值。此外，这些单方是在特定的历史条件下产生的，带有当时的历史特点，通过它们能了解旧时江宁的生产方式、科技水平、社会组织结构等信息，因此具有一定的历史文化价值。

随着现代医学水平的不断进步，在今日江宁，此类疾病更多会采用西医消炎止痛的治疗方式，单方无名肿毒医治的影响力大不如前。尽管如此，传统中医在相关领域的研究成果仍不容忽视，江宁单方无名肿毒医治展现了传统医学的独特价值，值得进一步保护与传承。

丹阳齐氏推拿

基本概况

丹阳齐氏推拿，流布于横溪街道丹阳社区。传承人齐道宏。

推拿，是我国传统的治疗及保健养生方法之一，指通过各种手法刺激体表经络或腧穴，以疏通经络，调畅气血，调整脏腑，理筋整复，达到防病治病、促进病体康复的目的。

齐道宏是横溪街道丹阳社区有名的推拿高手，他在总结前人推拿理论的基础上，勇敢创新，将自家祖传的推拿手法发扬光大，推广了当地远近闻名的齐氏推拿。

齐氏推拿的常用手法有：按压法、摆动法、摩擦法、捏拿法、捶振法和活动关节六大类。按压类手法包括按法、揉法、点法、压法、掐法等；摆动类手法包括一指禅推法、一指禅缠法、揉法等；摩擦类手法包括摩法、擦法、推法、搓法、抹法等；捏拿类手法包括捏法、拿法、捻法等；捶振类手法包括拍、击、捶（叩）、劈、啄、捣、振、抖等手法;活动关节类手法包括摇法、拉法、扳法等。每一手法的作用各不相同，临床上可根据具体的需要，选用不同的方法。

除上述手法外，齐氏推拿还注重穴位按摩，如揉太阳、点睛明、揉丹田、摩中脘、搓大包、揉肩井、擦颈百劳（经外奇穴）、搓劳宫、按肾俞、点环跳、擦涌泉，等等。

历史传承

据《史记》记载，战国名医扁鹊曾用按摩疗法治疗虢太子的尸厥症，可见按摩技术在中国已有两千余年的历史。中国最早的按摩专书，当推《黄帝岐伯按摩经》,《汉书·艺文志》载其为十卷本，可惜早已亡佚。此外，在长沙马王堆汉墓中也出土了有关推拿导引的大量竹简，证明推拿按摩体系在秦汉时期已经形成。在现存的古典医书《黄帝内经》里也有多处谈到按摩，如《血气形志篇》载："形数惊恐，经络不通，病生于不仁。治之以按摩醪药。"又《异法方宜论》："中央者，其地平以湿，天地所以生万物也众，其民食杂而不劳，故其病多痿厥寒热。其治宜导引按跷。"这说明我国先民很早就已掌握用按摩疗法来治疗肢体麻痹、痿症、厥症、湿症和寒热等症。

东汉时期，医圣张仲景根据自己多年的实践经验编著了《金匮要略》一书，介绍了前胸按压抢救心跳、呼吸骤停的心肺复苏术和膏摩治疗方法。东晋葛洪著《肘后备急方》中，亦有爪掐人中治疗晕厥患者的急救法。

隋唐时期的按摩疗法发展迅速，其特点是有

了专科，并开始了专科教育，其按摩内容更加充实，应用更为广泛。据《隋书》记载，隋太医署中置按摩博士两人。《唐六典》记载，隋时有按摩医生达240人，并分为按摩博士、按摩师、按摩生三个级别。这说明隋代不仅有了按摩专科，且有规模较为庞大的组织结构，并纳入政府正式的医学教育体系。

到了宋金元时期，推拿运用的范围更加广泛。据《宋史》记载，北宋名医庞安"为人治病十愈八九……有民家妇孕将产，七日而子不下，百术无所效……令其家人以汤温其腰腹，自为上下按摩，孕者觉胃肠微痛，呻吟间生一男子"。可见按摩法还可用于孕妇催产。宋代陈直《养老奉亲书》还提出老年人经常擦涌泉穴，可使晚年步履轻便，精神饱满。

明清时期仍将推拿列为临床专科，在全面总结推拿临床治疗经验的基础上，形成了各具特色的推拿治疗方法及不同的流派，有关专著数十种之多，促进了推拿疗法的普及和发展。

推拿在民国时期得到了迅速发展，全国多地成立了推拿学术研究会，一些推拿治愈病例频频见诸报端。《国医公报》1935年第11期，报道了国医钱健民在中央国医馆讲授推拿医术的新闻。《中医科学》《光华医药杂志》《现代中医》《自强医刊》《医药新闻》《中医学报》《中医报》《复兴中医》《卫生月刊》等刊物中也多见中医推拿的论述与报道。其时的社会名流也常用中医推拿治病。如1934年，阎锡山患病就延请中医诊治，并采用推拿疗法，最终治愈。

民国时期的南京就有推拿名医活动，如居住在慧圆街小王府巷3号的徐希涛医师，就擅长推拿。《大地》1948年105期特辟专栏，介绍他推拿治疗的事例："其术出于一指禅，专治新久疑难痼疾，治病之理，与针灸相仿，一则用针，一则用指，此为其不同点。"一患者落枕，徐希涛在两天时间里为其推拿两次，就痊愈了。

丹阳齐氏推拿的传承人齐道宏，在总结前人经验的基础上，不断在手法上创新，治愈了不少疑难杂症，使得齐氏推拿在丹阳社区及周边地区闻名遐迩。

当代影响与价值

推拿，是传统中医治疗疾病的一种物理手段，其理论方法对目前深入开展的整体护理有着重要的指导意义。作为一项富有地域特色的活态文化遗存，丹阳齐氏推拿流传已久，且治疗效果明显，在当地居民中有着良好的口碑，在一定程度上验证了推拿疗法的科学性，传承了地域文化的精华，其独特价值已经得到地域社会的广泛认可。如今，丹阳齐氏推拿在当地仍有较大影响，周边地区不少患者都慕名前来治疗。相关部门可以进一步发掘利用丹阳齐氏推拿所蕴含的医学价值，科学地开展生产性保护，推动这一传统医药类"非遗"的创新发展，为同地区其他活态文化遗产的传承树立一个良好榜样。

花塘掐吓

基本概况

掐吓，广泛流布于江宁全境，其中江宁街道花塘社区等地一度运用较为普遍。传承人毕正生。

掐吓，又称“掐脉”，是一种根据中医经络理论形成的急救措施。其主要方法是，用大拇指掐患者的人中、虎口、手掌等穴位，以唤醒昏迷中的患者，其中尤以人中最为重要。

人中，又名“水沟穴”“沟洫”“寿堂”“子庭”等，位于上唇人中沟正中近上方处，为急救昏厥的要穴。历代医家认为，人中是一个重要的急救穴位，用手指掐或针刺该穴位是一种简单有效的急救方法，可以用于治疗中暑、昏迷、晕厥、全身麻醉过程中出现的呼吸停止、低血压、休克、一氧化碳中毒等。运用人中穴救治昏厥急症，是简单易掌握的应急性急救措施，在缺医少药的情况下，实为救命之法宝。

虎口穴也称为合谷穴，是身体中元气所需要经过、留止的一个位置，所以非常重要。日常对虎口进行按摩，具有很好的镇静止痛、舒经活络、清热解表等作用，可以增强身体抵抗力，据说对治疗面部疾病也有帮助。掐虎口穴，可以缓解头痛、感冒、牙痛、扁桃体发炎等症状。

历史传承

通过掐人中、捏虎口进行急救，在我国有着悠久的历史。东晋葛洪所著医书《肘后备急方》中，即录有爪掐人中治疗晕厥患者的急救法。元代名

花塘村村民委员会

东山旧影

医朱震亨所著《金匮钩玄》之“中风”条亦载：“初昏倒，急掐人中至醒，然后用去痰药，二陈汤、四物、四君子等汤加减用。”可以说，“掐人中”是中国最古老的急救方之一。

旧时，掐吓还常与民间巫术配合使用。从前，江宁乡间曾流行一种叫魂术，巫师（巫婆）自称可以把患者被吓掉的魂魄叫回来，其巫法就是配合使用掐吓，从患者眉毛中间一直掐到后脑勺，再用桃树靠南方的枝条放在床头。

据传承人毕正生介绍，他家旧藏有一本刊刻于清代的古医书，其中记载了与掐吓相关的各种穴位。书中配有手掌图，仔细勾绘了手掌上的各种穴位，让人一目了然。毕正生年轻时，他的父亲让其将图中手掌穴位熟记于心。后来遇到有病人求助，毕正生就通过掐捏病人手掌上的穴位进行治疗。据知情人施德荣介绍，过去有安徽马鞍山、当涂等地的患者，到花塘请毕正生治疗。

由于掐吓需要一定的体力，毕正生在 70 多岁时，还曾经帮人掐吓，不过掐吓一次后，他往往需要休息几天才能恢复体力。现在他已 80 多岁，基本上就不帮别人掐吓了。据了解，毕正生所掌握的花塘掐吓，目前未有传承。

当代影响与价值

掐吓，是一种常见的民间简易急救方法，其产生背景是传统时代落后的医疗条件，承载着先民的古老智慧，反映了先民同疾病作斗争的经验积累，具有重要的民俗文化价值。掐吓的理论依据与传统中医经络学说的整体观念相关，体现了传统文化“天人合一”的思想，为现代急救医学提供了一个可供参考的治疗模式。

类似花塘掐吓的急救方法，在江宁区境其他地方也有流传，但熟练运用的人已经不是很多。花塘掐吓传承有序，在实践中应用更加普遍，相比来说更能体现其医学价值。由于传承人年岁已高，记录、抢救保护这一特殊“非遗”资源就显得尤为迫切。因为其原理及手法并不复杂，若能将“掐吓”纳入学校教育体系，作为“非遗”活态化传承和急用医护知识教育之一部分，由正规医师传授其技术，不仅使在校学生认识、掌握这项传统的急救手段，也将赋予其新的生机与活力。

单方治肝炎

基本概况

单方治肝炎，流布于禄口街道马铺社区。传承人韦吉华、吴金耕。

肝类疾病以肝炎和肝硬化最为常见，治疗起来有一定难度。目前，已发现的病毒肝炎有甲、乙、丙、丁、戊5型。各型病毒性肝炎的预后也有差异，甲型肝炎预后良好，少见重型，无慢性倾向；急性乙型肝炎多数预后良好，但会出现重症或发展成慢性，以致肝硬化、癌变；丙型肝炎的重型、慢性化、肝硬化、癌变的发生率较高；丁型肝炎较单纯的乙型更易慢性化和重型化；戊型肝炎的慢性化非常罕见，但孕妇患者容易发生肝功能衰竭。

关于肝病的医治，我国传统中医药实践中也流传有诸多治疗方案，禄口街道马铺社区的韦吉华、吴金耕家中就有几份祖传单方，专治肝炎。具体内容如下：

1. 茵陈、蒲公英汤治肝炎

茵陈100克、蒲公英50克、白糖30克。取茵陈、蒲公英加水500毫升，煎取400毫升，加白糖30克，每日服用2—4次。功能：清热解毒、利胆退黄。适用于急性黄疸型肝炎发热患者。

2. 消炎利胆茶治肝炎

玉米须、蒲公英、茵陈各30克，白糖适量。将玉米须、蒲公英、茵陈加水1000毫升，煎后去渣，加适量白糖温服。每日3次，每次250毫升。功能：清热利尿、健胃利胆。适用于急性黄疸型肝炎。

3. 车前、葫芦茶治肝炎

车前草30克、葫芦茶30克，煎水代茶饮，每日1剂。据《本草求原》，葫芦茶能“消食、杀虫、治五疳、退黄疸，作茶饮妙”。车前草清热、利尿、通淋。该方适用于急性肝炎。

4. 治肝炎验方

取茵陈15克、夏枯草10克、大枣5枚，先煎前两味药，剥开大枣，待药液煮沸时放入，取

东山旧貌

中药蒲公英

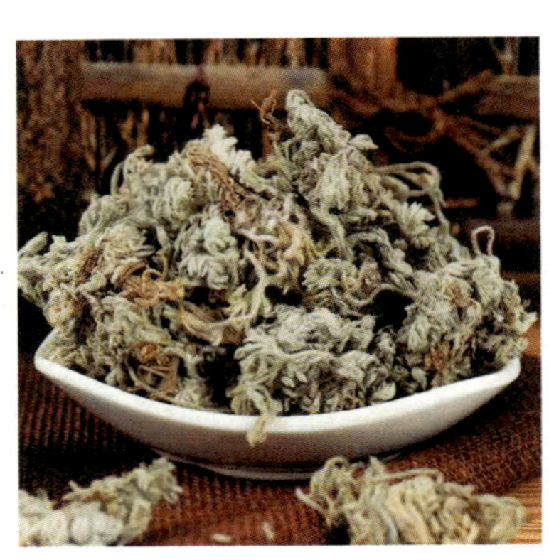

中药茵陈

汁 200—300 毫升口服，每天 1 次，5 天为 1 疗程。夏枯草可散郁结、清肝火，与茵陈配伍，除了能增强其效果外，还能促进肝细胞再生，并纠正异常的蛋白代谢及抗纤维化，具有良好的保肝作用。

历史传承

中医药治疗各种慢性肝病，具有悠久的历史和确切的疗效，在长期的临床实践和科学研究中积累了丰富的资料和经验。东汉医圣张仲景在《金匮要略》一书中就指出："见肝之病，知肝传脾，当先实脾。"可见早在汉代，中医对肝病就已形成了较成体系的认识。

中医理论认为，肝炎是由湿热疫毒之邪内侵，当人体正气不足、无力抗邪时，常因外感、情志、饮食、劳倦而诱发本病。其病机特点比较复杂：因湿热疫毒隐伏血分，时常可以引发"湿热蕴结证"；因"肝主疏泄"而喜条达，如若情志不畅，即可引发"肝郁气滞证"；因"肝病传脾"或湿疫伤脾，即可导致"肝郁脾虚证"；因"肝肾同源"，或热毒伤阴或郁久化火伤阴皆可导致"肝肾阴虚证"；因"肝体阴用阳"，久病"阴损及阳"而克脾伤肾，则可导致"脾肾阳虚证"；因气血失调、久病致瘀入络，则可导致"瘀血阻络证"。治疗时应注意以人为本，正确处理，以扶正祛邪，调整阴阳、气血和脏腑功能。

民国时期，有关肝炎的研究及治疗已取得不少成果，所见有《上医月刊》1947 年第 11/12 期陈霞仙《急性传染性肝炎》、《西南医学杂志》1948 年第 2 期志尚《流行性肝炎慢谈》、《医药新知》1948 年第 1 期柳达德《肝炎的诊断与治疗》、《医药新知》1948 年第 8 期继成《传染性肝炎》等诸文。这些论文以西医学为主要手段，辅以传统中医药治疗，为患者带来了福音。

当代影响与价值

中医认为，肝炎主要是正气不足导致的。禄口街道马铺社区单方治肺炎，通过食疗的方式，实现了中医"扶正祛邪"的目的，对治疗肝炎具有一定的疗效，补充了江宁民间的医学资料，证实了部分民间单方所具有的中医药科学价值。当代肝炎治疗已普遍以西医为主，中医为辅。在重视西医的同时，我们也要充分认识到包括江宁单方治肝炎在内的民间单方疗法的价值意义，认真开展分析研究，汲取其中的科学合理因素，从而更好地为现代医学服务，提高人们的医学认知水平。

单方治疗肝炎知情人许国生接受采访

单方治黄病

基本概况

单方治黄病，流布于禄口街道马铺社区。传承人夏荣富。

黄病是黄疸病的俗称，多由贫血、病毒性肝炎和胆道梗阻性病患引起，其症状为巩膜、皮肤发黄，尿黄，大便有时灰白，患者有诸如面色苍白、身倦无力、心悸、气短、眩晕、精神不振等临床表现。中医理论认为，黄病是由瘀热宿食相搏导致身体面目皆变黄色的病证。其病机为湿浊阻滞、脾胃肝胆功能失调、胆液不循常道、随血外溢，治疗方法为祛湿利小便，健脾疏肝利胆。

由于中医讲究辨证疗法，因此在治疗黄病时，常根据不同的症型来选择不同的治疗方案，不同的地区、不同的大夫治疗黄病的方法亦不相同。

禄口街道马铺社区的夏荣富，出生于中医世家，在治疗黄病方面有着独到的见解。他家中有一张祖传的治黄病单方，效果奇佳，深受当地百姓好评。该方具体内容如下：药用茵陈 30 克、山栀子 10 克、大黄 8 克、板蓝根 15 克、黄柏 10 克、苍术 10 克、川朴 10 克、陈皮 10 克、山楂 15 克、甘草 5 克，用水煎服，日尽 1 剂。

历史传承

治疗黄病，在民国时期已受关注，相关研究成果相继见诸报端。《医学周刊集》1932 年第 5 卷刊发了《医学小问题：什么是黄病？》一文，文章说："贫血的病人常是有一点黄，在少女们所犯的'绿色贫血'，则黄中又带一点绿色，贫血症中的黄只是限于皮肤的，眼睛和黏膜并不变黄。眼睛也黄，尿中又含有胆汁的色质时，称为'黄疸'，这是皮肤变黄的主要原因。"

《大众医学月刊》1934 年第 7 期发表的叶橘泉《民间验方：绿矾治痿黄病》一文，分析了当时农民易罹患黄病的原因，其文称："一般农民，往往于劳作将暇的时候，容易发生痿黄病，他们叫作'脱力黄'，或叫'秋黄子'。其实，这是他们劳动过度，食品粗粝，缺乏营养，而患的是贫血病。他们当然不懂得什么原因。"是文还介绍了一种民间常用以治疗黄病的单方："用绿矾一些研细，拌入麦肉内，做成丸药，或用绿矾炒焦研细，拌入有滋养性的药，如党参、白术、茯苓等，肉粉做成丸，或散药吞服，很有效力。"

叶文对于此单方的科学性做了一番论证，并指出其副作用："本品的学名，叫作硫酸铁，其成分是铁质，铁质最能补血，故贫血性之痿黄病，对于此项铁质药，为最有益之无上妙品，但不宜多服，多者作呕吐而反碍胃，宜慎为幸。"

禄口街道马铺社区的单方治黄病，为夏家祖辈相传的药方，传承人夏荣富是当地有名的中医，至今仍沿用此方为周边民众治疗黄病，很有名望。

当代影响与价值

单方治黄病，是马铺社区夏氏先辈利用中医的辨证医疗思维，在同疾病的长期斗争中，自主研发的一种传统中医单方，是江宁传统医药文化的重要组成部分，具有一定的民俗和历史文化价值。禄口马铺社区的单方治黄病，经过实践证明具有一定的疗效，对于中医治疗贫血等相关问题的研究具有一定的参考价值，值得加以分析与讨论。

单方治肠炎

基本概况

单方治肠炎，流布于禄口街道马铺社区。传承人夏荣富。

肠炎是现代社会中极为普遍的一种疾病，通常是由细菌、病毒、真菌和寄生虫等引起的胃肠炎、小肠炎和结肠炎。肠炎以消化道症状为主，表现为腹痛、腹泻、发热等。部分患者还会出现乏力、头晕等脱水症状。

针对此类病症，传统中医药理论中有多种治疗方法，食疗、药疗兼备。在禄口街道马铺社区的老中医夏荣富家中，就保存有几张专治肠炎的单方，治疗效果显著。具体内容罗列如下：

1. 芦荟治慢性肠炎

将生长 1 年半以上的芦荟鲜叶削成薄小条，投入广口瓶中，然后倒入 50 度以上的白酒，芦荟与酒的比例为1:1，浸泡一个月即成。每日中午、晚上各饮一次，初饮每次 20 毫升，如无不良反应，饮用量可增加至 40 毫升。

2. 山楂治慢性肠炎验方

取山楂 250 克、红糖 50 克。将山楂放入铁锅中，炒至黑炭色，添清水 800—1000 毫升，熬至 400 毫升，加入红糖，滤汁，1 次空腹服下。过滤后的山楂，照上法再熬 1 次服用，每天早、晚各 1 次。服药期间忌生凉及油腻食物。

3. 中药外敷治急性肠炎

将白芷、干姜各 6 克焙干后研成细末，加米醋调拌成糊状待用。用法：先用白酒擦洗肝脐，再将药糊填入脐中，外用胶布贴敷，上压热水袋温敷，约 10 小时后取下。此方治急性肠炎、脾胃受寒受湿、大便稀溏等症。

4. 车前子治肠炎

车前子、菊花、决明子各 10 克。此为 1 日剂量。水煎后，分早、中、晚 3 次服用，3 天为 1 个疗程。

5. 香蕉治肠炎

香蕉 1 只、精盐少许。用香蕉蘸盐吃下，可立见奇效。

6. 大蒜治肠炎。

大蒜 10 头、米醋 250 毫升。将大蒜洗净，捣烂如泥，和米醋徐徐咽下。每次约 5 瓣，每日 3 次。

历史传承

作为一种常见的消化道疾病，中医对肠炎的研究由来已久。肠炎在中医中被称作“泄泻”或者“痢疾”，相关治疗方案在古代医案、古代文献中记载得比较多，临床疗效大部分也比较好。中医认为肠炎主要因脾虚和湿热引起。急性期治疗一般是以清湿热为主，比如白头翁汤和平胃散。

到缓解期主要以健脾为主，可以配合疏肝理气的药物，主要用药有参苓白术散和痛泻要方。急性肠炎一般比较容易治疗，慢性肠炎需要中药反复调理，治疗时间一般比较长。

民国时期，随着现代医学传入中国，治肠炎的一些传统中医单方不断为人重视，屡屡见诸报端。《联益之友》1926 年第 25 期刊发了《治痢及肠炎单方》一文，介绍了一种以马齿苋为主要成分的单方："此方用新鲜马齿苋（草名），俗名酱瓣草，连根拔起，洗净晾干，捣汁，沥出约一茶杯许，再加入真蜂蜜三汤匙，加入开水炖热，空腹一茶杯，轻者一次，重者二三次，必愈。"当时有一位名叫刘春圃的人，患慢性肠炎有四五年，自从服用此单方，已经痊愈。可见，此单方效果明显。

禄口街道马铺社区的单方治肠炎，为夏家祖辈相传的药方，传承人夏荣富是当地有名的中医，至今仍沿用此方为周边民众治疗肠炎，颇有名望。

当代影响与价值

禄口街道马铺社区的单方治肠炎，是江宁人民在长期的医疗实践中积累形成的传统中医治疗方案，承载着先民同疾病作斗争的经验和理论知识，体现了江宁先民的特殊智慧，具有一定的历史文化价值。

今日之肠炎治疗方案多以西医为主导，单方治肠炎似乎已经过时，但作为反映旧时江宁民间医疗水平的活态传承，其所蕴含的学术价值仍不容忽视。同时，以禄口单方治肠炎为代表的传统中药方剂，强调整体观及辨证施治的科学性，对于现代医药学的发展仍具有一定借鉴价值。就此而言，单方治肠炎等传统中医药疗法仍然值得我们重视。

烫烧伤草方

基本概况

烫烧伤草方，主要流布于麒麟街道麒麟门社区。传承人为吴玉门。

身体受高热而起的外伤，可分为烧伤和烫伤两类。烧伤是由热力，如火焰、灼热的金属固体、太阳光、X 光线、镭锭光线及雷电等造成的损伤。此外，化学药品如强酸、强碱所致的外伤也是如此。而烫伤是因热油、沸水、蒸汽所致。因此，烧伤等于身体组织的烘烤，烫伤等于身体组织的煮沸，实际上两者在症状上极其相似。通常因高热引起的外伤，一般按照其深度分为度。有德美学者分为三度的，第一度为红斑性，第二度为水泡性，第三度为坏死性；英法学者则分为六度，第一度皮肤变红，第二度皮肤起泡，第三度皮肤的表层被毁而露出肉面，第四度为皮肤全毁，第五度为皮下软组织已毁坏，肌肉受伤或毁坏，第六度焦伤达骨或全部坏死。

对于烫烧伤的治疗，我国传统中医药经过漫长的实践，在民间形成了多种治疗烧烫伤的小单方，其中有不少是常见的草方。这些方法简单易学，在治疗烧烫伤方面效果明显。麒麟街道麒麟门社区的吴玉门家中就留存有几份祖传单方，在治疗烫烧伤方面颇有奇效。具体内容如下：

1. 芦荟叶

芦荟叶，又称油葱、象鼻草、卢会、讷会、奴会、劳伟等。用量为 1 片芦荟叶（根据创面大小，用量可加减）。将新鲜芦荟叶，以冷开水洗净，挤汁遍涂伤部，每日敷 2—3 次。芦荟叶味苦涩，性寒，有泻火、通经、杀虫、解毒、凉血、止痛等功效。可治烧烫伤、跌打损伤、痔疮、痈肿等症。因烈火烧伤或高温器具烫伤，有皮肤红肿、创面红晕、疼痛、发热等症状，宜用此方。

2. 杨梅树皮

用量一般为 10 克，根据创面大小，可以加减。用法为将杨梅树皮研细末，用麻油调敷患处。治宜润肤清热。杨梅树皮性温，味苦涩，能治烫火伤、恶疮疥癞等。因烈火烧伤，或高热器具烫伤，症见皮肤红肿、创面较大者，宜用此方。

3. 杉树皮

杉树皮，又称杉木皮。用量一般为 100 克，可根据创面大小加减。用法为将杉树皮烧成灰，研细末，然后用鸡蛋清调敷患处。治宜解热润肌肤。杉树皮性微温，味辛，入脾胃经，有辟秽止痛等功效。可治金疮出血、烫火伤灼、水肿、漆疮。鸡蛋清则有清热泻火、润肌肤作用。因被烈火或热水所伤，症见皮肤灼热、红肿疼痛者，宜用此方。

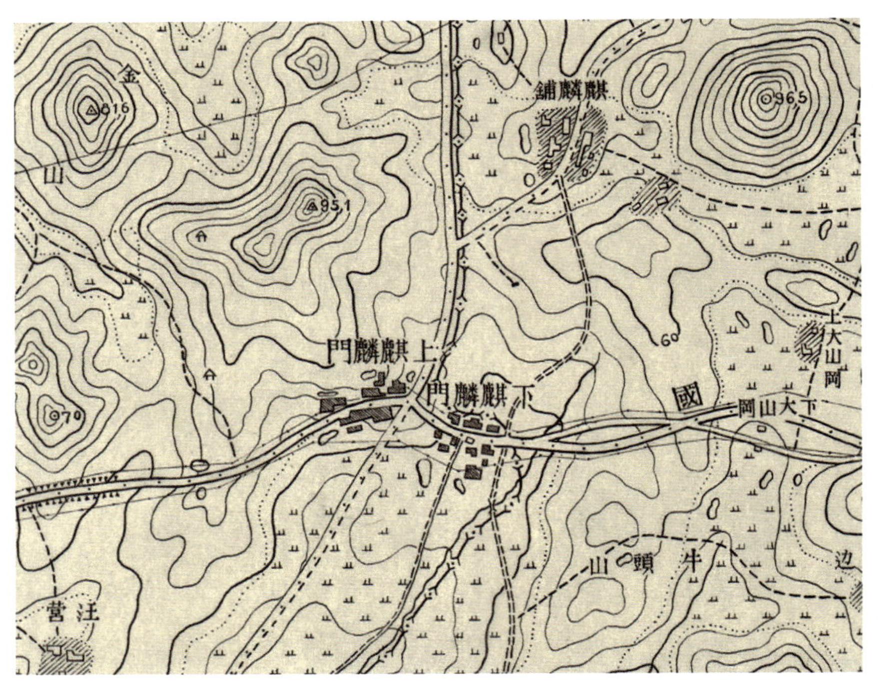

1913 年麒麟门地区地图

4. 马桑叶

马桑叶，又称鱼尾草、酸鱼草、扶桑、上天梯、蓝蛇风。用量一般为 10 克，可根据创面增减。用法为将马桑叶晒干，研成细末，调香油敷于患处。治宜清热解毒、凉血熄风。马桑叶性寒，味辛苦，有毒，可治火伤、烫伤、肿毒、黄水疮、痈疽等。因高热、猛火伤皮肤，症见皮肤红晕或腐烂者，宜用此方。

5. 芙蓉叶

芙蓉叶，又称木芙蓉叶、拒霜叶、芙蓉花叶等。用量一般为 100 克，可根据创面增减。用法为将新鲜芙蓉叶捣烂，取汁加香油调匀，敷于患处。受水、火、油、物等不同类型和不同程度的烫伤，其症状各不相同，治宜清热、解毒、止痛。芙蓉叶性平，味辛，入肝肺经，有凉血、解毒、消肿、止痛等功效，可治烫伤、大小痈疽、肿痛恶疮。

6. 蔷薇叶

蔷薇叶，又称刺花叶、白残花叶、柴米花叶。用量一般为 500 克，可根据创面增减。用法为将新鲜的蔷薇叶捣烂，取汁涂患处。治宜泻热、止痛。蔷薇叶性凉，味甘。有生肌收口等功效。因皮肤烧烫，症见皮肤疼痛不止、皮肤发热者，宜用此方。

7. 柏叶

柏叶，又称柏树叶、侧柏叶。用量一般为 500 克，可根据创面增减。用法为将新鲜的柏叶捣烂后，涂于患处，1—2 天后换涂。治宜清热、解毒、止痛。柏叶性微温，味苦。有凉血止痛、杀虫等功效。因烈火或高温直接烧烫皮肤，症见皮肤红肿、疼痛、发热者，宜用此方。

历史传承

中医治疗烧烫伤，有着数千年的历史，并在实践中不断总结，形成了许多单方。《常识周刊》1928 年第 12 期刊发了朱敏政的《自制烫伤药》一文，记载用老黄瓜治烫伤的单方："世间废物之可利用者极伙，而能得其用者至少，故寻常所见之物，以其废而弃之者，则比比皆是也。即如老烂之黄瓜，任何家庭，莫不视其为废物者也，殊不知彼有治烫伤之能，余因曾受其效，将老烂的黄瓜，积于瓦器之内，待数日后烂透，捣之成浆，去其渣滓，和以菜油少许，即成，几遇烫伤者，将该药涂患处，立见其效。"

《丹方杂志》1935 年第 10 期刊发邢知永《治烫伤良方》一文，介绍了用当归、黄腊、麻油治烫伤的单方："当归三两、麻油（用菜油代麻油也可）四两，置锅内同煎，俟沸透，移锅离火（以当归焦黑为度），将当归渣撩去，然后用黄蜡四两，乘热拌入，搅匀待冷，即凝成油膏，用时将油膏涂在患处，必有奇效。备洁净之瓮一只，将烂福橘投入贮之，任使熟烂成糊，逐年投入，愈陈愈佳，敷治烫火伤，最为有效。”

当代影响与价值

民间往往在处理一般烫伤时会采用中医单方，麒麟门社区的烫烧伤草方就是其中的典型代表，曾经守护了当地居民的生命健康，促进了民间医学的发展，具有一定的医药学价值。中西医在治疗烫伤方面的很多原理是相通的，但传统中医理论在民间拥有良好的群众基础和独特的科学价值，在日常生活处理烫伤方面具有先天的优势。麒麟门社区的烫烧伤草方为世代传承，代表了江宁民间智慧的创造力，在当下仍具有比较明显的应用价值，理应对其进行生产性保护，合理开发其经济价值，在良性循环中做好活态传承，在不破坏其原有价值的基础上进行保护利用。

蒋珩中医外科

基本概况

蒋珩中医外科，流布于江宁街道江宁社区及周边地区。传承人吴守仁。

中医外科，是以中医药理论为指导，研究外科疾病发生、发展及其防治规律的一门临床学科，包括疮疡、乳房疾病、瘿、瘤、岩、皮肤及性传播疾病、肛门直肠疾病、泌尿男性生殖系统疾病、周围血管和淋巴疾病等各类外科疾病，有着十分悠久的历史。

蒋珩中医外科，是江宁名医蒋珩创立的中医外科诊所，在江宁街道颇有影响力，主治各种痈疽、疔疮等肿毒，兼治外科诸病，有着一套独特的诊疗方法。蒋珩中医外科诊断方式，主要凭肉眼观察和用手触摸。其治疗方法，一般为贴膏药，运用验方，自行配制。治疗疮则通过手术治疗，初起开刀切除，若已化脓，则开刀放脓。有些重症患者，还须内服一些中成药，这样治疗效果会更好。

其药品配置，需先将各种中草药材切碎，然后一一放入药碾子里碾成粉末，分别装入瓷瓶内密封。制作膏药时，将桑皮纸裁成各种规格的方块，用时在纸块中央涂上一层盐坨（即膏药脂子，药房有售），再把自配的药粉，用药勺挖出少许，放在盐坨中央，这样膏药就制成了。

蒋珩中医外科所需的药材有公丁香、母丁香、五灵脂、白芍、蒲公英、黄柏、石菖蒲、大黄、雄黄、赤石脂、蜈蚣、蝎子等上百种。器具有碾槽、筛子、乳钵、手术刀等。蒋珩中医外科的配方有二十余种、药碾子一个、药瓶（古瓷瓶）三只，均掌握在传承人吴守仁手里。

传承人吴守仁，1936 年 9 月出生，初中毕业后到江宁镇医院学医，并在医院工作了四五年，后下放到江宁街道企业工作。从 1989 年起，他和妻子蒋本秀（蒋珩之女）一起开办中医外科诊所。妻子病故后，他独立经营诊所至今。

历史传承

蒋珩（1899—1966），字蕙荪，江宁人，为江宁中医外科名医，相关事迹见于《江宁县医药志》《江宁镇志》《江宁县志》等志书中。蒋珩出生于医药世家，祖上三代均为著名中医外科医生，平日悬壶济世，行医兼售药。从其祖父起，他家里就开设了中医外科诊所和中药店。他自幼随父从事药业，继学医道，经过长期的实践积累，成为江宁民间中医外科名医。

蒋珩精通各种无名肿毒、疑难杂病的施治方法，利用家传秘方药剂，自采草药，加工成药，用于治病。他医术精湛，医德高尚，享有“痼疾沉疴，妙手回春”之声誉。患病者只要有一线希望，他都尽心抢救。穷困患者求医购药，他给医送药，不取分文。病人远道而来，返回有困难者，他留宿给饭，资助盘缠，故深受民众爱戴，各地慕名求医购药者甚多。据说，由于前来找他看病的患者太多，宁芜铁路甚至在江宁镇为其破例增停中午班次列车，以方便苏皖等地百姓求医购药。中班火车一到，患者及家属接踵而至，排队挂号、求医购药者不计其数。

在长期行医经药的实践中，蒋珩积累了许多经验，积成家传秘方、单方、验方等上百张。他善用芫花、青红娘、信石、乌头、大戟等剧毒性药材，自制“神负散”“凉心散”“阳和膏”等十多种外科用成药，至今仍流传于民间。1952年，他加入了联合诊所，并献出了二十余种外科验方，如“疔灵散”“凉血散”“冲和膏”“阳和膏”等，这些药方至今仍在江宁中西医结合医院和吴守仁诊所外科临床中使用。1966年9月去世，享年68岁。

江宁区历来重视中医药的传承工作。根据江宁区档案馆的馆藏资料显示，早在1961年5月21日，江宁县人民委员会卫生科就颁发了《关于进一步开展中医带徒工作的意见》。据该档案记载，当时全县有59位中医，其中11位负责带徒弟。全县20个公社医院中，有9个公社医院开展了中医带徒工作，先后培养了17名中医学徒。设置的中医专业有中药调剂、中医内科、中医伤科、中医外科、针灸、中医调剂等。蒋珩作为江宁县名中医之一，与邹泽民、施筱卿等人一道参与了带徒工作。当时蒋珩所在的单位是江宁公社医院，他带了两位中医外科的徒弟，其中一位徒弟刘家林，从江宁中西医结合医院退休后，住在东山街道。他的女婿吴守仁，则一直使用岳父留下的验方开设诊所，为病人治病，近年已将医术传给了在江宁中西医结合医院工作的长女吴志华。

当代影响与价值

在医疗技术条件十分有限的传统社会，各类外科疾病长期困扰着民众的生活。经过不断的摸索实践，中医外科学由此诞生，成为中医学中的重要组成部分。蒋珩中医外科，是江宁民众在传统中医外科的理论指导下形成的现代中医外科，具有较高的医学价值。作为江宁地区具有代表性的活态传承“非遗”项目，蒋珩中医外科在当地具有较大的影响力，深受周边群众好评，在一定程度上促进了当地医疗卫生事业的发展。如今，蒋珩中医外科传承人吴守仁仍在运用相关药方开设诊所，在保护和传承该项“非遗”的同时，继续发挥其治病救人的作用。

单方支气管炎破裂中药治疗

基本概况

单方支气管炎破裂中药治疗，主要流布于麒麟街道麒麟门社区。知情人陈安银。

支气管炎是常见的呼吸道疾病，指气管、支气管黏膜及其周围组织的慢性非特异性炎症，主要是由于病毒和细菌的反复感染而产生，临床表现以咳嗽、咳痰为主，严重时还会导致支气管出血。支气管炎有“原发性”和“继发性”之分。原发者或先作轻微伤风，忽然寒战发热；继发者常发于麻疹、百日咳、流行感冒、伤寒诸病之后，严重者变成支气管性肺炎。急性支气管炎在临床上较为常见，是其他急性传染病的附属病。其病多初起于感冒，炎症起于鼻腔及喉头，作鼻塞喉痒，渐向下延，入气管，于是咳嗽发热。如果不及时治疗，任其发展的话，将引起较为严重的并发症。

关于支气管炎的治疗方法，麒麟街道麒麟门社区一带流传一道以服用茅草根与黄豆煨的汤水为主的中医单方。据说，此单方主要治疗支气管破裂出血及鼻子经常出血，效果奇佳。

此单方具体内容如下：取洗净的茅草根（除去茎叶）500克左右，抓一把黄豆，水适量，入锅煮沸。再经小火煨至茶色，每日当茶水饮用，并食黄豆数粒。血止后，再继续饮用数日，即可以巩固，病情不会复发。据知情人陈安银介绍，2001年之前，他支气管出血的毛病每年都会复发，经常住院挂水治疗，但未能得到根治，并影响工作。一次，他旧病复发住院治疗，同房的一位病友给他一个单方。回来之后，他按单方煎服，果真有效，好几年下来了，老毛病没有再犯。后来他又将此单方推荐给其他病友及社区同病患者，得到反馈的信息是疗效不错。

历史传承

作为常见的呼吸道疾病，支气管炎一直是传统中医药的重要研究对象，不少医者曾就此提出了基于中医学说的解决办法，相关治疗方案在古代医案、古代文献中的记载比较多，临床疗效大部分也比较好。

民国时期，经过长期的探索和尝试，支气管炎的治疗方式得到进一步改善，一些研究成果陆续发表。如《医报》1933年第6期发表的姜白鸥《喘息及其类似证慢性支气管炎肺气肿之治法》，《新医药刊》1936年第48期刊发的陈兰石《急性支气管炎及咯血症》，《镜湖医药报告》1948年第1期发表的郭信坚《我怎样治疗慢性支气管炎》，等等。

有趣的是，一位法号了空的法师，在支气管

今日麒麟街景

炎被治好后，有感而发，写下了《甲戌冬，病支气管炎，鼻衄血而咳嗽不已。经梅神父医院郭医生诊治，获效，嘱为长期之静养，体可复原。住院十余日，清晨无事。书此当偈》一诗，发表在《海潮音》1935 年第 2 期上。了空当时因支气管炎而且是鼻子出血，经过治疗痊愈，因此感慨万千。

当代影响与价值

单方支气管炎破裂中药治疗是一个典型的传统中医药单方。此类单方虽药材常见、步骤简单，但往往颇有效果，能有效治疗一些西方医学较难解决的疑难杂症。它们是经过长时间实践检验形成的传统医药遗产，具有相当程度的科学性，弥补了西医治疗的局限性和单一性，可以减少慢性支气管炎的并发症、复发率和西药带来的毒副作用，提高患者的生活质量，体现了中医辨证疗法的独特长处。单方支气管炎破裂中药治疗，通过辨证分型、精方验方的应用，明确了中医药对其治疗的有效性及独特的优势，客观上保护了当地民众的健康安全，值得进一步传承和发扬。

浮肿病综合治疗法

基本概况

浮肿病综合治疗法，主要流布于横溪街道及周边地区。

浮肿病是以发病症状而命名的一种疾病，指由机体细胞外液中水分积聚所致的局部或全身肿胀。它的成因一般较为复杂，如气候寒冷不慎、饮食生冷不洁，以及有严重的寄生虫病，或其他慢性病，导致脾胃虚寒，不能运化，或肺气不宣，不能通调水道，或肾脏功能失常、二便开阖失利等都能形成浮肿。此外，在过度疲劳或营养不足的情况下，也极易促使浮肿的形成。或因脾胃消化不良，不能吸收滋养肢体，也会引发浮肿病。

根据症状的表现不同，浮肿病可划分为两个类型：一为浮肿型，具体表现为腿足或全身发肿的症状；二为消瘦型，具体表现为四肢不肿，或下肢微肿、肌肉消瘦、皮肤干燥等。其他症状包括头晕眼花、四肢发麻、沉重少力、面色痿芡、怕冷、盗汗，或腹胀、大便不成形，小便不利或次多等，均为二者的常见症。

根据症状的轻重，浮肿病可划分三个诊断标准：轻度表现为仅颜面、踝部有轻度浮肿，仍能参加劳动；中度表现为颜面、下肢或其他部位浮肿较多，不能参加劳动，但尚能自由活动；重度表现为全身浮肿，或伴肝腹水，卧床不起。

根据中医辨证施治的理论，浮肿又可分为脾胃虚寒(除一般症状外,还有消化不良、脉搏沉细、舌淡苔白、胖嫩水滑等)、脾肾阳虚（见有下肢怕冷、腰背酸痛、夜间小便增多、脉缓微弱等症状）、脾虚湿盛（全身或下肢肿盛,甚至阴部肿大,肿处按之凹陷，小便不利等）、肺气不宣（伴有咳嗽气喘、胸闷等,新患感冒除外）、湿热郁阻（小便不利、面赤、舌质红苔芡腻、脉数或口渴）等症。

横溪集镇一带流传着专治浮肿病的治疗方法，主要采用加减理中合剂和针灸来治疗浮肿，适应于脾胃虚寒的浮肿或消瘦。所用理中合剂的药物包括干姜、木香、茯苓、甘草等。制剂用法为以水一斤半,煎至半斤,每服四两,日两次温服,连服 10 天为一疗程（或按量配成大剂量使用）。此外，还需配合西药治疗。湿重肿盛的，配合注射“汞撒利”“胺苯咸”，或内服氢氯噻嗪。虚弱盛的，配合内服维生素类，或注射葡萄糖等。消瘦气血两亏的,配合内服“胚宝”或量加滋补茶。

除内服用药外,患者还需每隔一天针灸一次。主穴方面:下肢肿，取足三里、三阴交、足临泣;腹胀而肿，取中脘、天枢、脾俞、胃俞；面肿，取合客、曲池、偏历;气血不足，灸关元、气海。辅穴方面则根据症情选择配用。凡有肿象、消化不良，都以重灸水分、中脘、足三里。初起针灸并用，一星期后，以灸为主。在个别案例上，如患者兼咳喘，则以宣肺利水；属湿热的，则清利湿热；严重的患者，或兼有他症的，均予以量行处方治疗。

西医治疗浮肿病多用利水退肿，疗效虽快，但容易引起复发。换言之，西医利水及退肿，是治其标，不能治其致肿之本，是不易根治的。而江宁中医疗法则通过以上加减理中合剂配合西药，健脾补正治本，利水退肿治标，并配合针灸，经过一个疗程10天的治疗后，患者大都能如期痊愈。

历史传承

旧时，因经济发展落后，生产资料极度匮乏，浮肿病在江宁地区一度肆虐。据《江宁区志》之“饮食”词条记载：“1959年—1961年三年困难时期，农村粮食极度匮乏。由于身体营养严重不良，再加上高强度的劳动，大多数农民都患了浮肿病（时称二号病），每个村庄都有人死于饥饿。”为了改变这一状况，江宁县政府发起动员，下决心根治浮肿病。

1960年底，经过数次调查，横溪公社发现境内患浮肿病、子宫脱垂病者达183例。在公社党委邀请下，南京中医学院医疗队耗时一个多月，采用中西医结合、土洋并举、以土为主的综合治疗法，对这些病人进行了治疗，取得了较好的效果。经过第一疗程治疗后，医疗队对所有浮肿病人的治疗效果进行了客观分析。他们发现，这些集中治疗的病人服加减理中合剂的有75人，在第一疗程，浮肿症状完全消失、面红润、舌质口唇转红、脉转流利、能够担任轻微劳动者占33.3%；浮肿减退、尚未完全消失的61人，占61.6%；无效者5人，占5.5%。总有效率达90%以上，足以证明该疗法的有效性。1961年1月24日，南京中医学院医疗队对此次治疗进行了总结，并撰写了《综合疗法治疗浮肿病、子宫脱垂的临床观察》报告。

当代影响与价值

横溪地区的浮肿病综合治疗法，是南京中医学院医疗队研发的一种以中医药理论为基础的治疗方案。它采用中西医结合的方式，及时遏制了当地大规模浮肿病的爆发，挽救了大量群众生命，是传统医学与现代医学互补融合的典型案例，体现了传统中医药文化的发展潜力，有着一定的科学价值。近若干年，随着人民生活条件的大步提升，浮肿病已慢慢淡出人们的视野，但横溪地区的浮肿病综合治疗法在当下仍具有重要的参考价值，其背后蕴含的科学原理值得进一步分析研究。

中医吐血病治疗

基本概况

中医吐血病治疗，为江宁名中医邹德民擅长领域，主要流布于湖熟街道及周边地区。

邹德民是湖熟一带极负盛名的老中医，他精通内科，并兼喉科，还擅长男科、妇科、伤寒等各种病症，特别是在血症调理方面，医术尤为精湛。他对吐血病的关注始自 1920 年代，经过 10 年的研究，曾于 1935 年出版《吐血新论》一书。据该书介绍，吐血病的种类繁多，有春令吐血、夏令吐血、秋令吐血、冬令吐血、温病吐血、经临吐血、负重吐血、肝气吐血等。根据吐血的不同症状，他在书中提出了多种治疗吐血的方法。

其书“各种吐血之治法”一节，详细介绍了吐血病的治疗原理和具体治疗方法：

大凡治吐血之法，宜行血不宜止血。行血则血循经络，不止自止。宜养肝不宜伐肝，养肝则肝气平而血有所归。宜降气不宜降火，气有余便是火，气降则火降，而不上升。血随气行，无溢出之患矣。

普通治吐血，以葛可久之加灰丸为主，盖方以栀子、侧柏、荷叶、茅根、大黄，清血中之热，大蓟、小蓟、茜根、丹皮，破血之瘀。棕榈止血之溢，故虽烧灰，而无凶涩留瘀之弊也。初起呕血狂血，用止血清热之品。如丹皮炭、侧柏炭、银花炭、茜根炭、蒲黄炭、山栀、细生地、赤苓、川连、黄芩等，即能见效。其不效者，宜用固气之法，改用黄芪、当归、荆芥等品。肝大横逆，怒气冲盛，冲脉飞腾，如止水镜湖，风浪陡起，则波涛汹涌，倘迁延不治，必至上涌不止而死。急宜降气清火，降气如降香、郁金、苏子、瓜蒌、旋复、代赭石等，清火如川连、黄芩、丹皮、三七、大黄、犀角等。

吐血先见胸痛，血黑成块者，有瘀血也。宜加桃仁、红花、丹皮、制香附等行气散血之品。痰中带血，宜辨其是否有鼻衄及牙宣。如无此等情状，必为肺病无疑，乃肺络之孙脉受伤，法当养阴，如沙参、麦冬、生地、川贝、蛤粉、枇杷膏之类。

吐血既久，专用治血，无济于事，宜顾其胃气，高鼓峰云：“血症久，古人多以胃药收功，如乌药、大枣、炮姜，此虚家神剂也。”倪漱山亦云：“七情内伤，脾胃先病。”宜用固元汤、归脾汤、补中益气汤等法。

历史传承

邹德民（1905—1986），为江宁湖熟人，其父 21 岁时弃农往沪学徒，后在汉中路恒大染坊当职工。邹德民在 6 岁时随母赴沪，8 岁开蒙入私塾读书，10 岁考人育英学校读书，17 岁时转入上海鸣嵤公学读至高中一年级后，因家庭经济困难而失学。20 岁时，他拜《上海健康报》主编陈存仁为师，学习中医 3 年，临诊实习 2 年。1929 年，参加由上海特别市卫生局组织的中医士考试合格，并取得中医士执照，后于上海法租界南阳桥敏慎坊私人行医。1935 年，出版医书《吐血新论》。1947 年 3 月，邹德民参加卫生部考试院中医师资格考试合格，取得中医师证书，编号为“医中检字 3P03”。同年 9 月，领取考试院中医考试合格证书，编号为“卫生部中医师证书中字 2134”。后由于局势不稳，邹德民遂回原籍，并在湖熟东张塘村开设私人诊所。

1950 年，在中共中央公布“预防为主、面向工农兵、团结中西医”等卫生工作方针政策后，邹德民认为中医前途有了保障，但心中仍有所顾虑，没有出山。直到 1954 年，中医政策贯彻执行已有几年，邹德民参加了几次座谈会，受到很大鼓舞，感到在新社会里中医不仅被重视，而且政治地位亦得到了提高，从而打消了疑虑，思想觉悟大大提升。至 1955 年底，已行医 35 年的邹德民回乡开业，并于 1956 年元旦，参加江宁县解溪镇联合诊所。同年 9 月 1 日，被引进江宁县人民医院中医科任内科医生，为中医科创建人。

1961—1965 年，江宁县人民医院举办一期中医学徒班，邹德民任负责人并亲自授课。他对吐血、尿血、便血、崩血等各种血症，及心悸、眩晕、盗汗、失眠、各种脾胃症的调理、支气管哮喘、肝硬化、腹水、胆道蛔虫、皮肤过敏性疾病、妇科月经不调、不孕症、发热性疾病，重于含脉辨证，善用经方验方治疗，大多取得较好的疗效，被当地群众称为“大先生”。

除了治病救人外，邹德民还潜心研究医学，发表了大量的论文。除了《吐血新论》外，二十世纪三四十年代，他先后与陆普笙、陈存仁合作，在《康健杂志》《康健周刊》《幸福杂志》《长寿（上海）》《中国卫生教育》《丹方杂志》《医药研究》等期刊发表 115 篇医学文章，可以检索者有《认病识症辞典》《欲免时疫少饮冰水》《肺痨之敌：肺痨与吐血》《痰饮咳嗽：痰饮咳嗽小谭》《吐血概论：吐血与心理》《吐血概论：房劳吐血》《吐血概论：吐血与年龄之关系》《吐血概论：吐血与脾胃》《大便出血：便血之研究》《大吐血》《血崩》《经来腹痛之调治》《治黄疸简便方》《湿温症治概论》等。邹德民还在《新中医药》1958 年 9 月号发表《治伤寒肠出血的两个法则》一文，介绍了他的一些临床经验。在 1962 年出版的《江宁县医药科学研究资料汇编》中，还收录了邹德民、龙步云合作的《椒梅连芍煎治疗胆道蛔虫病的临床观察》《中西医结合治疗二例肠梗阻的初步效果观察》等论文。

邹德民从事医务工作达 50 年，对中医内科很有钻研，在江宁县开业的 13 年期间，在方圆数十里内外的群众中威望很高，凡难于治疗的疾病，都要设法请邹德民医治。1959 年 6 月 30 日，中共江宁县委宣传部《县委宣传部关于政治学习宣传教育工作的计划意见、小结、通知》中即有《江宁县中医邹德民小传》，可见邹氏已成为当时江宁德高望重的名医。

当代影响与价值

中医吐血病治疗，是江宁名中医邹德民对自己治疗吐血病经验的总结，是传统中医智慧的结晶，是当地医药文化中的重要组成部分。该疗法治疗效果好，深受当地民众好评，具有较高的医学价值。在以西医为主导的今天，邹德民的中医吐血病疗法仍具有重要的学术价值，其背后蕴含

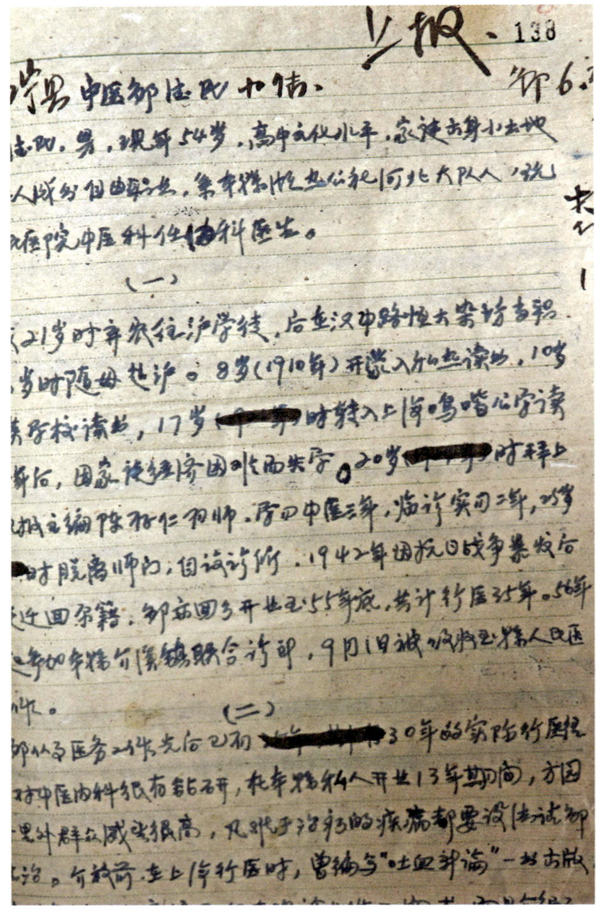

138

江宁县中医鄒德民小傳

鄒德民，男，現年54岁，高中文化水平，家庭出身小土地出租，本人成分自由职业，系本县湖熟公社河北大队人，現在县人民医院中医科任内科医生。

(一)

鄒父21岁时弃农往沪学徒，后在汉中路恒大染坊当职工，鄒6岁时随母赴沪，8岁（1910年）开蒙入私塾讀书，10岁考入育英学校讀书，17岁时转入上海鳴谷公学讀至高中一年后，因家庭经济困难而失学。20岁时拜上海伪健康报主編陈存仁为师，学习中医三年，临診实习二年，28岁时脫离师門，自設診所，1942年因抗日战爭暴发后，家庭迁回原籍。鄒亦回乡开业至55年底，共計行医35年。56年元旦起参加本县介溪鎮联合診所，9月1日被吸收至县人民医院工作。

(二)

鄒从事医务工作先后已有30年的实际行医經验，对中医内科很有钻研，在本县私人开业13年期間，方园数十里外群众威望很高，凡难于治疗的疾病都要設法請鄒医治。介放前，在上海行医时，曾編写“吐血新論”一书出版，书中对各种吐血症候不仅在理論上作了闡述，而且介紹了許多实际临床經验。之后曾陆續写了一些短篇論文和病例报告，仅現在知道的有“对中医科学化的芻议”一文。此文对复兴中医教育，統一中医教材和中药剂型改良等方面提出了一些見介。又如“治伤寒腸出血的两个法則”一文，发表于“新中医药”58年9月号，此文介紹了自己的一些临床經验。

(三)

介放前，鄒不問政治，清高思想很突出，旧文人士大夫的作风较濃。当时他的态度是既厌恶黑暗的旧社会，也不愿意寻求革命眞理，当家庭經济困难失学后，就抱着“一心成名”的思想去求医。可是在他行医的

邹德民小传档案

的科学原理值得进一步探究，以促进传统中医药体系的现代化。而邹德民的医学成就亦获得今人肯定，2017年12月方志出版社出版、南京市江宁医院志编纂委员会主编的《南京市江宁医院志》第十章“人物荣誉”第一节“人物传略”即收录有“邹德民”一条。

硫黄木瓜烟熏治癣

基本概况

1930 年代的汤山汤王庙

硫黄木瓜烟熏治癣，流布于汤山街道及周边地区。传承人刘永鑫。

体癣，是由致病性真菌寄生在人体的光滑皮肤上所引起的浅表性皮肤真菌感染。当致病性真菌侵犯人体表面的角质层后，可引起很轻的炎反应，发生红斑、丘疹、水疱等损害，继之脱屑，瘙痒难耐。

汤山浴室的负责人刘永鑫曾采取一种古老的烟熏疗法为患者治疗体癣。治疗时，患者要先洗温泉浴，接着用硫黄、木瓜熏治，并视患者病情，有时还会添加些当地草药绵茵陈、红辣蓼等。据刘永鑫介绍，硫黄木瓜烟熏治癣法不仅能治各种

汤山远景

汤山村景

癣疾，而且对于斑秃、毛囊炎、疥疮、神经性皮炎等皮肤病也具有较好的疗效。当然，硫黄木瓜烟熏疗法并非尽善尽美，有的患者在烟熏治疗过程中会出现较重的过敏现象，短时间内肿痒异常，故其疗法还有待进一步研究改进。

汤山浴室硫黄木瓜烟熏治癣在江宁地区十分有名，《汤山记胜》一书作者赵慕明老先生曾将其赴汤山温泉浴室治癣的经历整理成文，并记入书中："数月前我染上癣疾，奇痒难止，医院诊断为体癣，搽了癣药水，不能抑制，又改照紫外线，仍未能断根。偶然想到《南京日报》上曾登过汤山温泉浴室职工搜集单方给病人医治皮肤病的报道，便前往求医。"据作者回忆，他仅仅熏了 5 次就痊愈了，足见该法之奇效。当时，汤山浴室的负责人刘永鑫的诊疗室还十分简陋，但还是有从四面八方慕名而来的求诊者，一致反映疗效不错，体现了其疗法有其独有的科学价值。

历史传承

我国治疗皮肤病，有着悠久的历史，温泉浴则是其中的一种重要疗法。随着现代医学传入中国，人们对温泉浴疗法的认识更加客观。据商务印书馆 1934 年出版的祝振纲等编著的《皮肤病》一书介绍：

温泉浴之注意：人体皮肤如无糜烂、创伤，则汤水难以侵入，因之浴汤所含种种药品，亦不易由皮肤而吸收于体内。故行温泉浴时，其泉中之成分，亦未能透入皮内，即能透入，其量亦微。

世俗之人，往往深信温泉有莫大之功效，患病时不问其病症之如何，即往温泉沐浴疗治，此实未免误解。然往温泉疗养，往往确与病体有益

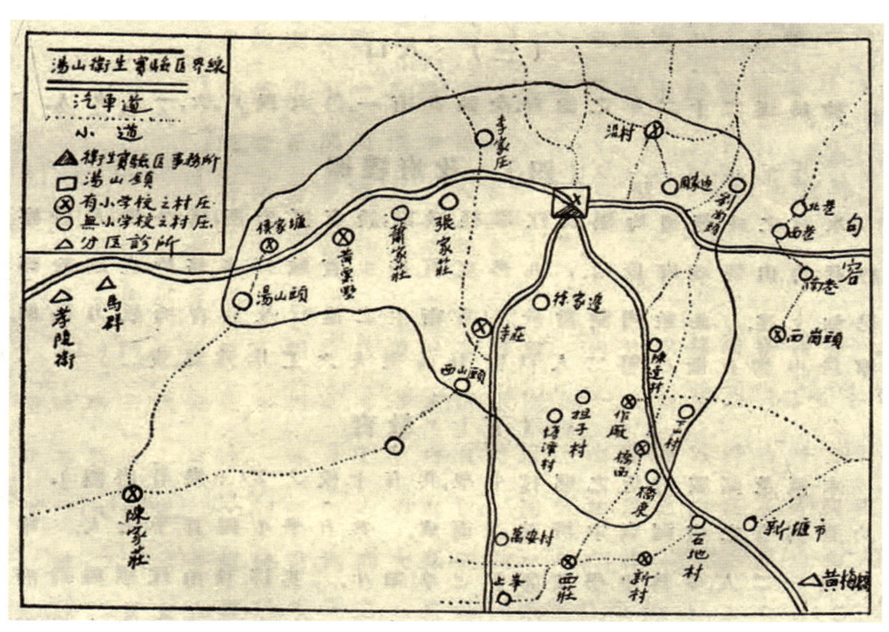

1935 年的汤山卫生实验区

汤山温泉治疗皮肤病的历史，或可追溯至南朝，相传南朝梁代太后曾在此沐浴，治好了多年的皮肤病，梁武帝遂将之封为“圣汤”。

民国时期也不乏在汤山温泉治好癣病的例证。又据《南汤山志》之“王苏之题记”记载：“温泉浴之可以却病……下至癣疥之类，皆有奇效。”可见汤山温泉治疗癣疾确有奇效。

者，则因温泉所在地之多系山间，其地空气新鲜，环境幽静，且日日入浴，足以促进新陈代谢之机能，同时又得吸收矿泉之蒸气，故对于恢复期之病人及健康之人，未始无益也。

对于皮肤病认为最有效的力者，厥唯硫磺泉。硫磺泉中，因其温度有高低，所含硫黄有多寡，而其效力亦未必一定。急性皮肤病患者，对于任何温泉，概以不浴为是。慢性皮肤病，却不妨用硫磺泉或钠泉浴治。

汤山温泉位于江宁东郊的汤山集镇，是中国四大名泉之一。汤山温泉历史悠久，富含多种矿物质，早在 1500 多年前就已被发现并利用。关于

当代影响与价值

硫黄木瓜烟熏治癣，是汤山地区民众通过长期实践，总结出的一种治疗各类癣疾的奇方，是当地宝贵的医药文化遗产，具有一定的历史文化价值和医学研究价值。汤山温泉是南京地区著名的疗养胜地，在泡温泉时，温泉中的微量元素会沉淀在皮肤上，可改变皮肤酸碱度，进而达到理疗养生的功效。新中国成立后，汤山地区先后建起多所疗养院，温泉的保健医疗作用得到了更大的发挥。毫无疑问，硫黄木瓜烟熏治癣可以丰富汤山温泉的医用价值，值得进一步研究、保护与传承。

江宁民间单方验方秘方

基本概况

江宁民间单方验方秘方，主要流布于东善桥、汤山、淳化、索墅、禄口、秣陵、东山等集镇。

民间单方、验方和秘方是传统中医药体系的重要组成部分。单方即是单味药方；验方指在临床实践中总结出的，在临床上确有疗效的制药药方、诊断疾病的方法和处方；秘方则是指历代医家私藏和中医世家内部流传的非公开药方。这些药方大都流散于民间，面临着散失或失传的危险，亟待收集整理。

1962年，江宁县医药卫生科技工作者积极开展医学研究与学术活动，并将主要疾病的临床观察和调查研究资料选编成册，题名为《江宁县医药科学研究资料汇编》。书中除了记录临床经验和防疫实践外，还刊载了10种广泛流传于江宁境内，且确有疗效的单方、验方、秘方。具体内容如下：

1. 治老年人尿闭方

取柏树叶1两许，加1斤水煎泡，分作3次内服。献方者为东善桥联合诊所周朝举。

2. 治肺痈方

用狼巴草（又叫鬼针草）适量，不拘多少，泡茶饮之，有效。献方者为蒋士贵。

3. 治气喘方

用马松一小撮，加水煎泡服。献方者为汤山地区医院兰秀珍。

4. 治浮肿方

取车前草加灶心土少许，加水煮饮用。又有取冬瓜皮、马子苋，不拘多少，加水煮沸饮用。献方者为汤山地区医院兰秀珍。

5. 治搭背方

取榆树皮、皮硝、大黄、冰片各等分，研磨成细，用童便调匀敷之。此适用于未出头搭背，如已出头者，应加用川椒末2钱、硼酸3钱。献方者为索墅联合诊所张行舫。

6. 治蛇咬方

取半枝莲五钱及五灵脂、旱莲草、白及、生

淳化稻田旧影

南星、雄黄各等分，研末外敷。献方者为索墅联合诊所张行舫。

7. 治呃逆方

取柿蒂4只、丁香2钱、制半夏2钱、黄芩1钱5分、竹茹1钱5分，泡茶饮用。配合治疗方法为针灸膻中、云台、内关、足三里。献方者为禄口联合诊所邓逸民。

8. 治走马瘖方

取回回蒜，捣汁外敷印堂穴。献方者为蒋士贵。

9. 治疟疾（间日疟）方

取新鲜桃仁7个、大蒜头3瓣，发作前1—2小时捣烂，外敷手寸关尺处，男左女右。献方者为蒋士贵。又有一方，用鹅儿不食草、草果，等分研末，用布包好，男左女右塞于鼻孔，一夜即愈。献方者为禄口联合诊所魏席珍。又方，人言1钱、绿豆1两为末，无根水或井水为丸，如绿豆大，以黄丹为衣，阴干。发作时井水下服5—7丸。献方者为秣陵联合诊所张瑞珊。

10. 专治急性乳腺炎方

取真白川椒14粒、红枣（去核）4枚、朱砂2分。先将白川椒与红枣共同捣烂，然后以朱砂为衣，做成锭形，外用，少许棉花包裹，塞入鼻孔，患左塞右侧鼻孔，患右塞左鼻孔。两侧俱患，则左右鼻孔均同时塞之，待消炎散肿为度。献方者为江宁县人民医院贾永济。此方系其父贾海峰50余年临床经验方，曾用于数百例急性乳腺炎患者，效果显著，但其方只适用于急性乳腺炎初起时颇有效果。如已化脓，则难收效。

历史传承

中国传统医药学是一个伟大的宝库，这个宝库除了见于各种医书中的医学理论外，还包括大量分散在民间的单方、验方、秘方。这些民间药方虽多数未经严格的临床验证，但在治疗某些疾病时确有成效，《普济方》《经验广集》等中医典籍中即收录有不少源于民间的药方。

鉴于民间单方、验方、秘方的重要性，1962年江宁县医药卫生科技工作者在编纂《江宁县医药科学研究资料汇编》时，收集了10种流传于江宁民间的单方、验方、秘方。这些药方是东善桥联合诊所、汤山地区医院、索墅联合诊所、禄口联合诊所、秣陵联合诊所、江宁县人民医院等医务工作者在多年实践中总结出来的。他们多数为基层医务工作者，将自己掌握的单方、验方、秘方奉献给社会，使得这些原本是难得一见的单方、验方、秘方得以传承。这里有父传子的单方，如“专治急性乳腺炎方”；也有如“治蛇咬方”等挽救生命的良方。他们为江宁中医药事业积累了丰富的经验，促进了医药科技情报的交流，丰富了防病治病的内容。

当代影响与价值

江宁民间单方、验方、秘方，是江宁普通中医药工作者在同疾病斗争中所总结出的经验和理论知识，其中不乏行之有效，甚至药到病除的奇方、妙方，是江宁宝贵的中医药文化遗产，具有重要的历史文化价值和医学价值。这些丰富多样的民间单方、验方、秘方，体现了传统中医药文化的多元化特性。它们同经典中医药理论一起构成了浩如烟海的中医药宝库，为保护广大民众的身心健康发挥过巨大作用。如今大量的民间单方、验方、秘方面临着散失或失传的危险，造成了医药资源的极大浪费和损失，像《江宁县医药科学研究资料汇编》这类广泛收集了当地民间方剂的医药典籍，应该可以为保障江宁民众健康发挥更大的作用。

耳针治疗风寒湿痹伴发痛症

基本概况

耳针治疗风寒湿痹伴发痛症，流布于江宁区境。传承人贾永济。

风寒湿痹是临床常见的疾病之一，与气候变化有着密切的关系。因风寒湿痹导致的伴发疼痛症，不是针灸和药物所能迅速治愈的，病人往往感觉痛苦难忍，呻吟不已。

针对该病症，原江宁县人民医院的贾永济医师运用传统中医针灸理论，总结出了一套集诊断、治疗、保养于一体的综合疗法，内服、外用兼备，治疗效果奇佳。该疗法以耳针为主要措施，具体内容如下：

病人就诊时，首先应明确做出诊断，然后根据所患疾病的不同，在耳部所患疾病的区域寻找痛点。多采用针灸，以带圈的针头或火柴头，在耳部周围区域探查痛点。探查时，可先在病人反应点附近按压，逐渐接近反应点按压，力量要均匀，不可或轻或重、慢慢按压，待病人感觉被压部出现疼痛即止。

疼痛的出现即证明找到反应点，此时可再用探针稍用力按压，在耳廓上显现凹面，或用钢笔点一小点为针刺记号。然后以 75% 酒精棉球消毒局部，再将针（一般用五分毫针）徐徐顺着压痛方向刺入软骨，以不穿透耳廓背面皮肤而针又

20 世纪 30 年代打防疫针的儿童

能站立为度。如果需要留针时间较长，则可以用皮下针在痛点反应区埋藏，然后用橡皮胶布盖贴针面上。但需告嘱病人，于洗脸或睡眠时适当注意，勿要轻易弄掉。

针刺手法一般以平补、平泻法为主。刺入时，病人有较剧烈的疼痛，即证明针刺部位正确。如病人无甚感觉，即表示针刺反应点不准确。此时可将针向上、下、左、右稍稍移动，以促进痛点出现。针体刺入时，宜以快速进针，以缩短针刺时间，减少病人痛苦。临床上亦可根据病情的轻重缓急而决定，急性病可以每天针 1 次，慢性病可以隔日针 1 次，10 次为一疗程。然后休息一

星期，再考虑进行第二个疗程。如果系顽固性的慢性疾患，可以埋针三天到一星期。

耳针治疗的适应证广泛，包括手术后刀口疼痛，如胸腹部手术、肢体离断术、植皮、五官科手术等；外伤所引起的疼痛，如扭伤、挫伤、裂伤、枪伤等；急性炎症所引起的疼痛，如急性阑尾炎、急性胆囊炎、盆腔炎、子宫内膜炎、急性睾丸炎、肾绞痛、产后宫缩痛、功能性肠绞痛、急性胃肠炎、大叶性肺炎、胸痛、乳腺炎、咽喉痛、急性扁桃体炎等；神经痛，如头痛、肩痛、肘痛、膝痛、肋间神经痛、坐骨神经痛、不颚神经痛、三叉神经痛、胃神经痛；慢性病，如风湿性关节痛、腰痛、背痛、哮喘、神经衰弱、失眠、高血压、胃溃疡、皮肤病等；其他病症还有流行性感冒、疟疾、小儿麻痹症、百日咳、脾脏肿大、癫痫、颈痛难动等。

历史传承

据《南京市江宁医院志》之“名中医”词条记载，贾永济 1952 年参加工作，是江宁区中西医结合医院主治中医师，从事中医内科、针灸临床工作 60 余年，擅长治疗内科杂病、风湿痺痛症、妇科病、脑血管意外后遗症。曾发表《五泻心汤的临床应用》《应用逍遥散治疗 57 例慢性肝炎的体会》《面瘫治疗的体会》等论文 6 篇。1989 年，被评为南京市名老中医。

1962 年 1 月，江宁县人民医院开展耳针疗法的临床应用，由贾永济牵头，总结出了一套耳针治疗风寒湿痹伴发痛症的方法，对 113 例因风寒湿痹而引起的痛症进行了治疗，取得了较好效果。

此次应用研究的典型病例有三，具体情况如下：

病例一：初诊时以针灸治之，取穴环跳、居髎、风市、悬钟，留针 30 分钟，并配合中药大活络丹内服。次日复诊，据云效果不显，仍是疼痛，不能行立，转侧困难。随即采用耳针疗法，在臀、坐骨区寻找痛点后，然后以一般的五分毫针刺入，留针 30 分钟，每间隔 10 分钟捻转一次，促使针刺局部有痛胀感觉为度，以增强疗效。第三天，病者来院，谈及经耳部针刺后疼痛迅速痊愈，行动完全自如，毫无不适感觉。

病例二：初复诊时给予针灸治疗，取穴肩颙、肩髎、曲垣、天宗、臂臑、手三里、曲池、外关等穴。根据患者肩臂部位循行经脉的俞穴，采用近取法的原则，经针治三次后症状稍有减轻，但疼痛仍然不能缓解，屈伸则痛甚。随即在气血得以和畅、经络功能逐渐恢复的情况下，配合耳针治疗，经探针在左侧肩关节区域找到痛点，后以皮内针埋藏，外盖贴胶布。二日后来院复诊，疼痛悉减，屈伸也能自如，诸症若失。

病例三：初诊时，取穴肾俞、腰阳关、次髎、环跳、委中。次日复诊时症状如故，仍然不能行走，疼痛异常，又照上法再针一次，症状未减，仍然剧痛，行立困难。三诊时，由于前用针灸法治疗二次疗效不显，仍然疼痛异常，难以转侧和行走，旋即采用耳针治疗。确立部位后，用针头在腰臂区域探得痛点，即用皮内针在痛点处刺入埋藏，然后以胶布盖贴针体，使针体固定，不易脱出为度。经埋藏后，次日疼痛大减，亦能站立和行走（未用耳针前，由其子以板车拖到医院。针后痛减，则自己步行就诊）。再留针一日，症状悉减，行动自如。

1962 年 12 月，《江宁县医药科学研究资料汇编》收录江宁县人民医院针灸科贾永济《应用耳针治疗风寒湿痹伴发痛症的一些体会》。文章说：“通过一年来的耳针临床应用和 113 例风寒湿痹伴发痛症的疗效观察，经用耳针治疗后，均

江宁区政府旧影

有不同程度的减轻，有效率高达 90% 以上。经验证明，其诊断治疗价值很高，不但风寒湿痹伴发的痛症可用，且对一切原因而引起的痛症和其他疾病皆可应用。其优点是简便易学、易于掌握、疗效又高、不受时间地点和技术设备等条件的限制，却是一种多快好省的疗法，为广大劳动人民所欢迎。”

当代影响与价值

耳针是指使用短毫针针刺或其他方法刺激耳穴，以诊治疾病的一种方法。耳针治疗风寒湿痹伴发痛症，是江宁医疗工作者在长期的医疗实践过程中，根据传统耳针理论创立的一种综合疗法，效果显著，深受民众好评，是当地一项独特的医药文化遗产，具有重要的历史和医学价值。作为一项疗效显著的活态技艺，耳针疗法在一定程度上丰富了当地的医药知识体系，维护了民众的身体健康，值得进一步保护和传承。同时，该疗法原理通俗，易于掌握，可作为地方医药文化的典型范例推广，发挥其经济潜力，最终带动越来越多的“非遗”项目走进社区、走进学校，为“非遗”传承这项系统工程注入新的活力。

治疮名药“一扫光”

基本概况

治疮名药“一扫光”，旧时流布于横溪集镇及周边地区。传承人彭玉峰。

民国初年，江宁县横溪集镇一带曾爆发大规模疮疫，春和堂掌柜彭玉峰以自制的“一扫光”疮药，救治了众多的疮疫病人，效果极佳。该药主治恶疮毒疖，有去腐止烂、生肌收疤的疗效。其药方中有多味药材：大风子肉去油1两2钱、硫黄去粗1两5钱、木鳖子5分、轻粉1钱6分、巴豆肉去油1钱2分、槟榔4钱、砒石用泥丸子内煨8分、水银1钱6分、雄黄真明1两4钱。其主要制作过程：首先需将诸药材研成细末，然后倒入水银内再研，又将硫黄研细和诸药混合烘烊、搅匀，凉于板上切成片后即制成。患者在用时，需把药片研末，调麻油涂擦患处，药效较佳。

除治疗疮药“一扫光”外，当时横溪集镇的春和堂还自制了“荆防败素散”“防风通圣丸”等成药，以廉价出售，治好患者无数，广受好评。

历史传承

据《江宁县医药志》记载，春和堂的治疗疮药“一扫光”，创制于民国初年。春和堂原在江宁县秣陵镇，由江宁人彭公正创办于清乾隆年间（1736—1795）。起初，彭公正以家为铺，卖药行医。之后，其后人彭正根扩大药铺规模，正式创药铺“春和堂”。当时的秣陵春和堂有门面房3间，前后场5人，在经营中药的同时，坐堂行医，生意日趋兴旺。不久，因战乱纷纭，

1990年代的秣陵集镇远景

秣陵观音殿村景

春和堂受到严重打击，生意大受影响。彭正根逝世后，其子彭玉峰操持家业，继续经营药铺。因医技精湛，彭玉峰逐渐名扬江宁，求医购药者络绎不绝，春和堂再度成为江宁县知名药店之一。

1912 年，彭玉峰携家小将药店迁至横溪镇，仍以“春和堂”为铺号。其时横溪镇一带疮疫流行，彭玉峰自制“一扫光”疮药，治病救人，治疗疮疫效果甚佳。由于治愈了横溪镇镇长叶宜吉姻弟之病，彭玉峰还获赠“春生百草延年寿，和畅三阳泰运昌”一副对联及“妙手回春”之横匾。自此以后，春和堂“一扫光”疮药，成为横溪地区乃至整个江宁治疗疮病的首选药品。

1929 年，国民政府下令废除中医。至 1937 年 12 月，侵华日军侵占横溪，社会动荡不安，春和堂趋于倒闭，治疮名药“一扫光”不再销售。1945 年，日本投降后，春和堂治疮名药“一扫光”复售。1947 年 3 月，春和堂有资本金额 20 万元（民国时币值），从业人数 3 人，为零售营业性质。不久，时局再度动荡不安，春和堂治疮名药“一扫光”销量锐减。1953 年，春和堂负责人变更为彭远明，独资资本总金额 322 元，从业人数 1 人，经营中药，兼营西药。1956 年，春和堂实行公私合营，治疮名药“一扫光”继续畅销。

如今，“一扫光”仍是治疗疮病的有效药品，但相关成分有所改变，市面上所见此药的主要组

1956 年，江宁籍名医张仲梁在行医

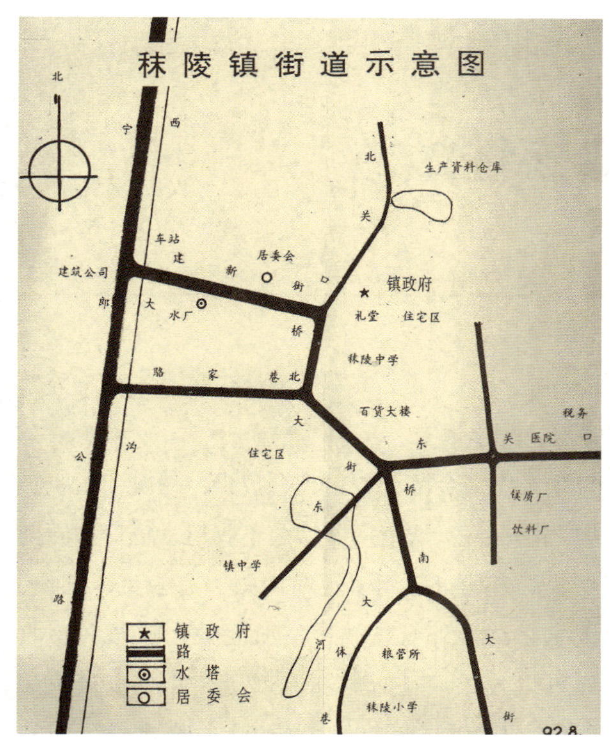

1990 年代的秣陵镇街道示意图

成：大风子油 1 两 5 钱、硫黄 1 两 5 钱、木鳖子 1 两、轻粉 1 两、雄黄 1 两、苦参 5 两、川黄柏 5 两、烟胶 5 两、蛇床子 1 两、川红椒 1 两、明矾 1 两、枯矾 1 两、白樟脑 1 两 5 钱。

当代影响与价值

春和堂治疮名药“一扫光”，是江宁民众在与疮病的长期斗争中，自主研发的一种传统中医药单方，蕴含了江宁的民间智慧与创造力，是当地传统医药文化的重要组成部分，具有一定的历史文化和医药科学价值。它的广泛使用及时遏制了横溪地区大规模疮疫的蔓延，挽救当地民众免受疮病之苦，承载了横溪地区民众的集体记忆，对江宁疫情史的研究也有一定的参考价值。

轻红散治疗结核性瘘管

基本概况

轻红散治疗结核性瘘管，流布于江宁区境。传承人张厚熙等。

结核性瘘管，指由于结核病变形成的一端通向体表、另一端与脏器相连的人体管道。由于瘘管内口较大，边缘不整齐，肉芽不新鲜，其分支较多，该病起病缓慢，形成时，局部脓肿，无明显疼痛。脓肿溃破后脓汁稀薄，病程较长，缠绵不愈。其患者还常伴有全身的结核中毒症状，如低热、盗汗、乏力、消瘦等。

针对这一病症，江宁地区长期流传着单方“轻红散”，可以治疗结核性瘘管，效果奇佳。该方所用的“轻红散”多由江宁医院自行配置，药味有轻粉 2 两、红升丹 4 两、冰片 4 分。其中红升丹系《医宗金鉴》方，具有拔毒、祛腐、生肌长肉之作用，一切疮疡溃后久不收口、疮口坚硬肉黯紫黑者均可适用；轻粉内服，有杀虫、祛痰、逐水之功，外有祛腐、生肌之效，瘰核久不收口可以收敛，且对局部无刺激，并有直接杀灭细菌之作用；冰片为通窍收水、止疼、生肌长肉之药。

该药配制方法：先将轻粉放入钵内研为细末，以不见星为度。再纳入红升丹，研至无声为度。后加冰片乳细，用瓶贮存备用。用法为溃后久不收口，轻撒患处，须均匀撒平，用膏药或纱布敷料贴之，此适用于无瘘管者。如有瘘管者，则用纸捻蘸此药少许，塞入创口，不宜过深，然后外用敷料贴之。下肢溃疡及新创口勿用，防止误入口服。在治疗期间，并忌食刺激性食物。

民国时期汤山陶园旧影

1935 年的江宁县政府

汤山水泥厂旧影

历史传承

据1962年12月出版的《江宁县医药科学研究资料汇编》一书收录，由江宁县医院中医外科医生张厚熙撰写的《轻红散治疗一例结核瘘管的效果报告》一文记载，1961年一位来自南京上新河地区的患者，来到江宁县医院治疗，“患者腿部行动不便，须持拐杖方能行动，行不数步，局部疼痛不堪，当时局部创口有两处，相隔二公分左右，但互不相通，创口深度用针试探有10公分左右，斜向胯骨间，脓液稠而少，创口时时隐疼，幸饮食尚佳，无其他不适。治疗采用纸捻蘸轻红散外治法，用纸捻蘸少许轻红散塞进创口，外用膏药贴罩，每天换药一次。提出大量脓液，脓稠白而有臭味。这样连续使用半年，创口瘘管逐渐告浅。后又连续使用一个时期，创口业已肉芽上长，渐见局部平坦而至全部愈合，行路勿需拐杖。只因病程长，虽然恢复原状，行路却略有跛行。前月通信云，创口愈合月余，全身无不良发现，痛已不复发，俄而两腿相比，患侧腿肌肉略有微强耳。”

根据上文中的描述，在江宁县医院中医外科的治疗病例中，运用自制的轻红散治疗结核性瘘管，特别是久不收口有瘘管的阴疽、瘰疬、马刀侠瘿一类所谓淋巴结核，效果令人相当满意。前文描述的这名病者，自1958年即患结核性瘘管，经4年之久不能收口。1961年住院后，通过半年多的轻红散外用治疗，到1962年其创口瘘管逐渐愈合。

新中国成立后，江宁县医院推陈出新，整理、挖掘中医治疗验方，大胆创新提高，如红升丹对拔毒祛腐、生肌长肉似嫌不足，则加入轻粉，可助直接杀灭细菌，又增加冰片，以辅生肌止痛之作用，故患者无痛苦反应。

当代影响与价值

江宁医院配制的轻红散，是张厚熙等医师利用中医的辨证医疗思维，自主研发的一种颇具地方色彩的中药方，是集体智慧的结晶，具有特殊的药用价值。该验方价廉物美，取材方便，治疗效果显著，兼具医学价值和经济价值，值得推广使用。作为一种创新性传统中医药成果，轻红散理应得到相关医学部门重视，并开展生产性保护，在充分发挥其经济价值的同时推动其传承，以真正造福于民。

单方治疗中医外科疾病

基本概况

单方治疗中医外科疾病，主要流布于东山街道及周边地区。传承人马翠华。

中医外科是以中医药理论为指导，研究外科疾病发生、发展及其防治规律的一门临床学科，包括疮疡、乳房疾病、瘿、瘤、岩、皮肤及性传播疾病、肛门直肠疾病、泌尿男性生殖系统疾病、周围血管和淋巴疾病及外科其他疾病等内容。

旧时东山街道及周边地区，曾流传专门治疗中医外科疾病的单方。这些单方是由晚清湖熟中医朱氏所创，如今的传承人为马翠华（朱氏是其丈夫的曾祖父），主要是药敷膏药、粉散剂等丹散药，有九一丹、八二丹、七三丹、五五丹、水陆二丹、生肌散等，对治疗末梢炎症、带状性疱疹、肛门囊肿新伤、烂伤、旧伤、烫伤、跌打损伤等在内的中医外科疾病，治疗效果较好，深受当地百姓好评。

其中膏药一般先用热水温软，再将散药、配药撒上去，敷在患处；水陆二丹里有菊花等散热的中药材，主要治疗烫伤；如果是肛门囊肿，可以在旁边轻轻划一个口子，再用粉散剂药敷，很快就会好，不会复发。在治疗的过程中，病人需要少荤多素，并将心态调整好，病好得就更快。除了单方外，马翠华有时还会通过针灸耳朵，来治疗中医外科疾病。

旧时这些药剂均属配药，也就是由中医自己提炼配制。如九一丹等丹药中的两个数字，指的即是药剂配比。其制药的主要流程：一般先从药房将半成品的药材买回来，然后自己碾药制作药粉，再将不同的药粉按照配方进行配比，制成药

民国时期汤山旧影

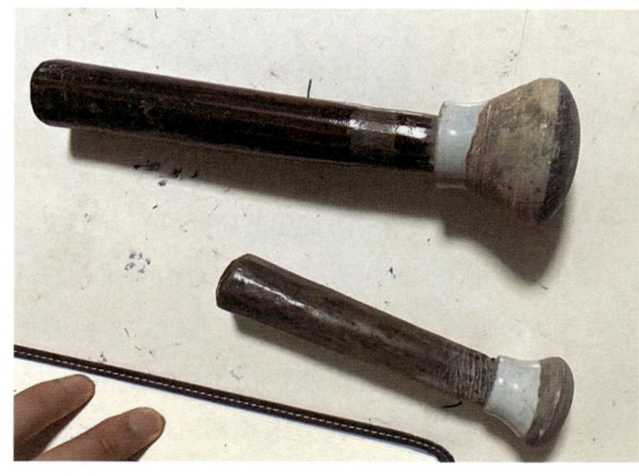

马翠华制药工具

剂。之前一般用铜或铁的药碾子或捣药杵制药，后来为了节约时间，用球碎机，现在已改用粉碎机了。

据口碑资料，马翠华曾用粉散剂治疗了一名从楼梯上摔伤的病人。隔了一段时间后，这位病人家属来电话说，从东山回去后的第二天早上，病人已经拄着拐杖行走，许多事也能自理了。休养了 45 天后，该病人恢复如初。还有一位病人烂腿，非常严重，已经见到骨头。西医看后，认为需要锯腿。之后，这位病人找到马翠华进行治疗。通过药敷，在一年不到的时间内，马翠华即将这位病人的烂腿治好了。马翠华说,她的药“用烂肉不用好肉”，意思是说用她的药治疗严重的外科疾病，效果会更加明显。

历史传承

据马翠华介绍，治疗中医外科疾病的单方，是由晚清时期湖熟周岗中医世家朱氏所创。当

单方治疗中医外科疾病传承人马翠华接受采访

时朱氏主要在湖熟周岗一带乡间行医，后来其子携一家老小从湖熟周岗迁徙到东山集镇，并定居于此。抗战期间，朱氏之子无偿给很多难民看病，在东山一带小有名气。由于擅长用小偏方、小技治病，他还被当地人誉称为“小先生”。后来，朱氏之子诞一子，是为朱绍培，即马翠华丈夫的父亲。朱绍培继承家学，在东山一带继续行医，名气颇大。他经常教育子女，“中医讲品德，救人不求财”。朱绍培育有数名子女，由于朱氏中医有传男不传女的习俗，故朱绍培只想让儿子们继承家业。但大儿子因故去世，二儿子与三儿子（马翠华的丈夫）又对中医没有兴趣，以致朱氏面临后继无人的窘境。1980年2月，为了延续朱氏中医，朱绍培将自己收藏的医药书籍和秘方，全部传给了对中医颇有兴趣的三儿媳妇马翠华。

在继承朱氏家传的中医衣钵后，她一边在爱德印刷厂工作，一边观摩学习朱绍培治病制药的方法，同时通过阅读医药书籍，在老单方的基础上进行创制新药。以上介绍的治疗中医外科疾病的单方，即经过了马翠华的改良，效果较之前更佳。此外，她还收听中医广播，不断增强医术。随着时间的推移，马翠华能为人治病的消息，逐渐在厂里传开，并有了点名气。厂里同事有了点小毛病，不去医院，而是来找她，治疗效果一般都不错。后来，在被治好的许多病人的鼓励下，马翠华在宁电馨苑开办了一家诊所。如今，她仍然在诊所使用单方治疗中医外科疾病，慕名而来的患者络绎不绝。

当代影响与价值

单方治疗中医外科疾病是中医世家朱氏在长期的临床实践中形成的宝贵认识，凝聚了几代江宁中医的诊疗智慧，是江宁民间中医文化的重要组成部分，对江宁中医文化的研究具有一定的学术价值。如今，此单方依然发挥着治病救人的重要作用，但传承人马翠华还没有收徒，自己的孩子对此又不感兴趣，因此其传承面临着后继无人的尴尬境地。若能合理开发该药方的经济价值，对其实行生产性保护，则将有助于此类“非遗”的传承与延续，对江宁地区整体中医文化生态的规划、建设也会产生积极的作用，使其在新时代焕发新活力。

单方治疗烫烧伤

基本概况

单方治疗烫烧伤，流布于汤山街道及周边地区。传承人刘金荣。

烫烧伤指因高温导致的组织损伤，在中医里又被称作“水火灼伤”，国际上根据损伤程度不同，分为一度烧伤、浅二度烧伤、深二度烧伤和三度烧伤。对于烫烧伤的治疗，我国传统中医药经过长期的研究，各地形成了不同的治疗烫烧伤的药方，汤山单方治疗烫烧伤就是其中之一。

汤山街道的老中医刘金荣在治疗烫伤、烧伤方面，有着自己的绝活，一般半个月就能治好，且不留疤痕。在给患者治疗前，刘金荣会先搭脉诊断，待具体病因明晰后，再对症下药，开出具体的药方，从而达到最佳的治疗效果。他给患者治病的中药，都是自己配制的。其药材从医药公司买回后，还需通过干煸、炒制、切碎、打粉一系列程序。在没有搅碎机之前，药材都是放在石臼或乳钵里舂，使之破碎或去皮壳。这些工序都是由刘金荣亲手完成，他至今还收藏着碎药的碾子。在开展中医治疗的过程中，刘金荣自创了一种烫伤膏，其主要成分为桃仁、野菊花等草药，具有清热解毒的功效，可以促进烫伤创面的恢复。同时，他还精心配制了利于活血的内服药方，主要成分为当归、赤术、丹参等，患者服后多能迅速恢复。

据知情人介绍，曾有一个工人因锅炉爆炸被重度烫伤，且持续发高烧，小便发色很不好。他听说刘金荣在汤山给别人看病，且尤善治疗烫烧伤，就抱着试试看的态度找上门，请刘金荣帮着治疗。刘金荣针对他的病情，很快开出了药方，并在随后的几天里每天坚持数次上门为其换药，并随着病情的变化更换药方。经过一段时间的治疗，患者的烫伤终于完全治好。这使刘金荣名声

佘村社区卫生服务站旧影

刘金荣配的药

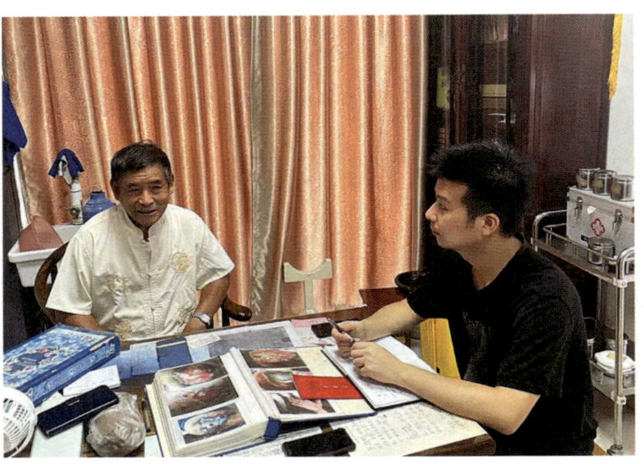
汤山单方治疗烫伤传承人刘金荣接受采访

大振，成为汤山一带知名的中医先生。除了治疗烫伤、烧伤等症外，他还擅长治疗老烂腿。曾有一位患者从湖南赶来求医，在经过刘金荣治疗后痊愈。他也用针灸治疗带状疱疹，一般四天时间，无痛，也不带后遗症，疗效相当不错。此外，在治疗肝胆病、疑难杂症、面瘫等方面，刘金荣也颇有建树，曾经治愈了不少患者。

历史传承

中医治疗烫烧伤，在我国有着数千年的历史。长沙马王堆汉墓出土的帛书中就有用中草药膏治疗烫伤的记载。汤山单方治疗烫烧伤即是这一传统疗法在现代的应用。

传承人刘金荣，生于1948年，汤山人，汤山集镇荣济堂创办人。他从小就喜爱中医，常翻看一些中医理论书籍。上学时，他根据医书的介绍，开始自学无名肿毒和烫伤的医治方法。参加工作后，他更加痴迷中医学，一边上班，一边埋头学习中医理论知识。刘金荣是木匠出身，且手艺精湛，能制作工艺复杂的小提琴。为了提高自己的医务水平，参加工作后，他报名参加了北京健康报“振兴中医刊授学院”举办的中医函授班。每当学院邮寄学习材料来，他都废寝忘食、如饥似渴地研读。此外，他还通读了《中医妇产科学》《针灸学》《中医外科学》等专业书籍和期刊。函授读书十分辛苦，他白天要上班，无法赶上白天的广播教学，为了不落下课程，他就用录音机录下当天老师讲的课程，下班后利用晚上的时间听课、做笔记。

1980年代，通过函授学习的刘金荣，掌握了中医治疗的基础理论，经过一段时间实践后，开始了中医治病。刚开始的时候，他在幸福村127号的家里，为患者治病。后来病人不断增多，他便在汤山街道开起了诊所，取名“荣济堂”。

刘金荣中医治疗烫烧伤，用的都是草本中药，一般的配药，都用二三十味。他坚信：“治病先治胃，胃调理好了，药才能吸收好。”目前，他还没有收徒，但已将自己中医治疗的方法和经验，以及各种配方，传授给了在江宁区第二人民医院从医的儿子刘斌。

当代影响与价值

江宁地区关于治疗烫烧伤的单方有不少，如汤山街道的烫烧伤治疗单方，以及耕牛火烧伤病治疗等，这些都反映了在过去医疗条件有限的情况下，面对生活中的常见外伤所展现的民间智慧，具有一定的历史价值。这些药方至今流传在民间，在一定程度上仍然发挥着医用价值，是一项活态传承的传统医药类非物质文化遗产。该疗法背后的科学机理值得进一步探索研究，在此基础上，若能以生产性保护的方式扩大其社会影响力，则将推动大众对我国传统医药文化的了解、保护和传承。

单方治疗肝病

基本概况

单方治疗肝病，旧时流布于汤山街道及周边地区。知情人许国生。

肝病是指病变发生在肝脏的疾病，其病程较长，发病率较高，且危害性较大，容易合并并发症。常见的肝病包括病毒性肝炎、肝硬化、肝癌、脂肪肝、酒精肝等多种疾病，是现今威胁人类健康的主要疾病之一。

针对这类病症，旧时汤山地区流行一种治疗肝病之单方。该单方由晚清民国时期汤山福寿堂名医张仲景所创，治疗肝病效果极佳。据知情人许国生介绍，在他小的时候，他的母亲生了肝病，西医没能治好，而是用张仲景开出的中医方子，熬成汤剂，喝了几副药后肝病就好了。遗憾的是，由于年代久远，张仲景单方治疗肝病的汤剂药方及相关的“汤头歌”均已失传。

历史传承

据口碑资料，汤山地区治疗肝病的单方，是由福寿堂名医张仲景所创制。由于医术精湛，张仲景在汤山一带非常有名，可谓家喻户晓。他在汤山集镇较早开设了私人诊所及药铺，名为“福

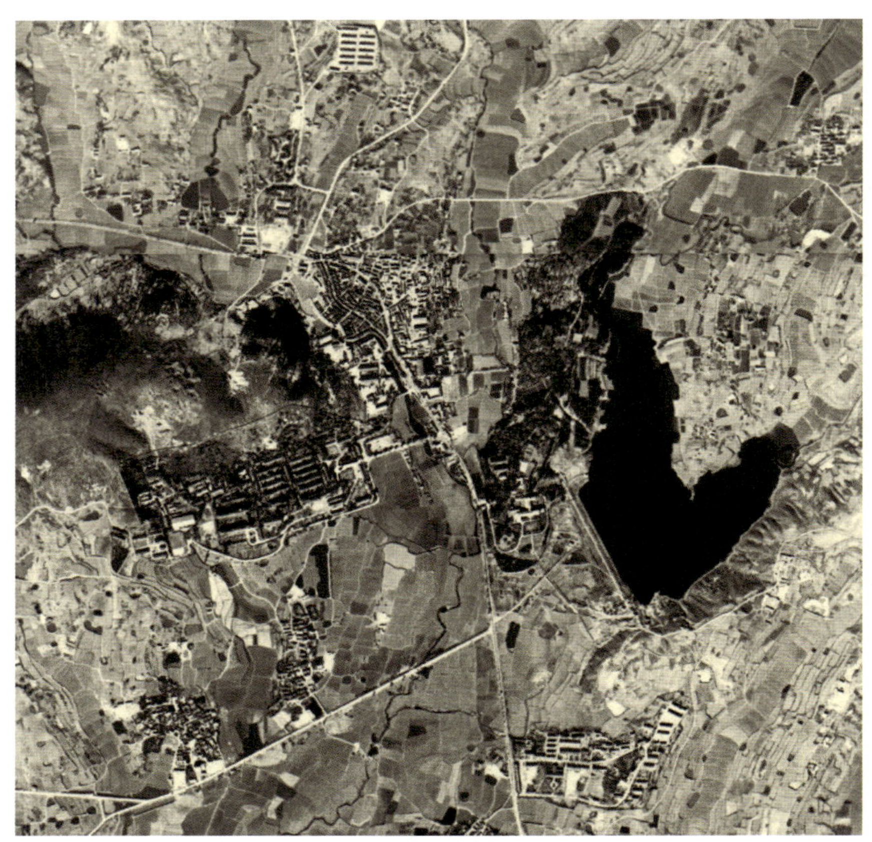

1967 年汤山地区卫星图

寿堂”，是旧时汤山的三大私营药店之一，前来求医问药的患者络绎不绝。另外两大药店为曹承祖的“太和堂”、赵万吉的“天德堂”。

1949 年 4 月，江宁解放。随后江宁县人民政府对汤山地区私营工商业执行“利用、限制、改造”的政策，并对当地的私营药店进行了全面的改造，打击投机私商，以稳定市场物价，极大促进了汤山地区中医药的发展。据档案资料显示，1953 年，江宁县的私营药店总计有 87 家，汤山镇有 3 家，张仲景的福寿堂即是其中之一。当时福寿堂号药铺从业人数 2 人，资产总额为 1314 元，其中流动资金 890 元，固定资产 424 元，资金来源为独资，经营中药和西药。当时张仲景还担任了汤山医院的第一任院长。在“文化大革命”时，他含恨离世。据说张仲景曾编有一首“汤头歌”，是药材相忌的口诀，也因种种原因未能流传下来。

张仲景育有二女，但都未能继承他的中医衣

汤山单方治疗肝病传承人许国生接受采访

汤山集镇今貌

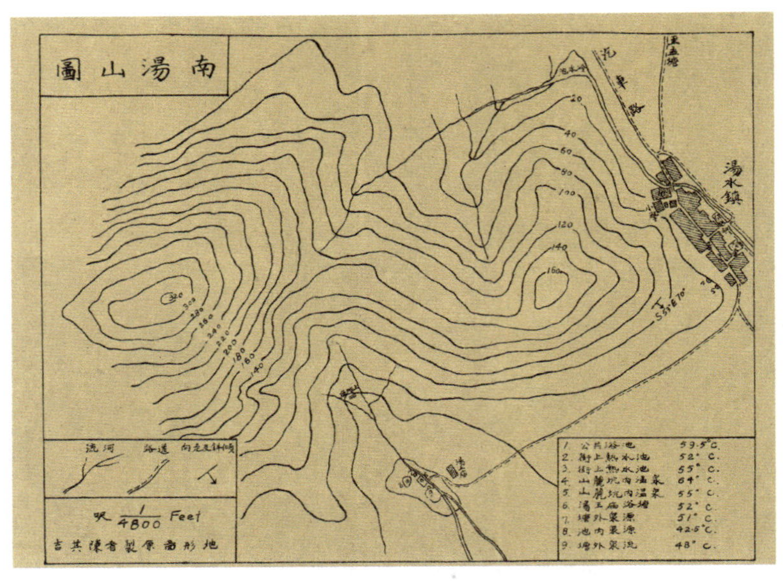

民国时期的南汤山图

钵。他一生只收了 2 个徒弟，大徒弟便是知情人许国生的父亲许德霖，二徒弟名叫刘杏生。许德霖，生于 1927 年，13 岁时即跟随张仲景学医，后来担任江宁医院的药剂师。当时江宁县十分重视中医药工作，江宁医院曾要求刚分配来的一批大学生跟随许德霖学习制药，但他没有正式收过徒弟。许德霖常常到汤山一带上山采集中草药材，所采集者主要是鱼腥草之类的药材。他自己也治病制药，并负责保管、处理药材，比如说切草药、晒草药等。许国生年幼的时候，曾随父亲进山采药，所以也能识别一些中草药。20 岁的时候，许国生做了赤脚医生。那个时候，赤脚医生需要给整个大队（相当于现在的社区）的人看病，不仅是白天，就连晚上也不得休息。有时候夜里来人求医，生人一进村，全村的狗都会狂吠，吵得一村子都不得安静。就这样做了 7 年赤脚医生后，许国生转行到了汤山文化站工作。

许德霖，享年 49 岁，生有 4 个子女，除许国生外，没有正式收过徒弟。他家中还藏有不少中医药一类的书籍，但可惜后来全部丢失了。

当代影响与价值

治疗肝病单方是名医张仲景在长期医疗实践中研发的一种治疗肝病的有效方法，是汤山地区传统中医文化的重要组成部分。它承载了汤山民众与肝病作斗争的经验和理论知识，体现了江宁地区民间中医业者的智慧。如今，这一单方已经失传，相关的信息也仅留存于少数当地老人的记忆之中。不止于此，江宁地区曾经流传的大量民间中药单方，目前也大多面临着失传或后继无人的窘境。就此而言，保护传承此类与传统医药相关的“非遗”资源刻不容缓。

单方治尿道结石

基本概况

单方治尿道结石，流布于东山街道、禄口街道等地。

尿道结石是尿路结石的一种，是泌尿系统的常见病之一。根据结石所在部位的不同，尿路结石分为肾结石、输尿管结石、膀胱结石、尿道结石。本病的形成与环境因素、全身性病变及泌尿系统疾病有密切关系。其典型临床表现有腰腹绞痛、血尿，或伴有尿频、尿急、尿痛等泌尿系统梗阻和感染的症状。在西医中，治疗尿道结石多采取手术治疗或对症镇痛，效果有限。近年来，人们开始关注中医单方对尿道结石的治疗效果，居住在东山街道的朱庆舜就曾利用民间单方治疗尿道结石，取得了初步成效。

据朱庆舜介绍，他在童年时曾放过牛，每当傍晚将牛拉回牛棚时，牛总喜欢吃一种特别的野草，这给他留下了很深的印象。后来，通过与一些老中医交流得知，这种草叫车前草，是一味传统中药，有排毒利尿的功效，因此深受耕牛喜爱，具有一定的药用价值。

2021 年 4 月，朱庆舜体检确诊为肾结石。医生建议他多喝水，多排尿。朱庆舜遵从医嘱，但效果并不明显。于是，他联想到童年放牛的经历，尝试着用车前草（民间称为“癞鼓胀草”）泡水喝。泡水喝的车前草，在农村十分常见，采回来洗净、晒干后，在锅里干炒一下，以防止发生霉变。炒熟后的车前草，干燥保存，需要泡水时，摘几片，用开水冲泡即可。

除此之外，他还坚持跑步，每天约 6000 步，晚上则锻炼倒立 30 分钟。两个半月后，到 7 月初，其身体有了反应，腰部酸痛明显，尿道伴有刺痛，感觉有东西要排出来。由于排出的结石表面不光滑，因此，结石在尿路排出时，会与尿路壁接触，使得在排尿时有刺痛的感觉。他意识到这是结石将要排出的前兆，便用塑料盆接小便，但并不通畅。随后，他又喝了两杯车前草泡的茶。终于，结石与尿同时顺利排出。排出的一颗结石，经观察，直径约 2 毫米，颜色类似钟乳石。有了这样的成效后，他每天继续喝车前草泡制的茶水，到 7 月 21 日，第二颗结石又顺利排出。现在其尿路已经顺畅无碍了。

历史传承

在很早以前，中医学就认识到了车前草的药用价值，各类医书中多有记录。如《名医别录》即载其可治“金疮、止血衄鼻、瘀血血瘕、下血、小便赤、止烦下气、除小虫”。

民国时期，对车前草药用价值的认识更加深

人。据1935年大通图书社出版的陈景岐编《本草药性国药字典》之“车前子附车前草”词条介绍：“车前草，甘寒，凉血去热，通淋明目，使叶勿使茎。”上海经纬书局1946年12月出版的张若霞著《草药新纂》中“利尿类”之“车前草”词条亦载：“车前草，俗名野甜菜，生于山野，多年草，叶广卵形，有叶柄，花淡紫色，四片如筒，子即车前子，入药，根、叶、子俱可用。功用：为刺戟缓和性利尿药。用量及服法：根苗鲜用，一两至二两，水煎服。”而尿道结石的治疗与预防，在当时也颇受关注，《医药新知》1949年第10期即刊发了江潮《泌尿道结石的治疗及预防》一文。

知情人朱庆舜，出生于1950年，为禄口街道马铺朱家人，曾在禄口一小学从教30多年，现居住在东山街道。据介绍，他有过7次尿道结石的经历。1978年，他第一次得尿阻流，到当时的江宁县人民医院就医，医生建议手术治疗，但医疗费需要100元。当时的100元，算是一笔不小的开支，由于舍不得花费巨额医疗费，于是采取保守治疗，仅开出一些中草药方，有金钱草、龙须草、车前草等，回来用这些中草药泡茶喝，一天3遍。后来，他还吃过排石冲剂。经拍片检查，仍有结石留在尿路的“C”形底部。于是，医生建议他采取倒立的姿势进行锻炼，每天晚上30分钟。自从喝了车前草泡的茶水，排出2颗结石后，他现在感觉良好。以后，凡遇到有尿道结石的病友，他都毫无保留地将车前草治疗尿道结石的单方介绍给他们。

当代影响与价值

车前草，又名车轮菜，为车前科多年生草本。车前草有利尿作用，并能增加尿素尿酸的排泄。由此看来，单方治尿道结石具有一定医学价值。但由于各人病况不同，此方的疗效也是因人而异。随着现代医学水平的不断进步，如今治疗这类疾病，更多的患者会采用西医消炎止痛的方式，单方治尿道结石的影响力大不如前。若想更好地发挥其现实功用，则必须深挖其蕴含的医药价值，用现代科学方法及手段阐释车前草治疗尿道结石的原理。

汤山“温汤元方”治蛊毒

基本概况

汤山“温汤元方”治蛊毒，旧时流布于汤山街道及周边地区。

相传，旧时溧水、溧阳一带多有蛊毒流行，百姓多受其害。时有一僧住竹林寺，有治病之药，可以绢一匹换药一丸。远近中蛊者，多获痊愈。唐浙西观察使韩滉从该僧处讨得药方，于是这种治病方法广为流布，并由当地大族夏氏世代传承。

该方以温汤为名，称为“温汤元方”，《景定建康志》卷五十详细记载了其配方与用法：“五月初桃皮末（二钱生用）、蟹螯末（一钱，先以麦麸炒去翅足）、大戟末（二钱生用），右三味，以米泔淀为圆，如枣核形，如中一切蛊毒，食前用米泔下一圆。修合时，于净室中，切忌妇人、孝子、猫犬见。”元张铉《至正金陵新志》亦载此方，对于合丸时的民俗亦同。

历史传承

“温汤元方”是汤山街道及周边地区广为流传的一方奇药，可治各类蛊毒，相传与唐代宰相韩滉有关。

韩滉，字太冲，太子少师韩休之子。尤工书，兼善丹青，绘牛、羊更佳，所画《五牛图》如今已贵为国宝。好《易象》及《春秋》，著《春秋通例》及《天文事序议》各一卷。唐德宗建中二年（781），韩滉任镇海军节度使，治润州（今

今日汤山汤泉湖畔

圣汤延祥寺图

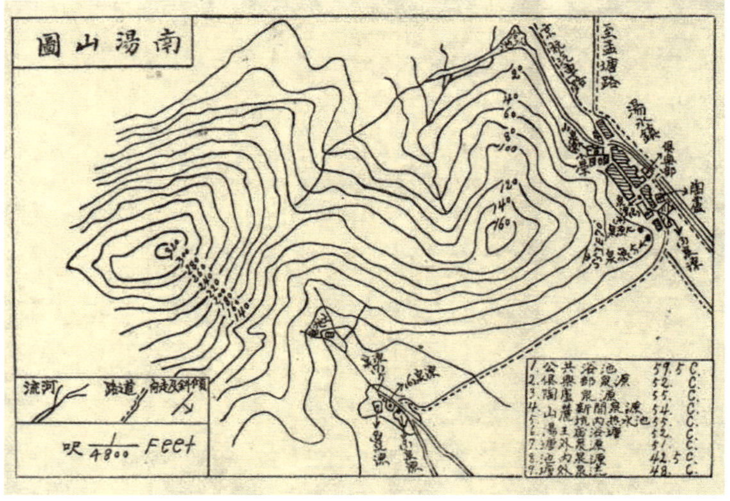

汤山温泉地形图

1933 年汤山温泉

镇江）。兴元元年（784），加检校吏部尚书。数月后，又加检校右仆射。贞元元年（785）七月，拜检校左仆射、同平章事。次年春，封晋国公。贞元三年二月，韩滉病亡，年六十五，赠太傅。

据《景定建康志》记载，金陵属邑溧水、溧阳等县，旧多蛊毒之害。时任浙西观察使韩滉欲更其俗，欲绝毒源，终未成功。时有一僧住竹林寺，有治病之药。韩滉的小女儿亦患恶疾，浴于汤山温泉而愈，乃尽舍其女之妆奁，造圣汤延祥寺于汤山之右，并寻名僧以住持此寺。此僧答应以药换寺，韩滉欣然迎置寺中，并求其药方。许久，此僧始献药方。于是，这种治病方法广为流布，韩滉乃以其方勒石于二县之市。唐末丧乱，二县之石荡然无存，而圣汤延祥寺仍然见存。镇上大族夏氏，世传其法，药以“温汤元方”为名。北宋崇宁年间，住持僧智淳从建康府帅曾家复得其药方。

圣汤延祥寺位于汤山东北麓，又称延祥院、圣汤院，《至正金陵新志》卷十一引南宋《乾道志》《庆元志》云：寺在上元县神泉乡，在城东南（应为“北”之误）六十里汤山下。南宋庆元三年（1197），改为十方禅院。大约在清代后期，圣汤延祥寺香火渐熄。据清光绪三十四年（1908）《学务官报》第 72 期“京外学务报告：江宁提学使呈报全属学堂一览表”记载，光绪三十二年四月，官立东区八所初等小学堂在上元县东乡汤

汤山温泉水彩写生图（周玲荪绘）

唐郑国公韩滉像

水镇创办，堂长唐庆升，该校即后来之汤山小学。直到20世纪50年代初，该废寺尚存僧房近20间，主体建筑呈四合院布局。20世纪70年代末，旧寺僧房被彻底拆毁。

当代影响与价值

“温汤”即温泉，泡温泉是一种自然疗法，其机理为温泉中的大部分化学物质会沉淀在皮肤上，改变皮肤酸碱度，故具有吸收、沉淀及清除的作用，其化学物质可刺激自律神经、内分泌及免疫系统。因其理疗养生功效，汤山温泉一直是南京地区著名的疗养胜地，“温汤元方”治蛊毒这一药方亦由此衍生而出。

自《景定建康志》《至正金陵新志》二志刊载后，“温汤元方”鲜见文献提及。有学者研究认为，南京地方志中关于汤山“温汤元方”治蛊毒的记载，实为当地居民利用传统中医药理论防治血吸虫病的重要案例，具有重要的历史文化和科学价值。如今，“温汤元方”早已失传，但相关文献对其配方的记载甚详，以此为线索，可以展开系统深入的研究，进一步挖掘其中蕴含的科学内涵，重新发挥其现实功用，进而推动江宁传统医药的创新发展。

单方治牙痛

基本概况

单方治牙痛，流布于淳化街道及周边地区。传承人李炳衡。

牙痛是一种常见的口腔疾患症状，指牙齿因各种原因引起的疼痛，可见于龋齿、牙髓炎、根尖周炎、牙外伤、牙本质过敏、楔状缺损等，多由不注意口腔卫生，牙齿受到牙齿周围食物残渣、细菌等物结成的软质牙垢和硬质牙石所致的长期刺激，及不正确的刷牙习惯、维生素缺乏等原因造成。

针对此类病症，中国民间流传着许多基于传统中医理论的治疗方法，生活在淳化街道的李炳衡就掌握着这样一份单方，称为“牙痛一粒丸”。

据《江宁县医药志》记载，李炳衡自幼勤奋好学，从小在上海王太元药店当学徒。李炳衡刻苦学习中药材炮制技术，精于开片、碾粉、泛丸、炼丹等制药技术，对中药“四气五味”“升降沉浮”及配伍中的“十八反”“十九畏”等基础理论知识掌握甚巨，颇为了解中医基础理论。1969 年，李炳衡响应中央政府“把医疗卫生工作重点放到农村去”的号召，大胆创新，利用单方、草药，研究成牙痛一粒丸、胃痛散、消食片、柴胡针等 40 余种成药，变草为宝，在一定程度上改善了淳化农村缺医少药的情况。尤其是“牙痛一粒丸”，经过多次实践，李炳衡更改处方，磨平手指纹，以手工成丸。其对虫蛀牙痛，一粒见效，深受广大群众欢迎。江宁县卫生局曾多次组织全县各医疗站赤脚医生来淳化集镇学习取经，并在本乡、县及南京市展览推广。南通制药厂几经上门求方，李炳衡无私献出，并赠其样品一盒。南通制药厂成批投产后，馈赠李炳衡成药样品 20 盒，以致谢意。

历史传承

李炳衡（1923—1980），为原江宁县医药公司职工，历任江宁县淳化镇医药商店经理、淳化镇代销社工会委员等职，是江宁地区中草药行业著名专家。1973 年，他曾出席镇江地区中草药先进工作者会议，并作了大会交流发言。江宁县医药公司成立后，他连续被评为公司先进工作者。1980 年 8 月 2 日去世。

1947 年，李炳衡在淳化镇自营的“裕生堂”药店开业。据《江宁县药厂药房及化学业商业调查表》统计，当年全县有 59 家中药店，有从业人员 108 名。新中国成立后，李炳衡自营药店，兼坐堂问病开方。1949—1952 年，为了将私营药店改造成为人民服务的药店，达到发展生产、繁荣经济的目的，政府对私营工商业者实行“利用、限制、改造”的政策，打击投机私商，稳定市场物价。随后对私营药店进行了全面改造，将他们组织起来，由工商联合会统一领导，江宁全县的医药商业得到了迅速发展。1956 年，李炳衡带头参加公私合营，成立国营淳化医药商店，并任医药商店主任。

1958 年以来，他先后带徒弟 7 人。从刷枇杷叶、踩辗糟，到泛丸、炼丹等手把手地传授技术。他还利用药屑碾成粉末，让徒弟作泛丸练习。泛了再碾，碾了再泛，直到成功。此外，李炳衡常带领徒弟们到青龙山、半面山等实地认药，并采集麦冬、百芨等草药回来栽培。李炳衡懂经营，善管理，讲核算，勤建店，以“一片落地，十片无利”教育青年工人和徒弟。他职业道德高尚，诊病开方，不取分文。穷人来看病，无钱取药，他慷慨解囊资助。天长日久，遂名震乡里。求医购药者甚多，他是有求必应。

1990 年 12 月，郑兴春主编、江宁县医药公司编纂组编“南京医药志”丛书《江宁县医药志》之“人物”篇收录了李炳衡事迹。

当代影响与价值

牙疼是日常生活中常见的一种病症，虽不至于威胁性命，但非常影响生活质量，所谓“牙疼不是病，疼起来要人命”。淳化单方治牙痛，是李炳衡医师在长期的摸索实践中，根据传统中医药理论总结出的一套行之有效的治疗方案，是江宁地方医药宝库的重要组成，有着不可忽视的历史文化价值。该疗法效果显著，在淳化镇及周边地区有着广泛的影响，可以为牙痛的中医治疗研究提供有一定价值的参考资料。如今，常见的牙痛治疗是去医院看牙医，但中医对牙痛的相关研究也从未断绝，不断有新的认识出现。

单方治马牙

基本概况

单方治马牙，流布于禄口街道及周边地区。传承人吴秀英。

“马牙”又称“板牙”，多见于出生百日内的婴儿，指由上皮细胞堆积或黏液腺潴留肿胀引起的，在口腔内齿龈边缘出现黄白色小斑点，很像是长出来的牙齿。马牙其实不是病，它是小儿常见的生理现象，出生后数周到数月内会自然消失。若马牙较大，还会影响哺乳，或婴儿因此而烦躁不安，并哭闹拒食时，则需要给予治疗。

对于马牙的治疗，西医一般不推荐人为干预，多任其自然发展，数周后即可消退。而中医则有一些单方，专治马牙，禄口街道名中医吴秀英家中就存有这样两张祖传药方。

其一：取生香附 15 克、生半夏 15 克、鸡蛋清适量。将前二味药碾为细末，再用鸡蛋清调匀如糊状，即制好成药。成药配好后，取药贴于双足涌泉穴，固定，一般 24 小时即愈。不愈，再贴药一次。

其二：用锡类散或冰硼散，每日外搽 3—4 次。

历史传承

作为新生儿群体中常见的生理现象，马牙在古代即受到了传统医学的广泛关注。由于马牙严重时会导致婴儿吸乳困难，不少医者就此提出了基于中医学说的解决办法，清代医书《医宗金鉴》

禄口集镇旧貌

中药香附子

中药川贝

与《验方新编》中即有“凉心散”“外洗法”等治疗方法。

在民国时期，经过长期的探索和实践，“马牙”的治疗方式得到了进一步的改善，不少研究成果相继发表。如《长寿周刊》1933 年第 51 期刊发了高善道《马牙风》一文。该文较为详细地阐释马牙的症状与危害，其言：“小儿发热哎乳，牙龈上发上红粒，口不哺乳者，即为马牙风。急宜早治，否则发生险恶，绝乳而殇。世之育儿者，不可疏忽之。”高善道在文中提出了自己的治疗方案：“关于马牙风之治法，有专业此法者，其手术亦简单，用针将红粒挑去，至出血为度。然业此者，多不讲卫生消毒法，往往有微菌带入口内，发生他症，不如用下法调理之。朱砂、川贝、天竹黄、陈皮、瓜蒌霜各二分，僵蚕二尾，薄荷叶两张，共为末，蜜调，敷患处，一日数次。另用桑叶、甘菊、杏仁、麦冬、薄荷煎汤服之。”可见在当时，人们已经认识到，直接用针刺法治疗马牙容易导致继发感染，开始追求更为稳妥、卫生的治疗方案。

综合口碑资料和药方内容来看，禄口街道的单方治马牙应当也是在此背景下产生的。

当代影响与价值

禄口街道的单方治马牙，是当地乡民在长期的摸索实践过程中形成的具有地方特色的传统中医疗法，体现了江宁人民的集体智慧。该单方在禄口及周边地区经过长时间的实践与探索，客观上促进了江宁民间医学的发展，维护了当地儿童的身体健康，为研究传统医药的历史及理论提供了颇具参考价值的资料，具有一定的科学价值。如今，现代医学虽已将马牙定义为正常的生理现象，但中医在马牙治疗等相关领域的研究成果仍不容忽视，禄口街道的治马牙单方仍具有一定的应用价值。这些在世代累积基础上形成的中医药治疗经验和知识，蕴涵着大量的科学合理性和现实启发性，值得我们珍视并传承下去。

耕牛火烧伤病治疗

基本概况

耕牛火烧伤病治疗，流布于江宁全境。传承人杨荣森。

耕牛火烧伤是火焰和高热作用在畜体表面而引起的外伤性疾病。重度烧伤治愈比较困难。对于畜类烧伤的治疗，我国传统中医药经过多年的研究，在民间形成了多种单方，其中有不少是常见的草方。这些方法简单易学，在治疗烧烫伤方面效果明显。在江宁民间，曾流传着这样一些单方。原江宁公社兽医站的老兽医杨荣森就使用过一种耕牛火烧伤病治疗的方案，具体内容如下：

治疗耕牛烧伤，首先要清创，用清洁扫帚挡去病牛身上的灰尘及烧焦的毛发，然后用2‰—5‰高锰酸钾溶液冲洗伤口，用剪刀剪去痂皮，用针放除水泡积液。清创完成后，调制地榆紫草散。该药处方为地榆200克、紫草150克、大黄150克、冰片20克，将上述药材研细过筛，加麻油搅匀。调好后，再用长鹅毛将之敷在伤口处，对暴露的伤口还可使用较为浓稠的地榆紫草散。地榆紫草散的组成药物都是寒凉药，均有泻火、解毒、消炎、收敛等功用，麻油可以润燥，保护创面，地榆、紫草、大黄经试验证明有抗菌作用，用药后可控制细菌感染，而减少炎症的渗出，促使肉芽生长。这些药物来源广，价格便宜，制作方便，是治疗烧伤较理想的外用药。

除外敷草药外，该疗法还需内服黄连解毒汤，并对母牛肌注射庆大霉素80万，每日一次，连续一星期。中医对畜类烧伤治疗的原则是“解毒、防止火毒内陷（即毒气攻心）”。这一原则和现代兽医对烧伤治疗的原则是相符的，即防休克、控制感染和防治败血症。黄连解毒汤是外科上常用的一种消炎解毒药方，它具有消炎杀菌等功用，在烧伤临床上运用，如果能根据病情的发展，随症加减，可取得令人满意的效果。由于中医讲究辨证施治，因此黄连解毒汤的具体处方是依照病情的发展而变化的。

耕牛執照

晚清民国时期的江宁耕牛执照

烧伤初期，家畜疼痛，津液损耗过多，故要防止毒素和细菌被吸收。治疗应以清热解毒、托里护心为主。处方为黄连 25 克、黄柏 35 克、枝子 40 克、银花 50 克、小公英 50 克、知母肉 30 克、升麻 40 克、柴胡 30 克、黄芪 40 克、党参 40 克、甘草 30 克。煎水服，每日 1 剂，每剂服 3 次。

烧伤中期（3—10 天），应防止津液流失、毒素吸收，治疗应“解毒、凉血、养阴、利水、补气”，消除皮下水肿。处方为黄连 30 克、黄柏 35 克、连乔 50 克、银花 50 克、蒲公英 50 克、丹皮 40 克、玄参 35 克、知母肉 30 克、枝子 40 克、茯苓 35 克、木通 35 克、泽泻 30 克、柴胡 30 克、黄芪 40 克、党参 40 克、甘草 30 克。煎水内服，每天 1 剂。

烧伤后期（10 天以后），以消炎解毒健胃为主。处方为黄连 20 克、黄芪 30 克、黄柏 35 克、枝子 40 克、金银花 50 克、蒲公英 50 克、陈皮 30 克、苍术 30 克、六曲 50 克、山楂 50 克、茯苓 30 克、甘草 30 克。煎水内服，每天 1 剂，至痊愈止。

治疗期间，还需注意病牛护理，牛房应通风干燥保暖。增喂豆类饲料（冬天可喂包茎之类饲料），多饮淡盐水。治疗烧伤家畜重要的一条是，加强饲养营养，补充一定量的蛋白质饮料和多种维生素，这对加速伤口愈合有着较明显的效果。中期要增喂鱼肝油及复合维生素，每日 2 次（早、晚），可加快伤口愈合。

历史传承

烧伤，古称“水火烫伤”，是由高温导致的一种常见的外伤类型。中医治疗烧烫伤，有着数千年的历史。在长沙马王堆汉墓出土的《五十二病方》帛书中，就有用芜黄和猪油制成软膏敷治小腿部烧伤的记载，这是本病膏治的发端。江宁地区流传的耕牛火烧伤病治疗，就是应用中医膏治烧伤的理论来治疗家畜的方法。

据江宁区档案馆藏《中药治疗耕牛火烧伤病》档案记载，时供职于江宁公社兽医站的杨荣森自 1969—1981 年，选用中药黄连解毒汤内服，外敷地榆紫草散的方法，先后治愈 4 头烧伤耕牛。具体情况如下：

1969 年 3 月份，当时江宁县新洲大队三队的牛房因雷击起火，烧伤耕牛 2 头，烧死 1 头小牛。杨荣森即采用此方治疗烧伤耕牛。1980 年 12 月 10 日早晨，江宁县梅府大队西河生产队牛房，因外流人员偷住烤火引起火灾，2 头耕牛烧伤。大牯牛 6 岁，烧伤面积达 25%，其中腰腹上部二度烧伤面积达 4%，两后肢内侧阴户二度烧伤面积达 10%，三度烧伤面积达 1%，结膜红、脉洪数伤部起泡，伤口紫红，全身战栗。母牛 7 岁，烧伤面积达 40%，其中下颌部、颈部二度烧伤面积达 3%，四肢、胸腹部二度烧伤面积达 15%，三度烧伤面积达 5%，结膜红、脉洪数伤部起泡，红肿疼痛，伤口紫红，表面有焦痂皮，全身战栗狂躁。经杨荣森采用上述中药治疗法后，二牛皆很快恢复健康。

当代影响与价值

家畜烧伤主要是由于饲养处失火等意外造成的，常规治疗，往往疗程长，耗资多，且效果不佳。因此，民间处理家畜烧伤时往往会采用一些中医单方，江宁耕牛火烧伤病治疗就是其中的典型代表。作为一种与农业生产活动息息相关的传统药方，耕牛火烧伤病治疗是江宁民众在日常生活中，通过长期实践摸索出来的成果，具有不容忽视的科学价值，是江宁畜医技术发展的重要见证。此外，该方是在特定的历史条件下诞生的，带有当时的历史特点。通过它，我们可以了解到旧时江宁地区的生产力水平和科技水平，因此具有一定的历史文化价值。

随着耕牛这项传统耕地技术渐渐退出历史舞台，江宁耕牛火烧伤病治疗也逐渐不为人所知，其独特的中西医结合治疗方案蕴含着江宁人民的集体智慧，它在烫烧伤治疗领域发挥的作用不容忽视，可以为现代医学研究提供有价值的参考资料，值得进一步分析与研究。

中医药耕牛防疫

基本概况

中医药耕牛防疫，流布于江宁区全境。

耕牛作为传统农村最重要的生产资料，数千年来在中国农业史上一直占有重要地位。过去江宁乡村范围广，使用耕牛十分普遍。据《江宁区志》之“牛耕车灌”词条记载，在拖拉机普遍使用之前，江宁地域最常见的耕地方式是牛拉犁耕。耕牛由此成为农家宝，是农民最重要的农业资产。自20世纪50年代中期始，农业逐渐实行集体化生产，耕牛由生产队集体饲养。耕牛越冬，除喂草料外，在冬雪天还加喂黄豆，以保证营养。后来农村实行家庭联产承包责任制，原有集体耕牛分到村民小组，由村民摊派饲养，农作时由农户轮流使用。在1980年代以后，江宁地区的耕牛逐渐被机械化所取代。

由于旧时医疗条件的限制，耕牛生病死亡现象十分严重。到了民国时期，才逐渐开始对耕牛的防疫工作重视起来。新中国成立后，江宁地域相断设立兽医站，加强了耕牛防疫工作，取得了较好效果。

关于耕牛的防疫，江宁地区曾流传着一份名为“治耕牛病法”的药方，具体内容如下：

第一种方法：治牛瘟。觅取竹间青蛇1条，置器中，焙干研末，取1茶匙，用清水略调，使食即愈。又法：大黄、朴硝、清水5碗，共煎至2碗灌服。

第二种方法：牛不食草。以青木香4两、金银花藤1斤，煎汤灌下，立马见效。

第三种方法：牛虱。以胡麻油涂之，即愈。

第四种方法：驱牛蜢。采桃叶若干，入水煮沸，俟其凉，用布蘸放于此水，揩于牛身，则蜢自远避。

晚清时期的南京耕牛

历史传承

据相关资料显示，江宁区的耕牛防疫工作始于民国时期。1931 年，长江中下游地区发生水灾，江宁县受灾严重。为保护耕牛，江宁水灾协会向市政府呈送一份报告，并在其中提出了两点建议：一是凡灾区内的耕牛，禁止屠杀；二是未经允许，不得向灾区采购或私运耕牛出境。这也是一项保护耕牛的基本措施。由于民国时期环境卫生工作不够完善，导致包括耕牛在内的畜牧疫情时有发生，而水灾等自然灾害更加重了耕牛患病的危险，因此地方政府一度建立了针对耕牛的防疫体系。

1934 年 7 月，江宁县实行耕牛登记。耕牛为农民主要生产工具，由于“年来灾荒频仍，农村金融至为枯窘”，部分农民为生存不得不在春耕后将耕牛贱卖或宰杀，待需要耕牛时，又因价高无力购买，造成田园荒芜。随后，江宁县为掌握全县耕牛数量，公布实施耕牛登记暂行规则。8 月为登记期，暂禁宰杀及转移耕牛，以各警察局辖区为登记单位，设立临时登记处主办其事。经登记，全县计有黄牛 7995 头、水牛 19543 头。这项工作的实施，使得耕牛保护落在了实处。在此背景下，江宁县政府开始将现代防疫手段纳入耕牛防疫中。据《乡村教会》1948 年第 2 期发表的朱敬一《金陵神学院乡村教会实习处工作概况》一文介绍：“（乡村教会科）与中央畜牧实验所合作，已于三十一村庄中为耕牛及猪注射防疫针约一千五百头。乳牛场设于城内，小乳牛推广到合肥基督教会及淳化镇乡间……”

1992 年 8 月淳化镇抗旱救灾

1989 年禄口万寿圩农田改造

1949 年，朱敬一又在《乡村教会科淳化镇实习处最近工作概况》一文中介绍：“（民国）三十六年（1947）为各村注射牛瘟预防二百十六头、猪瘟三百九十八头。三十七年，牛瘟预防二百卅七头，猪瘟预防

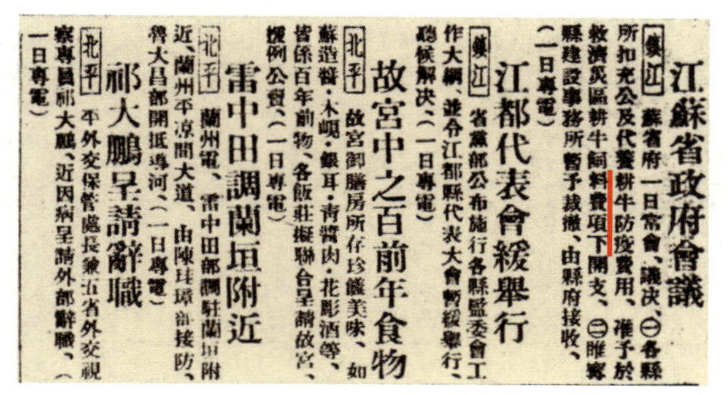

江蘇省政府會議

【鎮江】蘇省府一日常會、議決、㈠各縣所扣充公及代墊耕牛防疫費用、准予於救濟災區耕牛飼料費項下開支、㈡睢寧縣建設事務所暫予裁撤、由縣府接收、（一日專電）

江都代表會緩舉行

【鎮江】省黨部公布施行各縣監委會工作大綱、並令江都縣代表大會暫緩舉行、聽候解決、（一日專電）

故宮中之百前年食物

【北平】故宮御膳房所存珍饈美味、如蘇造醬・木暝・銀耳・青醬肉・花彫酒等、皆係百年前物、各飯莊擬聯合呈請故宮、援例公賣、（一日專電）

雷中田調蘭垣附近

【北平】蘭州電、雷中田部調駐蘭垣附近、蘭州平涼間大道、由陳珪璋部接防、魯大昌部開抵導河、（一日專電）

祁大鵬呈請辭職

【北平】外交保管處長兼五省外交視察專員祁大鵬、近因病呈請外部辭職、（一日專電）

民国时期江苏省政府会议中关于耕牛防疫的资料

二百四十五头。其结果，瘟疫流行时，普通未注射预防针者，牛、猪死亡率为百分之八十；曾经注射预防者，仅死百分之五，所以四乡农民近来都相信家畜预防注射。”可见这一时期的耕牛防疫工作已经在江宁县境内有效开展起来。

据江宁县委副业生产办公室于 1959 年 7 月 24 日印发的《关于整顿巩固民间畜牧兽医的报告》显示：“（当前）全县共有民间畜牧兽医 76 人……1957 年 2 月，我县根据国务院关于加强畜牧兽医工作的指示精神，建立了兽医工作协会。1958 年，建立了 19 个民间兽医站（龙都未办），将散布在农村的兽医组织到兽医站工作……民间兽医组织起来后，由于党加强领导，一年来各兽医站在从事畜牧防治工作中取得了一定成绩，如大搞耕牛配种。去秋今春，清灭 14400 头的空怀，完成防疫注射 12299 头、生猪 88967 头，基本上控制了病疫的流行，全年共治疗耕牛 4942 头、生猪 14005 头。”此时，在各兽医站的努力下，全县开展了耕牛防疫工作，取得了理想的效果。这份报告还对今后兽医站的工作提出了建设性意见，对江宁的耕牛防疫工作起到了推动作用。

当代影响与价值

在传统农业生产中，牛耕是一项必不可少的内容。作为旧时农村最重要的生产资料，耕牛在农业生产上一直占有重要地位，因此保护耕牛的卫生健康是不容忽视的民生问题，耕牛防疫即是其中的重要一环。江宁民众采用中医药方式，创造性地提出了一种效果奇佳的耕牛防疫措施，减少了当地耕牛的发病率，是与牛耕活动有关的非物质文化遗产，具有一定的历史价值和科学价值。随着近年农业结构调整，农村的大规模拆迁，如今江宁地区已经很少使用耕牛，因此，耕牛的防疫工作，已经不再是农村工作重点。尽管如此，以耕牛防疫为代表的此类活态“非遗”仍有一定的研究价值，体现了传统农耕文化的多元性，为中医药的活化利用提供了江宁民间智慧。

骡驴马破伤风和水牛盘旋症的中兽医疗法

基本概况

骡驴马破伤风和水牛盘旋症的中兽医疗法，流布于江宁全境。传承人薛天淮。

旧时，江宁地区的农牧场及农乡村饲养的骡、驴、马较多，由于医疗条件有限，这些牲畜常常害病。为此，江宁县成立了兽医站，专门为牲畜治病。1960年代，时任兽医站医师的薛天淮，根据传统中医药理论，总结出了一套“骡驴马破伤风和水牛盘旋症的中兽医疗法”，是当时行之有效的畜类疾病治疗方案。

破伤风，又名全身风寒或木马症，是骡、驴、马等在劳役时皮肤破伤，在休息时吹进阴风，或因贼风侵入体躯，或在饮水、打滚时受潮湿影响，或被阴雨淋湿闭汗而导致的疾病。发病时，畜体如被捆缚，经络强硬，浑身麻木，四肢如椽，口水黏涎。严重者牙关紧闭，两眼狰狞，两耳如剪，尾翘起，头颈僵硬，低头困难，吃草微细，脉仓双凫。

治疗该病时，须将病畜缚倒固足，用烙铁先在嘴巴周围烙一圈，两耳根周围烙一圈，然后顺次在膊尖、膊栏、枪风、百会、巴山与路股交叉处、小胯6处烙成十字形，两边相对，然后烙尾根周围一圈。烙后全身有汗、前后裆出汗、全身皮肤发颤、牙齿放松等都是有效表现。接着放大血2—3两，并用火针在大风门、伏兔各2穴，抢火针9委相对18穴，在百会穴用火针。之后在百会穴上贴上麝香膏药；同时用吹鼻散向鼻孔吹之，后停一小时，拴病畜于外边。

1961年6月，上坊公社中下大队王家边生产队一头骡子，曾发生破伤风症。因为麝香缺乏，没有用膏药，也没有用吹鼻散，改用四物汤加升灌服，亦见效。其处方如下：全当归1两、大熟地8钱、杭白芍8钱、麻黄4钱、荆芥6钱、防风6钱、桂枝8钱、蔓荆子1两等，计11味药，共研细末，煎煮连童便壹份、高粱酒半斤，连渣灌服。

盘旋症，春冬季称脑中风，夏秋季称脑重癀。病因是春风开头，青草萌芽，贼风透入皮毛，钻入脑内，或寒气日久，潜伏脑内，脑被藕丝样物捆缚而昏沉，因此水牛发生盘旋乱转。发病时，重者两眼无光，水草停吃，浑身发冷，皮毛憔悴，眼睛无汗，脉色沉迟，大便见白膜，小便清白，不愿睡眠，喜欢盘旋乱转。

治疗该病时，需要用火烧红平底的秤砣，再用棉一块，沾上等量配合的童便和醋液，放于水牛脑门。后用火烧红的秤砣放棉花上烙5分钟左右，深度达到一分为宜，直到全身发热、前后裆发汗时，再将半斤醋和半斤酒混合，浇在秤砣上，使发生气体，浸透脑门，并用加减四物汤。四物汤处方如下：当归身、大热地、川芎各1两，荆芥、青防风、独活、羌活各8钱。体强者，另加槐花

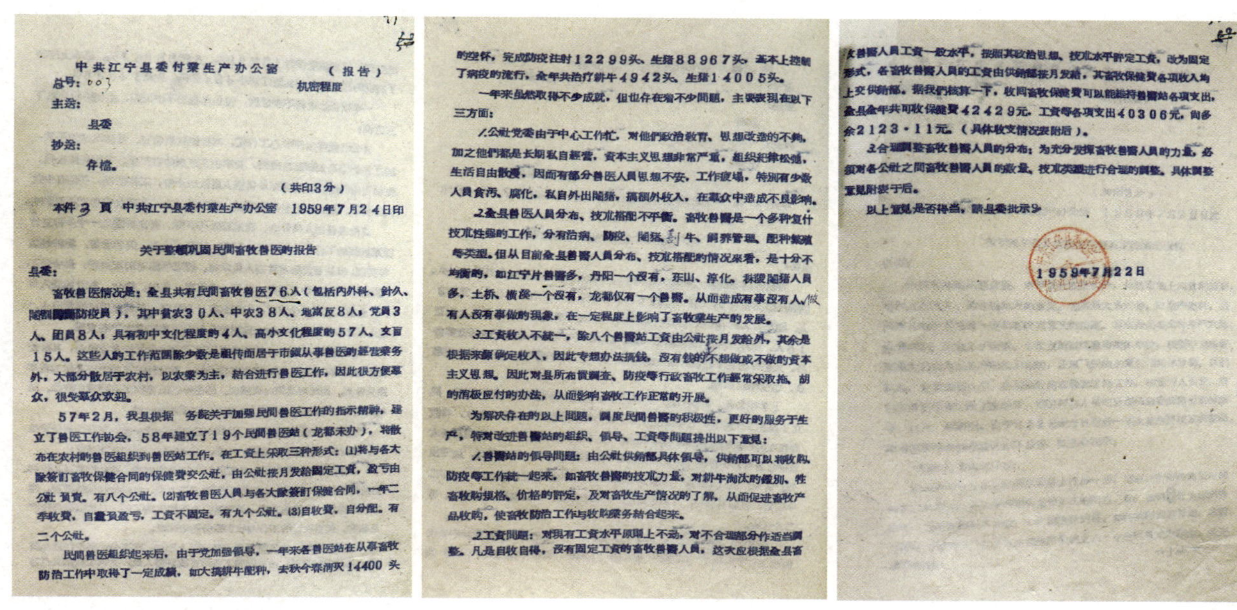

中共江宁县委付业生产办公室　（报告）
总号：003　机密程度
主送：
县委
抄送：
存档。
（共印3分）
本件3頁　中共江宁县委付業生产办公室　1959年7月24日印

关于整顿巩固民間畜牧兽医的报告

县委：

畜牧兽医情况是：全县共有民間畜牧兽医76人（包括内外科、針灸、阉割、防疫員），其中貧农30人、中农38人、地富反8人，党員3人、团員8人；具有初中文化程度的4人、高小文化程度的57人、文盲15人。这些人的工作范围除少数是祖传而居于市鎮从事兽医的經营業务外，大部分散居于农村，以农業为主，結合进行兽医工作，因此很方便群众，很受群众欢迎。

57年2月，我县根据　务院关于加强民間兽医工作的指示精神，建立了兽医工作协会，58年建立了19个民間兽医站（龙都未办），将散布在农村的兽医組织到兽医站工作。在工資上采取三种形式：(1)将与各大队签訂畜牧保健合同的保健費交公社，由公社按月发給固定工資，盈亏由公社負責。有八个公社。(2)畜牧兽医人員与各大队簽訂保健合同，一年二季收費，自負盈亏，工資不固定。有九个公社。(3)自收費，自分配。有二个公社。

民間兽医組织起来后，由于党加强領导，一年来各兽医站在从事畜牧防治工作中取得了一定成績，如大搞耕牛配种，去秋今春消灭14400头的空怀，完成防疫注射12299头、生猪88967头，基本上控制了病疫的流行，全年共治疗耕牛4942头、生猪14005头。

一年来虽然取得不少成就，但也存在着不少問题，主要表現在以下三方面：

1.公社党委由于中心工作忙，对他們政治教育、思想改造的不够，加之他們都是长期私自經营，資本主义思想非常严重，組织紀律松弛，生活自由散漫，因而有部分兽医人員思想不安，工作疲塌，特别有少数人員貪污、腐化，私自外出阉猪，搞額外收入，在群众中造成不良影响。

2.全县兽医人員分布、技术搭配不平衡。畜牧兽医是一个多种复什技术性强的工作，分有治病、防疫、阉猪、割牛、飼养管理、配种繁殖等类型。但从目前全县兽医人員分布、技术搭配的情况来看，是十分不均衡的，如江宁片兽医多，丹阳一个没有，东山、淳化、秣陵阉猪人員多，土桥、横溪一个没有，龙都仅有一个兽医。从而造成有事没有人做，有人没有事做的現象，在一定程度上影响了畜牧業生产的发展。

3.工資收入不統一，除八个兽医站工資由公社按月发給外，其余是根据来源确定收入，因此专想办法搞钱，没有钱的不想做或不做的資本主义思想。因此对县所布置調查、防疫等行政畜牧工作經常采取拖、胡的消极应付的办法，从而影响畜牧工作正常的开展。

为解决存在的以上問题，調度民間兽医的积极性，更好的服务于生产，特对改进兽医站的組织、領导、工資等問题提出以下意見：

1.兽医站的領导問题：由公社供銷部具体領导，供銷部可以将收购、防疫等工作統一起来，如畜牧兽医的技术力量，对耕牛淘汰的鑑别、牲畜收购規格、价格的評定，及对畜牧生产情况的了解，从而促进畜牧产品收购，使畜牧防治工作与收购業务結合起来。

2.工資問题：对現有工資水平原則上不动，对不合理部分作适当調整。凡是自收自得，没有固定工資的畜牧兽医人員，这次应根据全县畜牧兽医人員工資一般水平，按照其政治思想、技术水平評定工資，改为固定形式，各畜牧兽医人員的工資由供銷部按月发給，其畜牧保健費各项收入均上交供銷部。据我們核算一下，收回畜牧保健費可以能維持兽医站各项支出，全县全年共可收保健費42429元，工資等各项支出40306元，尚多余2123·11元。（具体收支情况表附后）。

3.合理調整畜牧兽医人員的分布：为充分发揮畜牧兽医人員的力量，必須对各公社之間畜牧兽医人員的数量、技术类型进行合理的調整。具体調整意見附表于后。

以上意見是否得当，請县委批示。

1959年7月22日

档案中关于整顿巩固民间畜牧兽医的报告

1两2钱、白芷8钱、官桂6钱。体弱时，则加桑寄生1两、淮山药2两、白茯苓1两2钱、山茱萸1两2钱，共研细末，加大枣半斤去核为引。连渣灌服。

历史传承

利用传统中医药理论治疗兽类疾病的中兽医学，在我国具有悠久的历史。《周礼·天官》即载："兽医，掌疗兽病，疗兽疡。"说明早在周朝时，政府机构就设有专职兽医治疗动物疾病。江宁区流传的"骡驴马破伤风和水牛盘旋症的中兽医疗法"，即是中兽医学在江宁地区发展应用的一个缩影。

据江宁区档案馆藏1961年11月江宁县科学技术委员会、江宁县副食品局、江宁县科学技术协会编印的《科技参考资料》之《畜牧部分》第一期记载，骡驴马的破伤风和水牛的盘旋症，是当时兽医较难治疗的牲畜疾病，而江宁县兽医站的著名中兽医师薛天淮在这方面经验丰富，医技精湛。他熟练掌握专治破伤风和盘旋症的中兽医疗法，用此方法治疗破伤风疗效可达80%左右，治疗盘旋症疗效则近乎100%。

当代影响与价值

骡驴马破伤风和水牛盘旋症的中兽医疗法，源自中国传统的中兽医学，是江宁人民同牲畜疾病进行斗争的经验总结，蕴含着传统思维模式和民间智慧，具有一定的历史文化价值。作为传统医学的一个重要分支，以该疗法为代表的中兽医理论一直有效地指导着兽医临床实践，并在实践中不断得到补充与完善，在客观上促进了当地农牧医学体系的完善，为江宁畜牧业的发展做出了不可磨灭的贡献，具有一定的科学价值。在提倡传统医药现代化的今天，我们可以更加深入地研究此类中兽医疗法背后的科学原理，继续发挥它们在中兽医药现代化进程中的作用，从而再次焕发新机，真正做到"继承不泥古，发展不离宗"。

其他

概述

老地名与方言一并记录了地方历史文化的发展与变迁，承载了无尽的故乡情怀与社会记忆，是区别地域差异的典型文化符号，也是独具特色的地方文化名片。关于要不要将它们列入“非遗”名录，现在学术界还有比较大的争议。2008 年、2019 年，南京市及江宁区先后将老地名纳入“非遗”名录，算是在全国开了先河。与此同时，近年城市化进程中新江宁人的大规模融入，无可避免地对江宁方言的传播造成了一定的冲击。本书将方言列入其中，以提醒对江宁方言保护与传承的重视。

先谈收录的 54 条老地名，如秦淮河、牛首山、青龙山、横山、铜山、东山、方山、翠屏山等，多半是南宋《景定建康志》就已经记载的地名，说是“老地名”名符其实。其中牛首山，就是王导指为建康天阙的地理标志；其中东山，就是传说谢安东山再起之所。老地名，皆关乎南京久远而厚重的历史，不仅仅是一名词而已。城镇的街巷、里弄、桥梁、居民点、店铺、寺庙、区片、亭台楼阁、山河老地名，浓缩了历史信息，是了解社会风貌的重要窗口和城市承上启下的凭据，影响着城市的文化底蕴。

所以宋代大诗人杨万里任江东转运副使时说："金陵，六朝之故国也。有孙仲谋、宋武之遗烈，故其俗毅且美。有王茂弘、谢安石之余风，故其士清以迈。有钟山石城之形胜，长江秦淮之天险，故地大而才杰。"就把人文与地理并称，夸赞南京有帝王（孙权、刘裕），有将相（王导、谢安），有形胜（钟山、石城），有天险（长江、秦淮河），是一座"四有"都市，资源十分丰富，所以人杰地灵、物博俗美。用它来概括江宁老地名的来由，也是很有说服力的。

但是近年来南京至少有 180 个老地名从地图上消失。而且南京的古迹与地名，因在历史长河中产生的变化，常常难以准确对应。这一点，到了明代顾起元，便已感叹桑田沧海。《客座赘语》说："国朝建都后，宋以前遗迹多不可寻矣……盖自国朝以钟山为陵寝，后湖为册库，而拓东门城至钟山，如青溪、潮沟、燕雀湖，遂皆无复有迹可睹。"明代以为禁地的钟山一带，是六朝古迹颇为集中的地区，再加上南京城的改制，所以青溪、燕雀湖，皆在尘烟中化为乌有。顾起元细翻了王安石诗集中有"金陵地名者计 136 首"，而时移世易，不可复寻。

这一情况也可解释江宁的老地名，抛开上元、江宁、秣陵、淳化、湖熟等大地名不说，光说甘村、佘村、曹村、侯村等以姓氏命名的老村名，因为地理单位实是微小，所以《景定建康志》没有纪录。要不是口口相传，加上家谱中能寻到的蛛丝马迹，对于一村之名、一村之史也实是难以把握。就拿村史古迹较多的曹村而言，2014 年《江宁区志》说它始于宋淳化年间，惜无其他文献支持。而文化旅游开发做出佼佼成绩的佘村，倒是在《客座赘语》上记载了地名，但过去姓佘，如今姓潘。由此可见，作为"非遗"的老地名，其现象也是颇为复杂的。

幸好南京对这项工作重视得比较早，继南京云锦、南京金箔锻制技艺、金陵刻经印刷技艺和秦淮灯会列入文化部 2005 年公布的第一批国家非物质文化遗产推荐名录之后，2006 年南京就把老地名列入非物质文化遗产的保护工作中了。据南京市地名办统计，南京目前每月平均增加 27 个新地名。20 世纪 80 年代初，南京每年只有十 多个新地名产生。20 世纪 90 年代初，大约每年新增五六十个；而 2002 年到 2003 年两年内，南京地名新添了437个。新地名激增的背后是老地名的急剧流失。所以本书开辟此门，正是为了及时止损。有人说，老地名是一个城市的文化名片。有人说，老地名好比历史的索引。希望本书提供的线索，能为江宁的地方建设保驾护航，把更多的城市名片复原起来。

再谈谈收录的方言，我们分为民谣、儿歌、方言、谚语、谜语、歇后语。江宁方言历经一千多年，完成了从吴语向江淮话的转变。而随着江宁成为南京新城区，人口流动常态化，江宁区以普通话作为主要交际语言的现状已经基本确立。很多年轻人已经说不出“好男不娶湖熟女，好女不嫁汤山郎”的内韵了。汤山郎大多是辛苦的农民，以前还有做石匠的，经济上不宽裕，但人长得帅，做事有闯劲，一般女孩子招架不住，所以才产生了这一有意思的民谚。

近期编者在湖熟还收集到了当地老年妇女的顺口溜：“乡下奶奶真享福，打着阳伞上湖熟。春华楼上瓜子嗑,牛肉鸭子荷叶托。”江宁话“福”读“佛”去声,“托”读“特”,很押韵,且都是入声字,还是挺有味道的。这体现了湖熟女对高品质生活的追求。春华楼,是湖熟姚东大街著名的板鸭老字号,1921年即由马盛禄创办,同时兼营茶社。一个老奶奶,在春华楼上嗑瓜子的幸福生活，宛然可见。这一条街上，仅春华楼腊月以后卖板鸭，过去没有塑料袋这种包装，所以用荷叶做包装，来托着鸭子和牛肉，过去铜山狗肉也是拿荷叶托着，所以“牛肉鸭子荷叶托”这话很形象。

方言像基因一样，承载着一个地区族群历史演变的图谱，而有时一句顺口溜就够人们回味很久。所以年纪稍长的江宁人,会把它当成一种互相调侃的方式,非常乐于听到它。

江宁方言

江宁方言

基本概况

江宁方言，流布于江宁全境。

江宁方言属江淮方言。江宁与南京东西南山水毗邻，地接交错，与南京语言文化有着一脉相承的历史渊源。其方言与南京老派方言一样，在六朝之前还属于婉转妩媚、温柔细软的江东吴语，明清后则变为浑厚粗犷、铿锵有力的北方方言。换言之，江宁方言历经1000多年，完成了从吴语向江淮话的转变。

江宁方言可分为四大板块：东境的汤山街道、淳化街道、湖熟街道，与东山街道的东部地区方言略同；中部的东山、秣陵、禄口街道方言相似；西南部的横溪街道，特别是小丹阳及禄口、铜山地区方言几乎相同，且很有特色；西部的江宁、谷里街道与老南京话、安徽和县方言相近。

改革开放以来，作为南京的新城区，江宁地区的社会生活发生了翻天覆地的变化。有些江宁人去外地工作学习，同时许多企业、机构落户江宁，吸引着五湖四海的工作人员。江宁房地产业的飞速发展，接纳了大量南京老城区的居民。南京许多著名高等院校新校区设在江宁，带来了数十万的教师与学生。在人口流动成为常态化的情况下，人口构成发生了极大变化。再加上普通话的普及推广，江宁方言的流行区域自然随之发生变化。目前，江宁区以普通话作为主要交际语言的现状已经基本确立，方言多在环境封闭、人口稳定的乡村和拆迁安置小区使用、流行。

语言与文化密切相关，方言与地方文化风貌相互依存。通过各方离合参差的方言，可以看出地方文化差异、民众心理状态，还可探知反映在方言中的已经消失的民俗，以及文化史上被掩盖的种种事实。了解江宁方言、熟悉江宁方言，有助于认识江宁、感知江宁。

不仅江宁方言与普通话之间存在明显的差别，境内四大板块的方言也各有特点。如小丹阳地区的方言与其他地区迥异，地域特点非常明显，其语气偏重，发音少卷舌，不少字词的读音，保存了较多的古音古调，与普通话显然不同，甚至完全改变了字词的含义。如“洗脸”说成“死脸”；“可惜”说成“苦惜”；“走路”说成“久路”；“鞋”说成“孩”；“街”说成“该”；“今天”的“今”说成“根”；“明天”的“明”说成“门”，等等。

老话说：“宁卖祖宗田，不丢祖宗言。”方言是故乡的记忆、传统的传承、文化的积淀、精神的信仰。为保护传承江宁方言文化，民俗专家陈家邦退休后怀着对乡音的深厚感情，从2013年开始一心扑在收集江宁方言上，耗时9年时间，倾注大量的精力和情感采撷、收集、挖掘、考释、整理了5000多条方言词汇俗语，并将浓郁古朴、耳熟能详的江宁方言分为六大类。

一、人的相互关系称谓类

大大（父亲），嗲嗲（爹爹），妈妈（母亲），大爹（大伯），大妈（伯母），晚妈（继母），老偓（老叔），老嫡（丈夫），嫚嫚（妻子），娘娘（姑妈），丈人（岳父），丈母（岳母），公公（外公），婆婆（外婆），祖辈（祖先），老辈（前辈），上人（长辈），下人（晚辈），姑爷（女婿），小伙（男婴），丫头（女婴），毛娃（婴儿），毛头（男童），儿女（子女），儿孙（子孙），独子（独生子），重重（重孙子），公婆（丈夫父母），本家（同宗族人），龙蛋（唯一男娃），大哥（成年男子），大嫂（已婚妇女），先生（老师、医生），小开（对富家子弟称呼），郎舅（丈夫与妻子兄弟之间合称），小把戏（小孩），公鸡头（男孩），带把的（男娃），萝卜头（娃儿），奶奶家（妇女），老子娘（父母），晚老子（继父），小杆子（男青年），大姑娘（女青年），老巴子（最小子女），小叔子（丈夫弟弟），我的儿（对儿孙的爱称），老头子（妻称年老丈夫），老太婆（夫称年老妻子），小炮子（顽皮男娃），丫头片子、小鬼丫头（小女孩子），銶锁大、扣宝嗲、桂香妈、秀兰娘（夫妻间不叫姓名，喊孩子名），我家老子、我家妈妈、我家小子、我家丫头、我家娃子（儿女对长辈、长辈对下辈的俗称），秣陵关的、小丹阳的、麒麟门的、东善桥的、岔路口的（已婚妇女不喊姓名，叫娘家地名），春生家的、夏华家的、秋明家的、冬喜家的、老大家的、老三家的（对婚后女人不叫姓名，喊男人名或排行）。

二、时间时辰的叫法类

老早（以前），现时（现在），天天（每天），过天（改天），过早（尚早），隔天（隔日），成天（整天），天头（白天），天色（天气），时辰（时刻），辰光（时候），时下（现今），头天（上一天），过天（第二天），头年（上一年），来年（第二年），转年（下一年），尔后（从今以后），多会（什么时候），多时（很长时间），下晚（傍晚的时候），挨晚（黄昏的时候），成夜（天黑到天亮），年初（一年开头几天），年底（一年最后几天），擦黑（天快要黑的时候），夜里头（夜间），上一天（前天），老半天（大半天），分把分（几分钟），候一会（等一下），天把天（一两天），个把月（一两月），年把年（一两年），一刻儿（一会儿），那多咱子（几时了），年里头（一年期间），那昝子（那个时候），这昝子（这个时候），那程子（那些日子），那辰子（那段时间），这辰子（这段时间），三十晚上（除夕），清大巴早（天刚亮），大天肆亮（天大亮），早一程子（早些日子），前一程子（前段时间），有一程子（有些日子），这刻工夫（这个时候），早八辈子（很早以前），个把钟头（一两个小时），眨巴眼工夫、今个、明个、昨个、前个、后个（今天、明天、昨天、前天、后天）。

三、日常生活中的用语类

头牌（第一），边方（周边），打春（立春），洋乎（高傲），淘神（操心），踀味（摆谱），摆味（卖弄），来斯（历害），拽尸（笨拙），嚼蛆（胡说），脏乌（乱来），话痨（话多），打坝（作梗），咂味（取笑），叭嘴（亲嘴），围嘴（围兜），馋痨（好吃），怡种（倔犟），歹哩（多呢），勤钱（挣钱），镉子（硬币），巴家（顾家），家（读“嘎”音）去（回家），头里（前头），上席（首座），逗火（点火），推板（较差），难板（难得），騃板（蠢笨），脓拽（愚痴），挨摆（无疑），刷刮（麻利），巴到（盼到），搭浆（不好），赛如（好像），光趟（光滑），巴缝（裂开），落处（空间），房坩（房间），巷档（巷子），硬正（刚强），结棍（壮实），无

江宁端午节包粽子大赛

歹（很孬），特为（特意），顶饱（抵饱），煞渴（解渴），透鲜（味好），吼样（急切），盖指（戒指），雪头（时髦），漏脸（荣光），讹搁（相差），唔嗦（难受），打闪（闪电），瞎操（乱来），撮哄（怂恿），搲队（插队），作糟（浪费），扤痒（挠痒），捶背（敲背），苦犯怪（犯浑），犯毛（耍横），拉倒（作罢），木咕（木讷），板等（死等），恩正（正直），管经（好使），寡有（光有），啦呱（聊天），聒刮（闲谈），扛皮（挨饿），平班（平辈），传红（订婚），交把（交给），开味（咂味），别经（抬杠），抖呵（害怕），啐他（随他），啐便（随便），候你（等你），刷色（丢脸），吃瘪（受挫），扯布（买布），打票（买票），一挂（一辆），瘪塘（凹坑），硪子（石夯），石滚（碌碡），歹多（好多），吃瘪（受挫），赶稍（赶紧），盘程（路费），老鞋（寿鞋），老衣（寿衣），干钱（纸钱），乌掉（熄火），搛菜（夹菜），劁猪（阉割），开叫（打鸣），巴锅（结底），瘟臭（腐臭），头路（门路），每凡（每），泛色（变色），茅厮（厕所），巴滑（防滑），垭田（施肥），艿草（拔草），鱼子（鱼卵），心子（馅子），挑子（勺子），香茶（中药），泼披（健康），窝屎（大便），充经、转筋（游逛），笼笼（不讲究），翻秋（乱折腾），稀潮（很潮湿），篓子（水平差），虚子（不实在），眊子（近视眼），刺闹（不舒坦），捂蛆（穿衣多），够味（够意思），倒脏（倒垃圾），拐好（相当好），貌亮（光线好），夹生（不随和），杵人（教训人），瞎捞（顺手拿），毛下饭（菜有味），糖茶（糖开水），嘴泼（不挑食），嘎孤（不合群），僵尸（难讲话），杌子（小方凳），怄气（生闷气），别气（闹别扭），够戗（难办成），闹寿（开玩笑），筲箕（淘米箩），水瓢（葫芦瓢），关响（拿工资），犯怪（不学好），活丑（丢人现眼），搅神（胡搅蛮缠），拿乔（故意为难），别劲（暗中较量），搭僵（敷衍应付），糊嘴（勉强维持），顺心（合乎心意），孤嗦（性情孤僻），厚道（待人诚恳），挺尸（好睡懒觉），翻尸（翻来倒去），找魂（乱翻东西），回锅（重新加热），撝饭（超出食量），反口（出尔反尔），二胡（无能的人），饭桶（不会做事），臭人（挖苦别人），拱脓（伤口化脓），出鬼（怪得出奇），瓢嘴（哭的表情），走动（互相来往），脱单（换春秋装），了手（事情办完），跑反（躲避兵乱），屌样（傲慢无理），破鞋（偷情女人），碎嘴（说话絮烦），满上（把酒倒满），杀瘾（满足兴趣），流尸（到处乱窜），邪尸（蛮不讲理），找魂（乱找东西），放水（通风报信），扎手（事情难办），胀气（烦闷苦恼），绝门（没有后代），酸叟（讲话迂腐），样头（菜肴数量），挖噯（田间挖沟），开镰（收割开始），跌膘（牲畜变瘦）翻嘴、盘嘴（搬弄是非），神户（很神气的人），撩骚（言行不庄重），经摆（存放时间长），堆尖（堆得高高的），来事（脑子活会做事），老话（流传已久的话），偷人（瞒着丈夫出轨），接生（帮助产妇分娩），剐人（肚里没有油水），筲箕（竹子编的容器），结盖（伤口结成块状），挂红（喜庆或避邪），挎着（胳膊弯起来挂着），拽子（手和胳膊有毛病），拔顶（额头上面没头发），爬灰（公公跟儿媳通奸），开怀（妇女第一次生育），百岁（婴儿一百天生日），婊贼（骂淘气顽皮孩子），孝帐（挂在灵堂的被面），毛揣（惹事生非的少年），发物（诱发疾病的食物），蹋车（时间没有赶上），禢线（缝衣物的线断了），连枷（拍打麦子脱粒农具），駛账（不用算就清楚的账），通腿（两三人同睡一被窝），晒霉（黄梅天过后晒衣被），滗掉（挡住渣滓，把水沥出），锅地（灶后堆柴烧火的地方），滚水（年节孝敬老人早点），擀鱼（去掉鱼鳞，取出内脏），葽子（用稻草绞拧成的绳索），天笺（春节贴在门楣窗上镂空的红钱），暖房（结婚的前一天，亲友前来祝贺），压床（婚礼前夜，童男子睡在新床上），踩生（孩子出生后，第一个外人进家），摸秋（中秋夜到别人家地里偷果实），阳历年（元旦），门对子（对联），八仙桌（方桌），盛得很（傲慢），人歹呢（人多），将将好（正好），弯弯绕（窍门），男子汉（男人），半边人（寡妇），抱来的（领养），犯死相（犯难），犯二五（发贱），旮旮旯（墙角），吵窝子（吵架），舌搭子（啰嗦），歪歪嘴（暗示），豁豁（胆怯），老摆摆（大派），滑唧唧（很滑），戏圆子（剧场），澡堂子（浴室），推古揹（擦背），糟死了（肮脏），搅得很（难缠），一嘎嘎（量少），活屄丑（丢丑），屌毛灰（轻视），麻头皮（为难），灌猫尿（喝酒），扒儿手（小偷），手捏子（手帕），力士鞋（球鞋），钢精锅（铝锅），小包车（轿车），棉楯子（棉袄），被单筒（被窝），梳子肉（扣肉），摊粑粑（薄饼），饭潽了（溢出），五月节（端午），八月节（中秋），吊膀子（调情），瞎糙蛋（捣乱），蓝边碗（瓷碗），捞小鸡、捞小鹅、捞小鸭、捞小猪（购买）。

萝卜鲞（萝卜干），敞开吃（随便吃），有咬劲（耐咀嚼），有嚼头（味觉好），有筋道（有韧性），阿晓得（还知道），记不迪（记不得），抬嫚嫚（娶老婆），歹漂亮（很好看），跟人了（嫁人了），有一腿（婚外情），窝里鸡（一伙的），玩点子（用计谋），拐得很（坏得很），你花我（你骗我），小促寿（玩小坏），嘎么多（数量大），这么些（这么多），跩死了（很富有），不除疑（有疑惑），不揉你（不理你），不悍定（不一定），怎格办（怎么办），烟袋头（不学好），拉下脸（不高兴），皮掉了（软掉了），黄掉了（没希望），空捞捞（空落落），齐扎扎（齐整整），直筒子（直性子），瞧不起（看不起），小瞧人（小看人），小来西（不起眼），不打愣（很自然），不称心（不合意），不想碰（没兴趣），不耐脏（易污染），不用烦（不用愁），不灵光（不好使），不上相（不好看），不识相（不识事），不瓤筋（不简单），不瓤乎（不逊色），捞豆腐（买豆腐），扎起来（捆起来），摞起来（堆起来），歹暖和（很暖和），烟萩人（烟熏人），鞋蹚底（鞋垫子），瓶筑子（瓶塞子），帕斯牌（扑克牌），布小鸡（孵小鸡），不管经（不管用），跐下去（滑下去），肉时间（拖时间），一把头（一次性），舍不迪（舍不得），小叽叽（体积小），细食佬（吃得慢），口味重（爱吃咸），累堆多（相当多），不胎嘿（不成器），身子瓤（身体差），僵个个（长不高），歪歪蜜（蛤蜊油），钉被单（缝被子），猫叹气（竹筐子），揹着头（低着头），下脚子（打基础），落处大（空间大），板油厚（家境好），糟尽人（奚落人），胡道人（欺骗人）；

十三点（傻里傻气），枵得狠（为人刻薄），随嘴沓（信口开河），照直说（有话就讲），拦头板（中途劝阻），歇个盼（休息一会），不一当（没有规律），一块堆（聚在一起），绝八代（骂人绝后），哈掉了（食物变味），光大光（一点不剩），里外里（豁出去了），翻骨尸（来回翻弄），奘颈子（大脖子病），过衣裳（漂洗衣服），对脾胃（兴趣相投），炮筒子（心直口快），嘞筷头（没有吃的），吃豆腐（调戏妇女），丢头多（扔掉的多），认死理（性情固执），韶老太（人老话多），活生生（有血有肉），乱了套（没有次序），流水席（随到随吃），狮子头（大肉丸子），富强粉（进口面粉），摆阔气（讲究排场），露一手（显示本领），兴死了（高兴得意），一根筋（固执已见），一头劲（劲头十足），不出趟（不善交际），洑上水（趋附奉承），吃鸭蛋（考试零分），恶屄唠（凶狠女人），屄脸厚（厚颜无耻），妻管严（妻管得严），醋坛子（争风吃醋），瞎咋呼（乱说一气），难意思（难以相处），犼得很（任性固执），豁牙巴（乳牙脱落），轻骨头（买弄风骚），长记性（吸取教训），半瓶醋（一知半解），留一手（留有余地），嚼胡蛆（胡说八道），搓两把（打会麻将），看边壶（看打麻将），发洋财（意外财物），天地响（双响炮仗），好日子（吉利日子），讨口彩（讨吉利话），洗照片（洗印像片）估估堆、毛估估（粗略估计），老颈子、老人头（老成样子），没屣用、没屌用（没有本事），二百五、二唬头（好坏不分），嚼舌头、嚼牙巴（搬弄是非），一口头、一口闷（一口喝光），干着急、干瞪眼（无能为力），弄不清、搞不懂（搞不明白），皮猴子、厌蛋头（顽皮淘气），赶浪头、赶时髦（追随时尚），倒头烟、倒头路、倒头雨、倒头风（反感怨恨），犟尸鬼、犼脾气、死脑筋、臭头犟（性行固陋），兴头头、兴冲冲、兴抖抖、兴轴轴（兴致很高）；

屁儿汤（说话不算数），能不够（什么都会做），妖得很（某方面出众），不着家（成天不在家），土包子（没见过世面），二衣子（男女两性人），鬼孙子（吓得不敢动），鬼转筋（无目地闲逛），挤牙膏（说话不爽快），焦尾巴（骂人没后代），长尾巴（小孩过生日），留尾巴（做事不彻底），做月子（生育后休养），小麻雀（男娃生殖器），来尿精（常遗尿小孩），过来人（年纪大的人），绕弯子（讲话不直率），邋遢鬼（不整洁利落），牛搗角（头对头顶撞），马自达（机动三轮车），力气活（费劲的劳动），磨洋工（干活不出力），磨不开（脸面下不来），和事佬（无原则调解），猫儿嘴（喜欢吃零食），手脚大（花钱不在乎），跌很了（价格下降多），打水漂（投入没收益），猪头肉（猪头上的肉），开秧门（栽秧第一天），旱改水（旱地改水田），水性好（游泳有技能），烂鼻孔（嗅觉不灵敏），嘴巴甜（嘴乖招人喜欢），淘气筒（惹人生气孩子），大舌头（说话口齿不清），点点心（少吃一点东西），光玩嘴（光动嘴不干事），说漏嘴（说不该说的话），捞一把（乘机谋取好处），现世报（事后遭到报应），兴头上（正在兴奋时候），送日子（婚期通知亲友），公家人（政府工作人员），促寿佬（耍花招捉弄人），大好佬（有能力本事的人），路路通（没有不知道的），上路子（识大体会做人），挨着走（一个接一个走），倒笔谇（写字笔划颠倒），拆烂污（干活不负责任），下脚货（卖剩下的货物），老艮艮（显得很有经验），听壁根（偷听别人说话），碰钉子（办事遭人冷遇），嘴呱呱（说得好听不对现），抄着手（把手插在裤兜里），一庹长（两臂平伸间距离），下脚料（用剩下来的废料），戳蹩脚（当面出人家洋相），靠不住（做人做事不可靠），神过了（聪明反被聪明误），马子盖（男孩的一种发式），走得近（感情融洽常来往），回笼觉（早晨醒后又睡着），答贺钱（赠送给小辈的礼钱），穷讲究（虽贫穷但不忘打扮），擦屁股（替别人做收尾的事），不要喽（不要翻旧话和旧事），赖抱鸡（处在孵蛋状态母鸡），乌龟席（六个人坐，两头各一人），半桩子（正能吃、长身体的时候），压岁钱（过年长辈给小孩的钱），吃下昼（中饭与晚饭之间的简餐），人来疯（小孩仗着客人撒娇胡闹），拖油瓶（随母改嫁，带前夫的儿女），子孙桶（姑娘出嫁，娘家陪的马桶），乌龟头（妻有外遇缩着头不吭声），二道毛（旧时妇女剪修的搭耳发型），掏螃蟹（脚穿过自行车空当斜着骑），鸭屁股（男娃剃头留在脑后一块头发），脱土墼（木模定型制成的长方形土砖），一拃长（大拇指和中指张开两端间距离），糊骨子（碎布、面糊粘在一起，晒干做鞋底），挑把子（用扁担把割捆好的稻挑到场上），豆腐饭（丧家招待前来吊唁亲友吃的饭），手脚炉（用来捂手脚、有洞眼的一种铜炉），巴巴头（妇女把长头发用网罩发夹盘在脑后），干忽住叽（当别人问起某一件事，一时想不起来），吼里巴唧（心急），舌里八搭（话多），勾头缩颈（怕冷），夯不啷当（全部），壁立势直（很直），老迈迈的（自信），厚掇掇的（很厚），鸡巴啰嗦（话多），土里巴叽（土气），多得一塌（很多），恶耐耐的（凶狠），紧绷绷的（很紧），毛拉拉的（毛多），一绕下子（刹那），跑得甩快（很快），没得捞摸（寂寞），脏死巴啦（太脏），用水搅搅（洗洗），松不拉叽（松散），啬诐干子（悭吝），石头砟子（碎石），乌龟子（很小），刮刮老叫（极好），肉多嫌肥（挑剔），鲜得掉腭（味佳），背壶篓的（配角），吃花生米（枪毙），老巴筋秋（枯萎），一踏刮子（拢共），筋筋拽拽（有韧性），啃哧啃哧（很吃力），肉球球的（肉很多），拖鞋靸袜（不整洁），狗屁叨糟（不文明），晃里晃荡（不稳重），讲经磨牙（难讲话），阿是嘀啊（是不是），脸挂挂的（不高兴），活气得很（不死板），好得一塌（非常好），三扒两噎（吃饭快），倒梱瞌冲（没精神），盖了帽了（好得很），老鼻子多（多极了），没得话说（好极了），眯眯马马（不果断），差老鼻子（差得远），身上来了（来月经），癫尾巴雀（不庄重），日鬼流球（不诚实），扛旗打伞（跑龙套），派上用场（有用处），曲里拐弯、拐来拐去（弯道多），挂嗒着脸（不高兴），磕磕绊绊、跌跌爬爬（不顺利），呆里巴叽、呆巴日吼、呆里巴气、呆诐日屌（不灵敏）；

吃力巴呵（很费力气），精得一塌（聪慧过人），摆得一塌（显示威风），大大落落（大大方方），讲经磨牙（争执计较），高低不依（死活不饶），顺着毛抹（依从迎合），宜宜当当（稳稳妥妥），歪巴日屌（样子难看），笨得雷堆（不会做事），稀大流缸（漫不经心），坏得滴屎（品德极差），拔屌无情（过河拆桥），穷得滴屎（贫穷困苦），捅个地方（挪个地方），捂不过来（顾不过来），掸不到底（无法预见），一个奔子（一路急跑），不能急了（忍无可忍），直不隆通（直来直去），心气大了（特别生气），劲头歹呢（兴头十足），滴溜溜转（不停转动），里戳外捣（挑拨离间），捣人外拐（暗中挑唆），你不是户（你不是人），老嘎嘎的（举止老练），一大坨摞（数量很多），木里捣咕（做事没数），假嘛假嘛（做做样子），希奇巴拉（不足为奇），夹生嘎咕（不好交往），夯里夯气（说做鲁莽），大路架子（放心没事），斜诐吊歪（歪斜不正），一模活脱（一个模样），黏叽刮哒（粘性较大），潮叽刮哒（阴雨潮湿），掼了一跤（摔了一跤），老滋老味（不讲礼貌），老驹得很（经验丰富），做事无歹（干事不行），浮皮糙痒（行事敷衍），做事一当（规规矩矩），不塌面子（不失面子），白不拉叽（着色不够），懵里懵咚（言辞含糊），癫筐癫筐（行为轻浮），呱里呱啦（说笑不停），浑说倒秋（信口雌黄），老三老四（目无余子），抛高失低（愚昧无知），不知死活（冒味从事），接二连三（连续不断），懒得抽筋（好吃懒做），甩起来跑（拼命奔跑），爽得一塌（舒适畅快），不能急了（非常着急），火烧眉毛（事情紧急），哭天号地（嚎啕大哭），摞刮刮（拼凑聚拢），讹搁不大（相差不大），把水戽掉（把水倒掉），鬼头鬼脑（行为鬼祟），老梗梗的（老成持重），戴绿帽子（妻有外遇），妖里妖气（装束奇异），想得倒好（尽想美事），看你美的（打扮漂亮），累堆风光（相当体面），糊得过去（日子勉强），捱不过去（挺不过来），劬劬摸摸（忙个不停），直不咙咚（有话就说），穐穐怪怪（打扮奇特），屁漏筒子（招惹事非），鲜得掉颚（别有风味），拉里拉瓜（衣冠不整），利汤利水（干净利落），活屃屌丑（丢人现眼），老脸十三（老脸皮厚），咋叭十五（说三道四），翻尸捣骨（翻弄倒腾），有气无力（无精打采），枵薄薄的（很薄很薄），尖溜溜的（尖而锋利），痒爬爬的（欲望得到），有情后赶（以后报答），滂滂一桌（满满一桌），修五脏庙（肚空想吃），没得哈气（没有法子），啊晓得啦（知不知道），啊好玩啊（好不好玩），犯嫌死了（惹人厌烦），雪白粉嫩（又白又嫩），矮不啦叽（身材矮小），有人家了（已经定婚），顺杆子爬（随声附合），南蛮北侉（口音不同），按班如归、板板如归（规行矩步），正儿八叽（严肃认真），厌得伤心（顽皮离奇），癔里巴怪、癔怪巴啦（恶心作呕），一乌尽糟、一诐屌糟（一塌糊涂），花不棱登（颜色繁杂），齁死滥咸、齁死人了（菜肴太咸），啰哩啰唆、叽巴啰唆（嘴碎唠叨），聋巴失耳、气喘巴嚯、无二歹鬼、二五搭煞、甩里巴叽、甩不拉叽（不明事理）；

怀身带肚（腹中有胎儿），算和拉搿（不跟你计较），肉不啦叽（办事不果断），手冻拽了（手指不灵活），骨里骨苏（食物不全熟），姨里姨娘（说话娘娘腔），咪咪妈妈（不利索干脆），木里十骨（不知天高地厚），木骨得很（反应慢不灵敏），翅膀硬了（长大了不听话），平起平坐（没有高低贵贱），有理有面（既占理又体面），没得屁放（没有狡辩理由），开心一塌（高兴得不得了），嘴吃刁了（吃东西爱挑剔），清汤寡水（无油无荤无菜），花言巧语（虚假动听的话），捉诐捣怪（说做违反常理），活屃屌丑（做了不光彩事），摆大卵子（自以为了不起），穿连裆裤（互相勾结庇护），二半吊子（做事有始无终），把尿把屎（哄孩子大小便），累不死人（多干点也无妨），插一杠子（干扰别人做事），小兵辣子（资历较浅的人），打流混世（不务正业混饭吃），牛屃烘烘（说大话夸海口），说话没边（没有根据地乱讲），别手别脚（做事不顺手称心），碍事巴拉（妨碍别人做事情），倒挂金钩（头下脚上悬挂着），大锣大鼓（衣服宽大不合身），言多必失（说话多难免出错），刮目相看（用新眼光去看待），挨千刀的（咒骂人不得好死），捶胸跺脚（极度焦急或悲伤），一大摞子（重叠放置的东西），浮皮操痒（做事不认真仔细），看家本领（特别擅长的技能），推三推四（以各种借口推托），趁热打铁（做事要抓紧时机），汤汤水水（食物烹调后的汁水），肉多嫌肥（东西多了爱挑拣），伙食尾子（食堂的结余账款），七拼八凑（零碎分散合在一起），通情达理（说话做事合情合理），直不弄通（讲话不会拐弯抹角），早生贵子（对新婚夫妇的祝福），空心棉袄（里面只穿一件衬衫），话里有话（话里含有言外之意），狗屁倒糟（言语粗俗，不讲文明），入土为安（把死者埋到坟墓里），阴差阳错（偶然因素造成差错），嘎巴螺丝（不该参加的说与做），毛脚女婿（未正式结婚的准女婿），

陶吴茶场旧影

没得交代（上辈对下辈缺少教养），四仰八叉（四肢展开，脸朝天躺着），大头朝下（一件事快做了三分之二），吓得不轻（回想后果，感到很害怕），打狼去啊（简单事情去那么多人），屎头苍蝇（一种体型大的红头苍蝇），跷二郎腿（一条腿架在另一条腿上），冰淌锥子（雪后屋檐滴水凝成的冰柱），正式工作（国家所属企事业单位员工），见怪不怪（同样事见多了，就不觉得奇怪了），隔锅饭香（别人家的饭菜吃起来更有味道），元宝锅巴（三十晚上文火炕的翘起整锅巴），嘀嘀啦啦、滴滴答答、哩哩啦啦（液体断断续续一点一点往下落），一处不落、一处不塌、一处不冇（周边有好玩娱乐活动都去观赏）；

提不上筷子（差劲），馋猫鼻子尖（好吃），伞打花儿开（散架），净屁股啷当（赤裸），韶得不得了（唠叨），屌本事没有（无能），放屁怕腰疼（懒惰），听风就是雨（鲁莽），个子见风长（长得快），花头经歹哩（点子多），玩艺头多呢（主意多），兴得不得了（很得意），心里抹不直（不如意），哪个怕哪个（谁怕谁），抖呵哪一个（不在乎），大姑娘养的（私生子），脸比城墙厚（厚颜无耻），吃饭怕碗响（小家子气），滚你妈的蛋（责令离开），没有胡子翘（没有招数），要死屌朝上（拼命行事），卖狗皮膏药（耍嘴皮子），心里直打鼓（忐忑不安），差一大截子（相差很多），多得嚇死人（数不胜数），一塌带一抹（好坏程度），屁毛病没有（身体很好），肺都气炸了（非常恼怒），心里堵得慌（心里憋闷），恨你一个洞（恨之入骨），稀毛癞痢秃（头发稀少），鼻子不来风（气得历害），呆进不呆出（只进不出），前胸贴后背（饥肠辘辘），穷得叮当响（一无所有），穷得日万代（穷困潦倒），没得喉咙管（狼吞虎咽），贪多嚼不烂（适可而止），一步三个谎（谎话连篇），没得下巴壳（说话离谱），到苏州去了（睡觉去了），屁颠屁颠的（乐不可支），能巴能巴的（喜欢逞能），鬼觑鬼觑的（行为诡秘），大头嗨嗨的（粗浮鲁莽），喳吧喳吧的（多嘴多舌），二一添作五（双方平分），像个鸭子塘（乱哄哄的），没得屌办法（无计可施），乖乖隆地咚（赞叹或惊讶），难得等一回（不容易等到），做九不做十（逢九过生日），看你的造化（看你的运气），从头韶到尾（一个人唠叨），不和你嘀嗒（不跟你啰嗦），跌倒抓把土（爱占小便宜），你阿会做啊（你会不会做），不晓得好歹（分不清好坏），摸不着头绪（不了解情况），一拨一拨的（一批一批的），一码归一码（一事归一事），偷鸡巴换糖（从小不学好），哐啷哐啷的（间隙大不紧贴），路砑子高头（路边人行道上），碰一鼻子灰（讨好落得没趣），嘴越吃越叼（要求越来越高），吃今不顾明（过一天算一天），不够塞牙缝（吃的东西太少），酒后吐真言（饮酒后说真话），馋唠吃细食（嘴馋又舍不得吃），忙得不瓤拐（事多繁忙没得歇），累得不瓤筋（过度劳累感到疲乏），发你的穷霉（言行超出常情之外），忘得狗日干净（没得记性），嘴打锣舌打鼓（说话不停），不能跟你急了（无可奈何），真是不能急了（忍无可忍），长得像猪头三（肥胖丑陋），抠屁眼嗦指头（相当啬刻），吃得狗儿干净（一点不剩），饿死鬼投的胎（狼吞虎咽），二八月乱穿衣（冷热无常），青菜萝卜打滚（顿顿如此），哪个对哪个呀（人缘关系好），说到底一句话（没有通融余地），要想好大让小（长辈让着小辈），甩鼻涕不上墙（扶不起来的人），码得一清二楚（掌握得清清楚楚），狗屄上都是油（不择手段捞好处），栀子花茉莉花（云里雾里，说得天花乱坠），跩得像二万样的（故意做作），不像个猴子耳朵（不像样子），七十二个郎的当（行业很多），鹰钩鼻子秤钩心（奸诈相貌），谅视穷人无卵子（瞧不起人），逮到骡子当马骑（胡搞乱来），五花肠子六花心（人猿意马），窝屎离他八丈远（极其厌恶），多管闲事多吃屁（多事有事），咬口生姜喝口醋（做人要争气），一人做事一人当（不连累别人）；

大暑小暑，热死老鼠（最热季节）；老头老太，古里古怪（脾气固习）；省着省着，窟窿等着（不注重节约）；拾到篮子里就是菜（不问青红皂白）；吃灯草灰、放轻巧屁（不知深浅轻重）；跑了和尚，跑不了庙（逃是逃不掉的）；牛拴在桩上还是老（人要勤，物要用）；帽影子不见帽顶子（人影子不见一个）；吃头猪不如一觉呼（睡好觉非常重要）；荒年饿不死手艺人（有手艺不愁吃饭）；眼泪流到了七家湾（嘲笑孩子没完没了地哭）；女婿一到，丈母娘靠灶（喜在心里）；娃儿屁股上有三把火（小孩火气足）；一代亲，二代表，三代了（由直亲、旁亲到疏远）；不会说话比吃屎还难（讥讽人不会言语表达）；人不走运喝凉水都碜牙（遭遇不断）；话经三张嘴，长虫又长腿（越传越悬乎）；里子都不要还要面子啊（彻底不要脸）；女儿多，桂圆蜜枣顺床摸（女儿多，孝敬多）；上茅厮也有个先来后到（要按次序进行）；

活到八十八，不知瘸和瞎（人生难以预测）；吃的盐和米，讲的情和理（要懂为人之道）；老母猪放屁，沾点儿荤气（难得吃回猪肉）；女大不中留，留下结冤仇（姑娘大了不由爹娘）；请爹不请妈，请妈一家拉（母亲是家庭的纽带）；吃过夏至面，一天短一线（夏至过后白天一天比一天短）；鸭子打扮成鹅，还是个扁嘴货（模样改变不了）；一斤山芋二斤屎，回头看看还不止（吃山芋屎多）；打到獐子吃獐子，打到兔子吃兔子（过一天算一天）；看人挑担不吃力，自已挑担尽要歇（事不经手不知难）；鱼有鱼路虾有虾路，螃蟹无头横爬一路（各有各的门路）；弟兄弟兄各立烟囱，姊妹姊妹各苦各累（成家后过日子，完全靠自已）；农历三月三冻得把眼翻，吃了端午粽才把棉衣送（春夏之交，早晚天气温差大）。

四、对动植物的俗称类

牯牛（公牛），水牛（母牛），儿狗（公狗），螃海（螃蟹），海虾（龙虾），混子（鲭鱼），鲢子（鲢鱼），白鳝（鳗鱼），叫鸡（公鸡），子鸡（小鸡），狗蛐蟮（蚯蚓），田鸡（青蛙），歪歪（河蚌），啾呀（蚱蝉），星星（蜻蜓），老哇（乌鸦），鱼哇（鱼鸦），虼蚤（跳蚤），蛴螬（土蚕），蛴螺（蜗牛），螬虫（蛔虫），蚂蟥（水蛭），鱼鹰（翠鸟），鱼子（鱼卵），斑咕咕（斑鸠），虱虮子（虱卵），蛴蛴虫（蛞蝓），牛虱子（蜱虫），癞大蛄（蟾蜍），老母猪（虱子），土狗子（蝼蛄），推屎虫（蜣螂），地老虎（土蚕），油老鼠（蝙蝠），小耳朵（老鼠），臊狗子（狐狸），江猪子（江豚），土蚣蛇（蝮蛇），叫蛐子（蝈蝈），百脚虫（蜈蚣），吊死鬼（尺蠖），蟢蛛蛛（蜘蛛），泥巴鳅（泥鳅），鲚花鱼（鳜鱼），翘嘴白（白鱼），螺蛳鲭（鲭混），昂刺鱼（鲼颡），鳡鰤鱼（黄钻），猫毫子（小鱼），童子鸡（小公鸡），苦哇子（寒号鸟），鸹鸪雀（布谷鸟），毛辣子（毛螯虫），火焰虫（萤火虫），哼咕子（猫头鹰），火赤炼（赤炼蛇），罗罗网（蜘蛛网），扁嘴货（鸭子），鲤鱼拐子（鲤鱼），鲫鱼壳子（鲫鱼），鲇鱼胡子（鲇鱼），餐鱼鲦子（餐鱼），蛤蟆咕噜（蝌蚪），痴咕呆子（虎头鱼），刺柏（柏树），洋槐（刺槐），苦楝（楝树），红枫（枫树），泡桐（梧桐），水杉（杉树），白果（银杏），芽枣（枣子），毛栗（板栗），毛桃（桃子），芦柴（芦苇），皂角（荚果），苞芦（玉米），山芋（红薯），苦瓜（癞瓜），慈菇（茨菰），山花（野参），毛芋（芋头），百叶（千张）。

五、民间流传的俗话谚语类

上回当，学回乖；说话轻，传话重；眼不见，心不烦；不怕慢，只怕站；百天鸭，动刀杀；春东风，雨祖宗；霜厚暖，雪厚寒；稻子黄，车干塘；家有老，是个宝；穷无根，富无苗；望见山，跑死马；爱得俏，冻得跳；高不成，低不就；朋友妻，不可欺。

货到时地头死；好男不跟女斗；家不和外人欺；哄死人不偿命；驴唇不对马嘴；百闻不如一见；家丑不可外扬；打肿脸充胖子；天无绝人之路；陈芝麻烂谷子；强扭的瓜不甜；家作懒外作勤；饿不死胀不呆；一杆子插到底；一门不知一门黑；货比三家不吃亏；矮子矮一肚子拐；穷人无灾便是福；人不伤心不落泪；贪小便宜吃大亏；说的比唱的好听；良药苦口利于病；有钱难买老来瘦；一个女婿半个儿；有其父必有其子；手心手背都是肉；田鸡要命蛇要饱；跳到黄河洗不清；新箍马桶三天新；钱要用在刀口上；清官难断家务事；吐沫能把人淹死；人心都是肉长的；低头不见抬头见；身在曹营心在汉；近水楼台先得月；生意不成仁义在；处暑萝卜白露菜；青菜萝卜保平安；饱带干粮晴带伞；下雪不冷化雪冷；干净冬至邋遢年。

长到夏至，短到冬至；清明要明，谷雨要淋；谷雨前后，种瓜种豆；月亮起毛，大雨要到；日晕有雨，月晕有风；山头上水，人头上血；火要空心，人要实心；狗怕夹尾，人怕无理；水清无鱼，人精无友；暖不丢衣，饱不丢食；人怕伤心，树怕伤皮；脑怕不用，身怕不动；不怕山高，只怕腿软；不经寒冬，不知春暖；嘴严手稳，生活安稳；壶小易热，量小易愁；娃怕脱奶，秧怕缺水；长兄如父，长嫂为母；儿大避母，女大避父；老不正经，带坏儿孙；酒多伤身，气多伤神；头上长疮，脚下流脓；虱多不痒，债多不愁；交人交心，浇花浇根；无理心慌，有理胆壮。

有晚妈就有晚老子；癞蛤蟆想吃天鹅肉；哪有吃五谷不生灾；猫三狗四猪五羊六（怀孕时间）；箩里拣花，越拣越差；一分价钱一分货；千层单不如一层棉；玩嘴的郎中无好药；一样米养出百样人。

塘里鱼儿跳，大雨快要到；雷后先刮风，有雨也不凶；有雨山戴帽，无雨河起罩；水底泛青苔，必有大雨来；塘里鱼打花，必有大雨下；早上雾沉沉，中午晒死人；天上鱼鳞斑，晒稻不用翻；春寒多雨水，夏寒水断流；春耕不肯忙，秋后脸饿黄；若要兔子好，夜里勤喂草；家有万担粮，不养扁嘴王（鸭子）；养猪不赚钱，回头看看田；相打无好拳，相骂无好言；要比比种田，不要比过年；问路不施礼，多走五十里；老鼠爱打洞，坏人爱钻空；三年不喝酒，买头大水牛；外有赚钱手，家有聚钱斗；早吃三片姜，赛过人参汤；练出一身汗，小病不用看；大路上讲话，草丛里有人；灯不拨不亮，话不说不明；吃得多伤身，说话多伤人；人心换人心，八两换半斤；老牛怕过冬，人怕老来穷；瓜甜不在皮，人美不在衣；寒从脚下起，火从头上生；狗眼看人

江宁乡民春耕旧影

蛇；你敬我一尺，我敬你一丈；有理三扁担，无理扁担三；愿在世上捱，不在土里埋；朋友千个少，冤家一个多；一朝被蛇咬，十年怕草绳；马好不在叫，人美不在貌；猴子不上树，多敲两遍锣；撑死胆大的，饿死胆小的；常在河边走，哪能不湿鞋；十网九网空，一网就成功；十里不同风，百里不同俗；新娘进了房，媒人撂过墙；人多好种田，人少好过年；人情大似债，头顶锅盖卖；茅山的菩萨，照远不照近；人争一口气，佛争一柱香；人误地一时，地误人一年；是骡子是马，拉出来遛遛；春打六九头，种田不用愁；春天三场雨，秋后不缺米；人不亏地皮，地不亏肚皮；穷人不生病，赛如走大运；三十年河东，三十年河西；山中无老虎，猴子称霸王；杀猪捅屁眼，假充大内行；不比不知道，一比吓一跳；天下无难事，就怕有心人；饭前先喝汤，苗条又健康；每天三个枣，百岁不显老；路远知马力，日久见人心；喜事红金绿，丧事黑白灰；娘家的饭香，婆家的饭长；满堂儿女，不如半路夫妻。

低，人穷受人欺；不怕当面锣，就怕背后鼓；不怕家里穷，就怕出懒虫；不怕脑子笨，就怕不勤奋；三年不上门，当亲也不亲；打不断的亲，骂不断的邻；狗不嫌家穷，儿不嫌母丑；从小看到大，三岁看到老；出门看风向，吃穿量家当；出门看天色，进门看脸色；人前说人话，背后说鬼话；胆大骑龙虎，胆小怕老鼠；篱笆扎得紧，野狗钻不进；人往高处走，水往低处流；只有错买的，没有错卖的；肥田收瘪稻，惯子不成人；打鱼的不急，背篓子的急；没有金刚钻，别揽瓷器活；人活一张脸，树活一层皮；男怕入错行，女怕嫁错郎；男吃饭如虎，女吃饭如数；树大要分杈，儿大要分家；大鱼吃小鱼，小鱼吃虾米；病人不忌嘴，复发活受罪；烟酒不离嘴，医院跑断腿；少吃多有味，多吃伤脾胃；吃多味不美，话多惹人烦；大人盼种田，小孩望过年；黄梅没好天，晚娘没好言；一人一把号，各吹各的调；在家千日好，出门一时难；有理走天下，无理步难行；在家靠父母，出门靠朋友；好事不出门，坏事传千里；火到猪头烂，工到自然成；结巴好说话，聋子好打岔；老不看三国，少不看水浒；冷水要人挑，热水要人烧；聋子不怕雷，瞎子不怕

一天一个暴，坐在家里收稻；过了这个村，就没有这个店；早钓鱼晚钓虾，中午钓王八；管天管地，管不了别人撒尿放屁；公鸡打架头对头，夫妻吵嘴不记仇；东罡日头西罡雨，南罡北罡干到底；燕子低飞蛇过道，大雨不久就要到；话怕三头对面，事怕追根刨底；冷饭冷菜能吃，冷言冷语难受；过头饭菜能吃，过头话不能讲；儿想娘扁担长，娘想儿哭断肠；母无乳儿面黄，田无肥苗不长；人有三顿不饿，衣有三件不破；只有千年邻居，没有千年兄弟；远亲不如近邻，近邻

不如对门；酒肉朋友易得，患难之交难求；摆渡摆到江边，造塔造到塔尖；不怕百事不利，就怕灰心丧气；山再高也有路，河再宽也有渡；有本事的唱戏，无本事的受气；子不念旧恶，好汉不记前仇；自己夸烂嘴巴，人家夸一枝花；有志不在年高，有理不在声高；玉不琢不成器，人不学不知礼；常说话口语顺，常做事手不笨；牛无力拉横耙，人无理说蛮话；嘴歪怪茶壶漏，睡不着觉怪床歪；打是疼骂是爱，不打不骂要变坏；剃过头打三巴，不生疖子不生疤；世上有三样苦，撑船打铁磨豆腐；不吸烟不喝酒，病魔见了绕道走；春雾雨夏雾热，秋雾凉风冬雾雪；稻上场麦进仓，黄豆挑在肩膀上；农家人不养猪，好比秀才不读书；会看的看门道，不会看的看热闹；一个人没有计，三人肚里唱本戏；不信神不信鬼，全靠自已胳膊腿；做事没有计划，好比盲人骑瞎马；穷算命富烧香，颠颠倒倒问阴阳；东山老虎吃人，西山老虎也吃人；大人不记小人过，宰相肚里能撑船；水不流动要变臭，人不学习要落后；男长十八慢悠悠，女长十八宿回头；不会烧香得罪神，不会说话得罪人；穷在闹市无人问，富在深山有远亲；不图便宜不上当，贪小便宜吃大亏；不挑担子不知重，不走远路不知累；多栽花少栽刺，留个人情好办事；会说话的引人笑，不会说的惹人跳；看人挑担不吃力，自己挑担尽要歇；恶人自有恶人磨，悍妇碰到恶婆婆；屋漏偏逢连阴雨，行船偏遇顶头风；丈夫的饭睡着吃，儿子的饭跪着吃；女人无夫身无主，男子无妻不成家；庄稼不好一季子，老婆不好一辈子；早养儿子早得力，早养女儿坐上席；一寸光阴一寸金，寸金难买寸光阴；只有勤来没有俭，好比有针没有线；只见高个多穿布，不见矮子少走路；好钢用在刀口上，有钱花在正道上；冬吃萝卜夏吃姜，不用医生开药方；冻冻晒晒身体强，捂捂盖盖脸发黄；清明螺螄端午虾，九月重阳吃爬爬（螃蟹）；小满栽秧家把家，芒种栽秧普天下；稻子孕穗肥要足，施担便粪换担谷；桃三杏四梨五年，枣树结果在当年；向阳石榴红似火，背阴李子酸透心；种田不好误一春，教子不好害一生；酒杯虽小淹死人，赌桌不大家业尽；后娘再好有闲话，寡妇门前是非多；母鸡下蛋咯咯叫，姑娘生娃被人笑；会当媳妇两头瞒，不会当媳妇两头传；一个人浑身都是铁，也打不了几颗钉；一根甘蔗榨不成糖，一颗黄豆磨不成浆；嫁鸡随鸡嫁狗随狗，嫁个王八抱着走。

六、口头俏皮话趣说类

背靠背睡觉（体贴人），王八吃秤砣（铁了心），夏天的暴雨（一阵头），田埂上推车（路子窄），快刀切豆腐（两面光），寡妇死儿子（没指望），多年的媳妇（熬成婆），大姑娘辫子（两边摆），做梦娶媳妇（想得美），厨房里的灯（常受气），端午的粽子（有棱有角），中秋赏桂花（花好月圆），拜年的嘴巴（尽说好话），过年娶媳妇（双喜临门），郭呆子帮忙（越帮越忙），哎唷黄驮子（叫苦连天），桌子上油灯（不点不亮），身后的影子（寸步不离），背对背走路（各奔东西），白糖拌苦瓜（苦中有甜），二流子烧香（鬼都不信），秋后的丝瓜〔一肚子私（丝）〕，给你根麦芒〔岂能当真（针）〕，麻袋装菱角（个个想出头），卖布不用尺量（胡扯），睡觉不要枕头（空想），皮匠不带锥子〔真（针）好〕，冬天不戴帽子〔动（冻）脑筋〕，长木匠短铁匠（各有绝招），三十晚上砧板（家家都忙），大门前挂灯笼（成双成对），乡下人走亲戚（实来实去），大姑娘抱孩子（别人家的），嘴巴上贴封条（无话可说），阎王爷贴告示（尽是鬼话），萤火虫的屁股（亮度不大），高射炮打蚊子（大材小用），一头塌一头抹（两头落空），七仙女走娘家（云来雾去），大腿上绑铜锣（走到哪里响到哪里），洗澡堂里的毛巾（上下不分），赶着和尚卖篦子（不看对象），鸭子骑在鹅背上（玩玩而已），嫁出门的女儿遇见妈（说不完话），矮子放屁（低声下气）。

历史传承

人口变迁是语言演化的重要原因，人口的大规模迁徙往往引起语言分化。如果外地来的移民在人数上大大超过土著，并且又占有较优越的政治、经济、文化地位，同时迁徙时间集中，那么移民所带来的方言就有可能取代土著的方言。西晋永嘉丧乱之后，因大批来自苏北和山东的移民，南渡进入建康地区，北方移民的方言遂逐渐取代了江南宁镇地区原有的吴方言。

江宁方言是南京方言的一部分，除少数边远乡村方言比较封闭稳定外，大部分地区方言随着南京方言而发展变化。南京历史上几次大的人口迁徙引发了江宁方言的变化。东晋立国之初，朝廷官员“接士族用北方话，接庶人用吴语”，北方话和吴语并存。其后，北方话逐渐占据主导地位。唐朝天宝年间的安史之乱，北宋末年的靖康之难，北方人口大量南迁，许多江宁家族宗谱记载的始迁祖就是唐朝、宋朝中原人，北方方言也相伴而来。明初定都南京，跟随明太祖朱元璋征战的大批淮西军功武官在南京做官安家，明太祖又迁来苏杭富户充实京师，并征调各府工匠建设都城，一时间，南京方言从五方杂糅，渐渐演变成江淮方言。清朝，南京远离政治中心，区划一仍其旧，没有大的调整，其人口结构在晚清太平天国战乱之前变化不大，外来方言对江宁的影响相对较少。

1927 年，国民政府以南京为首都，人口迁移日渐频繁。抗日战争爆发，大量人口一度随机关、工厂、学校西迁，抗战胜利后始还都。这一时期，南京及江宁地区开展国语运动，以官话为基础制定汉语标准语，学校开展国语教育，致力于消除因方言交流带来的不便。江宁各地方言的因循守旧，与学生、智识阶层学习和使用官话并存。中华人民共和国成立后，普通话得以在江宁地区大力推广，但在日常生活中，江宁人依然主要使用方言。

当代影响与价值

俗话说：“十里不同音，百里不同调”。一方水土养一方人，一方方言滋润一方乡音。月是故乡明，话是乡音亲。不同的地域演绎出不同的方言。方言是一个地方的乡音俚语，具有鲜明的乡土烟火味。方言是一个地方历史文化、人文文化、乡土文化的沉淀和见证，反映了一个地方的文化标志，塑造了一个地方的文化特质，承载了一个地方的文化元素。方言作为一种特有的口传文化，更能表达一个地方的民俗风情和生活韵味。方言一般不作为书面词汇用，但口语交流时使用频率很高。从古至今，方言传承的文化皆以有形或无形的姿态存在于我们的生活之中。方言与乡音、乡愁、乡情相伴相生，是人生的第一记忆。一个人一旦学会掌握了故土的方言，便渗透于血液中，植根于内心深处，眷恋着人的一生，终生难以忘怀。

江宁方言是江宁民间口传文化智慧的结晶，是口头文学文苑中的瑰丽花朵。江宁方言生活气味浓烈，语言表达直接，字里行间蕴含着浓烈的乡土情怀，弥散着历史的文化气息，凝聚着深湛的人文根脉。江宁方言作为口耳相传的民俗文化、传统文化，在岁月与文明的浸润下，地方特色十分鲜明，情感色彩非常丰富。江宁方言所表达的风土人情，简练通俗，精辟生动，个性鲜明，幽默诙谐，讽刺辛辣，抑扬顿挫，雅俗交融，淳朴醇厚，妙趣横生，意蕴深长，回味无穷。

时代在发展，社会在进步，岁月在向前，语言的融入与演进同样不可阻挡。近若干年来，随着城镇化进程的加快，外来人口的增多，江宁方言已慢慢弱化，并逐渐淡出人们的生活。一些新的语言正在人们的生活中交流形成，并造成了方言的流失和断层。很多地地道道的江宁方言词汇，年轻一代江宁人已经不会或不太会表达，很多常用的江宁话被越来越多的人遗忘，江宁方言已经到了需要保护、拯救的地步。保护传承方言与国家推行普通话、规范通行用语并不相悖，无论时代如何发展变化，总有乡愁需要守望，乡情需要思念，乡音需要传承，而流传在唇齿与耳膜间的方言无疑是记住乡愁、乡情、乡音的重要载体。

方言是流动的乡愁，留住方言、呵护方言、活化方言，实质上也是对民间文化的传承和情感的维系。方言是千百年来民间口传文化的知识积累和文化印记，只有延续不断在一个地方的血管里流淌、循环，才更有生机和活力。方言是维系一方水土的文化基因，既不可输出，也不可复制，更不可再生。珍视方言，勿忘乡音，其实是对家乡民间文化根脉的呵护，是对历史的铭记，传承保护方言也是保护当地的非物质文化遗产。方言作为一方之言，不仅是祖辈留下来的宝贵文化遗产和精神财富，有着悠远绵长的文化基因和一定的文学价值，而且也是交际的工具，情感的纽带，精神的依托，乡愁的归宿。江宁方言蕴含着丰富的历史传统文化资源，充满着独特的乡土人文韵味，是一部说不完、写不尽、解不全的百科全书，我们需要且行且珍惜，使“江宁声音”代代相传。

民谣

基本概况

民谣，主要流布于江宁区全境。

江宁人民在长期生活交往和生产劳动中创造和传诵着许多优秀歌谣。这些歌谣具有生活气息浓厚、爱憎分明、想象力丰富、语言朴实生动的特点，是江宁民间文学一枝艳丽的奇葩。江宁民间歌谣内容十分丰富，有生活歌谣、生产歌谣、时政歌谣、爱情歌谣、童谣、仪式歌谣等。生活歌谣多反映旧时劳动人民艰辛困苦的生活；生产歌谣多与劳动动作相配合，具有强烈的节奏，对劳动者起着鼓舞和调节情绪的作用，许多劳动歌谣、号子曲调优美，有领有和，此起彼落，伴着劳动节奏抒情助兴；爱情歌谣有的表达不可分离的坚贞爱情，有的抒发离别思念之情，更有相互爱恋的倾诉；时政歌谣则多反映当年江宁人民向往参加新四军和解放军的心情，以及江宁人民在抗战期间机动灵活的对敌斗争情景。

江宁的这些民谣老教少习，代代相传，流传至今。相关民谣唱词摘录如下：

牛郎苦（生活歌谣）

小放牛的苦哀哀，半夜三更叫起来。
两声三声没听见，巴掌拳头遍体挨。
一个巴掌五条痕，一拳打下三寸深。
穿起蓑衣破通风，穿起草鞋没哟绳。
大开东门雨蒙蒙，大开西门黑洞洞。
牵着大牛下田冲，牛吃饱来郎肚空。
一碗剩粥冷冰冰，两支筷子水淋淋。
一根咸菜三根筋，三粒豆子白水浸。

小小吉山五角尖

小小吉山五角尖，祖堂山有三间无梁殿。
小小牛首山出神仙，方山顶上一冲田。

小小车轴乌油油（劳动号子）

小小车轴乌油油，一对牛基做枕头。
八个掼脚穿心过，十六个槌子滚绣球。

农抗会（时政歌）

农抗会农抗会，不派捐不收费。
不拉夫子不抽丁，不要柴草不完税。
财主进门弯弯腰，士绅进门缩缩腿。
保长进门低低头，农民进门笑开嘴。

此外，江宁各地区又有彰显地域特色的民谣。如上坊地区的民谣：

有女不嫁顾家庄

顾家庄、屯水滩，十年倒有九年荒；

早上挖野菜，晚上挖沙根（芦蒿）；

女的打草鞋，男的捞鱼虾；

土墙草房低又矮，有女不嫁顾家庄。

李家庄民谣

大褂、毛巾、被，

钵子、面盆、缸，

堂屋、炉灶、房、

桌子、板凳、床。

李家庄，变了样，

姑娘们，花衣裳，

小伙子，列宁装，

堂屋亮堂堂，房里大花床。

李家庄，大变样，

瓦房变楼房，青年穿西装；

家电样样有，汽车喇叭响，

三中全会好，改革和开放。

谷里地区流行有猜谜形式的对歌民谣，其内容活泼有趣：

对歌

甲：什么东西叫上天？什么东西叫水边？

什么东西叫上街卖？什么东西叫娘跟前？

乙：野鸭子叫上天，青蛙叫在水边，

画眉叫上街卖，娃娃叫在娘跟前。

甲：什么东西吃草不吃根？什么东西睡觉不翻身？

什么东西肚里长牙齿？什么东西内里四条筋？

乙：老牛吃草不吃根，石磙子睡觉不翻身，

磨子肚子长牙齿，草鞋内里四条筋。

甲：什么东西喝水不抬头？什么东西喝水望高楼？

什么东西喝水咕咕叫？什么东西喝水翻跟头？

乙：老牛喝水不抬头，老鹅喝水望高楼，

鸽子喝水咕咕叫，鸭子喝水翻跟头。

甲：什么东西出土一点红？什么东西出土把腰拱？

什么东西开花头倒挂？什么东西结籽金色花？

乙：苋菜出土一点红，黄豆出土把腰拱，

茄子开花头倒挂，辣椒结籽金色花。

龙都地区则流传着以“桑”起兴的四季歌：

春日采桑百花开，日丽风和今夜长。

黄莺对对鸣翠柳，紫燕双双绕画梁。

点水蜻蜓皆不配，穿花蝴蝶还戏双。

果物无情无限恨，长叙短叹到天光。

夏日采桑难出门，炎威酷暑照乾坤。

四肢酸麻如针刺，无语心烦似火焚。

烈日当空知了倦，硫磺吃盐烧人心。

满面汗珠如雨滴，苦诉意思望柳荫。

秋日采桑菊花黄，西风吹我无意郎。

路途分手郎受苦，闺中寂寞藏悲伤。

黄昏未到愁先到，自己忧伤难进房。

一桩心事难开口，如同珠沉割断肠。

冬日采桑雪花飘，漫天遍地撒裙腰。

急急忙忙寻归路，冷冷清清过小桥。

只因不识家何处，一遍难分路高低。

回来寒气冰如骨，独苗孤妻谈家了。

横溪石塘村民谣：

教子歌

一朵棉花新叶开，新的棉絮吐出来。

为人在世先辛苦，先苦后甜有花开。

瞌睡歌

瞌睡金来瞌睡银，瞌睡来了不留情。
巴不得公婆早点死，一觉睡到大天明。
瞌睡金来瞌睡银，瞌睡来了不留情。
巴不得公婆活千岁，把我小媳妇带成人。

还有一类特殊的民谣——《上梁歌》。旧时江宁城镇乡村素有盖新房上梁时喜庆一番的风俗。上梁时，东家主人要请瓦木匠讲喜话，还要给喜钱，所谓“喜话”就是喜庆吉利之语，以歌谣的形式在民间流传。有《暖梁歌》《浇梁歌》（以酒洒点金梁表示发旺，分“八仙”“十敬”两部分）《上梁歌》《绕梁、系梁歌》。唱词如下：

暖梁

手拿铇花亮堂堂，我替东家暖金梁。
梁头梁头暖得清，子代儿孙发万金。
梁尾梁尾暖得富，子代儿孙开当铺。

上梁

脚踏楼梯步步高，手捧仙果和仙桃。
和合二仙二面站，张鲁二班上金梁。

绕梁、系梁

手拿红布十丈长　我和东家绕金梁。
左挽三道生贵子，右挽三道状元郎。
一对金童亮堂堂，手拿金绳系金梁。
系梁系到半空中，摇摇摆摆像金龙。
我问金龙哪里去，金龙还返金龙宫。

历史传承

民歌是每个民族在古代或者近代时期创作的带有自己民族风格特色的歌曲，是每个民族劳动人民的传统歌曲。民歌民谣是中国文学的主要源流之一，《诗经》是我国第一部诗歌总集，其中的《国风》便采集了西周到春秋中叶黄河流域15个地区的民歌。继《诗经》之后，又出现了《楚辞》以及汉魏六朝的乐府民歌。五四运动后，北京的语文学界开始搜集、研究民间歌谣，创办《歌谣》周刊。此外，歌谣也是一种方言的文学，歌

清高岑《金陵胜迹图册》之“天印樵歌”

谣里所用词语，大多是地域性的词语。

1930年至1931年夏季，著名学者乔启明对当时江宁县淳化乡进行了社会调查，后由南京金陵大学农学院出版了《江宁县淳化镇乡村社会之研究》。该书对淳化地区流行的本地歌谣进行了收集整理。他认为歌唱本是人类感情的一种流露，有的是因为快乐而发，有的是因忧闷而发。当时江宁淳化农村歌谣主要有两类：一是“受经济与自然的拘束，而发生的呻吟”，一是“受性的压迫而生出来的反感”。收录的民谣如下：

经济类

1. 歌儿不唱忘掉多，大路不走草成窝。镰刀不磨易生锈，坐立不正背成驼。

2. 歌儿好唱口难开，樱桃好吃树难栽。白饭好吃田难种，鱼汤鲜美网难抬。

3. 口唱山歌荷荷，脚踏稀泥如梭。荷荷梭梭，不知秋时可能到窝。

爱情类

1.（其一）正月里来梅花开，大雪飘飘落下来。大雪落在梅子上，推窗扫雪望郎来。

（其二）二月里来杏花开，一双卢燕向南来。嘴含紫泥高梁住，脚搭梁头望郎来。

（其三）三月里来桃花开，桃花开得红歪歪。桃子结得颠倒挂，摘下山桃望郎来。

（其四）四月里来蔷薇开，墙里栽花墙外采。双手采来花一束，身靠篱笆望郎来。

（其五）五月里来栀子花儿开，栀子花开白歪歪。一年一个端午节，手挥酒杯望郎来。

（其六）六月里来荷花开，一对官船向南来。官船落在沙滩上，脚搭船头望郎来。

（其七）七月里来菱角花儿开，姐儿搬盆下塘来。左手翻来右手采，采下菱角望郎来。

（其八）八月里来桂花开，姑嫂二人到园来。姑娘采花嫂子戴，嫂子采花望郎来。

（其九）九月里来菊花开，黄杨叉帚齐上来。叉扬帚扫临地转，场光稻净望郎来。

（其十）十月里来芙蓉花儿开，姐儿洗手做花鞋。大鞋小鞋总做起，做双花鞋望郎来。

（其十一）十一月里来月季花儿开，姐儿拎桶下池来。手擂棒槌叮当响，勒把寒花望郎来。

（其十二）腊月里来腊梅花儿开，姐儿端灯进房来。灯盏摆在莲桌上，铺床叠被望郎来。

《古韵湖熟胜境图》中的“秦淮渔歌”

2. 天上星多月不明，地上牛多草不生。塘里鱼多混了水，姐儿郎多乱了心。

天上大星对小星，地下南京对北京。朝中文官对武将，十八罗汉对观音。

3. 太阳上来渐渐高，姐儿拿棍打樱桃。打下樱桃让人吃，打下柴草平分烧。

姐儿携饭过田中，过路哥哥问我是什么？虾米炖菜满堂红。

太阳下山望西游，姐儿拎瓶去打油。油瓶摆在油缸上，打一瓶清油抹光头。一抹光来二抹光，十二把牙梳配成双。

新中国成立后，从二十世纪五六十年代起，有关部门组织文艺工作者在江宁本土，特别是江宁、谷里、铜井等乡搜集了不少具有浓郁乡土气息的歌谣，其中成就较大者有县文化馆干部周正凯等。所搜集的歌谣如《太阳歌》59 首，是江宁地区劳动号子中的套式歌词，七字四句，以太阳为首句引出许多事物，内容丰富，易展易收，转刹灵活。

此后，对散落在境内乡村田野的民歌民谣的搜集整理工作未有间断。20 世纪 90 年代，县乡两级文化干部、文学爱好者等采访了江宁各乡镇民歌演唱者、口述人 32 人，采集江宁地区有代表性和有地方特色的歌谣 203 首。这些民谣收录在 1990 年整理出版的江宁县民间文学集成编委会、江宁县文化局编印的《江宁县民间文学集成》一书中。

据 2009 年调查资料，孙茂才曾多次深入民间采集民歌、民谣，窑凹村民谣《诉苦情》就是他搜集整理的。这首民谣产生于民国年间，主要流布江宁街道司家社区全境及方旗庙周边二十四村，真实地反映了旧社会窑凹村劳动人民的悲惨生活和对幸福生活的期盼，具有强烈的震撼力和极其深刻的教育意义。当时窑凹村全村农民均为佃户，一年苦到头还难得一饱，到头来还免不了逃荒要饭，卖儿卖女，心中充满了无比的仇恨，于是他们就自编了一些歌谣在田间劳作时传唱。在传唱过程中，又不断修改、补充、完善。

诉苦情

方旗庙二十四村，穷，穷不过窑凹村。
逃荒要饭满处走，卖儿卖女又帮工。
衣不遮体吃不饱，捞鱼摸虾度日辰。
司家碾屋不来往，撮巴扒稻钵臼舂。

方旗庙二十四村，穷，穷不过窑凹村。
雨天屋漏没处躲，蓑衣披肩墙角蹲。
葵花秕子土基床，捎袋当被盖身上。
光杆条子真不少，有女不嫁窑凹郎。

方旗庙二十四村，穷，穷不过窑凹村。
帮人栽秧才了手，黑夜自家催牛耕。
三十村村忙过年，窑凹窑凹太可怜。
受穷受苦何日了，阴天雨夜盼天晴。

（注：捎袋是一种用来装粮食驮在驴背上的粗布袋子）

2009 年，由张为农主编的江苏省非物质文化遗产普查《南京市江宁区资料汇编》对谷里山歌、横溪船上踩水号子、铜山民歌，以及东山、秣陵、禄口、铜井、江宁、汤山等地各类民谣进行了普查采访，并录音录像。一些歌谣经整理后曾参加各类汇演，如《谷里山歌》参加“江宁之春”演出。《横溪街道志》、《江宁镇志》（1990 年版）、《丹阳镇志》等街道志，以及 2011 年出版的《江宁区文化志》亦收录了各地有代表性的歌谣。2014年，由方志出版社出版的《南京市江宁区志》对江宁民间歌谣进行了整理，并收录了《牛郎苦》等14首传统歌谣。

当代影响与价值

作为地方乡土文化的载体，民谣是广大劳动人民在长期生产和生活中智慧的结晶，颇具地方特色和诸多习俗风情。江宁地区民谣历史悠久、内涵丰富、风格多样，在反映普通群众生产生活的同时，亦满足了他们的审美需求。江宁民谣对于当地文化交流和社会发展，起着不可估量的推动作用，是当地取之不尽、用之不竭的艺术宝库。此外，不同时代的民谣，还真实而生动地反映了当时社会政治、经济和文化的基本状况，对于研究当地历史文化具有一定的学术价值。

谚语

基本概况

谚语是一种常见的俗语，在日常生活中随处可闻。谚语是老百姓的哲学，几千年来人们通过谚语学习各种生产经验、培养教育儿童、理解为人处世之道。作为民众观点、知识和经验的载体，谚语被广泛应用在民众生活的各个方面。

江宁地方谚语也是如此，是江宁广大民众在长期生产与生活中积累的智慧、经验，用江宁地方话说出来更有韵味。比如“人上一百，五颜六色”，“百”普通话是“bai”三声仄声，江宁话读“be”平声，“色”普通话是四声仄声，江宁话读一声平声。江宁谚语中还有一些特定的语言指向，比如“东扯葫芦西扯瓢，撒谎调白跟人跑”，江宁话称撒谎为“扯谎调白”。还有一些彰显地域特色的谚语，如“汤山人福气好，每天晚上一把澡”，汤山以温泉驰名，当地人泡澡成为日常生活习惯。具有江宁地方特色的谚语还有不少，以下列举其代表者：

汤山赚钱汤山了，落在汤山一把澡。

汤山人福气好，每天晚上一把澡。

乡里狮子乡里滚，大家马儿大家骑。

赶了茅山，塌了九华。

夜里想得千条路，明朝照常磨豆腐。

1990 年代江宁农田管理

东山老虎吃人，西山老虎还是吃人。

人是人，鳖是鳖，喇叭是铜锅是铁。

传言过话，自讨挨骂。

人上一百，五颜六色。

麻子不多，点子不少。

吃饭防噎，走路防跌。

矮子矮，一肚子拐。

有晚妈就有晚老子。

玩嘴的郎中无好药。

一样米养出百样人。

好男不娶湖熟女，好女

不嫁汤山男。

新娘进了房，媒人撂过墙。

横吹笛子竖吹箫，小小胡琴拉断腰。

亲巴亲好，邻巴邻好。

三年不上门，当亲也不亲。

打不断的亲，骂不断的邻。

亲家不交财，交财两不来。

东扯葫芦西扯瓢，撒谎调白跟人跑。

有本事的唱戏，无本事的受气。

买屋看梁，娶妻看娘。

穿衣看袖子，相亲看舅子。

饭好吃，粥烫人，样样生活都累人。

余村人苦难当，尖担头上挂米缸，手握镰刀脚蹬桩。

问路不施礼，多走五十里。

方山戴大帽，场上莫晒稻。

方山顶放南云，明天一定雨淋淋。

中午太阳暗，等水煮晚饭（要下雨）。

干净冬至邋遢年。

二月初八牛打汪，十家坏了九家秧。

谷雨前好种棉，谷雨后好种豆。

春东风，雨祖宗。

霜厚暖，雪厚寒。

稻子黄，车干塘。

长到夏至，短到冬至。

清明要明，谷雨要淋。

谷雨前后，种瓜种豆。

月亮起毛，大雨要到。

日晕有雨，月晕有风。

山头上水，人头上血。

雷公先唱歌，有雨也不多。

烟囱不出烟，有雨在明天。

山间回声响，天气晴又朗。

早上浮云走，午后晒死狗。

汤山《汤氏宗谱》中的南唐范阳郡公悦公遗像

水底泛青苔，必有大雨来。

塘里鱼打花，必有大雨下。

早上雾沉沉，中午晒死人。

久晴大雾阴，久阴大雾晴。

地潮石头淋，下雨不会停。

早上喜鹊叫，天气定晴好。

天上鱼鳞斑，晒稻不用翻。

咸鱼淡肉，生葱熟蒜。

千滚豆腐万滚鱼。

老怕春寒，少怕秋热。

人怕心思菜怕虫。

人多好种田，人少好过年。

人情大似债，头顶锅盖卖。

不笑补和破，只笑日子不会过。

树大要分杈，儿大要分家。

公鸡打架头对头，夫妻吵嘴不记仇。

穷算命富烧香，颠颠倒倒问阴阳。

七月毛桃八月楂，九月毛栗笑哈哈。

桃三杏四梨五年，枣树当年就还钱。

头麻见秧，二麻见糠，三麻见霜（语源：这是流传在铜山曹村一带的农谚，曹村以种植苎麻

江宁农村打连枷

则谚语的变体，表达了一种区域意识及认同，例如“好男不娶铜山女”等等。从文化学的角度来观察，它体现了不同地区交往的界域感，以及对某地区的光环或者刻板印象。这一认知虽然非常片面，但扩大了人们对特定地区的理解。

除了这一条谚语外，在湖熟地区老年妇女中还流传有其他一些有意思的民谚，能体现“湖熟女”的所思所想,如“乡下奶奶真享福，打着阳伞上湖熟。春华楼上瓜子嗑，牛肉鸭子荷叶托”。江宁话中,“福”读“佛”去声,“托”读“特”，很押韵，且都是入声字，还是挺有味道的。

为主，这是每年收割苎麻的时间谚语)。

种麻无巧，粪水喂饱（语源同上)。

其中早年流传甚广的谚语“好男不娶湖熟女，好女不嫁汤山郎”就与域内的大镇湖熟与汤山有关。湖熟地区河湖密布，历史文化积淀深厚，有商周时期的湖熟文化遗址，又有赫赫有名的梁昭明太子读书台，且经济发达，民国以来有“小南京”之称，使得这里的女子见的世面多，比较开放，走在时尚之先。旧时，一般的农家担心娶了湖熟妹来家，能上得了厅堂，却下不了厨房，故有此谚。

而汤山郎大多是穷苦的山区农民，身高马大，能吃苦耐劳，过去在山里不是做农活，就是采石料。且因温泉资源，汤山在民国初年率先开发，成为全国独树一帜的高官别墅区和休养度假区。南京至汤山的公路开通后，每天都有公交车往返汤山和市区，这里经常能见到要人、名人，故汤山郎的观念也比较开放。一般的农家女子担心出嫁后招架不住，故有此谚。

江宁的其他地区也有类似的说法，可谓是此

谚语中提到的春华楼是湖熟姚东大街著名的板鸭老字号，1921 年由马盛禄所创，同时兼营茶社。一个老奶奶，在春华楼上嗑瓜子的幸福生活宛然可见。这一条街上，春华楼腊月以后卖板鸭，三至七月卖烧鸭、烧鹅，八至九月卖桂花鸭，平均每天销售鸭子达百余只。南京人开玩笑，说“没有一只鸭子可以活着离开南京”。事实上，大多数鸭子确实没有活着离开湖熟。湖熟的回民不仅开鸭店，还开牛肉店，过去没有塑料袋这种包装，就用荷叶来包装，托着鸭子和牛肉（铜山狗肉也是拿荷叶托着)，所以“牛肉鸭子荷叶托”这句谚语很形象。

历史传承

谚语是祖先们留下来的重要财富，是古人智慧的结晶。我国民间谚语的编录选辑，在明代达到高潮，如杨慎的《古今谚》《丹铅总录》《谭苑醍醐》《古今风谣》《俗言》，记录了大量的谚语及其历史。李时珍的《本草纲目》、张介宾的《景岳全书》，则记录了医疗和生活方面的一些谚语；徐光启的《农政全书》、邝璠的《便民图纂》、娄元礼的《田家五行志》等记录了丰富的农业谚语。另外，郭子章的《六语》、郎瑛的《七修类稿》、张居正的《张太岳文集》等诗文集中，也记录有明代社会生活的各类谚语。

明代南京人顾起元，字太初，万历二十六年（1598）会试第一人，殿试一甲三名，官至国子监祭酒、吏部左侍郎。他学识渊博，留心乡梓文献，著有《客座赘语》，专门记录南京艺林轶事、市井风俗，其中就有一些谚语，如“好男不吃分时饭，好女不穿嫁时衣”“柴火夫妻、酒肉朋友、盒儿亲戚”“若要好，大做小”“锅头饭好吃，过头话难说”等等。这些谚语有些现在仍然流行。

需要分析的还有，能够折射湖熟、汤山两个地区不同经济、文化生态的“好男不娶湖熟女，好女不嫁汤山郎”这一谚语，在今天仍然流行。不过，其语境及社会环境早已发生翻天覆地的变化，仅仅作为日常生活的一种笑谈，拿来调侃而已。“好男不娶湖熟女”，早就不是埋怨湖熟女不中用、爱出头了，而是赞赏她们见多识广，待人接物落落大方，甚至能独当一面，顶起家里半边天。“好女不嫁汤山郎”则已成为汤山男人自夸的用语。改革开放以后，汤山的男人有闯劲，敢于承担，可以干大事，最早富起来的江宁人中，不少是汤山人，在政府各级部门中担任领导干部的汤山人也比较多。

当代影响与价值

20 世纪 80 年代，江宁县曾组织搜集整理在域内广为流传的谚语 1282 条，大致分成时政类 62 条、生活类 226 条、自然类 309 条、生产类 180 条、社交类 236 条、修养类 124 条、事理类 145 条，全部收录于 1990 年出版的《江宁县民间文学集成》一书中。2007 年至 2009 年，相关部门又对境内的佘村地区、谷里地区、禄口地区农业生产谚语、农民生活谚语、农业气象谚语进行了调查搜集。此外，江宁民俗专家陈家邦先生几十年来致力于包括谚语在内的江宁方言的研究，先后发表成果多篇。他即将出版的《江宁方言词汇汇集》一书，收集整理了 5000 多条江宁方言俗语，其中谚语就有 2000 多条。

今天，老江宁人在日常生活中还会不自觉地使用各类谚语，但大多年轻人则逐渐生疏了。在滚滚的时代大潮中，这些极具江宁地域特色及独特魅力的民谚的去与留，尽管不以人们的意志为转移，但如果尽早筹划，尽早考虑传承方式的多样化，尽早作为特殊的课程进入校园，则无疑可以延长其生命，无疑可以保留更多的江宁记忆。

儿歌

基本概况

儿歌包括“为儿童唱的歌”和“儿童唱的歌”。“为儿童唱的歌”包括“摇篮曲”“弄儿歌”；“儿童唱的歌”则包括“游戏歌”“知识歌”“教诲歌”等。童谣也属于儿歌的一类,包括“游戏谣”“知识谣”“滑稽谣”“生活谣”。歌吟是儿童的一种天然需要，对幼儿的成长和世界观的形成具有启发诱导和心理暗示作用，因此可以利用歌谣对早期儿童开展有效的教育和启发。

江宁地区流传的民歌民谣中有一部分是儿歌。早在20世纪80年代，有关部门就开始搜集整理在江宁地区广为流传，并具有一定地方特色的儿歌62首。其目录如下：打铁歌；冰糖上墙；月亮跟我走；月亮巴巴跟我走；天上一颗星；匹匹骡子匹匹马；脚底搬搬；脚趾搬搬；一二三四五（1）；一二三四五（2）；打子；我们两个好；花儿草；寻物；癞痢；姐姐妹妹一阵嫁；张家渡；哭包；叫花子；混蛋；赖学精；赖学胚；抽中了；红公鸡；娃娃乖；老头老太；小丫头；丫头丫；丫头；气死你这小婊子；斩得碎糟糟；叫天鸡子；大树头上乘风凉；小麻雀；熏的黑良心；我捡一分钱；小板凳（1）；小板凳（2）；月亮月亮粑粑；月亮月亮梳梳；虫虫飞；你吃几碗

汤山郄坊村景

百家湖广场群众文化活动

饭；结巴子（童谣）；叫花子叫（童谣）；喜鹊子（童谣）；卖锁；冷冷冷；麻雀窝；萤火虫；推磨、拉磨；红蜜虫子穿红衣；八哥挑水唱山歌；翻鸡头；夜老鼠；鸡看稻；猴子；麻子；下雨；杨柳多多；麻雀打滚；牵牛花；小喇叭。

这些儿歌老教少习，一代代相传，在哄儿育儿、茶余饭后、纳凉取暖时唱吟，是儿童感受亲人爱抚、认识世界、认识自己、步入人生的第一个领路人。江宁地区的儿歌以数字、月份、季节、时令、花草、动物、物品、人物、逗趣、教习、游戏等启蒙儿童心智。以下采录的两则中，江宁方言"鞋（xié）"读"孩（hái）"、"角（jiǎo）"读"各（gè）"、"蟹（xiè）"读"海（hǎi）"、"骨（gǔ）"读"国（guó）"、"家（jiā）"读"嘎（gā）"、"脚（jiǎo）"读"夹（jiā）"，所以唱吟儿歌还有方言学习的功能。江宁儿歌用江宁方言歌吟，则朗朗上口，更有韵味。

（一）打铁歌

张打铁，李打铁，打把刀送姐姐。

姐姐留我歇，我不歇，还要在张家园学打铁。
打铁打到正月正，家家门口挂红灯。
打铁打到二月二，龙抬头接女儿。
打铁打到三月三，荠菜花赛牡丹。
打铁打到四月四，一个铜钱四个字。
打铁打到五月五，糖包粽子过端午。
打铁打到六月六，蚊子叮，扇子扑。
打铁打到七月七，七根鹅毛做管笔。
打铁打到八月八，八个老头垒宝塔。
打铁打到九月九，九个老头喝烧酒。

马灯表演者与江宁儿童

打铁打到十月朝，扛把锄头扛把锹。
爷爷坟山转一转，奶奶坟山走一遭，
低头拾到个烂铜钱，又想买米吃，又想买柴烧。
又想买个花猫爬爬树，又想买狗看看门，
买了个花老婆来煨煨脚。
叫她去挑水，抓起扁担打小鬼。
叫她抱个柴，一路撒得来。

（二）冰糖上墙

冰糖冰糖那上墙，我宰猪你宰羊。
先来的吃块肉，后来的啃骨头。
骨头呢？烧成灰喽，灰呢？壅成田喽。
田呢？卖成钱喽，钱呢？抬的花嫂嫂喽，
花嫂嫂呢？在门背后养娃娃呢。
娃娃呢？放牛去喽，放牛的来家吃饭吆。
什么饭？天罗饭。什么天？戴家边。
什么戴？麻布袋。什么麻？家麻。
什么家？海棠花。什么海？螃蟹。
什么螃？武大郎。什么武？振振鼓。
什么振？茅茅针。什么茅？鸽子毛。
什么鸽？台子角。什么台？大织缎子滚镶鞋。

历史传承

据研究，明代吕坤所编《演小儿语》是我国第一部古代儿歌集，收录46首儿歌。吕坤（1536—1618），字叔简，号新吾，河南商丘人。他在后记中说："小儿皆有语，语皆成章，然无谓。"其父吕得胜在序言中感慨："如其鄙俚，使童子乐闻而易晓焉。"对儿歌的特点已有充分的认识。

清代儿歌集则有浙江钱塘人郑旭旦所编的《天籁集》及江苏江阴人悟痴生所编的《广天籁集》。前者收录吴越儿歌48首，一类反映儿童生活和儿童心理，另一类是表现成人的生活。后者收集吴越地区儿歌23首，成书于同治十一年（1872）。所谓"天籁"者，即"天机活泼，时时发现于童谣"。

1930年代，乔启明曾对江宁县淳化乡流行的儿童游戏进行了调查与资料整理，其成果收录在《江宁县淳化镇乡村社会之研究》一文中。其中"剖莲花""城门高""数脚底板板"等游戏，在玩耍中同时伴唱儿歌，可以借此了解民国时期江宁地区流行的儿歌情况。

20世纪80年代，江宁县组织采集整理的62首儿歌童谣全部收录在1990年出版的《江宁县民间文学集成》一书中，主要口述人有蒋永珍、夏传才、陶秀英、笪振祥、金远兰、戴盛荣、周玉英、刘孝义、王学军、王学云、张明芳11人。2009年，江宁区文化馆再次对境内儿歌开展调查整理，对能够传唱儿歌的韦吉华、朱庆舜、高道礼、朱顺喜进行过采访录音，当时年龄最小的朱顺喜已58岁，其他都是60岁以上的老人了。

当代影响与价值

民间儿童歌谣的启蒙和教诲，是传统儿童素养教育不可分割的组成部分，对当代仍有一定的影响。当然，随着时代的进步及影视产业、电子读物的迅猛发展，传统儿童的教育模式已经不能适应现代社会的需要，大多数儿歌因其节奏的缓慢或内容的滞后，已经不太可能再受儿童及其家长的青睐，已经渐行渐远，并逐步退出当代生活。不过，其少数脍炙人口之作，如《月亮粑粑》等一类朗朗上口的童谣，现在还是外婆、奶奶哄导孩子入睡的经典儿歌。如何在传统儿歌中挖掘、抢救、改造一些仍有生命力的优秀作品，这是我们的教育及文艺工作者需要认真考虑的问题。

谜语

基本概况

谜语，流布于江宁区全境。

谜语是我国民间文学的一种特殊形式，古时称“廋辞”或“隐语”。谜语意在考验人们的智力水平和反应能力。一般分为谜面和谜底。谜面常常通过一句话或几句话、一种或几种物体、图画或姿势来表达或表现事物特征，故意设置很多障碍来迷惑猜谜者或掩盖谜底。

江宁地区历史悠久，为十朝京畿之地。随着城市的经济发展，城乡居民文化娱乐活动不断丰富，猜谜成为一般居民的乐趣之一。城市中流行的娱乐活动，势必会影响到广大乡村。江宁民间流传的谜语，一方面源自外来传播，另一方面则是广大民众积累的生活智慧，系自编自创。其中后者是本地群众在生产生活过程中，将日常生活中的物品或事物组成谜面和谜底，不仅具有明显的地域特色，有些还比较诙谐有趣。举例如下：

一棵树，靠墙栽，雨不来，花不开。（伞）

一个老头胖墩墩，火烧屁股不作声。（瓦罐）

一根绳子节节烂断，哪个猜到吃大半。（屎粑粑）

一个东西五寸长，一头毛，一头光，伸进去，冒白浆，拿出来，真清爽！（刷牙）

一棵树，满墙爬，你家没有，到我家去拿。（秤）

高高山上一个磨子，哪个猜到哪个坐着。（牛粪堆）

高高山上一个坑，多少小鬼在里面哼。（庙宇）

高高山上一个坑，掉下去半人深。（裤子）

高高山上一蓬葱，数来数去，数不清。（头发）

河东过来了个侉子，两腿之间夹了一个草把子。（火钳）

空心树，劈了柴，野鸡生蛋土里埋。（荸荠）

弟兄十人，抬炮轰城。一场大雨，收兵回营。（男孩小便）

潮的恶着，干的晾着，死的拴着，活的放着。（抹布、蚊帐、秤砣、老鼠）

红梗子，绿叶子，白的像雪片子。（菠菜、豆渣）

远看一座城，近看又无门，外面多少兵马来打仗，里面死活不开门。（蚊帐）

远看像个青蛙，近看像个蛤蟆，做了一辈子夫妻，也没生个娃娃。（尿壶）

远看像头牛，近看又无头，嘴里吐黄沙，肚里滚绣球。（风扒车，分离米与稻壳的农具）

上边毛，下边毛，中间有个黑葡萄，你要是猜不着，就再对着我瞧一瞧。（眼睛）

左一片，右一片，隔着山头不见面，你要是听不见，就再听我说一遍。（耳朵）

来时兴冲冲，回时路不通，喊一声长大姐，

江宁农户田间劳作旧影

死在竹园中。(黄鳝与黄鳝笼子)

兄弟五个人，一人一个门。如果走错门，实在笑死人。(纽扣)

打媒，打媒，呱嗒一拳。(擦火柴，过去江宁人称火柴为“洋火”或“洋媒子”)

雷轰轰，雨杀杀，两个耳朵，四只脚。(砻木子，一种碾米工具)

历史传承

由于民间的谜语多半是俚语、俗语，难登大雅之堂，颇受文人雅士轻视。但设谜猜字，又是文人雅士们喜欢的休闲娱乐活动，所以很多民间的谜语也被文人利用，修改成雅谜。清人甘熙在《白下琐言》卷五记载：

春秋良夜，灯谜雅集，固文人之小道，而词涉鄙俚无谓也。予尝与友人戏作，择其较雅者录之。

竹屋两间(《诗经》:简兮简兮)。莺莺(《诗经》:黄鸟黄鸟)。孟尝君过函谷关(美人名:薛夜来)。自雍及绛命之日泛舟之役(美人名：西施)。用汝作盐梅(古人名:易和)。伯翳(古贤名:秦祖)。且攻其右(古人名:左雄)。祭丁分胙(《西厢记》:拜罢圣贤)。施膏药(《西厢记》:贴他的皮肉)。三宿而后出画(药名：王不留行)。玉人何处教吹箫(曲牌名:《忆秦娥》)。郊(曲牌名:《祭天神》)。善鼓云和瑟(曲牌名:《潇湘曲》)。茅屋(“甋”字)。八千子弟兵(“翠”字)。娘子军(《礼记》:行役以妇人)。五代同堂(《诗经》:子子孙孙)。二人避雨,一点不得上身(“两”字)。咬脐回猎(药名：知母)。其惟春秋乎(《诗经》:无冬无夏)。秋容淡(《西厢记》:人比黄花瘦)。两支藕灯(《水浒》人名：孔明、孔亮)。樊迟御(古官名：载师)。断简残编(药名:破故纸)。蠹鱼(俗语:咬文嚼字)。冒(《诗经》:不日不月)。左之左之,君子宜之;右之右之,君子有之(《孟子》:二之中四之下也)。骈(《易经》:其邑人三百户)。

甘熙还引用了同时代其他文人的灯谜。如姚滨臣《秋灯雅集》中的字谜:“一十二十三十四十，合起来只四笔，走起来有一里，君臣士庶同需此，本本源源难见底，冬暖夏凉含至理(井)。”又如金亚匏的《雅谜》:“先生为伯(《孟子》:师也，父兄也),秦始皇(古人名:吕产)。”以谜底“井”为例，普通民众常用的谜面是“四通八达”“不加口是一口，加一口是九口”等，而文人描述的谜面与民众的口语化、俚语化有很大差别。

民国潘宗鼎的《金陵岁时记》记有“灯谜”一条,他认为:“《曹娥碑》阴八字为谜语之祖。《西湖志余》:‘元宵前后，好事者为藏头诗句，任人商猜，曰猜灯。’同光年间，此风尤盛，吾乡周左麐、姚壁垣、郑季申、华金昆、孙云伯诸先生最精于此，同僚称为‘五虎’云。”

如今，谜语仍是人民群众喜爱的一种民间益

智类娱乐活动，灯谜已成为节令习俗。江宁杨柳湖灯会，每年都吸引了大量游人参观，而猜灯谜是灯会的一大主题。

当代影响与价值

民间谜语是人类口头的语言游戏活动之一，一般采用暗射事物或者文字的方式供人猜测。它萌芽于春秋时期，宋代以前主要是影射政治和社会情况，之后逐渐成为全民游戏的一种。江宁地区的谜语，在艺术特色上，具有表现手法丰富、语言形式多样、内容构思精巧的特点，因此受到当地群众的喜爱，并得以广泛传播。从文化价值看，江宁地区的谜语作为一种语言游戏，具有丰富的趣味性和知识性，不仅可以启迪民众智慧、训练人们的思维能力，还能丰富人民群众的日常生活，开阔人们的眼界。此外，江宁民间谜语本身包含的各种知识，也是地域文化的承载、民众集体记忆的表达，具有丰富的社会文化价值。

歇后语

基本概况

歇后语，流布于江宁区全境。

歇后语，也叫俏皮话，是熟语的一种，多为群众熟识的诙谐而形象的语句。歇后语结构形式灵活，取材广泛，语言生动，幽默风趣，并且随着时代的发展不断推陈出新，具有鲜明的时代特征，恰当使用歇后语，不仅能增强语言的生动性和感染力，而且可以取得言简意赅、余味无穷的表达效果。

歇后语在江宁地区广泛流布，民间有许多诙谐而生动的歇后语，有的以谐音字暗示要讲的话，有的从前半句即知后半句的意思，还有的是从当地的人和事提炼创造出的。举例如下：

公鸡害嗓子——不能提（啼）

屋檐滴水——点滴不离窝

二十一天不出鸡——坏蛋

鸭子钻阴沟——顾嘴不顾身

骑马不带鞭子——拍马屁

出殡遇上娶媳妇——有哭有笑

戴笠碰戴山——命该（语源：戴山原名岱山，位于今谷里街道。国民党军统局局长戴笠，于1946年3月17日从上海飞回南京，飞机盘旋降落时，座机与岱山相撞，机毁人亡，故改成戴山。）

老母猪打湾——泥塘（泥塘是江宁上坊的一个行政村名。）

当不卖——陵里（零利，陵里是上坊的一个行政村名。）

老母猪耕田——嘴硬腰软

尼姑庵里卖梳子——找错门

先穿鞋子后套衣——乱搞一套

麻布口袋装菱角——个个想出头

坝沟里鮓鱼——一段一段的

三板桥打野猪子——后来的不带（语源：相传清代谷里箭塘村三板桥有一富户老爷家的猪跑出来了，人们将其撵过三板桥。当野猪被打死，凡过桥的都能分到，未过桥的人无份。后指办事落后，难能得到成果。）

穷汉子买米——升把升

三十晚上盼月亮——没指望

床肚里放风筝——高不起来

歪嘴吹喇叭——邪气

裱糊店开糟坊——酒少话（画）多

陶家（欣伯）坟山——有劲（语源：陶欣伯，1916年出生于江宁横溪乡，10岁赴上海就读于中法学堂和复旦大学，后成为新加坡著名跨国企业家，1978年出资新建南京金陵饭店，是一位爱国的实业家、慈善家，对家乡人民贡献巨大，是家乡人民仰慕的贤者。）

卖布不用尺量——胡扯

1950年代江宁县乡镇企业

睡觉不要枕头——空想

皮匠不带锥子——真（针）好

吃竹竿长大的——直性子

屁眼里插芦柴——路路通

冬天不戴帽子——动（冻）脑筋

长木匠短铁匠——各有绝招

三十晚上砧板——家家都忙

大门前挂灯笼——成双成对

乡下人走亲戚——实来实去

大姑娘抱孩子——别人家的

嘴巴上贴封条——无话可说

鸡毛掸子打人——不疼不痒

火萤虫的屁股——亮度不大

高射炮打蚊子——大材小用

公鸡头上的肉——大小都是官（冠）

庄稼人挑粪桶——前后都是死（屎）

叫花子打算盘——穷打算

西瓜皮打鞋掌——不是料

三十晚上走路——没影子

不叫的狗——暗下口

灯草拐杖——做不了主（柱）

瓦上的霜——见不得太阳

木匠吊线——睁只眼闭只眼

双尖山起云——准有雨

横溪的西瓜——甜蜜蜜

乌龟爬杨树——上桩（庄）（上庄，为横溪一地名。）

大王庙菩萨——照远不照近

板凳上睡觉——难翻身

六月的扇子——借不得

偷来的锣鼓——敲不得

二三四五六七八九——缺衣（一）少食（十）

嫩竹子做扁担——挑不起重担

八辈子老账——说不清

客来扫地，贼去关门——迟了

过了黄梅买蓑衣——错过时机

捧着金碗要饭吃——装穷

穿丁鞋拄拐杖——稳而又稳

关老爷卖豆腐——人硬货不硬

今日阳山民俗街

铁匠的围腰子——一身火眼
外贸商品不合格——难出口
人才市场填个表——自我推销
急刹车摔倒——身不由己

历史传承

歇后语在我国有着悠久的历史，是千百年来我国劳动人民在生活实践中创造的一种特殊语言形式。唐宋时期，就有关于歇后语的记载，唐人李义山在《杂纂》一书中，收集的精辟谐趣的歇后语就达 700 多例。宋代苏东坡与王君玉在《杂纂》的基础上，又进行了大量的修订补充。到了明清时，歇后语在文学艺术作品中大量出现。

江宁各地歇后语应用非常广泛，《江宁区志》《江宁区文化志》及各街道新老地方志都对本地流行的歇后语进行了收录。江宁区民俗专家陈家邦先生，几十年来致力于江宁方言的收集与研究。2013 年、2017 年，他先后在《江宁春秋》上发表《江宁民俗纵谈》《妙趣横生的江宁方言》两文，介绍了江宁地区的不少歇后语。此外，他还专门编纂了《江宁方言词汇汇集》一书，书中收集整理了 5000 多条江宁方言词汇俗语，其中歇后语就有 300 多条。

当代影响与价值

歇后语，以其生动活泼的表现形式和幽默诙谐的表达效果流行于民间，为广大人民群众所喜闻乐见。江宁歇后语的产生，承载了深厚的历史文化积淀，具有重要的历史文化与精神文化价值。其形式虽短小，但语言风趣形象，文化内涵丰富，具有独特的表现力，是珍贵的语言学材料，不但反映和记录了当地的物质文化面貌，也传承了江宁人民的思想精神文化，是江宁民众的集体记忆。这些珍贵的特殊语言材料对加强江宁地方民众的社会凝聚力、实现情感共鸣有着积极作用，具有重要的精神文化价值。

焦尾巴洞

基本概况

方言“焦尾巴洞”，流布于江宁区全境及南京的雨花台区、栖霞区。

江宁民间方言所说的“焦尾巴洞”，往往指的是年代久远的古墓，一般多为六朝时期砖室墓葬。南京为六朝故都，而江宁区是当时都城的近郊乡邑，这一时期的墓葬有很多，虽类型多样，但有一些共同特征，平面一般呈“凸”“吕”字形或长方形，为砖砌墓室，建造比较复杂，有比较大的地下封闭空间。

在今天江宁横山地区，还流传着关于“焦尾巴洞”的民间传说，兹录于下：

在江宁县横山西边、石猪庵旁的东山洼子里，有个焦尾巴洞。传说很久很久以前，人上了六十岁，就过了“花焦子”——尾巴尖子发焦，在家不能动弹了。皇帝认为年老人无用，是个拖累，不如把他们全斩了，就向全国发诏书，凡上了六十岁年纪的，不死都要处斩。诏书一下，全国一片混乱，很快就没有一个六十岁的老人活在世上了。

这年，横山一带有个老人上了六十岁，按皇令立即要斩。他儿子是个孝子，不忍心看爹爹活活挨斩，就想办法在西横山最没人去的石猪庵洼子里挖了一个洞，把老爹藏进去。他天天上山打柴，悄悄送饭给老爹吃。

有一天，儿子送饭去，爹见他愁眉苦脸的，问道：“儿啊，以往你送饭来都是笑嘻嘻的，今天出了什么事？要是我的牵连，就让我死吧。”

儿子说：“爹爹，不关你事。街上贴了张皇榜，多少天也没得人揭，我愁的是这个。”

爹问：“什么事呢？”

儿子说：“日本最近送给我国皇帝一件宝，要是我们认不出那是什么宝哩，就要向日本月月来朝、岁岁进贡。眼看期限要到，皇榜没人揭，怎能不愁啊？”

“那宝什么样呢？有画画吗？”老爹问。

“焦尾巴洞”知情人接受采访

上坊孙吴墓内景

谷里南朝墓2号墓全景

谷里南朝墓1号墓券门及挡土墙

“有，身上长满毛，跟我们家的猫差不多。”“哦！”老爹眼珠子一转：“我儿不要急了，你明天就去揭皇榜。”

“我揭？”儿子吓了一跳：“闹玩笑要杀头的！”

老爹讲：“不是闹玩笑。你今晚回家把我们家那只猫称称，要没有九斤半重，就给它套个银圈。把这事做妥就去揭皇榜，会有人带你上金銮殿去看宝。你把猫藏到袖筒里，见了那宝就把猫放出来。要是那宝见到猫就抖抖地吓散了架，它就是个‘千斤鼠’，九斤半的猫就能镇住它。”

儿子跑回家称了一下自家的猫，重九斤四两，他就给猫套了个银圈。

第二天，揭过皇榜刚回家，皇帝就派人来请。他跟来人一道去见皇帝，等皇帝拿出那件宝，他就悄悄从袖笼里放出猫。那宝一见猫，吓得呆楞楞地软瘫下去。年轻人有数了，就告诉皇帝：“这是千斤鼠。”皇帝对日本人一说，日本人便反过来向我国月月来朝、岁岁进贡啦。

老爹的儿子立了功，皇帝封他为宰相。有一次，皇帝问他：“怎么认出那宝是‘千斤鼠’的？”他说：“皇帝在上，小臣在下，你恕我无罪，我就说。”皇帝心想：这有什么罪哩！金口一开：“恕你无罪！”他才把经过原原本本都告诉了皇帝。

皇帝一听，愣住了。老爹儿子以为皇帝要反悔，正悔恨自己不该说真话，哪晓得皇帝不是这个意思，反而对他说：“你做了件好事。老年人有很多经验，是宝贝。从今天起，废除我那条规定！快把你爹接到皇宫来！”

儿子赶紧去接。老爹后来就一直在宫里帮皇帝想办法出点子啦。

以后，老爹住过的这个洞，人们就叫它“焦尾巴洞”，到今天还在哩。

历史传承

“焦尾巴洞”这一方言俗语不仅限于江宁地区，也流布于雨花台区和栖霞区。1930年，民国教育部古物保存所在南京栖霞山张家库高家山

将军山西晋墓内景

发掘六朝古墓，当地人即称古墓为焦尾巴洞，后遗址所在地即被命名为“焦尾巴洞遗址”。

关于“焦尾巴洞”一名的来历，众说纷纭。归纳起来，大致有三种观点：

一种说法是，老人六十岁以后，后背尾巴骨处会变黑，说明将不久于世。老人就会钻进事先准备好的洞穴中，以等待死亡。后来，就将这种洞穴称为焦尾巴洞。

另一种说法是，古时候皇上有令，老人六十岁以上，丧失劳动能力，一律处死，因此，人们到了六十岁后，会赶快钻进洞里等死。

还有一说，江宁地区常见一种竹叶青蛇，尾巴是焦黄色的，冬天会钻进墓室中冬眠，故称藏有竹叶青蛇的这种洞穴为焦尾巴洞。

以上第一、二种说法没有依据，中国古代以孝道治天下，无论是朝廷，还是民间都提倡孝亲、尊老，不会允许弃养老人，更不会明令处死老人。第三种说法看似有道理，实际上也经不住推敲。藏有竹叶青蛇的这种墓葬不可能只在冬天被发现，也不可能每座墓葬里面都有竹叶青蛇在冬眠，以至蛇焦黄色的尾巴能成为这类墓葬的代称。当年主持栖霞山六朝古墓发掘的卫聚贤所长对这个问题也特别感兴趣，在和当地村民接触中，意识到“焦尾巴”可能“是很古的遗语”。

“焦尾巴”一语亦见于古代文学作品中。《红楼梦》第117回里，众人这样议论王熙凤：“大凡做个人，原要厚道些。看凤姑娘仗着老太太这样的厉害，如今焦了尾巴梢了，只剩了一个姐儿，只怕也要现世现报呢！”“焦了尾巴梢了”指凤姐没有子嗣，后继无人。清末民初徐寿卿撰《金陵杂志》称：“老而无子，待人又苛刻，人因从旁詈之曰‘焦尾把’。”江宁话“灰焦绝八代”是

将军山明代沐晟墓全景

诅咒人无后的恶毒俗语。故“焦尾巴洞”是指局部塌陷露出墓穴，而又无后人祭扫的古墓。在日常语境中，常为人身攻击，带有尖酸刻薄之意。

当代影响与价值

方言是传统文化、地域文化的基本载体和最直接的表现形式，是一个特定族群情感认同的精神纽带。作为一种特定墓葬的代称，江宁方言“焦尾巴洞”到今天还为不少老江宁人及考古工作者所使用。说明这一方言俗语，有着旺盛的生命力。六朝砖室墓一般花费巨大，有因丧葬而致贫破家者，后人称之为“焦尾巴洞”，或许还含有劝导意味，以提醒世人：费尽心力营建墓葬，到头来仍会落得无人祭扫的凄凉景象，所以厚葬之风应当废止，攀比奢侈的丧葬之风不可助长。而江宁当地“焦尾巴洞”的民间传说，意在警醒世人：老人有丰富的阅历和常年积累而成的智慧，是家庭和社会的宝贵财富，要孝老尊亲。看似简单的江宁方言“焦尾巴洞”，背后蕴含着丰富的历史文化，以及地域共同的心理结构、生活风俗等内容。它对于在当前“美丽乡村”建设中，提高当地民众认知水平，形成俭朴踏实的社会风尚，具有积极的意义。

江宁老地名

江宁

基本概况

江宁，曾经为县名、郡名、府名、镇名、乡名，今则有区名、街道名、社区名。

史载西晋太康元年（280）三月，西晋灭吴统一全国后，对吴都建业（今南京）实行贬抑政策，不仅废除建业之名，改复旧称秣陵县，而且在行政建置上采取分而治之的策略，从实质上削弱建业的力量，强化对建业的控制和管理，其中之一便是析秣陵县西南境新置临江县。次年，改“临江”为“江宁”。这是江宁县名最早由来。改名缘由，宋《太平寰宇记》卷九十引南朝顾野王《舆地志》云：“以江外无事，宁静于此，因置江宁县。南门临浦水，至今呼江宁。”其中“江外无事，宁静于此”八字，是“江宁”取名之源。

需要说明的是，旧志及《南京建置志》等地方文献都认为江宁置县后不久即废，至永嘉元年（307）才复置江宁县。然20世纪60年代，文物部门曾在板桥石闸湖发掘一座西晋时期大型墓葬，墓中出土一件永宁二年（302）铅质买地券，券文中记载葬地为“丹阳郡江宁县赖乡祭湖里”。2020年4月，南京宁马高速公路江宁街道段出土西晋铭文砖若干，其铭文有“太康七年十二月”“葬江宁南乡梅泊里大道东”等字样，证明太康七年（286）江宁县仍存。由此看来，江宁置县后并没有废革。

1990年代江宁县委、县政府门景

六朝时期江宁县域范围，文献没有专门记载，但有一些线索。其西临江滨，北界则在赖乡，大约在今牛首山北麓和西麓的铁心桥、西善桥、板桥一线。由于东汉、孙吴时期秣陵西南境曾达古牛渚地区，即今安徽马鞍山市的采石一带，故推测立县之初的西晋江宁县南界可能亦达牛渚。到了东晋、南朝，随着域内侨置郡县的设立，江宁县辖域范围越来越小。至陈末，所辖仅秣陵故境西南临江一隅之地。六朝江宁县治在今江宁街道。其城址至宋元时期尚存。《至正金陵新志》卷一云："(江宁)古城在今城西南七十里，南临江宁浦，周六里四十步。"可见规模不小。隋灭陈后，因江宁县治迁往原建康都城宣阳门外陈代的安德宫，此城遂废。

又有江宁郡。据《景定建康志》："江宁郡，唐至德二年，以润(州)之江宁、句容，宣(州)之溧水、溧阳置，乾元元年改昇州。"江宁郡存世时间不长，从唐至德二年(757)，至乾元元年(758)，仅一年时间。

又有江宁府，为南唐昇元元年(937)改金陵府置，并建都于此，称为西都，治所在上元、江宁县。北宋初改为昇州，天禧二年(1018)复为江宁府，南宋初改为建康府。元升为建康路,后改为集庆路。明为应天府。清初复改为江宁府。1912年废。

江宁镇的出现虽晚，但延续时间颇长。据南宋《景定建康志》:"江宁镇，在江宁县西南六十里"。直到2005年，江宁区划调整，撤销江宁镇，设江宁街道。

1958年8月南京市成立第一个人民公社——江宁县长江人民公社

清同治十二年"江宁首镇"碑

又有江宁乡、江宁公社。据《江苏省江宁县地名录》，1957年始设江宁乡，1958年成立江宁人民公社。1982年政社分开，复为江宁乡。1989年，改江宁乡置镇。

明清以来官方修纂的冠以"江宁"之名的志书颇多，如明代有《洪武江宁县志》《永乐江宁县志》《正德江宁县志》《万历江宁县志》，清代有《康熙江宁府志》《嘉庆新修江宁府志》《光绪续纂江宁府志》《康熙江宁县志》《乾隆江宁县志》等。新中国成立后，又陆续出版了《江宁县志》《江宁镇志》《江宁区志》等。

历史传承

前文已述，江宁县名始于西晋太康二年(281)。开皇九年(589)，隋灭陈，省南朝旧都建康京畿建康、秣陵、同夏、丹阳、湖熟、江乘，

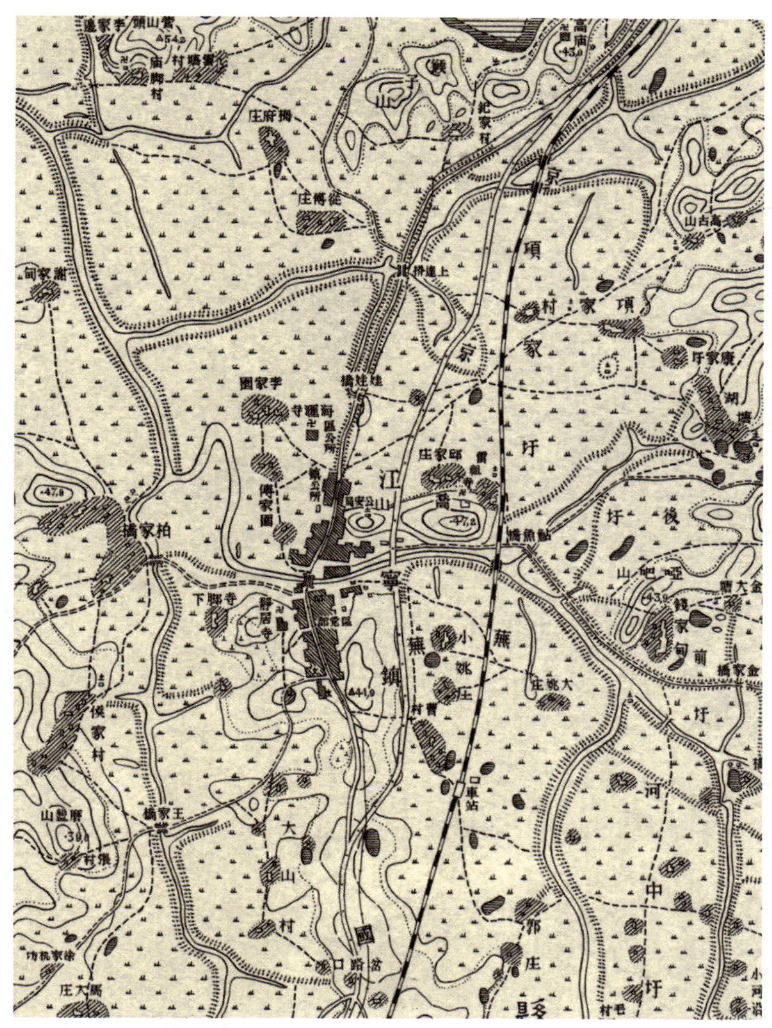

1930 年代地图中的江宁镇

以及侨置临沂诸县并入江宁一县，属蒋州。自此，江宁一县辖境，尽括六朝京畿之地。在南朝建康诸多属县之中，隋独留存“江宁”一名，其复杂心态殆与西晋灭吴之际析置“江宁”一县相同，都是当朝最高统治者希望新占领的江南之地能够长久和谐安宁。这也是“江宁”作为县名沿用最为悠久的主要原因。江宁县治在平陈之初，由今江宁区西南的江宁镇迁往故建康都城南门宣阳门外的陈朝安德宫旧址。至隋大业三年（607），废蒋州，复置丹阳郡，江宁县属丹阳郡。

唐武德三年（620），江宁县更名归化县。武德八年（625），改为金陵县。次年，改称白下县。贞观九年（635），复称江宁县。开元四年（716），升江宁县为望县。上元二年（761），改江宁县为上元县。

杨吴天祐十四年（917），以上元县西南 19 乡、当涂县北 2 乡，共 21 乡之地重置江宁县，辖秦淮河西、南地域。牛首山、祖堂山、吉山、横山等著名山岭均在江宁县境内。这是自改江宁县为上元县、“江宁县”名消失 150 多年之后首次被重新启用。重置江宁县后，江宁县与上元县同城而治。这一状况延续近千年，直至清末。

南唐以来至元代，江宁县先后隶属金陵府、江宁府、昇州、建康府、建康路、集庆路。明洪武元年（1368），江宁县属应天府。清顺治二年（1645），改应天府为江宁府，作为江南省的首府，其辖县未变，江宁和上元仍为附郭首县。清政府在江宁府城设有统辖江苏、江西、安徽三省的两江总督以及江宁将军、江宁布政使、江宁织造等重要衙署，一般称为“江宁省城”，“江宁”一名遂成为清代南京的通用名称。清咸丰三年（1853），太平天国定都江宁府，改名“天京”。同治三年（1864），复称江宁府，辖江宁、上元等县。

1912 年 1 月 1 日，民国临时政府定都江宁府，改为南京府，次年废南京府设江宁县。1933 年 2 月 10 日，江宁自治实验县成立，直属江苏省政府。1935 年，江宁县治由南京城区迁至土山镇，始与南京城区分开。1938 年，江宁地区

1950 年江宁划区留念

1998 年江宁县总工会为抗洪救灾而组织的募捐活动

先后建立江宁、横山、上元县抗日民主政权。其间，汪伪在东山镇建立伪“县政府”。1949 年 4 月 24 日，江宁县解放。4 月 28 日，江宁县人民政府成立，隶属苏南行政区镇江专区。12 月，改属南京市。1950 年 1 月，仍划回镇江专区。1958 年 7 月，改属南京市。1962 年 5 月，复归镇江专区。1971 年 3 月，重新划归南京市。2000 年 12 月，撤县设立南京市江宁区。

1960 年代末江宁集镇及周边地区卫星图

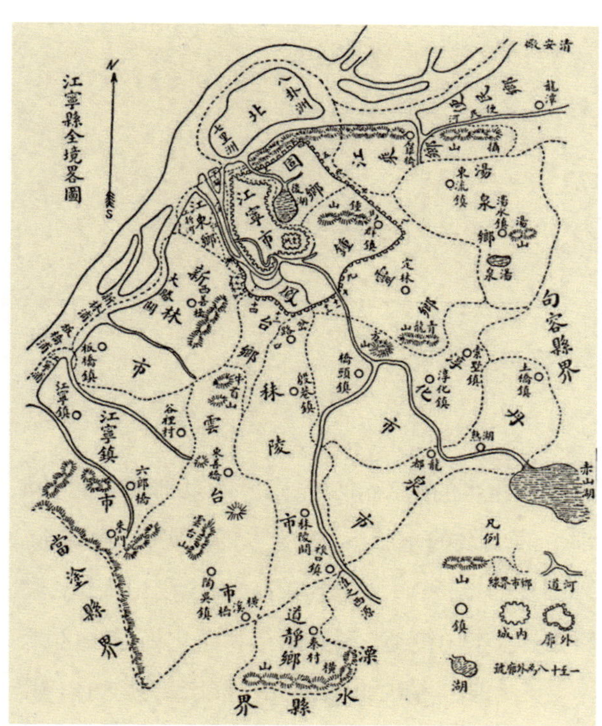

1925 年江宁县全境略图

当代影响与价值

从太康二年（281）西晋改定江宁县名至今的 1700 余年，江宁县所辖地域范围虽代有变更，但作为一个独立的县级行政建置名称一直沿用至今，成为江宁历史上使用时间最为长久的县名。从孙吴建都起，江宁地区一直是古都金陵的郊畿之地，自古以来就是南京城内粮食、薪炭和副食品供应基地，以及内河和沿江的交通枢纽之一。江宁与南京唇齿相依，共同走过了跌宕起伏的发展历程，南京的简称就是源自江宁的“宁”。江宁的历史文化也是南京历史文化的重要组成部分，同时又兼有自身的一些地域文化方面的特点。

上元

基本概况

上元是南京的别称之一，为南京古代县级政区名，得名于唐代中后期年号上元。1912 年，上元县并入江宁县，存世千年的上元县，从县级政区名称中消失。

上元县域广阔，据南宋《景定建康志》卷十五载："上元县附郭，东西九十五里，南北八十五里，东到句容县界八十里，以周郎桥中分为界；西至江宁县界一里，以御街中分为界；南至江宁县界七十里，以永丰乡北白米湖为界；北至真州六合县界四十九里，以瓜步大江中流为界；东南到句容县界七十里，以东陈村为界，自界首到句容县三十五里；西南到江宁县界四里，以大隐乡为界；东北到句容县六十里，以章桥为界，自界首到句容县八十里；西北到真州六合县界二十九里，以湖熟大江中流为界，自界首到六合县八十五里。"元、明、清三朝，上元县域基本沿袭前朝。

宋代的上元县商业发达，人口密集，设有淳化、土桥两镇及十六市，其中与今日江宁区境重叠或部分重叠的有神泉乡的汤泉市，清化乡的索墅市，泉水乡的泉都市（亦名龙都），宣义乡的东流市，开宁乡的蛇盘市、麒麟市，丹阳乡的土桥市、湖熟市等，即今汤山街道、麒麟街道、东山街道、湖熟街道和淳化街道等区域。

元、明、清时期的上元、江宁二县大体仍以秦淮河为界，从今溧水乌刹桥至秦淮河入江口，河东为上元县，河西为江宁县；城内仍以秦淮河内河附近的三山街一线为界，河北为上元县，河南为江宁县。

陈作霖《上元江宁乡土合志》对此有较为详细的记载："城中街道上元、江宁两县分辖，以中正街为界，东历万寿宫，转大中桥，抵通济门，西历上元县署前珠宝廊、羊市桥、红纸廊、朝天

上元县衙旧址

宫街、堂子大街，抵汉西门，上元治其北，江宁治其南。”

上元县物产丰富，经济发达，自设县以来，人才辈出。经济的腾飞，也迎来了文化事业的繁荣。自明代开始，至清道光年间，官方修纂的冠以“上元”之名的志书，明代有洪武年间编纂的《上元县志》6册，永乐时期编纂的《上元县志》，正德时期白思齐修、管景纂的《上元县志》，万历时期程三省修、李登等纂的《上元县志》12卷等四部县志，清代上元县编纂志书，也毫不逊色，有康熙年间唐开陶等纂修《上元县志》24卷，乾隆年间蓝应袭修、何梦篆等纂《上元县志》27卷，道光年间武念祖等修、陈栻等纂《上元县志》24卷，又有旨在反映上元、江宁两县地情的《同治上江两县志》和陈作霖纂修的《上元江宁乡土合志》。

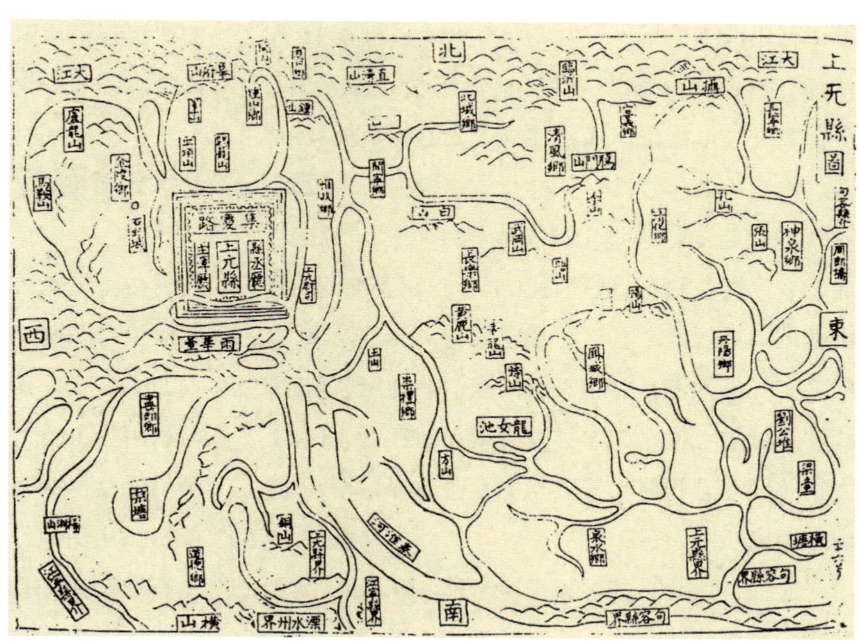
上元县图（元版画）

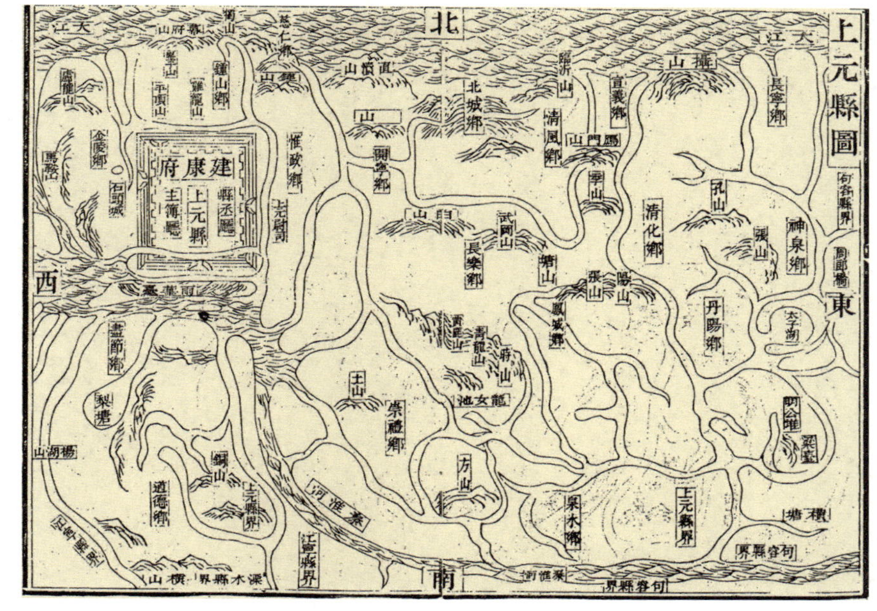

上元县图（宋版画）

历史传承

史载上元元年（760），江淮都统刘展割据反唐，袭下蜀，陷昇州、润州。上元二年（761），唐平刘展，废除昇州建置，改昇州统辖的江宁县为上元县，再隶润州。此为上元县得名之始，以年号为名。据《元和郡县图志》记载，唐元和年间（806—820），上元县为上县中的第三等“紧县”。光启三年（887），复置昇州于上元，上元改为望县。县治原在冶城东故所，光启年间（885—888）移至凤台山西南一里。天复二年（902），淮南节度使杨行密占领昇州。同年，杨行密受封称吴王，史称杨吴，今江宁区域所在的上元县始属杨吴统辖。天祐十四年（917），昇州城修建完工，改置昇州大都督府，遂以上元县西南 19 乡、当涂县北 2 乡，共 21 乡之地重置江宁县，辖秦淮河西、南地域。重置江宁县后，江宁县与上元县同城而治。上元县为赤县，辖秦淮河东、北地域，包括江宁府城之大部；江宁县以御街和通过龙光门的大街（即今升州路一线）与上元县分界，辖江宁府城西南一隅。

元代，上元县属于集庆府所辖。明初，上元县成为全国的首善之县，隶应天府。入清后，上元隶江宁府。太平天国时期，避讳改上元为“尚元”，隶属于江宁郡。上元、江宁两县同城而治的状况直至清末，延续近千年。民国肇始，废上元县。

当代影响与价值

在历史上，上元、江宁两县在南京主城内同城而治，在城外分域管理，是今日江宁政区的两大源头之一，其历史文化资源需要开展深度挖掘与利用。虽然上元县名已废除百余年，但在江宁区仍保存一些冠以“上元”地名的文化符号，如今日东山街道江宁区政府前的东西向上元大街，还有地跨东山街道、淳化街道，北起上元大街，南止新亭东路的上元路，以及坐落在东山街道的上元中学和上元小学等等，留下了为数不多的“上元”记忆。

陶吴

基本概况

陶吴，旧为集镇名，今为社区名，位于江宁区西南部，隶属于横溪街道。东临禄口机场，西接陆郎，北依东善桥。地处南京至安徽当涂县的古小丹阳路半道处，为西南一线进出南京的必经要道之一。

陶吴地处低山丘陵与秦淮河河谷平原结合部，境内既有山麓之秀，又有水乡之美。全境呈现出一幅丘陵起伏、水网如织、山水相映成趣的自然景观。

陶吴人文景观十分丰富，古迹众多。据《至正金陵新志》记载，重建的佛龛院在城西南六十里上公山，寺即梁佛坛寺故址。宋治平二年（1065）改名慈相院。一说孙吴赤乌二年（239）所置广济山佛龛院即此。至清代，仍存僧房百余间，庙产田地 20 余亩。后几经战乱，古刹尽毁，仅存古井一口、银杏一株。据《陶吴镇志》介绍，慈相院在陶吴镇西上公山红星村，后改慈相寺，亦名上官寺。1983 年，被列为江宁区文物保护单位。清康熙四十六年（1707），桐城派代表人物之一方苞的父亲方仲舒卒于江宁，葬陶吴镇云台山石嘴村的台拱冈。

陶吴镇南侧的云台山，海拔 319.3 米，山势奇秀挺拔，风景秀丽。相传山顶有始建于宋代的远近闻名的云台寺（或说白云观），寺（观）北有石龙池，池水清澄，常年不绝，因池中有似龙状的小蝾螈而得名。山后巨石间有一石洞，名“仙

陶吴集镇今貌

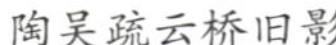
陶吴疏云桥旧影

陶吴集镇外贸裘皮厂的裘皮服装旧影

人洞”，相传是道人修炼之所。洞口仅容一人侧身而进，洞内空间较大，中间有一个石凳。山前悬崖处一巨石间还有一个斗大的窟窿，附耳听之，轰轰若沉雷声，故名“雷轰洞”。

陶吴地区商周青铜器的出土最为集中。如1957年，陶吴西阳街胭脂村出土1件西周青铜鼎；1958年，陶吴红旗水库出土多件西周青铜鼎、鬲；1960年，又在陶吴附近一次出土鼎、鬲、卣、匜、斧、锄、戈、矛等西周时期青铜器13件。1970年，陶吴还出土一件春秋时期的铜戈，戈内有铭文19字。最重要的发现是1973年陶吴、横溪一带出土的商代晚期三羊铜罍，及1974年横溪塘东村发现的商代晚期青铜大铙。

过去，陶吴的织染技术、刻工的雕版技术、陶吴高跷等也是出类拔萃，后者至今仍活跃于世。清人徐康《前尘梦影录》有“剞劂工陶吴、湖熟、方山、溧水人在多，开工于万历中叶，至（天）启（崇）祯时……”之句，这是对陶吴刻工最好的褒奖。

历史传承

陶吴为历史文化名镇，早在史前时期，陶吴人的先祖就在这里生活，至今咎缪村还有新石器时代的遗址。

陶吴地名，最早为“陶吴铺”。据宋《景定建康志》、元《至正金陵新志》记载，宋景德二年（1005），由陶吴铺改为金陵镇，亦称陶吴镇。所谓铺，即邮铺，是古代负责管理公文投递等事宜的机构，有铺司、铺兵等办事人员，每铺相距十里、二十里不等。在元代，因为经济繁荣，金陵镇还设有税务，被单列税额，由政府差官收税。镇西北二百余步有“响井”，石井栏上见存“元祐五年（1090）”四字。明人顾起元《客座赘语》卷二则称：“贞白先生（陶弘景），史记为秣陵人，今秣陵镇西有陶吴镇，云先生所生之地。又有吴姓与陶氏世居于此，故以名其乡。”至清代，金陵镇名被废，单独以陶吴镇为正式名称。

在相当长一段时间内，陶吴镇一直是江宁县西南手工业、商业和交通的中心，尤以蚕桑知名，与秣陵镇、江宁镇并列为江宁县三大集镇，至民国时期仍为江宁县西南重镇。因音讹，后人又别称陶吴为桃红，镇旁之桃红村即因此得名。

陶吴的现代教育发端较早，据清光绪三十四年（1908）出版的《江宁提学使呈报全属学堂一览表》记载，光绪三十年（1904）八月，陶吴镇设有民立陶吴镇初等小学堂。

民国时期的陶吴镇，在江宁、在南京相当出名。1934年，新的陶吴镇设立，由原陶吴镇和慈云乡组成，总人口4274人。由于陶吴地理位置特殊，1936年，当时的宪兵部队由南京开赴陶吴镇，在这里举办了军事演习。

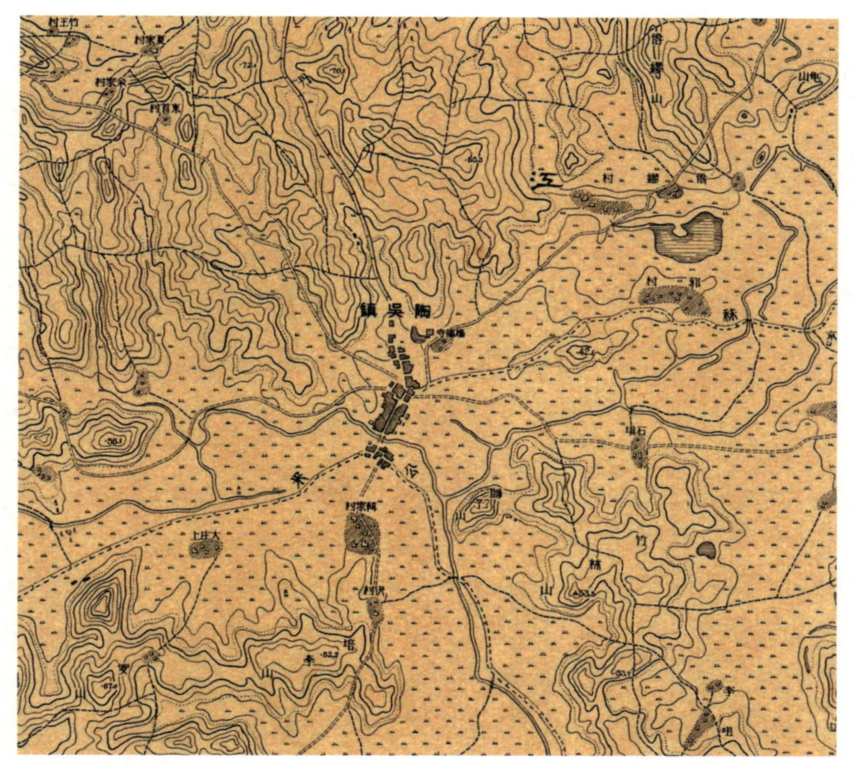

1930 年代的陶吴镇地图

民国时期陶吴镇的蚕桑业十分发达。其盛况，据 1928 年《江苏陶吴镇的蚕业》一文介绍：“(陶吴镇）居民业农，蚕业很有普遍性，算很发达，除了海宁（浙江）的产丝，在苏省染织界久负盛名外，其次便推到这个地方了。就中横溪桥一带的农民，每年的生活费，差不多要靠这一次春蚕的收入来维持。”1933 年，陶吴镇还曾被赠予“教民稼穑”“惠被农桑”两块匾额，其影响可见一斑。

1943 年有一篇《南京城外陶吴镇》的文章，发表在《中国学习（南京）》上，详细介绍了民国时期陶吴镇的地情：“全镇的住民约有一千多人，多半是经商的……北面离镇约半里许有一座庙，庙对面有一个露天大戏台。庙名云台寺，为陶吴镇的名胜之一。每逢赶集日，或是其他镇上的佳节，这里便热闹起来了。戏台上除表演日戏、夜戏外，庙内便充满了善男信女烧香拜佛。有时候镇上的自卫团和警察局分驻所的警士，逢到江宁县政府派员到这里来视察时，他们便在这戏台前广场上受检阅，那时的戏台便成为了司令台了。这时这云台寺前又是一番热闹，所以这寺和戏台是陶吴镇的公共集会所。”

有意思的是，该文还披露了陶吴镇得名的又一说法：“陶吴镇本是叫云台市，就因云台山而命名的。据父老说，相传春秋时，陶朱公到此来住过，后人为纪念他，将云台市改为陶吴镇。这话确不确，无从考证，姑妄听之，亦不妨姑妄言之，以待考证。”其传说虽然不稽，却增加了陶吴镇的神奇色彩。

新中国成立后，仍设陶吴镇。后经多次区划调整，2006 年，陶吴镇撤销镇的建制，改为社区，并入横溪街道。

当代影响与价值

陶吴山川秀丽，历史悠久，作为江宁历史上的三大名镇之一，对区域经济的发展曾作出过重要贡献。其地可挖掘的人文资源十分丰富，不少老地名在很多地方仍有保留。尤其值得重视的是，陶吴新石器时代晚期昝缪遗址玉梳背的出土，商代晚期大型精美青铜礼乐器的发现，春秋时期大型土墩墓的分布，有学者据此推测，从新石器时代晚期开始到商周时期，以陶吴集镇为中心的陶吴、小丹阳、横溪一带，可能是当时区域性方国的中心（国都）所在，这里就是最早的金陵，是今后探寻南京地域文明起源的最值得关注的地区之一。

铜井

基本概况

铜井，社区名，位于江宁区西南部，隶属江宁街道，南界安徽当涂，东邻溧水乌山，因地近开采铜矿的坑井而得名。

铜井地名，与铜矿相关。据《同治上江两县志》记载：“铜井乡民言：古老传说，其山有铜，尝试穴其山，至三数丈，卒无所得。”说明其地铜矿开采久已停滞。

1938 年，侵华日军侵占铜井后，日本华中公司曾在此进行掠夺性开采。后经过数十年间的持续作业，其铜矿资源渐趋枯竭。

1956 年 3 月，安徽铜官山矿务局在江宁铜井建铜矿，后移交江苏，采矿规模定为日产铜矿石 500 吨。1979 年 9 月，铜井铜矿因井下铜资源接近枯竭，加之主井发生火灾，闭坑停采。

1980 年代，铜井地区还探明有金矿资源，矿床主要分布于洪幕山—铜坑山—娘娘山一带，其规模位居江苏省金矿前列，曾在洪幕村开办采金厂开采金矿。

铜井旧有古迹多处。1973 年，在铜井镇东南约 200 米处曾发掘两座西晋砖室墓，出土有元康二年（292）、元康九年（299）纪年砖以及青瓷镇墓兽、香薰、蛙形水盂、龟钮铜印等器物。

历史传承

铜在上古时期属于稀缺资源，可制作青铜礼器与兵器，是重要的国家战略资源。“铜井”一名，始见于南宋《景定建康志》卷十六：“铜井市，在城西南八十里。”这说明至少在南宋时期，铜井就已经成为当地商贾云集的集市。元代、明代仍然为铜井市，隶铜山乡。

清康熙三年（1664），著名诗人施闰章途经铜井，留下针砭时弊的五言古风《铜井行》。施闰章，字尚白，一字屺云，号愚山，又号蠖斋，晚号矩斋，宣城人。施闰章还有两篇五言诗《夜趋铜井途中遣闷》《归次秣陵遇亲旧》，大约作于同时。

其后，铜井置镇。清《嘉庆新修江宁府志》卷六：“独龙山，在江宁铜井镇南十五里。”《同治上江两县志》卷五：“铜井镇，旧有《兴福寺碑》，高阳许登撰，又有吴桓王庙，见《小仓山房骈体文》，又镇南有秦钜宅。”

施闰章像

1960 年代末铜井地区卫星图

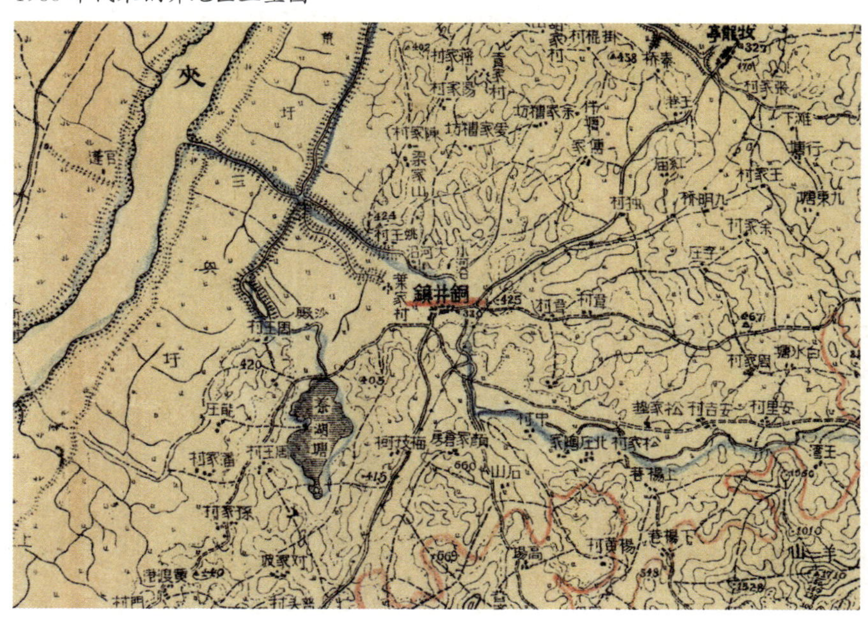

民国地图中的铜井镇

可以为证。《小仓山房骈体文》是清代著名学者袁枚的著作。原来袁枚在任江宁知县时，曾经路过铜井庙，写下了《祭吴桓王庙文》和《吴桓王庙》诗。诗中的“吴桓王”，指的是孙吴时期的孙策，袁枚的诗表达了对孙策的敬佩之情。在《袁简斋先生事略》《袁枚年谱资料》《袁枚传》《故江宁县知县前翰林院庶吉士袁君枚传》等文献中，还有“江南灾，铜井民运米至吴门”的记载。可见，袁枚与铜井有着不一般的关系。

在太平天国时期，铜井是天京（今南京）南郊重要战略要地。控制住铜井，进可以至安徽当涂，退可以守天京，太平军与清军曾数次在铜井激战。咸丰七年（1857），翼王石达开即由铜井渡江，转战安徽等地。

清宣统元年（1909），琢玉小学堂在铜井镇积善庵创办，创办人汪时雍，字慕尧。1915 年，改名称铜井镇公立初级小学。1933 年，又更名为铜井镇小学。1937 年，全面抗战爆发后，学校停办。次年，又恢复办学。1945 年，抗战胜利后，再更名为铜井镇中心国民学校。

民国时期，铜井镇发展较快。20 世纪 20 年代末，铜井镇设有公安分支局，另有保卫团驻扎。至 30 年代，江南铁路开通，在铜井设有一站。1948 年，南京至芜湖铁道邮路带运铜井邮件。

一年之中，铜井最热闹的时候，当数湖阳庙会。1936 年 5 月 1 日出版的《江南半月刊》刊发了一则《宣传铜井湖阳庙会》的消息：“本月廿、廿一两日，为铜井湖阳庙会之期，特印制广告发

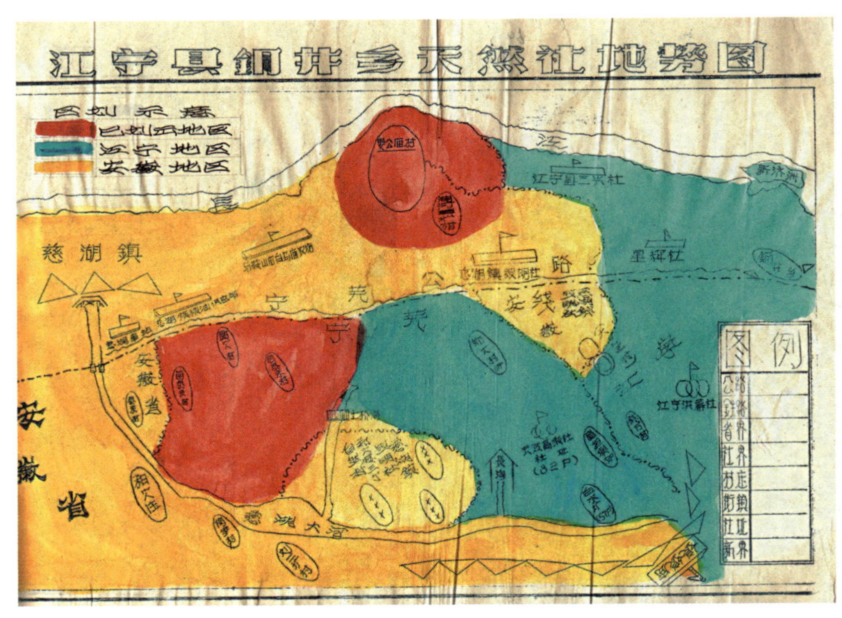

《江宁县铜井乡天然社地势图》

1998 年 7 月 13 日，铜井牧龙河抢险

另据《江南铁路半月刊》记载，1948 年 11 月 8 日，铜井石碴线铺钉完成，该铁路线全长约 700 米，原先在这条铁路线旁堆积的石碴有 400 余方。铁路线建成后，自当月 26 日开始，这些遗留下来的石碴被运走，用于联线涵管工程和秦淮河桥河堤工程。

1954 年，改铜井镇为铜井乡。其后，牧龙、洪幕、三兴、新济、松宁等乡镇并入铜井乡。1958 年改设人民公社。其后，区划调整，铜井先后改为乡、镇。2006 年并入江宁街道。

当代影响与价值

铜井地区文化底蕴厚重。除了有待探寻的古铜矿采掘遗存外，因其地控扼江滨要道，为南京至采石矶的必经之路，前人行旅至此，多有诗词吟诵，其中就有施闰章、袁枚等文化名人，留下了不少名篇佳作，也是当地不可多得的文化资源。今日之铜井，作为江宁滨江开发区的组成部分，将在已有的冶金、建材等产业基础上，重点建设沿江开发的工贸产业区。在这一过程中，希望当地的特色文化资源可以发挥对经济发展的促进作用。

交各站张贴，俾广宣传，并于该两日发售来回游览票，以便游客而裕路收。”当时江南铁路准备利用铜井庙会，大力宣传铁路，并且为方便游客赴铜井庙会，还特意发售来回游览票，可谓一举两得。

湖熟

基本概况

湖熟，今为街道名，亦为社区名，历史上曾为县、镇、乡之名，位于江宁区东南境。

湖熟历史悠久，地下文物十分丰富。1951 年，在湖熟镇发现多处新石器时代晚期至商周时期的古文化遗址，这一类遗址因首先发现于湖熟镇，遂被考古学界命名为湖熟文化。湖熟文化是相当于中原商代的一种青铜文化，主要分布于宁镇、皖南地区，遗址多为河湖沿岸的台形土墩。湖熟境内代表性的遗址有梁台、船墩、神墩、老鼠墩、前岗等。

文献记载及考古发现皆可证实，今湖熟集镇是两汉、六朝时期湖熟县城所在地。关于湖熟城址位置，唐《元和郡县图志》卷二十五《江南道一·浙西观察使·润州》云："湖熟故县，在（唐上元）县东南七十里"。至宋代，古城遗址尚存。《景定建康志》卷十五《疆域志一》"湖熟城"条云："今在上元县丹阳乡，去县五十里，淮水北，古城犹在。"明人陈沂《金陵古今图考》"汉丹阳郡图考"亦认为城址"在今（城）东南六十里，淮水之北，有湖熟镇"。今湖熟街道句容河北岸仍有"城岗头"等与古城相关的地名，当地人甚至相传水北街曾有一座"古城门"，后毁于抗战烽火中。又据说 1950 年代，梁台遗址曾发现一块石碑，碑文中提及那里就是古县城所在。1951 年，文物部门调查发现，当时的城岗头仍高出地面约 10 米，其文化层厚达 1.5 米，下部为商周时期的湖熟文化遗存，上部则发现有汉代的陶片。1980 年代，城岗头和梁台一带又调查发现不少汉代大板瓦、筒瓦、花纹砖等建筑构件，以及六朝陶瓷片等，故有学者认为这一东西约 500 米、南北

1987 年的湖熟老街

约300米的范围可能就是两汉、六朝时期的湖熟县城所在。1997年初，在句容河整治过程中，还曾在梁台南侧不远的河岸旁发现一处保存比较完好的汉至六朝时期的古码头遗址。此外，新中国成立以来，湖熟集镇周边屡屡发现大量的两汉及六朝墓葬，就与这里曾是当时的湖熟县城所在有关。

1936年绘制的湖熟周边地区地图

关于湖熟县名，有关文献记载颇不一致。如《汉书》记为“胡孰”，《后汉书》记为“湖熟”，《史记》《三国志》则作“湖孰”，《晋书》中“湖孰”“湖熟”皆见，《宋书》《南齐书》《梁书》《陈书》《南史》均作“湖熟”。而在考古出土材料中，湖熟砖瓦厂发现的东汉永元五年（93）朱建木质告地策称“胡孰”，淳化街道咸墅岗出土的南朝刘宋元嘉二十二年（445）罗健夫妇砖质买地券则记为“湖孰县”。其实“胡孰”“湖孰”与“湖熟”音、义相通。湖熟县是一寓意吉祥的美名，其正名就是“湖熟”。湖熟县名中的“湖”乃指古赤山湖，是古丹阳湖之一部分。湖熟县因曾在古丹阳湖之滨，故后世又称其境为丹阳乡。

梁台古文化遗址

从宋元时代开始，湖熟先后设为镇、市，成为当地的商业贸易中心。特别是晚清、民国以来，湖熟镇因地处江宁、句容、溧水三地交汇地带，故一直为三县农副、手工业产品的中转集散地，号称南京东南部商业中心，经济贸易比较发达，居民国江宁全县之首，被公认是当时全县商业最繁华之地，乃至从民国初年起一直有“小南京”之美称。就目前检索资料所知，湖熟雅称“小南京”，早见于1916年出版的《江宁乡土志》一书。至1947年《湖熟教会近讯》一文中仍记：“湖熟镇水陆四达，商业繁盛，有‘小南京’之称。”可见这一雅称贯穿于民国之始终。

新中国成立后，仍为湖熟镇。1958年，以镇成立湖熟公社。1961年，析置湖熟镇，与湖熟公社并存。1982 年，公社改乡。1983 年，湖熟乡并入。2000 年，龙都镇撤销，其境并入。2006 年，周岗镇撤销，并入湖熟镇。2007 年，撤镇设街道至今。

历史传承

湖熟一名始见于汉代，为汉代新置县。根据有关学者研究，由于秦代对方山东南及其西侧河道的疏通，区域经济得以快速发展，湖熟县乃于西汉初年自江乘、丹阳两县析置。湖熟置县后不久即以其地改为侯国。据《史记》《汉书》记载，西汉元朔元年（前 128）正月丁卯日，汉武帝封江都易王刘非之子刘胥行（或作刘胥）为胡孰侯，领一县之地，胡孰县始为胡孰侯国。元鼎五年（前

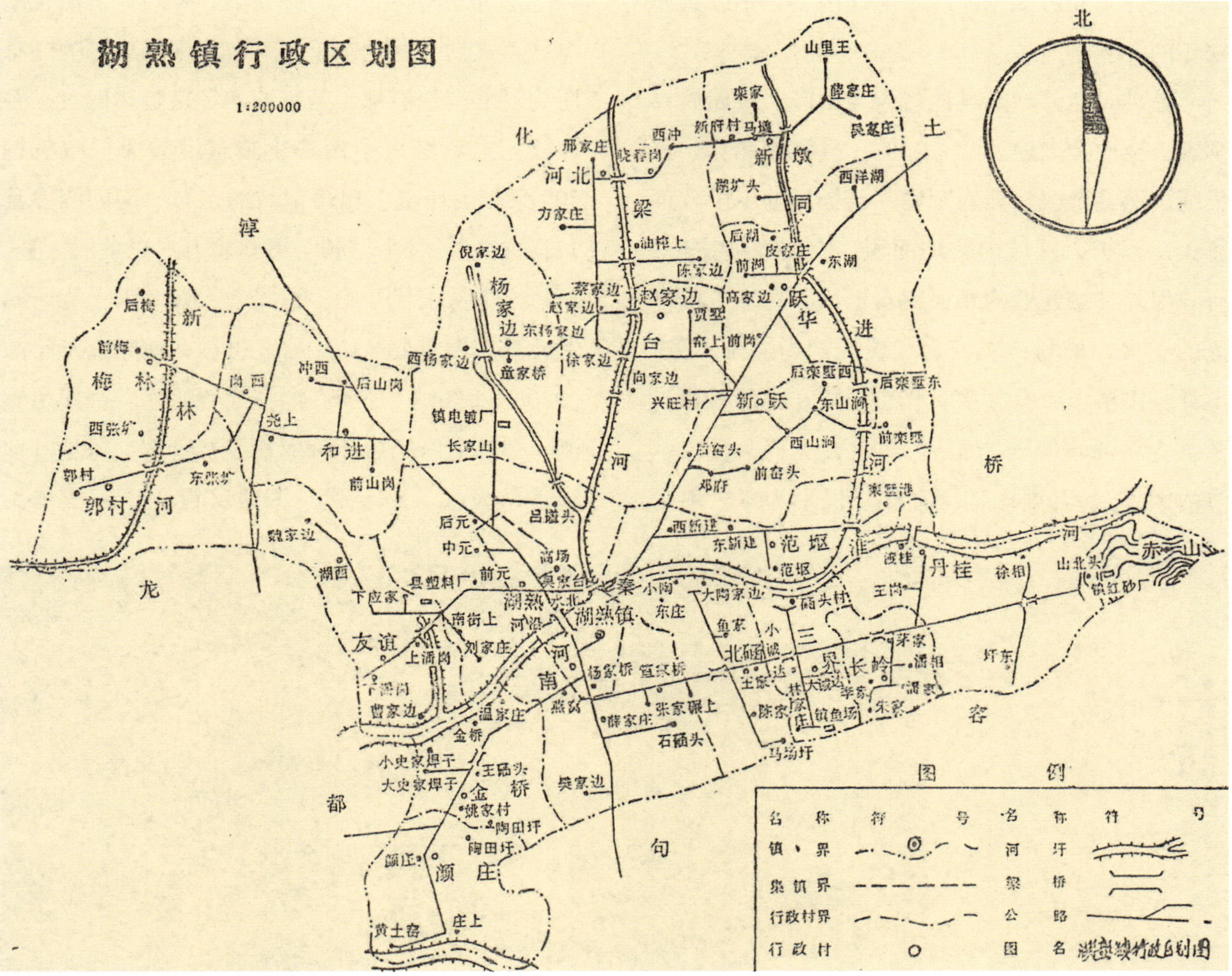

湖熟民居界碑

1998 年《湖熟镇行政区划图》

112），刘胥行死，谥“顷侯”，在位16年。同年，其子刘圣袭爵。不久，有人违法逃脱户籍，刘圣知其情却私纳于门下做“庸保”，又枉杀人，故被免爵，复为胡孰县。

据《后汉书·郡国志》记载，东汉丹阳郡十六城中有“湖熟侯国”，但未注是王子侯国，还是功臣侯国。从邻近的同时期溧阳侯国始封于东汉初年的史崇推断，湖熟侯国系功臣侯国的可能性应该更大。又据《三国志·吴书·吕范传》记载，建安三年（198），吕范跟随孙策在小丹杨、湖孰打败张英、于麋后，曾兼任湖孰相。相者，侯国长官也，相当于一县之令长，负责为列侯征收租税，由此可知东汉的湖熟侯国一直延续到建安年间。

湖熟出土的东晋六面铜印

湖熟文化遗址出土的陶鼎

孙吴时期，湖熟县地省为屯田区，改属典农都尉。至西晋太康元年（280），复立湖熟县。孙吴废湖熟县地改设典农都尉，与孙吴的屯田政策有关，以扩大区域内耕地面积，发展农业生产，有效保障都城建业的军民粮食供给。管理屯田事务的主官，称为典农校尉和典农都尉，集军务、屯务、民事于一身，前者相当于郡守，后者相当于县令。西晋统一全国后，“诏天下罢军役，示海内大安”，乃要求郡国守相以民事为本，不以军事为重，故废包括湖熟典农都尉在内的诸尉部农官，重置郡县。

东晋及南朝的宋、齐、梁、陈四代，沿置湖熟县。直到开皇九年（589），隋平陈后，为刻意压制贬低南朝旧都，乃废湖熟等京畿诸旧县，并入江宁县，结束了湖熟单独置设县级行政机构700余年的历史。史籍记载的东晋、南朝湖熟县长官称“令”不称“长”，可知属万户以上的大县。

至少从宋代开始，湖熟一直设为镇，为所属上元县东南重要区域中心。据载，南宋嘉定年间（1208—1224），还曾在湖熟增置酒库。酒库是储酒、造酒之所，各库设库官进行管理，可见其地经济的发展。至元代，湖熟又设为市（集市），

《古韵湖熟胜境图》中的划龙舟与放河灯

商业贸易更为发达。据《江宁提学使呈报全属学堂一览表》记载，清光绪二十九年（1903）正月创办湖熟镇莲湖蒙学，光绪三十三年（1907）正月编入区学，名为官立南区六所初等小学堂。这是湖熟镇现代教育的发端。

民国时期的湖熟镇，属于江宁县第六区。据统计，抗战胜利后的湖熟镇仍有商家 211 户，从业人员达 1500 余人。其中最多的是粮行，每日大米吞吐量有数千至上万担。其次是五洋店 20 家，主要销售洋火（火柴）、洋烟（卷烟）、洋油（煤油）、洋烛（蜡烛）、洋胰子（肥皂），故称五洋。再就是南北货店 11 家、布店 10 家、药店 8 家。资本和名气较大的，有南北杂货行的立泰恒、张信泰、恒裕昌、广泰，绸布行的恒丰泰、恒春正、信大祥，瓷器行的戴厚康，粮行的恒昌祥、天祥、晋昌，酱园行的泳源、泰隆、德大生，板鸭行的春华楼、何聚源、马宏兴等。实力较强的商家还在外地设立办事处，如张信泰杂货店就远赴辽宁省设办事处，直接从产地采购豆油；戴厚康瓷器店在江西景德镇设有办事处，包购包销整窑的瓷器。本县相邻的集镇，甚至句容、溧水、高淳等县及南京的部分零售店也来湖熟批发豆油、瓷器等货物。湖熟板鸭是该镇的另一项大宗商品，每年销量可达 20 多万只。湖熟特产干切牛肉也远销邻近的诸县和南京城，全镇 7 家宰坊每天要宰牛 7 至 10 头。

当代影响与价值

湖熟是南京地区重要的鱼米之乡，又是著名的板鸭之都，早于 2010 年被公布为南京市首批“千年古镇”。其地历史悠久，文化资源丰厚，最重要者当推相当于中原商代的湖熟文化遗址群、以梁代昭明太子读书台为依托的列为金陵四十八景之一的文化景观“台想昭明”，以及作为南京饮食文化名片的湖熟板鸭。近年，湖熟街道将重点打造以先进制造业为主导，以仓储物流业、高新技术及软件研发业为发展思路的新型产业承载区，并利用毗邻江宁大学城的区位优势发展高新产业园区。

关于湖熟地区文化资源的展示利用，有关学者建议未来可以秦淮河旁某一台形遗址群为依托，打造建设湖熟文化遗址公园，可供民众体验秦淮河先民原始的生活方式；建议以现有梁台遗址为依托，重建梁代昭明太子读书台，可供展示、体验传统的读书文化；建议复建湖熟老街建筑，重点恢复万源楼、顺元楼、春华楼等湖熟板鸭招牌店经营，以供民众及游客品尝体验湖熟鸭食文化。此三大核心文化资源，其时代从先秦到南朝再到近现代，跨越了数千年的历史，建议选择适当地点，并以适当方式将此三大文化体验区整合起来，打造具有一定规模的湖熟历史文化街区。

禄口

基本概况

禄口，街道、集镇名，位于江宁区东南部。北靠龙都、秣陵，东连周岗，南接铜山，西邻陶吴、横溪，东南隔秦淮河与溧水区柘塘相望。

关于禄口得名，据当地人传说，元代，禄口这地方最初仅有六口之家定居，故名“六口”，后以谐音称“禄口”。其实，据《景定建康志》《至正金陵新志》记载，禄口最早称为“路口”，早在宋元时期，乌刹桥北十里设有路口铺，铺旁还有路口市，或称路桥市。至明代，虽路口铺已废，但路口市尚存。至清末设禄口镇，隶属上元县葛仙乡。

禄口物产富饶，交通发达，数百年来的发展，使禄（路）口一直是江宁东南部最大的农副业、手工业产品集散中心之一。如今，南京禄口国际机场坐落于此，更让禄口拥有得天独厚的优势，成为江苏的窗口、金陵的名片。

历史传承

据考古资料，早年在禄口的东头仓、三甲村、管家边曾发现周代土墩墓，可知禄口地区开发史可追溯至先秦。

到了宋代，禄口已形成集市。南宋《景定建康志》载：“路口市，在城南七十里。”该志又载“路口铺”，与“秣陵铺”等8铺同属江宁县。南宋末年，上元、江宁二县境内所设驿站有永宁驿、石头驿、梦笔驿、江宁驿（位于今江宁街道）、

1960年代末的禄口地区卫星图

禄口茅亭庙会

禄口物资交流会

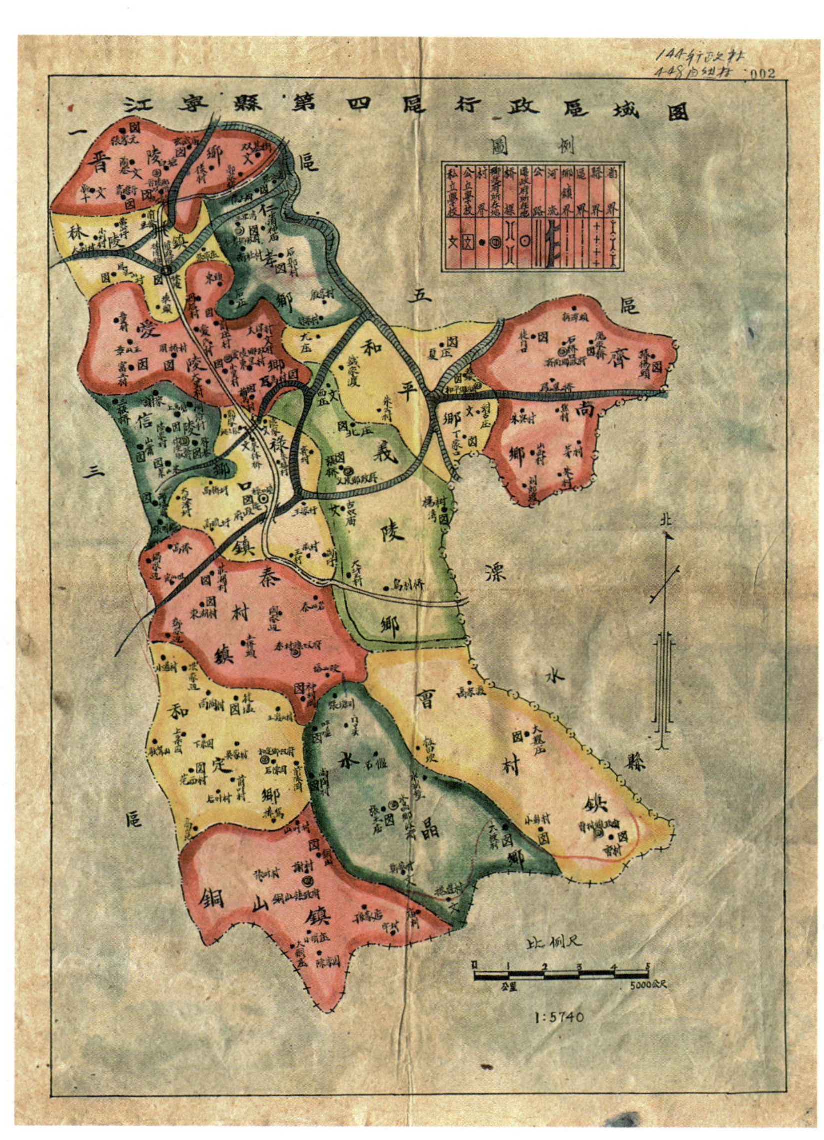

1951 年江宁县第四区行政区域图

秣陵驿（位于今秣陵街道）、金陵驿六处，其中江宁、秣陵、金陵三驿地处今江宁区境。驿路上共设 51 铺，每铺相距十里，其中设在江宁、上元两县者计 29 铺，其中包含了“路口铺”。既然宋代就设有铺、市，人烟自然不会稀少，故“禄口”之得名，当系“路口”雅化而致。

元代，江宁、上元两县镇、市设置情况与宋代比较略有变化，但仍设路口市，旧志亦作路桥市。明代江宁县共设 22 市，其中 5 市在今江宁区境，皆为元代旧市，仍设路口市。

清《同治上江两县志》卷五“城厢”中，“路口”已更名为“禄口”，且设为“禄口镇”。其时“路口市”已发展为人烟稠密、商业繁荣的地方中心集镇，故改市为镇。

清代，禄口集镇的主要街道和建筑，相传是按“北斗七

1956 年，江宁县禄口镇居民领粮食和棉布票证

1988 年 11 月禄口水利工程

星”图式进行设计营建。集镇分主街道和岔街道，主街道全长约 300 米，岔街道全长约 250 米，街道路面用产自苏州的大条石铺成，俗称菜籽石。主街道两侧分布有大大小小的商铺，引人注目的是在街道中央呈点状布置的 7 道圈门。这 7 道圈门和主街道组合而成“北斗七星”图式，又称七星图门，依次是北庵门、移风易俗门、一劳永逸门、风淳沐美门、义路礼门、钟灵毓秀门、南庵门，其中北门和东门旁还各建有一座财神楼。从钟灵毓秀门至一劳永逸门地段，是集镇商业中心。街道宽 4—5 米。令桥旁是水陆码头。遇有紧急情况，北门、南门、东门紧闭为一整体，有“一夫当关，万夫莫开”之势。

禄口集镇的规划设计目的，虽然文献记载没有留传下来，但据推测应与我国自古以来盛行的北斗崇拜思想相关。北斗七星不仅为“群星所朝宗，万灵所俯仰”，而且人们相信它“司善恶而分祸福”。若能信仰礼拜，则会长寿福贵，避祸趋吉。故以“北斗”作建筑布局，自古有之。禄口集镇的北斗星式布局至民国时期尚存，可惜在 20 世纪 50 年代，为扩大街区，不仅掘除了铺路条石，而且拆毁了七星图门，这一奇特建筑景观从此不复存在。

民国早期，今禄口地区先后划属江宁县秣陵市，镇上有江宁第三学区第四国民学校，后更名为禄口小学。其商业繁荣，据 1934 年《江宁县之耕地与人口密度》记载，时禄口镇属江宁县第四区，由西陵乡、禄口镇、永陵乡、乐陵乡组成，人口有 7700 余人。1935 年，在禄口镇成立卫生所。抗战时期，则以宁望公路为界，以东属江宁县秦淮区抗日民主政府，以西属横山县铜山区抗日民主政府，与汪伪政权并存。1938 年 10 月 2 日，新四军三团曾进袭禄口镇，毙敌 12 名，伤敌 2 名，毁敌军车 1 辆。1945 年后，仍属江宁县第四区。1948 年，改属江宁县南区，治所设于横溪镇。

新中国成立后，仍为禄口镇，先后属江宁县第四区、禄口区。1957 年，禄口镇、秦村乡合并设禄口乡。1958 年，改为禄口人民公社。1982 年，复改为乡。1989 年置镇。2000 年，铜山镇并入禄口镇，辖境因之扩大一倍。2006 年 3 月，撤镇设禄口街道至今。

当代影响与价值

今日禄口街道，因南京禄口国际机场所在早已经闻名于世。通过多年的发展，禄口先后被确定为全国重点镇、江苏省新型示范小城镇、南京市实施“三城九镇”战略第一镇。境内天禄大道、秦禄大道、福禄路等，其得名皆与禄口相关。“禄口机场”早已成为南京迎宾的第一地名，为国内外旅客所熟知，发挥着地名作为空间定位、社会交往、文化传承媒介的重大作用。从“路口”到“禄口”，因邮铺驿站位置所在，老地名成为当地特殊的资源。如今的禄口机场，仍然以空港交通门户而彰显价值。一地之兴，地名之延续，都与周边的地理与交通脱不开联系。这种巧合，看似偶然，其实有内在的地理因素。如能及时抓住历史给予的契机，充分利用当地优势交通资源，禄口街道的产能升级及现代化发展将指日可待。

龙都

基本概况

龙都，亦称“泉都”，今为社区名，位于江宁区东南部，面积5.6平方千米，隶属湖熟街道。东邻湖熟集镇，南、西、北三面为秦淮河环抱，隔河南对周岗、禄口，西界秣陵，北望淳化、方山。

民国时期置龙都镇、京六乡。新中国成立之初，设万安、京六、东阳三乡和龙都镇，先后隶属本县五区、湖熟区。1957年撤区，与万安、东阳等合并为龙都乡。1987年设立龙都镇。2000年撤销并入湖熟镇。2003年，改设龙都社区、泉都社区。2006年，合并设立龙都社区至今。

龙都全境多属滨河平原圩区，除东北部马场山一带少部分地区高程为20米左右黄土岗地外，绝大部分为平原圩区，海拔7—8米。境内河沟纵横，水网密布。秦淮河南源溧水河，由南向北沿西部边境流过，北源句容河在东北向西流，经张公渡桥至龙都镇再折向西北，两源在西北村附近汇入秦淮主河。

龙都境内古迹众多。如前杨柳村原有深宅大院多座，号称“36堂”，新中国成立后至20世纪80年代初，保存完好或较完好的宅院仍有原杨柳中学及“崇厚堂”“省乐堂”等。南窑村有刘氏宗祠3座。永跃后塘西村有前阳大庙。龙都老街上则有龙都大庙及庙前旻桥、镇北万安桥，西北宝塔弯处旧有一座石拱桥，而每逢秦淮春涨，观潮者可在“泉都利涉”的万安亭、土墩上的八角歇凉亭、镇西北小新圩后的7层古塔欣赏秦淮

1960年代末龙都地区卫星图

潮水。其中杨柳村古建筑群已于2013年3月公布为全国重点文物保护单位。

龙都地区旧时民间文化活动较为活跃，“非遗”项目比较丰富，有夏庄村的“龙灯会”、西北村“赓新乐会”的锣鼓队、永安村的“脸子会”、谈村的“采茶灯”、杨板桥的“高跷花船”等，其中西北村“赓新乐会”锣鼓，永安“脸子会”在当地较有名气，至20世纪50年代中期才停止活动。此外，还有龙都土地会、龙都火神会、龙都东岳庙会等。始自明代的“三人鼓”，即龙都娃娃鼓是龙都“非遗”的代表，多次参加各类比赛和重大庆祝活动，获得了较高声誉。

历史传承

作为地名，龙都历史久远。宋代，今龙都社区所在的集镇已设泉都市，成为当地乡村经济中心。因其地多泉井，故称“泉都”，又因其地曾有九龙聚会之神话传说，故又有“龙都”之别称。《景定建康志》卷十六之“镇市”：“泉都市，在上元县泉水乡，亦名龙都，去城五十五里。”

民国“报业巨子”史量才

古代之市，分在城之市和乡村集市两类。乡村集市虽比集镇小一级，但亦是一地商业贸易中心，且有相当人口集居。泉都既然在宋代已设市，说明当时已经人口汇聚，经济繁荣。元代元贞元年（1295），因龙都地处秦淮河上游东支要道，地理位置十分重要，故在此处还设有龙都巡检司，专门派驻巡检和弓兵巡防捕盗。镇守官军由万户府轮差，由千户、百户管军戍守其地。至明清时期，仍设泉都市，或称“龙都市”。到清代，泉都已改市为镇，镇名“龙都”，所在为泉水乡。

1987 龙都圩堤打木桩

1968 年，驻宁部队在支援夏收的同时，利用休息时间为江宁县农民演出

1987 年龙都乡防汛

史称龙都之民善卖药，据说明清时期南京的药店有 50% 以上是龙都人所开，并由此造就了龙都的繁荣。旧时龙都镇仅一条正街，长 850 米，宽约一丈至一丈五尺。正街中间是用从苏州运来的质地坚硬的长方形菜籽石铺成，南北两侧各有 5 条小巷分别通向沿河码头和街后各村圩田。南边五巷是许家巷、二廊阁、南街、史家巷、小巷，北边五巷是薛家巷、老梅中巷、土地庙巷、澡堂巷、谢家巷。街上共建 7 道圈门，中间有 5 道圈门，东、西两侧各有 1 道圈门。东侧街口建东关圈，亦称更楼，拱门上方中央刻“带淮门”3 字，旁有明天启七年(1627)题款。西侧街口建西关圈，拱门上方有砖刻“拱阙门”3 字。西侧更楼分上下两层，高约二丈，底层为进出正街的通道，上层为打更或守卫者观望防护之所。一遇情况，东西两门紧闭，全镇联为一体。南街因比其他各巷宽长，两侧巷口亦建圈门，分别名为“对翠门”“紫凝门”，为集镇南大门。

龙都是江宁办学较早的地区之一。据 1908 年出版的《学部官报》之《江宁提学使呈报全属学堂一览表》记载，在上元县南乡龙都镇，光绪三十二年（1906）正月创办了官立南区七所初等小学堂，次年正月编入区学。

当代影响与价值

龙都历史悠久，人文底蕴深厚，可挖掘的文化资源十分丰富。境内三面为秦淮河水环抱，环境优美，胜景有“秦淮春涨”“后墩晚眺”“回龙晓钟”“对翠雪霁”“东林古柏”“半塔斜阳”“种莲夜梵”“石秋桥月”，号称“龙都八景”，具有广泛的影响。龙都还是民国“报业巨子”史量才故里，又有全国重点文物保护单位杨柳村古建筑群、享誉南京的“非遗”展演项目龙都娃娃鼓等，这些均可助力龙都未来发展，讲好龙都故事，更好启迪后人。

淳化

基本概况

淳化，今街道名。位于江宁区境东部，东与句容市华阳街道相邻，西南与秣陵街道毗连，西北是东山街道，东北是汤山街道，南接湖熟街道，总面积 198 平方千米。

淳化镇旧属上元县，在县东 22.5 千米凤城乡，因位于上元与句容之间的交通要道，为东南进出金陵的必经之地。自六朝以来，境内已有不少著名古迹。至北宋时期，又有相当多的人口集居，逐渐成为周围乡村之一处比较繁荣的经济中心。据南宋《景定建康志》记载，淳化五年（994）置镇，镇以年号得名，以突显其地位，并加强管理。淳化镇由此成为江宁历史上著名集镇之一。镇旧有广惠庙，俗称高庙。据《潜研堂集》记载，庙门石门坎前左右各有一门神像，像甚古老，其旁还有南宋“淳熙年月”的题款以及宋代李仲春的题名。镇中又有一井亭，井额上有李一白书“往来井”题款，亭外有碑，惜已漫漶不识。

淳化镇亦名淳化关，明初一度为上元县治所在地。明清两代均在此设巡检司，至清代已发展成为上元县四大镇之一。至晚清以降，因沪宁铁路、京杭公路开通，淳化不再是南京东往句容、镇江的重要通道，街市渐衰不复旧观。民国时期仍为镇，先后隶属江宁县一区、五区、淳化区、湖熟区等。新中国成立后，淳化地区成立江宁县第九区人民政府。1955 年 9 月，改称淳化区。1957 年撤区设乡。1958 年改为人民公社。至 1982 年恢复淳化乡建置。1989 年设镇，2004 年改为淳化街道。2006 年辖境调整，原土桥镇并入。

淳化镇附近有老虎洞、宫氏泉、珍珠泉、马场山、云居寺等胜迹，其中的老虎洞或称“虎洞明曦”，是闻名遐迩的“金陵四十八景”之一。又有清代大学士熊赐履墓，为康熙四十八年

江宁淳化镇地标

（1709）十一月赐葬于此。

1930 年代地图上的淳化镇

历史传承

民国时期的淳化，一度称为淳化市，由崇礼乡、凤城乡、清化乡 3 个乡合并而成，属于江宁县第五区。1929 年，改称淳化区，总人口为 55960 人，户数 11087 户，时第五区区公所等重要机关就设在淳化镇。淳化市境内还有解溪镇、索墅镇、桥头镇、土桥镇等较为繁华的乡镇集市。1928 年初，江宁县在各村陆续实行村制。当年江宁县第十公安分局就设在淳化镇，在解溪、索墅两镇还分别设有派出所。淳化镇是第五区的政治经济文化中心，镇上有米行 6 家、杂货 8 家、京货 4 家、布店 2 家、茶馆 10 家、肉店 3 家、饭店 9 家、碾坊 2 家、茶叶店 1 家、药店 2 家、澡堂 2 家、木作店 1 家、木作 6 家、铁匠店 2 家、理发店 3 家、豆腐店 4 家、当铺 1 家。著名的有侯天益药店、汪春生粮行、玉恒元等商号，还有邮局。

此外，1930 年代的淳化镇颇受关注，有不少

2000 年 2 月，淳化镇举办农民健身长跑运动会

2019 年淳化街道大埝圩万亩良田

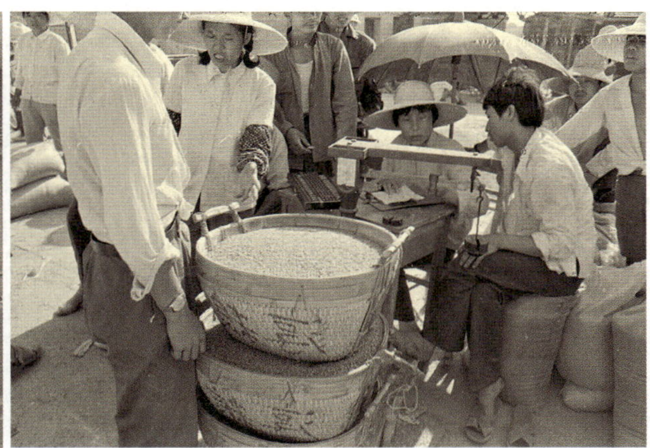

1986 年淳化粮站

南京机关下设乡村服务机构于此，所知有金陵女子文理学院乡村服务处、金陵神学院乡村实习处、鼓楼医院乡村卫生科防盲站、江苏县农业推广所等等，其间彼此联络，共同服务、扶助当地乡民，使得民国时期的淳化镇成为最早得风气之先的江宁乡域社会之一。1930 年到 1931 年夏，金陵大学乔启明还在淳化地区开展社会调查，撰写《江宁县淳化镇乡村社会之研究》长篇论文，是研究民国时期江宁乡村社会的重要参考文献。

由于淳化镇特殊的地理位置，使其在抗战期间的南京保卫战中，谱写了可歌可泣的一页。1937 年“七七事变”后，侵华日军分成几路向南京进攻，企图占领国民政府首都。此时的淳化镇，也就成了拱卫南京的重要门户。而守卫在淳化镇附近的国民党部队有第六十四军和第六十六军。其中第六十四军承担牛首山至淳化镇附近的守备任务，并向秣陵关、湖熟镇派出机动部队。第六十六军承担淳化镇附近至凤牛山的守备任务，并向句容附近派出机动部队。

当代影响与价值

淳化是江宁境内极具文化底蕴的千年名镇之一，境内的南朝梁代建安敏侯萧正立墓石刻、宋墅村南朝失考墓石刻等均已列为全国重点文物保护单位。民国时期的淳化镇，还一度成为乡村社会研究者热衷考察的试验地，在南京乃至全国都具有较大的影响。如今的淳化街道是江宁区的东大门，交通发达，104 国道、宁杭高速、汤铜路、淳湖路穿境而过，作为南京新市区的拓展区、江宁城乡发展的结合部以及新农村建设的重点区域，这里即将迎来新一轮的快速发展。

谷里

基本概况

谷里，今街道名，位于江宁西北部，北与雨花台区板桥新城、铁心桥街道接壤，南与江宁横溪街道接壤，东邻秣陵街道，毗邻禄口航空新城。

关于谷里的得名，传说元代因其地处金牛山谷，乡下设置“里”，故称。另有一说“谷里”是以当地稻谷丰盛而称，旧时稻谷写作“稻穀”，有关谷里的史料上从未写作“穀”，而只是谷地之“谷”，故此说并不令人信服。

谷里境内文物古迹众多，有明代著名航海家郑和墓，它与牛首山的弘觉寺塔、抗金故垒、祖堂山南唐二陵、幽栖寺、洪保墓等，组成了南郊的旅游风光带。

谷里民风淳朴，“非遗”项目保留众多，如谷里树桩盆景工艺、谷里山歌、谷里张溪锣鼓、谷里采茶灯、谷里板凳龙、谷里鱼圆子制作技艺、谷里陶瓷制作工艺、谷里农具锻造技艺等。其中谷里山歌里有首《车水号子歌》：“金牛山有金牛洞，九莲塘水金牛饮。乌龟山草度民生，仙人下棋山顶坐。”歌唱的是家乡的金牛洞与金牛，为不可多得的史料。

清代，谷里一带种桑养蚕业十分发达。从光绪《续纂江宁府志》卷十五记载：“今广植桑田，年复一年，自必茂密。由上元之铜山、谢村迤东各乡产渐旺，秣陵、禄口、陶吴、横溪桥、谷里村、六郎桥、江宁镇、铜井、慈湖，皆养蚕地也。”可略知一二。

历史传承

检阅南宋《景定建康志》，今天谷里街道一带，

谷里大塘风光

宋代为归善乡、建业乡、朱门北乡地，分布有归化、仁寿、仁恭、归善和归德等里。自宋以降，元、明、清数百年间大致情况基本如此。

至清代中后期，“谷里”一名首见于史籍，甘熙《白下琐言》载有“南门外四十里谷里村”。在写到“红莲稻”时，《白下琐言》再次提到：“南门外谷里村之金牛洞，上下数里间，色红而味香，作饭耐人咀嚼，谓之‘到地南乡’。”

据《太平天国史料汇编》，清咸丰四年（1854）九月初六日，自金陵紫金山发出的“获胜折”称：“据傅振邦禀报：带兵驰赴秣陵关，会同参将长桂，进兵谷里村……”在《太平天国史料汇编》中，“谷里村”的记载还多次出现。《清史列传》之曾国荃传亦记：“十二月，拔谷里村、朱门、六郎桥十一垒。”可以为证。再据《曾国藩全集》记载，清同治元年（1862），李秀成曾率部屯扎谷里村人字桥一带。可见，太平天国时期，太平军与清军曾在谷里一带展开过拉锯战。

清《同治上江两县志》卷五“江宁乡镇”中，“谷里村”是江宁县十八处集镇之一。此时的谷里村，虽仍名为谷里村，但实际上应该是镇的建制。清陈作霖《上元江宁乡土志》卷三载：“有谷里村，为建业、归善二乡。”

民国肇始后，仍称“谷里村”。1916年《圣教杂志》载：“南京南城外四十余里，有谷里村地方……”1922年江宁县第五学区第一国民学校就设在谷里村。而到了1928年，谷里村已经更名为“谷里镇”，在《江宁村制初编》里，可见到“谷里镇”的记载。1934年胡焕庸《江宁县之耕地与人口密度》记载，时新设立的谷里镇由乾宁乡、东宁乡、谷里镇组成，人口5696人。

1948年《南京中央日报周刊》刊载了胡念风的一篇文章：“去年八月十三日早上，江宁县谷里镇四保十一甲农民蒋仁财……”1949年的《江宁县图》上仍是如此。这一时期，谷里仍然是镇的建制。

谷里金牛洞旧影

新中国成立后，仍置谷里镇。1954年改设谷里乡。1958年成立谷里人民公社。1982年7月恢复乡制。1999年撤乡设镇。2006年3月，原谷里镇和东善桥街道合并，设立谷里街道。2014年，原东善桥街道区域划归秣陵街道。

1992年出版的《谷里乡志》及2012年出版的《谷里街道志》，是全面反映谷里地区政治、经济、文化、社会等情况的两部志书，为宣传谷里起到了积极作用。

当代影响与价值

除了众多的人文古迹外，谷里境内山水风景名胜资源亦极为丰富，牛首山景区、银杏湖、璟玥湖（谷里水库）等闻名遐迩，每年吸引着数以万计的游客前来观光游览，是南京南部旅游、休闲产业重点发展组团及绿色廊道建设带。2021年，规划面积5平方千米、总投资达100亿元的谷里金陵小镇已陆续建成开放，该景区秉承产业、文化、旅游“三位一体”和生活、生态融合发展的理念，兼具观光、度假、休闲、体验、旅居、创意创业等功能，能够满足游客吃喝玩娱、观光旅游、休闲度假等综合需求，有望成为南京南郊文化休旅新地标。

秣陵

基本概况

秣陵，今街道名，亦为南京别称之一。位于江宁区中部，东与湖熟街道、淳化街道相连，南与禄口街道、横溪街道相接，西与谷里街道及雨花台区铁心桥街道接壤，北与东山街道相邻，行政区域总面积 181 平方千米。

秣陵集镇水陆交通方便，是金陵东南门户，自六朝以来一直人烟稠密，农业、手工业和商业都比较发达，是南出溧水、广德的必经之地。据考古发现，早在三四千年前的湖熟文化时期，秣陵地区就分布有众多的古文化遗址，今秣陵中学校园内的神墩遗址就是一处典型的台形遗址，说明这里曾是先民集中聚居的地区之一。

新中国成立后，秣陵置镇。1958 年改为人民公社。1982 年改为乡。1989 年 1 月改为镇。2004 年 8 月改为街道。2006 年 3 月，百家湖街道、方山街道、淳化街道 5 个社区、上坊街道陵里社区、湖熟镇新林村并入秣陵街道。2014 年 3 月，谷里街道 7 个社区并入秣陵街道，科苑等 12 个社区划归淳化街道。

历史传承

“秣陵”一名来自秦始皇统一天下后改楚国所置金陵邑为秣陵县。过去一般认为因为秦始皇一心想贬低金陵，故改“金”为从禾从末的“秣”字。“秣”即草料，意为此地只配作牧马场，希望改一字而使大秦王朝永占秣陵，传之万世。然而，近年有专家经过考证认为，秣陵之“陵”意指山岭，无所谓贬义、褒义，“秣”之本义虽指牲口的饲料，但秦朝曾因善种草谷，善养马匹而创业，甚至“秦”之国号本身也是来源于养马的饲料——作为禾名的“秦”，故秦所始置的“秣陵”县，不仅没有贬低之义，反而意蕴深远，与秦国国号取义近同，深具褒义，是大秦帝国看中的东南形胜之地。

汉初沿袭秦制，设秣陵县不改，属鄣郡。汉武帝即位后，为加强中央集权，实行“推恩分封”政策，在诸王国之下再裂土分封若干小侯国，以削弱诸王实力。元朔元年（前 128）正月，汉武帝封江都王刘非之子刘缠为秣陵侯，以一县之域为其封地，秣陵县始为秣陵侯国。元鼎四年（前 113），刘缠死，谥“秣陵终侯”。因刘缠无后，秣陵侯国除，复为秣陵县。王莽时秣陵县一度改称宣亭县。东汉时仍称秣陵县。建安十七年（212），吴主孙权改秣陵县为建业县。两汉时期秣陵县域范围较大，大体包括今南京市区、雨花台区及江宁区北部、中部和西南沿江地区，其南界可能到达牛渚，即今安徽马鞍山市采石地区。《后汉书·

1932年秣陵关及周边地区地图

郡国志》载：“秣陵南有牛渚。”《资治通鉴》卷六十一注引《郡国志》亦载：“丹阳郡秣陵县南，有牛渚。”均可为证。

一般认为经数百年的发展，至秦灭六国之际，今秣陵古镇之地的农业、手工业和商业都已比较发达，人口稠密，水陆交通便利。同时，秣陵还大约地处一县之中心位置，显然比纷乱之际偏处江边一隅、主要用于军防的石头山更适宜作为县治，故秦始皇不仅改楚国所设之金陵邑为秣陵县，还同时徙县治至今秣陵集镇。至两汉时期，秣陵县城继续沿用秦代县治，仍在今秣陵街道。直到三国初年，孙权才把政治中心迁到今南京市区。《建康实录》《景定建康志》等文献多载：秦汉秣陵县城在今南京城东南六十里秣陵浦处，秣陵桥东北故城即是。相传，过去秣陵集镇四周有护城河，还有“司门桥”等与城址相关的地名。这一观点可以说得到绝大多数专家学者的认同，几乎已经成为定论。

然而由于迄今为止秣陵集镇尚未发现秦汉时期的城址遗存，其周围也未发现任何两汉时期的墓葬，这和南京地区同样作为两汉县治所在地的湖熟、小丹阳、高淳固城诸集镇周围普遍发现汉代城址及较密集汉墓群的情况完全不同。

同时，早期史籍所见秦汉秣陵县城位置的记载，除旧说秣陵桥东北外，又有唐上元县东南四里、西州桥与冶城之间的西州城故址、冶城故址三种记载，此三说均在今南京城区西南部。新中国成立后，南京城区施工发现汉墓颇为频繁，主要集中于城东大光路一带、城北鼓楼一带、城南长干里一带。这三个区域均在史籍所见秦汉秣陵县治后三说的周边。换言之，从汉墓分布的线索看，汉代秣陵县治更有可能在今南京城区。

近年有学者专文考证认为，秦代秣陵县治继续沿用战国楚金陵邑城，仍在南京城西的石头城。

《金陵古今图考》中的秦秣陵县图

至汉高帝六年（前 201），在全国县邑筑城的形势下，秣陵县治东迁至南京城西冶城与西州桥之间，至东汉未改。孙吴时期继续沿用为建业县治。直到西晋太康三年（282），因分秦淮水北为建邺县，原县治为建邺县所用，秣陵县治始迁往今江宁区秣陵集镇。到了东晋安帝义熙九年（413），秣陵县治又迁回都城建康东南的斗场。至东晋恭帝元熙元年（419），又迁至扬州府禁防参军故址。实际上，秣陵县治在今秣陵集镇系从西晋太康三年（282）至东晋义熙九年（413），前后存在 131 年。

南朝时期，今秣陵古镇仍保留着“故治村”的地名。刘宋永初元年（420）六月，刘裕受禅称帝，奉晋恭帝司马德文为零陵王，筑宫于秣陵县故址。司马德文在秣陵零陵王宫度过了生命中最后 1 年 3 个月的囚禁生涯。

至北宋景德三年（1006，一说景德二年），始置秣陵镇。镇旁有秣陵浦、长溪埭（或说在湖熟）。又因秣陵镇位于交通要道，宋代以降皆设秣陵驿、秣陵铺。元代元贞元年（1295），还在秣陵镇设巡检司，设巡检以加强其处巡守，专派弓兵巡防捕盗，镇守官军由万户府轮差，由千户、百户管军戍守其地。又因经济繁荣，在元代，秣陵镇还设有税务，置都监、同监官负责征税。

及至明初，因通往南京的粮运航道被打通，离镇不远的秦淮河又成了重要水运通道，由东南而来的运载粮食、食盐、贡物的船只多在此停泊，因而商贾云集，酒楼、茶坊乃至各种服务行业也随之兴起，一派繁荣。故有明一代在此置户分司，继续设关收税。到嘉靖年间，正式命名为“秣陵关”。至清代，秣陵镇与陶吴镇、江宁镇并称江宁县三大镇。《儒林外史》作者吴敬梓称赞秣陵：

1974 年冬季，秦淮河土桥工程大会战中，秣陵公社组织慰问团来到工地

1990 年代秣陵镇远景

1991 年秣陵镇防汛抗洪前线

“一带江南新雨后，杏花深处秣陵关。”

清宣统三年（1911），新军第九镇在秣陵关反清举义，打响了江苏省辛亥革命第一枪，南京由此走向共和，走向中华民国开国之都。民国初年，称秣陵市。1928 年，仍置秣陵镇。据 1935 年《江宁县秣陵镇考察记》：“每日有集，其商业中心地点为秣陵镇，镇上人民从事商业者颇多，人口甚密……镇上有店铺百六十余家，中以南货店为最多，广货店次之。此外更有布店、米店等。各家资本，平均在 3000 元左右……此间唯一娱乐，乃为四月二日之出会演戏，一切费用由住民分摊担负，出资多寡，按各家经济能力之大小，酌量指征。”

当代影响与价值

秣陵集镇是金陵东南门户，自明代以降一直设有“秣陵关”，以控扼交通。这里是两晋 131 年秣陵县城所在，这里有东晋恭帝退位后所居的零陵王宫。这里是清代以来江宁县三大镇之一。这里还是新军第九镇在江苏全省打响辛亥革命反清起义第一枪之地，在近代史上具有特殊的纪念意义。正是因为秣陵集镇在江宁乃至南京历史上的重要地位，有关专家建议未来可疏浚整治连接秣陵集镇与溧水河的水道，以使游船直接由秦淮河抵达秣陵。可根据清代图像资料等，重建秣陵地区地标性建筑“秣陵关”，并择地重建秣陵古城、零陵王宫、民国老街，以及与新军第九镇反清举义相关的历史建筑，打造建设秣陵关历史文化街区，打造建设江苏省辛亥革命第一枪纪念地，打造建设民国金陵第一镇。

横溪

基本概况

横溪，位于江宁区南部，东邻禄口、空港工业园，西靠江宁街道和滨江开发区，南与安徽马鞍山市接壤，北接江宁开发区。因横山的山水河“横溪”得名。横溪生态资源丰富，绝大部分处于未开发的原始状态。山水面积占区域面积的1/3。境内有江宁区最大的水库——赵村水库（又名蟠龙湖），是江宁区乃至南京生态环境最为优越的区域之一。

横溪是西瓜之乡、苗木之乡、茶叶之乡，已形成以西瓜产业、台湾农民创业园发展为主体，山水园林为特色的农业休闲旅游街道。作为西瓜之乡，自2002年开始，每年5月或6月举办横溪西瓜节，历时1到2个月。横溪大力发展乡村旅游，已形成以石塘竹海为代表的13个被列入全国农业旅游示范点的生态旅游景点。由于地理上与江宁经济开发区、滨江开发区、空港工业园相邻，受其辐射影响，横溪街道在宁丹路东规划建设5—6平方千米的工业园区及丹阳民营创业园等经济产业园区，与之形成工业配套，并与南片轻纺工业特色互动互联，发挥着巨大的经济价值。

横溪是革命老区，境内的横山县抗日民主政府旧址、云台山抗日烈士墓、新四军先遣支队指挥部旧址为江苏省或南京市文物保护单位。境内还有横溪桥、上国安寺、云台山抗日旧址等历史遗存，以及丹阳董永七仙女的传说。再加上周边极佳的自然环境、人居村落生态，引来游人不绝，是具有重大旅游休闲价值的特色区域。

历史传承

横溪本为河名，为横山的山水河。境内宋代

横溪街道第一届全民运动会

横溪桥

为江宁县横山南乡、横山北乡、长泰南乡、长泰北乡、朱门北乡和上元县道德乡、尽节乡地，驻地镇称横水里。清代名横水桥街。到了晚清，据《同治上江两县志》，清代设镇，名横溪桥镇。其地名经历了从“横水桥”到“横溪桥”的变化，前一地名使用了一两百年。

据 1920 年《江苏省公报》第 2507 期所载《江苏全省警务处训令第六百二十九号（协缉江宁县属横溪镇匪徒聚众抢劫枪伤事主一案仰严缉务获解究）》（1920 年 12 月 7 日）之“训令”，时横溪桥镇已改名横溪镇。此后，相关地名中已不见“桥”字了。这份公报是目前所知相延近百年的“横溪镇”地名最早的记录。需要说明的是，近年出版的地名图书有称“1933 年名横溪镇”者，实误。

又据 1934 年《地理学报》第 2 期胡焕庸《江宁县之耕地与人口密度（附表）》一文，时横溪镇隶属于江宁自治实验县第八区，包括神云乡、东云乡和横溪镇，有人口 5142 人。1938 年《正始学生》第 2 期载王丰镳《本校徙横溪概略》云：“自全面抗战序幕展开以来……本校由王兴邦先生之介绍，迁移至横溪。横溪地居宁南，东临象山港，群山环绕，风景优美……本校临时校舍，系王氏宗祠及天福庵，前者凡二处：一曰上祠，一曰下祠，二地相距，约一里许。二三年级居下祠及天福庵，一年级居上祠……”

新中国成立后，1949 年《江宁县图》中，既标注了“横溪镇”，又在其东面标了“横溪桥（村）”，是具有一定规模的村镇聚落。1950 年土改，设横溪、安民、横山、云台 4 个乡，隶属本县三区、陶吴区。1957 年合并为横溪乡。1958 年改公社。1982 年复为乡。2000 年更置镇，驻横溪镇吴楚东路。2006 年，丹阳镇、陶吴镇大部（除陶东、钟村、上穆 3 个社区居委会）并入横溪镇，行政区划面积 215 平方千米。2007 年，撤镇设街道，现下辖 10 个社区、11 个村。

当代影响与价值

老地名，是中华民族宝贵的文化遗产，是真

横溪土墩墓

横溪桥局部

横溪石塘羊群

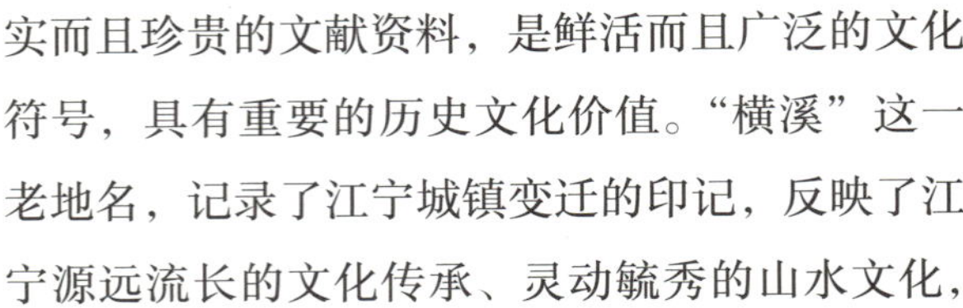

实而且珍贵的文献资料，是鲜活而且广泛的文化符号，具有重要的历史文化价值。“横溪”这一老地名，记录了江宁城镇变迁的印记，反映了江宁源远流长的文化传承、灵动毓秀的山水文化，具有较高的文化遗产价值。记录、传承横溪的地名文化，是传承中华根性文化的具体措施，可以让江宁民众更多了解家乡文化，对提高地域认同感、增加凝聚力等都具有比较重要的意义。

上坊

基本概况

上坊，又称上方，曾用作城门名、桥梁名、集镇（街道）名、村庄名。

上坊（上方）一名的来历，与明初洪武年间的外郭城门上方门（上坊门）有关。民间则有其他传说：一说因境内北部有南朝陈武帝陈霸先万安陵，以其处于陵的上方而得名，后以“方”为“坊”；一说，相传明代此地有石坊，以地势处其上得名；还有一说，因古代帝王曾在此设五坊祭天地而得名。最有意思的说法当属《古里秦淮地名源》一书：“源于唐代杜甫《杜工部草堂计笺》中‘上方重阁晚，百里见纤毫’，以及宋代洪朋《洪龟父集》内‘摄示禅界中，高步上方外’的诗意得名。”更是属于臆测。

上坊门（上方门），明外郭十八门之一。位于郭垣东南端，西南郭垣接夹岗门，东北郭垣连高桥门，外秦淮河由此门之北垣入京城护城河。

上方桥，又名七桥瓮。现七桥瓮的桥匾上，镌刻的是“上方桥”。据《洪武京城图志》的记载，上方桥当始建于明洪武年间，距今已有600多年历史。清唐赞《金陵名胜》：“上方桥，《一统志》：上方桥在江宁府上元县东南。《江宁府志》：顺治三年九月，内院洪承畴、操院陈锦、守道林天擎、知府李正茂重修上方桥，八年三月桥成。”即上方桥重修于清顺治三年（1646）九月，顺治八年三月竣工。太平天国时期，太平军与清军曾在此激战。现为全国重点文物保护单位。

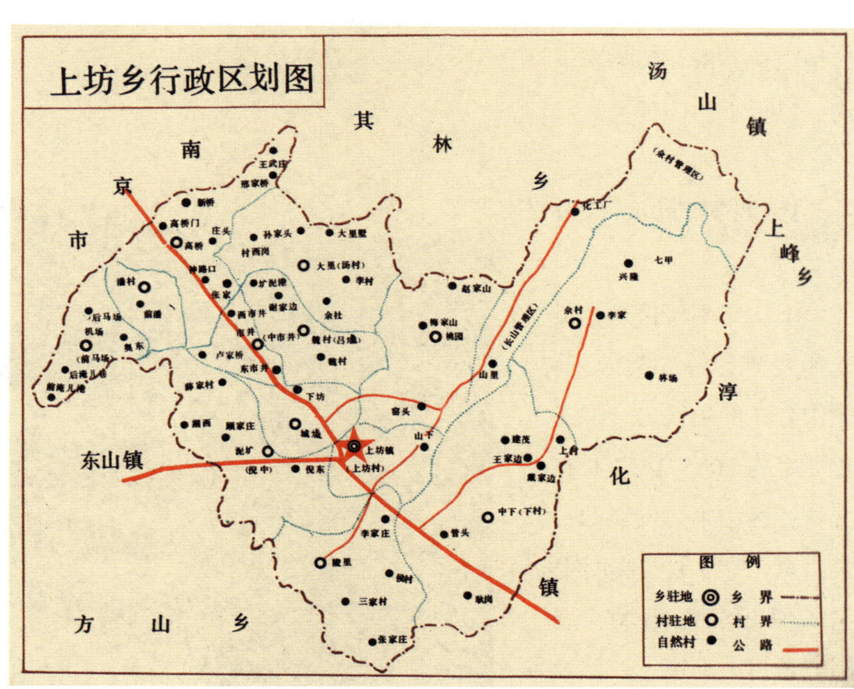

1990年代《上坊乡行政区划图》

上坊桥，亦名江上桥，位于红花街道东约五千米，横跨秦淮河。2001 年建成新桥，长 135.7 米，宽 9.5 米。

上坊镇，位于江宁区中部。据《江宁区志》记载：镇（废）。1933 年谓上高镇，以境内有上坊、高桥 2 个自然镇得名。1950 年，以驻地上坊自然镇，置上坊镇。1954 年，改为上坊乡。1958 年，为东山公社一部分。1959 年，析出建上坊公社。1982 年改乡。1999 年更置上坊镇。2004 年，撤上坊镇建街道。2006 年，区划调整后，将上坊街道与东山街道及麒麟镇的部分区域合并，组成新东山街道。此地为上坊社区服务中心、天云社区居委会驻地。原上坊镇全境东枕青龙山，西临秦淮河，山川秀丽，景色宜人。境内不仅拥有南朝陈武帝陈霸先万安陵、南朝耿岗失考墓石刻、南朝侯村失考墓石刻，而且还有天宁寺、祁泽寺、龙王池、天云湖等多处名胜古迹。

上坊村，自然村名，已废。其一位于红花街道广洋村，以南近明代外郭十八门之一上坊门得名。其二位于江宁区东山街道原上坊镇西北边缘、上坊门桥东南，西临秦淮河，以近上坊门得名。

历史传承

上坊周围一带是孙吴晚期大型宗室、贵族墓葬集中分布的地区之一，最重要者为 2005 年 12 月在上坊社区中下村发现的孙吴大墓，由封土、排水沟、斜坡墓道、封门墙、石门、甬道、前室、过道及后室等部分构成，前、后室两侧均有对称分布的耳室，后室的后壁底部还有两个大壁龛，其中排水沟总长 326 米，砖室全长达 20.16 米，是迄今为止发现的规模最大、结构最复杂的孙吴墓葬。其墓主身份推断为孙吴晚期的一位宗室之王及他的两位王妃。2013 年 5 月，上坊孙吴大墓被公布为全国重点文物保护单位。

1987 年上坊乡农田管理

宋代以降至清代，上坊一带均属于上元县域。民国肇始后，境域属江宁县。

据《洪武京城图志》记载：“外城门：上方门……高桥，在上方桥东南。上方桥，在中和桥东南。”《永乐大典》记载“上方门”“上方桥”名称时，与《洪武京城图志》所记载的名称是相同的。由此推测，“上坊”一名最初应该是“上方”。

明代中期以后，“上方”与“上坊”两名可以互用。明《南京都察院志》卷二十四即载：“上坊门，西至夹岗门界，东至高桥门界，共计五百五十五丈五尺，临门五丈有上坊关石桥中立，五券。官厅六间，左右茶厨房六间，春秋阅城小饭之所，直房二间，玄帝庙宇一座。”该志又称：“上坊门外有分水桥，而水势多冲，内有见子桥，

1930 年代的上坊石马冲万安陵石兽

而迳路甚僻，且南接溧水，西通太平，舟帆络绎，水注长江。向年议复混江龙以防奸伪，事称有见，乃为势要阻挠，竟不能行。夫设险御暴，目今虽幸于有人，而水陆要冲，关防不可以不复。”意思是，在上坊门外要设关防，确保一方平安，所以后来才有了上坊镇。

上坊门于明洪武二十三年（1390）四月建造。洪武二十四年二月，置千户所，铸印给之。永乐九年（1411）九月，修京师上方门。毁圮年代不详。

关于上方门（上坊门）及上方桥，众多文献诸如《大明会典》《客座赘语》《天下郡国利病书》《江南通志》《明史》《上元乡土合志》《新京备乘》《金陵古迹图考》等，均载有相关信息。1990年，《上坊乡志》出版，这是上坊历史上首部乡志，内容全面，集中展示了上坊地区政治、经济、文化、教育等方面情况，为后世留下了重要的文献资料。

当代影响与价值

不论是因哪一种原因而得名，今天的上坊地名至少已存在了 600 多年。上坊境内可挖掘的文化资源十分丰富，以上坊命名的桥梁、道路、学校众多，已然深入人心。上坊的非物质文化遗产“上坊龙灯”，为当地人津津乐道，具有很高的知名度和影响力，也成为当地百姓向往幸福生活的象征。

上峰

基本概况

上峰，旧有阜东乡、鹤龄乡、上峰乡、上峰镇等名称，位于江宁区东北境。

相传，元代当地有一姓王名长峰的人，从湖北迁居于此，“王”为千人之上，“峰”为祖宗之名，后人取名为“上峰”村，此村所在乡也起名上峰乡。

上峰的东、南与句容市的华阳镇和江宁区的土桥集镇交界，西连淳化集镇、上坊集镇，北邻汤山集镇，面积 71 平方千米，平面略呈长方形。境西北为大连山等低山绵延区，地势较高，属丘陵地带；中部、南部为散射状的岗坡地和小面积冲田；东部汤水河纵贯全境，两岸为河谷平原。

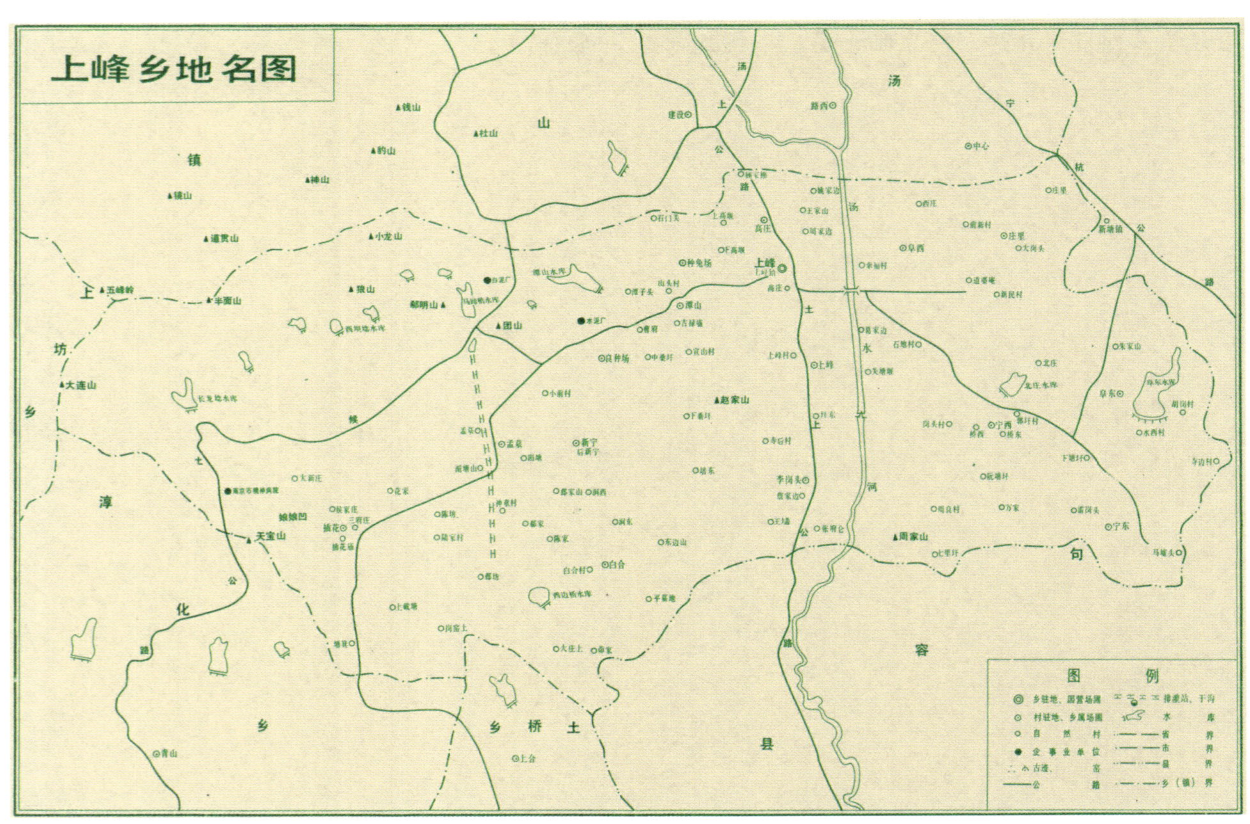

1984 年《上峰乡地名图》

上峰现存的民国时期炮兵射击场观测塔

龙铜公路由东北、西南向纵贯全境，村级公路形成网络，交通方便。

上峰现存的古迹主要有清顺治年间建造的古井，井栏刻有“顺治壬辰岁季夏月望日吉旦”。顺治壬辰岁，即1652年，距今已经有370年历史。藏龙桥位于上峰插花庙，为清代所建单孔石桥，1983年，公布为江宁县文物保护单位。

上峰地理位置特殊，为汤山门户，历来为兵家所重。相传西汉末年刘秀曾与王莽在此交战，至今还流传着插花庙与藏龙桥的传说。民国时期，此地曾为炮兵训练基地，现还留存“汤山炮兵射击场观测塔”一座。1944年10月，青龙区副区长李官一在上峰乡召开工作会议，被敌伪乱枪射中，不幸牺牲，年仅21岁。1979年，上峰乡政府将其移葬于李岗头村。

2004年的上峰水泥厂

历史传承

宋代，上峰境内属上元县神泉乡管辖。其后至清末大致如此。

1913年，复设江宁县，神泉乡隶属江宁县。据1928年9月《江宁村制初编》记载，江宁县实行村制后，上峰村属汤泉乡的上汤村，当时上汤村的村公所就设在“上峰后”。

1933年，汤山农民教育馆在汤山周边地区的上峰、东流等地，对当地的小学及私塾进行了调查摸底，当时上峰的寺后村，就有一所私塾。除此之外，寺后村还有一座寺后庙，每年农历四月初三是庙会期，每到庙会期，四面八方的乡民都要来赶会，热闹非凡。与其他地域的庙会相似，赶庙会的人们先到上峰的寺后庙，烧香拜佛，乞盼风调雨顺。新中国成立后，庙会取缔，改成物资交流大会。

据1934年《江宁县之耕地与人口密度》记载，当时，江宁自治县对各乡镇进行调整，县下设区，以数字替代。新成立的上峰乡，则属于江宁自治实验县第三区，由周汤乡、高汤乡、上汤乡和福汤乡组成，当时总人数有 3971 人。1946 年，上峰乡隶属于江宁县第六区管辖。

在 1949 年《江宁县图》中，可见“上峰乡”地名，其中还有“上峰村”。1950 年实行土改，再次进行区划调整，设阜东、阜西、鹤龄、上峰、插花等乡，先后隶属江宁县 6 区、汤山区。在 1951 年江宁县第六区全图中，上峰乡西有插花、鹤岭，东有阜西、阜东，其乡域呈三角形状，有公路穿过，向北可达汤山和孟塘。

1974 年冬季，秦淮河土桥工程大会战之上峰公社文艺宣传队在工地上演出

1974 年冬季，秦淮河土桥工程大会战之上峰宁东、阜东两个连率先完成任务

1956 年，鹤龄、阜东、阜西 3 乡并入上峰乡。1957 年，插花乡并入上峰乡。1958 年，人民公社化时，建上峰公社。1982 年政社分开，成立乡政府，复称上峰乡。1996 年，撤乡建镇，始称上峰镇。据《江宁区志》记载，2006 年区划调整时，撤销上峰镇，其境并入汤山街道。现为上峰社区，下辖 18 个居民小组。

据上峰《庞氏家乘》载，上峰，又名高庄镇。上峰庞氏为汉代庞德公 26 代孙、北宋宰相庞籍的后裔。北宋末年，庞籍之孙南来任衢州别驾，病逝后迁葬于此。逝前，他曾嘱其子将其葬于高岗之上，以视“金寇逞凶能几时”。其后人买地开圹，于高岗墓下结庐守孝，定居为村，取名高庄。

《庞氏家乘》由庞氏第七代祖、元末河南府太守庞翼虬创修。明代多次续修。清同治十二年（1873），庞惟扬、庞思敬主持续修；清光绪二十八年（1902），主修为庞思远、庞升远；1936 年，由庞懋奎、庞必旺、庞必寿主持续修。《庞氏家乘》所载信息量大，为研究上峰及汤山地区人口变迁、社会发展、文化教育等，提供了较为丰富的史料。

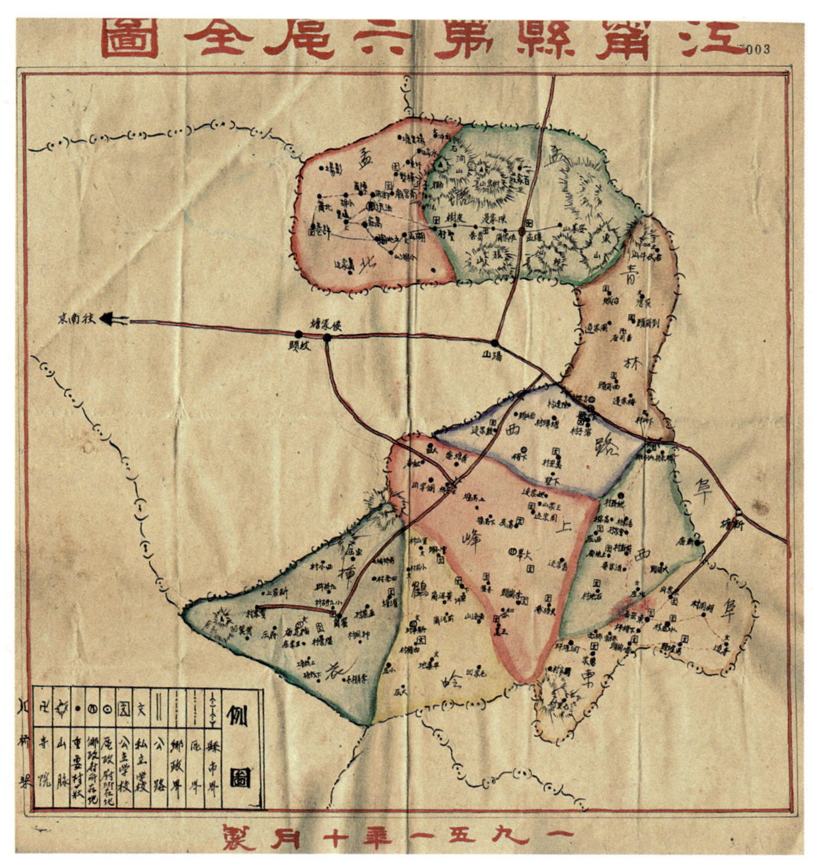

1951 年《江宁县第六区全图》

当代影响与价值

作为区划建置的上峰乡、上峰镇虽已不存，但当地仍保留不少相关地名，有高峰路、上峰中学、上峰中心小学、上峰卫生服务中心、上峰影剧院、上峰社区体育广场等。上峰地区历史久远，各类文化遗产众多。作为南京的边地，上峰位于南京东进的主要发展轴上，交通极为便捷，具有自身的区位优势，现为汤山高新技术产业园下辖的两个片区之一，其未来的发展前景应该是逐步融入汤山大风景区的整体规划建设之中。

小丹阳

基本概况

小丹阳，今横溪街道西南部丹阳社区之俗称。原为丹阳镇，其东、西、南三面分别与安徽省马鞍山市博望区丹阳镇接壤。

小丹阳得名于秦代所置之丹阳县。其置县时间，一说在秦始皇三十七年（前 210），秦始皇东巡，过丹阳前往钱唐，新置丹阳县，隶属会稽郡。一说在灭六国、推行郡县制的秦始皇二十六（前 221）年。丹阳一名，在唐代以前史籍记载中或从“木”，称“丹杨”，或从“阜”，称“丹阳”，并不统一。其中《史记》作丹阳，《汉书》言郡时称丹杨，言县时称丹阳。《后汉书》《三国志》《南齐书》及唐《通典》，并称丹杨。余书或从木，或从阜。关于丹阳一名的由来，史籍所见主要有两种观点。一种观点认为境内有赭山，其山丹赤，丹为山名，山南为阳，故曰丹阳，故字从阜、从阳；一种观点认为山多赤柳，丹杨即赤柳之异名，故字从杨。《景定建康志》有《丹阳辨》一文，对其字、其地、其治进行详细分析，认为“阳”“杨”二字古代相通，柳之赤，山之丹，两者应有关联。丹山之有丹杨，是因木取义。丹杨山之南曰丹阳，是因方位取义。

历史上丹阳之名，既称郡名，亦称县名。除今南京地区外，亦见于其他地区。最早出现的“丹阳”，是楚国早期的都城，位于今湖北境内的秭归县和宜都县一带。故又有人认为江宁的“丹阳”一名是东迁的楚人为纪念其在湖北的故土“丹阳”而改名。秦汉至六朝时期的丹阳县，则指今江宁、博望交界的小丹阳。但是，由于汉代的丹阳郡城曾设治于今安徽宣城，故也有人把宣城县称作古丹阳。东汉末年，军阀混战，丹阳郡城屡次迁徙，

小丹阳集镇明清街旧影

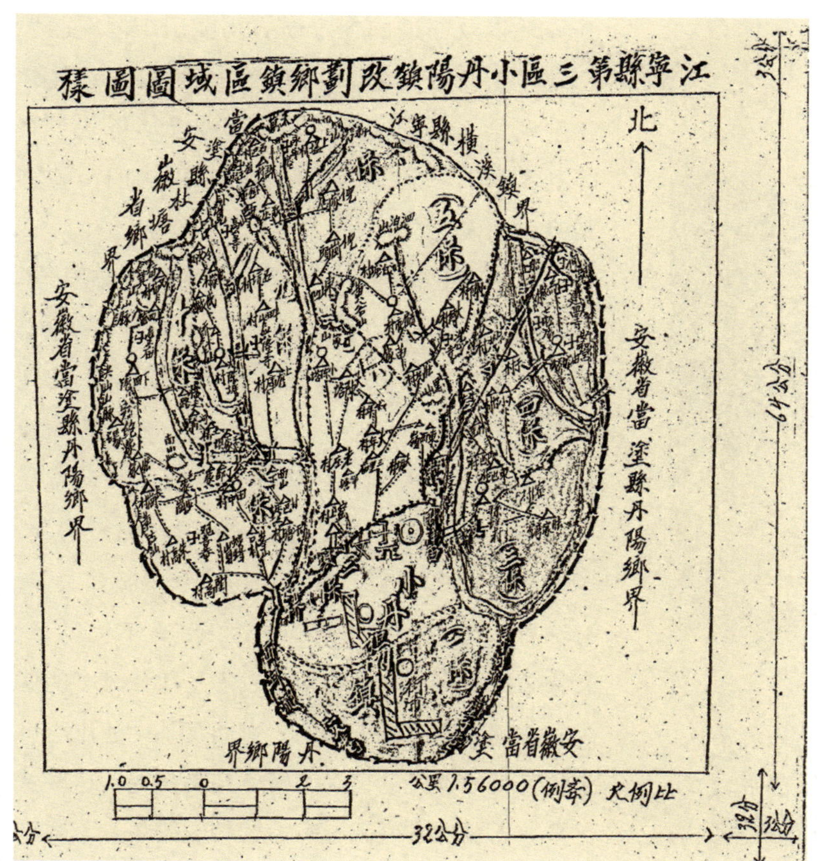

1947 年小丹阳镇改划乡镇区域图图样

曾一度迁至曲阿县（今镇江丹阳市），故唐代又把曲阿故地改名丹阳县。而在六朝时期，因丹阳郡城已迁到今南京城东南，故有时“丹阳”一名亦指都城近旁的丹阳郡城。

正因为丹阳既为郡名，又为县名，为避免混淆，故将秦汉六朝时期丹阳县治所在的集镇称为“小丹阳”。这就是小丹阳一名的由来。《三国志 • 吴书》《晋书》已见“小丹杨”一名，可见其历史悠久。今小丹阳集镇以一巷相隔，北属江宁区横溪街道丹阳社区，南属博望区丹阳镇。

原丹阳镇面积约 64 平方千米，下辖 1 个自然集镇、12 个村委会。其地农业发达，物产丰富，盛产茶叶、木材、毛竹、食用竹、瓜果、蔬菜、板栗、蚕桑、药材等。在 1949 年、1960 年《江宁县图》上即标注有“小丹阳镇”“小丹阳”。

历史传承

位于小丹阳集镇旁的云台山与横山之间的丹阳古道是史籍记载的江宁历史上最早的道路。研究认为，从远古开始，经商周、秦汉，至少到六朝时期，这里一直是由今南京西上、北上沟通长江中下游及长江南北两岸的交通要道之一。春秋时期，它不仅连接着吴国内部交通，而且由此西经采石矶可达楚国腹地，东经勾曲山直通吴都，南有河道与丹阳湖相连，北与长江古渡相对，具有重要的战略地位。当时，小丹阳及附近的横山地处吴、楚边境，两国之间长期结怨，频繁地发生拉锯式的战争，丹阳古道成为战争中进出两国门户的必经之地。周景王七年（前 538）七月，楚国即经丹阳古道伐吴，克朱方，还师占领濑渚邑。又据考古发现，今小丹阳、横溪、陶吴一带分布有不少西周春秋时期的大型土墩墓。至少从元代起，地方志即有春秋时期伍子胥祖母及族人坟墓在今丹阳西溪岸边的传说。

汉初沿袭秦制，仍设丹阳县，属鄣郡。元朔元年（前 128）十二月，江都王刘非之子刘敢以“推恩”被封为丹阳侯，领一县之地，是为丹阳侯国。元狩元年（前 122），刘敢死，谥“丹阳哀侯”。因刘敢无后，丹阳侯国被废，复为丹阳县。元封二年（前 109），改鄣郡为丹阳郡，丹阳县属丹阳郡。东汉、六朝时期，仍称丹阳县。

小丹阳老街旧影

孙吴、西晋时还先后封宗室孙胤、孙韶为丹杨侯，一度再为侯国。两汉时期，丹阳县域范围较大，大体包括今江宁区西南部的小丹阳、横溪、陶吴等地以及邻近的今安徽省马鞍山市博望区大部地区。西晋太康二年（281），析丹阳县境分置于湖县，东晋咸康后又在于湖县境侨置当涂等县。隋灭陈后，包括丹阳县在内的旧南朝京畿诸县并入江宁县等。

据《至正金陵新志》记载：丹阳故城位于小丹阳道旁。又云："由金陵镇（今陶吴）南三十里与太平当涂接界，有市井宛然古治所，其地名丹阳，或呼小丹阳，即其地也。"今学界一般认为秦汉六朝时期的丹阳故城，即在今苏皖交界处的小丹阳镇。城外的护城河早年尚有遗存，城内地表则遗留有大量汉代瓦片，其中城北尤多，有筒瓦、板瓦、瓦当等。20 世纪 70 年代以来，文物工作者在小丹阳镇附近发现了数量较多的两汉和六朝时期墓葬，其中一座西汉墓中还出土有朱雀云气纹漆碗、鸟纹玉璧等精美文物。这些古代墓葬无疑与古丹阳城有着密切的关系。

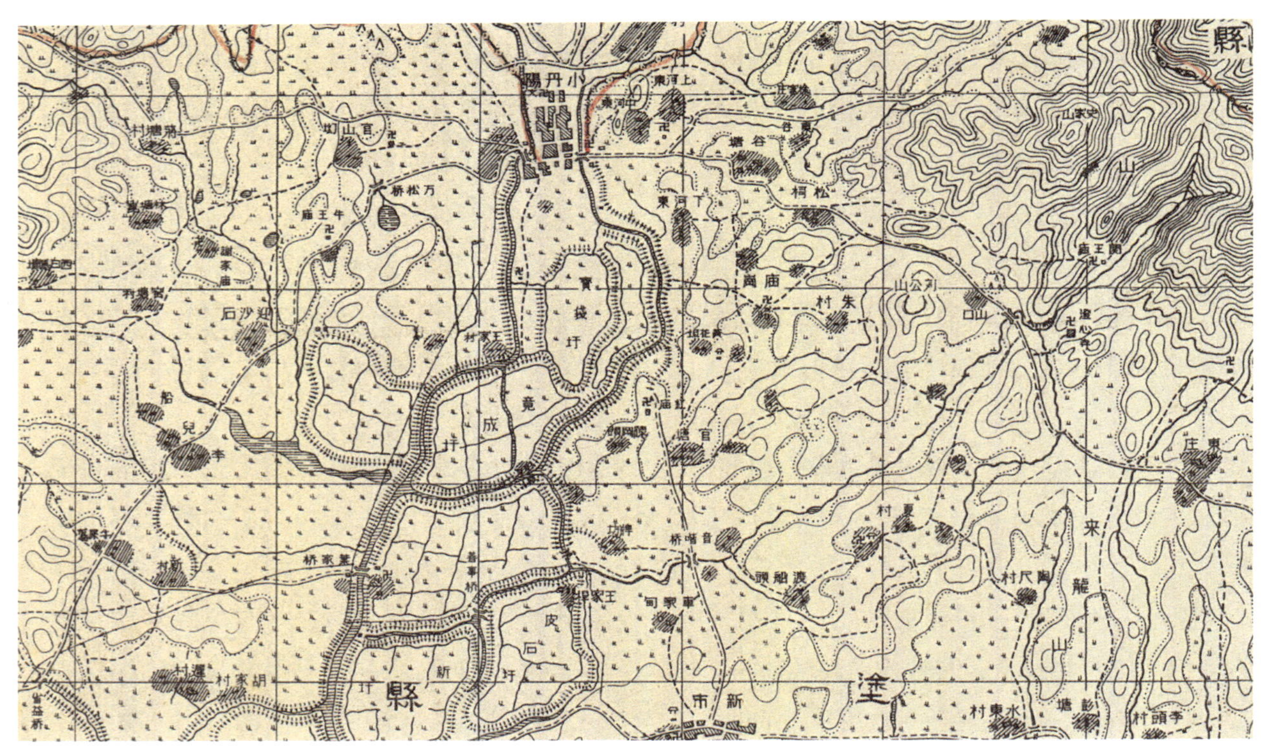

民国时期地图中的小丹阳

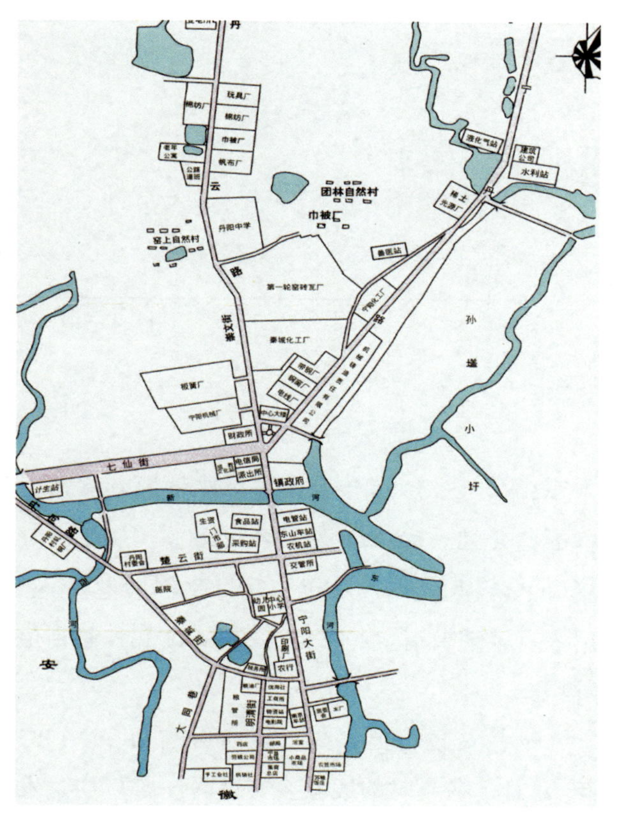

丹阳镇地名图

文献记载的与小丹阳相关的早期历史事件还有一些。如汉景帝前元三年（前 154）二月，吴王刘濞叛乱，兵败后，溃逃至丹阳县（今小丹阳集镇），后被诱杀于丹徒。东汉兴平二年（195），孙策攻薛礼、笮融于秣陵。又由小丹阳转攻湖熟、江乘，下之，还定秣陵。建安三年（198），吕范随孙策在小丹阳、湖熟打败张英和于麋。东晋咸和三年（328）正月，苏峻由小丹阳南道经秣陵进攻建康，温峤遣王愆期等进屯直渎。南朝齐建元元年（479）四月，齐高帝萧道成即位于南郊，封宋顺帝为汝阴王，在今小丹阳集镇的丹阳县故治筑宫幽禁之，称为丹阳宫，仍行宋正朔，车旗服色，一如其旧。

当代影响与价值

小丹阳地名起源于秦代，是秦汉六朝近 800 年间丹阳县（丹阳侯国）治所所在，境内文物古迹众多，傅村一带还流传有孝子董永与七仙女的美丽传说，是江宁地区年代最久远、最具历史文化内涵的老地名之一，是江宁地区有较大影响的传统集镇。如今的小丹阳社区，仍为江宁周边及安徽博望等十多个乡镇农副产品的集散地，其市场繁荣，有地方名茶“七仙银芽”“七仙碧螺春”等，其米市在苏皖两省也颇享声誉，还一度被评为江苏省群众文化先进乡镇。

殷巷

基本概况

殷巷，现为社区名，位于江宁区中部偏北，隶属秣陵街道。东以宁溧公路为界，与下墟社区相邻；南以吉印大道为界，与东南社区相邻；西与青源社区相邻；北隔牛首山河，与湖滨社区相望。

据资料记载，1949 年为殷巷乡。1958 年划入东山公社。1962 年分出，以驻地殷巷集镇而称殷巷公社。1982 年改为乡。2000 年撤销，其境并入东山镇。2002 年 4 月，改称殷巷社区，属于百家湖街道。2001 年 12 月，改属秣陵街道管辖。

殷巷人文历史悠久，境内古迹众多。1985 年 10 月，在当时的殷巷乡其林村轮窑厂内，发现一座西晋墓，出土了 40 余件器物，其中不少

1930 年代地图上的殷巷镇

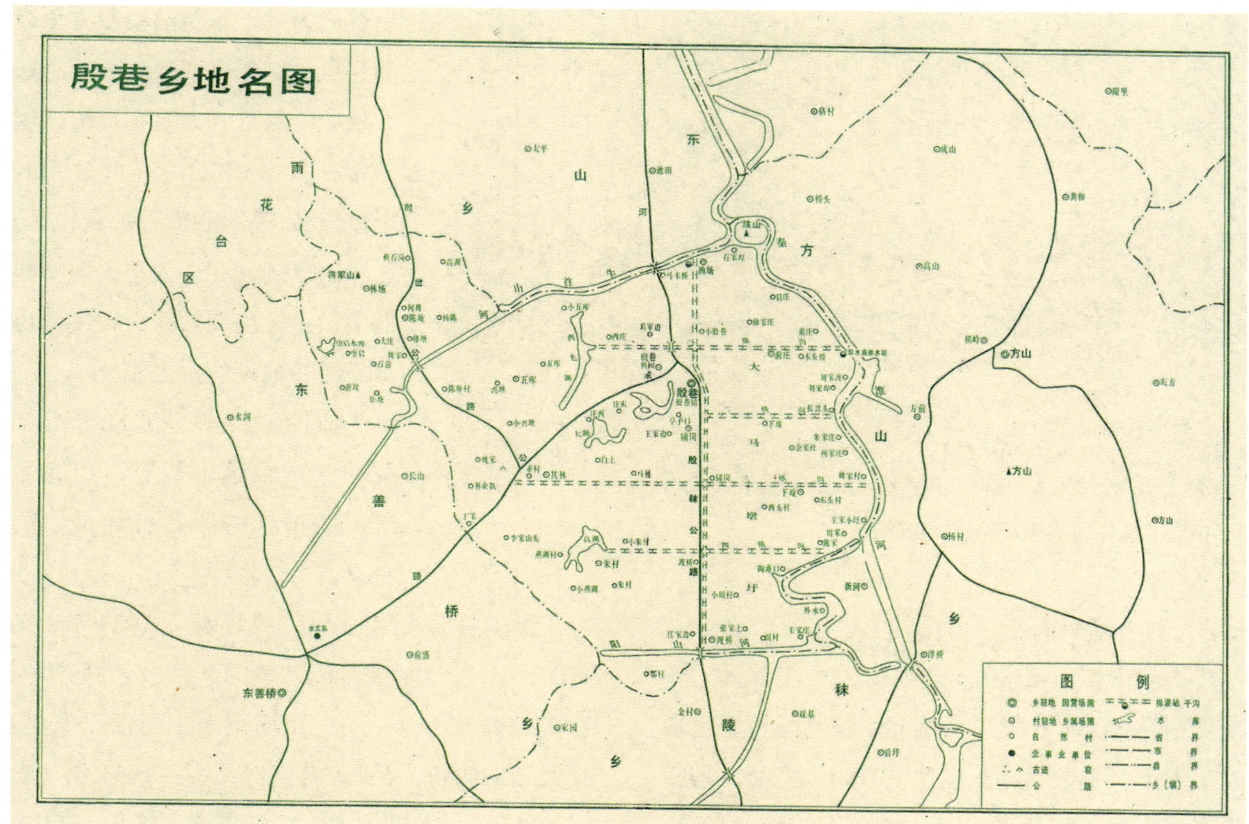

1984 年《殷巷乡地名图》

青瓷器制作精巧，是不可多得的精品。1991 年 6 月，又在殷巷乡轮窑厂内，发掘了一座南朝晚期墓葬，出土文物 20 余件，其中一件圆台形古墨，出土时墨漆如新，端面模印莲瓣纹，墨质坚实轻盈，脱水后仅重 60.6 克，对研究墨史及六朝书画艺术具有重大价值。

其地又有山东都转运使郑瓛墓、南京后军都督府右都督陈旺墓、南京刑部郎中林玉辉之妻庄氏墓等明代墓葬，其中郑瓛墓比较重要。郑瓛，字信卿，别号思斋，固始人。弘治十二年（1499）进士，初授新喻令，上任即劝课农桑，均徭役，平狱冤，民赖以安，又修庙兴学，文化蔚然以行，乃召为刑部主事。后上疏归养其母，故改南京刑部，迁郎中。在南京刑部郎中任上，郑瓛狱无冤滞，政绩颇著，得大司寇弋公赏识，升高州知府。不久，以才堪治繁，调任南昌知府。时宁王朱宸濠谋逆，想拉笼郑瓛同流，遭抵制。朱宸濠由此忌恨郑瓛，遂寻机诬以不法之词，并夺其官，逮捕入狱。平叛后，嘉靖元年正月，郑瓛奉命复官。嘉靖八年（1529），改任山东都转运盐使司运使，四月二十三日卒，享年 59 岁。十一月十六日，葬于凤台门外新亭乡堽磨村之原。1995 年，其墓志在江宁开发区（原属殷巷乡）堽墓村发现，与史料记载相吻合。

历史传承

殷巷历史上的名称有“殷万李村”“殷巷铺”“殷巷镇”“殷巷乡”等，相传明初有殷、万、李三姓居此，故名“殷万李村”。后来随着殷姓

1990 年代殷巷陈墟遗址

居多，村舍渐兴而巷成，更名“殷巷铺”。

史载南朝刘宋永光元年（465），吴郡太守顾琛立白马庙于方山之下。据元张铉《至正金陵新志》卷十一上记载，至元代，方山之麓的白马庙尚在。庙有二座，一在上元县崇礼乡秦淮河东岸，与史书所载庙在方山下东岸的位置相吻合；一在江宁县随车乡秦淮河南岸，去城三十里。二庙隔秦淮河相望，乡人皆各祀之。又称“随车地名殷巷”。这是目前所知殷巷地名在文献中的最早记载，从记载看殷巷是随车乡驻地所在。

宋代江宁县为次赤县，南宋时已有二十二乡。其中随车乡，在县南四十里，有下干里、五袴里、向社里、来晚里，约在今殷巷北境一带。

殷巷一名，又见于明天顺五年（1461）《大明一统志》。据该志记载：“张耀，寿州人，从义兵元帅陈埜先领兵屯建康之殷巷。天兵克殷巷，耀始归附。”考察该文献得知，陈埜先为元末集庆路（今南京）地区的民兵元帅。结合《至正金陵新志》的记载，可知殷巷地名的起源至少可以推至元代。

太平天国时期，由于殷巷属于战略要地，这里就成为太平军与清军双方争夺的焦点。清咸丰四年（1854）秋，天京城内粮荒，太平军被迫出城筹粮。太平军派出 2000 余人大规模出城，赴殷巷征筹粮食物资。这样的事例，在《太平天国史料汇编》中，出现的频次很多，也可见殷巷地理位置之重要。

《同治上江两县志》卷五记载的江宁乡镇中载有“殷巷”，这说明清代的殷巷已经是镇的建置。

民国以后，殷巷仍称“殷巷镇”。1924 年《兴华》杂志有一段描写殷巷镇的文字：“殷巷镇为秣陵关循环的分堂……距南京聚宝门仅三十里。交通颇觉便利，商业亦甚兴旺……” 1934 年《农报》刊发《殷巷附近救治猪瘟成绩良好》一文中，也称为“殷巷镇”。这一时期的殷巷镇，相当知名，在当时的《农业推广》《农报》《神州国医学报》《实业公报》等报刊上，均可见到“殷巷镇”的名称。据 1935 年出版的《江苏省鉴》记载，当年发展迅速的殷巷镇还设有邮柜。

在 1960 年《江宁县图》上标注有“殷巷镇”，属于东山人民公社，就在方山脚下。

当代影响与价值

殷巷地区历史文化底蕴深厚，除了上文介绍者以外，还有著名的殷巷石锁，从清末流传至今，早已声名远播，成为标识性的江宁文化符号，2009 年 6 月，还被江苏省人民政府列为第二批省级非物质文化遗产名录。与许许多多的江宁老地名一样，殷巷也是一部令人爱不释手的历史图卷。

土桥

基本概况

土桥，社区名，隶属淳化街道，位于江宁区东境汤水河南岸，与句容市隔河相望。

土桥是古上元县通向句容的东大门，因镇北两千米汤水河上游有座石桥，桥面设板，覆土尺余为通道，因此得名。旧时以此桥为上元、句容两县分界，桥旁设周郎桥铺。据文献记载，早在宋元时期，已设土桥镇、土桥市，市在上元县丹阳乡，去城六十里，是当地的商业、文化中心及人口集聚地。史载东汉兴平二年（195），三国名将周瑜渡秣陵，破笮融，转战于今江宁地区，相传他曾至土桥一带，境内的周郎桥即为他所倡建。

土桥地区滨河，地势西北高，东南低，土壤以河白土、河淤土为主。其西北与东北为丘陵缓岗，南部、中部为平原圩区，地势平坦，海拔7—8米，有万母大圩大埝圩。汤水河纵贯中部，流经土桥、周郎、永平、滨淮等行政村入句容河。句容河沿东南边境流经祝庄、远景、周子等行政村西流入湖熟集镇。

土桥集镇至今保留一条长约600米的东西向老街，相传此街冬暖夏凉，其温差与其他地方相比至少在1度以上。因地处江宁境内东西向交通要道，土桥是去茅山敬香的远道香客往返停息之地。旧时沿街商旅云集，店铺林立，著名者如周郎旅馆、二乔茶楼、回香楼等，熙熙攘攘，好不热闹。据当地老人回忆，在老街东门河塘路边、今郁金香企业楼房后面，曾立有一座周瑜策马腾空的石像，高约2.5米。

历史传承

土桥集镇相传早在东汉时期就已有村落。宋代已设土桥市、土桥镇，此后各代沿袭置镇，属清化乡。土桥镇旧以横跨句容河支流汤水河上的周郎桥最为著名，相传与周瑜有关。据《景定建康志》《至正金陵新志》引石迈《古迹编》云:“旧传周瑜尝至此。按《吴书》，瑜渡秣陵，破笮融、薛礼，转下湖熟。此桥正通秣陵，必瑜当时经历之地。”周郎桥是江宁通往句容驿路上的重要桥梁，后经南宋庆元年间及清同治十二年（1873）等多次重修。

土桥老街旧有昭明禅寺与桂花园。昭明禅寺原是祭祀南朝梁代昭明太子萧统的祠庙，后改为禅寺。寺西有桂花园，相传昭明太子喜爱桂花，当地士绅遂建园植桂，以资纪念。据口碑资料，桂花园后毁于战乱，桂树被伐殆尽。大约1926年，昭明禅寺改建为土桥小学，寺亦毁。1980年代，在土桥小学食堂前的地下曾发现残碑一块，上镌“昭明禅寺”四字。

土桥集镇今貌

抗战时期，土桥是新四军抗日游击区之一，有郜贤聚、周建平等烈士牺牲于此。1940年3月，中共江当溧句中心县委在江句边境成立，机关驻地主要在土桥，故一度称土桥中心县委。1940年12月14日，江当溧句国民抗敌总会在土桥成立。1977年所建之土桥烈士墓，现为江宁区文物保护单位。

新中国成立之初，分置永平、滨淮、周子、西城四乡和土桥镇，先后隶属第九区、淳化区、湖熟区。1957年撤区并乡，合并为土桥乡。1958年成立土桥公社。1982年政社分开，复为土桥乡。1994年改乡为镇。2006年，土桥镇并入淳化街道。

1930年代，中央模范农业试验区曾购买鱼苗十余万尾，贷放给农民饲养，并将汤山、殷巷、土桥三处划作首都养鱼合作试验区，利用沟塘池沼养殖鱼类，并分别派遣技术人员指导农民。后因抗战爆发，养鱼试验被迫中止。

土桥革命烈士墓

土桥老街旧影

民国时期地图上的土桥镇

1991 年 12 月 24 日，大雪中土桥乡如期举行“大禹杯”运动会开幕式

1991 年 12 月 24 日，大雪中土桥乡如期举行“大禹杯”运动会开幕式

1991 年土桥西城圩大堤抢险

当代影响与价值

土桥地处江宁东部交通要道，历史文化底蕴深厚，境内的周郎桥、昭明禅寺遗址，留下了不少与周瑜、昭明太子相关的传说。又有风味独特的土桥“贴炉面筋”，被誉为星级饭店一绝。它们都是传承历史记忆的重要文化遗产。今日之土桥，则以江苏省首批认证的无公害农产品“土桥”牌珍珠米享誉南京，自 2001 年至 2007 年，累计推广种植的面积已达 76 万亩，逐渐形成以土桥集镇为中心的优质稻米基地，使江宁历史上“南乡米”的美名延续至今。

东善桥

基本概况

东善桥，隶属秣陵街道。位于南京绕城高速与宁宣高速交汇处，相去江宁区人民政府约 11 千米。旧为桥名及乡镇、街道名，今为社区名，桥今已不存。

东善桥的修建与附近的牛首山有着紧密的联系。唐代牛首山牛头宗颇为盛行，香火鼎盛，牛首山一带也一度成为江南佛教中心之一。相传南唐时期，山僧利用所得善款在牛首山东西两侧各建一座桥，使得善男信女进山礼佛更加方便。为了纪念此善举，人们将此二桥分别称为东善桥与西善桥。西善桥今遗存部分石构件，东善桥今已无存，仅为地名得以沿用。

东善桥地区人文内涵丰富，历史上这一带葬有许多名人，最著名者为祖堂山南唐陵区，葬有先主李昪、中主李璟及后主李煜皇后大周氏等。此外，1957 年，考古工作者在东善桥前盛村“娘

1933 年地图中的东善桥镇

娘坟”发掘了明代驸马都尉、西宁侯宋琥与明成祖朱棣女安成公主合葬墓。墓中出土铜、锡明器等文物40余件，其中一件带盖釉里红“岁寒三友图”瓷梅瓶堪称稀世珍宝。据墓志记载，宣德五年（1430），宋琥病卒，葬于江宁县长泰南乡孙家山之原。1991年，在距宋琥墓不远处，又发现他与安成公主的长子宋铉及夫人唐氏合葬墓，唐氏卒于正统十三年（1448）。

又有宋代徐的家族墓，1957年在东善桥东冯村发现，先后清理8座墓葬。根据墓志可知，墓主分别为徐的及其妻吴氏、长子大受、次子大方及其妻方氏、长孙伯达、孙伯通、次孙克温之妻王氏。其中徐的墓为长方形土坑竖穴砖室墓，墓室内仅容纳一具木棺，出土陶缸、钵、壶及影青瓷碗、漆砚和墓志等文物近20件。此墓结构简陋，随葬品也不甚丰富，虽与徐的身份地位很不相称，但与墓志和《宋史》之《徐的传》所云徐的生前耻言财利、不立田园、所得俸禄散与亲友，以及死后家无锱铢之重的记载完全吻合，可见徐的在当时是位难得的清官。墓志云，徐的认为“天下皆可葬，何必故乡，故浮江湖无所归，过金陵乃卜葬焉”。其超然通脱的情怀，令人动容。

又有明代嘉靖三十二年（1553）兵部尚书王以旂墓，在东善桥祖堂山南麓王家坟村，早年遭盗掘，墓前原有神道碑一，石狮、文臣、武将各两件。碑上刻有“总督陕西三边军务、太子太保、兵部尚书、兼都察院右佥都御史王公碑”等字。现仅存一文臣、二武将共三件石刻。1982年，被列为南京市文物保护单位。

又有明末清初建宁府都司经历阮汝鸣家族墓地。1997年10月，在原东善桥乡卫生院发现，共清理砖室墓三座。出土瓷、铜、砖石等类遗物30余件，其中五彩瓷盖罐、青花瓷盖罐等比较精美。据一号墓出土墓志，墓主阮汝鸣，字声甫，号于野，徽州府歙县严镇人。曾出任光禄署丞，后为建宁府都司经历。阮汝鸣辞官后，举家迁至金陵，卒葬东善桥。

东善桥王氏祠堂

历史传承

东善桥之名，早见于明代。明《万历江宁县志》卷二记载：“东善桥，在县东南四十里吉山下。”这是目前见到的最早的有关“东善桥”的记载。顾起元《客座赘语》卷一在介绍地方名物时也说“板桥萝卜善桥葱”，不过未指明是西善桥，还是东善桥。

在经过多年的经济和商业发展之后，清代的上元和江宁两县涌现一批知名村镇，对传统各乡的划分产生冲击，逐渐成为新的乡村中心。据同治十三年（1874）刊印的《同治上江两县志》卷五所记，在江宁乡镇中即有东善桥，可见此时的东善桥，已经是镇的建置，隶属于太南乡。

1920年代中期，由南京通往牛首山、东善桥的公路建成。自钟汤公路通车后，南京马路工程处通过地方自筹资金，先后修筑了5条通往市郊的公路，其中在今江宁境内的有两条：宁牛公路，由安德门经铁心桥、大店坊、高家库至牛首山，片石路面，全长10.09千米；宁东公路，由南门外施家井（史家井）至东善桥，也是片石路面，长3.34千米。牛首山是南京近郊的风景名胜，东善桥为南北要冲，又有林场，故两地成为江宁早期公路建设的重要选址地。这两条公路后成为南京到小丹阳的宁丹公路以及南京至安徽建平的京建公路一部分，为南京南线交通动脉，位置极为关键。

1929年，国民政府在东善桥建设中央模范林区。据1934年《江宁县之耕地与人口密度》记载，新设立的东善镇，属于江宁自治县第七区，由东善镇、凌云乡、霞云乡组成。

新中国成立后的1949年仍为东善镇。1954年改为乡。1957年，元山乡等并入。1958年改称东善公社。1982年复为东善乡。1999年，改为东善桥镇。2004年改为街道。2006年并入谷里街道。2014年划归秣陵街道。

当代影响与价值

东善桥地区地处低山丘陵，境内物产丰富，

东善桥一带发现的清代斛

有铁、高岭土、缳性粘土、明矾石、重晶石、硬石膏等矿产。在历史上，东善桥集镇是江宁地区具有较大影响的区域中心之一，境内历史文化积淀深厚，分布有众多的不同类型的文化遗产，与牛首山、祖堂山、吉山等名山景区近在咫尺，可以挖掘利用的文化资源潜力巨大，地域经济社会及生态文明建设的全面发展指日可待。

陆郎

基本概况

陆郎，今社区名，隶属江宁街道，位于江宁区西南境，总面积约 8.9 平方千米。

陆郎既是桥名，也是旧乡镇名。境内多为丘陵山区，约占近 9 成，仅西北部有小块河谷平原。地势南高北低，东南部与安徽当涂交界处为天马山绵延地区，东部有蒋门山、白茅山、大金山、歪头山、莺子山等，主峰莺子山海拔近 269 米。江宁河发源于天马山北麓，由南向北流贯境西。沿河两岸多为丘陵岗地，大多辟为农田。土质多为马肝土、黄土。矿产资源有铁。有杉木、毛竹、茶、桑等，为江宁区林业产品重要产区。

境内有牛迹山，一名牛脊山，西南与当涂为界，南与马鞍山市濮塘交界。据载，牛迹山上旧有茅君别院，其前身是始建于南宋后期的白云观。清康熙初年，金石学家郑簠在牛迹山访得永光五年（前 39）西汉碑，是南京地区最古老的碑刻。此观原有瓦屋 6 间，民国时期尚有道士活动，后毁于日寇战火。今陆郎荷花村有俞家马厂、马厂等，这些地名相传与明代在当地所置的牧马场有关。

陆郎庙庄柳全村有宋代滁州军事推官高爽墓。据 2001 年 3 月发现的高爽墓志记载，高爽，

民国时期地图上的陆郎桥镇

字希召，生于宋庆历二年（1042）。熙宁九年（1076），王安石退居江宁（今南京）。元丰初年，王安石游览钟山，高爽与师友得悉，立即前往拜见。这一次会面，可以说改变了高爽的仕途命运，王安石也逐渐熟悉了这位有能力、有才华的年轻人。元丰五年（1082），高爽进士及第。他为人耿直，为官清廉，爱民如子，在滁州军事推官任上，带领滁州百姓兴修水利，造福乡里，深受滁州百姓之爱戴。绍圣五年（1098）五月，在审查六合旧县令之案时，高爽卒于“六合之官寝”，同年十一月葬“江宁县归善乡刘墓山之原”。

新中国成立后，沿置陆郎镇。1954 年改设陆郎乡。1958 年成立陆郎人民公社。1982 年政社分开，复称陆郎乡。1994 年置镇。2000 年 3 月，因区划调整，并入江宁街道。

历史传承

陆郎，旧称六塘。明《正德江宁县志》：“六塘桥，在县南八十里。”关于六塘桥的得名，据《白下琐言》，六塘桥上通朱门乡，有六大塘水悉注于此，由江宁镇入江。

六塘桥，又名陆郎桥。《同治上江两县志》称：“六塘桥或曰陆郎，以陆绩得名也。”并附注“旧有陆郎古迹小碣”。陆绩（187—218），字公纪，吴郡吴县（今属苏州）人。博学多识，星历算数无不阅览。东汉末年，孙权辟为奏曹掾，出为郁林太守，加偏将军。撰《浑天仪说》，作《浑天图》，注《易》，释《太玄经注》。其生平似与六塘桥没有什么关系，应当是以谐音附会名人。《白下琐言》即认为陆郎桥“盖因江宁镇有周郎桥，遂附会之耳”。清道光十五年（1835）江宁旱灾，重建铜山乡陆郎桥。桥横跨江宁河，为三孔四墩拱券形，石砌。全长 21 米，宽 5.5 米，桥面高 12 米，三孔净跨 16.5 米，石栏杆高 1 米。桥南侧有石碣，上刻“大清道光十五年陆郎桥吉日重建”。

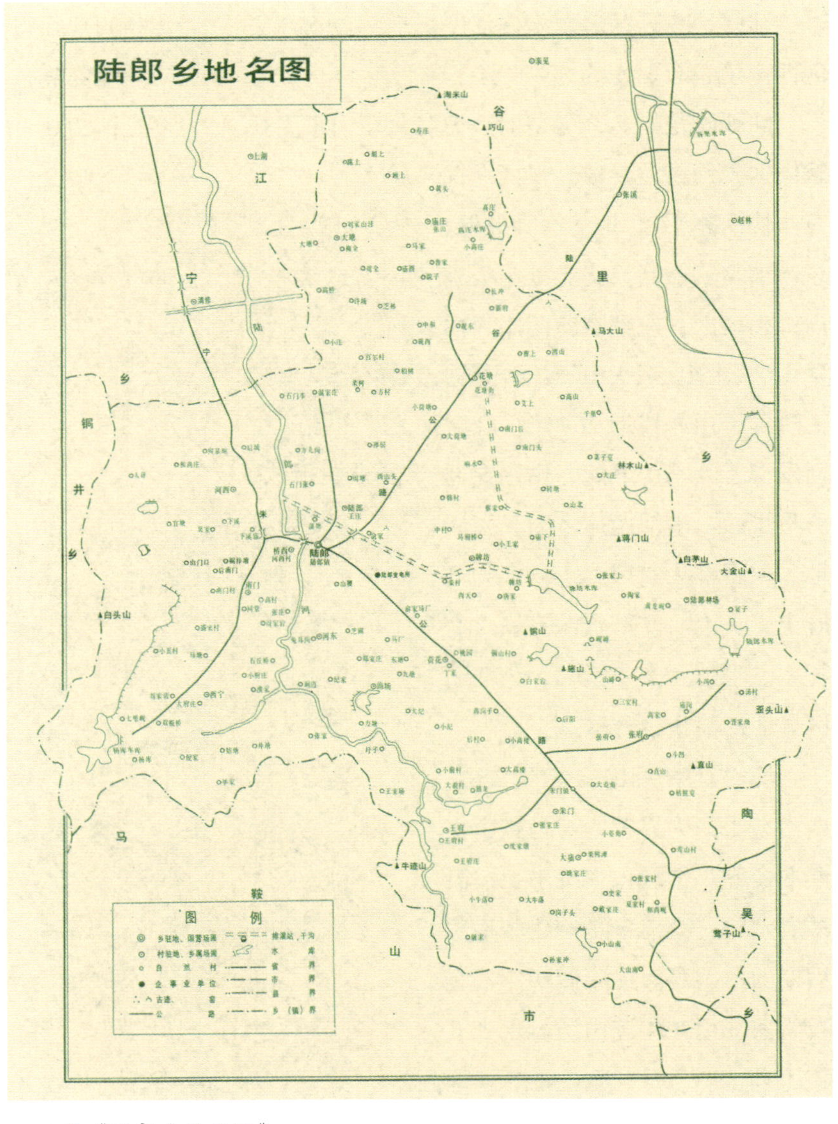

1984 年《陆郎乡地名图》

陆郎神山头古文化遗址

晚清时，六塘桥已成为铜山乡的知名集镇。据《同治上江两县志》卷五，其时已置镇，仍称“六塘桥”。《光绪续纂江宁府志》卷十三则称“陆郎桥”。可见，“六塘桥”和“陆郎桥”互用。太平天国时期，太平军与清军在陆郎一带曾展开拉锯战，《太平天国史料汇编》多次提及两军在陆郎桥交战。

民国时，撤销铜山乡，置陆郎镇，是江宁较为繁华的一个集镇。“十里青溪古道长，河干闲眺立斜阳。行人不管当年事，谁向荒桥吊陆郎。”这一首《陆郎桥晚眺》诗，作者黄泰明，发表在1920年《学生文艺丛刊汇编》第2期。又有陆郎桥市，是民国初年金陵南城外二十一市之一。其地民风俭朴敦厚，设有江宁县第五学区第四国民学校。据1934年《江宁县耕地与人口密度》载，新设立的陆郎镇属于江宁自治县的第八区，由府宁乡、陆郎镇和溪宁乡组成。至抗战前全镇有商户78家，分属31个行业。1938年1月至2月，侵华日军在陆郎神山头两次集体屠杀当地乡民。

陆郎老街今貌

旧有陆郎大庙，每年二月初八，都要举行盛大庙会。庙会起源于清康熙年间，百姓自发组织到河西夏溪庙烧香拜菩萨，唱戏玩亭子。每次庙会历时3天，参与者有一两万人之多，场面壮观，热闹非凡。

陆郎狮舞也颇有影响。抗战胜利后的第一个春节，大庙村农民潘传和、王世生开始到各村挨户舞狮拜年，祝愿大吉大利、人丁兴旺，直到正月十五才结束。这一活动渐成习俗。新中国成立后，有河东、西宁等8个村庄舞狮队，逢年过节到陆郎全镇各村、江宁镇、陶吴镇及相邻的安徽当涂四处表演。

当代影响与价值

陆郎，是江宁地区颇有影响的地方特色名镇之一，其地名相传与三国孙吴郁林太守陆绩有关，具有深厚的历史文化底蕴。境内尚存陆谷路、陆郎中学、陆郎中心小学、陆郎社区卫生服务中心、陆郎客运站、陆郎派出所等衍生地名。其地生态环境优美，有茶干、狮舞、乌饭等远近闻名的“非遗”资源，如今已规划建设为南京近郊生态宜居小镇、南京近郊城乡融合示范小镇、江宁区田园生态型宜居小镇、江宁西部休闲旅游服务中心，将发挥其在新时代乡村振兴中的引导作用。

东山

基本概况

东山，既为山名，亦为街道名。作为山名的东山，位于秦淮河东岸，海拔 62.1 米，方圆约 0.3 平方千米，山体多为侏罗系象山群砂岩及砾岩构成。而东山街道位于江宁区中部，其东面与淳化街道相接，南与淳化街道相邻，西与秣陵街道、雨花台区相交，北与秦淮区及麒麟街道相依，辖区面积 73 平方千米。

东山原名“土山”，或称“小东山”，南麓即为今日江宁区政府所在地。旧志称东山在金陵城东南二十里，周回四里，高二十丈，因山无岩石故名。史载名相谢安早年隐居会稽东山，执掌东晋相权后，在土山营墅以拟东山，经常携子侄前往游览，故后世土山又称东山。淝水之战时，谢安就是在土山的棋墅中指挥的。“东山棋墅”或称“谢安棋墅”，早见于唐宋诗词中。在明人朱之蕃《金陵图咏》中，“东山棋墅”已列为“金陵四十景”之一。清代以及民国时期，“东山棋墅”之景继续声名远播，或称“东山”，或改称为“东山秋月”“东山棋局”，仍名列“金陵四十八景”之一。从长干里客所绘的“金陵四十八景”之“东山秋月”图来看，当时的东山绿树四合，楼台掩映，曲径盘纡，直通幽处。山巅一带的红墙内，更是杰阁高矗，回廊曲曲，景色分外优美。

东山之上楼馆林竹甚盛，风景幽雅，历史古迹众多。除谢安棋墅外，这里还是东晋名相王导之后、太保王弘之弟、名士王昙首的放歌之地。

东山素描

东山镇旧貌

此外，东山又有与三国吴景帝孙休相关的布塞亭，有与名相谢安之侄谢玄相关的谢玄别墅及谢玄走马路、跑马埂，有后人在东山设祠祭祀谢安的谢公祠，有与后人纪念谢安或谢玄相关的谢公井、谢公泉，又有南朝刘宋散骑常侍陈郡谢氏谢涛与其夫人王氏合葬墓，据《六朝事迹编类》卷十三记载，其夫人为六朝豪门贵族琅琊王氏的族人，祖父为大书法家王献之，父为王静之。

东山之上的重要古迹还有历代佛道寺观。史载萧梁时佛教盛行，京畿地区大肆修建佛院，土山之麓建有资福院，其地相传即东晋谢安别墅所在地，梁武帝改为净名院，宋、元时期则称净名寺。至明代，赐名为翼善寺。因寺在东山，故典籍亦称此寺为土山寺、东山寺。寺内蔷薇是旧时东山最著名的一道景观，“东山寺蔷薇”曾被明代著名学者盛时泰评为“金陵十景”之一，相传为东晋谢安始植，广见于历代名人诗作，如唐李白《忆东山》诗云：“不向东山久，

1980 年代初的东山远景

蔷薇几度花。白云还自散，明月落谁家。”明顾璘《东野》诗云：“东山茅屋野人家，谢傅蔷薇春著花。”明姚汝循《东山怀古》诗云：“我来访遗迹，蔷薇花正芬。斯人不可见，惆怅下斜曛。”

今日东山远景

除佛教名刹翼善寺外，据近年在东山南麓江宁宾馆发现的一通《三圣行宫碑记》记载，明代东山上还先后建有玉帝庙、三茅宫（或称“三圣行宫”）、关圣庙等道教宫观。

民国时期，东山古迹破坏殆尽，林木多遭砍伐。新中国成立后，人民政府重新绿化东山，新建的楼台亭阁有清风亭、太白亭、明月楼、双龙阁、思源亭、秋月阁、谢公祠等，1982 年命名为东山公园。

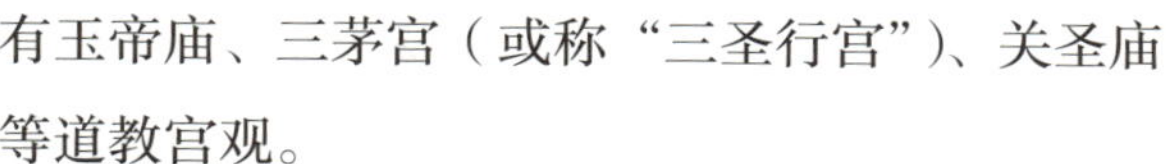

历史传承

作为政区之名的东山街道，是今日江宁区治所在地，原称土山镇、东山镇，以境内东山（土山）得名。据有关资料记载，其地东晋、南朝时期属建康县东乡土山里，至宋代以降则属上元县崇礼乡。

1974 年冬季，秦淮河土桥工程大会战撤离时，工程人员在东山与当地社员联欢

东山设镇的历史不长，据民国《江苏省通志稿·方域志》所引《宁苏图表》载，晚清上元县有 15 乡 16 镇，土山镇即为其中之一。至民国时期，土山镇已为江宁县大镇之一。民国南京设市后，江宁县政府仍局促于南京市内，对于施政有“诸多牵制”。1933 年 2 月江宁改制后，江宁实验县政府以“地点适中、交通便利、地势雄伟、易于建设，且地方经济不难发展者为原则”，最后勘定新治为“山环水抱”的土山。

1935 年 5 月 12 日，土山镇新建的江宁县政府礼堂前彩旗飘扬，嘉宾云集。这一天是星期天，多数机关都休息，许多嘉宾得空，应邀前来出席江宁县的迁治典礼活动，其中有县政委员叶楚伧、中委程天放、陈立夫、张道藩、陈焯、陈长蘅等数百人。江宁县长梅思平、党务特派员李宗黄等亲自招待各位嘉宾。上午 9 时许，典礼正式开始。叶楚伧主持，他对江宁自治实验县县政府迁治土山镇，给予了充分肯定。随后，程天放和朱文中先后致词。梅思平县长致答词，向各位嘉宾介绍了江宁县迁治土山镇的意义，及江宁县今后的发展规划。同年 7 月 15 日，经过国民政府行政院第2198号指令批准，土山镇正式更名为东山镇，并沿用至今。

江宁自治实验县搬迁到东山镇后，东山镇被划分为政治、商业、工业、教育及林园等区域。道路及县政府新屋等配套设施的建设随后紧锣密鼓展开。各项事业的快速发展，令全国同行刮目相看，各地前来调查与考察的人络绎不绝，他们将考察调查的结果，发表在各种报纸杂志上，让东山镇大放异彩。

抗战时期，东山镇遭到较大破坏。1945年底，黄相忱就任江宁县长后，发现东山镇满目疮痍，人烟稀少，一派萧条景象。他在上报江苏省建设厅的东山市容整顿计划中说："沦陷八载，一切建设诸多摧毁，商业凋蔽……到处断壁残垣，房屋歪斜不整，炉灶烟囱普遍突出墙外，街道两旁布满粪缸，遍地瓦砾，有碍观瞻……"镇上的商业基本上都是父子铺、连家店，与城内交通也很不便，往返多靠步行。黄相忱任命淳化人佘履平为建设科长，于次年春开始着手恢复基本建设。与南京城的交通要道京湖公路上的东山大桥原为石墩木面，已年久失修，县府花费1万余元将其改造为水泥桥梁。同时，重建毁于战火的原江宁县府大楼，由佘履平亲自监督，招标施工，共花费1.7万元，于8月建成。黄相忱还为新成立的县参议会建设了西式洋房，作为办公地和会场，地址位于县府大院东，会场有座位300多个，建筑费用达到2.4万元，比县府大楼还高。但东山之全面恢复重建成效不佳，进展非常缓慢。1948年，南京市兼江宁县文献委员会主任卢前曾向江苏省主席王懋功抱怨，"不知何年始可重建东山"，"今日之东山，繁庶不如板桥，甚至不如江宁镇，与其守待，何若暂迁"。据有关资料介绍，抗战胜利后的东山镇商户仅有42家，其中粮行7家、杂货店8家、饭店和烧饭店8家，以及理发店、茶水炉、豆腐店等若干，又有照相馆2家，但大多数都是规模不大的连家店。

新中国成立后，东山历为乡、镇、公社，1962年复为东山镇。1992年，岔路乡并入。江宁撤县设区后，改为东山街道，其核心区域为旧江宁县治东山镇所辖范围。而土山之名，已不再见于行政区划，但山体有时还会被称作土山，今日江宁区还有土山路、土山机场等地名。

当代影响与价值

东山是一座文化名山，承载了太多的历史记忆。唐代的李白、温庭筠，宋代的苏轼、王安石，明代的姚汝循、黄姬水、易震吉，清代的吴敬梓等，都留下与东山有关的诗篇佳作。如今，以东山命名的街道，现为江宁区的政治、经济、文化、金融中心，自2007年以来，连年蝉联南京市综

1985年的东山镇鸟瞰

合实力首强镇街，被誉为南京第一镇街。

近年，为配合江宁区“两山两河”的生态提升工程，东山地区文化资源的展示利用工作已经提上议事日程，有关专家建议可在深入调查研究的基础上，以文化景观遗产“东山棋墅（东山秋月）”为核心资源依据，打造东山休闲文化度假区或主题公园，可重点展示传统棋弈文化及以谢安为代表的六朝名士文化。可根据景区规划需要，重建谢安棋墅、谢公祠、谢玄走马路、谢公井、翼善寺、布塞亭、三圣行宫等东山旧有人文历史建筑，以情景再现、主题雕塑的形式再现“王郎放歌东山”“谢安赌墅”等著名历史场景。可恢复东山蔷薇、谢公泉等自然景观，并着意营造“东山秋月”等景观氛围。我们可以期待，在不久的将来，一座新东山将重新绽放绚丽的光彩。

方山

基本概况

方山，位于淳化街道西部，句容河、溧水河交汇处，秦淮河东岸，海拔高209米，面积3.3平方千米。

方山是平地突起的一座孤立小山，远远望去好像一颗印鉴，覆盖在辽阔的秦淮河盆地之上，故又名天印山。方山是一座典型的死火山。所谓"火山"，是指地壳深处炽热的岩浆喷出地表后，在它的附近堆积形成的山。而死火山是指在人类历史时期没有喷发过，而且火山活动的征兆都已消失，现在只是根据火山喷出岩和地貌特征，才确定它曾经在地质时期喷发过。

地质学家研究认为，方山顶上大量分布的玄武岩是由炽热的岩浆从地下深处经过一条通道，上升喷出地面成为熔岩流以后冷却凝固而成。从地质剖面来看，方山上很明显有两层玄武岩。下面一层紧紧覆盖在第三纪中新世洞玄观组砂砾层之上，厚约54米，这是第一次喷发的玄武岩。在此层之上，为一些火山碎屑的沉积物，这表示是一个喷发间歇的时期。再上又是一层火山集块岩，它是一些火山角砾与岩块胶结而成的岩石，这是火山猛烈爆发的重要证据。在火山集块岩的上面又有一层玄武岩，这就是第二次喷发的玄武岩。由于形成玄武岩的熔岩流在炽热时，粘性很小，流动性大，所以当它喷出地表以后，不容易堆成锥状火山，而只平铺在火山口的周围。随着热量的

1933年方山及周边地区地图

1930年代的方山大庙

散失，熔岩流逐渐冷却凝固而形成坚硬的玄武岩，平平整整地覆盖在山的顶部。等到火山逐渐平熄，大地经过了上升和风化剥蚀，一座孤立的平顶方山也就从此诞生了。换言之，大约在距今300万年到1000万年之间的第三纪的上新世，由于两次火山熔岩流喷发，才形成今方山独特的地貌特征。

虽然方山已经“安眠”了几百万年，但它的各类火山地质地貌特征还能够清晰辨认出来，现已公布为国家地质公园，并被联合国教科文组织列为世界30个典型火山地貌之一，被誉为自然界“地质历史博物馆”之中的一个“火山博物馆”。

历史传承

传说秦始皇在金陵凿山通淮泄王气。现有史料表明，至少晋宋时人已认为秦始皇所凿之山就是方山。“泄王气”虽然是传说，但传说往往有历史的影子。据有关学者考证，秦始皇可能对方山之麓的秦淮河进行了大规模的疏通，其具体位置，一在方山以西至秦淮河边石硊山之间，一在方山东南的直渎。

至三国孙吴时期，吴大帝孙权开凿了联通都城金陵与太湖流域的人工运河“破岗渎”，其起点就是方山之南的方山埭、方山津。六朝时期，其地是东南方向出入京城的必经之地，与著名的

秦淮河方山段

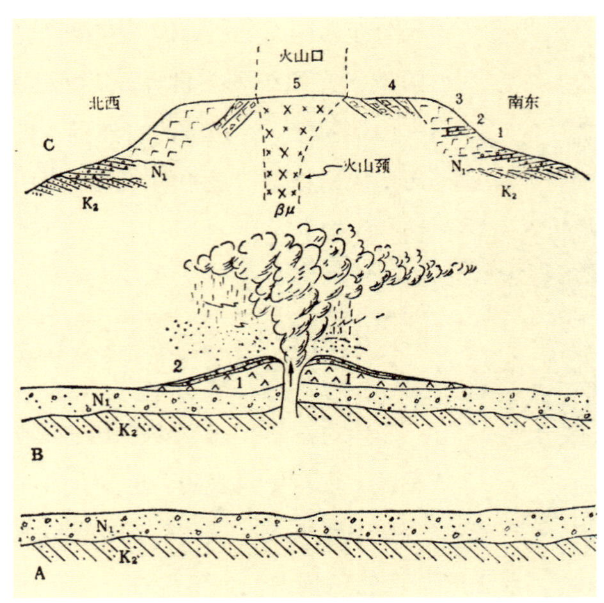

方山火山形成示意图

石头津南北相对。官民相送，关系近、感情好的都要送到方山南麓的秦淮河岸。由于方山距城有四十里，大多还要住一晚才依依惜别。迎来送往，客货中转，方山便热闹起来。王彪之、谢灵运都有方山送别诗，可以为证。甚至南朝齐武帝一度计划着要在这儿大起离宫方山苑。明初洪武二十五年（1392），晚年的明太祖朱元璋也曾命户部在正阳门外择地修建上林苑，所选之地即在方山之西的秦淮河近岸。尽管后来朱元璋废止了这项规划，但由此可见方山地区的重要性。

方山是一座宗教名山，千百年来，佛、道两教先后在这里竞相开发。尤其是道教，相传开教祖师“二葛三张”中的葛玄首创洞玄观于山南。此外，方山上还有南唐中主为母后所建的宝华宫。方山大庙是方山的另一处古迹，始建于南宋，供奉的是安徽广德籍神灵张渤，属于地方性的民间信仰。张渤为汉人，有治水之绩，被后人奉为祠山大帝，历朝加封，明初在鸡鸣寺的十庙中就有专祀他的祠山广惠庙，现在东南诸省还有千余座张渤庙。

方山也是一座佛教名山。早在南朝刘宋元嘉末年，“赞扬佛教”的著名居士、尚书令何尚之退休后即僦居方山，还写了《退居赋》以明其志。稍后的宋孝武帝时期，又有高僧释法瑗结庐于方山，注《胜鬘》及《微密持经》。除了上述南朝居士、僧侣的隐居，可考的最早佛寺则在宋代。最有名的便是南宋时由钟山迁来的六朝名刹定林寺，屡毁屡建，历经坎坷，旧迹所存主要有定林寺斜塔等。近年新建了大殿等建筑，逐步恢复了旧观。山上的佛寺遗址还有海慧寺、东霞寺、宝积庵。海慧寺在山顶石龙池，朱偰《金陵古迹图考》说是“近年新建”，则属民国。石龙池倒是明代即有的方山名胜，大旱不涸，新中国成立后属于军事禁区，现已整修出新，辟为景点。东霞寺在方山东麓，据《金陵梵刹志》所载，为明代定林寺所辖之小刹。宝积庵在方山西麓，始建于宋代，寺后有宋元高僧塔。有关专家调查认为，宝积庵是当年太平军忠王李秀成被俘处。不过，《李秀成自述》所写为“山顶破庙”，则其被俘当在海慧寺。

方山的自然景观更是名扬金陵。山顶是玄武岩构成的火山口，从四周的河谷平原望去，山崖壁立，顶部如削，方方整整好似天外之物。山上灌木杂树生得茂密，在俗人看来，是出柴火的好去处。樵夫多了，就给游人瞧出一道景致——“天印樵歌”。从明初选的“金陵八景”，到清代评的“金陵四十八景”，都不会少了它，可知是一处著名景观。明洪武年间曾任应天府推官的史谨所咏“金陵八景”诗中就有《天印樵歌》，诗云：“夹路青山拥翠螺，每闻樵唱隔烟萝。暗惊鹤梦穿云杪，细答松声出涧阿。几度半酣扶杖听，有时一曲傍林过。晚来弛担长松下，复和岩前扣角歌。”史谨还有一首《天印夕阳》：“山形如印阁晴空，翠压秦淮秀所钟。几度登临斜日里，白云红树影重重。”除了樵歌，方山的泉水也是品茗的佳物，明人在《金陵琐事》中记了金陵二十四处可烹茶的名泉，方山以八卦泉、葛仙翁丹井独占两席。游人渐多，纯粹的纪游诗也就多了，如明人许谷的《登方山绝顶》：“天印山高四望遥，振衣同上兴飘萧。深岩藉草秋仍茂，绝顶清池旱不消。散睇青峦围锦甸，举头苍霭接丹霄。洞中却爱栖真者，不信人间有市朝。”

方山之名还频繁出现在战史中。史载南朝刘宋时期，杀了父皇宋文帝的刘劭，为了抵抗弟弟刘骏（后来的孝武帝）的进攻，曾下令决破方山埭，阻止东军进入建康。梁末，北齐军曾绕道方山，从南面进击建康。因此，方山留下不少军事遗址。方山之麓的岳王台遗址，据载与岳飞相关，当年岳飞抗金，一度从建康南撤至广德，其间曾在方山地区活动。而今存最重要的军事遗迹则当属抗战初期的国防工事，都是混凝土整体浇铸。就现有遗址观察，其出入口，有的是开门式，顶部覆土种植草木，大门和外墙彩绘松树，内部宽敞，高可达两三米；有的是竖井式，更加隐蔽，有两侧台阶可供上下；地下工事相互有地道连接，深不可测。当时，保卫南京的外廓阵地在江宁镇、牛首山、方山、淳化镇、汤山、龙潭一线，形成东南向的弧线，由永久性钢筋混凝土工事、铁丝网、防战车战壕等组成。方山地区尤为坚固，地下工事出入口大多位于山腰，居高临下，背靠绝壁，易守难攻。

新中国成立后，置方山乡。1956 年并入桥头乡。1957 年，桥头乡并入东山镇。1958 年，属于东山公社。1961 年，分社，成立方山人民公社。1982 年，复称方山乡，乡政府在横岭镇。2000 年改镇。2002 年方山街道。2006 年并入秣陵街道。2014 年地域划归淳化街道。今设方山社区。

当代影响与价值

今日之方山不仅以各类火山地质地貌特征闻名遐迩，其历史文化底蕴之丰厚，在江宁乃至南京的名山中也屈指可数。方山集地质文化、佛教文化、道教文化、景观文化、诗词文化、茶文化、非物质文化于一身，是一座名副其实的文化名山。近年，在江宁区委、区政府的领导与部署下，方山地区正在全面开展生态景观的恢复及文化资源的深度开发利用。在此背景下，有关专家建议以定林寺、洞玄观为核心文化资源依据，规划建设方山宗教文化展示体验区，重点打造以新建洞玄观为依托的道教养生文化体验区。以方山埭、方山津、征虏亭等为核心文化资源，在方山南麓、秦淮河北岸的葛桥至南埠一带规划建设传统送别礼仪文化及江南水利文化的展示体验区。如此统筹规划、挖掘整合，一座深具内涵与魅力的新方山将会成为新时代江宁王冠上的一颗璀璨宝珠。

竹山

基本概况

竹山，山名，位于东山之南600余米，海拔29米，隶属东山街道，隔外港河与江宁区人民政府相望。

竹山之名始见于南宋《景定建康志》，旧方志中多将竹山与石硊山相混，或认为石硊山讹称“竹山”。但实际上，竹山与石硊山是相近的二山，石硊山在江宁大学城的桥头社区一带。《景定建康志》《至正金陵新志》两志记载的“周回一十五里，高二十七丈”的石硊山实则为竹山。

关于竹山的由来，江宁民间流传着一个神话。传说当年秦始皇为泄金陵王气而鞭方山、断长垄，他带着一根神鞭，单骑独马来到方山脚下，抽出神鞭对山腰猛击，只听轰隆一声巨响，把方山上半截打出去30多里，落在东南方的大湖中心，因山体赤色，后人叫作赤山；秦始皇收回神鞭时，又带下一小截，落在方山西北十多里外的龙藏浦边，成为今东山街道的土山；鞭梢上还带着一点土落下来，就是距东山不远的竹山了。

竹山北麓有仲铭亭、仲铭桥。1983年，为纪念邓仲铭烈士牺牲40周年，有关部门建亭立碑，以示缅怀之情。亭为六角形，高1.8米，亭内立汉白玉纪念碑。1984年，公布为江宁区文物保护单位。邓仲铭，原名振询，又名重名，江西省兴国县人，出身贫苦家庭。1927年参加农民运动，经历二万五千里长征。先后任中华苏维埃中央政府执行委员兼劳动部长、中共江西省委组织部长、中共皖南特委书记、中共苏皖区党委书记、中共苏皖区党委副书记兼苏南区行政公署副主任等职。1943年8月，邓仲铭率新四军第六师第十六旅四十六团赴江宁、当涂、溧水地区

今日竹山远景

1989 年竹山鸟瞰

指导工作。8 月 3 日，宿营在江宁县禄口冯谭庄遇敌情，在转移时不幸牺牲在秦淮河高桥渡口。

历史传承

旧志多将石硊山与竹山混淆。《景定建康志》卷十七即称：“石硊山在城东南四十里，周回一十五里，高二十七丈，在上元县崇礼乡，去县二十五里，一名竹山。”认为石硊山即竹山，此说为其后历代方志所承袭，并成为今日主流观点。但实际上，石硊山、竹山是不同的二山。竹山今存，而石硊山山体或因自六朝以来的不断开山取石而萎缩殆尽，作为山名早已不存，所幸在有关地名中还保留有一些重要信息。清《同治上江两县志》之《二县乡镇图》及《赤山湖志》之《赤山湖全图》中，在方山西北闸桥村（《赤山湖志》称“桥村”）旁即清晰标有“石桅（“桅”当为“硊”之形误）潭”。此“石桅潭”乃因石硊山而得名，其地在早年方山乡桥头村、桥头街，在今日方山西北大学城桥头社区一带，其地北近 2 千米才是竹山，距方山正约 4.5 千米。

关于竹山得名，据明人朱之蕃（字元介）《金陵图咏》“东山棋墅”一景诗前小序云：“山侧有翼善寺，古木崇岩，视方山虽小，而登览旷阔，亦郊坰之胜地。环列四野，有金、石等山，八音之名咸备。”其诗又云“八音点缀山容列，开遍岩花谷鸟啼”“地选一丘千嶂晓，风来众壑八音齐”。易震吉《清平乐 · 东山》词前小序亦云：“晋谢太傅家会稽之东山，既领朝，寄念东山不置，以此山类东山，故建楼墅于上，因以东山名

竹山宋墓出土的铜质鎏金镶孔雀石腰带

1934 年江宁自治实验县小学在东山街道扫除

之。地旧名土山，今俗尚以旧名，其南有石山、竹山。朱元介少宰云：其地有八山，以八音名。”即认为江宁的土山、石山、竹山、金山乃以八音命名，所谓“八音”指我国古代制造乐器的八种材料，即金、石、丝、竹、匏、土、革、木，而石山当为石硊山之简称。又据清陈作霖《金陵通传》补遗卷四记载，有清上元诸生易孝敏，字颖思，家贫，居土山骆村之骆统故里，在石硊山左。旁有川竹、金星二山，因取土、石、竹、金，自号四音山人，著有《深柳书屋集》。可见其说影响之广。

与东山、方山这两座秦淮河沿岸的名山有所不同的是，文献中关于竹山的记载不多，其重要古迹有元《至正金陵新志》记载的南宋太尉、宁武军节度使王鉴墓。1998 年 12 月，江宁区博物馆在竹山南麓发掘一座砖室古墓。墓葬为单室券顶砖室结构，内长 3.4 米，内宽 1.6 米，由封门墙、墓门、墓室等部分构成。封门墙内设内开式石门两扇。墓室东壁龛内无任何遗物，西壁龛内发现一条鎏金镶孔雀石铜腰带。墓室前部设有一边长 40 厘米的方形砖砌祭台。墓室后部正中，用 4 块青砖围砌成一个边长 40 厘米的方坑，坑内发现有木炭屑和碎骨一堆，证明这是一座比较罕见的火葬墓。发掘者根据墓葬的形制结构及出土文物的时代特点，推测此墓时代为元末明初，以元末的可能性为大。但实际上，此墓之形制结构及随葬的青瓷器更具南宋时期特征，不太可能是元末明初墓，结合《至正金陵新志》卷十二的有关记载，墓主极有可能是葬于上元县崇礼乡竹山的南宋末年太尉、宁武军节度使王鉴。

此外，1946 年，江宁县曾在竹山筹设过戒烟所。

当代影响与价值

今日之竹山环境清幽，1987 年辟建为文化休闲公园，园中有音乐广场及观景平台等设施，已成为东山街道居民休闲游览的重要处所之一。竹山东、西两麓的江宁博物馆新馆（中国东晋博物馆）与老馆是展示江宁区丰厚历史文化与文化遗产的重点文博场馆。其衍生地名还有竹山路、竹山中学、竹山小学、竹山幼儿园等。在近年江宁区开展的“两山两河”生态提升工程中，有关专家还建议以竹山东麓的江宁区博物馆新馆为核心资源打造博物馆文化展示体验区，迁移区境内零散石刻文物，集中安置于竹山东麓，建设小型石刻园。以竹山西麓的江宁区博物馆老馆及外港河景观廊道为依托，打造江宁区民间收藏文物交流展示体验区。以仲铭亭、仲铭桥为核心资源打造竹山红色文化展示传承区，建设红色文化主题公园，以此作为江宁爱国爱乡教育的开放基地。

青龙山

基本概况

青龙山，位于淳化街道、东山街道和汤山街道境内，孔山西南。

青龙山山地狭长，呈东北—西南走向，长15千米，宽约2千米。海拔200米以上的山峰有大山凹、武冈山、千二山、小茅山、湾子窑等，主峰小茅山在中段，海拔277米。山体多为泥盆、石炭、二叠、三叠纪石灰岩及砂岩构成，其中石灰岩厚度较大，质地纯。山间多冲凹，最大的有5000米长山凹，宽约300米，长近4000米。山西麓山口村附近有泉水出露。

青龙山资源丰富，山麓已大部绿化，生长马尾松、杉和药材等，蕴藏有煤、白泥、石灰石等。山西麓上坊社区赵家山村有一眼山泉，泉水长年不断。产青龙灰岩，质地良好，自古以来即为南京、江宁一带碑础产地。

关于青龙山的名称，清《同治上江两县志》如此介绍："此山石坚而青，重峦叠嶂，迂回曲折，与黄龙山成二龙竞走状，故名青龙。"后人以此为地名的来源。但检索黄龙山的来历，《江苏省江宁县地名录》说旧称黄鹿山，后因其山石颜色微黄，且与青龙山相对得名。综合观之，《同治上江两县志》"二龙竞走"之说可能晚出。在1949年、1960年的《江宁县图》中，青龙山与黄龙山已经成对标出。

青龙山全景

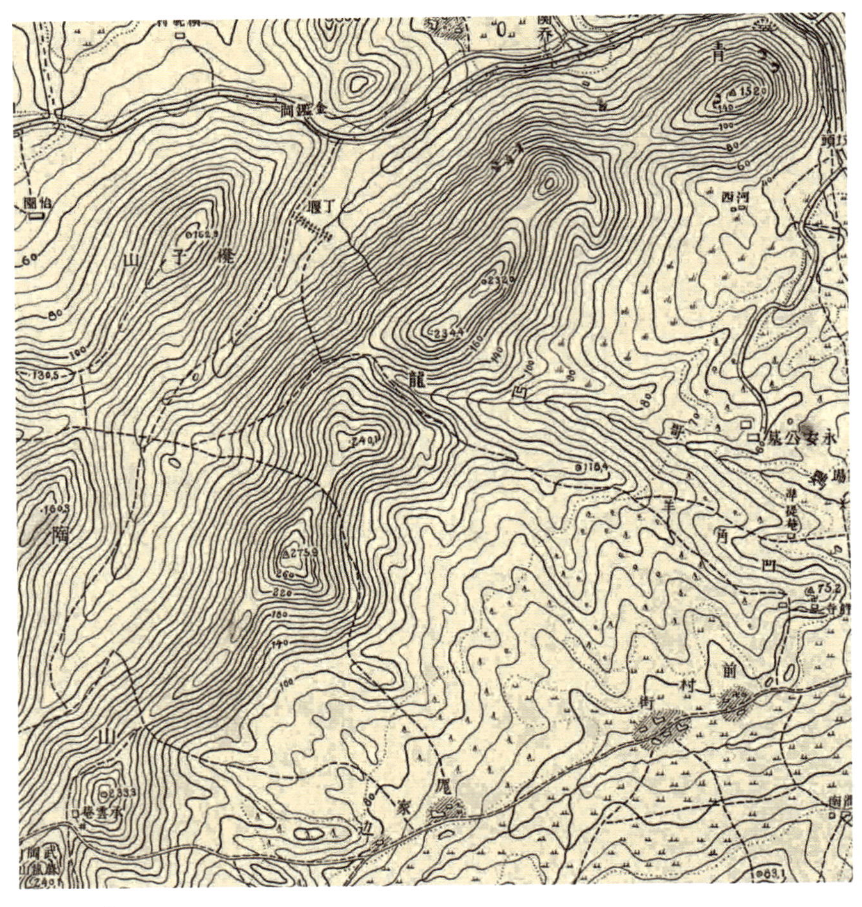

1936 年青龙山地图

清光绪年间，青龙山曾是植茶公所的植茶实验场。据《江苏通志实业编》记载，光绪年间，江宁商务局于江宁省垣创办植茶公所，除以中山门外紫金山麓二十余亩外，在青龙山麓又辟六七十亩，为植茶实验场。

1953 年 9 月，青龙山南麓的中国人民救济总会南京分会青龙山农场创办，隶属于南京市民政局。全场分南、中、北三片，呈狭长分布，长约 15 千米，总面积 12542 亩，场部设在七里岗。1961 年 11 月，更名为南京市青龙山林场。

历史传承

唐李白有“白鹭映春洲，青龙见朝暾”诗句，据说描写的即是青龙山。而据《南唐书》记载，南唐后主李煜狩猎青山，即今天的青龙山。

南宋《景定建康志》卷十七称：“青龙山，在城东南三十五里，周回二十里，高九十丈。事迹：南唐后主尝校猎于此。”明《万历上元县志》称：“前有蘼芜涧。《金陵故事》云：‘齐处士刘瓛居此。为儒林之宗，四十未婚，其友为娶王氏，后出之。乃就涧折蘼芜而去。’山趾石坚而色青，可为碑础之属。又有崚嶒洞穴者，都人取为假山。西趾有泉，大旱不涸。西南有黄鹿山、时山。”元《至正金陵新志》、明嘉靖《南畿志》、明《万历应天府志》等，均有相应的记载。

古人很早就发现青龙山富含纯度较高的石灰石，是制碑础的上好材料。到了明清时期，当地的采石活动不断，近于支柱产业之一。

据《纪事录笺证》记载，元至正二十七年（1367），朱元璋修建明故宫时，曾派人在青龙山“采取石板长三四丈者，阔狭厚薄，酌量用之。”清《乾隆上元县志》卷四称：“山产石，可为碑础，山前有蘼芜涧（见后涧类），山西趾有泉，大旱不涸。”

青龙山采煤史，可追溯至清末。鲁迅曾在《琐记》里，记录了他在青龙山下矿井采煤的经历。据清宣统《江苏通志实业编》记载，在省城东乡青龙山陇口官地方一里的地方，有一个珠山煤矿，

今日淳化青龙社区全景

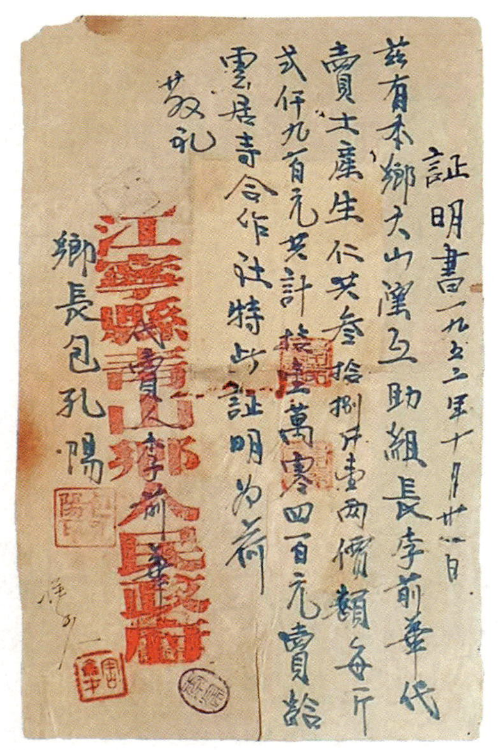

証明書 一九五二年十月廿一日

茲有本鄉大山溧互助組長李前華代賣土產生仁共叁拾捌斤壹兩價額每斤式仟九百元共計拾壹萬零四百元賣給雲居寺合作社特此証明為荷

敬礼

江寧縣青山鄉人民政府

鄉長包孔陽

1952 年，江宁县青山乡人民政府公函

清光绪三十三年（1907）李绍南等呈办，名养元公司，矿务总办事局给部颁探矿执照。宣统初年，因探未实在，呈准展限一年。该志又载，朝阳门外二十里官地青龙山煤矿，亩数未确定，经矿局试探，甫抵煤层，以费绌停办。

民国时期，青龙山的矿石开采受到了关注，在民国文献中发现多份有关青龙山开采矿石的报告。1936 年 3 月 31 日《国立中央大学日刊》还刊发了一则《普通地质班赴青龙山实习》的消息，主要是考察青龙山地质，采集矿石标样。

1958 年，在当年开掘煤矿的矿井原址，又开掘了一口竖井，人称“大洋井”。1962 年停办。1970 年，江苏省煤炭建设指挥部成立，在青龙山开发建设“苏南煤田”，成千上万的青年汇集于此，留下了一段难忘的回忆。1980 年，煤矿停产。

青龙山除了“蘼芜涧”传说外，还有金陵四十八景之一的“虎洞明曦”，闻名于世。

当代影响与价值

经过多年的努力，青龙山现在已是郁郁葱葱，山清水秀，成为天然氧吧，吸引着众多的旅游者，在山中旅游探险，或骑自行车访问古寺。时至今日，青龙山依然有较高的审美价值，可以满足江宁人乃至南京人的休闲娱乐需求。目前规划的青龙山国际生态新城，位于南京东山副城核心区，紧邻青龙山—大连山山脉，由中国金茂按照一二级联动模式开发，涵盖了高档住宅、五星级酒店、5A 级写字楼、酒店式公寓、文化艺术中心、科技创新中心等多种高规格业态。青龙山将呈现出新的发展态势，发挥出更大的经济价值。

汤山

基本概况

汤山，今街道名，因汤山而得名。位于江宁区东北部，东与句容市华阳街道和下蜀镇为邻，南与淳化街道毗邻，西与东山街道、麒麟街道接壤，北与栖霞区西岗街道、句容市宝华镇相接，行政区域总面积 170 平方千米，

汤山山势东西走向，长 5000 多米，宽 1000 多米。主峰团子尖，海拔近 300 米。其东南有汤涧，发源于汤泉，故名。汤山因温泉著称于世，其得名和早期区划建置均与温泉直接相关。最早提及汤山的文献是西晋张勃的《吴录》，文曰:“丹阳江乘县有汤山，出温泉三所。”可知，汤山早在 1700 年多前的孙吴时期即已知名，而且其得名正是源于温泉。它在行政区划上隶属于丹阳郡的江乘县（吴时称典农都尉）。南朝陈顾野王《舆地志》还记载了汤山温泉的治疗价值：“（雁门）山东北有温泉，可以浴，饮之能治冷疾。”《景定建康志》卷十九引石迈《古迹编》则进一步明确其位置：“雁门山北有汤泉，去都七十里，用以洗浴治疮，饮之已肠胃冷疾。”

汤山远景

汤山奥特莱斯

汤山温泉能够很早载入史地文献，并广为人知，就在于其地理位置毗邻六朝都城建康，温泉治疗价值容易为人瞩目。南朝刘宋元嘉年间（424—453），江夏王刘义恭题铭《汤泉铭》，这是有史记载的对汤山温泉的最早赞美之辞。其铭略曰："秦都壮温谷，汉京丽汤泉。炎德资远液，暄波起斯源。"《汤泉铭》应该是身为宗室勋臣的刘义恭游览汤山温泉后所作，作者将都城建康近旁的汤山温泉与秦都咸阳、汉都长安附近的骊山温泉比而赞美。

可以想象，随着慕名前往治病、疗养的人越来越多，其配套的基础设施也会相继落成，汤山温泉的开发数量也从六朝早期的 2 或 3 所增加到南宋以前的最多 10 所、最少 6 所。这些情况进一步加速了汤山人口集聚的进程，为其建置乡市奠定了基础。唐代建中年间（780—783），浙西观察使韩滉小女有恶疾，浴于汤山温泉而愈。韩滉乃以小女妆奁建圣汤延祥寺。到了南唐时期，汤山下又建有汤泉馆（或称"温泉馆"）及神庙，相传为徐锴所建。

新中国成立后，其地分属南京市第十三区和江宁县第六区。1953 年，属江宁县第六区。1954 年，属江宁县汤山区。1956 年，为江宁县汤山镇。1958 年，为江宁县汤山人民公社。1961 年，析汤山人民公社置汤山镇。1982 年，汤山人民公社改乡。1983 年 5 月，汤山乡并入汤山镇。2005 年 12 月，汤山镇改置街道。2006 年 3 月，上峰镇和麒麟镇 8 个社区（村）并入。2010 年 5 月，原麒麟镇区域析出。

历史传承

汤山最早设立建置区划的文献记载始见于南宋。《六朝事迹编类》："徐铉有汤泉旧馆诗，今遗基尚存，在神泉乡汤山之下。"神泉乡是汤山已知最早的行政区划，其设置一直延续到清代。南宋时，神泉乡还设有汤泉市，其址在"汤山延祥院之前，去城六十里"。市是买卖货物的固定场所，汤泉市的名称和位置都非常清楚地表明当时汤山的繁荣景象与温泉之间有直接而鲜明的关系，这正是汤山地区能够设市建乡的主要驱动力。

至晚清时期，农村经济商品化的发展催生了大批集镇，大约在同治年间，汤水镇在原来汤泉市基础上发展成为新兴集镇，其得名盖因汤涧（今汤水河）水流贯于镇中。

据1931年《农民教育》杂志刊载的《汤山社会概况》一文记载，汤山所在的汤泉区（即第三区，当时仍习惯沿用市乡制时确定的乡名），设南汤镇、福汤乡、前汤乡、新汤乡、北汤乡、东汤乡、后汤乡、上汤乡、左汤乡、右汤乡、丁汤乡、泽汤乡、夏汤乡、宣汤乡、义汤乡、东流镇、高汤乡、孟汤乡等18个乡镇。其中，南汤镇即清末出现的汤水镇。为区别北京汤山，江宁汤山改称南汤山，镇名亦随之而改，不过汤水之名仍为各界习称。至1934年，仍改称汤山镇。

阳山民俗街

由于汤山地区与南京市区关系密切，国民政府行政院早在1935年12月6日曾下令将汤山镇划归南京市。此事未及施行，即因全面抗战而搁置。抗战胜利后，南京市政府于1946年3月8日与江苏省政府会商汤山地区交接事项，确定汤山镇、麒麟乡、东流乡、古泉乡划归南京市；汤山镇以东与句容接界处3里的范围地域仍归江宁县，汤水以南的青林乡留待需要时再行商定。3月14日，南京市汤山区筹备处与江宁县政府商洽交接手续。次年2月28日，经省市会商，确定青林乡北部炮兵学校射击场公路为市县分界线。汤山地区4个乡镇划入南京市后，南京市政府正式成立第十三区（即汤山区），性质为乡区，面积93.56平方千米。区公所驻汤山。汤山镇划归南京市以后，今汤山街道范围仍有大片面积归属江宁县。

当代影响与价值

汤山地区因温泉著称于世，其历史积淀深厚，文物古迹众多，境内葫芦洞发现的直立人化石，是中国旧石器时代考古重大发现，将南京地区古人类活动的历史推前到50万年前。汤山温泉饱含硫酸盐、镁等30多种化学物质，对风湿关节病、类风湿关节炎、皮肤病等数十种疾病都有一定的疗效，与北京小汤山温泉、辽宁汤岗子温泉、广东从化温泉并称为全国闻名的“四大温泉”。今日之汤山，有国家级旅游度假区、江苏园博园等文旅项目坐落辖区，未来将围绕南京及江宁区域发展方向和总体目标，聚焦打造宁镇扬都市圈“中心花园”、长三角一体化“首位乐园”最新要求，紧扣紫东地区“四个之城”的功能定位，着力打造文旅融合、绿色生态、活力创新的世界著名温泉小镇。

牛首山

基本概况

牛首山，位于江宁、雨花台两区交汇之地，以山巅东西两峰对峙宛如牛角而得名，亦名牛头山、牛山、南山、天阙山、仙窟山、佛窟山等，是与东郊钟山、北郊栖霞山、西郊石头山齐名的金陵四大名山之一。其最高峰在江宁区境内，海拔248米，山体由砂岩、凝灰岩和粗面岩等构成。

一般所称的牛首山有广义、狭义之分，狭义的牛首山仅指今牛首山及其毗邻的祖堂山地区，而广义的牛首山地域范围较大，还包括今牛首山周边的将军山、凤凰山、翠屏山、韩府山、吴山、岱山等地，明代之前南京地方文献中的牛首山多指后者。

牛首山的如画自然美景，不仅吸引历代文豪为之歌咏，留下大量优美的诗词、游记等，而且其历史文化源远流长，各类文化遗存更是丰富多彩。

佛寺道观多。“出了南门尽是寺”，这句老南京民间俗语是对南郊佛寺分布状况的最精炼概括，其中最为集中的地区就是牛首山。据载，牛首山佛寺始于1500多年前南朝在其山巅辟建的佛窟寺。唐代，牛首山是佛教牛头禅宗的开教处与发祥地，许多高僧大德曾在此布道传法。至南唐，后主李煜迷恋佛陀，又在牛首山造寺千余间，把金陵佛教之盛推向一个新的高潮。明代的牛首山更是伽蓝遍布，梵音缭绕，仅名刹就有弘觉寺、幽栖寺、花岩寺、宁海寺等，其中弘觉寺规模宏敞，寺址范围广达二十一里三十步，是当时金陵最著名的八大寺之一。其他佛寺还有广缘寺、福昌院、

牛首山春景

永兴寺、西天寺、祝禧寺、成恩寺、静明寺、龙泉寺等。除佛寺外，牛首山的谷里眼香庙、梁塘庵等道教祠观也很有名。

今日牛首山二塔

历代陵墓多。据文献记载及考古发现，早在六朝时期就有刘宋孝武帝、殷贵妃、路太后、前废帝、后废帝、陈宣帝等陵墓，以及陈郡谢氏等著名大族墓分布于广义的牛首山地区；南唐时期有先主李昪钦陵、中主李璟顺陵、新发现的疑为大周后懿陵的祖堂山 3 号墓、范阳王卢文进家族墓、刁彦能父子墓等；宋代有名相王安石父兄墓、宋的家族墓等；有明一代有韩宪王朱松、明仁宗顺妃张氏、驸马梅殷、胡观及赵德胜、苏铨、朱之蕃、徐梦麟、王以旂、郑和、洪保、杨庆、罗智、郑强等人墓葬；清代有杨希淳、张蕴等人墓葬；近现代及当代名人墓葬则有李瑞清、王世镗、曾昭燏、姚迁等。

名胜古迹多。有关专家研究成果表明，南朝萧惠基、明代李维汉、吴发祥、朱润身、阮大铖等历代名人曾有园墅在牛首山，明清文人墨客时常吟咏的王家园、桃花涧等胜景亦在牛首山。文献记载的牛首山其他古迹还有芙蓉峰北石鼓、刘宋南郊坛、昭明太子饮马池、南唐南郊行宫等，其中谷里金牛洞古代矿冶遗迹、岳飞抗金故垒、民国碉堡等遗迹至今犹存。

地方特产多。“牛首山上六宗宝，三泉两籽加一草”，这是江宁民间耳熟能详的民谣谚语，是当地人对牛首山牛眼水、锡杖泉水、罗汉泉水、牵牛子、银杏和鬼草六种物产的夸耀。其实，牛首山的地方特产远远不止这些，仅名泉就还有龙王泉、虎跑泉、太初泉、太虚泉、地涌泉等，名茶则有海峰茶、天阙茶、云雾茶等。此外，牛首山所产菊、兰等奇花异木在历史上也都名闻遐迩。

历史传承

史载晋室南渡之初，国力贫弱，未暇营筑宫室和都城，只能因陋就简，大多承袭孙氏旧址，亦未创阙观。大兴年间（318—321），晋元帝司马睿欲在宣阳门外建双阙，以显示皇威至尊，很多大臣建议汉代司徒许彧墓前神道双阙比较壮观，可以移徙宫前作为门阙。但丞相王导认为当时国家财力薄弱，而以墓阙改建宫阙，毕竟不雅，且难有气势。有一天，王导陪同晋元帝出游都城南门宣阳门，忽然发现南郊四十里外的牛首山直对宫城之南门，其两峰高耸，对峙如阙，他说：“这不就是天阙吗！何必再劳众改作呢！”晋元帝和众臣顺着王导的手势向牛首山方向望去，山之二峰还真像二座天然自成的门阙，于是大家附和赞成，后世遂称牛首山为天阙山。

据《景定建康志》等方志记载，南朝梁代天监二年（503），司空徐度在牛首山建造佛窟寺。寺成之后，徐度又以余资汇集佛经道书、内外诸史、医方图篆，总数千卷，并以“七藏奉之”，

1935 年牛首山弘觉寺

使佛窟寺建筑堂皇、典籍众多，名声大震。不过，《建康实录》卷十七却云：天监二年，“置佛窟寺，北去县三十里，僧明庆造。其寺拓山岩，殊称形胜，遂因佛窟为名。”据《梁书》《南史》记载，徐度事迹始见于梁代末年，进位司空更在陈废帝时期，故颇疑《建康实录》所载为确，徐度可能仅在陈废帝时期增修寺宇而已。《六朝事迹编类》即云：“（辟支佛窟寺）记云本沙门道庆（疑为“明庆”之误）禅房。”可以为证。《景定建康志》又认为牛头山下佛窟寺可能与辟支有关。

相传，刘宋大明年间，曾移南郊坛于牛首山东峰。负责其事的官员带着百余人往游牛首山西峰石窟，看见一名高僧趺坐于此。这名官员上前询问，但转眼间高僧却踪迹全无，仅留下锡杖、香炉、瓶盂而已。故宋代在此建有辟支佛塔，把辟支趺坐之石窟称作辟支佛洞，又称佛窟洞。如此记载不误，则佛窟寺的历史还可向前推溯到刘宋大明年间。

牛首山西峰又有仙窟寺的记载。《建康实录》卷七云：“（牛头）山西峰中有石窟，不测深浅。古老相传云：‘辟支佛出所。’梁武帝于窟穴下置寺，名曰仙窟寺。有一石钵盂，莫知所由來，形状甚古。唐神龙初，郑克俊取将入长安及开善寺，志公屐也。”此仙窟寺，《南朝佛寺志》认为与佛窟寺为二寺，有山上山下之异。实际上，这两座佛寺均为梁代起建，又都在牛首山西峰石窟下，寺名仅有一字之差，故很可能是一寺，佛窟寺是南朝之名，仙窟寺乃唐天宝初年牛首山改名仙窟山后所改。

牛首山林木葱郁，泉石相映，秀色可餐，是南京历史上最负盛名的游览胜地之一。明人吕柟在《游牛首山记》中称牛首山为“金陵镇山”，都穆《游牛首山记》称“金陵多佳山，其可游者称牛首山为最”，钟继英《游牛首山记》称“金陵诸名胜甲江南，而世传牛首山为最”，而王世贞在《游牛首诸山记略》中更是提出“不陟牛首，不为宦建业”的口号。古金陵四十八景中的“牛首烟岚”“祖堂振锡”“献花清兴”三景皆在牛首山，可见一斑。因其春天景色格外秀丽，至少从清乾隆年间起已有“春牛首，秋栖霞”之赞誉。其游览盛况，明代盛时泰《牛首山志》云：“由冬入春，则元日以后便多游客，自试灯至清明，无一日无至牛（首）山者。”

民国时期，牛首山中茶、兰、菊花成为特产。《首都志》曰：“（牛首）山产茶，香色俱绝，名天阙茶。又产兰，一茎十数花，叶少而阔，色碧香细。又有佳菊，朱润身天阙山房种也。春时桃李盛开，红白迷望，风雨晴霁，无不堪游。‘春牛首，秋栖霞’之说，不诬也。”时人这样描绘牛首山的春景：“当年我游山时，却没有看见樱花，但仍赶上了‘山花如绣颊’的盛况。山上大树森立，藤蔓纠结，中间夹着许多绣球花。硕大的花团，高挑在树梢，白黑微透淡绿，映着浓青的树叶，颇似出尖的仙子。坡地绿草丛生，一簇簇的野玫瑰怒放其间，红白相映，争相斗妍。山的高处，则更有各色杜鹃，开得那芳华横溢，热情奔放。这些绝艳殊色，给我们印象太深了，至今回忆，犹觉姹紫嫣红，灼然在目。”

当代影响与价值

牛首山不仅风景秀丽，物产丰富，而且历史悠久，文化积淀深厚，故有“一座牛首山，半部南京史”之美誉。今日之牛首山，在全面修复自然生态景观的基础上，辟建了占地面积达18平方千米的文化旅游区，以系统保护展示牛首山类型多样的历史文化遗产为首要任务，新建成开放的佛顶宫、佛顶塔、佛顶寺等主体建筑，气势恢弘，寓意深远，得到了佛教界、文化界专家学者及普通游客的高度认可。今日之牛首山，其历史文化资源优势正不断得到凸显，已成为南京南郊最具文化内涵的旅游休闲胜地，将为江宁区乃至南京市的经济建设和社会发展作出更大的贡献。

祖堂山

基本概况

祖堂山，隶属秣陵街道，占地约3.6平方千米，主峰海拔256米。

祖堂山位于牛首山之南，为牛首山南延支脉。直到明清时期，祖堂山仍偶称牛首山。明人陈沂《献花岩志》自序："金陵称丛林必曰牛首、献花岩、祖堂，而地实相连。"盛时泰《牛首山志》卷上："（牛首山）与献花岩、祖堂相连，其脉当通为一。"近年祖堂山南麓出土的明代都知监太监洪保寿藏铭亦云其葬地在"牛首山之原、祖堂禅寺之左"。均可为证。

祖堂山，原名幽栖山，山因寺得名。唐贞观初年，牛头宗祖师法融禅师得道于此，遂改山名为祖堂山。《景定建康志》卷十七即载："祖堂山在江宁县南四十五里，周回四十里，高一百二十七丈。东有水下注平陆。宋大明三年，于山南建幽栖寺，因名幽栖山。唐贞观初，法融禅师得道于此，为南宗第一祖师，乃改为祖堂山。"

相传法融禅师在幽栖寺开讲《法华经》《大集经》，其时大雪纷飞，忽然从皑皑白雪中绽出奇花两支，状似芙蓉，灿如金色，七日花谢。又传说其时有百鸟翔集，纷纷衔花来献。因此，后人便把法融讲经之地称为"献花岩"。清"金陵四十八景"中"献花清兴"一景即指此。禅宗四祖道信对法融的志行和佛学成就十分赏识，认为法融可以师承流派，但已将法衣传给弟子弘忍（五祖），故特地允许他自立一宗。法融创立的"牛

南唐二陵及祖堂山全景

祖堂佛跡
在牛首山之西本嬾融禪師脩道之所唐貞觀中傳四祖法建寺為一代祖師故山與寺皆名祖堂常居于石室中其座石隱隱有佛字方三尺餘山僻寺荒游人至者凛不可留然幽寂實遠過于牛首之弘覺云
山徑深尋綠雨稠神僧禪窟事真脩猶傳靈跡通頑石為掃塵緣退急流馴鴿棲簷臺殿古白牛眠草嶺泉幽游踪偶到機堪息欲學無生法可求

《金陵四十景图像诗咏》之“祖堂佛迹”（明版画）

头宗”，佛教中称“江表牛头”，其禅学称为“牛头禅”。后世为纪念他，便将他修习禅定所在的幽栖山改称为祖堂山。唐宋以后1000多年来，牛首山的弘觉寺和祖堂山的幽栖寺作为牛头禅宗的开教处与发祥地，一直是国内外佛徒心目中的圣地。清“金陵四十八景”中“祖堂振锡”即指此。

祖堂山献花岩之阴又有花岩寺。史载明代成化年间，有山东僧人古道来到献花岩阴，禅坐数年不动。黔国公家臣何礼、何问等人见而异之，遂捐资建寺。寺僧披荆斩棘，开山辟石，“因高为台，缘曲为梯，悬虚以为楼阁，挹旷以为轩槛”。寺内因形随势，松桧掩映，颇具规模。花岩寺环境幽雅，建筑壮观，岩泉、亭阁交相辉映，前为山门，门北向朱垣。门内左右为钟鼓楼，沿石阶数级而上，有天王殿，殿后有大悲殿，又后有成化二十二年（1486）所建碑亭。其他建筑和景观还有白云堂、选佛场、香积厨、东退居、翠微房、宿星房、大观亭、芙蓉阁、大观堂、息息所、延爽轩、耸翠亭、归云亭、中峰亭、息泉、净香泉、太白泉、长庚池、息台、小憩台、玉板台、大观台、瞰云台、澄江台、芸台、菩提台、待月台、补纳台等。寺内金函中珍藏有作为释迦牟尼象征的佛齿与佛骨，相传来自云南西域之僧，世所罕见。花岩寺由此兴盛一时，名声大振。嘉靖四年（1525），陈沂与友人五宿献花岩旁，终日跋涉其间，编撰《献花岩志》，其中称赞“献花岩之名，大盛于牛头山”。

祖堂山古迹众多，除了幽栖寺、花岩寺外，著名者还有南麓的南唐二陵，为南唐烈祖李昪和宋皇后合葬的钦陵，及中主李璟与钟皇后合葬的顺陵，1988年已列为全国重点文物保护单位。2010年，又在顺陵西北侧发掘3号墓，推测是葬于陵区的南唐后主李煜昭惠后周氏懿陵。南唐

《金陵名胜图册》之“祖堂”（明人绘）

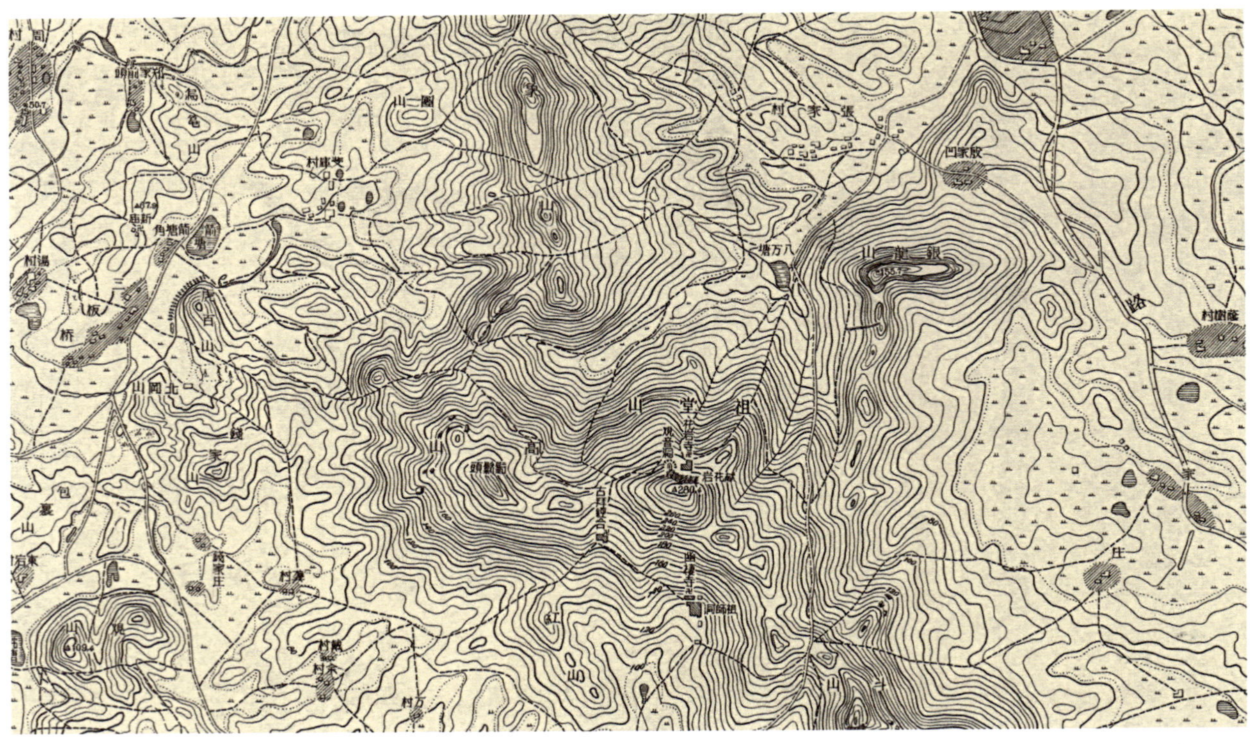

1933 年地图中的祖堂山及周边地区

二陵西南王家坟村又有明代嘉靖年间兵部尚书王以旂墓，尚存一文臣、二武将计三件神道石刻，1982 年列为南京市文物保护单位。据近年发现的明代陕西布政使司左参议王徽墓志记载，他亦于正德五年（1510）十二月葬于祖堂山。

幽栖寺东侧还有 2010 年 6 月在祖堂山社会福利院施工过程中发现的明代都知监太监洪保墓，洪保是明初郑和下西洋使团的主要领导成员之一，该墓已列为江苏省文物保护单位。洪保墓南还有作为其坟寺的宁海寺。宁海寺虽然规模不大，但四围峰峦环抱，林木茂美，泉壑幽雅，又与弘觉寺、幽栖寺、花岩寺名刹为邻，兼与中官下西洋有非同寻常之关联，自明代中期以降，已成为南都文人骚客寻古探幽胜地。

历史传承

史载祖堂山南麓的名刹幽栖寺，始建于南朝刘宋大明年间。唐贞观初年，又因牛头禅初祖法融居此，改山名为祖堂山，寺亦称祖堂寺。唐光启四年（888），寺废。杨吴太和二年（930），重修幽栖寺,改额延寿院。南唐后主李煜崇信佛教，曾在“牛头山(指祖堂山)造寺千余间,聚徒千人”，可能即在幽栖寺。宋治平年间,复改名为幽栖寺。至明代，仍称幽栖寺，或称祖堂寺。据《金陵梵刹志》记载，祖堂寺为中刹，属大刹报恩寺统辖，在郭外南郊建业乡，领有吉山寺、永泰寺、宁海寺、静居寺 4 小刹。寺院占地 243.2 亩，东至寺天盘岭，西至寺西风岭，南至寺宝盖山顶，北至寺蜈峰岭。寺内主要建筑有金刚殿 5 楹、天王殿 5 楹、佛殿 5 楹、千佛殿 5 楹、观音殿 3 楹、左华严楼 5 楹、左水陆殿 5 楹、禅堂 3 层 15 楹、斋堂 2 层 10 楹、厨库茶寮共 5 楹。寺院还有公产田、地、山、塘共 508.43 亩，有幽栖山、祖师洞、朝阳洞、虎跑泉、金龟池、香水海、“佛”字石等古迹名胜。幽栖寺遗址位于今南京市祖堂山社会福利院，尚存祖

《金陵八景》之“祖堂山”（清王蓍绘）

师洞、月牙池、虎跑泉等遗迹。

值得一提的还有，明末崇祯年间，曾经依附魏忠贤的阉党阮大铖一度流寓金陵。阮大铖在政治上虽为人所不齿，但却是有明一代著名的戏曲作家。据王士祯《池北偶谈》记载，阮大铖避人于南郊祖堂山，“每夕与狎客饮，以三鼓为节，客倦罢去”，挑灯作传奇，达旦不寝，以为常，创作出一些有影响的戏剧作品。

当代影响与价值

祖堂山是金陵南郊名山之一，其层峦叠翠，山谷幽深，清“金陵四十八景”中的“祖堂振锡”“献花清兴”两景均在此。祖堂山亦为佛教名山，是牛头禅宗的开教处与发祥地，南、北两麓的幽栖寺、花岩寺名闻遐迩，有大量佛教胜迹遗存至今。祖堂山南麓的南唐二陵是五代十国时期规模最大的帝王陵墓，近年发现的明初下西洋使团正使洪保墓已列为南京“海丝”申遗的 4 处遗产点之一。如今的祖堂山，已列入牛首山文化旅游景区发展规划，除了重点打造的以南唐二陵为核心资源的南唐文化园外，以幽栖寺、花岩寺为代表的佛教文化资源，以洪保墓为代表的“海丝”文化资源，也都值得深入挖掘与展示。

将军山

基本概况

将军山，又名观音山、降魔山，旧传明代七十二将军葬此，或因南宋名将岳飞在此抗金而得名。位于秣陵街道牛首社区东南部，为雨花台区与江宁区的交界处，主峰海拔105.5米，总面积3.5平方千米。北面连翠屏山，西南方与牛首山相连。

从地名源流来说，明代以前此山多以“牛首山”泛称。在明代提及牛首周围诸山时，仍偶有以牛首来泛称，如2010年祖堂山出土明代洪保寿藏铭中即称葬地为“牛首山之原，祖堂禅寺之左”。清代蔡上翔所说的王益葬牛首山看来也是这种泛称的体现。

观音山一名，应该始见于明代，且多出现在历代黔国公墓志上。不过，《南畿志》《读史方舆

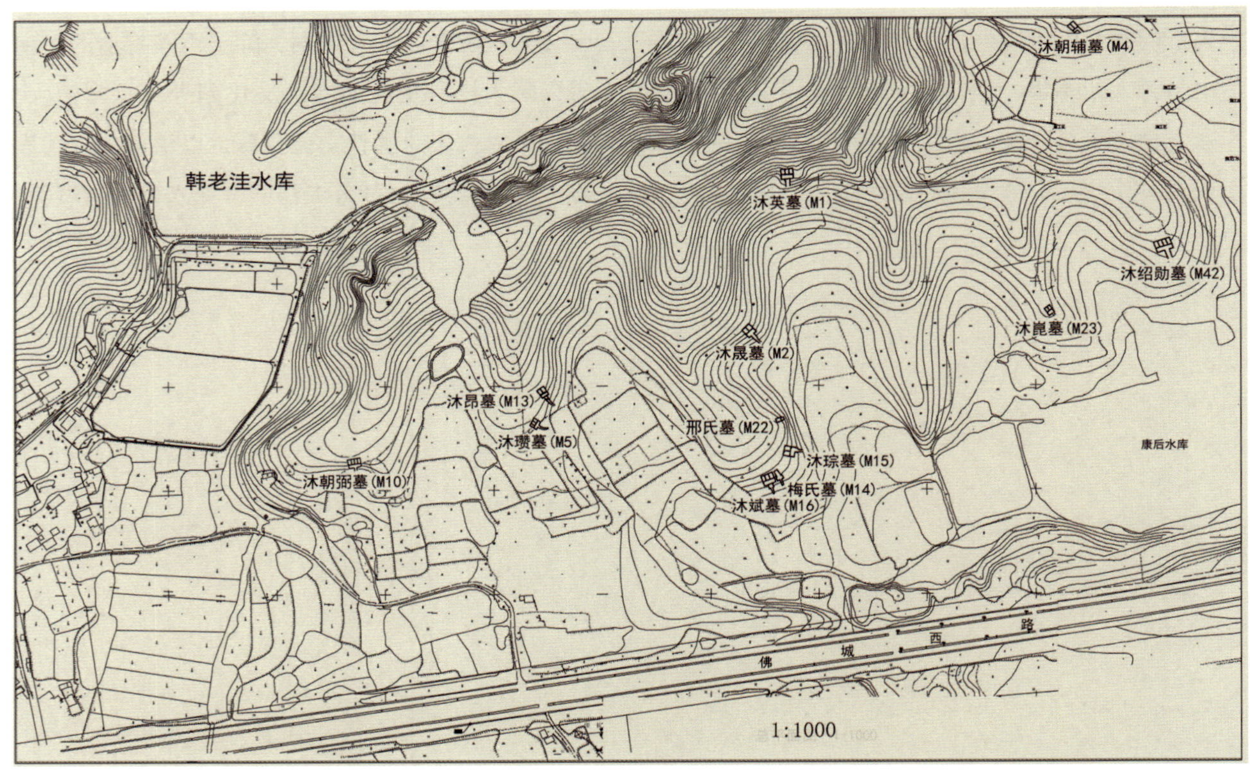

将军山明代沐英家族墓地分布图

沐晟墓全景

沐英像（清人绘）

纪要》等书所记的观音山并非指今将军山，而是在明代外郭城观音门外濒临长江的观音山。明顾起元《客座赘语》云“牛首山东有观音山”，这一记载或可与沐氏墓志中的观音山相呼应。然而牛首山东的观音山之名，并未为官方甚至是更多的大众接受，乃至现在基本淡出大众的认知范围。

将军山之名或许更晚，在文献中难以寻觅相应的记载。将军山的得名显然是与明代开国功臣黔宁王沐英及其后代黔国公的埋葬地有关。有旅游介绍说将军山得名于岳飞，显系无稽之谈。然而《正德江宁县志》《康熙江宁府志》《嘉庆江宁府志》等方志，均记载沐英葬在江宁长太北乡观音山之原，并无将军山之名。

至清代姚燮登此山而作诗《登将军山》：“松隙云痕半借潮，天边叶影是帆飘。乡城可指山当户，峻壁能缘我愧樵。晚有鸠声知欲雨，下临龙窟敢横箫。寒蔬扶作灵芝饵，振袂长风醉未消。”这是在名不见经传的情况下，诗文集中见到“将军山”的一例。

到民国时期，朱偰在调查南京附近文物古迹时，在他的《金陵古迹图考》中多次提到牛首山，未提及沐英家族墓的信息，更无将军山之名。民

沐昌祚墓出土的牡丹形金饰件

沐睿墓出土的“黔宁王遗记”金牌

沐睿墓出土的嵌宝石莲花形金饰件

沐瓒墓出土的金冠

沐睿墓出土的金链琥珀坠

沐昂墓前室内景

沐睿墓出土的“渔翁嬉荷”琥珀杯

国的《首都志》中也未提及将军山。

直到20世纪50年代，南京市文物管理委员会和南京博物院共同对南京及附近古迹进行调查，才确定了沐英墓的位置，而后又发现和发掘了沐晟夫妇合葬墓。至此，世人才知道沐氏家族墓地在今将军山。不过当时发表的简报中仍无将军山之名，还是继续沿用墓志和方志中所记的观音山。可知起码在当时，还没有将军山之名。或许当地村民知道那里曾埋着许多将军，私下称其为将军山，但受众面太小，并未流传开来。直到1950年沐英墓被盗，而后沐英家族墓在将军山陆续发掘，使今人获知沐家的确切葬地，将军山之名才出现，才逐渐被大众接受，并得到官方认可。

历史传承

葬于将军山的宋代名人墓有北宋名相王安石之父王益及其长兄王安仁墓、南宋左金吾卫上将军王福夫妇墓等。

王益、王安仁墓位于佛城西路将军山复地郎香三期别墅内，2009年10月发掘，均为平面呈长方形的竖穴土坑墓。其中王益墓长4.6—4.8米、宽2.2米，墓壁厚0.33米。墓室中部发现一具棺木，仅存铁质棺钉和西侧边板，墓室四角各发现一个用于辟邪的长方形铁块。王安仁墓局部遭施工破坏，宽2.28米、残长2.3—2.57米、墓壁厚0.46米，墓室残存的两角亦各见一长方形铁块，墓底铺石灰。两墓出土遗物均不多，仅见墓志、釉陶罐、长方形铁块、铜钱等。据志文内容，并结合文献记载可知，王益，字舜良，抚州临川人（今江西临川）。宝元元年（1038）二月，卒于江宁府通判、都官员外郎任上，享年46岁。王益政绩斐然，他督查赋税、严明刑法、兴修地方设施，使辖域内民风淳朴、社会安定，为百姓所称赞。王安仁，字常甫，为王益长子，历任宣州司户、转运使以监江宁府盐院，卒于皇祐四年（1052），享年37岁。王益、王安仁志文撰写者分别为宋代大文豪曾巩和王安石，收录于《曾巩文集》和《临川文集》中。

沐瓒墓中室棺床上出土的器物

王福夫妇墓在今河海大学将军山校区。史载南宋开庆元年（1259），少师、开府仪同三司、平海军节度使、殿前都指挥使、左金吾卫上将军王福卒葬江宁县新亭乡黄墓冈，即今将军山南麓。2000年3月，河海大学新校区在将军山南麓建设施工中发现一座长方形砖室墓，全长近6米、宽3.1米，虽遭多次盗掘，但仍出土铁牛、铁地券、彩绘画像砖、墓志等20余件文物。墓志为罕见的碑形，证明墓主即为王福之妻周国太夫人杨氏。杨氏名善庆，先后以明堂恩的形式被加封为硕人、历阳郡夫人、和国太夫人、卫国太夫人、鲁国太夫人、周国太夫人，卒于咸淳六年（1270），享年70，次年8月祔葬于王福墓右。王福晚年

沐英墓出土的享誉中外的“萧何月下追韩信”青花梅瓶

沐晟墓出土的青花梅瓶

将军山明代神道石刻

曾经活动于建康地区，尝于府城内机行街建节楼，藏宋理宗御书“忠勤”字匾。这或许是王福及夫人杨氏瘗葬于南京地区的一个原因。

至明代，将军山成为沐氏家族的葬地，也最终因此得名“将军山”。沐英家族镇守云南近300年，对于巩固西南边防，发展云南地区的政治、经济和文化，作出了重大贡献。沐氏家族墓位于今江宁开发区佛城西路北侧的将军山南麓。根据考古发现，自沐英之后，其家族的主要成员除少数留葬云南外，绝大部分归葬南京将军山祖茔。如正统四年（1439）定远王沐晟卒葬将军山，正统十年（1445）定边伯沐昂卒葬将军山，成化十七年（1481）四月沐英四世孙沐瓒卒葬将军山，等等。将军山明代沐氏家族墓是南京古代最豪华的家族墓地之一，堪称明代地下墓葬博物馆。其中沐英墓为砖石结构，由甬道、前室、中室、后室等部分组成，后室为三室并列，全长18.28米，除沐英外，还合葬有其夫人冯氏、耿氏。尽管此墓被盗，所追缴的随葬器物不多，但多属极为珍贵的精品，特别是一件元末明初“萧何月下追韩信”青花人物图瓷梅瓶具有极高的历史、艺术和科学价值，被公认是享誉中外的国之瑰宝。

当代影响与价值

2002年10月，位于将军山的沐英家族墓被列为江苏省重点文物保护单位。2004年，将军山风景区被评为国家3A级旅游景点。2012年7月14日起，将军山旅游风景区正式对外免费开放。如今，将军山风景区已发展成为集旅游观光、餐饮、住宿、会务、休闲、娱乐为一体的综合性旅游度假区，被誉为“南京九寨沟”，是古城金陵南郊的一颗旅游明珠。而王益、王安仁墓及沐英家族墓出土的精美文物，多于南京市博物馆、江宁区博物馆公开展示，它们与“将军山”这一地名联系在一起，继续发挥其明史、教育等作用。

韩府山

基本概况

韩府山，位于秣陵街道秦淮社区境内，地跨雨花台区铁心桥街道。原称岩山、龙山，别称南山、凤凰山等，因明韩宪王朱松葬于此而更名。

据南宋《景定建康志》记载："龙山，在（建康）城西南九十五里，周回二十四里，高一百一十二丈，入太平洲当涂县北，有水，以其山似龙形，因以为名。"元《至正金陵新志》所记略同。

龙山原名岩山，其改称与南朝宋孝武帝有关。清《嘉庆新修江宁府志》称："岩山在牛首山东北，一曰龙山。《（太平）寰宇记》：宋孝武改曰龙山，一曰南山。《南史·江智深传》：上宠姬宣贵妃殷氏卒，使群臣议谥，智深议谥曰怀。上以不尽嘉号甚衔，之后车驾幸南山，乘马至殷氏墓，群臣皆骑从，上以马鞭指墓石柱，谓智深曰：'此柱上不容有怀字。'智深益惶惧，以忧卒。一曰段石岗，《（景定）建康志》：山谦之《丹阳记》曰：秣陵县南有岩山，山西有石室，山东大道左有方石，长一丈，刻勒铭题，赞吴功德，孙皓所建也。《建康实录》：其石折为三段，时人呼为段石岗，按此即《天发神谶碑》，详金石。"可知著名的《天发神谶碑》即在此山。

明《正德江宁县志》"韩府山"条："在岩山西北，与湾塘相近。国朝韩宪王墓在焉，故名。按《金陵图志》，湾塘西有秦王系马桩，疑即此地。"《首都志》卷四"山陵"条："宋孝武殷贵妃墓在此，俗曰凤凰山……有静明寺，又有明侍御沈越别墅，旁有宋孝武景宁陵、路太后陵，前废帝、何皇后陵，又梁侍中朱异墓、明南宁侯毛元墓（徐有贞撰碑）、阉人罗志远墓（前有二石柱，有石刻，静明寺即罗建），并在焉。"以上，乃此山名更迭之大概。

1930 年代南宁侯毛元（胜）墓神道石刻

韩府山段石岗之《天发神谶碑》以其独特的审美价值而知名于世。《江宁金石记》载此石:“石凡三段，形如覆臼，字刻三面，而虚其一。”碑自北宋起历经迁移，先在城南天禧寺门外，半埋于土。元祐六年（1091），移置城内转运司后圃寄思亭，再徙锦绣堂前碑亭中。元代移至集庆庙学门内之左，明代仍在应天府学尊经阁内。清嘉庆十年（1805）夏，此碑毁于大火。后据明代拓本重摹刻石，现嵌存于南京长江路煦园内夕佳楼西侧墙壁上。清代著名学者、书法家翁方纲在《两汉金石记》中称火灾之前碑文凡存全字212个、半字12个。碑文前记神谶文57字，后记神谶文始见及识字之经过。

《天发神谶碑》为孙吴兰台东观令华覈撰文，九江巧工朱氏镌刻。碑文书法以“若篆若隶”而称绝于世，相传为孙吴名书家皇象所书。其字体既不同于篆书，又不同于隶书，笔意在篆、隶之间，淳古浑厚，气势雄健。这种书体创造出的神秘氛围，与孙皓为制造天命所归的舆论而诡称天降神谶的目的相吻合，产生了意想不到的神奇效果。该碑雄伟奇特的风格，对后世影响极大，在我国古代书法艺术发展史上具有特殊的审美价值和重要地位，与同立于孙吴天玺元年（276）的宜兴禅国山碑一起被誉为“天下二绝”。康有为称赞该碑“奇伟惊世”“笔力伟健冠古今”，为“篆隶之极”。

历史传承

史载南朝刘宋大明六年（462）六月，孝武帝刘骏宠妃殷淑仪卒。孝武帝悲不自胜，痛心不已，精神恍惚，政事荒废，追拜她为贵妃，谥曰宣。她的陵址被选定在南郊龙山。因为道路崎岖，孝武帝竟驱民凿冈数十里，民不堪役，很多人被迫逃亡。其工程之浩大，史称“自江南葬埋之盛，未之有也”。十月，葬殷氏于南郊龙山，地近景宁陵。孝武帝驱民凿冈虽为人不齿，但此路的开通大大方便了都城与南郊牛首山、岩山之间的交通，使该地区的道路网四通八达。大明八年（464）闰五月，孝武帝刘骏卒，时年35岁。七月，葬秣陵县岩山景宁陵。九月，王皇后祔葬陵中。孝武帝景定陵所在的岩山，是刘宋皇室的一个重要陵区。除孝武帝、王皇后外，这个陵区至少还葬有其母路太后、其宠妃殷淑仪等多人。

与韩府山得名相关的明韩宪王朱松是明太祖朱元璋第二十子（一说第十九子）。史载明永乐五年（1407）十月，朱松卒葬安德门外，其地后称韩府山。韩府山高逾百米，长数里，岗岭逶迤，

1958年静明寺及周边山林

溪壑重叠。韩府山得名，民间有南唐宰相韩熙载、南宋蕲王韩世忠、明初高阳侯韩成等诸说。《白下琐言》《嘉庆重刊江宁府志》《同治上江两县志》则皆称因明韩宪王葬此而得名。明《万历江宁县志》称韩宪王墓在安德乡，与湾塘相近，置守护，禁樵牧，其四时之祭皆记于太常祀典。韩宪王名松，与朱元璋第十八子岷王朱楩同为周妃所生。洪武二十四年（1391），封国开原，未就国。朱松英敏机辩，通古知今，且恭谨无过失，未卷入明初皇室的斗争，故得以保全王位，寿终正寝。朱元璋26子中大多分封在边远重镇为王，死后亦葬于封地。韩宪王朱松葬京师南郊，可能因其未就藩的缘故。据《明实录》等史料记载，韩王朱松卒，成祖辍朝三日，遣官致祭，谥曰宪，令有司营葬于安德门外。永乐九年，其子冲𤊨袭封韩王，以开原逼塞不可居，遂改封平凉。景泰二年（1451）二月，韩宪王妃冯氏薨，其曾孙韩王徵钋上奏请赐人力送往南京附葬，以免军民造坟之扰。但明代宗以路途遥远为由，命就近安厝，待边境宁靖、丰稔之年再议。同年五月，韩王徵钋再次上奏："曾祖宪王坟园在南京安德门外向山之原，欲令人往祭，以尽追远之情。"可见韩宪王墓所在当时名向山，而其妃冯氏未合葬其中。

又据《金陵梵刹志》记载，南京江东门外有积善庵，庵内所供奉者正是韩宪王。综合近年媒体报道的线索，自20世纪以来，韩府山麓屡有大型墓葬发现。先是1930年左右修建宪兵公墓，曾在附近挖出绿釉琉璃瓦残片、青釉瓷片、神道石刻等文物。后有村民在其北不远发现一座用明代城砖所砌大墓，墓设石门，分前、后两进，后进有两个并列的墓室，有人看到过墓内用粗大铁链吊起来的坚实木棺。1966年夏，南京市文物保管委员会对该墓葬进行清理，据墓葬形制规模、出土的墓志残件及相关文献记载，可以确定墓主就是朱松。

当代影响与价值

地名既代表地理实体，又反映主流文化。千百年来，地名的命名折射出历史文化的源远流长、经久不息，饱含着厚重的文化底蕴。韩府山地区历史悠久，文化厚重，其地名可以确认与明代韩宪王朱松有关，历史上又是南朝与明代宗室及贵族的重要葬区，留下了不少珍贵的遗迹，具有重要的文化价值。在当前文化旅游的热潮中，积极利用包括《天发神谶碑》、明代韩宪王在内的重要文化遗产资源，深入挖掘韩府山地名文化的"根"与"魂"，就可以彰显江宁文化底蕴，传承江宁文化特色。在此基础上，对韩府山地名文化旅游资源进行创意包装和优化组合，将地名转化成极具吸引力的文化和旅游产品，这对提升江宁文化形象内涵，推进"美丽乡村"和新农村建设进程，推动当地经济社会的发展都具有重要意义。

翠屏山

基本概况

翠屏山，位于秣陵街道太平社区境内，海拔90.6米，与韩府山、将军山等连成一体，是古岩山的组成部分之一，因山色碧如翠羽而得名。

此地名未见于宋元方志，目前所知最早见于明《万历江宁县志》："翠屏山与韩府山连。明陈沂诗：'天外群山高且重，西南更出两三峰。白云青霭互相合，激石乱流时自春。行入飞萝千尺磴，坐临幽境万株松。一声清磬隔林杪，知是头陀寺里钟。'金大舆诗：'闲情依白社，杖策入青山。树色经冬惨，溪声尽日闲。岩高云作障，寺古石为关。丛桂凌霜发，狂歌醉亦攀。'"这不仅是最早使用"翠屏山"地名的江宁历史文献，而且附有两首诗作。《康熙江宁县志》云："翠屏山与韩府山连，古新亭在焉。"将翠屏山与古新亭联系在一起。可能由于两山相连，翠屏山其实为韩府山东麓，故明代以前方志仅有韩府山，而无翠屏山。这一颇具文人气息的山名，可能是随着万历时期文人游览品题活动的增加而产生的新地名，便从韩府山中分了出来。

清《乾隆江宁县志》云："（翠屏山）山色碧如翠羽，故名。"《同治上江两县志》卷三："由牛首而东北曰岩山……阉人罗志远墓（前有二石柱，有石刻，静明寺即罗建），并在焉。其相连有翠屏山，山色碧如翠羽，因名。"该志卷二十七地图上也标注有"翠屏山"字样。均说明了翠屏山的得名缘由，是因为苍翠的绿色。

民国时期，翠屏山的石料曾经用于道路建设。1926年，陶吴商民业桐锦历经八年修成陶吴至南京市区的道路。为节省经费，施工所需砂石直接取自沿线翠屏山、吉山，并将韩府山营墙砖石拆下筑路，沿线农民也被动员起来义务开挖土方。

民国《首都志》不仅记载了翠屏山的来历，而且介绍了翠屏山及其周边的古迹："有磨田寺（在风台门外，今其地名麻田）。南曰上公山，上公山东北曰福子山，又东曰大山，有大山寺，平江侯陈瑄墓在焉。大山之东曰小山，有清风寺。"2003年，江宁开发区于道路施工建设中，在邻近东善桥林场的秣陵党家村旁的静龙山连续发现数块墓志及其他少量文物，地面尚存2件体型硕大的残损神道碑龟趺。通过墓志释读，可知这里为明代平江侯陈瑄家族墓地，陈瑄、陈瑄长子陈佐、陈瑄之孙陈鞠庄及夫人唐氏、陈瑄孙陈豫之母马氏等多名陈氏家族成员均安葬于此。出土墓志与《首都志》的记载相吻合。

历史传承

史载南宋景定五年（1264）四月，建康

知府马光祖在南门外沙井头创建马寨，以牧养战马。据考，沙井头马寨在原岔路乡石马井头村，其地北有沙河（亦名先锋河），南有牛首山河，西有韩府山、翠屏山，东有高湖，直到明清时期此地仍为马场。可见当时这里地势高平，水草饶美，极利战马放养，故创设了马场。

清康熙时期的文人余宾硕，每次到其田产所在地的姑塘，都会经过翠屏山，于是，翠屏山就理所当然地出现在他的笔下："北由大监坊（明太监墓葬区）折向东，经南平侯墓，度翠屏山，又东五里，自二老桥过河半里许，两塘参差相对，曰姑塘。"

据《江苏省非物质文化遗产普查：南京市江宁区资料汇编》记载，马铺锣鼓的传统曲牌有"翠屏山"。看见翠屏山名在民间的影响之大。

当代影响与价值

翠屏山这一地名，一直沿用至今，其周边还衍生出翠屏广场、翠屏山路、翠屏国际城、翠屏山宾馆等相关地名。翠屏山地处从禄口到南京的机场高速公路一侧，地理位置优越，环境优美，作为山水城林的组成部分，它与将军山一道成为花园城市的一部分，可供人休息和徜徉，可发挥其与众不同的生态人居价值。

吉山

基本概况

吉山，隶属秣陵街道，位于东善桥西、祖堂山之南，海拔 235.2 米。

吉山为什么姓吉，史载这是因为南朝刘宋征虏将军、建城侯吉翰葬此之故。吉翰，字休文，冯翊池阳人。初为龙骧将军刘道怜参军，后转征虏左军参军。因随刘道怜北征广固，赐爵建城县五等侯。吉翰为将佐十余年，清谨刚正，甚为宋高祖刘裕赏识。永初三年（109），转为刘道怜太尉府司马。宋文帝元嘉年间，吉翰先后历任龙骧将军、梁南秦二州刺史、益州刺史、彭城王刘义康司徒府司马、辅国将军、持节、监司雍并三州诸军事、司州刺史、监徐兖二州豫州之梁郡诸军事、徐州刺史等职。吉翰刑政严肃，其下畏服，莫敢违禁。当时有一死罪之囚，典签欲免其死罪，到吉翰八关斋面呈其请。吉翰看完案卷说："今且去，明日便可答复。"第二天早上，典签不

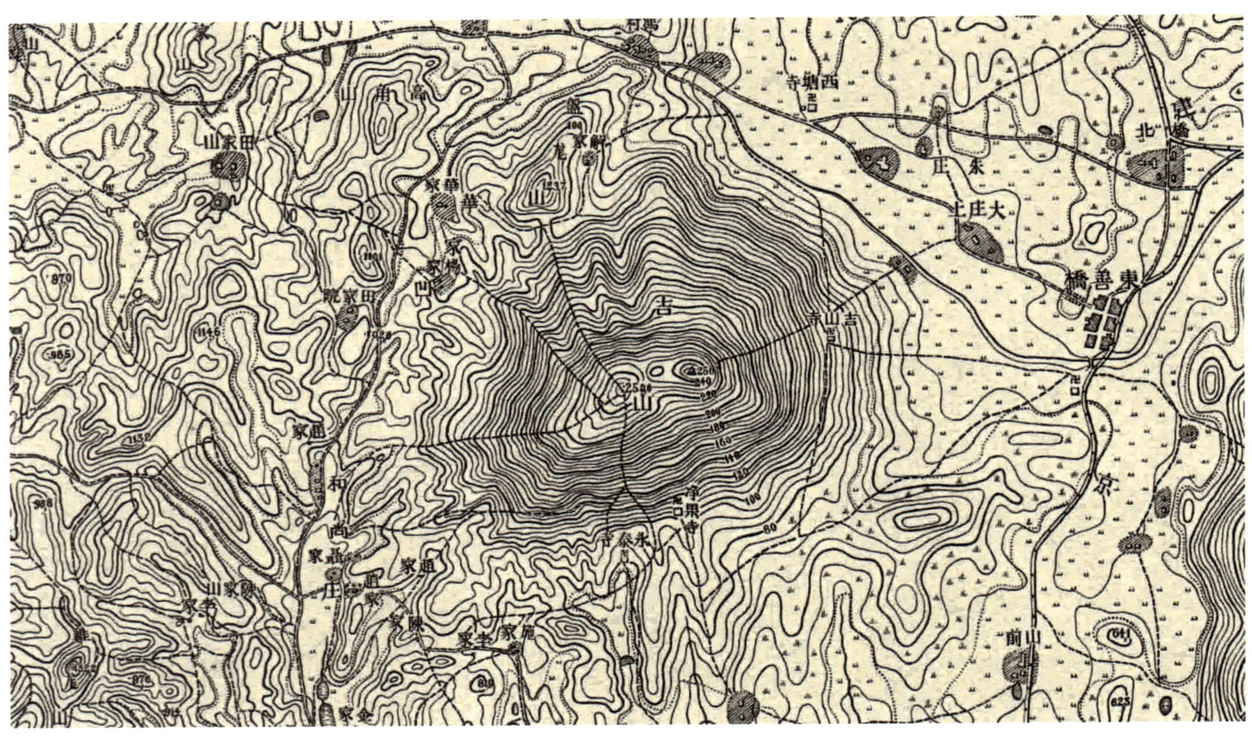

1937 年吉山地图

吉山明代神道石刻

吉山明代神道石刻局部

敢入斋询问结果，吉翰呼之才来，拿来前日所呈请示，对典签说：“卿意欲宽宥此囚死罪，我已于昨日了解了案情，亦有心活之。但此囚罪重，不可全免。既然你想加恩于此囚，当代受其罪。”故命左右收押此典签入狱，并杀之，而免死囚生命。元嘉八年（431），吉翰病卒，时年60，追赠征虏将军，所葬南郊之山因名吉山。

据旧志载，吉山在城南四十五里，周回三里，高十丈，西临大江。据说山有五峰，诸峰联峙，侧看成峰，横看似屏，称为奇观。江宁有民谣“方山顶上一冲田，小小吉山五个尖，祖堂有座无梁殿，牛首山上出神仙”。所谓“小小吉山五个尖”即指此。

吉山产有铁矿，山麓即有1971年兴建的南京吉山铁矿厂，是采矿、选矿配套企业。矿区北面是风景秀丽的祖堂山和牛首山，有宁吉公路与南京城内相连，还有铁路专用线与宁芜铁路接轨，交通便利。吉山铁矿是中型露天矿山，原为南京凤凰山铁矿吉山矿区，1973年5月部分投产，1976年续建工程竣工并投产。1979年7月，该矿从凤凰山铁矿划出，成为独立矿山，隶属南京市冶金工业公司领导。

历史传承

北宋《太平寰宇记》卷九十载：“吉山，在县南五十里，周回二十里。宋征虏将军吉翰葬此山，故以得名。”此后的南宋《景定建康志》、元《至正金陵新志》、明《正德江宁县志》《万历应天府志》《万历江宁县志》等，均有相同记载。

吉山古迹众多。最重要者为永泰寺，因南唐时期葬净果禅师于永泰寺，故又名此寺为净果院。元《至正金陵新志》引《乾道志》云：永泰寺在城南五十里，吉山之南，始建于梁代。因寺内起建有净果禅师灵塔，故又名净果塔院。净果院至明代仍存，复名为永泰寺。

据《金陵梵刹志》卷四十四记载，吉山永泰

1930年代吉山远景

凤凰山铁矿工地（宋文治绘）

1972 年凤凰山铁矿

讲寺距聚宝门二十里，为小刹，属中刹祖堂寺统辖。清康熙年间，王廷铨撰《吉山永泰寺志》。王廷铨亦能诗，《国朝金陵诗征》收其诗 13 首。著名画家龚贤之弟龚翰（字文思，康熙时岁贡生）等为该志作序，志中还列有吉山十六景诗。金鳌在《金陵待征录》中称，该志于序后径列诗作，非志体。据清《同治上江两县志》，永泰寺“梵呗半天，精蓝一舍，最为胜迹，今废”。可知该寺大约废于清咸同时期。

又有吉山祠山庙。据《金陵玄观志》卷十记载，其庙为中观，属朝天宫统领。所领小庙有太玄庵、敬思庵、杨塘庵，位于聚宝门外三十五里吉山之巅，始建于宋代，明代天顺、嘉靖年间重修。道观占地十亩，东至山脚，南至王家山，西至山顶，北至王家山。观内主要建筑有山门、万圣阁三楹、祠山殿三楹、三官殿五楹、三茅殿三楹、子孙殿三楹、道院三房。所领小庙太玄庵始建于成化年间，位于南城桃红地，距聚宝门七十里，占地三亩，观内有山门、三清殿、道院等建筑。

葬于吉山的名人墓葬除吉翰外，还有明代丰城侯李彬、太仆少卿王韦、著名戏曲作家孽臣阮大铖等。李彬于永乐二十年（1422）正月卒，赠茂国公，谥刚毅，葬于吉山东南。今吉山社区有风波坟村，原名丰府坟，以地近丰城侯李彬墓地而得名，后语讹改称，村旁有风波坟水库。王韦，字钦佩，号南原，才华出众，与当时顾璘、陈沂号称“金陵三俊”，后又与朱应登合称“四大家”，是明代弘治、正德年间金陵地区艺文活动的核心人物，嘉靖五年（1526）二月葬吉山。阮大铖曾题有《吉山寺》《吉山庵似颖中上人》等诗。不仅如此，其墓也在吉山，邢孟贞曾过此墓赋诗云：“高坟何累累，中有穷奇骨。”可见他对吉山情有独钟。清初诗人王渔洋在《游献花岩祖堂记》里写道：“寺门近对吉山，为阮司马墓道。”清代诗人袁枚曾赴吉山，访吉山庵，著有《次吉山庵壁上韵》。

当代影响与价值

吉山风景秀丽，古迹众多，可挖掘利用的历史文化资源丰富。今则有中国电信南京（吉山）云计算中心。又有江苏软件园吉山基地，是国家发革委、信息产业部授牌命名的国家级软件产业基地，是江苏省发展的现代服务业重点项目之一。作为南京市“软件名城”所在及江宁区“产业化、城市化、数字化、生态化”战略发展的重要区域之一，吉山其地深厚的历史文化价值，若与现代高科技、高新产业联系交融到一起，必将产生创新示范的更大经济价值。

横山

基本概况

横山，又名横望山、衡山，是江苏、安徽两省的省界山脉，横跨江宁、溧水、博望3地。江宁区境内的横山，主要位于横溪、铜山两集镇的南侧。

横山因“四望皆横”故名。由62条大小山脉组成，主峰海拔高459米，东西约22.5千米，南北16千米，周围40千米。次高峰四径山，海拔363米，为江宁区最高峰。另有陡山、神仙洞、灯张挂壁、大茅岭庵、青堷岘等山峰，海拔均在200米左右。横山盛产竹木、药材，多野兽、野禽。20世纪50年代始，建有国有林场，植树造林，主要为马尾松和黑松，森林覆盖率80%以上。秦淮河支流横溪河即源于此。

横山山色秀美，石形环奇，洞穴盘行，自古就有绝壁垂松、玉泉临空、丛林夜月、丹灶寒烟、壁立万仞、龙井寒泉、石上棋盘和石门古洞八景之称。横山峡谷深处有天然石壁，状如大门，气势恢弘。石壁上有唐代镌刻的“石门”二字，直径达1.2米，笔力遒劲，赫然入目。从博望的石门景区、溧水的四径山景区，可以俯瞰石臼湖。

由于其特殊的地理位置和优雅的环境，这里常被“仙家”及文人选作修炼、隐居之地。其中影响最大的当数“山中宰相”陶弘景。《丹阳镇志》称陶弘景隐居镇东横山石门，所以横山又叫隐居山。陶弘景之后，历代不乏高人雅士慕名而至。或游览美景，或探访仙踪，留下许多诗文及摩岩石刻，横山因此而声名远扬。

陶弘景何时隐居横山石门虽已难考证，但陶氏从十三世祖陶超南渡移居丹阳县起就与横山结

横山远景

下了不解之缘。宋代王象之《舆地纪胜》卷十八云："汉晋以来，陶氏诸墓域环绕（横望）山麓，凡二十里。"丹阳及横山实际上成了陶氏家族在江南发展的基地，陶弘景一度选择此地隐居，除环境幽雅之外，更当与他对横山有着割舍不断的情愫有关。

史载北宋嘉祐八年（1063），在传说中的陶弘景当年的读书堂故址起建寺院，名澄心院，明代改为澄心寺。新中国成立后，澄心寺仍在，1958年改为澄心中学，后毁于"文化大革命"之中，近年由民间募资重建。相传寺前的两个小水池，始凿于宋代，因形似月牙，得名月池，池中之水永冒不干。寺中尚存《澄心院九轮宝藏碑》《衡山澄心院舍山记》两块残碑，前者为南宋遗物，碑文开篇"澄心院，齐梁山中宰相陶公隐居之所……"等字样依然清晰可见。越过石门前行百米，在突兀的山峰半麓，石门仙人洞仍在，相传这里是陶弘景栖隐炼丹处，洞口上方镌刻有"飞

横山烈士纪念碑

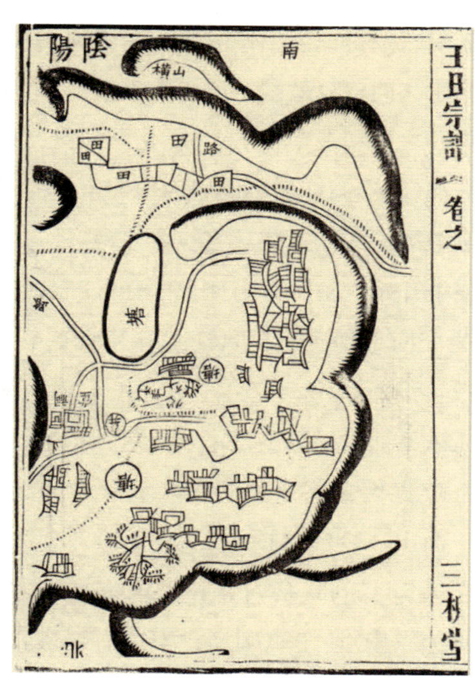

山阴《王氏宗谱》中的横山

云元化之天"字样，两旁尚有许多依稀可辨的摩岩石刻。唐代诗仙李白诗《下途归石门旧居》咏之："隐居寺、隐居山，陶公炼液栖其间。灵神闭气昔登攀，恬然但觉心绪闲。"从中不难看出，横山、石门、陶隐居对后世影响之深。

又有关帝庙，庙前峭壁二里许，夹石参天，奔泉雷转，壁上老松倒垂，去地百尺。最高处有王磐题"壁立万仞"四字。明末，松为乱兵所刈，今仅存一棵，仍像过去一样苍翠。

历史传承

横山地势险要，易守难攻，自古以来，为兵家必争之地。相传太伯奔吴曾到达横山。历史上不少重大战役亦发生于此地。

"楚军伐吴"的故事，至今还在横山一带流传。春秋时代，长江以南先后崛起的诸侯大国吴国和楚国相互征战不已。周简王二年（前584），中原地区的晋景公为了与楚国争夺对中原的控制

权，派楚国叛臣巫臣出使吴国，诱骗吴王寿梦与晋国联手共同攻打楚国，还派人教授不善车战的吴军射御之法和战车阵法。吴、楚两国由此结仇，连年交战，江淮间许多小国成为他们争夺的对象。今江宁地区沦为战争中双方拉锯之地。

战争开始，楚国兵力比吴国强大，其前锋多次抵达今南京地区。周灵王二年（前 570），楚军经数年准备，由令尹公子婴齐（子重）率领，沿长江东下征讨吴国。楚军未遇重大抵抗就进入吴境，攻克鸠兹（今芜湖东）后，兵进吴国西部门户衡山（今江宁横山）。其前锋邓廖率战车 300 辆、步兵 3000 余人直扑吴国都城朱方（今镇江丹徒东南），子重则亲自率主力跟进。吴军利用地利优势及水战之特长，趁楚军立足未稳、分兵前进之机，先发制人，将其前锋和主力拦腰切断，然后水陆并进，四面夹击，大败楚军，俘虏了邓廖。逃回的楚军仅剩下战车 80 辆、步兵 300 人而已。

吴军不仅收复了失地，还占领了楚国东部重邑驾（今安徽无为境西南鲁港一带）。子重战败后，遭楚王重责贬斥，不久病亡。吴国从此声威大振，中原诸侯见其强盛，竞相与之结盟，各东方小国相率臣服于吴，吴国很快跻身于大国行列。据《丹阳镇志》介绍，当地曾出土正、背面铸有“殊布当釿”和“十货”字样的楚国铜币，可证楚人确曾在横山一带活动。

南宋《景定建康志》引山谦之《丹阳记》云：“丹阳县东有横山，连亘数十里，或云楚子重至于横山是也，又曰横望山，四面望之皆横，故有是名。”最早将横山与《春秋左氏传》中的“衡山”对应起来。《左传》曰：襄公三年（前 571）春，“楚子重伐吴，为简之师。克鸠兹，至于衡山”。今人一般认为，因“衡”“横”通用，故上古的衡山，即今横山。

当代影响与价值

横山是江宁历史上最早见于史载的古地名。其地人文历史厚重，可挖掘的文化资源众多。“山中宰相”陶弘景、诗仙李白等在横山留下了众多的足迹与传说，引得后人纷至沓来，寻古探幽，使横山成为一座与众不同的文化名山。如今，与横山相关的地名仍有广泛沿用，如横山林场、横山村、横山路、横山抗日英雄纪念碑、横山县抗日民主政府旧址、横山向阳水库等等。自 2016 年起，一年一度举办的江宁横溪 · 横山徒步大会，使横山众多的自然人文胜景再次进入人们的视野。

云台山

基本概况

云台山，隶属横溪街道，以原陶吴镇之云台寺得名。

云台山，位于江宁区境西南陶吴社区南境，旧跨陶吴、横溪两乡镇，南望横山，东距南京主城约 30 千米。其山势巍峨挺拔，风景秀丽，数十里外，望之秀入云霄，主峰海拔 319 米，总面积约 7.2 平方千米。其山体呈东北—西南向，主要由砂砾岩和砂岩构成，西坡有火山岩出露。东麓有云台山硫铁矿，东南麓有云台山抗日烈士墓。

云台山物产丰富，适宜兰花生长，产“品字兰”。亦产少量云雾茶，为寺僧所采制。清末民初，经勘察，云台山发现了铜矿苗，并被记入《江宁乡土志》中。山顶有云台寺（或传称白云观），乡民称为大庙，寺旁有石龙池，澄泓可爱，清鉴毛发，织鳞游泳，或云龙族。相传有庙堂 90 间，佛像百余尊，住持成空。西山亦有庙堂数十间，佛像数十尊。东北半山腰还有一座仓颉庙，供奉造字的仓颉，住持成有。在 1958 年大炼钢铁运动中，3 座庙相继被拆毁，所拆材料用于搭建工房。有云台夜钟，宛如仙乐，曾是当地著名景观。清姜廷选《云台夜钟》诗云：“云锁台高月欲流，一声钟响彻山陬。恍来天上音偏远，便到人间韵总幽。扣动红尘传妙觉，敲开白社见真修。村墟不隔仙原境，夜夜雷师报小楼。”云台山下有河，名为云台山河。秦淮二十四航之一的严家渡，在云台山河（即古九里汀）与秦淮河交汇处。

1980 年代云台山烈士墓

云台山人文资源丰富。据史料记载，南宋嘉泰年间（1201—1204），建康府学教授王萃一解任后举家卜居云台山西麓石塘村。明崇祯元年（1628），著名文学家顾起元病逝，享年 64 岁，葬云台山，其墓地在今横溪街道红旗行政村曾庄村顾家山。

又有清福建提督王万祥墓。王万祥是甘肃会宁人，三藩叛清期间，他参与平定陕西、宁夏叛

云台山

乱，屡立大功，授定海总兵，后调兴化总兵。康熙二十二年（1683），清廷统一台湾，选调王万祥赴台镇守。在台湾，他建城郭，储粮食，民众得以安居。数月后，升任福建陆路提督，其时台湾府属福建省。王万祥在福建任职 17 年，边隅大治，百姓乐业。闽人特立生祠，春秋享祭。康熙四十一年（1702）卒，诸子奉柩卜葬于江宁云台山。清廷追赠他太子少保，谥壮敏，并赐葬。王万祥文能治国，武能安邦，魂兮归来，云台山因为他而增加了分量。

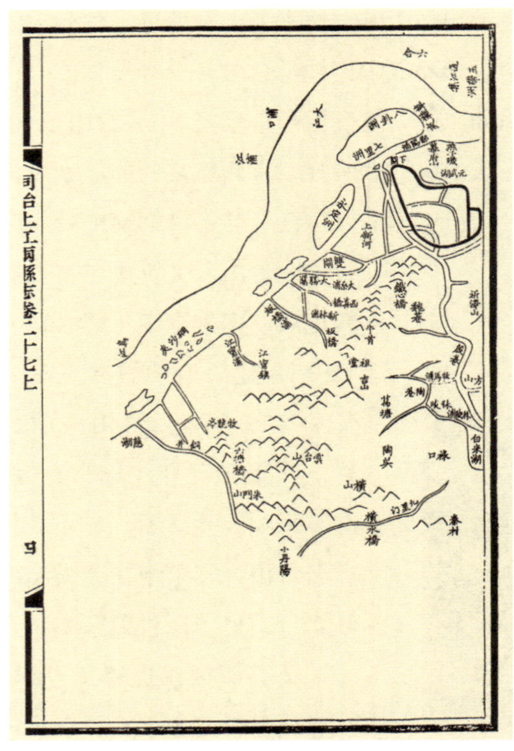

《同治上江两县志》附图中的云台山

云台山僻远、幽静，是钻研学问的好地方。清《嘉庆江宁府志》载：“翁荃，字兰友，一字止园，江宁人，入学后不事科举，入云台山，钻研经训。《五经》《三礼》皆有纂说，古文诗歌成集，藏于家。”翁荃的儒学造诣很高，清甘熙《白下琐言》称其“究心‘三礼学’，与桐城方望溪、高淳张彝叹、同里刘古塘称为‘四子’”。他入云台山约在清雍正年间（1723—1735）。翁荃在《田家诗拟陶》诗中自况“穷经一生事”，在这数年中，云台山的松涛和钟声不知助他解开了多少经书的奥义。

历史传承

云台山一名，最早见于刘觉岸《存征录》。金鳌《金陵待征录》卷一载：“云台，始见刘觉岸《存征录》，佟志因之，吕志所据也。”据《康

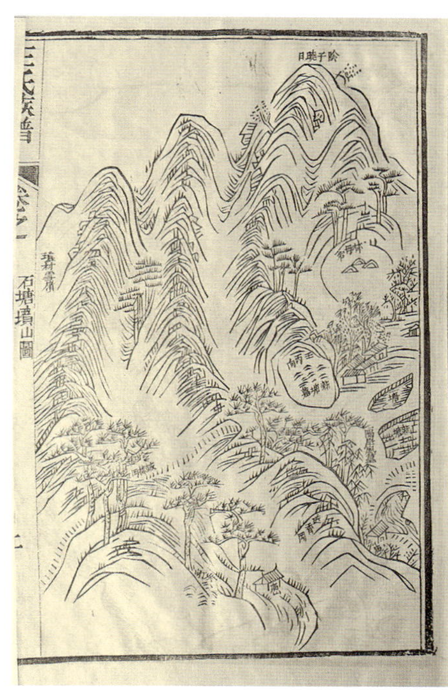

《石塘王氏宗谱》之云台山图

云台山麓石塘村一角

熙江宁县志》卷二记载，云台山在县西南六十里，高五里许，山南有古松，夭娇百尺，俨若图画，下有泉，澄泓可爱。在山西侧十里的地方，有一个虎肱洞，有巨石，像菌盖。另有石丈人，春社报赛时作为胜迹。该志特别指出："前志独轶，然后知幽胜之不能具述者，尚多也。"也就是说，之前的方志均忽略了云台山。

检阅《景定建康志》《至正金陵新志》《正德江宁县志》《万历江宁县志》后发现，确实如《康熙江宁县志》所说，之前旧志都没有云台山之介绍。此后，清《乾隆江宁县志》和《嘉庆新修江宁府志》等，均有云台山词条，且注明"而诸志皆逸，独载于旧《江宁县志》"。

云台山巅的云台寺(《横溪街道志》《陶吴镇志》称为白云观)，相传始建于宋代。寺北有石龙池，池水清澄，常年不绝，因池中有似龙状的小蝾螈而得名。山后巨石间有一石洞，名"仙人洞"，相传是道人修炼之所。洞口仅容一人侧身而进，洞内空间较大，中间有一个石凳。山前悬崖处一巨石间还有一个斗大的窟窿，俯耳听之，轰轰若沉雷声，故名"雷轰洞"。云台寺旧时规模不小，寺址前后 3 进，共 20 余间，前进右侧 3 间为楼房。民国时期，常有各地香客来观上香。每年春节期间，周围群众更是成群结队上山进香，寺内终日香烟缭绕，钟声不绝。其建筑毁于 1958 年。

据乡民回忆，云台山庙里有送子娘娘。求子的人半夜进山，进完香，从香案上拿一个小泥人，用红布包好。下山要换一条道，以免求来的子受到冲撞。求子成功，再将泥人送回，烧香还愿。

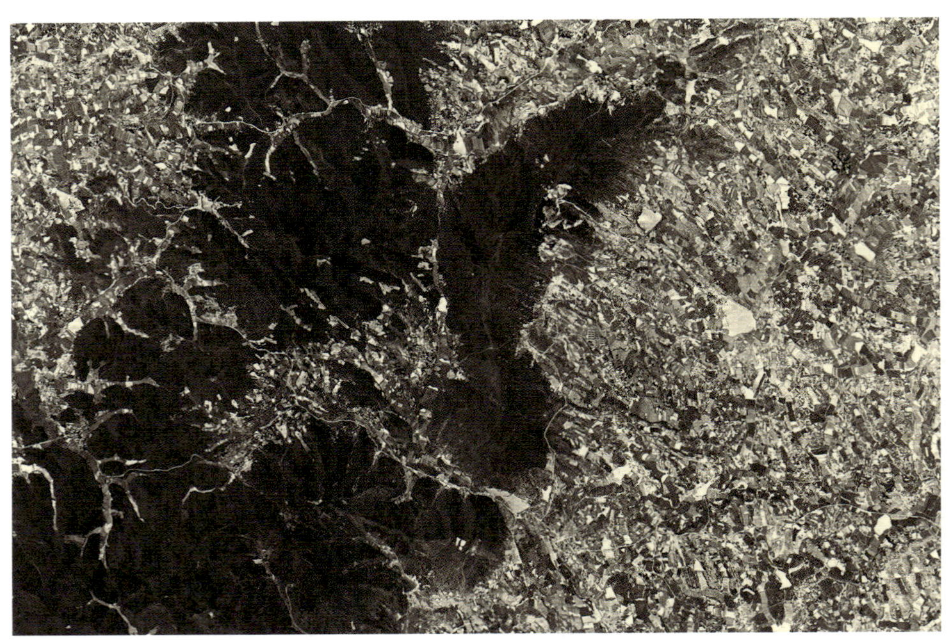
1960年代末云台山地区卫星图

碰到大旱之年，还会在云台山举行祈雨仪式。用红布包好一只陶罐，由两名村民抬上山，在小龙池里装满水，捉一条小金龙（实际上是蝾螈之类的两栖动物）放进去，敲锣打鼓下山，将此罐供奉在特设的香案上。等到下雨，一群人伴着锣鼓，将小金龙送回小龙池。

民国时期，云台山因发现铁矿再次为世人所瞩目。1933年，《矿业周报》上的一则消息，令陶吴镇附近的云台山名声大振，亲历者趋之若鹜。该消息称：云台山原为凤凰山铁矿一脉，最近该县将铁矿露头石送京，由中央研究院矿物科分析结果，含有纯铁70%，认有开采之价值。此后1934年出版的《兴华》和《矿业周报》，接二连三刊发云台山发现巨量赤铁矿的消息，据调查面积有一万余亩，储量极丰富。

1939年2月26日，新四军一团一营在云台山血战突围。1945年，中华理教会、先天道会等道门组织传入江宁。后来又在小丹阳建立三圣公堂，于云台寺等地建立了堂口。

当代影响与价值

云台山秀丽的自然风光、悠久的人文历史、深厚的文化资源、淳朴的乡风民俗，时时牵动了人们的目光，吸引着人们的脚步。尽管此山经历了太长时间的忽视和淡忘，尽管山顶大庙已经消失，云台夜钟这一幽景也不复存在，但它遗世独立，远离尘嚣，反而保持了独具魅力的素朴和自然。我们相信在不久的将来，它会重回人们的视野，会再次奉献出自己的淳美和善良。云台夜钟能否重现并不重要，云台山的过去就像那钟声耐人回味，令人神往。

铜山

基本概况

江宁区境有两座铜山，一在江宁区南境的禄口街道，一在江宁区西南境的江宁街道，两者极易混淆。两座铜山，在南宋《景定建康志》中皆有著录。

禄口街道境内的铜山，位于原铜山镇东部，北邻禄口机场，以产铜而得名。山体东西走向，山地东西长1.6千米，南北宽0.9千米，面积约1.44平方千米。分东西两峰，东峰称大铜山，海拔195米；西峰名小铜山，海拔97米。其山体主要系砂砾岩构成，局部山地亦含紫色砂页岩，主要植被有松树、杉树、竹等。附近有南京航空航天大学金城学院、金肯学院等。其山水秀美，著名景观有浩然楼、玉泉井、怡云轩、凌秋亭、同峰绝顶、金牛古宕、翠微仙洞、顶山小桥、门前赦树、楼外前塘、溧塘秋水、同麓胜概，号称铜山十二景。其周边“非遗”资源相当丰富，流传着“铜山高台狮子舞”“铜山民歌”“铜山锡剧”“铜山狗肉”等。

江宁街道的铜山，位于原陆郎镇境内，东南邻施山。旧传此山产铜，故名，海拔93.2米。

铜山远景

历史传承

南宋《景定建康志》卷十七载："铜山，在江宁县东南七十里，周回一十九里，高一百丈（"旧志"）。事迹：昔人采铜于此山，故名。陈轩《金陵集》载，鲍照《过铜山掘黄精》诗云'铜山昼深沉，乳窦夜涓滴'，即此也。属江宁县。句容县北，溧水县西，亦各有铜山，皆旧日采铜处。"元《至正金陵新志》所载内容与《景定建康志》记述相同，但引《庆元志》云："山南名金牛坑。"根据《景定建康志》"高一百丈"和"江宁县东南七十里"的记载，可以确认此铜山所指应该是禄口街道境内的铜山。

文献提及的鲍照，字明远，东海（治今山东郯城西南）人。出身低微。南朝刘宋孝武帝时，他先后任中书舍人、海虞令、秣陵令、永嘉令。刘宋大明五年（461），任临海王刘子顼行军参军，后转刑狱参军，故世称鲍参军。孝武帝死后，刘

1965 年《江宁县铜山公社平面图》

彧杀前废帝刘子业自立，刘子顼起兵反对刘彧，后兵败赐死。时在荆州的鲍照死于乱军之中，时年53岁。鲍照虽仕途不显，命运蹉跎，却才华横溢。他的诗文在其生前就极负盛名，对后世特别是唐代李白、杜甫的乐府诗和高适、岑参的边塞诗等产生过重要影响。《过铜山掘黄精》是鲍照在秣陵令任上两年多留下的三首与今江宁有关的诗篇之一，记叙的是他到境内铜山采集延年益寿的药草之事。全诗曰："铜山昼深沉，乳窦夜涓滴。即类风门磴，复像天井壁。蹀蹀寒叶离，淙淙秋水积。松色随野深，月露依草白。"这是鲍照对铜山山水佳景的赞美，也让铜山由此名声大振。

一般而言，山体高大，其植物资源、动物资源才会更加丰富，禄口街道的铜山海拔高得多，且江宁街道境内的铜山应该属于南朝时期江宁县所辖，与鲍照秣陵令的身份不符，故推测鲍照采药的铜山可能是今禄口境内的铜山。由于鲍照生活的年代为南朝刘宋时期，可知铜山的得名至少也有1500多年。

民国时期，禄口的铜山一带设立了铜山镇。1934年胡焕庸《江宁县之耕地与人口密度》一文，介绍了当时新成立的乡镇情况，其中新建的铜山镇由浣静乡、澄静乡、谢村镇、洁静乡组成，总人口5175人。新中国成立后仍为铜山镇。1954年改置乡。1958年建公社。1983年复为乡。1997年更置镇。2000年撤销，其境并入禄口镇。

据元《至正金陵新志》，禄口街道境内的铜山地属上元县南道德乡，下设道德里、埂头里、铜山里，在南宋《景定建康志》"皇朝建康府境之图"和"上元县图"皆标有铜山。而江宁街道境内铜山地属江宁县南的铜山乡，下设马浦东西里、施计里、东西里、濮里、后黎陵尚里、杨庄下溪里、故堂尚署里。《同治上江两县志》卷五又载："铜山乡，县西南。有后黎寺，唐天祐中建，南唐给额，为泗洲塔院。崇宁中，改净相院。洪武年，重建。俗呼今名。"该志卷二十七"江宁山图"中，标有"铜山"，紧靠"六塘桥"，且与牧龙亭相近；"同治上江两县总图"中，标有"铜山乡"名称，与牧龙亭镇相近；"二县乡镇图"中，所标"铜山乡"在牧龙亭镇东侧。清宣统二年（1910）刊刻的《上元江宁乡土志》，在叙述江宁乡镇时，仍有"在西南路有六塘桥，为铜山乡；有铜井、牧龙亭，亦处真乡"的记载，故铜山乡应该在民国时期废除。

当代影响与价值

江宁境内的两座铜山，都曾因开采铜矿而得名，都具有悠久的历史。特别是禄口的铜山一带文化底蕴深厚，也是一座文化名山，仍保留有铜山中学、铜山中心小学、铜山卫生服务中心、铜山地铁站等相关地名。习近平总书记说，绿水青山，就是金山银山。我们相信，以总书记的生态文明思想为指导，像对待生命一样对待生态环境，积极探索环境保护和经济增长相辅相成的高质量发展，通过深度挖掘两山的文化资源，规划建设以铜文化为主题的文化旅游景区，就可以让这两座铜山在新时代大放异彩。

秦淮

基本概况

秦淮，河名，古称淮水，简称“淮”，又称“龙藏浦”，全长约 110 千米，流域面积 2600 多平方千米，是南京地区最主要的河道。

秦淮河是江宁乃至南京古代文明的摇篮，它是一条自然河流，发源于苏南低山丘陵地区。其流域范围在宁镇山脉之南，横山之北，茅山之西，云台山、牛首山之东，属于一个比较完整的盆地，其下游穿越南京附近的低山丘陵而入江。

秦淮河有南北两个源头，北源起于句容的宝华山，称句容河；南源起于溧水的东庐山，称溧水河。两条支流在方山南面的西北村附近汇合成干流。干流绕过方山的南、西两侧，向北蜿蜒至南京城的东南，又分为两股：一股经通济门旁东水关入城，经中华门内镇淮桥，由水西门附近的西水关出城；另一股绕明代南京城墙南墙外，至水西门外与城内一股合流，再沿石头城下至三汊河入江。

秦淮河是江宁境内最长、最重要的河流，其干流及支流流经之区域，涉及到今日江宁大多集镇，是传统时代维系江宁水运交通的大动脉。江宁境内秦淮河流域还分布有包括湖熟文化台形遗址在内的众多重要的史前及商周时期古文化遗址，故被誉为江宁乃至南京的“母亲河”及古代文明的摇篮。秦淮河沿岸的古镇湖熟、龙都、秣陵、东山（土山）皆属江宁境内最具影响力的区域中心。

除了这些古镇外，秦淮河沿岸可圈可点的文化遗产甚多。如龙都杨柳村古建筑群规模宏大，建筑精巧，是南京地区现存最好的一组明清村落

《金陵八景图》之“秦淮渔笛”（明人绘）

建筑。方山南麓的洞玄观是历代典籍记载的江东最早道观，在唐代还被列为道教洞天福地七十二福地之一。方山北麓的定林寺乃南宋由钟山上定林寺移额所建，至明代已成为一方巨刹，今存之寺塔倾斜度为 5.3 度，堪称世界第一斜塔。

与秦淮河相关的文献主要有夏仁虎所编《秦淮志》。《秦淮志》成书于 1944 年夏，是第一部专记秦淮河的志书。抗战胜利后，《秦淮志》首次刊载于《南京文献》。全书 12 卷，每卷一志，分别是流域、汇通、津梁、名迹、人物、宅第、园林、坊市、游船、女闾、题咏、余闻。上起秦淮之源，下至入江口，略涉玄武湖、鼓楼岗南等处的地理、历史、人物等情况。内容主要源自“旧籍所载”“闻诸父老”“世身所及见”。其中前 3 卷多涉及江宁史地，如赤山湖、张公渡、九里汀、湖孰、杨柳湖、方山埭、马牧浦、牛首山东涧水、小水关水、周郎桥、菖桥、童家桥、马门桥、金家桥、郭家桥、陈墟桥、曹家桥、河定桥、上方桥、土山等，颇资考证。

《金陵四十八景》之“秦淮渔唱”（清版画）

《金陵四十景图》之“秦淮”（清版画）

作为地名的“秦淮”，还有秦淮社区，在秣陵街道北部，因近秦淮新河得名。此外还有秦淮路、秦淮河大桥、秦淮河堤防等。

历史传承

秦淮河，最早以“小江”之名指代。《三国志·吴书八·张纮传》注引《献帝春秋》载：“刘备至京（京口，今镇江），谓孙权曰：‘吴去此数百里，即有警急，赴救为难，将军无意屯京乎？’权曰：‘秣陵有小江百余里，可以安大船，吾方理水军，当移据之。’”文中所提秣陵，即孙吴都城（今南京），南京城附近符合“百余里”“可以安大船”的河流，仅有今秦淮河一条，此小江无疑

秦淮河流域图

指今秦淮河。

六朝时期，今日秦淮河，文献中多称为“淮水”,或简称为“淮”。《文选》卷四十六注引《王氏家谱》:“初，王导渡淮，使郭璞筮之。卦成，璞曰:吉无不利，淮水绝，王氏灭。”《太平御览》卷六十五“秦淮水”条引《丹阳记》云：“建康有淮,源出华山入江。”《晋书》卷一百《苏峻传》:“温峤等选精锐将攻贼营,（苏）硕率骁勇数百渡淮而战，于阵斩硕。”此所载苏峻之乱战场在建康城附近，“淮”即指秦淮。

入唐以后，“秦淮”一词则常见于文献之中。如徐坚《初学记》卷六引孙盛《晋阳秋》(即《晋春秋》）云：“秦始皇东游，望气者云：‘五百年后，金陵有天子气。’于是始皇于方山掘流，西入江，亦曰淮。”其后云:“今在润州江宁县，土俗亦号曰秦淮。”除此之外，“秦淮”一词亦多见于唐诗。如李白《留别金陵诸公》:“六代更霸王，遗迹见都城。至今秦淮间,礼乐秀群英。”杜牧《泊秦淮》:“烟笼寒水月笼沙，夜泊秦淮近酒家。商女不知亡国恨，隔江犹唱后庭花。”等等。

唐宋时期文献中也有以“淮水”指代秦淮者。如《元和郡县图志》卷二十六：“淮水，源出县南华山，在丹阳、湖熟两县界，西北流经秣陵、建康二县之间入于江。”李白诗《留别曹南群官之江南》:“淮水帝王州,金陵绕丹阳。楼台照海色，衣马摇川光。”既提“金陵”和“丹阳”,可知“淮水”所指即秦淮。《太平寰宇记》卷九十：“淮水，北去县一里。源从宣州东南溧水县乌刹桥西流入百五十里。”

“龙藏浦”一名始见于唐代。许嵩《建康实录》序云：“其淮本名龙藏浦。”此后,《六朝事迹编类》《景定建康志》《至正金陵新志》等方志关于龙藏浦的记载，或注明源自《建康实录》，或其记述与《建康实录》相同，可见这一名称的出现不是很早,或是许嵩参考了某种今佚文献。而“龙藏浦”之“浦”字,《说文解字》云:“浦，濒也。”可以理解为水边。因此，“龙藏浦”一名，从字面来看，未必是指整条秦淮河，而是单指其中一段。据《建康实录》记载：“其淮本名龙藏浦……古老相传，方山西渎江土山三十里，是秦始皇开，

1930 年代东山附近秦淮河

1975 年 12 月，秦淮新河工地现场

又凿石硊山西，而疏决此浦，后人因名秦淮也。”原来，民间传说秦始皇在石硊山西“疏决”的秦淮河即是龙藏浦，其位置在今秦淮河方山至石硊山之间一段。

就“秦淮”与“淮水”两名来看，以逻辑分析，“秦淮”出现的时间当晚于“淮水”。没有“淮水”之名，何来“秦凿之淮”？“秦淮”一名，或南朝已见。《太平御览》卷六十五“秦淮水”条引《舆地志》云：“秦始皇巡会稽，凿断山阜，此淮即所凿也，亦名秦淮。孙盛《晋春秋》亦云是秦所凿，王导令郭璞筮，即此淮也。”《舆地志》为南朝梁、陈时期顾野王编著，今已佚失。此中“亦名秦淮”若是《舆地志》中原文，则至南朝已有“秦淮”之称。

两宋以降，“秦淮”已成为主流名称。《太平御览》卷六十五中就专列“秦淮水”词条，而《景定建康志》《至正金陵新志》中则更有大量记载，明、清、民国时期历代南京方志中，也均可见到秦淮的描述。

总之，今日秦淮河最早的名称是“小江”，但这个名称不正规，六朝时期虽在沿用，但流传不广。最晚到东晋早期，已有“淮水”之名，或简称“淮”。其后至南朝，仍以“淮水”“淮”名称常见，但因秦始皇凿淮水传说的流行，开始有了“秦淮”一名。唐宋时期，虽然文献仍见有“淮水”，但“秦淮”一名得到更广泛的使用。明清以降，“小江”“淮水”之名退出历史舞台，仅有“秦淮”一名沿用至今。而“龙藏浦”一名出现较晚，始见于唐代，特指今方山至竹山之间的一段秦淮河。

秦淮河

秦淮河夕照

江宁境内秦淮河沿岸冈峦起伏，山水相依，风景秀丽。在明清至民国时期历次所评之金陵四十景、四十八景中，都收录有与今江宁区境秦淮河沿岸山水相关的景观。如明朱之蕃《金陵四十景图考诗咏》中列有“东山棋墅”“天印樵歌”“秦淮渔唱”三景。清康熙初年高岑所绘金陵四十景图中列有“天印山”“东山”“秦淮”三景。光绪年间（1875—1908）所印长干里客

1987 年江宁县机关参加小龙湾水利劳动（一）

1987 年江宁县机关参加小龙湾水利劳动（二）

《金陵四十八景》绘本中有“东山秋月”“天印樵歌”“台想昭明”“秦淮渔唱”四景。民国九年（1920）上海书局出版的徐寿卿编、韵生绘图的《金陵四十八景全图》中列有“东山棋局”“天印樵歌”“台想昭明”“秦淮渔唱”四景。这种品赏胜景之风进而影响到沿岸乡镇，如清代及民国时期，湖熟、龙都两地都先后评定了当地八景，诸景皆为秦淮河沿岸人文胜迹与秀丽风光。

当代影响与价值

秦淮河是江宁也是南京的母亲之河、文化之河。江宁境内的秦淮河沿线历史悠久，文化积淀深厚，各类文化资源及遗产极为丰富。2016 年 7 月，中共江宁区第十三次党代会报告提出，要积极深入推进“两山两河（东山、竹山和秦淮河、外港河）”生态提升工程，力争实现 19.4 千米秦淮河沿线公共空间全面贯通，未来要让这条城市中轴成为江宁现代服务业走廊、高科技产业标志轴和绿色生态的宜居空间。随着这一工程的推进，未来江宁区境秦淮河的核心功能必将有一个较大的调整提升，以往未能彰显的秦淮河在生态景观、传承历史文化记忆、旅游休闲等方面的价值意义，必将在新时代秦淮河的功能体系中占据越来越显赫的位置。

百家湖

基本概况

百家湖，湖名，今隶属秣陵街道，其东岸距江宁区人民政府约 3 千米。百家湖面积约 1.67 平方千米，水深平均 4 米，为江宁区境第一大湖。

百家湖，早年一度有百家湖街道之设。据《江宁区志》记载，2002 年 3 月，以原东山镇秦淮河西，以及秦淮河南部的江宁经济技术开发区、殷巷乡和东善桥镇水阁、长山两村等地，置建百家湖街道办事处，以境内百家湖得名。

今百家湖上横跨有白龙桥，此桥与当地流传的小白龙神话相关。相传百家湖南岸有一座白龙庙，以纪念湖神小白龙。为保护一方百姓平安，小白龙曾勇斗作为邪恶化身的火龙，终于除恶扬善，百家湖从此风调雨顺。如今，白龙桥也成了当地神话故事的载体。

百家湖一带人文内涵丰富，多次发现明代墓葬。1995 年 4 月，在江宁开发区经四路工程施工中，发现了倪阜之墓。墓葬位于原东山镇腰二村倪家山南坡（现为百家湖高级别墅居住区），虽规模极小，但保存完好，为三合土浇浆结构，长 2.25 米，宽 0.7 米，墓内仅容一棺。倪阜为成化二十三年（1487）进士，终四川布政司右布政使。倪阜为官勤勉，政声颇佳。据墓志记载，倪阜于山东布政司左参政离任时，“东人不舍公去，有垂泪者”，死后更是“囊橐萧然，至无以为敛”，可见是一位深得民心的清官。除墓志外，其墓别无他物出土，印证了墓志所言倪阜清廉的记载。除倪阜外，据文献记载，其地还葬有其父南京礼部尚书倪谦、其兄吏

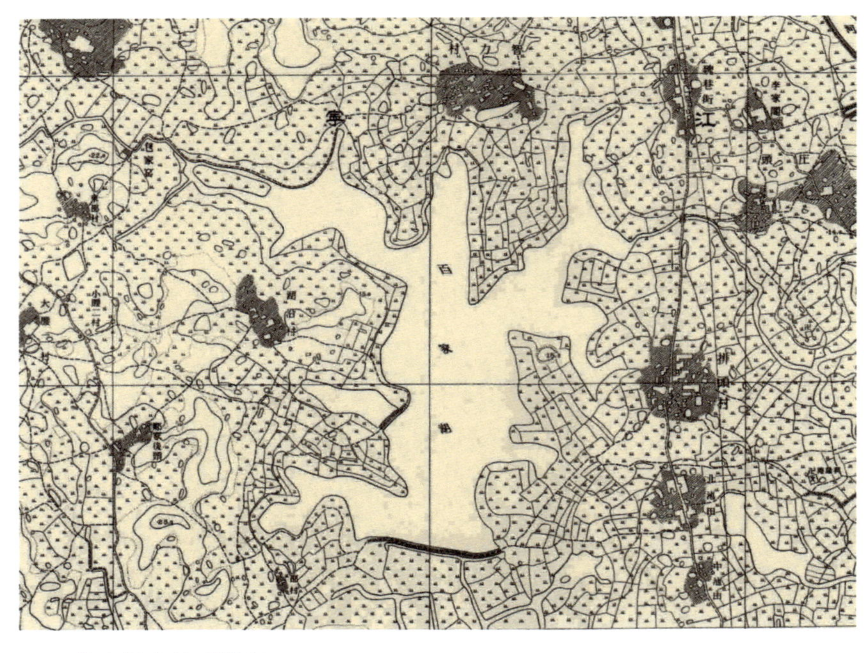

1936 年地图上的百家湖

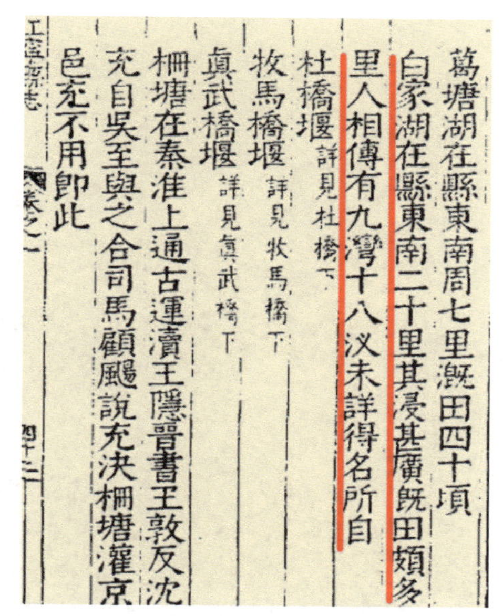
葛塘湖在縣東南周七里溉田四十頃
白家湖在縣東南二十里其浸甚廣既田頗多
里人相傳有九灣十八汊未詳得名所自
杜橋堰 詳見杜橋下
牧馬橋堰 詳見牧馬橋下
眞武橋堰 詳見眞武橋下
棡塘在秦淮上通古運瀆王隱晉書王敦反沈
充自吳至與之合司馬顧颺說充決棡塘灌京
邑充不用卽此

江寧縣志 卷之二 四十二

《万历江宁县志》关于百家湖的记载

部尚书倪岳，墓地原有石坊、石马、石翁仲等神道石刻，民国时期犹存。

同年，江宁开发区在今百家湖花园一带施工建设中发现一合明代墓志。据墓志记载，墓主陈頔，字士美，生于明正统二年（1437）十一月，祖籍东吴（今苏州）。洪武初年，其先祖“以著姓实京师”，遂占籍上元。陈頔少擅经商，长年经商于淮扬一带，虽家境富裕，但性仁惠，乐善好施，遇穷人能解囊相助，如借贷人无力偿还，则将借据焚毁，故与他相识及不相识的人，听到他的名字皆肃然起敬。晚年，他自号“市隐翁”，将家中事务交给其子处理，自己则和诸友到处游玩。正德十一年（1516）十一月，陈頔卒，享年80岁。同年十二月，葬新亭乡岗墓村李家山祖茔。

历史传承

百家湖，原名白家湖，最早见载于明《万历江宁县志》。该志称白家湖在江宁县东南二十里，其湖面甚广，灌田颇多，湖面曲折，湖旁居人甚多，相传有九弯十八汊，其方位、地貌均与今日百家湖极为相似。明顾起元《客座赘语》亦称“白家湖在凤台门外十里”。可知百家湖之名，实为白家湖的讹传。

白家湖之阴的湖堰村有明代南京礼部侍郎殷

今日百家湖畔

2007 年的百家湖

百家湖今貌

迈墓。殷迈，字时训，一字秋溟，号白野。嘉靖二十年（1541）进士，历任户部主事、南京吏部郎中、贵州提学副使、四川右布政使、南京太仆寺卿、南京礼部右侍郎。万历十年（1582），赐葬湖堰村，谕祭有“操行端洁、学问弘深”之语。湖堰村，又名湖沿村，属原江宁县东山乡太平村（现为秣陵街道太平社区）。原村位于百家湖西南岸，1990 年代初期拆迁。从湖堰村名也可佐证

1992 年江宁经济技术开发区建设工地

明代的白家湖就是今日之百家湖。

需要说明的是，关于百家湖一名的由来，《南京地名大全》《江苏省江宁县地名录》《江宁区地名志》诸书认为，其地曾是牧马的好地方，南朝时名“马牧湖”。后因湖边村庄过社火，结有白社，更名为白社湖。民国初年，因湖水可灌溉百家农田，复更名为百家湖。但据今人考证，马牧湖实得名于马牧浦，马牧浦即今云台山河，与百家湖并非同一水体。而白社湖在上元县东南，早在明代已湮为田地，与在江宁县东南的白家湖不是一湖。

1946 年，岔路镇计划利用百家湖养鱼、种菱，此为当时江宁县政府实施的“乡镇造产”计划之一。

当代影响与价值

今日之百家湖湖水清澈，风景秀美。1992 年，江宁经济技术开发区在百家湖附近成立。如今，百家湖周边高档住宅区、写字楼、酒店、购物中心鳞次栉比，南京地铁一号线设有百家湖站，湖东还建有南京新时代标志性建筑之一的“凤凰台”，百家湖已然成为江宁新城区的一颗璀璨明珠。

倪塘

基本概况

倪塘，乃源自六朝的古地名，今称“泥塘”，社区名，隶属东山街道。

泥塘，原名倪塘。因塘边建村，村以塘名，故名倪塘。后倪塘村逐渐发展扩大，于是又分为东倪塘、中倪塘、西倪塘 3 个自然村，当地百姓俗称泥东、泥中、泥西。其地，清代属上坊镇。1946 年至 1949 年，属上高镇联保区第四保。新中国成立后，先后沿属上坊镇、上坊街道。1959 年成立泥塘大队。1982 年设立泥塘村委会。2003 年 9 月，撤泥塘村委会，设泥塘社区居委会。2006 年，随上坊街道并入东山街道。2010 年前后，泥塘村拆迁，其地今为城市建成区。

据《景定建康志》等方志记载，倪塘在南京城东南二十五里。其南面方山，西滨秦淮，地扼襟要，若从东、南方向陆路进入南京城，过方山后北行必经倪塘，故六朝时期的倪塘地处都城东南交通要道，为兵家必争之地。文献记载中，不少重要事件就发生于倪塘。

东晋永昌元年（322）正月，王敦在武昌起兵，发动叛乱，沿江而下进攻建康。王敦之兄王含随王敦参加叛乱。叛军很快占领建康台城，王敦遂挟持晋元帝司马睿擅权专政，杀戮无辜。同年十一月，司马睿去世，晋明帝司马绍即位，改元太宁。太宁元年（323）四月，王敦移镇姑孰（今安徽当涂），伺机再次叛乱，次年六月，晋明帝乘王敦身染重病之机部署平叛。王敦闻讯，以王含为主帅，率钱凤等部直捣建康。七月初，王含等水陆 5 万大军进至秦淮河南岸。晋明帝亲率大军驻扎南皇堂，夜募勇士陈嵩等率领甲士千人渡过秦淮河，趁敌不备，大破乱军于越城。王敦闻讯，气急而亡。王含军败后率残部从倪塘之西起筑相连的 5 座城垒，企图抵御前来进攻的晋军。再败，王含等烧营夜逃，温峤复督刘遐等追王含、钱凤于江宁。不久，王含等皆被杀，王敦之乱被彻底平息。

东晋隆安二年（398），东晋孝武帝王皇后长兄、兖州刺史王恭联合殷仲堪、桓玄等地方势力，出兵讨伐宰相司马道子重用的佞臣王国宝。司马

今日倪塘路

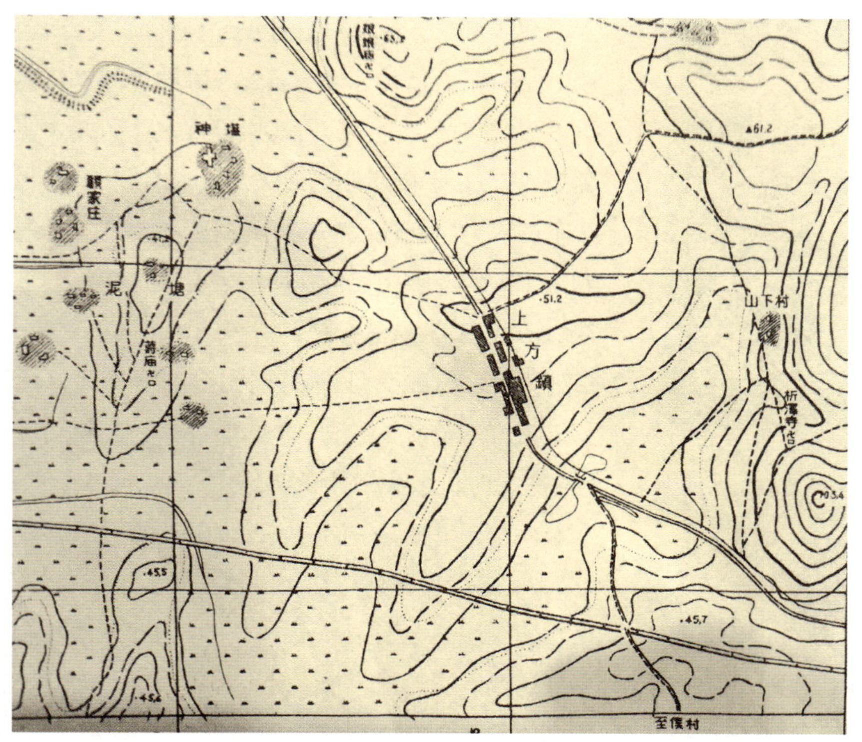

老地图上的倪塘

道子以重利招诱驻守京口的北府军将领刘牢之，刘牢之贪图重利，派人突袭王恭。王恭只得亡命投靠桓玄。在逃亡途中，王恭在长塘湖被商人钱强出卖被逮，并运送至建康。当时桓玄已领兵至石头城，司马道子恐有变化，直接将王恭在都城东南郊的倪塘斩杀，王恭5个儿子、兄弟子侄及亲信党羽均被杀害。

东晋末年，北府兵将领刘毅刚猛沉断，与刘裕共同讨平桓玄，而功居其次，意常怏怏，故欲擅其威强，伺机与刘裕抗衡。义熙八年（412）四月，刘毅在赴荆州刺史任前，上表东道还建康，至京口辞别祖墓。虽仅距都城数十里，刘毅也不过台城拜谒皇帝。刘裕亲往倪塘与之相会，宁远将军胡藩劝刘裕杀之，以免后患。刘裕不从。至九月，刘毅愈发专肆骄纵，刘裕遂率师讨伐刘毅，对胡藩说：“昔若从卿倪塘之谋，无今举也。”

南齐永明九年（491），侍中、贞阳公柳世隆病卒，享年50岁，葬于倪塘。据载柳世隆生前常与宾客郊游，每次都坐在倪塘的一个固定地方。等他死后，墓工在倪塘造墓，所定茔位正是柳世隆生前常坐之处。

此外，梁绍泰二年（556）五月，北齐军队南下攻梁，自方山进及倪塘，甚至有少量游骑窜至台城之下，建康震骇，内外戒严。

明永乐初年，有举人方矩隐居倪塘，筑云涧亭以居。又有泥塘明代失考墓石刻，墓主疑为卒于正德十年（1515）的兵部尚书王敞，2006年列为南京市文物保护单位。

历史传承

关于倪塘得名，《资治通鉴》卷一百一十胡三省注曰：“倪塘在建康东北方山埭南，倪氏筑塘，因以为名。”倪塘不在方山埭南，而在东北，

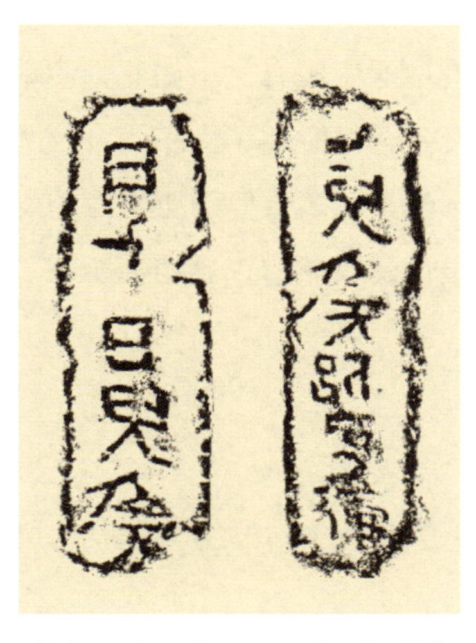
2008年沙石岗发现的孙吴天册元年“倪侯”铭文墓砖

上坊泥塘明代墓葬神道石刻

方山埭也不在建康东北，而在其南，这里应该是“倪塘在建康南方山埭东北”之误。胡三省没有说其具体年代，根据考古发现，这个倪氏是孙吴人。1979 年，上坊城墙村棱角山发现一座孙吴天册元年（275）大型砖室墓。砖室全长达 9.5 米，许多墓砖上模印有“天册元年七月十八日兒侯师李横作甓”“天册元年七月”“兒侯”等铭文；2008 年，又在距棱角山天册元年墓仅约百米的永安社区（原属城墙村）沙石岗发现另一座大型天册元年墓。砖室全长达 8.38 米，墓砖上模印的花纹和铭文与前者完全相同。证明这两座大型墓葬的墓主都与“兒侯”有关，“兒”即“倪”，证明这里是孙吴倪侯家族墓地所在。因为墓地距倪塘不远，故颇疑这个“倪（兒）侯”与胡三省所说的筑倪塘的倪氏有关。如此则倪塘地名的起源可以前推到孙吴时期了。

倪塘不仅是众多重要历史事件的发生地，而且是南朝国都建康城的东界地标所在。真正意义上的建康城（今南京）包括位于内重核心的台城、服务于宫室的都城、作为城郊分野的外郭以及逐渐发展起来的近郊。当时建康城宫室壮丽，人烟稠密，手工业和商业高度发达，成为一座闻名于世的东方国际性大都市。元嘉七年（430），来到刘宋的诃罗陁国使臣在所上表奏中这样赞美建康城的壮丽：“城郭庄严，清净无秽，四衢交通，广博平坦。台殿罗列，状若众山，庄严微妙，犹如天宫。”《太平寰宇记》卷九十引《金陵记》载：“梁都之时，城中二十八万余户，西至石头城，东至倪塘，南至石子岗，北过蒋山，东、西、南、北各四十里。”由此可知，经过 300 多年的发展，梁代建康城高度繁荣，城市规模极度膨胀，其东界到达今上坊泥塘一带，其范围与今日南京城相比也相差无几了。

当代影响与价值

倪塘地名起源于孙吴，是江宁地区年代最久远的老地名之一。这里不仅是六朝时期许多重要历史事件的发生地，还是南朝建康都城东界的地理坐标，具有丰富的文化内涵及符号标识价值。隋唐以降，随着南京政治地位的下降，及城市发展空间格局的变化，倪塘盛名不再。如今的倪塘地区，除了考古发现外，其他故迹多已难寻，所幸今日泥塘社区及周边还保留有倪塘路、泥塘初级中学、泥塘新苑等相关地名，继续发挥其承载历史记忆、延续昔日荣光的功能。

葛塘

基本概况

葛塘，相关地名有葛塘寺、西葛塘、东葛塘、北葛村、葛塘湖等，现属于秣陵街道，其地大致范围，东、南依云台山河，西接宁丹大道，北倚静龙山。

葛塘在旧葛仙乡，清《胡林翼集》之《读史兵略续编》云："葛仙乡，今曰葛塘，在江宁南六十里。"比起葛塘，历史上葛仙乡的名气要大了许多。南宋《景定建康志》卷十六记载："葛仙乡，县东南。"据明《万历江宁县志》，葛仙乡在江宁县东南七十里，辖里二。

与葛塘关系最密切者要数"葛塘湖"。北宋乐史《太平寰宇记》卷九十记载："葛塘湖，在县东南七十里，周回七里。葛公在此得仙，故以为名。"《景定建康志》卷十八亦载："葛塘湖……溉田四十顷，旧经云昔葛仙翁于此炼丹，故以名之。"葛塘寺在今高塘村葛塘寺自然村北面。葛塘湖亦称葛仙湖，就在寺旁，今已不存。

附近又有葛塘寺。据《南京都察院志》记载，葛塘寺在葛仙乡沓巷北，始建于明洪武年间（1368—1398），重修于隆庆年间（1567—1572）。该寺原来规模较大，太平天国时期清军攻打秣陵关，咸丰八年（1858），副将刘季三曾设伏葛塘寺，火烧秣陵关，佛寺毁于兵火。光绪十三年（1887），重修葛塘寺。全寺有殿宇、房舍 20 余间，分前后二进。前进正中名大沙门，右为僧房。东殿供弥勒佛，西殿为娘娘殿，供蚕沙娘娘、送子娘娘、雷公、牛王金像。后进正殿已毁，东殿供三清大佛、地藏王、观音等，西殿分为炎帝殿、文太师殿、四大金刚殿。庭院内广植天竺、牡丹等，寺门有 3 人合抱的古银杏 1 株。1920 年，葛塘寺的后进东殿改设为小学。新中国成立初期，尚有庙产 40 余亩，寺僧 16 人。1956 年，寺东侧的"现坑子"泉因凤凰山开矿而枯竭。1958 年，大部分殿宇被拆，仅存前殿部分。因葛塘寺在当地属于大寺，故陶吴、秣陵一带的百姓皆呼"葛塘寺"为地名，其后葛塘寺又成为村庄名称。

历史传承

葛塘地名早见于南朝。史载南朝齐建元二年（480），新淦伯刘善明卒，享年 49 岁，赠左将军、豫州刺史，谥烈伯。齐高帝萧道成闻其家贫，赐其子刘涤葛塘屯谷五百斛。刘善明，平原人，其父刘怀民为刘宋齐、北海二郡太守。刘善明少好静处读书，年 40 方辟为治中从事。齐高帝继位后，刘善明以勋诚封新淦伯，邑五百户，代萧鸾为征虏将军、淮南宣城二郡太守。史称刘善明身高七

陶弘景像

尺九寸，不好声色，生活俭朴，所居茅斋为自己砍木搭建，居处床榻、几案不加装饰。刘善明为官清廉，所获俸禄常散之亲友，卒后家无积蓄，唯留书8000卷，遗命薄葬。齐高帝诏赠钱三万，布五十匹，又赐其子葛塘屯谷五百斛，并说："葛屯乃吾近郊之仓，今赐其谷，可令后世知吾对刘君之特殊礼遇。"从齐高帝一次赏赐刘涤屯谷五百斛的记载看，葛塘仓储规模较大，推测是南朝时期京郊一处重要的国家仓储重地。它的设置不仅证明南郊秣陵是都城建康的重要粮食基地，也与其旁秦淮河、秣陵新河、云台山河等发达的水运交通有关。

需要说明的是，文献中提及的"葛仙乡""葛塘湖""葛塘寺"，均与历史上大名鼎鼎的葛玄有关。

葛玄（164—244），字孝先，丹阳句容都乡吉阳里人，是早期南方道教传承中的关键人物之一。至宋代，先后敕封为"冲应真人""冲应孚祐真君"。据道书记载，葛玄有仙术，能辟谷，颇多虚构之神异与传奇，故多尊称为"葛仙公""葛仙翁""仙公""太极左仙公"等。位于淳化街道方山南麓的洞玄观，相传即由吴大帝孙权为葛玄所立，故被视为最早的江东道观。

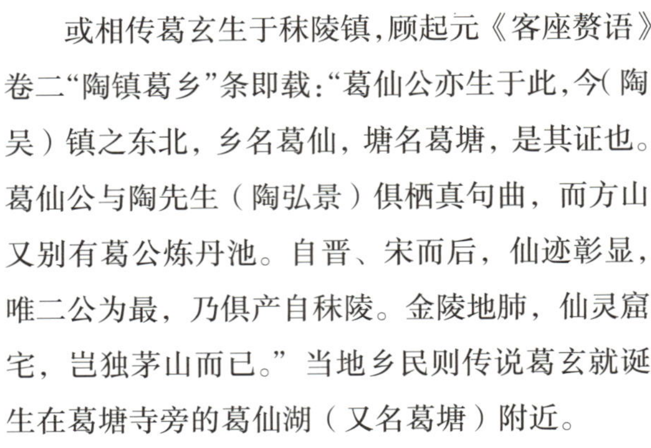

或相传葛玄生于秣陵镇，顾起元《客座赘语》卷二"陶镇葛乡"条即载："葛仙公亦生于此，今（陶吴）镇之东北，乡名葛仙，塘名葛塘，是其证也。葛仙公与陶先生（陶弘景）俱栖真句曲，而方山又别有葛公炼丹池。自晋、宋而后，仙迹彰显，唯二公为最，乃俱产自秣陵。金陵地胏，仙灵窟宅，岂独茅山而已。"当地乡民则传说葛玄就诞生在葛塘寺旁的葛仙湖（又名葛塘）附近。

至晚清、民国时期，葛塘已设为镇。据清宣统二年（1910）《南洋官报》刊载的《江宁筹办地方自治总局，批江宁葛塘镇董李国铨等，禀设自治组织会，附设自治研究会所录章呈请立案由》所提供的信息来看，这时的葛塘已经是市镇的建制。1921年《江苏省公报》还公布了一份"呈请饬官产处将李兆年报领秣陵市、葛塘等处官荒一案请注销并乞立案"批复，其中葛塘与秣陵市并列，由此推测，此时的葛塘可能也属于集市。

当代影响与价值

三国孙吴著名高道葛玄在江宁留下了众多的历史传说，可谓妇孺皆知。除葛塘外，方山东南秦淮河支流解溪河上的葛桥、方山洞玄观炼丹井

江宁陶氏家族使用的量桶及量桶盖

遗迹等等，相传都与葛玄相关。这些地名传说及历史遗迹，可以大大提升当地的文化内涵，是一类特殊的文化旅游资源，值得进一步开发利用。就葛塘（葛塘湖、葛仙湖）而言，如果能够根据相关文献及口碑记载，再造这一历史名湖，恢复其原生态环境，并以此为依托打造与葛玄相关的道教养生文化体验区，就可以在新时代赋予此类老地名以全新的生命力。

高桥门

基本概况

高桥门，属南京城墙外郭城门，位于郭垣东南端，西南接上坊门，东北连沧波门。

南京的外郭城门历来有18座城门即“外十八”之说，但最初则仅有15门，高桥门为其中之一。《明太祖实录》即载：明洪武二十三年（1390）四月，南京开始建造外郭，“置京师外城门驯象、安德、凤台、双桥、夹岗、上坊、高桥、沧波、麒麟、仙鹤、姚方、观音、佛宁、上元、外金川凡十五门”。后来又陆续增辟到16门、18门、19门，但高桥门名一直未改。

高桥门在金陵城东15里，旧属上元县长乐乡。因门前原有高桥，故城门以之为名。旧传汉人皋伯通居此，故得名皋桥，后讹为高桥，实误。高桥门因高桥得名，而高桥之名，早见于南朝。《陈书》卷八《侯安都传》载：“明年（绍泰二年，556）春，诏安都率兵镇梁山，以备齐。徐嗣徽等复入丹阳，至湖熟，高祖追安都还，率马步拒之于高桥。又战于耕坛南，安都率十二骑，突其阵，破之，生擒齐仪同乞伏无劳。”

高桥，重建于明洪武十九年（1386），为单孔石拱桥。传说明初兴筑通济门东关头，以剩余石材架设此桥，一说以兴建七桥瓮剩余石料所建，故又名剩石桥。后桥名讹称“盛世桥”，亦称“东观盛世桥”。永乐九年（1411）九月重修。清康熙七年（1668）再次重造高桥，江宁知府陈开虞题为东观桥。关于高桥位置，《洪武京城图志》之“京城山川图”似标在高桥门内，但一般旧志均称在高桥门外。

除了高桥外，此地还有卢家桥。清道光四年（1824），卢氏出资在上元县高桥门外重建卢家桥。高桥门外沿中心河有大片圩区，属上元县凤城乡。中心河源于青龙山余脉门前山，在高桥门一带会集运粮河，入护城河。卢家桥横跨中心河，地处南北通衢，也是圩区与外界的交通要道。

高桥门萝卜，又名莱菔，是远近闻名的南京特产。1929年《新都游览指南》载：“莱菔为宁人家常蔬食之一，以产于高桥门者为最佳。皮红鲜可爱，食之味甜，而实大者常逾一斤。”

历史传承

高桥门，于明洪武二十三年（1390）四月开始建造。因门前原有高桥，城门故名。次年二月，置千户所，铸印给之。永乐九年（1411）九月，修京师高桥门。万历九年（1581），因守备兵力不足，高桥门千户所遭革除，并入上方门千户所。

据《南京都察院志》载：“高桥门，西至上坊门界，东至沧波门界，共计一千零五十丈，垛

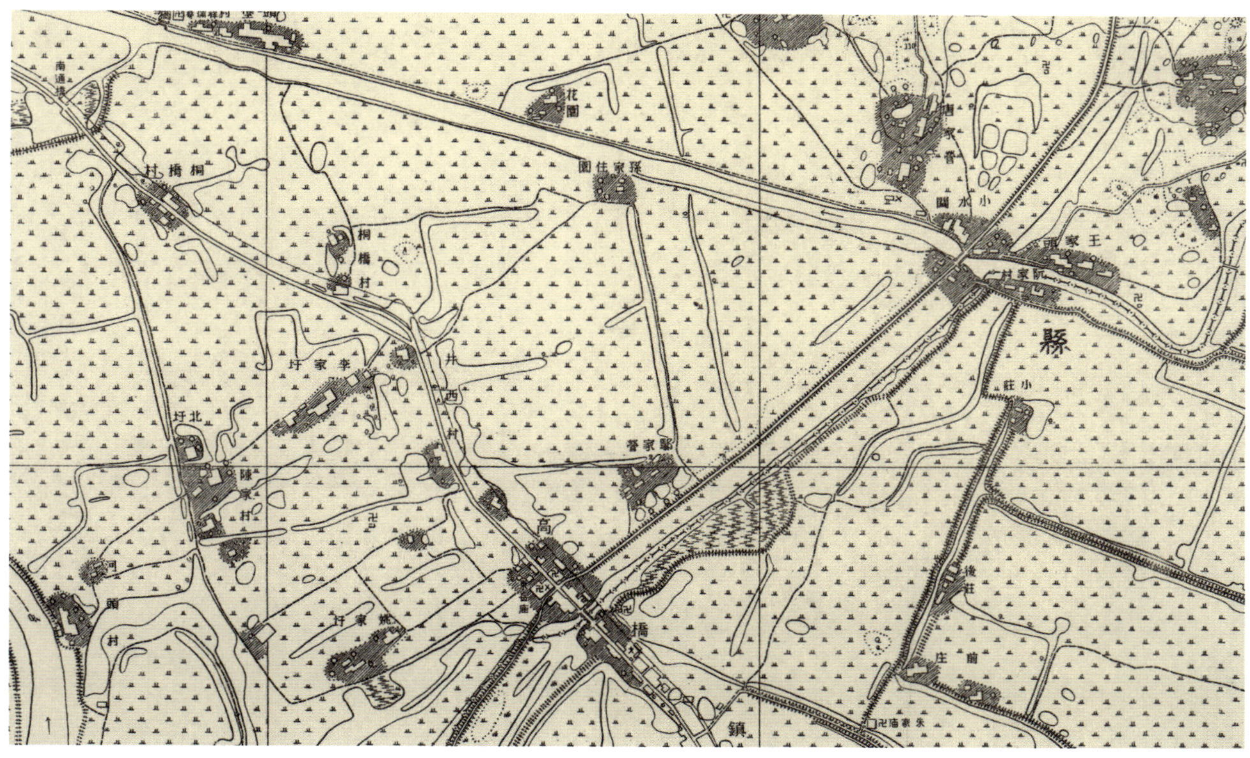

1933 年地图中的高桥镇

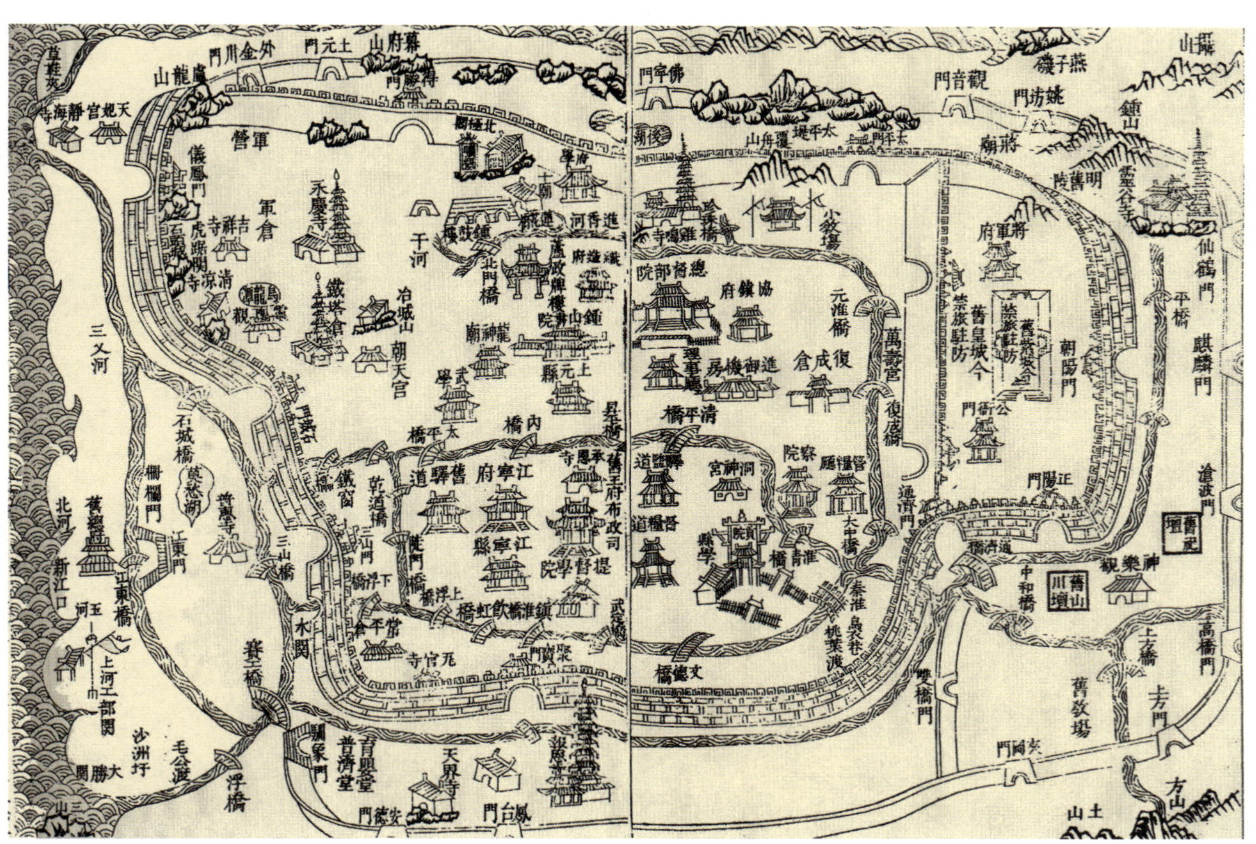

清江宁府城图（清版画）

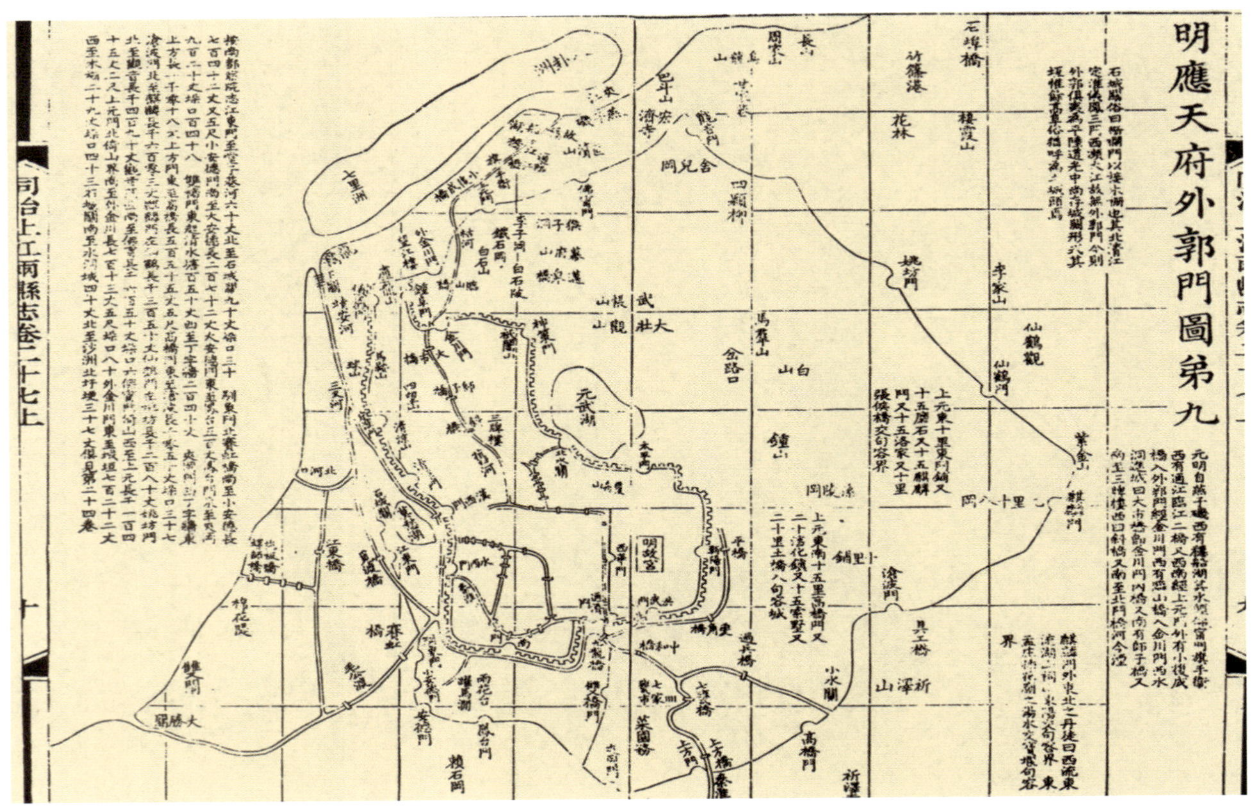

《同治上江两县志》中的明应天府外郭城门图

口三十七座，小关一座，设有锁钥，委官二员。本门轮拨军余守把。水洞二处。官厅六间，直房一间，神庙一座，锁钥一副。按：高桥门内有上坊桥、朝阳司，为督税之境；外有石马冲、胭脂井，多膏腴之田。土桥、高庙来往句容之所必由，蔡墓、于乡进香三茅之所经过。人烟甚广，防御不疏。”

高桥门是拆毁较晚的几座外郭城门之一，《康熙江宁府志》卷一“国朝省城图考”云：“外郭门城垣，旧多颓毁，所存者仅高桥、沧波、江东二三处。”民国初期，高桥门仍“重关屹立，形势嵯峨”。1932 年出版的《新京备乘》卷上亦云：“外郭门城垣，明时是否全筑，无可考。唯旧多颓毁，所存者仅高桥、沧波、江东二三处。同（治）光（绪）大定后，则仅见高阜络绎而已。”

1953 年 4 月，因“高桥门城瓮裂损，行将倒塌”，南京市工务局派工将其拆除，“为免生事故”。因此，高桥门是 20 世纪 50 年代大规模拆城前，就已拆除的一座城门。

当代影响与价值

高桥门虽早于 1953 年拆除，但作为地名，其门名一直沿用至今。现附近有高桥门枢纽，为联通宁杭高速公路和绕城高速公路的重要节点。令人遗憾的是，在近年的城市建设中，高桥门前的东观盛世桥已经被拆除。我们所痛惜的绝不仅仅是一座优雅的石桥，更重要的是失去了确认高桥门位置所在的参照。在今日城市高速发展的背景下，如何发挥老地名、文物古迹的当代价值，这是我们的城市管理决策者和文物工作者共同面对的难题。

夹岗门

基本概况

夹岗门，又名夹冈门，属南京城墙外郭城门之一，今遗迹不存，门名犹在。位于卡子门大街东侧，其西垣接凤台门，东垣连上坊门。

据《景定建康志》卷一六和《至正金陵新志》卷四记载，夹岗门址附近曾有夹埕铺，“埕”即“冈”“岗”，故夹岗（冈）门乃因近旁夹埕铺而得名。这一邮铺后来渐渐失去了影响力，但作为城门名称却保留了下来。在《古今图书集成》中，夹岗门以音近讹称“架冈门”。

考古发现证明，夹岗门地区古迹较多。1955 年，当时的夹岗门乡曾挖掘出东晋墓一座，随葬品有青瓷灯、四耳罐、碗等。夹岗门外的孙家山有明正德三年（1508）进士景旸（字伯时）墓。夹岗门外的艾村还有明嘉靖十四年（1535）所葬的兴安伯徐勋（字元功，别号后山）及夫人金氏合葬墓，墓在今岔路口宏运国际村旁（原属岔路乡红光行政村）。

1933 年地图中的夹岗门

历史传承

夹岗门，明洪武二十三年（1390）建造。次年二月甲子，置千户所，铸印给之。据杨心佛

《金陵十记》介绍，夹岗门原有前、后两道门券，约拆毁于 1932 年“一·二八”淞沪战争爆发后。

明代夹岗门情况，《南京都察院志》记载颇详细：“夹岗门西至凤台门丁字墙一号起，东至上坊门界，共计一千十八丈。西边水洞一处，城门锁钥一副，城隍庙一座，官厅二层，直房三间。按：夹岗门内神机营枪牌最称，僻静无双。左有张王庙古迹，春景赛会最胜。且通溧水之周行，聚宝司借停课税；当秣陵关之内地，抱关者防范宜周。”

《南京都察院志》不仅记录了夹岗门的相关建筑及其地理位置的重要性，还描绘了当地的民俗。所谓“左有张王庙古迹，春景赛会最胜”，即指当地春季张王庙祠山大帝张渤的赛会，算是较早的南京民俗史料。夹岗门的祠山赛会，潘宗鼎的《金陵岁时记》是这样介绍的：“二月八祀祠山大帝，夹岗门外有张王庙，前后三日必有风雨，遂有‘张王老爷吃冻食，请客风送客雨’之谚。”众所周知，张渤信俗在江浙皖一带十分盛行，而此则记录的吃冻食谚语，是相关研究中频繁引述的史料，且与夹岗门这一地名联系在了一起，弥足珍贵。

到了民国，南京市与江宁县划界，夹岗门一带即是分界线。据《首都志》载：“第五十一号界标，在上方门西土城根，由上方门至夹岗门土城，属县。”另据 1935 年《测量公报》，陆地测量总局局长吴德芳签发了命令，同意航空委员会南京办事处在通济门、夹岗门一带航测万分之一地图的请示。而夹岗门外路东双龙街 60 号的中国人民解放军陆军工程大学双龙街营区，在抗战胜利后，曾长期作为南京国民政府伞兵总队的训练基地使用。由此可见，此时的夹岗门地区，不论从政治上，还是军事上，仍然是重要的交通要地。

夹冈寺旧影

1930 年代夹冈寺石刻

1930 年代江宁建水闸

当代影响与价值

随着近现代城市化步伐的加快，夹岗门门址及两侧城垣已无遗存，但南京明外郭城自南京城南双龙大道与双麒路交界处的夹岗门以东，至南京城东北门坡附近的观音门一段城墙，作为城郊公路路基，其地面尚有部分土城遗存保留。此外，作为相关地名，夹岗门、夹岗门路、夹岗门小学等仍在沿用，夹岗门将以这种特殊方式保留在人们的记忆之中。

上方门

基本概况

上方门，亦称上坊门，属南京城墙外郭城东南垣城门，西南与夹岗门相接，东北与高桥门相连。

关于上方门的得名，一说因门内秦淮河上有上方桥（今称七桥瓮）而得名，而上方桥得名颇疑因此桥在中和桥东南上游（上方）之故；一说因境内北部有南朝陈武帝陈霸先万安陵，以其处于陵墓上方而得名。以前说的可能性为大。元《至正金陵新志》卷一“上元县图”中有“上方市”一名，桥名、门名“上方”当与此相关。由于明代早期文献《洪武京城图志》《永乐大典》均称“上方门”，今门内明代石桥七桥瓮桥匾上所镌也是“上方桥”，故可以确认“上方”之名要早于“上坊”，后者是同音衍生。

又据明《南枢志》：“上坊门，西至夹岗门界，东至高桥门界，共计五百五十五丈五尺。临门五丈有上坊关石桥中立，五券。官厅六间，左右茶厨房六间，春秋阅城小饭之所，直房二间，玄帝庙宇一座，锁钥一副。”《南京都察院志》亦载：“上坊门外有分水桥，而水势多冲，内有见子桥，而迳路甚僻。且南接溧水，西通太平，舟帆络绎，水注长江。向年议复混江龙，以防奸伪。事称有见，乃为势要阻挠，竟不能行。夫设险御暴，目今虽幸于有人，而水陆要冲，关防不可以不复。”由此可知，至明代中后期，“上坊”与“上方”两名已互用，且一直延续至民国时期。

根据实地考察，上方门的位置当在今上坊桥附近的原上坊门自然村，门址东紧邻秦淮河

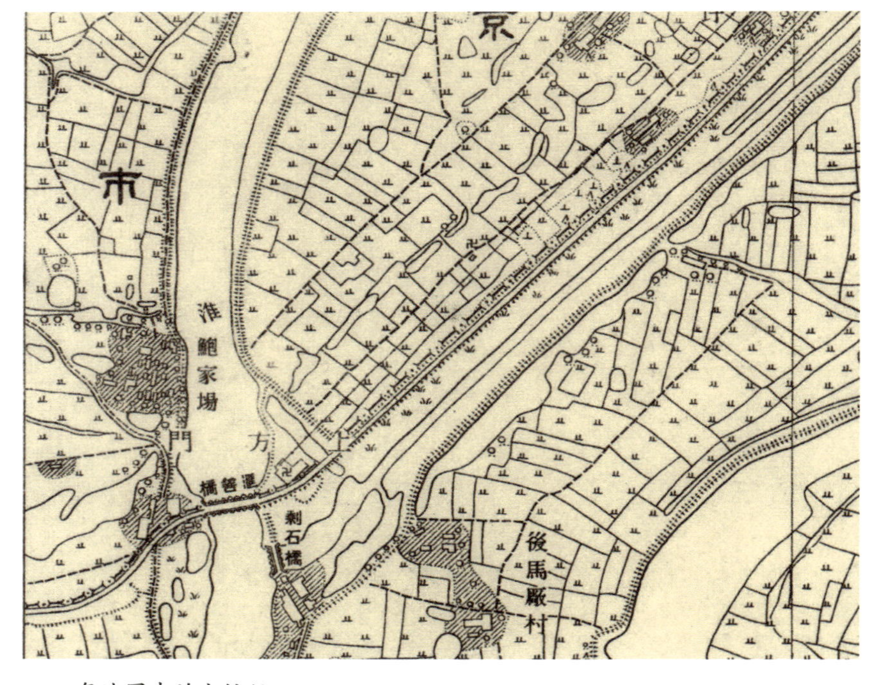

1933 年地图中的上坊门

和上坊桥。

历史传承

史载明洪武二十三年（1390）四月建造上方门,次年二月置千户所。建文元年（1399）六月，曾置聚宝门宣课司上坊桥分司。永乐九年(1411）九月，重修上方门。据《明会典》等文献记载，因有秦淮河一支在门旁入城，故设有“上方门水关”，或称小水关。关于上方门与周边诸水系、水关及内外桥梁的位置关系,《客座赘语》卷九“城内外诸水”条云：秦淮“一支自上方门外小河，东历高桥门，抵沧波门。”夏仁虎《秦淮志》记载更详：“又西北流过上方门，受小关水，合流至通济门外……西北流过上方门，淮水自五城渡至此。有二桥，内曰见子，外曰分水。又西北曰上方桥，有支河通高桥门，其水穴土城而入者曰小水关水。”

其地为秦淮河诸水的交通枢纽，南接溧水，西通当涂，故地理位置特别重要。在太平天国时期，清军与太平军曾在这里发生多次激战。20世纪30年代初，南京市与江宁县划界，上方门又成为诸多界标之一。据《首都志》记载，其中第五十号界标在上方门东土城外四圩公所，戏台及大桥属南京市，龙窝渔利仍为四圩公所有；第五十一号界标在上方门土城根，由上方门至夹岗门土城属江宁县。1937年10月，首都电厂下关发电所将1台1000千瓦用机移装于江宁县上坊门，用作战时备用电源。1940年，华中水电股份有限公司将该机组拆除。

当代影响与价值

上方门（上坊门）今已不存，但门名得以沿用至今，可谓是地名中的“活化石”。众所周知，南京外郭城墙是南京明代都城四重城郭的重要组成部分。其规模宏大，是我国乃至世界上保留至今最长的城垣，是南京明代都城规制的代表性遗产。包括上方门在内的南京城墙外郭遗址是南京历史文化名城深厚文化积淀的重要载体，也是当下重要的历史文化与旅游资源。就此而言，其保护与利用对提升南京历史文化名城的品味和形象，促进南京文旅事业的可持续发展，具有重要的现实意义。

索墅

基本概况

索墅，今为社区名，属淳化街道，辖镇东、镇西、涧边、巷上、石塘头和姊妹桥 6 个自然村，位于江宁区东境，其驻地习称索墅镇。

索墅因西晋骠骑大将军、尚书左仆射、录尚书、上洛郡公索綝后人居此而得名。索綝（？—316 年），字巨秀，敦煌人。西晋大臣后将军索靖少子，曾迎晋愍帝入关中，助其登位为帝，后掌握朝中权力。晋愍帝被俘后，他与之一同到汉赵都城平阳，被刘聪以不忠处死。《金陵待征录》《同治上江两县志》都认为索墅村因墅而得名，可能因昔人别业（墅）在此之故，“索墅传为索琳，郝墅因乎郝隆，皆无可考”。史载东晋建国前后，大量司马氏宗室和中原贵族纷纷南迁江南，或许索綝后人也在南迁之列，并迁居于今淳化之索墅。如此，则索墅因索綝后人迁居于此而得名就完全有可能。

索墅地区人文历史久远。1985 年 2 月，江宁县淳化乡索墅砖瓦厂民工在挖方取土时发现一座西晋古墓，考古人员闻讯后即对墓葬进行了清理。此墓为四面结顶式穹窿顶前后室砖结构，墓内出土青瓷器 6 件、釉陶器 16 件以及铜镜、金指环、银手镯等其他遗物 5 件。

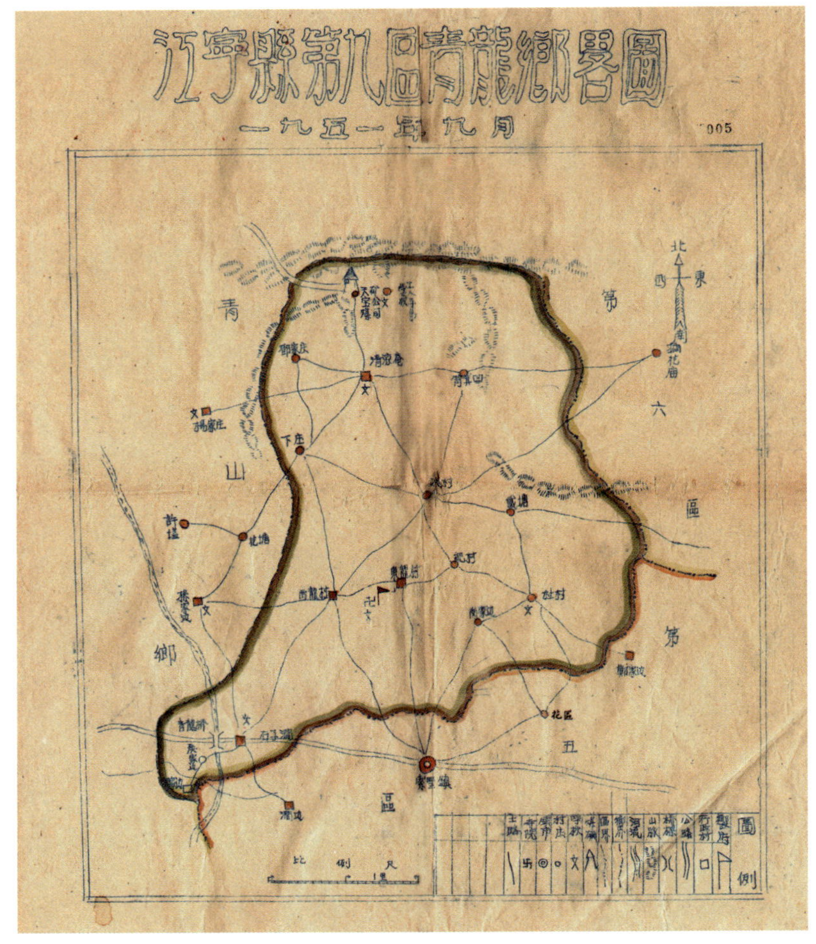

1951 年《江宁县第九区青龙乡略图》中的索墅

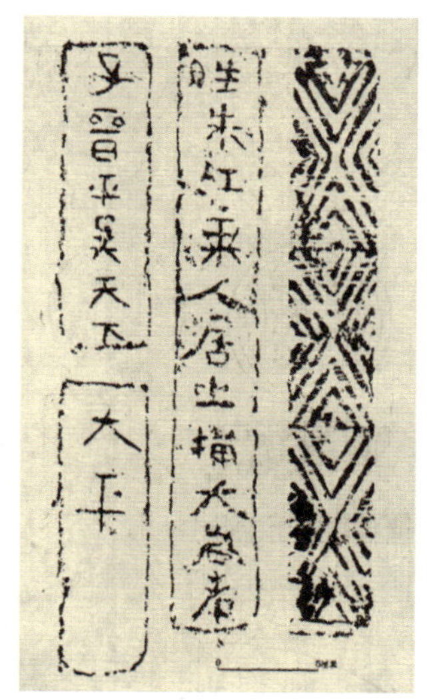
索墅西晋墓出土的铭文砖

引人注目的是，此墓部分墓砖四个侧面模印有花纹和文字，其中一个侧面模印重菱形，其余三个侧面分别模印“姓朱江乘人居□□太岁庚”“子晋平吴天下”“太平”计19字。这些砖铭文意相连，可顺读成句，隐含有一些有价值的历史信息。砖铭中的“太岁庚子”，正是西晋灭吴的太康元年（280），而“江乘人”则说明其地在六朝时期属于江乘县域范围之内。

除此之外，清代索墅有苇渡庵，距金陵五十余里。清代诗人陈鹏年曾有《索墅苇渡庵募施茶柴山引》诗。

在1937年全面抗战爆发以前，作为南京城东外围防线之一的索墅镇，这里修建了碉堡之类的众多防御工事，在南京保卫战中发挥了一定的作用。可惜的是，如今这些工事大多已经消失殆尽。

历史传承

索墅之名，最早见载于南宋《景定建康志》，当时称为索墅市。其市有索墅坊，属上元县清化乡，去城50里。由此可知索墅位于通衢大道旁，为当地一处商贸中心。

至明初，朱元璋十分重视驿道建设，构筑了以京师为中心对外辐射的驿道网，可贯穿全国。时以六十里为一驿，按定额配足马船，并将道路纳入军事攻防体系。其东南路为明代新辟，路设五铺，在聚宝门外，距江宁县东南二里为蔡园务铺，入上元县界、距县东南二十里有高桥铺，又二十里为淳化镇铺，又十五里为索墅铺，又二十里为土桥铺。可见，至明代其地渐成集镇。

至清代，设索墅镇。清代宋荦《西陂类稿》卷九有诗描述索墅风景：“霜桥踏去耐春寒，峰里人家作画看。索墅疏林参户外，茅山空翠落檐端。吟情不属怜随牒，归梦难成笑据鞍。此日朝衫真可脱，频将苦笋入盘餐。”

《同治上江两县志》卷五记载：“索墅，《（景定）建康志》有索墅坊。《（金陵）待征录》旧云因索綝得名。北有花墟村，有小阜。相传福王出奔，宫嫔散走，有死而藁葬于此者，俗名娘娘堆。”

民国肇始，索墅仍为镇，迎来了新的发展。1919年秋，南京天宝树木公司在索墅天宝山成

索墅街景旧影

立。该公司由直隶人陈子兰募集股本3万元，以股份公司形式组建，并自任经理。公司林场占地长30里、宽10里，位于天宝山。天宝山位于青龙山南侧，在今汤山、淳化交界处，现在附近建有青龙山林场。公司将天宝山分为20个区，分区开垦，种植树木。至1924年，用5年时间全部垦殖完毕。

1928年，江宁县实行村制。据当年出版的资料记载，当时索墅镇隶属于淳化市的索淳村，而索淳村的村公所就设在索墅镇。而且龙淳村的村公所也设在索墅镇的西龙村。另据《江宁县施政概况》介绍，1928年时，索墅、龙都等地由民众组建民间保险合作社。1931年，索墅设有邮政代办所。而1934年出版的《江宁县之耕地与人口密度》则记载，新设立的索墅镇，属于江宁自治实验县第四区，由丹淳乡、索墅镇和福淳乡组成。

新中国成立前后，索墅仍为镇。1954年，一度置索墅乡。1957年，并入淳化乡。

索墅现存一座晚清时期的民居，位于镇西村148号。该建筑坐南朝北，现存3进25间。原为2层建筑，现改为1层，占地面积约700平方米，外饰马头墙，大门和二门均为砖石雕刻门楼，图案生动，纹饰精美。

当代影响与价值

索墅历史悠久，可挖掘的人文资源颇多。其地名起源可以追溯至西晋名臣索綝。至少从宋代开始，其地已设市、坊，成为当地的经济文化中心。如今，作为一个具有历史深度的老地名，索墅仍在沿用，境内相关的地名有索墅工业园区、索墅卫生服务中心站、索墅新苑、索墅北路等，仍在发挥其广泛的影响力。除索墅外，江宁境内以“墅”命名的老地名还有荫墅、宋墅、藤墅、里墅、王墅等等，不少都具有深厚的历史底蕴和丰富的文化内涵，值得我们深度挖掘与传承。

石马冲

基本概况

石马冲，位于东山街道上坊社区。其地因有两件南朝陵墓神道石兽，当地人称之为石马，因此得名。

在江宁方言中，“冲”是表示山间平地的地理通名，如铜井的赵冲、谷里的大袋子冲、小袋子冲都是如此。一般临近山体，而地势又较为平坦，为村民入山、出山之径道。今石马冲的这两件石兽造型奇特，相距48.8米，均为雄兽，无角，头有鬃毛，昂首张口，舌不下垂，颏须拂胸，腹侧有双翼，四足，脚趾着地，长尾及地旋转成半圆形。其体形较大，似天禄，又类辟邪，造型朴实，线条简洁，由于体表风蚀严重，所雕花纹多已磨灭不清。

这两件石兽历来被认为是南朝陈武帝陈霸先万安陵前所置，现为全国重点文物保护单位。万安陵虽现仅存石兽一对，但据《建康实录》等文献记载墓前原有华表（石柱），早佚。不仅如此，至少在清代，石马冲陵前还遗存有神道碑。清代著名学者袁枚有《梁武帝疑陵》（实为陈武帝万安陵）诗曰:“古来万事风轮走,除出虚空无不朽。忽逢拦路两麒麟，欲诉前朝尚张口。一麟腹陷泥沙深，一麟僵蹲山角阴。牙须剥落鳞爪尽，风雨千年石不禁。旁有穹碑无文字,万万蝇书记某吏。葵首有穴当胸穿，分别隧入辒辌器……又闻地名

上坊石马冲万安公园今貌

石马冲，毋乃陈祖万安宫。”

陈霸先，字兴国，小名法生，吴兴长城县下若里（今浙江长兴县下箬寺）人。幼时家境贫寒，好读兵书。早年当过乡里的里司，又至建康为油库吏。后得新渝侯萧暎赏识，官位渐显。梁太清元年（547），官至西江督护、高要太守、督七郡诸军事。大宝元年（550）正月，陈霸先在始兴起兵，受湘东王萧绎节制，与征东将军王僧辩会合，讨灭侯景，因功升征虏将军。不久，陈霸先千里驰援，解秦郡北齐兵之围，升任征北大将军、开府仪同三司、南徐州刺史，封长城县公，进驻京口（今镇江）。承圣三年（554），西魏破江陵，梁元帝被杀，陈霸先与王僧辩启请晋安王萧方智以太宰承制。次年，王僧辩拥立由北齐扶植的贞阳侯萧渊明为帝，改元天成。陈霸先在皇位继承问题上与王僧辩意见对立，遂起兵袭杀王僧辩，奉晋安王萧方智为帝，改元绍泰。不久，他击败来犯的北齐兵，完全掌握梁朝大权。太平二年（557）十月，陈霸先受封为陈王，随即废梁敬帝萧方智，自立为帝，国号陈，改年号为永定。陈霸先称帝后，还未来得及肃清各地割据势力，便于永定三年（559）六月崩于璇玑殿，享年57岁。八月，葬于万安陵。太建二年（570）四月，皇后章氏祔葬万安陵。

陈霸先（清人绘）

石马冲南朝石辟邪

1980年的上坊石马冲万安公园南侧石辟邪

2006年的上坊石马冲万安公园北侧石辟邪

2013年的上坊石马冲万安陵石兽

历史传承

关于陈霸先万安陵位置，《景定建康志卷》卷十一载在“今县东南三十里彭城驿侧”。元《至正金陵新志》卷十二下进一步明确：“陈高祖陵，上元县东崇礼乡，地名陵里，有曰天子陵，有麒麟二，里俗相传即陈高祖墓也，去城二十五里，名万安陵。”并没有指明在石马冲。明人阮大铖《咏怀堂诗集》卷四有《晓过石马冲》诗：“古原何地不桑麻，六代陵园问曙鸦。是处石麟衔晚照，几闻笙鹤驭高霞。横塘绿水漫菰叶，平圃青藤罥豆花。野犊不知离黍恨，踏莎还上玉钩斜。”由此可知，“石马冲”至少在明代已经形成地名，但还没有与万安陵建立联系。清代、民国时期，石马冲为万安陵所在成为主流观点。陈文述《秣陵集》称：“陈武帝万安陵，帝姓陈氏，讳霸先，字兴国，小字法生。陵在城东三十五里，旧名陵里，又曰天子林。石兽尚存，今呼石马冲。”民国时期的《六朝陵墓调查报告》《建康兰陵六朝陵墓图考》均持此观点。1937年罗香林《金陵六朝陵墓巡视记》也认为：“民国二十四年一月十八日，余随南京古迹调查会诸君子，调查金陵青龙山淳化镇上方镇等地六朝陵墓……行二里，至石马冲，陈万安陵遗址也。”

然而也有学者认为石马冲石兽墓主的推断值得怀疑。首先，这两件石兽总体上不用帝陵的有角天禄和麒麟样式，而用宗室王侯的无角辟邪样式。其次，这两件石兽都伸出外面的前肢，这是南齐石兽的特点。此外，右石兽从侧面看，头后仰，胸前突，伸出右肢，头部、颈部、胸部和前肢倾斜呈一斜直线，有一种即将发作的动感，与梁代以后石兽的造型有着较大区别。因此，它很可能是齐或梁初所作，把它定为陈武帝万安陵之物疑点较多。

当代影响与价值

与麒麟铺、麒麟门一样，石马冲是江宁地区现存的几个与南朝陵墓相关的符号化地名之一，早见于明代，一般认为是南朝陈武帝陈霸先万安陵所在，是江宁作为六朝帝都郊畿及所具深厚历史文化底蕴的证明。相关的衍生地名还有万安北路、万安西路、南京万安人文纪念公园等。石马冲南朝陵墓石刻的保护已得到各级政府及文物管理部门的高度重视，其周边环境在经过整治后大为改善，近年已辟建为万安陵石刻公园，成为附近居民休闲文化活动的场所。

佘村

基本概况

佘村，社区名，位于东山街道东北部，与汤山街道、麒麟街道、淳化街道交界，旧属淳化镇。其地势东北高，西南低，呈狭长状，处于青龙山、黄龙山及天云湖、双龙湖的山水环抱中。

佘村属典型的单姓命名村落，与江宁境内甘村、侯村、曹村、骆村相同。据1924年修《潘氏家乘》记载，潘氏原为中州望族，世居河南归德府。明代末年，中原战乱频仍，生灵涂炭，唯江南堪称乐土，其始祖仁公携家避乱，因见"虎洞、天印屏于前，青龙、天宁列于后。群峰环抱，自成村落。又复山川明媚，树木葱茏。爱其地僻而静，有类世外桃源"，遂定居于此。此地虽名佘村，却以潘氏著称。

潘氏定居后，子孙繁衍，至民国年间已历十余世。佘村现存的明清建筑群，号称九十九间半，原为清顺治初年巨商潘恒才兴建，后毁于咸同年间兵燹。1921年秋，族人潘芗泉首倡重建宗祠，重修家谱，乃于次年春集资购材，大兴土木。1924年，工程告竣。

佘村明清建筑群主要由潘氏宗祠和潘氏住宅两部分组成，均南向。潘氏宗祠现保存较好，占地面积约350平方米。潘氏住宅位于宗祠西侧十余米，分3个宅院，每宅3进，共计60余间，占地约750平方米。整个建筑布局严谨，均为三进二堂式高墙深院。保存较好的为西面一宅，每进各有门楼，门楼上有石刻砖雕，饰以人物、花卉、禽兽等精美图案，还有"天锡纯嘏""福禄申之"等吉语横披。每进7间，有大厅、客厅、住房、书房、厨房、杂屋等。后进为二层阁楼，并设有扶手木梯，可攀登而上，楼上有复道悬廊，婉转相通，曲直回绕，似入迷宫。潘氏宗祠和住宅虽规模不大，但是内部雕刻精美，图案别致，具有典型的徽派建筑特点。2006年，已公布为南京市文物保护单位。

历史传承

佘村古名龙村，其历史最早可追溯至元代。

佘村古宅及雕饰

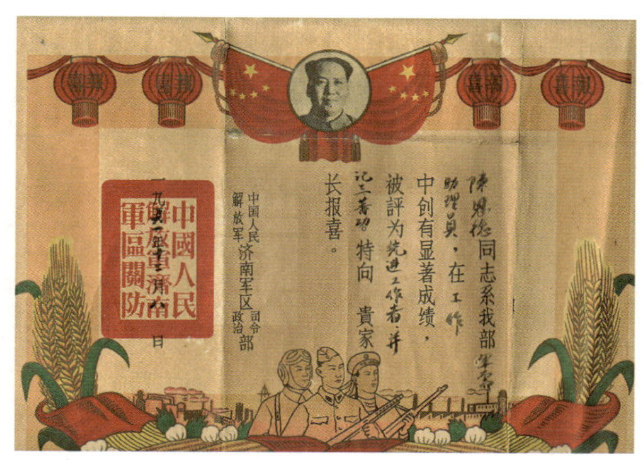

1961 年佘村功勋军人陈恩德获三等奖的奖状

佘村民俗老物件展陈

据明顾起元《客座赘语》记载：“佘村玉皇观‘松庵’二隶字，大德间状元王龙泽书。”清《道光上元县志》卷末“摭佚”，对此事也有记载。值得注意的是，综合《宋元学案补遗》《宋历科状元录》等文献记载，王龙泽，字潜渊，义乌人，南宋咸淳甲戌（1274）状元，并非元大德年间（1297—1307）状元。元朝建立后，王龙泽被召为江南行台监察御史。据此推测，王龙泽题写“松庵”二隶字，或许是在元大德年间。这也说明此时的佘村，已是声誉日隆。元末明初时，有皖籍佘氏一族数户，为躲避战乱，迁徙于此，由此得名“佘村”。

民国时期，除潘氏宗祠和住宅外，佘村周围还有许多庙宇，如玉皇观、杨庵、地藏庵、文昌阁、观音庵、天宁寺、三茅宫等。据《潘氏家乘》记载，其中三茅宫乃村人公益之所，每年春祈秋报，村民在此集会畅饮，笑语欢声，无醉不归。

1947 年，佘村编入淳化镇第十二保。新中国成立后，一度由淳化划属上高镇管辖，隶属江宁县第一区。1950 年，于佘村置佘建乡，改属第九区。1956 年并入上坊乡，改属东山区。1957 年成立佘村高级社。1958 年，佘村、中下两高级社合并为佘建大队。1959 年又改为佘村大队，属上坊人民公社。1982 年恢复为佘村村委会。2005 年改为佘村社区至今。

当代影响与价值

如今的佘村山环水绕，风景如画，是一处远

1989 年东山水上公园

1994 年东山水上公园

离城市喧嚣的世外桃源，被誉为“金陵古风一村”，已打造为集田园观光、健康养生、运动休闲于一体的乡村休闲旅游目的地，每年吸引着数十万南京及周边地区的游客。2012 年 5 月，佘村被江苏省环境保护厅评为“江苏省生态村”。2014 年，佘村荣获江苏省级卫生村称号。此外，佘村所辖的王家村、孙家村还先后获得江苏省传统村落、江苏省特色田园乡村建设试点村、南京市示范村、南京市水美乡村、南京市美丽乡村特色村等荣誉称号。作为老地名，佘村已成为江宁特色地标名片之一，将继续发挥其承载优秀传统文化的价值。

曹村

基本概况

曹村，村名，隶属禄口街道，位于禄口机场东南5千米处。

曹村地名，据说最早可见于宋淳化年间，因村人多曹姓，故名，距今已有千年历史。明代曾发展为小集市，称曹村街。清代始称曹村镇。据民国《江苏省通志稿·方域志》所引晚清《宁苏图表》载“曹村在城南八十里”。

曹光志的故事在曹村流传甚广。当地村民认为曹雪芹有位祖先叫曹光志，而大观园即在距此不远的花塘村，《红楼梦》中的贾、王、史、薛四大家族即影射花塘村曹、王、史、薛四姓。虽然此类传说荒诞不经，但百姓却乐此不疲。

曹村地域文化特色鲜明，各类非物质文化遗产资源较多，在江宁区境小有名气，其代表者有“曹村臭豆干”“曹村苎麻”“张家花船”“铜山狗肉”“送春”“铜山高台狮子舞”“铜山锡剧”“禄口桑蚕养殖习俗”等，是当地传统文化积淀深厚的证明。1986年，曹村高台狮子舞参加南京金陵百花节演出，获有关单位颁发的奖状。1999年后，又多次出现在南京市及江宁县（区）大型演出的舞台上。特别是曹村豆腐坊制作的臭豆干，闻起来臭，吃起来香，成了外地人到曹村郊游的必购食品。

曹氏为江宁大姓，在江宁境内分布比较广泛。如淳化街道西埠村的曹村，相传因明末曹氏三兄弟迁此而得名；土桥社区有曹家边，为明代迁徙于此的曹氏居住；江宁街道清修村的曹村是明代曹氏的聚居地，江宁社区的曹家则为清代曹氏聚居地；东山街道有曹家桥，据《江苏省江宁县地

曹村社区居民委员会

曹村高台狮子舞

名录》，为明代曹姓人在此建石桥；汤山街道作厂社区也有曹家，据所传《曹氏宗谱》，其曹氏为清乾隆末年定居于此；秣陵街道有曹家，为清初曹氏聚居地，建东社区的曹家村亦为清代曹氏聚居地；湖熟街道和进社区曹家边为明代曹氏聚居地。这些曹氏以明清时期定居者为多，像禄口曹村这样的千年古村，则不多见。

历史传承

民国肇始后，随着经济的发展，曹村镇交通状况得到改善，其地理位置越发重要。1927 年，国民革命军入江宁，下南京，其中第二军即进驻曹村、石塘等地，随后，一路向北，由正阳门（今光华门）攻入南京城。

1928 年，国民政府公布《县组织法》。据此，江宁县以数字为序，大体由东北、东南，转而西南、西北设立 10 个区，此地称曹村区。江宁实行村制后，更名为“曹村镇”，这在 1928 年 9 月出版的《江宁村制初编》得到验证：“安静村，村长张宏根……通讯处：南门外曹村镇周万源交。”“卫静村，村长魏翼廷……村公所地址魏公祠，通讯处：南门外曹村镇汤涌泰号。”1929 年，国民政府公布重订的《县组织法》等一系列法规，将原定的村、里建制分别改为乡、镇建制，江宁县遂废除村制，改设 295 个乡镇，此时仍称“曹村镇”。

再据 1934 年《江宁县之耕地与人口密度》记载，此时过去的清静乡、淳静乡、曹村镇两乡一镇，组成了新的曹村镇，隶属于江宁自治实验县第六区，总人口达 6080 人，在第六区所辖的秦淮乡、安民乡、佛宝乡、西山乡、铜山镇等六个乡镇中，总人口排名第一，其规模及繁华程度可见一斑。

1938 年，曹村镇毁于兵燹，重建后仍称曹村镇。1949 年 8 月的《江宁县图》仍可见“曹村镇”地名。新中国成立后，此地称为曹村镇，同名自然村“曹村”隶于其下。据 1951 年江宁县第四区行政区域图，此时仍名曹村镇，位于第四行政区东南角，毗邻溧水县，镇政府在曹村南端，另有“曹村”自然村的村名。2006 年，此地为曹村村委会驻地。

当代影响与价值

曹村乡村文化颇具特色，其地名已成为江宁的一张靓丽名片。近年，曹村以乡村文化振兴为主线，结合所辖山阴村村史的挖掘和省级“非遗”铜山高台舞狮的展演，开展了具有自身特色的系列民俗文化活动，精心打造“一村一品”，为“美丽宜居和谐”的新农村建设注入了活力，先后获得“省级示范村”“江苏省特色田园乡村”等荣誉。2020 年 12 月，曹村承办了禄口街道首届“非遗”文化活动暨第二届曹村民俗文化大舞台活动，使“曹村”这一老地名焕发出新时代的光彩。

甘村

基本概况

甘村，村名，隶属于横溪街道勇跃社区，有大甘村、小甘村之分，其周边相关地名还有甘家山、甘茂岗、小甘桥等。

甘村的得名，源于东晋镇南大将军甘卓葬于此，其后裔环墓而居，遂以姓名村。甘卓，字季思，丹阳人，秦丞相甘茂之后。西晋太康年间（280—289），为郡主簿功曹，察孝廉，举秀才，为吴王常侍。晋惠帝时，因讨石冰之功，赐爵都亭侯。东晋永昌元年（322）四月，镇南大将军甘卓为襄阳太守周虑所杀，葬于甘泉里。太宁年间（323—325），追赠骠骑将军，谥曰敬。

据清《嘉庆新修江宁府志》卷十："甘卓墓，在江宁县云台山南五图，地名甘泉里，俗称甘墓冈。嘉庆十六年（1811），其裔孙福为重修立碑。"《同治上江两县志》亦载："旧有碑云'梁州刺史甘府君墓'，见《至正金陵新志》，今亡。嘉庆十六年，其裔孙（甘）福重修，姚鼐撰碑。"甘福重修甘卓墓事，亦见于甘熙《白下琐言》："始祖敬侯墓，在江宁南乡小丹阳甘墓冈，其地亦名甘泉里，桥曰甘府桥，村曰大甘村、小甘村，皆以甘得名。自晋迄今，千数百年，环墓而居者，尚有百余家，皆侯裔也。墓碑中失，宋时有锄地者，得古碑曰'梁州刺史甘府君墓'，乃复辨之。元张铉《（至正）金陵新志》载之，云其碑藏于甘氏之家，今不可得矣。嘉庆十六年先大夫重修立碑，桐城姚姬传先生鼐撰记并书，载入府志。"

据甘氏后人介绍，姚鼐所撰之碑，原镶嵌于小甘村甘氏宗祠墙壁长廊之间，"文化大革命"中宗祠被毁。幸运的是，在甘氏族人的保护下，左碑藏于竹园村，右碑仍藏于小甘村。而世居甘村的甘卓后裔中，甘福、甘熙一支迁徙至南京城内。到了清代，此支甘氏名人辈出，遂成为南京

2004年的甘泉湖民族村

《申报》广告中的甘村

城一巨族。

需要说明的是，在横溪街道甘泉湖社区，还有一个“甘村”，或称“甘家村”。1951 年归属陶西乡，只是此“甘村”非彼“甘村”。

历史传承

甘村历史悠久，甘村之地汉代属丹阳县，一度设丹阳侯国，地下常有汉代古物出土。甘村形成于晋，自晋以降，甘氏后裔在此繁衍生息。

据《至正金陵新志》卷十二载：“甘府君墓在横山南乡甘泉里西，今呼甘墓冈。近有锄地者，得一石，上云‘梁州刺史甘府君墓’，不知其名。乡之甘氏，遂藏之以传家。其东又有甘府塘、甘府桥。”志中所称的“梁州刺史甘府君”，即甘卓，而甘墓冈，则今已改为“甘茂岗”。

甘氏族人世居于甘村，也世葬于此。如甘熙六世祖文高公即葬小丹阳枫香树；其十一世祖甘永昌（正三公，明弘治间仕至州判）则葬小丹阳纪家山，甘福称其“山势庞厚，枝脚蕃衍，远祖诸茔，以此为最”，故墓旁附葬累累。

嘉庆十六年（1811）九月，甘氏族人甘韶九在甘村葬母，于土中掘得铜壶、陶瓶、陶缶各一件。陶器无釉，而且已经被锄头碰伤。铜壶有盖，壶内有清水，但出土时都已倾尽。壶体纯素，“两兽啮环以为耳，以今尺衡之，通高一尺六分，深九寸一分，口径三寸四分，腹径七寸六分，容五斗七合，重六斤十两”，可惜没有铭文。“今尺”即清代的尺，当时营造尺和量地尺长度不一，每尺在 32 厘米至 35 厘米之间。《白下琐言》称，《博古图》中的“汉素圜壶”与此相合。甘熙之父甘福用其他铜瓶易此汉壶，“细加洗剔，青翠欲滴，有班纹若丹砂”。据此描述，可知此为青铜铺首壶，属储酒之器。甘熙曾作《汉壶歌》以纪之。

除了甘卓墓外，清太子少保、福建提督王万祥墓亦在甘村。王万祥（1644—1701），字瑞宇，甘肃会宁人。幼丧父母，依其戚郭氏，从其姓。应募入王进宝部，积功至副将。授定海总兵，调任兴化（今福建莆田北）。康熙二十二年（1683），台湾平定，被选调守台。康熙三十七年（1698），擢升福建陆路提督。王万祥守闽台近 20 年，边隅大治，百姓乐业，闽人特为其立生祠。康熙四十年（1701），王万祥卒于任上。次年二月，清廷追赠其太子少保，谥敏壮，并予赐葬，康熙帝还赐文立碑，待遇之高极为少见。其墓在江宁云台山，今属甘村行政村。墓址占地 200 平方米，神道石刻依次为青石制成的神道柱、石狗、石羊、石狮和石房。柱高 15 米，直径 0.5 米。石房内并排 5 方青石碑。石房至墓前还有石人、石马，墓内有一合墓志，以铁箍束缚。墓葬的规格也证明了其身后哀荣之盛。现墓已不存。

当代影响与价值

甘村是金陵望族甘氏的发源地，其先祖著名者如三国名将甘宁、晋梁州刺史甘卓、清初江南武侠甘凤池、著名学者和藏书家甘熙等，后以“戏曲世家”誉满江南。甘村山青水秀，历史底蕴深厚，文化资源丰富，在江宁传统村落中可谓首屈一指，但目前的开发利用还没有得到足够的重视，其影响力还比较有限。在当下正在开展的“乡村振兴”与“美丽乡村”建设中，如何将极富内涵的甘村历史文化资源创造性地转化为公共文化服务内容，进而切实推动与当地民众生产生活的交融，则是我们需要认真思考的问题。

侯村

基本概况

侯村，村名，隶属淳化街道，因村旁有一组南朝失考墓神道石刻而著名于世。

侯村旧属上坊乡陵里村，在村旁的农田之中，有一组南朝陵墓神道石刻（现位于江宁高新区内）。侯村的得名，有人认为是因侯姓居住于此，也有人认为是因当地有南朝宗室侯墓，因名侯村。孰是孰非，有待进一步考察。

侯村的这一组南朝石刻，其中的两件石辟邪南北相对，间距约 15 米，身长 1.4—1.6 米，高 1.33—1.38 米。辟邪雕刻简陋，昂首张口，无角而有双翼，舌不外伸，头部也无鬣毛，在现存的南朝陵墓石刻中体型最小。还有一件石柱，位于石辟邪东北 68.2 米，柱头圆盖和盖顶小辟邪均已不存，高仅 2.73 米，柱额上刻文已完全磨灭。因石刻所在地近古彭城山，近年有专家推测其墓主可能是刘宋彭城王刘义康。

刘义康，小字车子，宋武帝刘裕第四子，与宋文帝刘义隆为同母兄弟。南朝刘宋永初元年（420），刘义康被封为彭城王，食邑三千户，进号右将军。宋文帝即位后，增邑二千户，进号骠骑将军，加散骑常侍，给鼓吹一部。寻加开府仪同三司。元嘉六年(429),刘义康与王弘共辅朝政。后因王弘多疾，内外众务皆决于刘义康。元嘉二十八年正月，刘义康被杀，时年四十三，宋文帝以侯礼葬刘义康于安成（今江西安福县东南）。大明四年（460），刘义康之女玉秀等乞求其父归葬旧茔，获得允准。永光元年（465），因江夏王刘义恭之请恢复其刘宋宗籍。泰始四年（468），再次绝其宗籍，免为庶人。

根据南朝陵墓制度，由于刘义康的父亲宋武帝刘裕所葬的钟山陵区在今麒麟集镇至马群一带，因此刘义康归葬于祖茔近旁的侯村是有可能的，侯村的地名及体量极小的神道石刻，与刘义康以侯礼安葬和归葬时“妻息漂没”“众女孤弱”的记载也是吻合的。

历史传承

侯村得名于何时？尚无确切的文献记载，但在清同治年间（1862—1874），今土桥集镇西北与句容市交界处有南侯村和北侯村地名。《同治上江两县志》卷二十七“两县乡镇图”中，即标有北侯村地名，而在卷二十七中还有进一步说明:“南侯村、北侯村、时庄，其地也。”到了清末，侯村仍然见于宣统二年（1910）刊刻的《上元江宁乡土志》卷三：“上元所辖之乡，凡十有七，而四镇即错于其间……南、北侯村，时庄，为清化乡……”此南、北侯村与旧上坊镇属的侯村无关。

1990 年代侯村失考墓全景

民国肇始后，侯村隶属上坊镇。据 1935 年出版的《六朝陵墓调查报告》："江宁县淳化镇西南侯村墓：民国二十四年一月二十七日……墓在江宁县淳化镇西南（上方镇南），有石避邪二、神道石柱一。"朱偰在 1936 年出版的《建康兰陵六朝陵墓图考》中记载："由管头越阡陌而南里许，为失名六朝墓，有石兽二、石柱一，规模较小，或非王侯坟墓。"他又说："由管头越阡陌而南，稍偏西，过一村落（侯村），为失名之古墓。"可知文这一处"失名六朝墓"即侯村失考墓。由于石刻规模较小，朱偰认为侯村的失考墓"或非王侯坟墓"。自侯村发现南朝失考陵墓石刻后，侯村更是名声大振，受到了历史及文物考古学界的高度关注。

1990 年代侯村失考墓石柱

1946—1949 年，侯村隶属于上高镇联保区。新中国成立以后，侯村先后隶属上坊乡、上坊镇、上坊公社管辖。1982 年，侯村归属陵里行政村。2002 年，陵里村划归江宁区科学园。2006 年，撤销上坊街道，其境大部并入东山街道，侯村随陵里社区并入秣陵街道。2014 年划归淳化街道。

当代影响与价值

在近年的大规模城市化进程中，江宁成片土地被征用，大量传统村落被拆迁，这其中就包括侯村。作为自然村落，虽然侯村已经不存，但其地所在的全国重点文物保护单位南朝失考陵墓石刻，仍被冠以"侯村"之名。就此而言，其地名所蕴含的历史文化价值仍然值得挖掘与保护。当然，更重要的是切实保护好这一组珍贵的南朝陵墓石刻本体及其依托的地貌环境，树立保护文物也是政绩的科学理念，统筹好历史文化遗产保护与城乡建设、经济发展和旅游开发的融合发展。

骆村

基本概况

骆村，在今东山街道竹山东南，原有大骆村、小骆村两个自然村。据《同治上江两县志》等方志记载，此村因三国孙吴骆监军宅在此而得名。又据清陈作霖《金陵通传》补遗卷四记载，有一个叫易孝敏的人，字颖思，上元诸生，家贫，居土山骆村之骆统故里，在石硊山左。旁有川竹、金星二山，因取土、石、竹、金，自号四音山人，著有《深柳书屋集》。今大、小骆村皆已拆迁，居民迁入骆村新寓，现为东山街道骆村社区。

骆村既为姓氏命名的村落，这里不得不介绍一下骆监军的来历。骆统（193—228），字公绪，会稽郡乌伤县（今浙江义乌）人。8 岁时其父骆俊被袁术杀害，母改嫁，遂与亲朋返还会稽。其母送行，骆统拜辞上车，调头不顾。其母在车后哭泣，车夫说：“夫人还没有离开。”骆统说：“不想让母亲增添思念，故不再道别。”后孙权领会稽太守，以骆统为乌程（今浙江湖州）相。在他治理下，乌程县民户过万，众皆叹其治理有方。孙权闻之，召为功曹，行骑都尉，并将

1933 年的骆村及周边地图

1989 年竹山全景

堂兄孙辅之女嫁予他。他常劝孙权尊贤礼士，勤求损益，以使人人感恩戴义，怀欲报之心。此后，骆统历任建忠中郎将、偏将军。黄武初年，曹仁攻濡须，骆统与严圭共拒曹军，大破曹仁，封新阳亭侯，升濡须督。据宋代以后旧方志记载，骆统故宅在上元县东二十五里崇礼乡土山（今东山）之下，称骆监军宅。此后，骆姓子孙便在村落生息繁衍，渐成大村，并进而分出大骆、小骆诸村。

1930 年代江宁县老地图即标注有“骆村”的地名，自同治方志记载以来，此村可谓存在了百年以上。可惜骆氏家谱未能存世，否则可将骆统至今的世系说清楚，则骆村可坐实为千年古村落，是颇具历史价值的老地名。

历史传承

骆村旁有古刹广惠寺。据《金陵梵刹志》卷九记载，东山附近有小刹广惠寺，寺在郭城上方门外东城地，西北距所领翼善寺一里，距通济门二十五里。寺址占地三亩，东至官路，南至竹山村，西至沟港，北至官路。寺内主要建筑有佛殿三楹、僧院一房。朱偰《金陵古迹图考》又记，至 1930 年代，在土山至方山道旁的骆村，尚可见已倾斜欲倒的立于明正统十三年（1448）的广惠寺巨碑。

当代影响与价值

关于骆村的由来及典故，除当地人外，知道的已不多，加之该村现已拆迁，所以相关传说逐渐湮灭。因此，详细搜集并记录相关资料，以便于这一传说更好地传承，就显得尤为重要。

杜桂村

基本概况

杜桂村，位于湖熟街道东赤山脚下秦淮河畔的百米圩内，南邻长岭，西交三界，东南与句容县相连，东北与土桥接壤。该村历史悠久，旧传南朝梁武帝时，有朝廷大臣杜（宰相）、桂（尚书）二人隐居于此，故名。另一说梁天监年间，系由“杜、桂二姓平章朝政，舍居为寺”，名杜桂院。村近寺院，以寺院名“杜桂”二字得村名。又因此地有一秦淮河古渡口，故又名“渡桂”。

不过，虽据《至正金陵新志》卷十一下转引南宋《庆元建康志》记载，梁天监年间，有杜、桂二姓大臣舍所居之宅为寺，故以二姓名寺，然此事不见载于《梁书》《南史》等正史记载，其真实性有待确认。同卷又引南宋《乾道建康志》载：杜桂院“在城东南六十里，南唐保大六年（948）建，在杜桂村，因为院额”，未提杜、桂二姓舍宅一事。《同治上江两县志》卷十二下《艺文志》还录有杜桂村所存“保大六年杜桂二姓愿钟记”，故颇疑杜桂院是南唐保大六年由杜、桂二姓舍宅施建。元代，杜桂院改名香林寺，又名香林院，在赤山之西。到了明代，香林寺仍存。《金陵梵刹志》卷十四录有此寺，为小刹，属中刹法清院统领，其规模为佛殿三楹、左伽蓝殿一楹、僧院四房，寺院基址共三十亩，东至长塘，南至陶家田，西至本寺桥，北至中桥。惜该村今以陶姓为主，杜、桂二姓没有家谱留传，未知其详，无法对杜桂这一地名进一步挖掘。

渡桂村

抗战前，当地教育名人沈柏鑫曾有湖熟八景诗，“香林晚钟”即为八景之一。香林寺有房18间，每至晚课，钟声悠远，农民、商家闻声便结束一日劳作。香林寺在抗战时受到严重损毁，1966年拆除。

历史传承

杜桂村旧属上元县丹阳乡，如今陶氏为村中大姓。据近年发现的清光绪二十年（1894）重修《陶氏家谱》残本及乡人口碑资料，陶氏先祖是东晋大诗人陶渊明，世居江西彭泽。大约在南唐时期，

杜桂村 164 号民居

杜桂村渡口

陶氏一支首先移居皖南一带。至宋理宗端平二年（1235），一个尊称为“大理公”的陶氏先人因为官于金陵，遂卜居于江宁禄口昝巷，故被昝巷陶氏奉为该支始祖。据《江苏省江宁县地名录》介绍，禄口昝巷相传因宋代昝姓始居此地而得名，后陶姓渐多，又名昝巷陶。昝巷陶氏绵延相继，人丁兴旺，后来又分为杜圭（杜桂）一支，称为杜圭陶氏。

杜桂村现有区级文物保护单位杜桂石拱桥及杜桂村 164 号民居。杜桂桥位于村口，始建于清代，为纵联分节单孔石拱桥，东西偏北走向，桥长 17 米、宽 3.6 米、高约 4 米，由石灰岩垒砌而成。桥下“荷花沼”原是秦淮河支流，现因河流改道，荷花沼变成了一口大水塘。桥墩局部被水冲塌，虽经村民修缮，但仍有明显变形移位。164 号民居建于清朝末年，砖木结构，坐北向南，五架梁，仍存二进十间二厢房，建筑东西长 19 米、南北通进深 36 米，占地面积 684 平方米。其梁柱完整，天井青石铺路，外墙高耸，饰有马头墙，具有典型的徽派建筑风格。

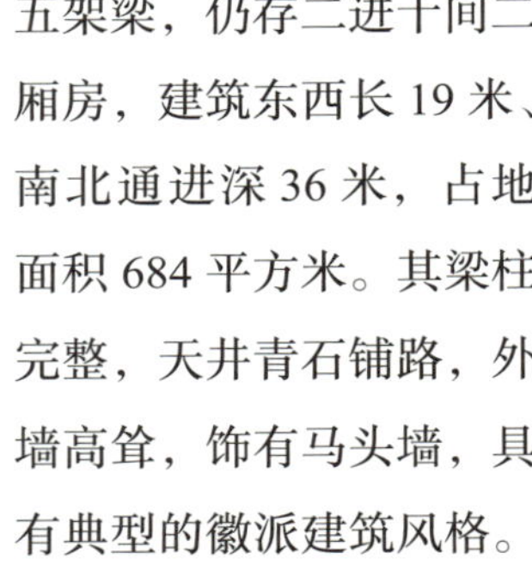

此外，江宁区文物部门近年组织专业人员沿秦淮河两岸开展实地考察，在杜桂村西北的句容河河道中发现一处埭堰类遗址，地理坐标为 E：119°1′39″、N：31°52′7″，其北侧不远便是句容河和

湖熟杜桂村远景

索墅东河（曾名同进河）交汇处。在句容河河道中发现两条与河岸方向垂直并相连的土堤，其南岸土堤出水部分长约 35 米、宽约 10 米，北岸土堤出水部分要短得多，其间相距约 30 米。关于其年代及性质，有专家分析认为，一种可能与《赤山湖志》所考定的湖熟境内长溪埭相关，长溪埭是始建于孙吴的江宁境内破岗渎下七埭之一。但此遗址之平面形制明显不同于方山埭、龙都埭诸遗址，仅发现与河岸垂直的横向拦水堤坝，其时代也可能晚于宋代。

当代影响与价值

杜桂村历史最早可追溯到梁代，当地留有不少美丽的传说，可以继续挖掘的文化资源还有不少。近年来，江宁区深入践行新发展理念，按照中央和省市部署，把发展乡村旅游作为创建国家全域旅游示范区的重要抓手，杜桂村 164 号民居亦被列为旅游资源之一，但这一工作还没有全面启动，到当地旅游的人数较为稀少，远没有发挥其巨大的历史价值。

窦村

基本概况

窦村位于青龙山下，今属麒麟街道。相传明太祖朱元璋定都南京后，征调了大批手艺精湛的石匠，采石加工，为明城墙、明孝陵等处建筑工地使用，这些石匠被安顿在青龙山下。因石匠们来自不同省份，村里有陆、王、侯、张等姓，故有“窦村无人姓窦”之说。又因南京方言“窦”有“聚”之意，故此地取名“窦村”。“窦”在汉语中，还可作“孔洞”来解释。而窦村附近的青龙山上曾有一个洞穴，因常年甘泉不断而远近闻名，人们就以“孔洞”的雅称“窦”给山脚下的这个村子命名。

聚集于“窦村”的石匠们，为南京城的建设带来了许多贡献。中山陵“博爱”牌坊通往陵寝的台阶、莫愁湖抱月楼石雕，以及被誉为“世界第一城垣”明城墙的城门与墙体等艺术杰作，都见证了窦村石匠们的匠心独运和鬼斧神工。窦村石匠还参与了明孝陵神道石台阶、棂星门、金水桥石栏板、望柱等石作文物的修缮复原工作，为明孝陵成功申报“世界文化遗产”做出了杰出贡献。

所以，窦村作为地名，在南京的文化界相当出名。村内的文物保护单位窦村水系、窦村古戏台，也都以之冠名。

历史传承

自古以来，凡金陵城内大兴土木，所需石灰、石块等建筑材料都以青龙山、阳山一带所产最佳。据 1985 年江苏省地质矿产研究所估算，南京市石灰石远景储量可达 45 亿吨，其中江宁的上坊至汤山一带储量可达 20 亿吨，而且品质优良，氧化钙储量多在 50%—60% 之间。山中所产

窦村水系航拍图

窦村航拍图

石材属花岗闪长岩，装饰效果也很好，还可作石碑、石桌、石凳等。清代中期，上元县“白云峰龙泉庵及东山、犁头山、腹空山、龙口、小茅山等处，皆造窑烧灰，开山凿石”。龙泉庵在沧波门外，明时已建。东山、小茅山等皆属青龙山脉。上述的石灰窑和凿石处基本是在青龙山及其周边一带。因为交通便利、取材方便，窦村也因此成为著名的石匠村，村民善于刻石，又名石匠村。

窦村所建石屋既具有鲜明的南京地域传统建筑构造特征，又融合了外来技术。石屋的墙基是5层青条石。墙体是由大小不等的石块错缝垒砌，间以石灰、草木灰、盐卤等混合物做黏合剂，此谓胶东“虎皮墙”。门洞采用整条石砌门框，此谓上海“石库门”。石屋顶覆石片，屋顶开窗采光，常见款式为浙江滕头“金钱窗”。各户山墙至少高过屋顶1米，以防遇火情时火势蔓延。石墙拐角设计成弧形而非常见的方角，这是因为圆角无害于行人通行，避免了墙角伤人事件的发生。石墙上还往往镶嵌带有“福禄寿”“勤俭忍惜”等字样的人物石雕。古老窦村淳朴的民风家训一览无遗。

窦村中最负盛名的就是窦村戏台与四方古井。古戏台在窦村村口，俗称万年台，清代始建。1947年，窦村人自募捐款将戏台翻修一新。戏台由主台和两侧的附台组成，长13米，台基高1.4米。主台长6米多，前突3.7米。台基主要用采自青龙山的青条石砌成，上层为双线覆莲花纹，下层为双线仰莲花纹，中层为象征吉祥的各种石刻图案，如台沿正中雕刻有“蟠龙戏珠”，两边为“丹凤朝阳”，另外还有“独占鳌头”“五福图”“鲤鱼跃龙门”等。台前有两根高4米的

窦村水系

窦村象鼻石

“日月”台柱，上刻“刘海戏金蟾”等。栩栩如生的雕刻非常精美，体现了窦村石匠精湛的技艺。1950年代，古戏台曾遭严重破坏，仅存石砌台基和石柱、石栏板等构件。1984年11月，古戏台被江宁县政府列为文物保护单位。2006年6月，升为市级文物保护单位。

四方古井说是“井”，但实在不是我们熟悉的“井”的模样。这是一组呈“田”字形分布的四个方形井口，每一边约长1.5米，井壁用青石垒砌而成，没有井栏，井中的水清澈见底，有居民在这里淘米、洗衣、洗菜。据当地村民介绍，四方井的井水与周围水塘水脉是连通的。四口井“各司其职”，有的供取饮用水，有的供淘米洗菜，有的供人刷洗马桶。四口井的水位，取饮用水的井水位最高，淘米洗菜的水井次之，刷马桶的井水位最低。如此设置，保证水能够得到科学合理的利用。当地人说，四方井的历史超过千年，可以追溯到六朝时期，且从来没有干涸。这个说法虽然没有得到专家的证实，但四方井的历史价值却不容小觑。

当代影响与价值

由于年久失修，窦村别具一格的古建筑正逐渐退出历史的舞台。如今，石寨墙遗迹难寻，古戏台仅残留有石雕底座、石柱、石栏板等构件，石墩、磨盘、石锁等构件也被弃置。现代工具逐渐取代了传统打磨技艺，但雕刻波浪、枝纹细节等依然需要人工雕琢，机械的打磨、抛光终会将石刻的地方性特征消磨殆尽。为了更好地守护与传承窦村石刻技艺，南京积极推进“非遗”保护工作，2007年“窦村石刻技艺”被列入南京首批非物质文化遗产名录，“窦村石砌博物馆”也被纳入江宁区规划蓝图。毫无疑问，窦村巨大的历史文化价值，需要在新的时代语境下用好用活，不能搁置与荒废。

徐塕村

基本概况

徐塕村坐落于千年古镇淳化东北两千米处，相传始建于南宋初年，至今已有800多年的历史。村庄依山岗面建，俯视四周，雄踞一方，扼守着自京口、句容而达南京的通京古道，与古淳化关成犄角之势。

首先需要辨析的是徐塕村村名。塕，《说文解字》不录，而《广韵》“尘合也”。江宁区类似地名有前孙塕、后孙塕、前李塕、后李塕、任塕头、葛塕头、上徒塕、下徒塕、谢塕等，主要分布在淳化（原土桥地区）、禄口、麒麟、东山（原上坊地区）等街道。据调查，大部分带“塕”字村庄的多数居民称其始祖是河南人，古时因战乱、水灾逃到南方，因在南迁过程中，受尽了颠沛流离，终于在江宁地区买地建房，安定下来，犹如尘埃落地，故村落以姓氏加“塕”字得名。如原铜山的徒塕，谱载：徒氏于南宋时，从河南洛阳迁此，故而以姓氏“徒”加“塕”字得名。大概后来觉得塕字难认，便简化成“盖”。据专家考证，“塕”字作为村庄通名由来已久，最早可追溯到南朝时期，是江宁区最古老的村庄通名之一，其历史含义深远，对于研究江宁地区北民南迁历史有很大帮助。

徐塕村远景

徐塕村近景

徐塕村村史馆

吕姓族人也播徙于此，遂择山坡半腰及坡顶居住，地段为现村庄之中部，占地面积较大。再后，苏姓族人来此落户，位置只能是山坡的西面，称“西头”。至此，村里“徐”“吕”“苏”三大姓的格局形成。

历史传承

徐塕村中建筑宏伟古朴。据传原有一座九十九间半的豪门大宅，其大门口有十八级台阶拾级而上，人称“十八步”，后毁于太平天国战火，现仅存遗迹。村子自东向西有六座拱门，气势不凡。东门楼子高两层，造型独特。楼上四壁有彩绘人物。村子中央还有两座奉皇帝圣旨而建的功德牌坊。这些均于“文化大革命”中被毁，现仅存两块稍有残缺的青石额，其中一块题曰“旌表故儒吕源妻孙氏之德”。村中一座“吕氏宗祠”形制雄伟，三间三进，门口一对石鼓（也称“户对”）直径约有1米，实属罕见。横贯东西的古道全由80厘米见方、30多厘米厚的巨大青石铺砌而成，其上的车辙印深达一拳。紧贴村子东门的右侧，有一座形似青螺的小山，山势挺拔，甚是隽秀，名“吕家山”。村口往东400米处就是著名的南朝古刹云居寺，绿树掩映，碧水绕行，庄严而又清幽。虽经岁月消损，现仍存大雄宝殿和藏经楼，不过已风雨飘摇，亟

不过据2020年《江宁区标准地名录》，塕多指高坡上的村寨聚落，多读zuài音，却与徐塕村的自述略有区别。其地东即青山村，南即岗山，再往南即为淳化的产业园。从地势看确实是比较高的坡地，符合“塕”的惯常定义。

据吕业民所撰《古村徐塕》，南宋初年，最先在徐塕村这块土地落户的是徐氏，他们选择山坡下近水平坦之处建房居住，位置处在现村庄的东部，称“东门口”和“闾门里”，此群落谓之“前徐”。后来又一支徐姓族群也来该地落户，也取近水平坦之处建房，位置处在现村庄东部之北段，称“后头巷”。此群落谓之“后徐”。随后，

待修葺。附近还有两座石砌拱桥，相传为明代所建，造型优美，古风盎然。

村西口有古望乡台，还有周林岗。周林岗及村北的杨梅山、村东北的炮台山均有抗日战争南京保卫战时所修的水泥碉堡。现存的四座碉堡距村仅四五百米，其上有密密的弹痕，是中国军民英勇抗战的印记。村西的石牛巷口还有一尊石刻卧牛，重3000余斤，乃古物，可惜前几年被盗。

当代影响与价值

徐墘乡贤吕业民曾撰《古村徐墘》，对家乡历史文化贡献颇多。近年来，有关部门整治徐墘村村容村貌，徐墘村又被《南京市江宁区2016—2030年规划》列为青龙山郊野公园之“山水画乡”的三个重点保留村之一，发展前景良好。因此，建议进一步深入挖掘该村历史文化资源，并配合旅游建设，以发挥更大经济效益。

杨柳村

基本概况

杨柳村，位于湖熟街道杨柳湖社区，以杨柳村古建筑群闻名于世。村古称阳刘村，北宋时已见著录。整个村落布局呈“一”字形，村中多数建筑物均坐北朝南，北倚马场山，南临杨柳湖，内外河流交错，村落四周阡陌纵横，其间房舍鳞次栉比，门巷深深。

其村名最早见于北宋《太平寰宇记》：“阳刘湖，在（上元）县东六十里，周回三十里，其湖建龙都埭，在阳刘村前，故名。”其后，湖边村落以谐音称杨柳村，湖亦更名杨柳湖。南宋《景定建康志》载：“刘阳湖在（建康）城东六十里，当即此。”一说“刘阳”，实为“阳刘”之反声。至于何以称阳刘、刘阳或刘扬湖，现已无从考证。总之，无论今杨柳湖，还是杨柳村，均可稽于北宋的“阳刘”二字。

此后无论是当地的《朱氏宗谱》，还是1926年张履鸾的人口调查，都记作“杨柳村”。在1949年《江宁县图》中，既标注了“杨柳”，也标了“杨柳湖”，且其湖水面积与今天差不多，说明周边地貌变化甚微。

杨柳村今貌

历史传承

南京知青在修缮后的杨柳村古建筑群举办活动

据《朱氏宗谱》记载，朱氏世居溧阳南渡，其六世祖朱武公移住句容陡门口。明万历七年（1579），其七世祖朱孔阳从陡门口迁居杨柳村。传说朱孔阳家有兄弟两人，父母早亡，哥哥朱孔阳已有家小，考虑到弟弟尚未婚配，想把房产让给弟弟，自己一家外出谋生。弟弟不肯，两人争执不下，遂由族人调解。族长在两人手心里面各写一字，叫他们回家再看。结果，哥哥手心里面写的是“去”字，弟弟手心上写的是“留”字。于是，朱孔阳带着家小，挑着货郎担远走他乡。一天，他来到秦淮河畔的杨柳湖畔，突然挑担的绳子断了，只好停下生火做饭，饭后洗碗，又不慎将碗掉进湖里。朱孔阳长叹一声说：“天留我也！”就这样，朱氏在此落户繁衍，家业日趋壮大，至今已有16代400余年。

杨柳村位于秦淮河畔，其平面呈东西长、南北窄的长方形格局，分前、中、后3个自然村，中村已毁于清末咸丰年间的兵火，现存的前、后杨柳村建筑群绝大部分是在清康熙、乾隆时期所建。原杨柳村占地887.5亩，村内共居住361户人家，1348口人，有1408间房屋，分36个“堂”，建筑面积达38016平方米。所谓36堂即36个宅院，有翼圣堂、四本堂、树德堂、恩承堂、礼和堂、酌雅堂、安雅堂、思贻堂、敦本堂、崇厚堂、近思堂、敦裕堂、序乐堂、居易堂、天乐堂、映雪堂、祖耀堂、思齐堂、翼经堂、敦朴堂、慎德堂、省乐堂、铭馨堂、安裕堂、敦门堂、安乐堂、三槐堂、忠诚堂、圣德堂、光文堂。各宅院之间有青石板路相通，人称为“青石墁地石门楼，走进杨柳不沾泥”。

现36个堂中保存最完整的一组建筑位于村西，系清乾隆年间由朱侯昌出资建造，为礼和堂、恩承堂、树德堂三堂并列相通，各堂的高大门楼多完好保存，外有高墙围抱。礼和堂与恩承堂均为3进，各37间房，树德堂在西边，为4进41间房，占地总面积为269平方米。杨柳村古建筑群规模宏大，建筑精巧，是南京地区现存最好的一组明清村落建筑。

1926年12月，张履鸾的人口调查为今人提供了杨柳村一带特殊的民风民俗，以及乡村发展状况与工商业的关系。据张履鸾的调查，杨柳村及附近的许村、殷岸村一带，“由于此地圩田最多，而人烟较密，排外的思想，又特别来得浓厚，所以客民不易插足”。而距该村15千米的陶吴镇，“客民就很多，都是河南光山与罗山两县的人，他们的生活程度较低，而性情剽悍，对当地的治安，时常发生危险，本地人对于他们异常仇视”，土客冲突比较严重。杨柳村一带“绝无这类移民

游人在湖熟杨柳村赏荷

的踪迹”，所以社会相对平和安宁。

根据调查情况，张履鸾将杨柳村居户划分为富（生活富裕，财产甚多）、小康（足衣足食，经济宽裕）、贫（粗衣恶食，家境清寒）、很贫（衣食不周，常有冻馁之忧）四级，其中富户有 46 家，占 9.6%，小康户 253 家，占 52.6%，两项合计 62.2%，很贫户仅占 7.1%，可见当地之富庶。其职业除了传统的务农外，最大的特点就是从事工商业的人口较多。481 户人家中，务农的占 55.1%，绝大多数是自耕农和半自耕农，佃农和佣农合计仅 16 户，占 6.8%。经商之家占 31.7%，与“长袖善舞”的山西比较“诚然是有过之无不及”。张履鸾认为这是源于“上元之民善经商”的传统，当地“乡间所有的一切巍楼大厦，大都皆是经商所获的恩物”。太平天国以前，“盛况尤盛于今，离杨柳村十里路的西北村，每届年终，总有二三百只信船停泊，在外商人，将一年所获，捆载而归”。

杨柳村古建筑群内景

杨柳村房屋的建筑年代大多在晚清战乱之前，“为干戈燎乱中之硕果仅存者”，“富丽伟大，全县中堪推第一”。从事的商业种类以布业最多，占总数的 29.2%；药业次之，占 13.1%，“每村至少总有几人在长江各埠从事药业的‘药鬼子’（当地人对于药商的称呼）”；再次是杂货业，占 10.9%，营业地点多半在汉口；广货业“近二三十年来人数激增”，占 9.5%，营业地点大都在上海、芜湖，“芜湖长街的广货业，以京为最有势力，而京帮中十之九皆杨柳村左近二三十里以内的土著”。此外，从事手工制造业和机械工业的仅占 5.8%。其中以刨烟的烟工最多，占工人总数的 24%，都在本地工作；其次是机械工业的工人占 20%，都在上海工作。专门职业人数也相当少，仅占 3.9%，其中近半是医生，其余多是教员和学生。无业者占 10%，其中十分之九“皆系薄有田产而赋闲家居者”，是“衣食无亏”的地主家庭。女性则绝大多数从事“家庭及个人服役业”，仅务农者 3 人、学生 7 人、家庭工艺者 5 人。

虽然当地经商者较多，但商业稳定性较差，职业转为农业的人数高于由农业改为其他行业的，其中大多是“不大得志而略有资财与田产的商人”，可见“当地地租之微，粮价之高，与外面商业上竞争之烈”，而改为务农者 75% 都能达到小康水平。当地的教育程度也比其他乡村为优，男性中略识字的占 5.9%、能写信的占 23.9%，女性两项合计为 6.2%，这也是“由于重商的关系，所以识字的人数较多”，当然“与欧美以及日本比较起来，确是令人汗颜无地”。当地生育率不高，与“出外的男子多”也有关系，26.7% 的男子从事工商业，“他们都是 20 至 50 岁的极富于生殖能力的壮丁”，工作地点大都为沪、汉等通都大埠，其中杨柳村人“在上海工作者，竟达六七十人之多”，“每年亦只回家一次，每次亦不能超过

杨柳村古建筑群全景

一月”。在汉口工作者“通常每隔一年回家一次，每次不得超过两月”，“无形中就好像已实行了生育的节制”。死亡率不高，也与从事工商业的家庭较多有关，因此当地“经济状况尚佳，衣食温饱，故无饥馑之忧”，住宅“较之他处，亦尚宽敞高大，空气新鲜，疾病自少”；还有一个原因是“人口不太密集，传染病侵入之机会少”，外出人口多当然是其中重要的因素；由于相对富裕，婴儿死亡率也较低，仅 183.7‰。如果不是调查年度流行麻痧（死亡 10 人，平均年龄 4 岁，占全部死亡人口的近六分之一），死亡率还要低，低于同时的俄国、智利和武汉工人家庭。可见，经商对当地百姓生活的改善有着重要影响。

新中国成立后，杨柳村获得了殊多荣誉。2002 年 10 月 22 日，杨柳村民居群被江苏省人民政府公布为省级文物保护单位。2007 年底，江宁区人民政府斥资近千万元对这组古建筑群进行全面修缮，以更好地保护这一珍贵文化遗产。2013 年 3 月 5 日，杨柳村古建筑群被国务院公布为全国重点文物保护单位。2013 年 8 月，被江苏省人民政府公布为第七批江苏省历史文化名镇名村；同月，被国家住建部列入第二批中国传统村落名录。2014 年公布为第六批中国历史文化名村

当代影响与价值

人类活动的方方面面，在地名中都有着直接或间接的反映。一方地域，一个城市，一座古镇，地名里往往延续着历史的秘密。杨柳村历史悠久，文化资源丰富，是南京民俗村落的一张名片。“杨柳村”老地名，是南京城市变迁的刻痕印记，是江宁地名文化的组成部分，也是历史信息的原始载体。同时，“杨柳村”这一地名，作为江宁社会风貌的探视窗口和不同层面的文化资源，是真实而且珍贵的文献资料，是鲜活而且广泛的文化符号，具有极高的史料价值和凭证作用。我们认为，可以因地制宜，进行一些关于“杨柳村”老地名的推介活动，突出地域文化特色，以之作为旅游资源来推动当地社会经济的发展，最终实现乡村的可持续性繁荣，加速乡村振兴。

咎缪村

基本概况

咎缪村，地属横溪街道陶吴社区，因咎氏、缪氏聚居于此而得名。1949 年后，曾先后隶属江宁县陶吴公社咎缪大队和陶红大队、横溪乡等。该村位于陶吴社区东北 1 千米左右，北距中华门约 50 千米。2003 年与咎村、咎巷等地名一同消失，在今地图上已经无法找到。

据当地传世的家谱载，元至正八年（1348），咎、缪二姓由今安徽宣城迁至此地，繁衍生息，后形成咎缪村。清顺治年间，有数户咎姓人家又迁至西边不远定居，后名咎村。两村东西相望，又分别名为大、小咎缪。缪氏也有分迁者，陶吴集镇西即有缪家村。清康熙年间（1662—1722），咎缪村咎文潮云游天下，留诗塞外。

历史传承

咎缪村历史悠久，这里曾发现古代先民生活的两个台形遗址，一个距今 4000 年左右，一个距今 3000 年前后。这两个土墩一大一小，现存面积约 1 万平方米，高出现地面约 6 米。1975 年、1979 年，南京市文物部门先后对土墩进行两次小规模的试掘后，才发现是一处重要的古代文化遗址。试掘结果表明，遗址的文化堆积平均厚约 3.5 米，它的形成经过了早、晚两个时期。早期遗存的时代为新石器时代晚期，距今 4000 多年。考古学家发现了红烧土堆积，分布范围约 15 平方米，推测与陶窑废弃物有关，证明这些原始居民曾在这里劳作。附近还清理了 4 座墓葬，都没有发现明显的墓坑，但排列有着一定规律，应该属于氏族公共墓地的一部分。墓葬随葬品以陶器、石器和玉器为主。石器中的穿孔石斧、有段石锛、双孔石刀，以及陶器中的鼎、盉、豆、壶等造型和装饰特征，与江南地区其他新石器时

江宁区民俗博物馆、江宁区非物质文化遗产展示馆开馆仪式

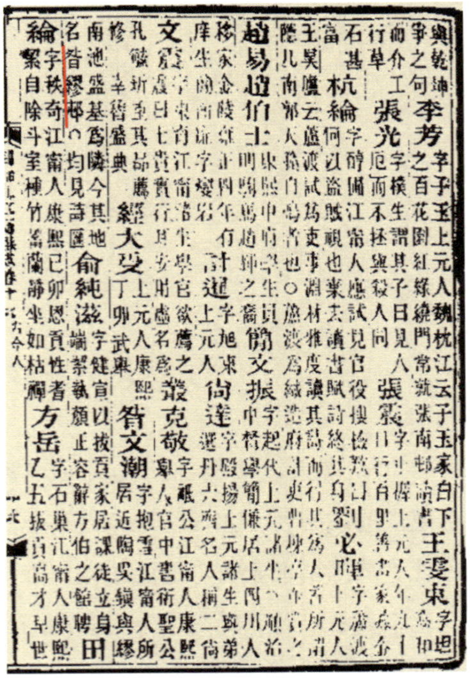

《同治上江两县志》中记载的昝缪村

昝缪遗址出土的玉梳背

昝缪遗址出土的三孔石刀

昝缪遗址出土的玉璜

代文化有着许多共同的特征，特别是玉质装饰品中的璜、玦、佩、琮等，与苏南和浙江地区的同时期的良渚文化的同类器物比较接近，说明不同地区的先民之间存在着比较密切的联系。大约1000年后，这里又来了另外一批相当于中原商周时期的湖熟文化先民，他们在这里连续生活了相当长一段时间。遗址出土的晚期遗物主要有以鬲、甗、罐、盆、豆、钵等为代表的陶质生活器皿，以锛、凿、刀、镞、纺轮等为代表的石质生产工具。此外，还发现了作为武器的铜箭镞，虽数量不多，但可以证明青铜器已开始使用，生产力发展水平较早期居民已有了较大的提高。

又据《同治上江两县志·城厢考》记载，昝缪村昔有“昝文渊（字省雪）与缪盛基（字南沚），居皆近陶吴镇，故以名邨矣”。据《金陵通传》，与昝文渊相邻者名为缪谋盛，他还有一位兄长名昝文潮（字抱雪）。当时，昝氏兄弟俱以侠义闻名，与诗人卓尔堪为友。昝文潮尝云游边塞，并绘图纪念。曾以布衣身份参修《明史》的姜宸英（字西溟，康熙探花、帖学名家）有文记其事。昝文潮足迹几遍天下，晚年始归家。同治十三年（1874），莫祥芝、甘绍盘修《同治上江两县志》卷五“城厢”亦称：“陶吴镇……相近有昝缪村，昔昝文渊（字省雪）与缪盛基（字南沚）居，皆近陶吴镇，故以名村矣。”

昝缪遗址一角

1949 年《江宁县图》在陶吴附近位置标有“鎔缪村”“鎔缪山”，当为“昝”的误字。1984 年《江苏省江宁县地名录》对“昝缪”地名开展了解读工作，并在地图上清晰标注。1992 年 3 月 27 日，“昝庙古文化遗址”被南京市人民政府公布为南京市文物保护单位，“昝缪”地名因此而广为人知，不过其中的“庙”乃因音近而误写。

当代影响与价值

地名既是一个民族文化的代表，也是厘清族源和文化背景脉络的重要线索，更是彰显新时代中国特色社会主义道路自信、文化自信的思想内核之一。此外，地名既能反映一个民族的栖息场所，也能反映一个民族的历史信息、民族思想及社会环境变迁等人文写照。“昝缪村”地名历史悠久，是江宁宝贵的历史文化遗产，具有重要的文史价值。因城市建设开发，昝缪村虽然现已无存，其地名也未能流传，不过可发掘这一地名背后的历史文化资源，适当添建一些符号类标识及解读设施，突出地域文化特色，以之作为旅游资源来推动当地社会经济的发展，最终可在增强当地群众地域认同感的同时，实现乡村的可持续性繁荣，加速乡村振兴。

清水亭

基本概况

清水亭，隶属秣陵街道，位于江宁中部的原殷巷乡铺岗村亭子口自然村。旧传岳飞大败金兵于清水亭，即此处。详参本书“岳飞抗金故垒及大世凹的传说”一条。过去有清水亭庙，现有清水亭东路、清水亭西路，分别位于庙旧址的东、西两侧。

清水亭之战是岳飞“恭依圣旨，亲提重兵至建康府，与金贼战斗”的战役之一。岳飞本人有《建康捷报申省状》：“照对飞自建炎三年十一月二十二日起，离建康府，至广德军界，与金人六次见阵，收复溧阳县。及于常州界以来，邀击金贼，袭逐至镇江府。恭依圣旨，亲提重兵至建康府，与金贼战斗。追杀过江，收复了当。”其子岳珂又记：“金人大败，僵尸十五余里。斩耳带金、银环者一百七十五级……获其马甲一百九十三副。”

史载南宋建炎三年（1129）秋，金兀术率金兵南下，岳飞等将领经苦战后，率部转战到茅山地区和宜兴、广德一带，等待战机，以收复建康（今南京）。次年春，金兵带着在杭州等地掳掠的大批财物北返，途经镇江，遭到南宋名将韩世忠的截击。与此同时，位于镇江地区的岳飞部队，

1933 年地图上的殷巷与清水亭

因奉“诏令就复建康”，遂率师进驻宜兴。稍事休整后，由岳飞亲自率领，自宜兴出发，从建康府东南入境，开始了金陵抗击金兵、收复建康府的战役。金兵退抵建康后，在钟山、雨花台两处扎下营寨，修建城垒，造成准备长期驻扎建康的假象，暗中却加紧把掳掠来的大批居民、财物聚集到江边准备北窜，其运输船只绵延不断。四月二十五日，金兵在建康城内纵火，准备乘乱率军渡江。岳飞得知军情，联络了邵青和钱需带领的两支义军，率部在建康城南约三十里的清水亭与金兵交战，结果金兵惨败，横尸十五里。清水亭之战的具体过程，史籍中没有详细的记载，但从战果来看，此役实堪称岳家军屯驻宜兴以来和收复建康过程中所少有的一次大仗和硬仗。

《宋史 · 岳飞传》载 ：“金人再攻常州，飞四战皆捷。尾袭于镇江东，又捷。战于清水亭，又大捷，横尸十五里。兀术趋建康，飞设伏牛头山待之。夜令百人黑衣混金营中，扰之。金兵惊，自相攻击。兀术次龙湾，飞以骑三百、步兵二千驰至新城，大破之。兀术奔淮西，遂复建康。”

岳珂《鄂王行实编年》亦载 ：“（建炎四年）夏四月，金人再犯常州。先臣（岳飞）四战皆捷……复尾袭之于镇江之东，战屡胜。诏令就复建康，乃亲将而住。二十五日，战于清水亭，金人大败，僵尸十五余里。斩耳带金、银环者一百七十五级，擒女真、渤海、汉儿军四十五人，获其马甲一百九十三副，弓箭、刀旗、金鼓三千五百一十七事。五月，兀术复趋建康，先臣设伏于牛头山上待之。夜令军衣黑衣混虏中，扰其营。虏人惊，自相攻击。虏乃谋益逻卒于营外伺望。先臣复潜令壮士衔枚于其侧，伺其往来，尽擒之。初十日，兀术次于龙湾，要索城中金银、缣帛、骡马及北方人。先臣以骑三百、步卒二千人，自牛头山驰下，至南门新城设寨。速战，大破兀术……兀术遂奔淮西。先臣乃入城抚定居民，俾各安业。虏无一骑留者。”其记载更为详实，且多为《宋史》所本。

历史传承

清水亭地名最早见于南宋《景定建康志》：“清水亭，去府城三十里。考证 ：建炎四年四月二十五日，岳飞败虏于此。”据《江苏省江宁县地名录》，清水亭在原殷巷乡铺岗村亭子口自然村。清水亭庙为清代所建，村在通向此庙的路口边，故名。

1949 年和 1960 年的《江宁县图》中，均在殷巷镇南标注了“亭子口”村，信为岳飞大捷的清水亭所在。不过 1949 年图上写成“庭子口”，当为误字。

清水亭遗迹，早已不存。为纪念这一具有历史意义的地名，2007 年 7 月，江宁县政府将原由南京市清水亭中学和南京市清水亭小学合并而成的南京市清水亭学校，创办为南师附中江宁分校清水亭校区，使得“清水亭”的地名，发挥了其独特的教育价值。

在不久的将来，南京地铁五号线还将设“清水亭”站。除此之外，以“清水亭”命名的，还有江宁区清水亭幼儿园，公交车站则设有清水亭东站、清水亭西站等。此外，还有清水亭东路、清水亭西路，均在秣陵街道。我们相信，岳飞与清水亭相关的传说所产生的精神价值，将激励人们奋勇向前。

当代影响与价值

地名是人们赋予各个地理实体的专有名称，

地名不仅具有实用价值，也映射着人类社会的过去与现在。“清水亭”这一地名历史悠久，也是岳飞抗金的战场之一，具有重要的历史文化价值。宣传清水亭的历史，可以增强当地群众的民族自豪感、地域归属感及文化自信，进而促进地方精神文明建设。此外，“清水亭”这一地名是真实而且珍贵的文献资料，是鲜活而且广泛的文化符号，如果加以合理利用，则可为推进乡村振兴和“美丽乡村”建设发挥积极的作用。

水阁

基本概况

水阁村，今属秣陵街道。清《同治上江两县志》谓“水谷村”，因近牛首、祖堂两山山谷，山水汇流于此，故名。后“谷”讹为“阁”。这里自古就是交通要冲，历史上属于东善桥。据《江宁县交通志》推测，南朝刘宋孝武帝为营葬殷贵妃而凿冈数十里开通的道路即龙山路。此路北起今高家库，南达今水阁村，东通陈浒桥，西上牛首山。可见，自南朝时，水阁村一带的交通就相当的便利。

在江宁区档案馆收藏的1949年8月《江宁县图》上，在牛首山普觉寺东部，标注有“水阁”地名，紧靠宁丹路。附近还有“上水阁”“下水阁”两地名，当与水阁村有密切联系。此二地名为其他地图所不载。

众所周知，在地名系统中，上下、大小、东西是最常见的衍生性地名，上下常常用来形容方位的区别，如在上或在下，此处上、下水阁当也是如此。上下也可表示地势的高低，如《江苏省江宁县地名录》中汤山街道的“上曹”“下曹”，明代即为放牧之地，因高差而区别称呼。

历史传承

水阁村一带，有着丰富的历史文化积淀。新中国成立后，文物部门多次在水阁附近发现古墓葬。

1970年代末，原东善桥乡水阁村在农田建设中发现一座大型明代墓葬，南京市文物管理委员会对墓葬进行了清理。据出土墓志，墓主即为驸马都尉沐昕。沐昕是黔宁王沐英第五子，永乐元年（1403）六月封驸马都尉，选尚明成

东善桥水阁隐龙山南朝墓内景

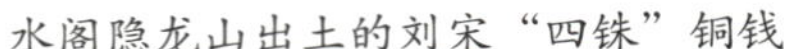
水阁隐龙山出土的刘宋“四铢”铜钱

东善桥水阁出土的明代龙纹琉璃滴水

祖朱棣第五女常宁公主。景泰三年（1452）十一月，沐昕以疾致仕。次年四月，病卒。据明《万历江宁县志》等地方志记载，沐昕及常宁公主墓在长泰北乡二图。沐昕墓不入将军山沐氏祖茔，可能与其驸马都尉的特殊身份有关。

2000 年 9 月，南京市及江宁区文物部门联合在将军山西南麓东善桥水阁行政村高家庄自然村隐龙山发掘 3 座大型古墓。根据墓葬形制、出土遗物，特别是 2 号墓中发现的刘宋元嘉七年（430）始铸的“四铢”铜钱，可以推断墓葬时代为刘宋中晚期。考古专家认为，这 3 座墓葬极有可能就是葬于岩山陵区的刘宋皇族墓或陪陵的重要功臣贵族墓，而以前者的可能性最大。

水阁为战略要地，太平天国时期，太平军与清军曾在此地发生战事。清咸丰四年（1854）冬，天京（今南京）太平军以攻为守，积极防御，缓解了城防压力。太平军在上方桥、板桥等城外据点立足后，继续实行积极防御的战术，使清军疲于奔命，无力攻打天京城。十月二日，秣陵关清军守将傅振邦出援受到攻击的太平府（今安徽当涂），江宁县境清营空虚，石达开立即派遣太平军 3000 余人进军到殷巷、马木桥一带“掠食”，清军副将张国梁等领命渡河截击。部分太平军返城，韦溃详等率余部至秣陵关。张国梁先攻北关口不胜，又命后队分两路迂回关前夹攻。太平军撤入关内坚守。张国梁率清军从街头登屋，抛掷火罐、喷筒，关内火起。部分太平军冲出北关，被伏击的清军截杀，部分太平军坚持巷战，最后韦溃详等大部分将士在惨烈的战斗中英勇牺牲。

随后，清军都司蒋锡光率 1000 多人驻扎秣陵关。十月十二日，太平军再次出队进至殷巷、元山附近，寻机攻打秣陵关，被蒋锡光主动出兵击退。太平军占据秣陵关的意图虽未能实现，但牵制了清军的机动兵力。在秣陵关战斗激烈之时，城内太平军也连续两天“环城放炮”，惊扰清军。各路分队还潜出朝阳门、洪武门，以及龙脖子、上方桥营垒，袭扰清营。二十一日，太平军在继城北连连出兵游击之后，上方桥战士也出攻清营。次日，清军翼长福兴由七桥瓮报复性出兵，攻打

东善桥水阁隐龙山南朝墓出土的陶仓屋

上方桥，但被击退。同日，副将蔡应龙率千名兵勇离开大营，绕道殷巷，经水阁袭击板桥，同时秣陵关清军经谷里村会攻。板桥太平军先主动冲出迎击，随后撤入营垒，以枪炮阻敌。蔡应龙环壕扑攻，屡屡失利，无功而返。入冬后，太平军主力仍然凭借高城休整，并不断派遣小队出水阁、元山一带骚扰清军。以后，太平军又多次进攻秣陵关……由于太平军将防线不断向城外推进，战斗主要发生在城郊乡间，清军除了在咸丰五年正月有一次不成功的穴地攻城外，已经长期没有组织过像样的攻城战。

1958 年建水阁大队。1982 年改设水阁村委会。2004 年改设牛首社区居委会。作为自然村地名的水阁村已经不再使用，但仍保留水阁路等相关地名。

当代影响与价值

老地名是地名文化的组成部分，是历史信息的原始载体，是城镇变迁的印记。水阁，因牛首山水谷而得名，后讹为今名。这里历史悠久，自南朝以来即为达官贵人墓葬地，保存着不少重要的历史遗迹。又因为是大路通途，发挥着重要的交通价值，成为历史上兵家必争之地。如今，这里靠近牛首山文化旅游区与祖堂山风景区，风光秀丽，又成为江宁居民休闲旅游的场所。尊重历史，传承文明，守护老地名，就是在守护江宁的历史文化之魂。水阁这一老地名，今已有消失之危险，故亟需深挖其背后蕴藏的文化资源与内涵，继续为建设人文新江宁作出贡献，进一步发挥老地名所带来的凝聚力与感召力。

麻田

基本概况

麻田，隶属秣陵街道秦淮社区，位于秦淮新河南岸、韩府山东麓。

苎麻是优良的纺织原料，在古代即受到从帝王将相到普通百姓的青睐。它原产于中国，2500多年前的《诗经》中就有“东门之地,可以沤纻”的记载，“纻”即苎麻。

江宁地区种植苎麻的历史至少可以追溯到六朝。左思《吴都赋》云:“纻衣绨服，杂沓傱萃。”可以为证。唐宋时期,在送往京城的各类贡品中，就有产自金陵的“火麻布”“白苎布”“细青纻布”，皆为麻织品中的佼佼者。相传，唐代高僧鉴真东渡日本，将中国苎麻种子和种植技术带至日本。李白到江宁横山丹阳湖游览时，曾经写下“时作白苎词，放歌丹阳湖”的诗句。当时秦淮河两岸盛产苎麻，河岸码头是苎麻的重要集散地。

经专家学者考证，日本苎麻来自“中国南京近郊的麻田”，即今天江宁区的麻田村。日本人遂把麻田村作为苎麻的始产地，称苎麻为“麻田草”“南京草”。此后，苎麻传至欧洲、美国等地种植，这些国家也称苎麻为“南京草”。后人有诗赞曰：“苎麻热卷亚欧美，识物争裁裙裤衫。溯古探踪源何处，故乡原本在麻田。”

作为农家纳鞋、制绳的基本物料，过去江宁乡村堂前屋后有空地的地方都会种上苎麻。而据档案资料，1958年，江宁县曾大力推广苎麻，当年在麻田村即种植了2000亩。

历史传承

“麻田”一名最早出现在明初长兴侯耿炳文

1950年代南京郊县的大片麻田

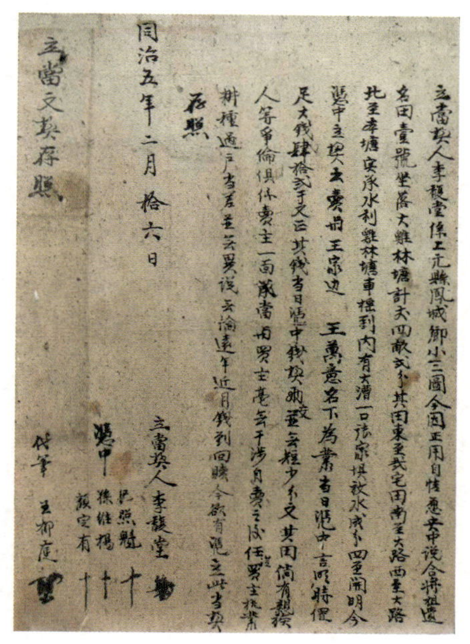
同治五年（1866）地契

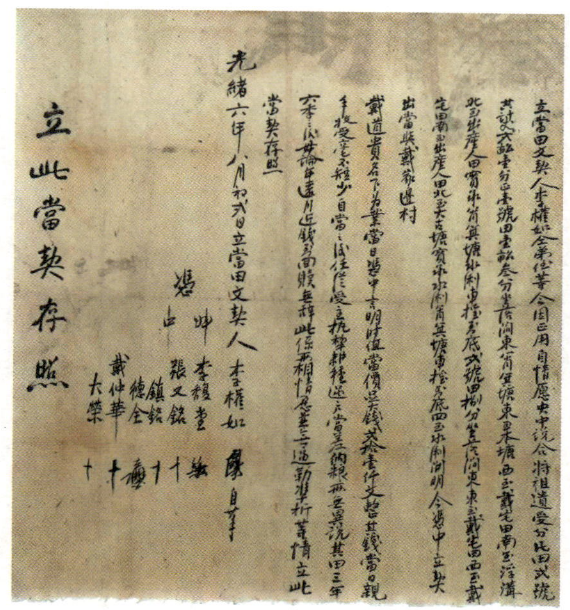
光绪六年（1880）地契

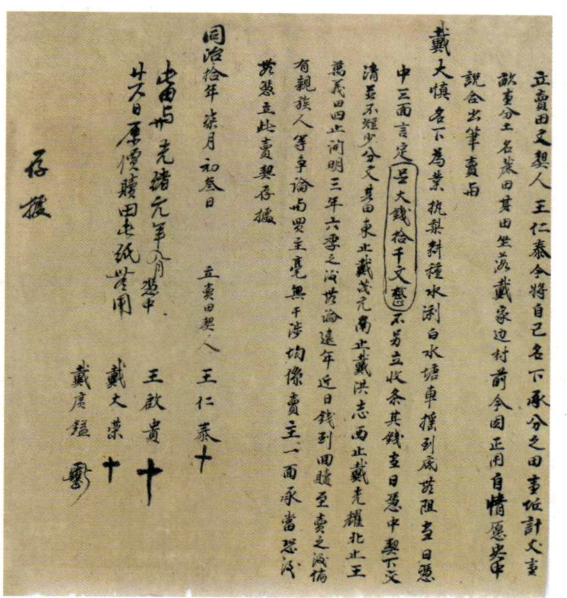
同治十年（1871）地契

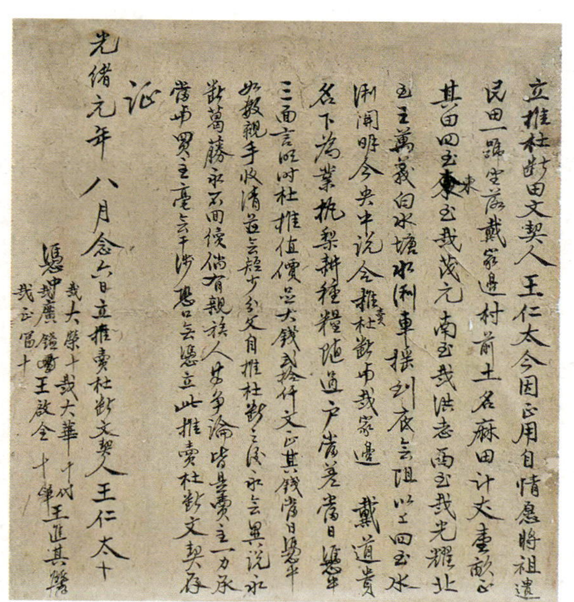
光绪元年（1875）地契

夫人陈善愿墓志。1994 年 7 月，文物工作者在原东山镇石马行政村麻田自然村发掘了一座前后室大型砖室墓葬。砖室全长 9.6 米，前、后室之间的过道处设两扇巨大石门。据墓志记载，陈善愿卒于建文四年（1402）六月，因为朱棣夺嫡革除建文年号，墓志记为洪武三十五年。八月，明成祖“以侯有大功于太祖世，命内官临祭于家，赐以米布棺殓，复命工部营冢圹，以八月初九日葬于江宁县安德乡麻田村之原”，所受殊荣非同一般，有关专家推测这与前述朱棣夺位之初笼络安抚武将的政策有关。

耿炳文，凤阳人，18 岁即追随朱元璋起兵淮泗，并深得其信任。此后，他受命驻守江浙门户长兴十余年，屡败张士诚军。洪武三年（1370），

1952 年在麻田的苏联专家

被封为长兴侯，后多次从征北元，是身经百战的洪武朝元勋宿将。由于朱元璋滥杀功臣，至建文帝继位时，朝中能够统兵一方的勋臣武将已经寥寥无几。建文元年，燕王朱棣“靖难”起兵，耿炳文受命为大将军率师北伐，但不久因败于燕军而为曹国公李景隆替代。朱棣登基之次年，刑部尚书郑赐等得朱棣授意，联名弹劾耿炳文僭妄不道，其借口是耿炳文衣物、器皿上“有龙凤饰，玉带用红鞓”。耿炳文畏惧自杀，他的 3 个儿子亦坐罪而死。

此后的明《正德江宁县志》《万历江宁县志》《南京太仆寺志》等志书所载的江宁县 39 处（或称 40 处）牧马草场中就有麻田场，有地两顷四十三亩三分五釐，在随车乡。

到了清代，麻田则为人口密集的村落。《同治上江两县志》卷二十七“江宁山图”中即标有麻田。近年发现的一份“同治十年（1871）七月初三日地契”上就有“麻田”：“立卖田文契人王仁泰，今将自己名下承分之田一坵，计丈一亩一分，土名蔴田。”不过记为“蔴田”。而另一份“光绪元年（1875）八月念六日地契”则记载：“立推杜断由文契人王仁太，今因正用，自情愿将祖遗民田一号坐落戴家边村前，土名麻田，计丈量一亩正。”这里又记为“麻田”。在 1949 年《江宁县图》韩府山的东北方标注有“蔴田桥”地名。在 1960 年《江宁县图》上标有“麻田东村”地名。可知，“蔴”“麻”二字通用。

“麻田”无疑是因其地种植苎麻而得名，但民国《首都志》推测：“有磨田寺（在凤台门外，今其地名麻田）。”1984 年《江苏省江宁县地名录》亦认为：“明代此处建有磨田寺，村名磨田，后人语讹称麻田。”显然有误。

新中国成立后，麻田初属石马乡，先后隶属江宁县第一区、东山区。1957 年划属东山镇。1958 年属东山人民公社。1982 年后，先后属东山乡（乡政府驻岔路口）、岔路乡、东山镇。2002 年属百家湖街道秦淮社区。后并入秣陵街道。

当代影响与价值

作为地名，“麻田”与地产的经济作物有关，是苎麻种植与输出的重要见证。据明初陈善愿墓志可知，“麻田”地名已存在六百余年。由于城市建设需要，当地早已不再种植苎麻，且麻田村也已拆迁不存，但其地名仍然存在。不仅如此，还有一条横穿原麻田村、东起顺翔西街、西止韩府山下的东西向道路，被命名为麻田路，继续发挥老地名留存历史记忆、传递文化信息的作用。

东流

基本概况

东流，社区名，隶属麒麟街道。位于沪宁高速公路以北、312 国道以南，辖区总面积 6.92 平方千米，下设 7 个自然村。

东流是晚清民国时期江宁县北境的重要集镇之一。新中国成立后，东流集镇先后隶属麒麟乡、公社、镇、街道。后因区划调整，隶属关系又有变更。2006 年，划归汤山街道。2010 年，回归重新设置的麒麟街道。

旧时，每年的三月初三，东流集镇都要举行“郗祺会”。这一天，东流镇上人山人海，热闹非凡。在东流一带，至今还流传着吴清江设义仓救民的故事。

吴清江，字一峰，生于清乾隆五十四年（1789），居住在东流驿附近。道光二十七年（1847），吴清江同里人吴云章、钟有海合作，在东流镇建起一座义仓，积谷备荒。为了使义仓能最大限度救助民众，他们制定了相关的规章制度。后来，江宁府知府吴葆晋得知吴清江等人的善举后，特意向其颁发“德济民生”匾，悬在吴清江住宅的门头上，以示嘉奖。

咸丰六年（1856），上元地区发生旱灾，民众缺少粮食，吴清江等人设置的义仓还有储备的

1933 年地图中的东流镇与西流村

粮食。于是，他们开仓赈灾济民，成为灾民的依赖。

东流镇因地理位置特殊，在元代，这里就设有东流驿。在驿道上有一座平桥，每当山水暴涨时，不仅平桥被淹没，而且道路也会被淹，路过此地的人，往往溺水而亡。吴清江见此情形，就捐资采购石料，安排石匠将平桥两侧约半里长的河道加高加固，免去了烦恼，百姓称便。

历史传承

东流的得名最早见于宋代。据南宋《景定建康志》记载："东流市，市有桥曰东流，以水流自东，因名之，在上元县宣义乡，去城四十里。"原来这里有条河，因水东流而来得名"东流"。河上的东流桥，又名安济桥，宋淳熙十二年（1185）钱良臣改名。因人口稠密，商业繁华，在南宋时期已设东流市。除了设市外，宋代还在此设立东流铺。据《景定建康志》卷十六记载，当时上元县驿路上有五十一铺，每铺相距十里，东流铺介于麒麟铺与昆仑堽铺之间。由此可见，东流的地理位置十分重要。

至明清时期，仍置"东流市"，又有东流村。《同治上江两县志》卷二十七记载："宣义乡，今平家冈、西流、东流等村，去朝阳五十里。"至晚清，已升格为"镇"，是上元县著名的乡镇之一。据民国《江苏省通志稿·方域志》所引晚清《宁苏图表》，上元县所列的16集镇中就有东流镇。

民国时期，东流仍为镇之建制。至1923年，已经开办东流邮政代办所，成为江宁地区开发较早的乡镇之一，走上了较快发展的道路。1928年，江宁县实行村制，其中宣汤村村公所就设在东流镇东流庙内，而义汤村村公所设在了东流镇的东流村。1933年，江宁县改制为自治实验县，县公安局撤销，改设公安科，在东流设置了派出所，以维护

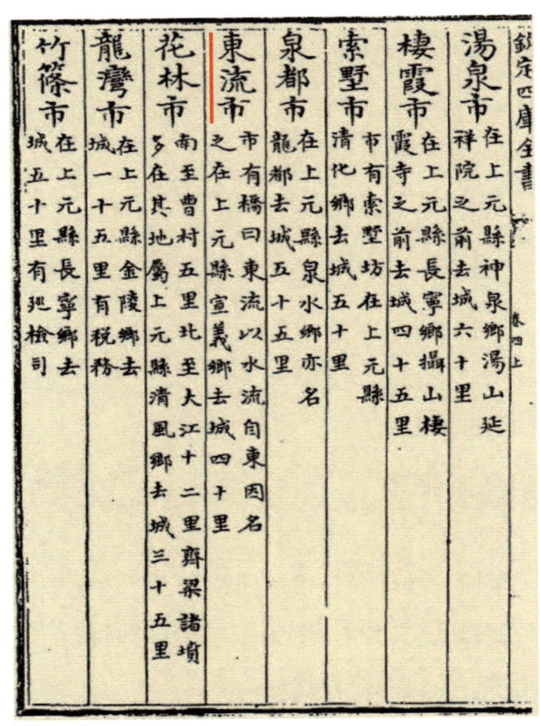
欽定四庫全書 卷四上
湯泉市 在上元縣神泉鄉湯山延祥院之前去城六十里
棲霞市 在上元縣長寧鄉攝山棲霞寺之前去城四十五里
索墅市 市有索墅坊在上元縣清化鄉去城五十里
泉都市 在上元縣泉水鄉亦名龍都去城五十五里
東流市 市有橋曰東流以水流自東因名之在上元縣宣義鄉去城四十里
花林市 南至曹村五里北至大江十二里齊梁諸墳多在其地屬上元縣清風鄉去城三十五里
龍灣市 在上元縣金陵鄉去城一十五里有稅務
竹篠市 在上元縣長寧鄉去城五十里有巡檢司

《至正金陵新志》记载的东流市

交通与治安。1934年，振兴农村实验区还曾在东流镇设立公益社。抗战胜利后，农业部中央林业试验所于1946年迁至南京，接收了包括东流在内的诸林场，作为育苗造林、林业推广实验基地。

当代影响与价值

如今，东流仍以社区名称延续其作为地名的生命力，其地已纳入南京紫东地区规划，将成为南京城市副中心、宁镇扬同城化发展区域中心、数字城市建设示范区、高质量创新发展先行区的组成部分之一，正逐步走上更加快速发展的轨道。作为江宁北境的传统集镇之一，东流地区所拥有的众多文化遗产，是未来当地高质量发展的灵魂。这其中尤其需要正确处理历史与当代、传统与创新的关系，切实做到在保护中发展、在发展中保护，让具有东流特色的地域文化遗产在新时代焕发新生、绽放光彩。

麒麟铺

基本概况

麒麟铺，今社区名，在麒麟街道西北部。宋元两代即有麒麟铺、麒麟市，因其地南朝刘宋开国皇帝刘裕初宁陵（也有学者认为麒麟铺的南朝陵墓神道石刻属于宋文帝刘义隆长宁陵）神道石刻中有麒麟，故名。附近是明代南京外郭城门之一，称麒麟门，后沿用此名。

《景定建康志》卷十六“铺驿”载：“驿路五十一铺，每铺相去十里。东门铺、东十里铺、蛇盘铺、麒麟铺……张桥铺，以上七铺属上元县。”这是文献中关于“麒麟铺”的较早记载。该卷“镇市”又载：“麒麟市，在上元县开宁乡，去城三十里。”这里所记录的麒麟铺、麒麟市，均是由于附近有南朝刘宋陵墓神道遗存石麒麟一对而得名。元明两代，仍设麒麟铺、麒麟市。

明初，此处为外郭十八门之一，也因此地有南朝陵墓神道石麒麟，故称“麒麟门”。晚清民国时期的老地图显示，当时其地有上麒麟门、下麒麟门之别，而在 1949 年《江宁县图》中仅在“麒麟铺”下标注了“下麒麟门”，1960 年《江宁县图》在同一位置却标注了“上麒麟门”，说明当时调查的民间口传系统对于上、下麒麟门的叫法并不统一。

民国时称麒麟镇。1949 年置麒麟乡，以驻地镇得名。1956 年，麒麟乡与东流镇、青西乡合并建东流乡。1957 年，东流乡与定林乡合并称麒麟乡。1958 年改置公社。1965 年，麒麟公社改为其林公社，门称“其林门”，是麒麟的简化字。1982 年，复为乡。1994 年更置镇，名麒麟镇。2006 年 3 月撤销麒麟镇，其境东北部并入汤山街道，西南部划入东山街道。2010 年 6 月，恢复设立麒麟街道，所辖麒麟门社区、麒麟铺社区并存。

历史传承

麒麟门位于明代南京外郭城垣最东端，西南郭垣接沧波门，西北郭垣连仙鹤门，为洪武二十三年（1390）四月庚子建造，其门额为明初

1930 年代麒麟铺南朝陵墓石刻

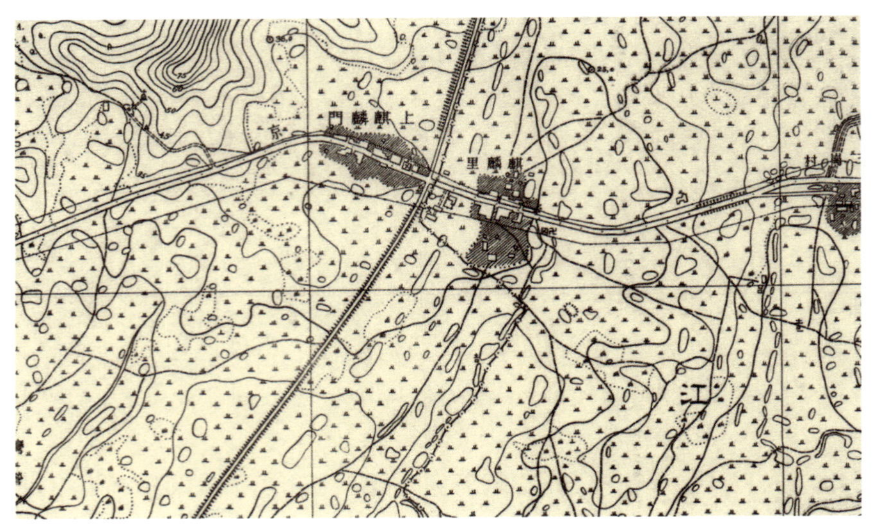

1933 年地图上的麒麟门

中书舍人詹孟举所书。洪武二十四年二月甲子，置麒麟门千户所，铸印与之。按：詹孟举，名希元（一名希原），新安人，明初著名书法家。其书法兼学欧、虞、颜、柳各体，善写大字，有“明初书法第一”的美誉。相传明太祖还曾命詹孟举书太学集贤门（或称成贤门），“门”字右直微钩起。朱元璋说：“吾方欲招贤，（詹希）原乃闭门，塞我贤路耶？”遂杀之，而以粉涂其钩画，涂粉痕迹至明代中后期宛然可辨。后来，明代都城虽然从南京迁到北京，但旧例仍在，故北京宫殿的“门”字亦皆无钩。据《南京都察院志》卷二十四，麒麟门西至沧波门界，东至仙鹤门界，共长一千三百五十丈。门有城楼一座、官厅三间、直房三间、栅栏二扇、月墙一道、城隍庙一座、锁钥一副。门内有孙陵冈，外通镇江府，故势当水路咽喉。附近的梅花坞景色芬芳，石麒麟古迹奇绝。清代《潜研堂文集》之《诗续集》卷三记载了钱大昕的诗作《雨后抵麒麟门》：“六代繁华地，重城指顾闲。云封灵谷寺，雨失覆舟山。入夏衣犹袷，中年鬓已斑。秦淮清浅水，曾照旧朱颜。”

据清《康熙上元县志》卷七“疆域”、《道光上元县志》卷三“舆地志中”及光绪《江宁府七县地形考略》“上元江宁两县乡镇考”等记载，上元县所辖之乡凡十有七，而四镇即错于其间，麒麟铺属开林乡。作为镇一级的行政单位，进入民国后，麒麟镇也算是开发较早的地区之一。至 1923 年，麒麟门邮政代办所已经开办，其地与江宁的定林、陶吴、元山、朱门、铜井、上坊、索墅、淳化、禄口、殷巷镇、江宁镇、秣陵关、六郎桥、横溪桥、土桥等地，同时走上了较快发展的道路。1929 年，国民政府实行区、乡（镇）、闾、邻四级制，废宣义乡、开林乡，设麒麟镇、东流

《江宁县第二区详图》

新中国成立初期的江宁民众

镇、定林镇，隶属于江宁县第六区。

当代影响与价值

如今，作为城门的麒麟门虽然不复存在，但麒麟铺、麒麟门作为老地名得以沿用至今。以麒麟、凤凰、青龙、玄武等中国古代瑞兽作为地名，既是曾经的物质呈现、神话传说的证明，也是南京古都的一大特色，并非一般城市所能具有。现江宁境内尚有东麒路、其东线等衍生地名，附近还有麒麟紫荆城、麒麟山庄、南京外国语学校仙林分校麒麟中学、南京交通技师学院麒麟驾院。这些祥瑞的古地名、衍生地名，能保留在如今江宁的重要街道、社区里，既发挥着地名的功用，同时又留存着古老的气息，确实不可多得。

非物质文化遗产的保护传承，可以把古典与现代、文化与经济结合起来，使传统文化在现代语境中焕发新的生机。麒麟虽然是古代祥瑞，但用新的 IP 表达出来，就可以是麒麟铺社区、麒麟门社区的形象代言，可以发挥出不小的经济和商业价值。

今日麒麟集镇夜景

梅府

基本概况

梅府，原为江宁街道行政村、社区名，2006年并入江宁社区。

梅府是江宁地区老地名中年代最久远者之一。江宁集镇北旧有“梅府村”之地名，《江苏省江宁县地名录》等地志材料曾认为此地名是因清代一梅姓官员家宅在此而得名。而根据考古发现，其历史至少可以追溯至三国孙吴建衡元年（269），距今已有1753年，时称“建业县南乡梅府里”。梅府之得名实始于孙吴之梅府里。

六朝时期县以下行政建置为乡、里。经检索文献及考古发现的墓志和买地券资料，可得乡三、里三十三、村一：秣陵县有长干里、佛陀里、同夏里、故治村、斗场里、中里、建兴里、赖乡石泉里、永昌里、凤凰里（凤皇里）、小郊里；建康县有都乡中黄里、化义里、禁中里、蒋陵里、都亭里、定阴里、崇孝里、朔阴里、南塘里、东乡土山里、桐下里、白石里、太清里；江宁县有赖乡齐平里、赖乡溧湖里、建兴里、赖乡石泉里、南乡梅府里；建业县有华里、南乡梅府里；丹阳县有椒唐里；同夏县有牛屯里；侨置临沂县有长干里、戌壁里。还有不明所属的建节里。这些乡、里、村，少数能够确认具体位置，其中同夏里、土山里、故治村、华里、梅府里、牛屯里等在今江宁区域范围内。

历史传承

梅府里地名始见于考古发现的孙吴建衡元年相府吏缪承买地券。2007年底，江宁街道牧龙村（原属铜井镇）在基建施工中发现一座砖室古墓，墓虽已遭施工机械大部掘毁，但江宁区博物

“江宁南乡梅府里”铭文砖

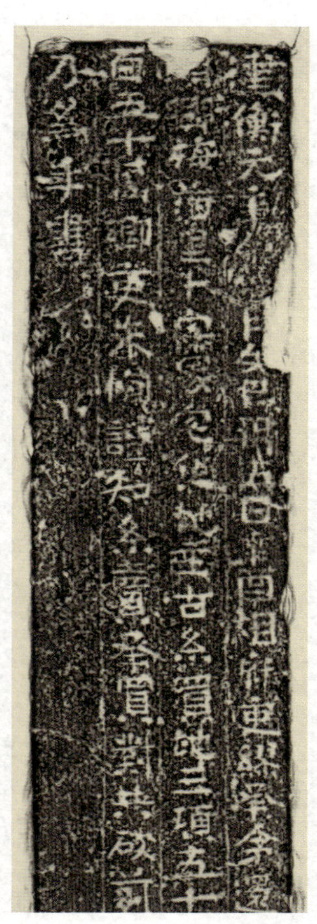
铜井出土的孙吴砖质买地券

馆征集了墓内出土的多件文物，除青瓷四系罐、盂、唾壶、钵外，最为珍贵的是一方砖刻买地券。这件买地券为长条形，砖面竖行镌刻4行券文，计70余字，行间以浅线相隔，部分券文因砖面泐蚀难以释读，但大意仍能辨明。所记内容是：建衡元年，相府吏缪承归葬丹杨郡建业县南乡梅府里，并以三百五十万钱购买冢地三顷五十亩，乡吏朱陶见证了双方的土地买卖。券文显示墓葬所在地当时属建业县南乡梅府里。建业县系东汉建安十七年（212）孙权由秣陵县所改。券文所记与文献记载相吻合，证实今牧龙村周围在当时属建业县南乡梅府里所辖。这件买地券的出土，证实早在1700年前的孙吴时期已有“梅府”之地名，与清代梅姓官员无关。墓葬发现地牧龙村今与梅府村有一定距离，说明当时的梅府里所辖范围要比今日梅府村大得多。

2020年4月，南京宁马高速公路江宁镇出口段附近建设工地，又出土六朝墓砖若干。砖之侧面皆有铭文，其中有“九江历阳蔡”“太康七年十二月”“葬江宁南乡梅府里大道东”等字样。史载西晋太康元年（280），析孙吴旧建业县西南境新置临江县。次年，改称江宁县。此砖的发现，证明至太康七年（286）梅府里的地名仍在使用，但已改属江宁县，亦与文献记载相吻合。

当代影响与价值

作为江宁地区历史老地名之一的梅府，始于1700多年前的孙吴，如今仍在沿用，所衍生的地名还有梅府花园、梅府工业园等，可见其旺盛的生命力，也承载着当地重要的历史信息和乡愁记忆，值得保护与传承。当然，“梅府”一名所涉及的历史背景及其他内涵，还有待更多的考古资料来揭示。

江宁街道梅府出土的孙吴褐釉瓷灶

附录

江苏陶吴镇的蚕业

· 谢醒农 ·

南京东南大学农科，素来很注重改良及推广蚕业的实际工作，每年当春蚕期间，总要在苏省蚕业有希望的地方，设立几个临时蚕业指导所，给农民观效。并且指导他们，劝他们除去旧习，照着新法去做，农民有什么询难，也替他们解答。今年四五月的时候，我因为负了这种使命，便到陶吴镇去主持一切。陶吴镇这个地方，是在南京的南畔，离城六十多里。坐着黄包车出了南门，向那不十分崎岖、比较宽大些的路上，往前跑去，不到四个钟头，便到了它的所在。此镇地域还不算小，计共管辖四十八社九十六乡，统有三千多村庄。在南乡（南京城以外周围的乡里，依东西南北的方向，划做四区，命名东乡西乡……故名）方面，可算是第一个底大的市镇。居民业农，蚕业很有普遍性，算很发达，除了海宁（浙江）的产丝，在苏省染织界久负盛名外，其次便推到这个地方了（出品均当作纬丝用）。就中横溪桥一带的农民，每年的生活费，差不多要靠这一次春蚕（中部各省，大概每年只养这一次）的收入来维持。庄稼若是旺盛呢，便个个满面笑容，喜欢到了不得。万一遇着庄稼不好，那就处处露着懊丧状态，愁眉不展了。因为桑丝茧三种，就是陶吴镇的岁入大宗，蚕业是他们的正业，所以每年到了三春，东风解冻，气候和煦的时候，我们可以看见一望无际的桑树芽苞怒发的光景。不多几时，便绿叶成荫，一碧万顷，更加上了几道河流蜿蜒贯通其间，无数小桥跨在河上，直是一幅绝妙的天然美景图呵。倘使你到那块登高一望，自然会激动你感美的心怀。如果你是风流的人，那么因为你的情绪发动的结果，咏歌赋诗当然其乐融融了。并且那些地方家禽、蔬菜都是各人栽畜得丰富的，我们到了那里杀鸡拔蔬，弄些佳馔，加上一点乡中旧酿，同坐相酌，真是乐不可支。人们呀！像这样美丽的农村，不就是你们理想的欢乐之境么？

现在我把我住在陶吴镇关于蚕业上所得的见闻，写在下面，给《农声》的读者看看。但在这里，我要加一点声明，就是我所写出来的事实，不单是陶吴镇如此。据我所知，差不多江浙两省的全部养蚕家，除了学校公所机关，和很少很少的农民已经接受学校的教训，有特别情形者外，大都对于蚕业的经营，总是依照同样呆板方法做着的。我们南方人未曾到过那块，没有看过这种情形，有时瞧着东南几省人所编述关于蚕业的各种书报，或是听到某某名人的演讲，大书大吠地说："……江浙是我们中国蚕业最发达，最有希望，并且发达顶早的地方……"一定是以为真的，原来他们是弄惯滑头拐骗把戏，坚守着家丑不可外扬主义的，你哪里知道他们是"金玉其外，败絮其中"。这实在可怜亦复可笑，自吹家牛，未免吹得太厉害吧！

一、栽桑

他们栽桑的情形，譬如今年播种，明年便移植，第三年就把它定植在桑园里头。从这一年起，即行摘叶。这样的约过了二三年，才行接枝——皮接。接枝的方法：在砧木离地面约二尺五六寸高的部分，用快刀切开表皮层，成个人形裂口，另外切取长四五寸的接穗，照普通的皮接法插上去，用稻草或是别种结束物，环绕绑紧，亦有再加涂上泥土的。经过两星期，倘是瞧见接穗已经活着，便在接口上方一寸的部位，环断其皮层，使它输送来的水浆养分，都集注到接穗上面。等到明年春间，把最近切口以上的砧木部分截去，那便成为湖生桑了。他们这样的养成桑树法，在起首四五年，和我们广东的法子一样，依广东人的眼光看起来，是似乎对的，不能看他们是外行。可是依他们革新派的意见和经验，那就弃而不取了。因为这样所得的结果：1. 活着率低；2. 生长力缓；3. 收量亦减；4. 在经济上，事实上，做起来都不合算。较诸三刀接，是要事倍功半的。或许有人会这样的问："江苏蚕业教育那样的发达，初等中等的农校不胜枚举，专门也有一所，大学分系的，也有三所，试验场又那么样的多；发散栽桑浅说，又无虑几千万册，为什么他们现在还是这样的呢？"不错！要解答这个问题，非几句话所能说完，并且详细分析起来，总可以凑成二厚册。现在因为篇幅的关系，我只能简单地说：第一是桑苗无来源；第二是本地无专营桑苗业；第三是农民购买力薄弱；第四是农民贪图目前的小利（摘业）。所以在那边，很有些桑园，当四五月之交，倘是给"不识桑树面目者"瞧见，真要误认是果园。这样桑葚叠叠的桑园，成绩好坏，可想而知了。

二、蚕种

陶吴镇所养的蚕，大概分为三种：

1. 改良种。无论哪一种品种，凡是由蚕业机关学校用框或袋制出来的，都属这一种，俗叫作洋种。据他们所说，是由洋先生挪来卖的，所以人人都叫他做洋种。改良种结起茧来形大丝多，色泽光白，所以他们称赞改良种的时候，总说出"真好呀！同王八蛋一样大"的语调。这种蚕种，因为在原蚕的时代，调护维谨，"凡所以虑患之具，莫不备至"，真是像"王公贵人"一般"养之太过而畏之过甚"，所以多是好的。那农民的处所是乱七八糟的，饲育方法是糊里糊涂的，在这样田地，小不留意，很容易生起病来，并且传染得很厉害，时常死到"无一幸免"。所以农民的心理，个个都有"洋种性娇"的感想，就是说改良蚕种很不容易养的意思。因此，他们还是心存"改良种非绝对的好的"。

2. 平制种。就是余杭、湖州、天台、无锡等制种家制出来的蚕种。病毒很多，茧形薄小，丝量较小。品质虽说是比不上改良种的好，可是它的抵抗力还强大，容易养些。假使遭着气候剧变，还可以得着较丰收。所以农民仍然很愿意购养这一种。

3. 本地种。又分二类：甲、三眠种。俗叫作柞蚕，其实并不像山东、贵州、河南的柞蚕，不过他们利用野生柞蚕，在第一至三四龄给它吃罢了。这是本地固有的品种，茧形尖长，丝量很少，绉缩浮松，色不纯净，乏光泽，性脆弱。但它抵抗外界的力，特别强大，虽是曝在太阳下，经半个钟头之久，还不大害，冷热相侵，亦没妨碍。

所以养这种蚕的，还不算少。乙、家生种。俗叫作山种，是由农民养改良种或平制种自己制成的。结成的茧子品质和原种差不多，收量比较丰些。另据许多农民说：初次养的洋种，成绩很坏，倘系家生种，那就发育齐一，生病和遗失的少，收茧量很多。但至第三年，品质又变坏，病蚕亦多，此后就不能当作原种用了，一定要再买洋种来养。平制种大概亦是这样。统计全镇每年约需要十多万张（每张二十八圈，可得蚕蚁一钱），改良种约占2%，平制种约占68%，本地种约占30%。本地种中，三眠种约占35%，家生种约占65%。平制种每年在九、十月（阴历）就运来卖给人家，每张（约当改良种十二张）售洋四五元。贵的时候一十多元，平的时候一元几角钱，定期上山前后付款。农家因为恐怕将来没得蚕子养，所以尽量地购买。改良种在十二月尾、正二月（阴历）才送来，每张售洋两角钱，当面付款（本来亦是定在上山前后付款的，但已经被那代卖蚕种的人作弊了。并且时常提高价钱，三四角不等），所以买的人很少。东南大学今年运到一万多张，只能卖出二千零张。还有许多人不愿意买的。

三、催青

俗叫作煖种。我们时常看过江浙等省各蚕业机关发送数多养蚕的撮要浅说须知，都教导他们道：当煖种的时候，切不可把蚕种贴在身边，或放在被窝里，使它们出乌毛。要晓得这个法子，是很不对的。因为人们身上的暖气，有在华氏表九十六度内外。蚕儿发生，只要七十度光景就够，并且人们排出的汗和不洁的气味，被窝里的浊气，是与蚕种以恶影响的。倘天天这样煖着，那么不是要把它热死闷死吗？在以前或别的地方是不是这样，我都不敢武断，就我这次在陶吴镇所看见的，确是不一样的。他们的法子，虽然还带着有些类似的毛病，可是已经把大大的陋习除掉了，这不能不算是他们蚕业知识进步的表现啊。他们煖种的法子：

A、到了清明，桑芽开放已经有了三四片叶的光景，用井水喷湿种纸的蚕卵面上，等它晾干（亦有不喷水的，但是很少很少），用皮纸把它包起来，再用包袱包好，更用棉衣包一包，然后放在衣箱内。约过一个星期，打开看一看，看它见标没有（见标，就是变色，是蚕蚁孵化前一天的现象）。倘不见标，应该照旧包藏。此后每天看一次。到了见标的时候，把它平铺匾内，再把匾子放在蚕架上，过了一二天，蚕蚁便会出来，那就好扫乌毛了。陶吴镇的养茧家，差不多都是照着这个法子煖着。

B、等到桑树发育状况，像上面所说的一样，便把被单洗涤干净，挂在剧烈的阳光下晒一天，晚上披在室内，等到明天，便用来包已经包有皮纸的蚕种。包好之后，放入衣箱内，等到见标，把它平铺在内，夜间放在睡床上。翌晨，或许有很少很少的发生，这些均弃掉不要它。吃中饭后，置于有余热的灶上。到了下午四五点钟，就好扫乌毛了。依这个法子煖的种就我所指导的几十家，只得王肇林一个人。听说他从来煖种都是用这个法子，成绩却很好。

按催青是蚕作丰凶的重要关头。蚕种虽说很好，倘是催青不得法，那就坏了。顶显明的毛病，便是蚕蚁闷死或不能孵化。这种现象，在蚕户留存下来的蚕纸上，时常可以见得的。其次便是妨碍它的生理卫生，陷蚕儿先天于虚弱，结果发育很不齐一，遗失病蚕亦多。这两种催青方法，虽或有时侥幸得着好收成，但不是常例。故此我们可以简单地说这是很危险的，应该设法使他们改善才好。所以我回校后在报告书里头，特别注重这个问题，并且提出一个适当的方法来解决这个问题。现在把有关系的一段录在下面：

但各蚕户育蚕数量有限，至多者不过百张，通常为二三十张，欲其改用新法，在彼居处地位，实有所不能，且因经济关系，亦不愿如是执行，吾等虽明知彼辈实际上未易仿效，第以指导责任所在，又不能不姑作新法催青之宣传演讲，以冀明年或有起而实行者；并劝告彼辈联络临近各户，均起为之，既可得共同催青之利，又可行稚蚕共同饲育之便，设不幸而我言不行，本校为贯彻改良目的计，自不能不别筹办法。窃催青器一物，虽有见之于学校间，但多系舶来品，或系仿造者，售价既昂，容纳张数亦少，欲以此介绍于农民，更难于见效，未易收普及之功。文尝于陶吴镇见乎永泰和香烟公司出售之装烟白铁箱，高约二尺三四寸，长约四尺许，阔约一尺二三寸，每个售洋九角，闻成本只七角，倘收买此等空箱，略加修改（定做自然更好，省去了修改的工夫）。这个箱的构造样子，另外写在下面，足容纳二百张蚕种之用，以廉价售诸农民，则新法催青之普及推广，当较易为功，比之包藏于棉布衣箱之中，优胜万万矣……

上图是已经修改好的催青箱模型，是就正斜面看的。箱的上面开一小洞。甲、用来插入温度表，以便观察箱内的温度。正面做两块向左右开闭的门板。乙、左右两面，各开六个窗。丙、排做两排，里面用粗铁丝或别的东西，平分做四十格。丁、用来放置种纸。但是最低那一格，要离底面高二寸，并且用一块白铁板。戊、异成无数的小洞，搁在离底面高五分的地方，使暖气容易平均扩散到箱内各部分去，另外做一个四脚架。己、把这个箱子放在架上，底下置两盏洋油灯。那么，把蚕种各项的手续弄好点起火来，便好催青了。

四、养蚕

俗叫作喂蚕。他们养蚕的法子，到了现在，还没有改变，仍然是呆笨着。把它分开来说：

1. 扫乌毛，就是扫蚁。他们从来不把蚁量称个清楚。倘你问他们“喂多少蚕呀？”都是说“喂若干张纸。”问他们“将来要多少担叶子？可有多少蚕呀？”那更茫然不晓得。并且还有一个很坏的习惯：养多少张纸，固然没有酌量。须若干叶子，或是要买多少担叶子。你想个个这样，倘是蚕儿发育良好，这个叶子问题，便大起恐慌。必须拿出很大的价钱去买叶子了，虽说将来结果好可以抵这次亏，但本钱太多，便没得钱赚了。换句话说，就是替卖桑的人效劳了，你看吃亏不吃亏。但这还是好的，有时有钱没得叶子买，眼看活活的蚕子，一齐都饿死了。倘是给吃素的人看到，还要说他是残忍呢。这不是傻而又笨的养蚕法吗？

2. 喂叶。俗叫作上叶子。他们为着桑接的经济起见，在最初一二龄的时候，都把野生的柞树或是未经过的荆桑的叶子给它吃，更有些人一直上到第三龄才止的。据他们说，照这个样子，固然桑叶经济上，得到多大的利益，就：

（1）在这个期间，吃叶子很少，采摘上、管理上还不十分忙。

（2）蚕儿发育，产丝品质，还来得好些。每天喂叶的时刻和回数，都没有规定，是看箔子（这箔子的意义和广东的蚕箔那样东西不同）里头的叶子的情形来做准的。这还不错。不过，因为他们吃晚饭吃得早，睡觉亦睡得快，一睡下去，等到天亮才起来。在那晚上的一次上叶子，格外上得多，好像堆起什么似的，真是要命。天气坏了，便起冷湿；天气好了，就酿蒸热。并且还免不了“吃便吃个饱死，饿又饿到头晕”的毛病，弄到乱七八糟，这是多么危险的一回事呵！还有一层：在近每一个眠期当中，有些蚕儿眠得早，他们瞧不见（可以想见他们的养蚕常识了）。常常上叶子上得太多，并且切得太大，都把它压住，真个要闷坏。有时因为这缘故，弄到后来，眠起不齐，病的病，死的死。

（3）调理。农民养蚕是想要赚几块洋钱的，所以无论哪一件事情，必定尽量省着，利害非所计。比方蚕箔这个东西，养多少蚕，就要预备多少蚕箔。照我们试验所得，而且就学理上讲，在可能范围，最少限度以内，再亦一些不能减省，但是他们偏偏做一个反比例的设计，没有十几个蚕箔，便养许多许多的蚕儿，差不多家家都是这个样子。在各种饲育法之外，另想出一种“特密育”的经济的育法来，你想密已经难过，再加特别密，那还了得么？尤其是在扫下最初四五天的时候，幼蚕在那块儿挨挤，更为厉害。因为在先催青的法子不好，把先天性质摧残，陷于虚弱了。这样一来，食量既不均，发育便不齐，你竞我争，结果强者胜，弱者败。所以每次除沙，总是看见有许多弱的或病的蚕在藏沙里头，死掉的不少。我可以举出一个例来证明：在西杨村里，有一位曹兴斋，在陶吴镇上，算是大养蚕家之一人，因为患了这个毛病，到了三龄起眠，其遗失率竟达70%。弄到后来，强者变弱，弱者生病，病者致死。结果养了一百二十五张蚕纸，只得收四十八斤十二两茧子，那不是损失很大了吗？到了后来，约在四五龄的时候，密的不过，再亦不能马马虎虎，便实行“地育法”。这个名词，是我在南京的时候，他们本地人把江浙两省农民养蚕的习惯说给我听，当时我觉得这都是江浙两省的特有，而且在饲育法中是别开生面者，我以给它这个名词。本来要仿“秋田式整技法”的意义，定做“江浙式育蚕法”才对，但是没有“地育法”那样名正义显。就是先将室内地面（泥土打的多）扫除干净，把砻糠撒布在上面，厚二三寸，四周围砌泥砖或青砖，亦有用石灰的，等待蚕儿起眠，把它提起，移置砻糠上面。俗叫作“下地”。

（4）除沙。俗叫作“提蚕”，或是“提宝贝”。他们对于这件处理是很费工夫的，因为从来除沙，不用蚕纲，不用砻糠，是用手缓缓地提过来。提蚕的时候，倘不是蚕儿濒于死的，必尽为提过，和好的在一块养着。还有些人，明明晓得它已经有了病了，亦是舍不得。或者另放在小箔子里头，再行饲育，希望它上山——上簇结茧。所以弄到病毒蔓延，不可收拾。他们不明原委，徒叹运气不好，经解释之后，才明白道理，叹气地说：“怪不得，我们提宝贝是很勤的，今天提得干干净净，明天又是有不好的宝贝在里头，原来里头是有微生虫，所以过得（传染的意思）这样子快……”到了下地，实行地育法以后，一直到上山，没有除过沙，这是何等危险的一回事呵！我每每告诉他们，这样这样的除沙，便可以免了那样那样的危险（读者诸君，你们以为应该怎样处理才好）。你想他们怎样回答？可笑得很，他说：“照你这样做法，我们养四五张纸（指平制种纸），两个人还忙不来呢！这样才是经济，学校里的法子，真是不经济呵。”并且每回眠除，总在蚕儿已经就眠时（有时还有多少起眠），粗暴地行之。倘是没有工夫的话，便把蚕沙反覆，用蚕筷把它略为摊开。因为给桑的法子不对，这时候常常有未干的叶子在里头，恐怕那早起来的蚕儿吃着，所以用香灰或是火灰这些东西，撒布在它上面。这样的处理，切叶大小呀，湿度干湿呀，蚕室整理呀，蚕具消毒呀……总是糊里糊涂，不加注意。好像春蚕期间，有时天气还很冷，他们为着省钱，不另烧火，就把蚕箔摆在睡床上头，箔数多的时候，便用被单或是帐子，挂在蚕架的周围。这还不错，可是摆蚕架的地方，蚕室和厨房连着隔壁，上半是通的，弄到熏烟浸漫，还有些人直接摆在厨房里头，这是对蚕儿的卫生何等不合宜呵！而且室的四周多不开窗，或许是有窗户——小窗，亦必用纸裱糊弄到室内空气沉郁不清。对于蚕儿的生理的障碍，是何等重大呵！而且所用的蚕箔的衬纸，都是紧糊的，在上面许许多多死蚕附着，还是照旧使用，这是何等危险的事呵！

五、上蔟

他们所用的蚕蔟，都是无锡式的。因为无锡式的蚕蔟的制作法，没有湖州蔟和蜈蚣蔟那样费工夫，而且处理上，亦是简便得多：结茧面积宽广，枝条排列适当，结茧的机会亦就多了。制蔟的原料，差不多都是稻草和很少很少的萝卜杆。蚕儿上蔟的情形，便大异其趣。就我们的眼光看起来，还须给桑两三次，才能够捉它上山。可是他们就不然了，还没有吃足桑就捉它上山。去年戴（芳澜先生）师母和王（季梁先生）太太俩合股经营小小规模的蚕业场，叫我去帮忙。她们是很小心饲养的，每有疑点，马上就来问我。到了后来，蚕儿将近上山的时候，她这样问我："过（探先先生）太太说，倘是蚕儿吃叶子吃得太多，将来便结不得大茧子，是不是有这个事体？"可见他们对于蚕儿的上山，是主张还未达到上山适期的时候便要上山了。但是读者对于她们这个问题，以为应该怎样答复才对？我问。

六、卖茧

用生茧交易上蔟后五六天，便可取茧，倘不是自行缫丝，就贮在筐中，挑选许多茧形大的，茧层厚的，茧色好的，铺在面上。着蔟茧、不正形茧、薄皮茧、污烂茧等，混在里面。上面遮盖被单或是纸类，天还没有亮，就挑往茧市卖给茧行。去年茧价沽洋五十六七元，到了后来，跌至四十五六元。今年茧价，开秤四十七八元，到了后来，涨至六十多元。价格起落得不定，便是茧行操纵的原因。但是，茧价虽然低落，倘取得地方上绅士爷们的衔头、名片，呈给茧行，看一看说几句时髦话给他听听，那么，比较上总可多得几块洋钱。茧行购置茧子，有二种看法：1. 就是三眠蚕茧与四眠蚕茧的分别，四眠蚕茧的价钱，总比三眠蚕茧高些。2. 就是洋种茧与平制种茧的分别，洋种茧的价钱，总比平制种茧高些。在交易上，还有一个顶不公平的办法，比方共计得卖茧银九十一元九角，这九角不但要九折算，而且只得给你八角小洋。这还算好，倘是九十一元零三四分，或是四五角钱，他老先生真不客气，只给你九十一元，口里叽里咕噜说几句话，那几分钱几角钱便算了事，农民亦无如他何。

七、缫丝

俗叫做抽丝，倘是茧的市价平了，不愿意卖茧子，就请人用土丝车来缫丝，请人时论工值的标准有两种。一种是照丝量计算，每重一两，计工值八个铜板（每毫找二十二个铜板）。大约一人每天能够抽得丝量三十两至四十两。一种是照天数计算，每天工值约一块二三角钱。无论哪种讲法，每日总要给他吃五顿，并且要杀鸡沽酒恭敬他。因为不是这样，他在抽丝工作上，就乱七八糟，弄到废丝很多。他们缫出来的丝，只能够赏给织土货绸缎的用。因为它的织度很粗，并且很不均匀，断头没有接结，随便搭在上面，额节固然很多，裂丝亦是不少，丝认的重量大小不一，宽度高至五六尺。裁尺丝价、市价不定，并且看丝的品质而不同。就今年的行情来说，好些的值洋六十元，平常的值五十四五元，次等的值洋五十元，劣等的四十三四元（以一百两计算）。

八、农民的养蚕经验

你说你的法子怎样对，怎样好，他的法子怎样不对，怎样不好，一五一十地说给他听，这时应该用十二分诚恳、很客气的样子说出来，才能博得他们之欢迎。倘不是这样，不但他们要给闭门羹你吃，而且要使你脸红耳热。不接受你的指导，不理会你，蚕儿不准你瞧见，门儿不准你进去，便是闭门羹的味道。这还不要紧，曲是在彼，我们回复上峰的时候，还有话可说。顶丢脸不过的，就是：使你盛兴而来，扫兴而归，因为你说自己的法子怎样好，他们的法子怎样不好，他们有些不服，气不过，马上就挪出他们的经验来请教你，如果你答不出，他老实不客气要瞅你几眼，叫你做洋先生，只会吃洋屎，那不是扫兴得很，教你脸红耳热吗？所以我们负了这个指导的使命，到乡间去，总要着预备他们所要问的答案。现在把最普通的几条，写在下面，一方面用来告诉读者，一方面用来表示农民的经验是这个样子：

1. 农民准你或是请你进去瞧宝贝，蚕儿一定已经陷于不好之域，瞧过之后，倘是你缓些作声，他便会说：先生，怎样讲呀？这个时候，你一定要把他们以前如何做法，所以弄到蚕儿成了这个样子的原因说个明白（这就要多年的经验了。切不可好说错，倘是说错，他便要说你是不懂了，以后更不肯接受你的指导），然后说补救的法子，应该怎样做法。并且指出一条路给他走，他自然很客气地感谢你。

2. 蚕病顶厉害的，便是软化病（俗叫作“黄烧”，由这两个字想起来，就可以明白它的病症了）和白僵病。他们常常这样问：“……先生，有什么方法好医呀？”那么，你可以对他们这样说：黄烧病用烧酒或是水喷在叶子上给它吃，白殭病用很薄很薄的醋酸稀释液喷在它身上（醋酸稀释液的浓度，顶高不能够超过0.05%，以下多少，就要看蚕儿经过的情形而定，欲研究者，请给我一封信，或是到我这里来）。这样的治疗它，便不会再生病了。并且为信用计，为专严计，在他们问你的时候，应该回问明白他们对于自己所养的蚕的感想和处理法。等到把治疗法告诉他们以后，又要把施用后现出来的事实是怎样，肯定地告诉他们，这层工作，是顶要紧不过的。

3. 农民扫蚁是不把蚁量称个清楚的，问他们将来要多少担叶子，他们是不晓得的。上面已经说得很详细，但他们并不是完全没有把握，还有七八分合理的经验。他们以为：在大眠以前，吃叶子很少，不至发生什么问题；最要紧的，便是大眠以后，这一龄吃叶子顶多。差不多家家都有了把握，大眠起下地以前，总要把它称一称，预备将来要多少担叶子。所以他们常常这个样子来试问你：“……先生！每斤大眠蚕要吃多少斤叶子呀？”那么，你就要告诉他：四眠子的大眠蚕每斤要吃叶子十五斤至十八斤；三眠子的大眠蚕每斤要吃叶子十三斤至十五斤。而且有时还会问你：“每斤大眠蚕能够收多少斤茧子呀？”大约二斤。

4. 鲜茧一斤（诸桂）缫丝量：普通的是一两四五钱，顶多的是二两左右，顶少的是一两三四钱。

九、农民的养蚕迷信

他们的思想，现在还是陈腐得很。人家说是

人力能胜天，总竭尽人力来调理。可是他们反说是：谋事虽然在人，成事还要在天呢！所以他们对于养蚕这件事，只是听天由命，任其自然，除了饲育之外，别无调理工夫。在未养蚕以前，就要到西陵宫内去，跪在殿前，敬香祈祷，卜个签卦，以睹将来庄稼的好坏。求得（哈！哈！有求必应呀！）一张灵符，和一对鞋子、一朵纸花，来家里保佑，初一和十五的良晨，便要向它烧香磕头。真恭敬呀！这个宫是纪念黄帝元妃西陵氏累祖的地方，我曾进去看过，正座有三尊泥巴做成的神像，听说是西陵氏和她的姊妹们。在她的面前，摆着几千对纸、粗布、粗绸做成的鞋子和几千朵纸糊成的花。两旁挂着数数多多的签诗，约摸有几百种。因为凡是向她求得一对的、一朵的，将来就要还她四五对、四五朵，所以宫内才有这样多的鞋子和纸花。并且要把一条柳枝或是桃枝，悬插在门楣处，用来驱除虫蛇恶物，将来庄稼就可以丰收了。

在养蚕期间，凡亲戚朋友，都不相过从，忌说杂话谎话，忌有孝的人，甚至于所养的蚕子，不把人家瞧。倘是说闲话，给人家听见，那就不好了。种种忌讳，实难尽说，禁例森严，真真可笑。有一次，引我到各处去指导的朋友告诉我：有时自家家里小孩子说一句：“呀！呀！妈妈！你看这宝贝出水呢！”他的妈，便不由分说，把他打一顿，赶他出去，不准他在房子里头，连饭都不给他吃。可怜的小孩子，无辜受打。这些妈妈，真真愚蠢极了（由小孩子这般话想起来，我们可以得到数多的事实）。还有一件玩意儿很奇怪的事情，蜈蚣这个东西，是专门吃蚕子的，不知道农家养蚕，一见蜈蚣，并不把它弄死，反说是蚕王驾临，兴隆之兆，它是来报红的，将来庄稼必定旺盛，还要向它敬香磕头哩。我这回到陶吴镇去做指导工作，是驻扎在镇中绅士孙希贤先生处，恰巧他家里就发生这个奇事，所以我问过她们“……到底怎样旺盛法呀？”她很得意地回答：蜈蚣走上蚕箔里头来，把蚕儿一条剪两条，两条剪四条，四条剪成八条，蚕儿会多些，将来结茧子就多些了，这不是旺盛的吗！——呵！呵！这亦是一种法门，可是太蠢了，真的会多结些茧子吗？后来她们把这条蜈蚣装在米筒里头，面上用红纸封起来，日夕烧香磕头，仿佛就同敬神一般，真是可笑得很。还有一件奇闻，在养蚕期间，倘是看见蚕箔里头出很多的细蚕，他们就喜欢了不得，以为是大蚕生小蚕，蚕儿多起来，将来结茧子，自然会多些了。哈！哈！真真有这回事吗？

上面所说，不过是把乡间独有的特点写出来。那些和我们学校里所做的工作情形相同，或是我们时常看过听惯的，一概都不谈了。末了，我要声明：我这次奉命出发，是在四月廿四日。这个时候，农民养蚕，快的已经头眠了，缓的亦是在扫下三四天后。而且这篇东西，是我匆匆写起来的，倘有不对或是不到的地方，还请读者指正指正，这是我最欢迎的。

民国十五年12月31日于中大农科蚕桑部办事处

原刊《农声旬刊》1928年第82、83期

江宁县淳化镇乡村社会之研究

· 乔启明 ·

卷头语

本篇研究系根据1930至1931年夏季所搜集的一点材料，能代表的只是江宁县未改为实验县以前的现象。社会是生动的，随时的在那儿变迁，可是在这个时期，比较的还算稳定些。现在因为经过政治上一度的改革，预料以后的变迁更要尖锐化。著者深望于三五年后，再来做他一次调查研究。在那时候，这个乡村社会变迁的趋势，或者更能使我们认识得透彻点。著者对于本篇研究方法，自信缺点甚多，希望阅者能多加严格的指正，这是著者深为感激的。

著者谨识　民国二十三年九月二七日

一、叙言

什么叫作乡村社会？乡村社会所特具的是什么？一个单独的村庄是不是一个乡村社会？“区、乡、镇”的各种组织，是不是一个乡村社会？再我们平常所谈的“乡下”和“乡村”是不是有乡村社会的意思？要解决以上这种种问题，这就是我们为什么要研究“乡村社会”的第一点原因。

同时我们的确相信，在现代的中国，要增进农民生活，必得先有良善的农村组织，可是我们若要着手改良农村组织时，就不能不即时发生出来一种绝大的困难。这种困难，就是要问这里所指的“农村”二字,是一个笼统的乡村代名词呢，还是有一定的区域与范围的？所以我们为要找到一个“改良农村组织，增进农民生活”的实现的方案时，我们不能不研究乡村社会，这就是我们为什么要研究“乡村社会”的第二点原因。

那末，什么叫作乡村社会呢？社会这一个名词，在中国旧文化书中，虽不很常见，文人雅士们的口中，虽不很常用，可是在乡村农民的口头上，什么“闹社会”“出社会”等等的名词——指他们每年在一定的时期所组织的崇拜菩萨的庙会而言，是常常能够听到的，类如南京附近到了废历二三月的时候,常见农人团体,背着什么“长生老会”的旗子，与“朝山进香”的招牌，在街上行走，这就是他们的社会组织单位，也就是借着此种组织，以满足其宗教生活的，所以社会即人群的组合，严几道译社会学为群学，也是此意，“社会”二字上边再加上“乡村”二字，就是专指乡间的人群事业而论，和城市间人群的事业，是显然划出很清楚的界限的。

按“乡村社会”四字，在英文为Rural Community。从他的语根上讲，是有共同社会的意思，并且含有永久的自然的与地方性的性质，有时我们也可译为“地方共同社会”（Local community）。按“地方共同社会”系指人类生活，由“初级团体”（Primary group）生活，进一步的到了稍为复杂的社会生活的地步而言，此种状态，实系一个地方最低级的“自然的共同社会”（Natural community）。近代乡村社会学家，多半认为改良农村组织最好的单位，就是这种“自然的共同社会”。美国麻省大学教授白特飞博士（K.L.Butterfield）说：“一个真正的社会，就是包含着那个社会里边全部人民的共同生活，不管他是老是幼，是贤是愚，是客民或是本籍，所以我们若将‘社会’二字用在乡村生活上讲，我们必定把社会当作一个一定的单位，一个实体东西，然后我们再讲什么改良农村问题，才不至于趋向空谈。”又美国康奈尔大学教授施特生（Dwight Sanderson）在他所著的《区划乡村社会方法》（*Locating the Rural Community*）一文中，说道“乡村社会，就是包括一个地方的居民，他们的共同生活和兴趣，都聚集到一个中心点上去合作的（Arural community consists of the people in a local area tributary to the center of their common interests）。”他又说，“乡村社会是人类各种主要生活中一个最小而有组织的地理单位（The community is the smallest geographical unit of organized association of chief human activities）”。根据白特飞与施特生两位博士的解释，“乡村社会”的意义，我们当然格外明白，简言之：

第一，乡村社会是要有一个一定的范围的具体地理单位，不是漫无界限的，像我们平常所说的“乡村”“乡里”等等的宽泛名词，绝不是乡村社会。

第二，乡村社会是指在一个有一定地理范围的单位里边的居民，他们的一切共同生活，都能聚集到一块儿去合作的，这就是含有自然共同社会的意思，所以政治的区分，如县区乡镇等等的单位，也不是乡村社会。因为此种分法，普通是按人口与赋税收入的多寡为标准，居民的共同利益方面，是不能兼筹并顾的。所以著者研究淳化镇乡村社会的目的，第一就是要在中国社会里，找到一个有具体范围的地理单位，在这个单位中的居民，他们最重要的共同生活，都能表示共同合作。第二，是格外的要知道他们构成这一个乡村社会的背景，和每一种的生活组织的性质，究在哪里，以便将来作为实施改良我国农村组织的重要张本。

二、淳化镇之人文与自然环境

（一）位置与沿革

淳化镇位于南京市的东南，距通济门约四十里，有石路可通，从前为通句容与镇江两处的要道，商业繁盛，自沪宁铁路告成，该镇因行旅减少，市况日见衰落，遂由半城市化的状态，一降而为一个完全的乡村的市镇。所以从前的市镇范围，系随环境而变换，但亦不是固定的，因为它还要服务一部分过路的旅客。现在的市镇范围，虽比从前小了，可是十分稳定，因为在市镇附近的农民，已与它发生了不可分离的关系，它已有基本的主顾，免不掉要时常去与它接触，所以它不致再衰落下去。我们此次选淳化镇这个地点，也是因为它是一个完全农村市场的缘故。

（二）地势与土壤

淳化镇附近地势，起伏不平，该镇海拔为527英尺，从镇北行里许，有大连山。该山最高峰海拔为2617英尺，西北5里，有青龙山，地形稍低，最高海拔为2455英尺。东部地多高岗，唯高度与该镇相差很少；西南两部，地势渐低，平原稍多，海拔约为300至200英尺左右，为该镇最肥沃的土壤区域，稻产丰富，村落星布，人口亦较稠密。其他高地，可产豆类、山芋、芝麻、玉蜀黍等等旱地的庄稼。

土壤分布情形与南京一带类似，据美国土壤学专家萧查理博士（Dr Chares S.F.Shaw）的考查，大抵高地多为黏质壤土或壤土，色浅褐，形似团粒。这种土地，在本处多为不耕种的荒地，在低凹的地方，多为水田，土壤为矽质壤土或壤土，表土大致是经冲积作用而成的，也可叫它冲积土，但是心土富于胶质，可称黏土，土色依包含腐殖质的多寡，由浅褐淡灰以至于灰黑不等，不含石灰质，这种土壤为该镇最肥沃的土壤。

（三）农业与人口

淳化镇区的农业与人口问题，著者未曾调查，因为已经有了立法院统计处的“江宁县的农业概况调查”，并金陵大学卜凯教授所著的《中国农家经济之研究》已够详尽，兹将以上两种调查之重要部分摘录于下，以补本篇调查的不足：

据立法院统计处的调查，淳化行政区共有农民10868户，57790人，每户平均为5.3人，农民经营共有田地113049亩，就中水田为86388亩，占全面积76.4%，旱地为11444亩，占全面积10.1%，牧草山为6282亩，占全面积5.6%，燃草山为1693亩，占全面积1.5%，其他道路、房屋、沼泽、森林等共计7242亩，占全面积6.4%，全体平均每户约占11.4亩，每人约占1.96亩。

若按土地耕种权来分配，在10868户中，自耕农为2476户，占22.8%，半自耕农为5013户，占46.1%，佃农为3379户，占31.4%。所种植的作物因为该处土地有水田、旱地之分，所以种类也较他处为复杂。在旱地的作物，最重要的是黄豆、玉蜀黍、芝麻、山芋等，在水田的主要作物，是大小麦和水稻。据卜凯教授203农家的调查，在农家平均作物总面积中，各种主要作物所占的面积小麦为44.4%，籼稻为42.6%，糯稻为1.3%，黄豆为4.0%，也就可看出什么作物是较为重要的了。

三、研究淳化镇乡村社会的方法

研究淳化镇乡村社会所用的方法，概别有二：

第一，就是利用区划法。把它的自然范围，及居留人民较大团体生活的范围，画在一个图上，以便代表该处居民的一切共同生活事业和利益，都有聚集到一个中心点去合作的倾向。

第二，凡是关于淳化镇自然社会的一切风俗民情、日常生活，以及任何乡村组织的内容，不能以绘图法代表的，即用询问法把它一一询问记载出来，以便补充该自然社会区域质的方面的研究。凡是一个社会，能用了这两种方法去把他研究，不但量的方面，可以用眼睛在图表内看见，即使质的方面，也可用文字把它形容描写出来。

在未着手划分以前，我们先要定一个乡村社会的中心点，普通皆以市镇为中心，因为市镇是乡民唯一的交际场，乡民互相接触的机会，大半都在市镇之中。市镇上的商人，常有一句话：说是“万商云集”，这就是表示市镇上非常热闹，四方做买卖的人如云的一般，都聚集到市镇上来，市镇确是乡民所不能离开的。在我国的乡间农人，每次到市镇上买卖东西，每有一定日子，在北方叫作“赶集”，在南方差不多每天都有交易，名为“上街”。到了这日，附近的农民，和做买卖的商人，都聚会在一起，做他们彼此要做的事情，来满足他们的需要。所以市镇可以说是乡村社会的中心，要区划乡村社会，不得不以市镇来做起点。这种方法，是美国嘉尔宾教授（C. J. Galpin）首先主张而应用的，以后康奈尔大学社会学教授施特生也应用这种理论来研究美国乡村社会。本篇研究，即以淳化镇为中心，也同此意。

乡村社会中心点既然定了，第二步的手续，

即在镇上与那熟习当地情形的绅董、商人、小学教员，及有经验的农友接洽和讨论，说明区划乡村社会的宗旨，与进行的方法，使大家明了市镇与周围居民的关系，并可以借此询问这市镇的周围究有多少村庄，与这市镇发生关系。假使该处已经有了详细的地图，那是最好，因为我们可以利用那张地图，将所有与市镇发生关系的村庄，按距离的远近将他们一一画在范围之内，若是没有地图，我们也可以用一张稿纸先划分起方格来，每一方格代表一定的方里，如此可将市镇周围所有的村庄，按距离的远近方向把它约略地画在图上。不过画的时候，须经过多人的同意，以真确可靠为标准。划分的范围，大小四周，须达到最远的村庄为止，例如出了这个边界，所有的村庄，就都不到这个市镇上来买卖东西，那末这个界线的范围，就是代表市镇周围的居民对于市镇发生共同交易的影响范围。同时我们也知道普通靠近边界的村庄，其居民往往有时到两个市镇上买卖东西，因为他们两边距离差不多一样远的缘故。凡到两个或三个市镇上买卖东西的村庄，我们也须用同样的界线，向每个市镇的中心划分起来，这种村庄，嘉尔宾教授叫为“中央地带”（Neutral zone）。

除了商业范围以外，其余如教会、庙宇、学校，以及各种结社或其他组织等，都可按画图的法子，把它表示出来，比方说：某村庄有一个社庙，不过这个社庙，不是这个村庄独有的敬神地点，周围的村庄，也有来这庙内敬神的。那末，我们就用这个社庙做个中心点，看他的周围，究竟有多少村庄到这个庙内来敬神，随后也用一种界线把它们圈围起来。这个范围，就是这个乡村社会中的一个敬神的范围了。在本调查中，淳化镇附近的松岗庙，就是一个大庙，每年到废历三月十八日，周围村庄来此上庙敬香的，不下数十村。敬神的结社，共有四十八个。而且除去这四十八社的村庄，有固定的组织外，还有许多村庄，占较大的范围，个人自动的加入敬香的数亦不少，在淳化镇乡村社会图亦是可以看得明白的。至于其余的各种合作共同事业，皆可以用同样的方法，把它们划分出来。

不过划分的时候，若专靠几个人的主张，我们也决不能认为满足，因为市镇上少数人的意见，总不免有遗漏与错误的地方。所以最要紧的一件事，就是研究乡村社会区划的人，须将各村一一跑到问到。所有问题，如“你们的村庄，离市镇有多远？村庄附近，是些什么村庄？全村共有人口多少？平常在什么地方买卖东西？在什么地方敬神？儿童在什么地方读书？人民还有些什么组织或事业？”等，皆在必问之列。再进一层，即每个村庄所有的祠堂、土地庙、私塾、茶馆、杂货店、公井、公碾等，也可问明记载下来，以作将来绘图时的参考校正，果能如此，错误的地方，自可减少，或免除了。

按以上的方法，一个自然的乡村社会里边的一切组织，不论它是因为人民自然的需要，在不知不觉中所构成组织，如中心商业区域之类；或是人民有意组成的，如教会、庙会、学校、家族等，既能够调查得清清楚楚，然后将这些团体的生活组织，一一再加以仔细地校对，绘成一个大小适宜又很明晰的一个乡村社会图。那末，我们看了这一个乡村社会图，及其他询问的记载，这个乡村社会里边的农民现在的一般组织状况，与团体生活的情形，自然就能够明明白白了。本调查的研究入手方法，就是这样。

四、淳化镇乡村社会共同事业之领域

区划了淳化镇乡村社会以后，我们知道构成

它的共同事业的单位，就是一个一个单独的村庄。这种单独的村庄，社会学上名为“初级团体”（Primary group or neighbourhood）。这种初级团体，在社会进化的历程上，所占的势力极大，因为团体里面的人，普通都是寻常见面的（Face to face group）。爱尔华教授（Prof. C.A.Ellwood）以为这种初级团体，就是人类传替风俗文化首要的单位，也就是人与人接触的最初步。例如家庭、乡邻、友谊的结合、儿童的游戏等，都是这种团体精神的表现。因为他们的集合每在日常不知不觉中，社会学上所以也称为非自动的与无制度的团体（Involuntary and non-institutional group），我们要研究一个乡村社会，这种单独村庄的团体生活，是不能不注意的。

在淳化镇乡村社会领域以内，凡与该处居民有共同生活事业关系之单独村庄，都简单地加以研究。此次认为有关系的单独村庄，共有56个。在此56个村庄中，不但将其户口与土地的面积，加以分析，就是每一村庄所有之经济的与社会的初级团体生活，亦加以研究，例如学校、庙宇、祠堂、茶馆、杂货店、碾坊等，都在其列。从研究统计的比较，每一单独村庄所组织的事业数目，每与该村之人口数目的多寡，有密切关系（参看第一表），因为大一点的村庄，它的经济与交际的生活需要就要大些。最普通的就是祠堂、杂货店、庙宇、私塾、碾坊、茶馆等。小的村庄因为人口太少，需要较少，组织起来，反不经济，所以许多小的村庄，就附属到许多大的村庄里去了，例如杂货店和茶馆这两种组织在小乡村里是不易寻到的。

第一表　淳化镇乡村社会单独村庄所有之组织

村名	户数	祠堂	寺庙庵观阁等	碾房	私塾	土地庙	杂货店	公井	茶馆	公立小学	各村组织总数
佘村	232	3		3	3		3	4	2		18
下王墅	201	4	3	1	2	1	3	1	2	1	18
前后宋墅	190	5	3	2	1	1	3	2	3	1	21
徐墶	124	5	2	2	1	2	2		2	1	15
上王墅	121	2	4	2	1	1	1				13
上庄	115	4	1	2	1			1			9
下村	110	3	1	2	2		2	2	2		14
孙家边	105	2	2	2	1	1	2		2	1	13
苏庄	99	3	1	1	1	1	1				8
咸墅	96	3	1	2	2	1	3	2	1		15
东焦村	89	4	2	1	1	1	1	1			11
石子涧	80	2	1	1	1	1	1		1		8
杨家庄	75				1	1	1				3
周汪村	70	2		1	1	1	1	1			7

续表

村名	户数	祠堂	寺庙庵观阁等	碾房	私塾	土地庙	杂货店	公井	茶馆	公立小学	各村组织总数
耿岗	65	2	1	1	1	1	1	2	1		10
李墅	60	2		2	1	1					6
后咸田	60	1	1	1		1	1				5
前咸田	54	2			1	1	1		1		6
西焦村	54	1	2	1		1					5
管头	52		3		1						4
毕家边	49		1								1
祈家边	48			1	1	1					3
岗家边	44										0
上村	40	2	2	1	1	1			1		8
刘家边	40		2	1		1		1			5
许壒	38			2		1		1			4
郝墅	37	1			1	2		1			5
吴墅	36	2	1		1	1					5
倪家边	33		2			1		1			4
新林	33										0
王家坟	30	1		1		1					3
中漆壒	28	1	1		1	1					4
松棵	28		1	1	1						3
戴家边	27		1	1	1	1			1		5
建茂村	26	1		1	1	1		1			5
下漆壒	25			1							1
竹园	24		1								1
松岗庙	20	1	1	1			1	2			6
后村	20	1				1					2
后祁村	20					1					1
王家边	18				1		1	2			4
七里岗	18		2								2
倪家边	17	1		1		1					3
戴马墅	17	1	1								2
上偃	16										0
岗下	15	1			1			1			3

续表

村名	户数	祠堂	寺庙庵观阁等	碾房	私塾	土地庙	杂货店	公井	茶馆	公立小学	各村组织总数
坟上	15										0
山档	14					1					1
伲家边	12					1					1
桥头	12							1			1
塘南头	9		1								1
从山岗	9										0
三里店	7		1								1
巷口	7										0
上漆�八	6										0
花塘	6										0
总计	2896	63	46	39	34	33	30	24	21	4	294
有此种组织之村数		29	29	28	29	31	19	16	13	4	
有此种组织之村数所占百分比		51.8	51.8	51.0	51.8	55.4	33.9	28.6	23.2	7.1	

有各种组织的村庄，在村庄总数中所占百分率，列入第一表，很能给我们一种明白的暗示，就是看它们百分率的高低，可以断定某种组织的需要的程度。有土地庙、寺观、私塾、祠堂，以及碾坊等各种组织的村庄，约占村庄总数中 50% 以上。有茶馆、公井，与杂货店的村庄，约占 20% 以上。占 10% 以上者，仅为有官立小学之村庄。若再以每种组织之数目互相比较，在此 56 村范围里边，有祠堂 63，寺观庵庙 46，土地庙 33，私塾 34，碾坊 39，杂货店 30，茶馆 21，公井 24，官立小学 4。我们由各方面看来，在单独村庄里边的组织，似乎宗教与经济两方面，是占很大的势力的，什么新的小学，有的村庄反是寥寥无几。

社会逐渐进化，人群的事业日见复杂，在经济、社交、宗教各方面，一个单独村庄，是不能满足人们的目的的，所以渐渐地许多事体有联合办理的必要，因此联合村庄的团体就需要了。联合村庄，就是指许多单独的村庄，因为共同生活的利益关系互相联合起来，举办他们互相需要的共同生活事业。例如社庙的祭祀、保卫团的组织、学校的建设、商业的改良等，都是很明显的例子。现就淳化镇乡村社会事业区划的结果，分作经济、教育、宗教、社交与政治生活等五方面来表现，而一一加以探讨。

（一）经济的生活

淳化镇方面，关于农人的经济生活组织，最重要的要算市镇上的商业，因为农人农产品的出售，和家庭日用品的需要都要借着市镇上的商人替他效劳，所以市镇上的商店，可说是农人时刻离不了的伴侣，农村里面流通金融的大本营。

商业对于农人，既如此的重要，所以我们可由商业方面，直接或间接知道某处农人生活程度的高下。例如市镇上商店的多寡，与陈列商品种类的多少精粗，至少可以证明附近农村之繁荣或衰败；反之，观察市镇附近的农村，与市镇交易之范围之大小，也可看出一个市镇或一处农村的位置是否重要。淳化镇商业范围区划的结果，市镇的势力，能够影响到的范围，约占150方里（17方英里），所包括的村庄有42个，共计有2558户，14068人。共有熟地24561亩，其他有生产的荒地面积为7050亩，共31611亩。若以150方里的面积估计，总面积应为81000亩，人口密度，每方里约为116人（每英方里约为1044人）。生产田地之面积，约占总面积50%，其余部分当为荒地、河塘、道路所侵占。每人平均所有之田地面积为2.3亩，每家约合12.8亩。若以此数与立法院调查数字比较，其数目相差甚微，我们从以上的人口与土地数目字中细细的研究，也就知道他们农人的生活了（看第二表）。

第二表　淳化镇商业范围之人口及土地面积

村名	户口				土地	
	户数	人口数	男子数	女子数	耕地面积	其他有生产之耕地面积
淳化镇	382	1805	972	833	1750	200
咸墅	96	789	399	399	2000	500
岗下	15	104	47	57	500	100
松岗庙	20	141	76	65	460	150
上漆墇	6	28	15	13	165	35
中漆墇	28	161	96	65	450	60
下漆墇	25	144	72	72	450	60
后祁村	20	88	47	41	220	450
桥头	12	67	37	30	120	25
七里岗	18	90	50	40	40	200
孙家边	105	825	450	375	850	50
石子涧	80	650	360	290	400	80
巷口	7	30	17	13	20	40
花塘	6	30	18	12	80	100
许墇	38	220	125	95	150	80
杨家庄	75	640	324	316	1220	2000
戴家边	27	175	99	76	150	0

续表

村名	户口				土地	
	户数	人口数	男子数	女子数	耕地面积	其他有生产之耕地面积
王家边	18	90	49	41	260	30
建茂村	26	147	86	61	200	0
上村	40	249	125	124	550	0
下村	110	592	301	291	990	50
管头	52	297	158	139	500	100
耿岗	65	332	179	153	700	0
三里店	7	28	14	14	95	40
上庄	115	579	285	294	793	100
上偃	16	55	26	29		200
松棵	28	180	97	83	350	80
徐墟	124	554	281	273	1250	150
戴马墅	17	82	42	40	250	80
佘村	232	1231	631	600	2450	80
山档	14	68	29	39		40
前咸田	54	236	130	106	444	0
后咸田	60	287	148	139	539	200
苏庄	99	400	212	188	752	150
周汪村	70	383	194	189	880	120
前后宋墅	190	934	464	470	1370	400
刘家边	40	209	109	100	450	125
东焦村	89	505	271	234	950	155
西焦村	54	300	157	143	1000	120
王家坟	30	183	105	78	500	250
新林	33	151	87	64	207	150
坟上	15	未详	未详	未详	66	300
总计	2558	14608	7384	6684	24561	7050

淳化镇的繁荣是全依赖这个范围以内土地生产的，因为附近的农民，在日常生活中，除了食粮以外的需要，都得用自己农场上所出产的粮食来变换购买。我们要知道农人与市镇的切身关系，可以看以下各种商店的数目，及其每日营业的状况。

第三表　淳化镇之各种店铺及其每日营业状况

店铺种类	家数	店中人数	每日营业进款（元）
当铺	1	6	80.00
木作店	1	8	—
布店	2	5	45.00
铁匠店	2	6	6.50
药铺	2	3	5.00
浴室	2	4	5.00
肉铺	3	7	30.00
剃头店	3	9	10.00
京货铺	4	5	45.00
豆腐店	4	11	23.00
粮行		6	161.00
茶饭馆 *	6		65.00
木作	6	16	40.00
杂货铺	7	17	70.00
饭馆	9	17	70.00
茶馆	10	25	22.00
总数	68	175	777.50

* 茶饭馆指茶、饭两种兼营之谓。

将此表详细研究，最多的行业，当然要算茶馆和饭馆，合起来共有 25 家，一天的总消费，约在 200 元上下。按表上计算起来，它的总数不过 157 元，可是其他不良的嗜好，如赌博、吸鸦片的消费还不在内。其中尤其是茶馆，我们大家都承认是个烟馆或赌博场，卖茶不过是个幌子。我们试想在淳化镇上的 10 个茶馆，每日共收入大洋 22 元，其中工作的人数，却有 25 个。每一家的茶馆，每日收入只合 2 元 2 角，试问这 2 元 2 角的收入，除了两三个人的工食外，还得要什么茶叶、柴炭、屋赁等等的支出，计算起来，这如何能赚钱呢？所以在乡村开茶馆的人们，他们的专门营业是赌博抽头、卖烟取利，绝不是靠卖茶来维持生计的。在表面看来，茶馆可说是农人娱乐、消遣、社交的场所，而就内容说，茶馆却是败坏农人道德、使乡村经济堕落的大本营。而且茶馆、饭铺，不仅在淳化镇如此，就在其他市镇也是这样。例如江宁县的殷巷镇，在 68 处商铺中，茶馆倒有 17 所，占全体商店 25%，你看惊人不惊人呢？所以吾人要改良乡村社会，茶馆的改良似乎确占一个最重要的地位。

茶饭馆子以外，在乡村中对农人最关重要的就是粮行与当铺了。粮行在乡村的地位，好比就是农民的银行。农民要钱用时，每将自己出产的粮食，零星向粮行交换现钱。在每天的早晨，我们当可看见许多贫寒的小农，手揣筐篮，内盛米麦来到市镇上的粮行从事出卖，所卖的数量虽不多，不过三升或五升，而卖到的钱，却一方面可以作当日的茶资，他方面还可用作购买其他的物品的现款。粮行不但只作粮食买卖的生意，它还是个乡村放账唯一的机关,农人急需用款的时候，粮行每乘机放债，获利很高，并且还有确实的担保；同时粮行更利用农人借钱还谷的方法，从中谋利，甚至不到一年，能收到百分之百利率之息金。凡是由粮行借钱，不做正用的农人，利率更高，普通皆是付谷的，在每年收稻之时，许多农人的妻子，终年辛勤，到了谷已落场，粮行主人却携驴至家，将谷负去，农人妻子只能灰心丧气，无可如何，这种事实，在南京一带却很普通。

当铺也是一个农人用抵押品借钱的地方，淳化镇只有一家，每日可作八十元的生意，也算不少了。这个当铺，是城内人去作的，可视为一种乡村投资，它的利率是月利二分至三分，农人抵押的东西，也不过付值 20% 至 30% 。过了六个月不取，就被当铺没收，作为他们的财产了。我们从粮行及当铺的营业情形看起来，可以知道淳化镇农人的金融情形，已经严重到什么程度了。

此外如布店、铁铺匠、木作店、洋杂铺等，与乡村的农人都有密切的关系。布店是农人时刻离不掉的，因为此地农人大多不种棉花织布，所有的衣料，要到镇上布店里去买的，虽有时或是布贩子挑到乡间来卖，但却不很多。铁匠铺、木作店，更是农人需要的来源，因为他们种田的农具，如锄头、钉耙、镰刀、犁耙等，都是要他们做的。其他到了农事快忙的时候，也还有些游村子的铁匠，替农人修补镰刀和锄头，农人用残废的农具做付铁匠的工资。总之，这些店铺，确是农村社会中生活的基本工具。

杂货铺也是与农人日常生活很有关系的，每日生活上需要的油、盐、酱、醋、茶，都是要靠着杂货铺买办的。除了以上几种较为重要的店铺外，还有肉铺与豆腐店，这也是农村市镇上最普通的。肉店大都与本镇上的饭铺和住家做些生意，乡村的农人，除了过节与婚丧喜庆外，很少和肉铺做买卖的。豆腐店除了与镇上人做生意外，乡村农人吃豆腐的也不少。豆腐就是乡下人的肉，吃不起肉的，就拿豆腐来代替，每日从镇上去买豆腐和油炸干的很多。

我们看了市镇上所有的各种店铺，就知道市镇与附近农人所发生的关系了。市镇的确是乡村文化传播的中心，市镇的改造，间接与乡村生活发生了很大的影响，所以乡村市镇的改造，与农村整个的改造不能脱离关系的。

除了市镇上的商业以外，其他农人的经济生活，就算什么钱会与合作社了。钱会在乡村里很是普通，各村都有他们的踪迹。据在宋墅调查，加入钱会的农家占总农家 44%，下村占 28%，邓家庄占 8%。若按三村平均，占 26.7%。但是加入钱会的人，不一定都住在一个村庄，因此也有甲村的人加入乙村的钱会的。钱会的组织很简单，要借钱的人，先作会首，来请他的亲戚朋友近邻若干人，签名加入，每人给一会书以资凭证，若干时集会一次，由人自定。开会时例由会首设宴，第一次会员所纳之钱，亦例归会首先收，且无须付利，以后得会的次序，并不一定，有先排次序的，亦有抽签比较的。付给利息的高低，大半凡早得者多出利，迟得者少出利，方法颇见公正，但亦有其弱点，即早得会者每每以后经济困难，无款可付，结果只得请会首垫付。若得会者有数人经济能力失了信用，结果此会恐绝无法维持，只有宣告停歇之一法。若竟如此，其他未得款项之会友，岂不大受损失，所以现在本处会首，皆暂定法规，凡得会者，须觅保人担保，或交付相当抵押于请会人，以维持其信用，似颇合理。

农业合作社的性质和种类，虽各有不同，但为一种新的借贷组织，却毫无疑义。其内容就是把没钱的农人，大家联合起来，依赖他们各个的信用，得向社内借款，作为改良农业之用。社员的责任，是共同无限的，一个人若不能偿还，就得大家来共同负担，所以组织的时候，非常严格。社内除有常任理事外，还有监察员，就近监察。淳化镇的农人，常受着粮店、大地主及当铺威力的压迫，付很高的利息，来求借款，而且有时尚借不到。金陵大学农学院农业经济系鉴于农民的困难，故曾在此提倡组织合作社，第一个合作社是民国十八年十二月组织成的，定名为淳化镇耕牛合作社，目的在借款给农人，以便买牛耕田，共放款两次，第一次放450元，第二次放250元，农人颇觉有利，且对合作社之意义亦甚为了解。

（二）教育的生活

教育在淳化镇乡村社会中，是不很发达的，大半学校，多系私塾，俗名叫作“蒙馆”，就是在一个乡村中的农人，他们互相联合起来，大家摊派几个钱，请一位能教四书五经的老先生，来教学生读古书。在淳化镇乡村社会里56村中，共有34村，有了这种私塾，占全体村数中51.8%。什么新式小学，倒反很少。近年江宁县政府及私人方面极力提倡，到了现在，总算共有5个村庄已经设立，但亦仅占全体7.1%，我们可以从图表中看得清楚。（参看第四、五表）

第四表　新式学校与私塾数目及男女学生数之比较

种类	数目	教员数目	学生数		
			男	女	总数
私塾	36	37	708	57	765
新式小学	5	7	233	66	299
总计	41	44	941	123	1064

第五表　新式小学之地点及经费之来源

村名	校数	教员数	学生数			每月经费（元）	经费来源
			男	女	总计		
淳化镇	1	3	109	26	135	44.00	县教育局
宋墅	1	1	40	11	51	22.00	同上
徐墥	1	1	21	4	25	10.00	学生
孙家边	1	1	31	11	42	28.00	县教育局
下王墅	1	1	32	14	46	24.00	同上
总计	5	7	233	66	299	126.00	

但是这五个官立的新式小学，只有宋墅村那一个，有一个以上村庄的学生前来读书，所以可以用范围表示出来，其他四个新式小学，不过只供给学校所在地学生的攻读，所以学校所能影响

的范围，也就很小了。

新式小学不能发达的原因，一方面固然由于农人始终不信任学校所读的书，他们以为新式学校是洋学校，所读的书是洋书，多不适合他们的需要，与他们小孩子没有什么好处，所以不入学校，愿到私塾。第二是交通不便，外村的学生，因为路远的原因，就不来学校读书了。第三就是学校的本身经费太少，不能扩充，你看五个学校共有229个学生，每月的经常费，共计不过126元，除了教员的薪水外，还有什么可办，恐怕教员依靠这点收入，也未必能够养家，乡村教育怎样能不破产呢？

宋墅小学，可说是新式小学中的一个模范学校，创办时的困难，我们旁观者很有想不到的。宋墅位于淳化镇西五里，农户190家，有南北街道一，街内茶馆、酒店、杂货铺等均甚完备，在农村中，可算是一个较大的村庄，村内有私塾一，为较有资产者所共同组织，本村失学儿童数目甚多，学校的需要势所必然。钱向志君，本村人，目击儿童失学情形，有所不忍，遂毅然创办宋墅小学，先借破烂房屋一所先行开学。钱君系金陵大学农村师范科毕业，所学正合所用，先与该村村长戴礼发发起募款兴学，结果由南京晓庄师范学校及金陵大学捐助的款，得购校基二亩。嗣后仍无款建筑，钱君乃将其数年做事所积蓄之金钱，共有340余元，拿出作为购买建筑校舍材料之用。至于建筑时所需之人工，除必要木瓦匠外，均完全由钱君率领其学生努力工作，什么挑砖头、铲黄泥、抬水、挑土、筑墙、上梁、竖柱、搓草绳等，都是亲手做过的。这种精神，实令吾人佩服。该校教员，甚注重农业，因多数学生皆为农家子弟，钱君且注重“教学做”三方面合而为一的。此种精神，确可解决中国数千年来乡村教育不振的原因。该校由民国十七年开办，仅有学生20人，至现在已增至50余人。教员方面，因学生人数增加，现又聘孙金泉君为助教。学校发达现象，似有一日千里之势。学校一切都由钱君主持，钱君忽而为校长，忽而为庖丁，忽而为校役，忽而为农夫，一日数变，总可谓辛苦耐劳了。现在该校上自校长、教员，下至学生，均能合作提倡改进农村社会各种事业。这个小学，很明显的变成了一个优良的改造农村社会的中心了。

（三）宗教的生活

淳化镇乡村社会中的宗教生活比较起来，比任何组织都复杂。除了许多单独村庄所有的各种小神庙——土地庙、财神庙、龙王庙等外，还有许多其他较大的社庙。这种社庙都是由好几个村庄联合组织的，每年在一定的时候，各村农民联合起来，敬拜菩萨，他们叫作“香会”。我们不论他们的宗教生活，是集中在一个单独的村庄，或是几个村庄，这都与他们的日常生活有很密切的关系，或是因为他们共同的经济、政治、教育、自卫等等的要求，觉得一个村庄的力量，不够应付，才有许多村庄联合起来，以便共同解决的动机。关于淳化镇单独村庄中的宗教生活，我们单拿宋墅村做个例子，也就够了。

1. 土地会

在宋墅村，农人中认为最要紧的一位尊神，就是“土地菩萨”。他们崇拜土地的原因，以为可以保护他们“五保丰登”“人口平安”。他们又说土地菩萨的职务，好比是人间的村警，完全是阴间一个报上传下的使者。我们若把乡村土地庙的楹联拿来仔细研究，就可明白不少了。什么“保农夫四时吉庆，佑田禾五谷丰登”“佑当地清泰，保吾庄平安”，这都是表示农人对于土地菩萨的希望，也好似这些是土地菩萨的本分，因为土地菩萨对于他们生活上有如此的重要，所以每年在阴历二月初二和七月初二这两日，就是他们大家联络起来，做“土地会”的日子。届时每一农家出钱二千文，买办鸡鱼肉三样东西，名曰“三牲祭礼”来供祭土地。大家在这天,除敬土地而外，还有聚餐会，本村上的一切公共事业，都可在这一天来讨论改革。

2．财神会

农人组织财神会的重大目的，在于求财，每年在阴历正月初四至初六日，为集合时期，参加人物皆系男子，加入者每人摊钱约二千文，每年共费约四十千文。他们组织的方法，系由本村数十家农家共同组织，头家轮流担任。是日群集一处，宰猪杀鸡，供祭财神，吃唱赌钱，在所不免。

3．娘娘会

娘娘会是已经出嫁的女子组织的，目的在于求子，每年集会两次，一在四月初十,一在九月初十。当地已婚女子参加者，约占60%。集会的地点，在宋墅护国庵内，每年消费百余元，平均每人费用，凡未生子的女子，约需洋五角，生子者约需洋二元。组织的方法系无论谁人上庙，以铜元五十枚为注册费，至日每人各携米一升、铜钱三百文，并购办香烛、纸爆，焚香拜神。次年如果生子，并须作糕点、馒头等谢神。当女子赴庙的时候，涂脂抹粉，装饰特别华丽，在会的前夕，还有清音歌唱及吃唱等等的娱乐。

4．三茅会

三茅会的目的，就在祭拜菩萨、祈福、免灾，地点在茅山。每年自二月十一至十六日，会期共有六天，参加者男女都有，约占全村人口70%，加入者每年约纳费二元，全会费用，约200元。组织的方法，是由全村敬香的农家，公举四大头家，及廿四小头家，发起办理，在二月十一日，筹备布置，十二日烧香请神，十三日舁香案、旗伞、锣鼓等游神，十四日起香，十五日至茅山拜香，十六日归家。

联合村庄的社庙，在淳化镇乡村社会里大小共有八个。最大的一个，就是松岗庙，它的势力范围共有48村,农家2300余户,农人12000余口；最小的一个，是四里庵，只包括三个村庄，共有农家63户,农人369口。他们的组织,皆大同小异，总是每年在一个一定的时候齐来做会，借此不但可以祈福，还可以讨论什么共同事业的发展，例如修桥、补路等等地方的事业。现在我只把松岗庙的神会情形，略述于下，以志一斑。

第六表（上）　淳化镇农民崇拜偶像之范围

庙别 / 村名	松岗庙		庙别 / 村名	松岗庙	
	户数	人口数		户数	人口数
松岗庙	20	141	下王墅	201	881
毕家边	49	186	周汪村	70	383
倪家边	17	78	坟山村	15	未详
李墅	60	303	前咸田	54	236
郝墅	37	183	后咸田	60	287
后村	20	107	苏庄	99	400
吴墅	36	223	岗家边	44	195

村名＼庙别	松岗庙		村名＼庙别	松岗庙	
	户数	人口数		户数	人口数
祁家边	48	271	竹园	24	110
垅家边	12	50	后三岗	9	35
石子涧	80	650	咸墅	96	798
巷口	7	30	岗下	15	104
七里岗	18	90	桥头	12	67
许 墙	38	220	下漆墙	25	144
戴马墅	17	82	上漆墙		28
徐 墙	124	518	后祁村	20	88
淳化镇	382	1805	中漆墙	28	161
东焦村	89	505	三里店	7	28
西焦村	54	300	松 棵	28	180
宋墅村	190	934	涧 边		
刘家边	40	209	侯家场		
王家坟	30	183	张 山		
倪家边	33	137	南岗头		
上王墅	121	714	未 详		
塘南头	9	73	未 详		
总 计	2344		总计	12117	

村名＼庙别	宗镜庵		村名＼庙别	三官庙	
	户数	人口数		户数	人口数
管头	52	297	上村	40	249
下村	110	592	建茂村	26	147
耿岗	65	332	王家边	18	90
西焦	54	300	戴家边	27	175
宋墅村	190	934	下村	110	592
东焦	89	505	管头	52	297
淳化镇	382	1805	耿岗	65	332
新林村	33	151			
侯家场					
未详					
总计	975	4916	总计	338	1882

村名＼庙别	古松庵		村名＼庙别	宗镜庵	
	户数	人口数		户数	人口数
许墙	38	220	淳化镇	382	1805
死塘	6	30	新林淳	33	151
孙家边	105	825	未详		
巷口	7	30	未详		
石子涧	80	650	未详		
七里岗	18	90	未详		
未详					
总计	254	1845	总计	415	1956

第六表（下） 淳化镇农民崇拜偶像之范围

村名＼庙别	云居寺	
	户数	人口数
许 墙	38	220
徐 墙	124	518
孙家边	105	825
戴马墅	17	82
花 塘	6	30
总 计	290	1675

村名＼庙别	四里庵	
	户数	人口数
松棵	28	180
三里店	7	28
中漆墙	28	161
总计	63	369

村名＼庙别	林 庙	
	户数	人口数
吴墅	36	223
后村	20	107
郝墅	37	183
李墅	60	303
总计	153	816

松岗庙是淳化镇乡村社会里最大的社庙，祠山大帝是这庙内的主神。此外还有什么龙王、雷公、蝗虫等等的菩萨。此庙的组织共有48个团体，每一个团体，叫作一“社”。每一个“社”，有一个“社的菩萨”。该庙的附近，有一个村庄，村名也称松岗庙。据该处附近一般农人传说：松岗庙四十八社组织的历史，完全是为地方自卫。本来这个庙是属于一村的，当前清咸丰年间，南京为洪秀全占领，附近农村受害最巨，房屋焚烧，人口流离。当地领袖王延长，出而组织四十八社，借宗教信仰的力量，联络农民，响应清兵，后与洪军开战，连获胜利，当地农人，莫不悦服。王氏名松，远近农人，都称他王老松。后来大家为纪念王氏保卫地方的勋劳，因此把他们首次集会的社庙，也称为松岗庙。

松岗庙每年的会期，在阴历三月十一至三月二十日，共计十天。在这十天的当中，凡加入这个庙会的村庄，都要来这庙中敬香，因此每天人山人海，异常热闹。这种庙会，不但是一种农民宗教的集会，也还是一种经济同娱乐的集会。在这个时候，农人也可以顺便购买些什么农具什物，所以这个会，原初虽为一种因自卫而组织的庙会，现在这会已经变到含有宗教、经济与娱乐性质的三方面去了，这很明显的是一种重要的变迁。

松岗庙四十八社的组织，各社大约相同，我们单拿宋墅村的组织研究一下，就可明白。宋墅神社，是由48家出头组织而成，共分六号（即六社）。每号有头家一人，共有六人，普通称为大头家。由每号推派年长者二人，共十二人，叫作小头家，来协助大头家处理事务。每年庙会的费用，都由六个大头家摊派，其余的社内各家，只出铜元两枚，作为香资。全年约共费洋100元，每家大头家约费20元左右。大头小头，每年轮流处理社务，权利义务，家家平等。每年三月十一日，在本村护国庵，先行挂起祠山大帝神像，供献祭礼四十八盘，神锣一响，每社都得到齐，次乃焚香叩头，凡迟到者，处以铜元六枚的罚金，作为香资。十二日的清晨，大家集合，锣鼓、旗伞行于前，龙亭殿其后，巡游全村一次，名曰消灾，然后抬至会所。在十三日这天，名曰出龙亭，就是将龙亭抬至松岗庙进香。在未行之前，先打麻雀奔（鼓点名称），后由头家将红绸一条挂于龙亭之上，名曰挂红，取其吉祥如意的意思，然后再供八色祭礼，例如糕馒、糖团、金花、猪头、鲤鱼、公鸡、蜡烛及香等。龙亭之内，置有木神位一个，上书“当今皇帝万岁万万岁”，以后出发时，仍以锣鼓、旗伞在前，龙亭殿后，到了松岗庙的时候，要一齐奔跑，且须在庙内转一大圈子，名曰跑庙。然后大家齐集松岗庙神前，由头家执香叩首，团拜礼毕，大家出庙吃酒。每社由庙内供给酒菜各一碗，酒后再在庙内吃面一碗。到了十四日夜中，行收草礼，即每社拿瓦片一块，置于一处，然后用公鸡血滴于瓦上，以定吉凶。若某一瓦片上，并无血痕，即为该村不幸之兆。会毕，这六个大头家，将一切账目，公布大众，并再交卸一切手续与来年的头家。

当在松岗庙集会的时候，农人往往有不正当的事情发生，什么赌博、吸鸦片是极普通的事。有些农人一年的劳苦所得，每在这几天中，把它全然消费了。这也是我们应当注意的一个乡村社会问题，我们应该用什么方法去改良它，这实是我们应该负责的事。

在淳化镇乡村社会里，无论是单独村庄，或联合村庄，稍大一点的庙宇，除在每年庙会以外，平常也有和尚、道士、尼姑等，住在庙内守庙，每逢阴历初一十五，照例须向菩萨焚香化纸。他们的生活费用，大半是靠庙内的田产，以及祈福者的捐款。逢节期的时候，他们亦每向家家送佛，借此也可收入若干，以资弥补。在淳化镇乡村社会里，据调查所得，大小庙庵共住有和尚二十三、道士一、尼姑三。

第七表　淳化镇乡村社会僧尼等数目

庙名 / 项别	地点	数目		
		和尚	道士	尼姑
松岗庙	松岗庙	3	0	0
地藏庵	佘村	1	1	0
文昌阁	同上	1	0	0
观音庵	同上	1	0	0
护国庵	宋墅	1	0	0
朝真观	淳化镇	1	0	0
东岳庙	同上	1	0	0
关帝庙	同上	1	0	0
宋境庵	东焦村	1	0	0
老虎洞	老虎洞	2	0	0
四里庵	三里店	1	0	0
芳胜庵	孙家边	0	0	3
集庆庵	徐墙	1	0	0
云居寺	许墙	8	0	0
财神庙	同上	1	0	0
总　计		23	1	3

除以上所讨论的崇拜偶像之迷信生活外，还有很少一部分农民，信仰礼教、回教和耶教。三种信仰人的数目，礼教有 83 人，回教 24 人，耶教 30 人。礼教组织秘密，内容不易探知。回教与耶教，组织公开。在这三种宗教里边，耶教较有进步。淳化镇耶教的宗派，是属南京城内长老会的，办有教堂一，教友共有 30 余人，分布四周村庄，最远者还有不属淳化镇乡村社会范围以内的。主要的原因，由于乡村教会太少，不能不集中于此，因此在淳化镇乡村社会图上，未曾注明耶稣教堂之范围。

（四）社交的生活

社交的生活，系指日常过惯的生活，已成为一天不知不觉的照例的事情而言，例如吃茶、喝酒、吸鸦片、儿童的游戏、牧童的山歌，以及其他养生、送死等等的人生习惯，都可说是社交的生活。虽然社交生活，每可包括在宗教及教育等生活当中，但是因为它已经有了相当的重要组织，很可独立一门，稍加研究。本节所述，虽都是些日常在无意中的拉杂生活，却是与农民不能时刻分离的。姑就所得，略述如下。

1. 吃茶

吃茶是一般农人认为最重要的生活的一部分，他们可以借着上茶馆的机会，使他们的生活社会化。因为乡村的茶馆，是农人交际的中心，个人间的接触，外交文化的输入，都是借着茶馆作媒介。有的时候，农人互相争执或间有口角，也都要借着茶馆来调和。因为一般人认茶馆为公开的地方，是造成乡村舆论的中心，因此茶馆好似他们的法庭。茶馆在乡间如此风行，当然有它的存在的价值，所以近年来，许多从事乡村教育改良的人，多有改良乡村茶馆的计划，其目的就在利用茶馆，作为改良农村社会教育的一个有力量的中心。

农人吃茶，本无所谓好坏，可是乡间有很多的农人，受了茶馆种种不良的影响，结果每把上茶馆当作要事，一进茶馆，不单吃茶，什么赌博、吃鸦片，也不免偶尔尝试，这样就可使许多农人堕落下去了。有一次，正是天暖农忙的时候，许多农人反荷锄去上茶馆聚赌，我向他们说："现在清早，天气正凉，你们为何不上田间耕作，反要打牌呢？"有一位农人回答说："天气凉快，正好打牌。"我们听了这种话，才知乡村的农人，不知道把多少宝贵的光阴，断送到牌场上去；每年农人倾家荡产者，又不知还有多少。我们有志改良乡村的人，应该注意到此。倘能用其他娱乐的方法，代替赌博，使农人可以得到正式的社交生活，那末茶馆就自然会变成了农人的正式娱乐及社会教育的场所了。

2. 娱乐游戏

娱乐在乡村，可分为成人与儿童两种。成人的娱乐，除了在宗教生活中，含有娱乐性质外，还有玩灯、演剧等等。玩灯的主要目的，是在热闹。淳化镇社会里稍大一点的村庄，差不多都要玩灯，地点或在本村，或在附近村庄和市镇上，并不一定。每年举行一次，消费约近百元。举行之时期，每在废历正月十四至十六日，当地农人之参加者，将近50%。按宋墅全村，组织共分六号，每号迳派领袖二人，于废历正月初六日，即开始商酌玩灯手续。到了十四日，敲锣打鼓，结队游行，灯有龙灯、狮子灯、球灯等，玩灯者可往富家院中玩耍，名曰送灯，俗云"送灯之家必生子"。

演旧剧多在废历春秋二季，目的仍在热闹和愉快。宋墅演剧，多在废历四月初四至初六日，剧价约值百余元。演员多来自外方，演剧时在村中搭一剧台，观剧者为本村及邻村之男女老幼，异常热闹，但不尽每年开演，若遇年岁丰收时，照例举行。

儿童游戏，在淳化镇乡村社会中，各处皆大同小异。据调查所得，约有四五十种。今择其最有兴趣者，选录若干如左。

（1）跳采茶灯。在丰年的时候，人各手有余钱，即由村长为首，招集各家，随能力之多寡，捐款若干，作为费用，然后选择本村会玩之儿童扮演各种故事，大半由各种小说采集，例如"水漫金山寺""西天取经"等。玩时多在夜间，灯彩辉煌，载歌载舞，一夜始息，如有邻村来请，则全班出发，有时可连续玩耍四五日始止，故幼童精神，皆极度疲乏。

（2）猫捉老鼠。为普通儿童游戏之一，地点多在广场，人数无定，玩时各以手相牵作一圆圈，一儿为猫在圈外，一儿为鼠在圈内。猫以捉鼠为务，窜出窜入，直至捉住为止。

（3）剖莲花。玩耍地点多在空场之上，人数无定，有十余人即可开始玩耍。玩时一人背立，谓之望月姑娘，余均席地而坐。另有一人站立，两手藏一小砖，向地上之人逐一作揖。在作揖时，坐地上之人，手皆举起，如还揖状，此一人在作揖时，可将手中之砖，任置何人手中，揖时，口中唱云：“剖莲花，剖莲花，剖到阔人家，东头开饭店，西头插金花，望月的姑娘，来吃牛屎罢。”唱毕，望月姑娘即须开始找寻小砖，可以指名试猜，猜着即可坐下，以藏砖之人代为望月姑娘，猜不着则仍望月，继续试猜。

（4）城门高。儿童十数，手牵手，做一缺圆形，唱曰：“城门城门几多高，三丈八尺高。骑花马，带腰刀。腰刀长，杀猪羊。猪羊毙，打开城门踢一踢。”唱毕，然后由末一人起，鱼贯由第一人腋下穿过。

（5）打跪跪。儿童数人，每人二砖，一砖竖立，一人用其余一砖轮流抛打，被扎倒者即跪。

（6）哨哨对（冲砖头）。儿童数人，即可玩要，玩要步骤可分为六：

第一，将砖竖立为一排，名为城门，人立砖外，或名关上，以另砖打去，倒即再打，名开城门。

第二，将砖放在关内，跨两步即推起打之。

第三，将砖放在脚背上，用脚抛打。

第四，将排列之砖直竖，以手中之砖掷近之，再以两脚夹起，跳以打倒。

第五，将竖立之砖，仍改横列，以手中砖掷去，跨五步，用一脚踢砖打倒之。

第六，跨六步，一脚接起，以一脚后转将砖踢倒。

第七，再作如开始时，谓之关城门，先完者胜。胜者可以一手打输者口云“哨七哨八哨哨对”，即随便做各种姿势。此时输者须一一效尤，姿势相同，可不再打，否则可由胜者继续打输者之口，直至其姿势相同为止。

（7）数脚底板板。儿童十余人坐为一排，由一人持木棍在各人之脚上逐一点数，数一脚，唱一声，说一字，其歌曰：“脚底脚底板板，搬到南山，南山有位珍珠宝贝，金三锅，银三锅，十八罗，罗罗肥，小脚姑娘缩双狗腿。”数末一字之脚，即须缩起。如此再数再缩，直至两脚时，即改行对数，歌辞亦换，其辞曰：“东边靠，西边靠，靠到那个作强盗。”数在末一字之脚之人，即被打，打时仍须歌唱，其辞复行更改，曰：“捶金鼓，过金桥，问问大老爷饶不饶。”盖第一次两脚缩进之人，即为大老爷。大老爷若不饶，即须再打，直到饶时为止。

3．歌唱

歌唱本是人类的感情的一种流露，有的是因为快乐而发的，有的是因为忧闷而发的，唯这系对创作者的本意而言。目下乡村通行的各种山歌小调，却早已失了作者的本旨，不过完全系一种摹仿歌唱，在农村工作苦闷时，随意呻吟，藉以兴奋而已。唯仔细推求，真意亦未始不可获得。近年来许多学者，专事搜集各处民歌小调，作为研究民俗的开始，以便了解社会进化的阶段，及一般人民思想的变迁，意即在此。据我们所知道的，通行乡间的一般歌唱，不是“受经济与自然的拘束，而发生的呻吟”，就是“受性的压迫而生出来的反感”！

关于自然的与经济方面的，多系暗示务农如何的困难辛劳，常受气候地理的限制，遇到水旱病虫各灾，农人毫无阻止的办法等等而言。关于性的方面，社会向来是不公开的，尤其对于女性，更是羁约万分。在公开社会里边，男女的性的教育，从来未曾见过，所以一般人把性生活看得非常神秘，结果就有许多地方，表示出来性的暗示，比方在乡间所唱的山歌，就都是性方面的一种发泄。兹将淳化镇农人普通的歌曲，选录数首如左。

（甲）经济方面

（1）歌儿不唱忘掉多，大路不走草成窝，镰刀不磨易生锈，坐立不正背成驼。歌儿好唱口难开，樱桃好吃树难栽，白饭好吃田难种，鱼汤鲜美网难抬。

（2）口唱山歌荷荷，脚踏稀泥如梭，荷荷梭梭，不知秋时可能到窝。

（乙）性的方面

（1）正月里来梅花开，大雪飘飘落下来，大雪落在梅子上，推窗扫雪望郎来。（其一）

二月里来杏花开，一双卢燕向南来，嘴含紫泥高梁住，脚搭梁头望郎来。（其二）

三月里来桃花开，桃花开的红歪歪，桃子结的颠倒挂，摘下山桃望郎来。（其三）

四月里来蔷薇开，墙里栽花墙外采，双手采来花一束，身靠篱笆望郎来。（其四）

五月里来栀子花儿开，栀子花开白歪歪，一年一个端午节，手挥酒杯望郎来。（其五）

六月里来荷花开，一对官船向南来，官船落在沙滩上，脚搭船头望郎来。（其六）

七月里来菱角花儿开，姐儿搬盆下塘来，左手翻来右手采，采下菱角望郎来。（其七）

八月里来桂花开，姑嫂二人到园来，姑娘采花嫂子戴，嫂子采花望郎来。（其八）

九月里来菊花开，黄杨叉帚齐上来，叉扬帚扫临地转，场光稻净望郎来。（其九）

十月里来芙蓉花儿开，姐儿洗手做花鞋，大鞋小鞋总做起，做双花鞋望郎来。（其十）

十一月里来月季花儿开，姐儿拎桶下池来，手擂棒椎叮当响，勒把寒花望郎来。（其十一）

腊月里来蜡梅花儿开，姐儿端灯进房来，灯盏摆在莲桌上，铺床叠被望郎来。（其十二）

（2）天上星多月不明，地上牛多草不生，塘里鱼多混了水，姐儿郎多乱了心。

天上大星对小星，地下南京对北京，朝中文官对武将，十八罗汉对观音。

（3）太阳上来渐渐高，姐儿拿棍打樱桃，打下樱桃让人吃，打下柴草平分烧。

姐儿携饭过田中，过路哥哥问我是什么？虾米炖菜满堂红。

太阳下山望西游，姐儿拾瓶去打油，油瓶摆在油缸上，打一瓶清油抹光头，一抹光来二抹光，十二把牙梳配成双。

4．协助

协助就是指农人互相帮忙的意思，在乡间是很普通的，例如在农忙的时候换工车水，与遇到邻人有嫁娶葬丧的事时，许多人都去给他帮忙，这都是表示一种合作的精神。我们单拿丧葬说罢：在淳化镇乡村中，一遇到某一家有人逝世，什么掘墓移棺，无须雇人，都是邻居出来帮忙。只要事主预备饭食就好，工资是绝对不取的。这种精神，真是乡村农人的美德，绝非城市的居民所可比拟。或者因为住在城市中的邻居，不是土著，时常移动，感情自然很少，没有互相帮忙的动机，农家多系土著，故交情厚，而互助亦较多。

5．节令

乡村节令，多含有迷信性质，推其原始，或有历史的记载，或系神话的传说，但是在农民心理方面，对于实行各种节令的仪式，反能得到一点精神上的安慰。固然这种种迷信，在民智开通的地方，本可扫除一空，但是在文化低落的地方，一时颇难革除，因为农民对于各种自然现象，不能加以解释时，就发生了多少的疑惑。这是社会进化的一种自然程序。兹将淳化镇方面之各种节令及习俗，摘其重要者述之于下。

（1）阴历正月初一，为元旦节，家家敬拜祖先、天、地，及五路财神。亲近邻居，且互相亲谒贺年。凡普通本村农人见面，必拱手说几句“恭喜发财”的话。自元旦日起至五日止，每饭必先祀祖，又在此五日内不扫地，不泼水，名曰“聚财”。

（2）二月二日为土地会期，届期十数农家，自相集合，敬拜土地，并制办酒肉，共同聚餐。

（3）三月三日，农人家中皆用荠花煮蛋，互相啖食。据谓食蛋以后，一则可以免除头昏，二则可以使眼发亮。

（4）清明节，亦称寒食节，系纪念介子推焚死绵山的故事。是日家家门旁插柳却灾，据一般人传说：当黄巢作乱时，杀人无数，有柳和尚者，与巢友善，恐遭误杀，特用柳枝为号，乃免遭劫，故遗传至今，世守罔替云。再在此时节，农人皆上坟祭扫，兼做野外之游。

（5）四月初八日，农人大家都吃乌饭。因为据普通传说，这天是佛爷的生日，吃了乌饭，是可以免灾的。也有一般人，以为这是由木莲僧救母的故事脱胎而来，据说木莲僧之母，因犯冥罪，打入地狱，木莲僧纯孝性成，屡以白饭相飨，不料均被魔鬼抢去，因是改用乌草煮成乌饭，使魔鬼不易发现，而其母始得救。故后人为避灾计，亦相习成风云。

（6）端阳节。阴历五月五日，俗名端阳节，湘赣等处，为纪念屈原的汨罗自尽，角黍龙舟，非常热闹。淳化镇乡村社会里，这种概念非常薄弱。到了这日，农家门口，不过插点菖蒲和艾，以避五毒。这一天是农人们比较快乐的日子，大家都一齐休息，不做农事，因为春季作物，已经收完，比较尚不过忙，不妨休息一日，以舒劳力。小孩子更为快乐，穿新衣，做游戏，有如新年一般。吃中饭的时候，农人们皆将艾叶同雄黄和酒以饮，且每以之熏洒卧房，以除五毒。按五毒即蜈蚣、蝎、蛙、蛇、壁虎。我们细心研究一下，这种节令，很有意义。因为五月天气渐热，正是各种毒虫及病菌活动的时候，借着这个节令，洒洒雄黄也未尝不可使农家把房子消消毒呢，倘能因利乘便，与以普通消毒智识，其有利于农村卫生，绝非浅鲜。

（7）盂兰会。阴历七月初一日，相传是地狱开放的日子，禁锢孤魂，多乘此出外觅食，每年七八月间，病死者较多之故，即系孤魂作孽。故一般迷信男女，到了这日，每集款来作盂兰会，于七月十五日前后延僧焚香诵经施食，以求免灾。其实，七月间多病是极普通的现象。因为这个时候，气候炎热，病菌繁殖甚快，且蚊蝇又多，传播更速，故死亡较多，固与异域孤魂并无关系的啊。农人未受教育，智识不充，仅知七月间之多死亡，而不知死亡较多之自有其故，以致附会神鬼虚糜金钱，可叹可惜！

（8）中秋节。阴历八月十五日，俗名中秋节。这个时候，夏季作物，大致收获完毕，故普通农人，皆借着这个日子，大家来快乐一宵。到了晚间，月亮东升的时候，农人每用石榴、菱角、藕和月饼等来敬拜月亮，并烧盘香，全家老幼，都环坐明月之下，共同欢乐。

（9）重阳秋。阴历九月九日，俗称重阳。农人家中，皆须吃重阳糕，以取步步登高之意。是日，农人多到山上旅行，近山者多登山，近城者则多登城，效桓景避灾难的故事，萸囊未备，而避灾固自有心。

（10）十月一日，为农人冬季扫墓之秋，因为十月以后，天气渐凉，上坟烧纸，意在送衣。农村中有祠堂的，是日亦有祭祀仪式。

（五）政治的生活

淳化镇这个称呼，是指江宁县十个普通行政单位之一，这种政治的区划方法，是按着田地好歹来分别，并不按人文与自然环境来作根据，所以含政治意义的淳化区，范围很大，全区共分三十六乡、镇，包括二百六十一村。它的人口与土地面积在最近由区公所调查的结果，与立法院的统计比较，稍有出入，这是因为调查的时间不同的关系。该区的详细土地面积与人口数目，可参看第八表，当能明了。不过行政范围，在官厅方面，当然有政治的用处，若是要拿这个范围来当作改良农村社会的区域，这还是一个问题。因为改良社会的基础，决不能以呆板的政治范围为准绳，应以该处居民共同生活的中心影响所及的自然范围为标的。这种范围，在乡村社会学中，就叫“乡村社会”。在淳化行政区中的村庄，有许多的市场交易中心点，并不是淳化镇，甚至有从来没有到过淳化镇的，所以在本篇里，这些不来淳化镇买卖东西的村庄，用图特为揭出，表示与政治区域有特殊之点。换言之，与淳化镇附近之村庄，并无共同生存意义的那些村庄，皆未划入该区。因为本篇研究的目的，是在研究乡村自然的区域，所注意的是人群事业联络的单位，而不是政治的范围，所以淳化镇“乡村社会”的范围,要比淳化行政区政治的范围小得多。同时在政治范围内的村庄，终年不一定有什么共同利益的联络，可是在乡村社会里的村庄，他们是有共同生活的中心，彼此却都有连带关系的，这就是想改良乡村社会的人，所肯孜孜的研究的一点理由。

第八表　淳化镇行政区域内之人口及土地

乡镇名	村数	闾数	邻数	户数	人口数	男子数	女子数	土地		
								熟田	熟地	可开荒地
淳化镇		17	82	382	1805	972	833	1325	200	
古淳乡	8	18	77	351	1617	885	732	3420	345	
云淳乡	7	13	65	330	1529	802	727	2950	1005	1100
南淳乡	10	17	84	384	2063	1064	999	4400	100	1500
王淳乡	1	8	40	202	879	453	426	800		
咸淳乡	7	13	65	261	1150	600	550	2430	1070	115
灵淳乡	5	11	46	230	1169	631	538	2000	358	
庆淳乡	3	10	50	212	920	500	420	2000		
宋淳乡	9	17	85	439	2166	1134	1032	3390	1510	
建淳乡	7	15	75	339	1869	985	884	2700	700	
佘淳乡	14	13	56	283	1454	748	706	2000	340	
桥头镇	5	6	30	136	1056	550	506			
印淳乡	3	5	25	121	488	230	258	1400		
骆淳乡	4	9	45	200	804	349	455	1950	150	
济淳乡	8	14	70	362	1543	808	735	2300	1500	
天淳乡	6	14	70	317	1612	823	789	3400	330	
高淳乡	5	15	75	308	1602	803	799	2730	315	
东淳乡	6	18	90	434	2181	1118	1063	3650	850	
西淳乡	4	15	74	372	1900	981	919	2900	400	100

续表

乡镇名	村数	闾数	邻数	户数	人口数	男子数	女子数	土地		
								熟田	熟地	可开荒地
西北镇		7	35	157	689	398	291	2000	100	
解溪头		11	55	289	1350	793	557	3000	300	
北淳乡	4	4	20	163	861	452	409	3200		
殷淳乡	3	15	75	380	1785	976	809	4800		
乐淳乡	14	14	70	350	1550	839	711	2810	1210	
方淳乡	7	14	70	348	1604	820	784	3974	60	
正淳乡	10	17	85	341	1871	927	944	5100		
索墅镇	4	15	75	324	1771	966	805	1830	400	150
丹淳乡	8	18	82	401	2048	1084	964	4680	445	130
龙淳乡	11	17	85	363	1851	1000	851	4000	400	
福淳乡	10	17	76	381	2095	1101	994	4100	200	
孟淳乡	24	16	80	400	1905	1055	850	4250	310	
鹤淳乡	9	13	65	262	1339	724	615	2800	230	
陵淳乡	15	18	90	387	1888	1005	883	4400	140	
清淳乡	7	10	50	202	1024	554	470	2070	800	
厚淳乡	12	16	60	302	1756	945	811	4000	600	
溪淳乡	8	12	60	263	1170	610	560	2200	200	
总计	258	482	2337	10976	54364	28685	25679	104959	14568	3095

综上所言，可知乡村自然区域的划分，是按着人民的共同生活作根据，政治区划的划分，是按着人口数目作标准的，在中华民国十九年七月七日，国民政府修正公布之县组织法第六条说：“各县按户口及地方情形，分划为若干区；除因地方习惯或地势限制及其他特殊情形者外，每区以十乡镇至五十乡镇组成之。”第七条说：“凡县内百户以上之村庄地方为乡，其不满百户者，得联各村庄编为一乡，百户以上之街市为镇，其不满百户者为乡，但因地方习惯，或受地势限制及其他特殊情形之地方，虽不满百户，亦成为乡镇，乡镇均不得超过千户。”第十条说：“乡镇居民以二十五户为闾，五户为邻，但一地方因地势或其他情形而户数不足时，仍得依县政府之划定，成为闾邻。”

假使我们再要知道乡镇的功用，我们看国民政府公布的乡镇自治施行法，就可以知道，第三十条说：“乡公所或镇公所于现行法令区域自治公约及乡民大会决议交办之范围内，办理左列事项，由乡长或镇长执行之。”

一、户口调查及人事登记事项

二、土地调查事项

三、道路桥梁公园及一切公共土木工程建筑修理事项

四、教育及其他文化事项

五、保卫事项

六、国民体育事项

七、卫生疗养事项

八、水利事项

九、森林培植及保护事项

十、农工商业改良及保护事项

十一、粮食储借及调查事项

十二、垦牧渔猎保护及取缔事项

十三、合作社组织及指导事项

十四、风俗改良事项

十五、育幼养老、济贫救灾等设备事项

十六、公共营业事项

十七、自治公约拟定事项

十八、财政收支及公款公产管理事项

十九、预算决算编造事项

二十、县政府及区公所委办事项

二十一、其他依法赋予该乡镇应办事项

我们看了以上乡镇应举办的事业，就知道一个乡或镇所负的责任，总算很大了，但推究实际，在淳化镇行政区域以内，究有多少乡镇曾经按此实行？恐怕连一个都没有罢！他们所感觉的困难，一定很多，最重要的，恐怕还是经济问题，因为经济的筹措，与土地人口两个问题息息相关。在一个乡镇里边，要农民出钱来办以上所举的他们应办的事情，恐怕江宁县目下所分的乡镇自治区域范围有点太小吧！江宁县第五区原有 258 个村庄，目下共区划了 36 个乡镇、482 闾、2337 邻。每一个乡镇，都有他们的乡镇公所，这就是他们的一个乡镇的自治机关。按他们最大的乡，有 439 户、2166 人，最小的乡有 121 户、488 人。再按他们的土地而论，最大的约有 5000 亩左右，最小的仅及千亩。我们暂且把小的乡镇不谈，最大的乡镇，它的人口近 3000，土地面积将近 5000 亩，试问他们的能力，是否能够举办什么事业，这是很值得讨论的一个问题。好比我们要改良乡村教育及卫生，试问一个乡镇里边，他们的财力，是否能办得起一个完善的小学，乡村的医院？即使财力能够担负，我们也还要计算究竟经济不经济？现在我用我们已经调查到的新式小学的事实，做个例子，来证明一个镇的，是否能办得起一个很好的小学校？在淳化镇乡村社会中，有五个新式小学，平均每月经费，约需 25 元，每校学生，平均约 50 人。我们把它全年计算，每年一个学校，最少要用 500 元，每一个学生需洋 6 元。假定一个学生代表一家，那就是每家平均送一个学生读书，须纳学费 6 元。照我们看来，现在的乡村，每年能够纳 6 元学费的农家，真很不多。就以宋淳乡（宋墅村）说，它是一个最大的乡，有 439 户农家，新式小学内，亦只有学生 51 人。假定每个学生，来自不同的家庭，那末能够有钱可送子弟读书的农家，只占全体 11% 了。但这还是以最大的乡而言，最普通的乡镇，不过只有 300 户左右，所以用一个乡镇，作乡村改良的单位，面积恐怕有点太小吧。

据我们在淳化镇所区划的农村自然区域，即农民共同生活的范围而言，是要比他们政治最下级的乡镇单位大得多。拿淳化镇做中心，大约五里以内的村庄都与该镇发生关系，它的人口约比一个乡要大 6 倍。我们若把淳化镇乡村自然区域的界线，放在一个江宁县乡镇图上，更使我们明了得多。那就是说，在这个自然区域内，包括了 6 个乡镇。此外，在江宁县尧化门、西善桥两处，也曾作同样的调查，结果尧化门自然区域内有 12 个乡镇，西善桥有 6 个乡镇。尧化门乡村社会范围之所以大的原因，因为该处地势多山，土地瘠瘦，村落散漫的关系。淳化镇与西善桥土地较佳，人口居住较为集中，故乡村区域亦较小也。

按我们在江宁县区划的这三个自然乡村社会而言，他们的面积，差不多都在10至15方里左右，户数约有2000至3500左右，人口约有10000至18000。照这样大的范围，要办一个新式小学，似乎可以办得较好。即以淳化镇乡村社会中宋淳乡的事实，来加推论，户数方面，乡村社会区域要比政治区域多了6倍，即使每一个农家，捐助不到一元的款，也就可以办一个较为完备的农村小学了。学生的数目，既可增加，学校的设备，自比较更能完善。所以改良乡村事业的基本条件有二：第一，须看组织地理范围的大小；第二，须看每种组织人口的数目。假使一个地方，能合乎土地及人口之相当分量，它的改良事业，是绝不至于不能成功的。但是照现在江宁县所划分的乡镇自治单位而论，似乎有点太小，不能合乎以上的两个条件。盖能合乎“适当人口”及“适宜土地”的条件的，只有农民共同生活的自然区域，也就是乡村社会的范围。

第九表　江宁县三市镇商业范围内之人口分配

第一区　尧化门商业范围

乡　名	户　数	人口数		人口总数
		男	女	
第一乡	87	213	168	381
第二乡	484	1161	1053	2214
第三乡	513	1459	1341	2800
第四乡	770	2154	1810	3964
第五乡	326	953	855	1808
第六乡	326	953	855	1808
第七乡	392	1030	878	1908
第八乡	392	1030	878	1908
第九乡	241	594	563	1157
第十乡	214	550	525	1075
第十一乡	131	338	309	647
第十二乡	296	768	687	1455
总计	3454	9220	8189	17409

第二区　淳化镇商业范围

乡　名	户　数	人口数		人口总数
		男	女	
第一乡	382	972	833	1805
第二乡	439	1134	1032	2166
第三乡	339	985	884	1869
第四乡	283	748	706	1454
第五乡	384	1064	999	2063
第六乡	351	885	731	1616
总计	2178	5788	5185	10973

第三区　西善桥商业范围

乡　名	户　数	人口数		人口总数
		男	女	
第一乡	400	1168	920	2088
第二乡	1023	3767	3182	6949
第三乡	668	1876	1735	3611
第四乡	500	1361	1252	2613
第五乡	277	752	653	1405
第六乡	424	1105	1030	2135
总计	3292	10029	8772	18801

五、认识乡村社会共同事业的利益

吾人对于一个乡村社会，必须先将它内部的各种事业明了以后，方能根据事实发生见解，日后着手改革时，方能措施裕如，程序方面不致弄误。无论是经济、教育、宗教、社交、政治各方面，都得须知道它的背景方可下手，这就是我们研究乡村社会事业的目的。现在根据我们的研究事业，对于淳化镇的乡村社会可能改革的地方，略述于下。

（一）经济事业

经济事业至广，但其最重要者，莫如农业借贷与农产贩卖两大问题。因为大半农民，田场狭小，收入至微，再加资本短少，无力改良。倘使农民能以低利贷款，作为改良农业之用，其生产自可增加。若再能辅之以适当的农产贩卖的组织和方法，农人收入更可增高，农民生活自然从此宽裕了。

以上的两种组织，可说是解决现在乡村经济枯窘的惟一方法，而其成功，则端在农民之是否能团结合作。一个单独的农家绝对是不可能的，合作固然是要依赖有忠诚的农民、热忱的领袖，同时我们也不能不注意于自然与人文环境两方面，作为实施改良一种组织的根据，如此方可驾轻就熟，比较的容易成功了。好比在一个乡村社会里，农民已经有了一种金融组织的雏形，我们就很可以利用这种组织，加以逐渐的改良，比较自可减轻不少的阻力。或者它的固有的会员，已经有了相当的信仰，成功的可能，或者也能格外大些。现在我举一个很简单的例子来做比方，就是在安徽和县乌江的地方，地沿长江，田地低洼，夏季雨量过多时，每易发生水灾，故此处一部分沿江的农村，差不多都有堤坝会的组织，以便修堤防灾。民国二十年，长江一带雨量过多，被灾区域极广，乌江低洼的农村，均受重大损失。国民政府救济水灾委员会，施用工赈办法，命农民修堤防水，事先未经调查，当地已有同样略具雏形的防水机关，贸然另行组织，方法既不完善，办事又多掣肘，结果农民怨声载道，工作效率异常低微。日后当地领袖王楚江君出而建议当局，应利用其固有的组织，采仿按田亩摊工的办法，计划三月完成的工程，按王君的办法，两星期中竟从容竣事，这就是给我们一个很好的例证。我们若要改良一个乡村社会，我们先得知道这个乡村社会的背景，若果贸然改革，恐怕农民利益未见增加，害处即时可见。这是服务乡村社会者所不可轻忽的一点。

(二)教育事业

在区划出来的乡村社会图中，可以看出来乡村学校的分布，同时用询问的方法，也可了解各学校的内容。凡是一个改良乡村的教育家，要在一个地方推广乡村教育，就不得不对此等地方加以注意。因为一个乡村地方，要办多少学校，办在什么地点，一个学校预备多少经费，要收若干学生，这都是与当地的人口和土壤大有关系。所以一个乡村教育家，或是教育行政家，要在每一个乡村社会做一点教育上的改良工作时，绝对不能不注意学校区（School district）的范围和大小。

例如创办乡村小学，除注意地点外，学校周围的村庄数目和每个村庄距离学校的远近，也不能不同时加以注意，因为这都是一个学校除过本身充实设备外的必要条件。例如著者从前在南京尧化门区划乡村社会时，发现了一个很好的例证，就是尧化门与甘巷的中间，有一个学校，里边的设备、教师的人选，都是很好，可是不能发达。到了现在，听说已经停办了。它的失败的主因，不在经费与教师，而在地位之不适当。因为这个学校周围，人烟稀少，土地瘠瘦，一则不能供给足额的学童，二则不能得地方上精神的与物质的帮助。此种因果，都是由于开始办学的人，太不注意乡村情形所致。他们每以为办学，就是把学校的房屋设备办好，即算完事，不知学校的位置与附近居民财力的多寡、人口之密度，有极大关系。办学的人若不顾这些条件，单去开设学校真是毫无用处。所以一个乡村教育家，要在一个地方试办教育，就应得先明了这个学校将来所在地的乡村社会的情形。

(三)宗教事业

在乡村社会里要改良宗教事业，与教育事业并无二致，就是人口与财富，也得兼筹并顾，方能使一个教堂逐渐发达。好比淳化镇的松岗庙，虽然有四十八社的组织，但因每个村庄都相距不远，而且加入的农家大半系村民全体，所以组织既很严密，农民的负担也比较的轻，相延数十年，组织毫无破坏的基本原因，就是因为这种集团，是合乎自然区域与农民共同生活的条件的。淳化镇上的基督教堂设立的地点，确是不错，可是它的教友，虽然只有三十余个，但是他们所住的地方，多不在淳化镇自然区域以内，而且距淳化镇很远，来往既属不便，所以教友对于教堂的感情也甚隔膜，教会自不能日形发达了。所以此后倘要使该处教堂能够自立发展，第一应先注意教堂所应在之地点及可能影响到之范围，在此范围中，若能利用其固有之宗教团体，或者尚有发展希望。因为它们固有的组织是根据共同需要而组成的，绝不是像现在淳化镇教堂中的教友分居遥远，散漫凌乱呢。所以我以为：在乡村社会里，若打算办一个教堂，那末这个教堂应该办在什么地方，这实是最要紧的一个问题。关于这一点，我们要看教堂所在地点是否靠近许多的村庄，因为教堂总是设在居民较多的地方，因为居民就是财富，教堂的发展，全是依赖附近入教的教友能在经济上与精神上予以适当的协助的。若是办教会的人不注意这些事，只将教会的内容充分的设备，就觉心满意足，同时并不顾虑到本处能切实扶助教会的人究有多少，那末仍须归于失败的。因为任何一个乡村教会，都得建筑在磐石之上。磐石非它，即能够在经济上与精神上协助教会发展的当地教友们呢。

现在提出两种假设，以明这个问题的重要。

（甲）假使该处教堂的房屋，系为人捐赠，并请一位薪金低廉的牧师，那么这个教堂每年的预算是应该：

（一）房屋及器具每年修理费（价值两千元，年利二厘半） 50.00 元

（二）牧师薪金（每月三十元） 360.00 元

（三）牧师房租（每月十元） 120.00 元

（四）灯油杂费 60.00 元

共计 590.00 元

（乙）假使在该处系借款建筑教堂，并请一位高俸的牧师，那末这个教堂每年的预算应该是：

（一）借款二千元（以二十年为期，每年利息八厘） 84.00 元

（二）每年归还款项 100.00 元

（三）房屋及器具修理费（价值二千元，年利二厘半） 50.00 元

（四）牧师薪金（每月五十元） 600.00 元

（五）牧师房租（每月十五元） 180.00 元

（六）灯油杂费 60.00 元

总计 1074.00 元

照以上的估计，第一个教堂每年经费约需590元，第二个却要1074元，才可维持下去。这些钱当然是要靠当地的教友们来供给，绝对不能靠其他城市的教会来辅助的。因为永久靠人补助，那个乡村教会，是永不会发达的。换言之，这种教会，就永远不会变成自己的了。因为不能自立，就是表示当地人民或教友，对于这个教堂，并没有发生什么密切的关系。

若是以上的两种教会，完全都要当地人民来维持，那末，这两个教会应有多少当地教友呢？关于这一点，我可根据金陵大学农业经济系的调查来证明一下。根据他们的报告，在有教会的地方，教友每年捐助教会最低的数目，是二元一角八分，最高的是三元六角五分。那么若创办前一种教堂，最多的教友应有272人，最少亦须162人，得其捐款，方足维持该教会。若要创办后一种的教会，则最高教友人数须493人，最少亦须294人，然后集腋成裘，方足维持该教会于不替。这样一比较，我们当时就要有几个问题发生：（1）照本处的人口与财富情形应办何种教堂？（2）这个教堂与那个教堂应相距多远？（3）本处办理教堂，应当办在什么地点？要解决以上这三个问题，唯一的关键，就是应先区划本处的乡村社会图，然后才能知道该处的人口，都聚集在什么地方？财富是否相称？然后才能决定办哪种教堂，我这个教堂应设在什么地方。所以我以为凡是从事乡村社会事业者，以及乡村教会的牧师，决不能不注意区划自己的乡村社会图，与将要开办教会的那

个乡村社会图。否则盲人瞎马，欲达到所想象的目的，难了。

结论

本篇所研究的，系乡村社会，而关于种种生活的范围及组织，各有特殊的情形，现在把它归纳数点，而加以说明，为将来改良乡村社会的参考。

一、乡村社会共同生活的范围，以市镇商业范围影响为最大。所以我国乡村社会的领域，应以商业范围为根据。

二、市镇范围以内的村庄大小不一，较大的村庄，因为生活上的要求、人口财力的许可，自然各种生活比较的复杂，但也有很多初级的简单经济与社会的组织，为适应生活上的要求，如小杂货店、豆腐店、肉店、茶馆、私塾等等，都存在较大一点的单独村庄。而简单初级的小村庄，因生活之需要，不得不集中于市镇或较大的村庄了。

三、关于教育方面的表现，私塾要占大多数，新式的小学，只有五处，所影响的范围很小，全数学生仅有 300 人左右。欲探知新式小学不发达的主要原因，约有以下的数点：（1）乡村农民，脑筋极其顽固，对于现在之新式小学，均视为洋学堂，读洋书，绝不生信任心理。（2）现在所定之课程与科目，不能与乡村农民生活发生密切关系，因所学与所用，往往绝不相类，而农民所感觉的或适得其反，对于改良乡村教育，关于取材及科目等等，必须特别注意。（3）关于交通方面，与教育亦有极大的关系，如现在迂曲的小路，一遇天雨，泥泞没胫，儿童步履，困苦异常，倘使路政修理较为完善，加宽路面，铺以砂泥或砖石，使得道途平坦，不致感觉到步行之苦，附近儿童，得以往来方便，所以交通与教育的关系，很为重要的。以上三点嗣后谋改良乡村教育者，应首先注意及此。

四、乡村宗教的生活，含有迷信的一半、娱乐的亦半。查各庙社的范围，远不及商业范围之大。但是数目却系不在少数，而考其组织，亦觉得很为完密，在农民生活之中，颇占重要部分。如果因势利导，一方维系，一方改良，未始不可收事半功倍之效。苟操切从事，将原有之庙社等，积极的破坏与毁弃，易引起农民的误会，那就利未见而害以随，殊非改良乡村社会者的本意了。但只需利用机会，使其渐次改良，对于迷信之心理，无形的淡薄，久而久之，庙社迷信的生活，自归淘汰。改革我国农村，不能不注意到这点，以作将来着手进行的张本。

五、社交的生活，包含愈觉广泛，大都根据于自然的趋势，及有共同生活的联络，而形成如此的现象。兹举各点如下，研究社交的生活，亦即可见一斑呢：例如茶馆吃茶者之集合，娱乐游戏之征逐，及种种的歌词唱曲，或感觉到生活的单调，或表现那社交的神秘，从事于乡村事业者，每每有得听到。又如遇到婚丧喜庆均互相协助，这种美德，在都会与城市间，罕有见到。又如一年所经过的各节会，亲戚故旧往来酬酢，在在都有愉快的表现，倘于此等机会，而能佐以引人入胜之正当娱乐，俾得潜移默化，吾知对于乡村社会的改善，所收效率，当非浅鲜。

六、政治区域与乡村社会情形，目下尚属不能一致。政治范围，系以土地赋税为标准，所以行政区域庞大。而乡村社会范围，系以农民共同生活、互相联络为根据。在较政治范围为小，甚至同隶于一个行政区范围内的乡村，而彼此未曾发生关系的习见不鲜，再加以农民政治观念异常淡薄，除缴纳赋税、奉行公令外，漫不相关，将来改革乡村社会，划分行政区域，对于乡村共同生活，不能不特加注意，使农民得有了解于政治的机会，并且能使商业范围、教育范围、宗教范围、行政范围都能打成一片，和得到乡村社会化了。

七、研究以上各点，乡村社会的组织，及其共同生活的根据，均能明了其性质内容，将来改良乡村社会，就这方面按图索骥、研究探讨，自不致漫无标准，无的放矢了。

原文载《金陵大学农学院丛刊》1934 年第 23 期

铜井民歌

十二属

这梁跑到那梁蹲，天上子时属鼠人。
小小鼠儿赛过马，遇见黄猫送子终。
这田跑到那田头，天上丑时人属牛。
忙时拉它沿田盖，闲时拴在枯草头。
这山跑到那山岭，天上寅时属虎人。
虎嘴长着金牙齿，身背猪羊进山林。
柴蓬子跳刺蓬子蹲，天上卯时属兔人。
兔毛能制千杆笔，写本文书送贵人。
从小到大半悬空，天上辰时属龙人。
五月二十风龙会，雷风唬暴显威风。
从小到大水边蹲，天上巳时属蛇人。
蛇嘴长着双黍子，口口咬的有灾人。
从小长大四蹄子空，天上午时属马人。
马夫要套双兜子，身背黄鞍骑贵人。
从小到大白如霜，天上未时属羊人。
羊肉挂在街前卖，羊皮剥下进硝坊。
这树爬到那树头，天上申时人属猴。
百样花果它先吃，柿子黄皮他来偷。
红冠头绿毛羽，天上酉时人属鸡。
早晚给它两把食，半夜啼鸣众人听。
前门打后门蹲，天上戌时属犬人。
一天给它两顿吃，口口咬的外村人。
从小到大一把乌，天上亥时人属猪。
小小猪儿尖刀死，零刀碎剐众人抢。

十条犁鞭

一条犁鞭乌油油，我帮主家去看牛，
不想主家钱和钞，只帮主家一年头。
二条犁鞭管一墒，老板田头是我当，
一条黄蛇来打洞，一锹两节见阎王。
三条犁鞭三尺长，秋栏挑土干稻场，
爹娘不知小儿苦，腿痛腰酸实难玩。
四条犁鞭管二墒，扛犁夺耙沸衣裳，
兰衣洗的兰嗦嗦，白衣洗的白如霜。
五条犁竹竿红，竹竿子头上拴麻绳，
快牛快马快走路，慢牛慢马打断绳。
六条犁鞭管三墒，走到田头汗不干，
抬起头来挪把汉，低下头来汗不干。
七条犁竹竿子青，主家叫我上南京，
乌风黑暴不敢走，不敢违拗到南京。

八条犁鞭管四墒，走到田头稻子黄，
挑担稻子无路歇，忍气痛声到稻场。
九条犁鞭九尺长，手扶犁稍一季忙，
种的大麦与小麦，种完麦子还的忙。
十条犁鞭管五墒，五谷杂粮进稻仓，
东边收的八百担，西边放的一千三。

正月姑娘纺棉纱

正月姑娘纺棉纱，大裁小剪都是她，
大裁小剪桩桩会，半流子裁缝不及她。
二月姑娘杏花开，婆家日子进门来，
走到老屋高声叫，施冬腊月再来抬。
三月姑娘桃花红，姑娘本是人家人，
有朝有日出门去，丢下冬娘一个人。
四月姑娘乔梅子开，婆家媒人进门来，
走到堂屋高声叫，无餐的果食少要来。
五月姑娘枝子开，姑娘在家做嫁鞋，
先做一双同鞋老，后做一双上轿鞋。
六月姑娘荷花开，木匠师傅进门来，
先打牙床四个字，千年夫妻万年来。
七月姑娘菱花开，裁缝师傅进门来，
先做一件皮毛夹，后做一件花棉袄。
八月姑娘桂花开，姑娘在家劝老娘，
一劝老娘少要哭，二劝老娘少要想。
九月姑娘菊花黄，姑娘在家克茶饭，
一顿茶饭两顿吃，三顿茶饭四顿汤。
十月姑娘十月红，灯龙火把进姐村，
宫灯高照前头走，我乘花轿后头跟。
施月姑娘小雪飘，哥嫂二人去做招，
挑盒子哥哥前面走，哥嫂二人后面跟。
腊月姑娘蜡梅红，夫妻二人去四门。
姑爷骑马上前走，姐儿坐轿后面跟。

十二条手巾

一条手巾绒线敲，白纸仓仓挂郎腰，
手巾破了绒线在，千针万线姐难敲。
二条手巾二郎山，把郎挂在牡丹花，
你要偷花短命死，黄泉路上结冤家。
三条手巾三尺长，三绣荷花和牡丹，
荷花绣在牡丹上，看花容易绣花难。
四条手巾四角青，四角珍珠有半斤，
小郎年青担不起，隔墙抛花有亲人。
五条手巾五色云，花红鸟绿五条龙，
劝郎少在江边走，手巾担水又成龙。
六条手巾六尺多，把郎挂在两面拖，
劝郎少在街边走，街上女子把眼嗦。
嗦来嗦去嗦情哥。
七条手巾七尺长，东边挂在瓦屋梁，
东风起的龙摆尾，西风起的桂花香。
八条手巾绣八方，八个茶缸绣中间，
八个茶缸好像姐，八个茶挑好像郎。
九条手巾九色云，九色云里九条龙，
一龙治水塘坝满，九龙治水一场云。
十条手巾一丈长，上包冷饭下包浆，
高上头上吃冷饭，一口冷饭一口浆。
十一条手巾绣不齐，公婆打骂受苦气，

十个手头有长短，荷花出水个高低。
十二条手巾绣不清，荷花搁在河塘中，
你要沉来沉到底，飘飘沉沉爱花人。

瓢儿菜心中黄

瓢儿菜心中黄，万贯家财求儿郎。
东边烧香求儿子，西边烧香求姑娘。
檀香已烧三年整，十月怀胎怀娘身，
怀娘身来怀娘身，生下一个小姑娘。
一周二岁吃娘肉，三岁四岁吃娘奶，
五岁六岁人长大，生在学堂把书供。
檀香已读十七岁，老娘得病在牙床。
檀香问娘想什么吃，檀香问娘想什么尝，
生姜拌饭不想吃，蜜糖拌饭我不尝。
檀香你有为娘意，买点香瓜救亲娘，
檀香听见暖洋洋，手拿钥匙开钱箱，
一脚走进落地门，二脚跨进杏花村，
三脚走到大街上，顶头撞见卖瓜郎。
挑瓜的哥哥卖瓜的郎，买对香瓜救亲娘，
姑娘开口一声叫，说出话来真好笑，
高山冻死儿子树，下山冻死老绵羊，
冰冻一冻三天整，哪有香瓜救亲娘，
等我明年五六月，送对香瓜救亲娘。

卖瓜的哥哥卖瓜的郎，等你明年五六月，十个亲娘死九双。

卖瓜的哥哥卖瓜的郎，买点瓜子我发芽。
檀香苦来一更鼓，一对瓜子下了土。
檀香苦来二更鼓，一对瓜子发了芽。
檀香苦来三更鼓，一对瓜子出了土。
檀香苦来四更鼓，一对瓜子跑了藤。
檀香苦来五更鼓，一对瓜子救亲娘。
头头吃的甜如蜜，二二吃的苦黄连。
三三吃的病就好，四四吃的起牙床。
养儿子要养小文祥，养女儿要养小檀香。
文祥冰冻来救母，檀香苦瓜救亲娘。

十月长工

正月长工正月正，腰里无钱手里空，
该人家银钱都来要，等我明年再上工。
二月长工二月正，老板带讯去上工，
该人家银钱都来要，等我来年再转工。
三月长工三月正，挑担牛粪下田冲，
遇到柴桩绊着脚，眼泪珠子朝下滚。
四月长工四月正，手拿镰刀下田冲，
手拿镰刀快快走，走不到田头骂长工。
五月长工五月正，挑担黄秧下田冲，
十八个大姐来送趟，没得头秧骂长工。
六月长工六月正，六月太阳晒死人，
老板出门打把伞，晒来晒去晒长工。
七月长工七月正，老板打肉敬祖宗，
精的肥的老板吃，骨头骨脑给长工。
八月长工八月正，糯米做酒绿沉沉，
老板吃得熏熏醉，未给长工吃一盅。
九月长工九月正，烧碗鸡蛋烧碗葱，
香葱端给老板吃，一碗鸡蛋给长工，给你吃

得好下工。

十月长工十月正，捞块豆腐谢长工，

尽你吃来尽你掗，看你来年帮哪家。

孟姜女

正月里来正月正，家家户户挂红灯，

人家有丈夫红灯挂，孟姜女无丈夫挂白灯。

二月里来暖洋洋，双双燕子到南方，

双双燕子又成对，孟姜女无丈夫不成双。

三月里来是清明，家家户户都上坟，

人家坟上飘白纸，孟姜女家坟上找不到人。

四月里来养蚕忙，姑嫂二人去扶桑。

桑篮挂在手膀上，擦把泪来摘把桑。

五月里来是黄梅，外面长江发潮水。

人家有丈夫黄秧插，孟姜女无丈夫田里草成堆。

六月里来热难当，蚊子出世寸把长，

口口咬得妹子血，不要咬我丈夫范喜良。

七月里来就风凉，家家户户做衣裳，

人家有丈夫把衣裳做，孟姜女无丈夫哭忙忙。

八月里来燕门开，天上孤燕带霜来，

只看孤燕来领路，只看见孤燕看不见我郎来。

九月里来菊花黄，家家吊酒过重阳，

人家有丈夫吊酒有人吃，孟姜女无丈夫吊酒无人尝。

十月里来小阳春，孟姜女送寒衣哭倒万里长城，

人家有丈夫送寒衣几个人，孟姜女送寒衣找不到一个人。

冬月里来小雪飘，家家户户把公粮交，

人家有丈夫公粮交得少，孟姜女田里收不到公粮还要交。

腊月里来过年忙，家家户户杀猪羊，

人家杀猪羊有人吃，孟姜女杀猪羊无人尝。

十把插梳

一把插梳插金花，手拿白粉胭脂搽，

不搽粉来自来白，不搽胭脂自来红。

二把插梳插金槐，姐问小郎何时来，

顺风顺浪三两个月，河干断潮半年来。

三把插梳插芦笋，芦笋开花满田红，

蜜蜂子采花花不死，碰坏花蕊花不红。

四把插梳插麦箕，麦箕开花香十里，

我的妻子我认得，青衣手中笑盈盈。

五把插梳插青棵，姐儿偷人怪情哥，

情哥不是娘母舅，情哥不是走一波。

六把插梳热难当，姐在房中看梳妆，

姐儿不吃阴凉果食，闷闷不乐专情郎。

七把插梳插得光，爱坏苍蝇爱坏郎，

也不是既跑调戏姐，也不是姐儿爱坏郎。

八把插梳八把超，姐儿好比蔑蔑腰，

蔑蔑腰蔑蔑奶，瞌头子弯弯跳男怀。

九把插梳插得平，前天梳个十路亭，

十路亭来十路亭，十路亭前放光明。

十把插梳插精光，多年的剩稻未开仓，

有朝有日开仓起，贩给东边小情郎，

贩给旁人加五斗，贩给情郎不要他还。

调姐

正月调姐正月正，伸手摸在姐儿身，
肯与不肯在于你，翻什么红脸认什么真。
二月调姐龙采头，姐看小郎把眉皱，
姐叫小郎不要愁，二人玩要在后头。
三月调姐打菜薹，咸鱼腊肉碗里埋，
姐叫小郎私私的吃，不给外人看出来。
四月调姐小麦子黄，姐在房中说情郎，
我把身子输给你，三朋四友少要谈。
五月调姐枝子开，肩挑黄秧下田栽，
郎栽一趟上前走，姐栽一趟跟上来，
郎叫姐儿慢慢栽，不要给外人试出来。
六月调姐热难当，汗珠子落在姐身上。
采花要采二八月，人又好看花又香。
七月调姐秋风凉，手端红灯进姐房，
双手捎开红罗帐，白粉胭脂桂花香。
八月调姐是春秋，春晒黄金日不收，
年年有个春秋月，好像一对狮子盘彩球。
九月调姐花轿抬，小郎眼泪掉下来，
姐叫小郎不要哭，小妹子出门常回来。
十月调姐十月中，手捧茶壶来点盅，
十个情郎都点到，单单不点野老公。

十恨

一恨我的娘，我娘你好呆，
男大女大怎样大，不把牙床打。
二恨我公婆，公婆你多错，
男大女大怎样大，不把喜事做。
三恨我的媒，哪里得罪你，
娘婆二家全挑你，你不把喜事提。
四恨我的他，不怪小奴家，
手拿莲蓬，谢谢我的花。
五恨我表妹，表妹小三岁，
天黑又成双，晚上又成对，越想越流泪。
六恨我表嫂，表嫂真嗷槽，
手里牵一个，怀里抱一个，越来越嗷槽。
七恨我的床，我床天天长，
两头摆个花样枕，中间缺少郎。
八恨我的房，我房赛庙堂，
自烧香自来古，赛个小师姑。
九恨我的灯，我灯你不明，
我手寡你手心，试试你的心。
十恨我的命，我命不如人，
高挂悬梁一根绳，早死早投生。

荷花出水十二根苔

荷花出水一根苔，姐叫小郎少要来，
昨天为你打一架，冷落冷落你再来。
荷花出水两根苔，叫我不来偏要来，
早一来晚一来，生死不离小妹子怀。
荷花出水三根苔，公婆在家不要来，
公婆拿话来问你，你拿什么话答云来。
荷花出水四根苔，你公婆在家非要来，
公婆拿话来问我，我到你家借箩筛。
荷花出水五根苔，栽秋割麦不要来，
田里事情无人做，人无心思花不开。
荷花出水六根苔，栽秋割麦偏要来，
田里事情雇人带你做，人有心思花又开。
荷花出水七根苔，丈夫在家不要来，
丈夫拿话来问你，你拿什么话答出来。
荷花出水八根苔，你丈夫在家非要来，
丈夫拿话来问我，我陪你丈夫抹纸牌。
荷花出水九根苔，深更半夜不要来，
深更半夜没有人走路，恐怕有人害你来。
荷花出水十根苔，深更半夜非要来，
从小未做亏心事，没有人家害我来。
荷花出水十一根苔，天阴下雨不要来，
一个丁鞋一个印，恐怕人家试出来。
荷花出水十二根苔，天阴下雨偏要来，
一个丁鞋一个印，我顺穿鞋子倒出来。

望 郎

东边打鼓船头开，姐提银壶上船来，
送你船郎三杯酒，问问船郎几时来。
顺风顺流三两个月，河干掉潮半年来。
姐儿听见这一声，船板跳断两三根，
郎开船姐回家，提桶子打水洗梅花。
梅花本是正二月开，姐跳房门手托腮，
手拿花针穿绒线，描龙绣凤望郎来。
二月望郎杏花开，一对小燕朝南来，
燕子歇在高梁上，二梁头上望郎来。
三月望郎桃花开，身背丝篮进园来，
丝篮挂在桑树上，采桑园里望郎来。
四月望郎乔梅开，墙里挖花墙外栽，
有心栽花花不活，无心插柳望郎来。
五月望郎栀子开，挑担黄秧下田栽，
八寸罗裙高招起，栽秋田里望郎来。
六月望郎荷花开，荷花出水一根苔，
端个板凳拦门坐，摇风挡扇望郎来。
七月望郎菱豇开，身扛红盆下池来，
浑水摘清水摆，菱豇塘里望郎来。
八月望郎桂花开，姑嫂二人进园来，
姑娘摘花嫂子栽，嫂子栽花望郎来。
九月望郎菊花黄，抢把子扫帚扛上场。
把子扫帚高高举，光场扫地望郎来。
十月望郎芙蓉开，五谷杂粮收上来，
十八个稻仓装稻子，做缸白酒望郎来。

送郎

姐在房中闷沉沉，耳听门外有调军，

不知边调哪名，七师八团都不调。

单调中华革命军，一班洋学生。

大的都在十七八，小的二八十天成。

一班青年人，咿呀咿都喂呀喂，一班青年人，

左边一挂东洋刀，右边又背盒子炮，

左边又挂五排子，右边又抓五子干，朝前去打仗。

从前打仗场场输，今年打仗场场赢，

我郎走自运，好像小姐生得彪，

你这个哥哥生得彪，好像荷花水上漂。

送郎送到搭板头，打落灯座泼了油，

送郎送到箱子边，手开箱子拿洋钱，给郎吃香烟。

送郎送到窗子边，开开窗子望青天，青天不要变。

送郎送到房门口，一把抓着我郎手，舍不得给郎走。

送郎送到灶头边，盛碗饭来堆尖尖，我郎少花钱。

送郎送到大门口，一把抓着我郎手，早去早回头。

送郎送到十里坡，再送十里也不多，干妹子送干哥。

送郎送到十里河，十里街头买皮鞋，我郎穿起来。

送郎送到水林桥，水林桥来水林桥，干妹子说真情。

送郎送到七士井，七士井来说苦情，越说越伤心。

送郎送到新街口，汽车马车不停流，我郎慢慢走。

送郎送到洋码头，叫声我郎快快走，轮船要开走。

送郎送到洋船上，一阵风来一阵浪，我郎不要慌。

小小洋船冒大烟，一冒冒到江中间，我郎好可怜。

吃菜要吃白菜心，嫁人要嫁革命军，革命军人好良心。

吃肉要吃大猪肠，娶人要娶花姑娘，姑娘好心肠。

想郎

正月里想我的郎，郎郎是青年，小才郎出门去，一去大半年，少年鲜花不来家采，年老来无儿女，苦是苦黄连。

二月里想我郎，郎郎是春风，小才郎出门去，一去影无踪。是人家想彩郎，郎郎想到手，小妹妹想彩郎，一想一场空。

三月里想我郎，郎郎桂花开，手捧的毛兰布，给郎做双鞋，手拿五根银丝线，描龙绣凤思念我郎来。

四月里想我郎，郎郎是难熬，小才郎出门去，小妹妹命难逃。有一班小不要脸，常花门前绕，小才郎回头了，怎是怎得了。

五月里想我郎，郎郎枝子黄，手捧锦花镜照花脸皮上，小才郎在家时又红又白又发胖，小才

郎出门去，脸皮子又黑又瘦又发黄。

六月里想我的郎，郎郎三伏天，小才郎出门去，不要吃鸦片烟，鸦片烟吃上瘾，到处有人嫌，才郎哥出门去没带多衣裳。

七月里想我的郎，郎郎秋风凉，小妹妹心想送衣去，不知才郎哥哥落在何方。

八月里想我郎，郎郎桂花开，写本书信带下过江，叫声妻子从头到脑看，腊月二十三去家又回乡。

九月里想我郎，郎郎菊花开，写本书信带下又过江，叫声丈夫从头到脑看，迟来三天小妹妹见阎王。

十月里想我郎，郎郎小阳春，十样茶饭吃下又一顿，只把相思病害在妹子身。

冬月里想我郎，郎郎有动身，鹅毛小雪飘在我郎身，姐在家中龙盆一摊火，我的郎来路就怕成风。

腊月里想我的郎，郎郎又在家，叫声妻子骂声小奴家，少年鲜花你不来采，年老来老了莲蓬谢了花。

风筝雾

正月里来二月春，桃红柳绿动郎心。
东边桃花红似火，西边杨柳绿沉沉。
南边海水团团转，北边雀鸟乱纷纷。
春来二月无事做，春风以后放风筝。
风筝放到乌云里，断了银线影无踪。
公子随脚随步走，公子随脚赶风筝。
风筝不落长江上，风筝要落杏花村。
风筝落在花园里，眼看大姐有十分。
不长不短真好看，不胖不瘦爱坏人。
头上一把乌云发，八宝耳环堕耳根。
不搽寒粉自来白，不点胭脂自来红。
眉毛弯弯如柳月，樱桃小嘴爱坏人。
十指尖尖赛芦笋，糯米银牙石榴心。
上身穿的绿绫袄，八寸绫罗二面分。
三寸金莲没多大，满帮花鞋足下蹬。
此人与我成婚配，少活十年不厌人。
姐儿听见这一声，转过身来吃一惊，
快快走来快快行，快快出门早动身。
你我二人不相识，花言巧语说谁人，
书生听见这一声，转过身来吃一惊，
跌跌撞撞往家转，忧忧愁愁记在心。
思思想想丢不掉，梦梦不乐掉下魂。
饭不吃来茶不想，相思害花我当身，
太阳落山小桃红，书生起意到姐村。
身上短刀带两把，墙梅棍子带两根。
身带短刀自有用，墙梅棍子伴自身。
走一里来过二村，惊动黄狗闹哄哄。
走二里来过三村，大路不走走田埂。
走三里来过四村，问声牧童哪里行，
清明时节雨纷纷，路上行人如断魂。
借问姐家往何处，牧童遥指杏花村。
牧童把手指一指，翻过山岗杏花村。
杏花村上打三转，不知哪是姐家门。
前门把着恶老虎，后门把着蟒蛇精。
山墙跟下阴沟洞，姐就阴沟赛大门。
一阵来到大门外，二阵来到天心中。
三阵来到大厅上，大厅之上好安身。
嫂子房中小孩哭，姑娘房中不作声。
只见高楼明灯点，不知姐儿在房中。
心想抬头高声喊，不知姐儿合郎心，

拔拔鞋子四家转，枉费书生一片心，
书生低头用一计，计计用得有十分。
单池有棵梧桐树，脚搭梧桐上楼门，
十指尖尖拔刀子，双手撬开姐房门。
顺墙摸壁摸进去，战战临临汗在淋，
轻轻巧巧上搭板，忍气吞声不作声。
双手掀开红罗帐，伸手摸姐试姐心。
摸姐一把姐未醒，摸姐二把姐翻身。
摸姐三把姐醒了，姐在梦中吃一惊。
还是房中出妖怪，还是房中鬼迷人，
还是堂上亲兄弟，这是厨房作饭人。
还是偷牛偷马贼，还是房中采花人。
书生听见这一声，聪明大姐叫一声，
一不是房中出妖怪，二不是房中鬼迷人。
三不是堂上秀兄弟，四不是厨房作饭人。
五不是偷牛偷马贼，来到房中采花人。
蜜蜂只为群花采，望姐开放贤良人。
姐儿听见这一声，聪明书生呼一声。
你快快走来快快来，快快出门早动身。
麻布洗面初相会，包子粘牙面又生。
你我二人不相识，私行闯进我楼中。
书生听见这一声，聪明大姐叫一声。
我是大户人家子，父弟也是有名人。
自己又是读书子，一字写下万功名。
你要与我成婚配，万贯家财带你分。
姐儿听见这一声，聪明书生叫一声。
这样讲来你不走，房中必定要高声。
只要抬头高声叫，惊动外面少年人。
逮到书生强盗办，送到官府问贼名。
打伤四十梅花棒，带到外国去充军。
堂上急坏双父母，妻子房中不安宁。
自己又是读书子，要想功名万不能。
书生听见这一声，聪明大姐叫一声。
蛇钻竹筒怎样退，凉天景致别上身。
哪个罗裙不扫地，哪个猫儿不思春。
哪个小郎不嬲姐，哪个姐儿不动心。
男不嬲姐是痴汉，姐不嬲郎枉为人。
风不顺来雨不来，花不逢时不乱开。
蛇不游山草不动，姐不应承郎不来。
姐儿听见这一声，聪明书生叫一声。
给我父母晓得了，父母必死我当身。
给我哥嫂晓得了，插翅难飞我家门。
给我外人晓得了，亲戚六眷坏了名。
给我婆家晓得了，丈夫亲笔写退婚。
书生听见这一声，聪明大姐叫一声。
哪一盆水清到底，哪一塘水到底清。
我昨日走在庙前过，看见罗汉摸观音。
罗汉摸得嘻嘻笑，观音摸得不作声。
仙家都有这样事，难怪世上少年人。
姐儿听见这一声，聪明书生叫一声。
这样讲来你不走，睡花房中把命拼。
拼到五更天明亮，二人怎样出房门。
难怪你来难怪我，不如今日输了身。
想把身子输给你，怕你在外坏我名。
你要进来姐就死，强为刚刀刺姐心。
你要进来姐就亡，快刀切断藕筒丝。
燕子衔泥口咬紧，老蚕吐丝心内明。
打着火来点着灯，叫声小郎脱衣襟。
男脱衣裳架上墙，好像绣球滚上身。
男说干田得瀑雨，姐说小郎好精神。
二人玩耍天明亮，欢天喜地闹五更。
一更一点说事情，好比烈马出朝门。
烈马未备双鞍子，未见胜败到天明。
二更二点说事情，好比小船跑江口。
小船就怕风浪打，好姐就怕少年人。
三更三点说事情，好比蜜蜂采花芯。
蜜蜂只为情花采，难怪世上少年人。
四更四点说事情，好比猛虎下山岭。

猛虎未见猪羊面，生死不离小娇人。
五更五点说事情，金鸡报晓郎动身。
厨房好菜弄四样，多年美酒打二斤。
弄四样来打二斤，缺少龙蛋凤凰心。
姐叫小郎饱饱吃，山高路远要郎行。
不知我郎多远路，打打包袱送一程。

姐送小郎一里亭，一里亭上劝书生。
我劝书生你请坐，小妹妹言语说把你听。
回家要孝双父母，父母的恩情报不清。
父是天来母是地，母亲的恩情似海深。
母亲怀你十个月，哪个月里不当心。
一尺三寸生下地，三周四岁离娘身。
五周六岁人长大，送到学堂把书供。
花费银钱只为你，想你成龙望功名。
这样讲来你不信，说仿古人你听听。
董永卖身来葬父，国威埋儿天赐金。
王祥卧冰真孝子，西罗破胆救母亲。
孟宗哭竹冬笋出，好花后园吃一惊。
小妹妹言语都说到，切切牢牢记死心。

姐送小郎二里亭，二里亭上劝书生。
我劝书生你请坐，小妹妹言语说把你听。
你回家中汉拉大，你是大家后代根。
遇到年老喊伯父，遇到年幼喊长兄。
遇到油头喊嫂子，遇到毛脸喊千金。
遇到和尚喊佛爷，遇到道士喊先生。
和尚回家唸一遍，道士回家唸一声。

姐送小郎六里亭，六里亭上劝书生。
我劝书生你请坐，小妹妹言语说把你听。
万事不要强出头，出头之人没收成。
大风刮断出头树，官府捉拿出头人。
把你拿到官府里，披枷带锁不像人。
打你四十梅花棒，带到外国去充军。
堂上急坏双父母，妻子房中不安宁。
小妹妹言语都说到，切切牢牢记在心。

姐送小郎七里亭，七里亭上劝书生。
我劝书生你请坐，小妹妹言语说把你听。
你抬妻子亲眼看，不要路中托媒人。
媒人本是面糊嘴，把你二人配成婚。
白脸妻子你不要，白白搽搽粉妆人。
红脸妻子你不要，两奶抢心杀夫人。
眉毛弯弯好一个姐，有福有寿有子孙。
小妹妹言语都说到，切切牢牢记在心。

姐送小郎八里亭，八里亭上劝书生。
我劝书生你请坐，小妹妹言语说把你听。
你抬妻子告诉我，做双鞋子你装亲。
你抬妻子告诉我，四十两纹银谢恩情。
你抬妻子比我好，男又安乐我放心。
你抬妻子不如我，这条路上照样行。
小妹妹言语都说到，切切牢牢记死心。

姐送小郎九里亭，九里亭上劝书生。
我劝书生你请坐，小妹妹言语说把你听。
一日夫妻百日恩，百日夫妻四海深。
昨夜与你同床睡，生死不忘你的恩。
小妹妹言语都说到，切切牢牢记死心。

姐送小郎十里亭，十里亭上劝书生。
我劝书生你请坐，小妹妹言语说把你听。
十里亭上来分别，以后不要倒真情。
你要讲来姐就亡，强为刚刀刺姐心。
郎走十步望姐姐，姐走十步望望郎。
再走十步望不见，二人低头转家门。

姐在后园打香葱

姐在后园打香葱，小郎骑马下园中。
跳过墙头亲个嘴，吓得姐儿脸通红。
快些走来快些行，不要惊动奴家人。
奴家人多闺门紧，日落西山关大门。
前门又上双簧锁，后门又上封条封。
天心又上天罗网，墙上又上绊脚绳。
红添搭板石灰印，四角帧子八响铃。
男有心来姐有心，不怕山高水也深。
山高又有人行路，水深自有摆渡人。
篾片子挑开双簧锁，舌尖舔开封条封。
脚尖子踢开天罗网，小刀子割断绊脚绳。
红添搭板挡个跳，四两棉花救响铃。
救响铃来救响铃，轻轻巧巧上姐身。
睡一觉来翻一身，手碰铜铃响叮叮。
哥哥听见铜铃响，手捧红灯照妹子门。
照见外边是妹子，照见里面是何人。
照见外面是妹子，照见里面是妹婿人。
哥哥听见这一声，忍气吞声不作声。
打断三根齐眉棍，捆断四根细麻绳。
今天打你不算数，明天带你进衙门。
太阳一出小刀子红，男套链子姐套绳。
郎走十里昏沉沉，姐走十里劝思文。
劝你上堂好好讲，不要瞎讲乱胡行。
走到老爷头道门，两个差人把衙门。
走到老爷二道门，膀子链子二面分。
走到老爷三道门，黑胡子老爷坐当中。
男归东来女归西，二人把头往下低。
还是男的先起意，还是女的先起心。
一不是男的先起意，二不是女的先起心。
男长十八无妻子，好像烈马断缰绳。
女长十八无丈夫，好似荷花散了心。
天上雀鸟又成对，地下獐猫鹿兔配成婚。
不是你小妹子一个人，这堂官事断得清。
世世代代朝上升，这堂官事断不清。
打起包袱让旁人，老爷听见这一声。
扇子遮脸笑盈盈，有理的哥哥打四十。
无理的妹子配成婚，太阳下山小刀子红。
手搀手来出衙门，人人说我刀花死。
我与二人配成婚，还凭老爷作媒人。

姐家门口一棵薅

姐家门口一棵薅，姑娘带肚日夜瞧。
茶饭不敢满满吃，走路不敢直看腰。
公婆跟前不敢走，小丈夫面上按钢刀。
郎叫姐儿不要瞧，明天上街抓草药。
姐儿听见这一声，拉绳子拉马郎动身。
麻绳子搭在马背上，喊声小郎作动身。
一肩出在大门口，二肩到在奶红桥。
三肩到在长江上，新开药店乱抓糟。
先生问我抓什么药，你当先生你知道。
石榴开花头对头，二人说笑结石榴。
先生听见这一声，打开书箱点药名。
一抓麒麟共药草，二抓柏果两大包。
三抓黄连白纸包，四抓四样小樱桃。
五抓五样盆四角，六抓六样铜丝桃。
七抓七样细牛角，八抓八样小鸡毛。
九抓九样打胎药，十样药名都抓交。

作个揖来哈个腰，得罚先生我回了。
一肩出在长江上，二肩到在奶红桥。
三肩到在姐门口，姐在牙床睡着了。
轻轻喊来轻轻叫，把我姐儿喊醒了。
姐儿问我抓什么药，我把药名报给听。
一抓麒麟共药草，二抓柏果两大包。
三抓黄连白纸包，四抓四样小樱桃。
五抓五样盆四角，六抓六样铜丝桃。
七抓七样细牛角，八抓八样小鸡毛。
九抓九样打胎药，十样药名都抓交。
一更鼓吃二包，吃在心里如火烧。
二更鼓吃四包，妈妈老娘命难逃。
三更鼓吃六包，喊声小郎来抱腰。
四更鼓吃八包，乖乖小儿下来了。
喊声小郎床沿坐，看看小儿像哪个。
有娘有老子你不去，无娘无老子投什么胎。
等到老娘成婚配，乖乖小儿成对来。
红绫子裹白绫子色，把小儿甩在长江漂。

五更鼓

一更鼓月窜天，姐提红灯上高楼。
红灯挂在高梁上，梦见小郎睡一头。
二更鼓一条街，郎在外头叫门开。
亲干子肉我的乖，深更半夜哪里来。
三更鼓日当中，姐把小郎搂怀中。
四更鼓月偏西，姐叫小郎听叫鸡。
哪家叫鸡先开口，滚水锅里烫毛羽。
五更鼓月傍山，姐叫小郎少要慌。
人又小力又单，这朵鲜花不久去。

调　情

正月调情正月正，我观看二小妹年纪生的轻，皮白肉又嫩，我的妹子，玩笑多过门，乖乖爱坏多少人。二小妹妹一听开言到，叫一声才郎哥哥细听奴根描，长街走一交，我的哥哥，人又看不少，乖乖哪有我郎膘。

二月调情龙采头，我观看二小妹站在大门口，心想说句话，我的妹子，人多不自由，乖乖急的乱碰头。二小妹妹一听开言到，叫一声才郎哥细听奴根描，隔壁王大嫂，我的哥哥，牵马栏皮采，乖乖一拦就成了。

三月里调情桃花儿开，我观看二小妹在家做花鞋，走你门前过，我的妹子，为何不睬我，乖我心里多难过。二小妹子一听开言到，叫一声才郎哥细听奴根描，不是我不睬你，我的哥哥，你的朋友多，乖乖看见耻笑我。

四月里调情大小二麦黄，我观看二小妹，拆布做衣裳，绫罗共绸缎，我的妹子，丝绸共老纺，乖乖随你要哪桩。二小妹一听开言到，叫一声才郎哥细听奴根描，两桩都不要，我的哥哥，只要你心中好，乖乖常常来跑跑。

五月里调情荷花盛乘水飘，我观看二小妹上床去睡觉，外面狗子咬，我的妹妹，必定有人到，乖乖逮到吃不消。二小妹妹一听开言到。叫一声男子汉胆子真真力，洋火在我腰，我的哥哥没有灯灯照，乖乖怎么能逮到。

六月调情三伏天，我观看二小妹最怕她心中变。隔壁有个小老板，我的妹子，生的比郎膘，乖乖必定要相交。二小妹一听开言到，叫一声才郎哥细听奴根描。如有这个事，我的哥哥，雷打失火烧。乖乖以后见你笑。

七月调情秋风凉，我观看二小妹下河带衣裳，两眼哭啼啼。我的妹子何人把你欺，乖乖快快给郎提。二小妹一听开言到，叫一声才郎哥细听奴根描。相好几个月呀！我的哥哥，小肚子渐渐高，乖乖只大不得力。

八月调情夜门开，我观看二小妹，在家抹纸牌，二边毛子拖下来，我的妹妹，洋绒上吊带，乖乖你看多时派。二小妹一听开言到，叫一声才郎哥细听奴根描，平顶戴礼帽，我的哥哥，金牙戴手表，乖乖皮鞋后跟高。

九月调情菊花黄，我观，看二小妹，脸皮生的黄，问你什么病，我的妹子，为什么你不讲，乖乖请先生来看看。二小妹一听开言到，叫一声才郎哥细听奴根描，什么病也没有，我的哥哥，小妹妹守空房，乖乖想你来续续。

十月调情枯霜打死，我观看二小妹貂下又皮袄，面子买得到。我的妹子，裁缝做的好，乖乖为何你不要。二小妹一听开言到，叫一声才郎哥细听奴根描。并不是我不要，我的哥哥，妹妹年纪小，乖乖穿的被人笑。

手扶栏杆

手扶栏杆口叹一声，鸳鸯枕劝劝奴的亲人，有一朵鲜花不给人采，行船跑马自小心，干哥哥你不是我的心头上人。

手扶栏杆口叹二声，小妹妹讲话实在多气人。你有一朵鲜花不给人采，行船跑马自小心，干妹子你和我不是一条心。

手扶栏杆口叹三声，干妹妹讲话，干哥哥多他的心，你一不是银钱来娶，二不是自小配成婚，干哥哥露水夫妻顶什么真。

手扶栏杆口叹四声，干妹子讲话我非要顶你真，我一不是银钱来娶，二不是自小配成婚，干妹子露水夫妻非要顶你真。

手扶栏杆口叹五声，包袱雨伞舒现成，干妹子给你家哥哥早动身，干妹子我死活不会再不进你家门。

手扶栏杆口叹六声，小妹妹想想劝劝奴的亲人。小妹子就在前头走，干哥哥就在后头跟。干哥哥你我二人吃完再续心。

手扶栏杆口叹七声，小妹子没有好良心，我好像孟虫子落在蜘蛛网，我好像苍蝇子下了面糊盆，干妹子你叫我回家在哪块等。

手扶栏杆口叹八声，你干哥哥养人就害人，你田不做来地不耕，干哥哥全赖惜过光阴。

手扶栏杆口叹九声，我干哥哥行船跑马走江心，我说要三心变二意，行船跑马掉江心。我玩要三心变二意，行船跑马掉江心。干妹子现世现报，我掉江心你望望。

手扶栏杆口叹十声，小妹妹行船跑马走江心，我要三心变二意，我十月怀胎带在身，我要三心变二意，横生侧养你望望。

八段景

小小仙鹤一点红，一直飞到半夜空。

张生打弹弓，张生打弹弓。

红娘怀抱在怀中。

小小尼姑下山来，手捧木鱼上大街。

叫一声好奶奶，叫一声好奶奶。

我不花银钱不欠债。

小小竹子细苗梢，她讲我郎会吹箫。

我郎会吹箫，我郎会吹箫。

先吹孟姜女后吹相思调，小小郎儿呐，把小妹子在家里急得睡不着觉。

小小胡琴没多长，双手捧的送我的郎。

我郎会扭唱，我郎会扭唱。

他先扭西皮后扭反二黄。

小小镜子二面光，外头照见里头小才郎，镜子照才郎，镜子照才郎。往日照郎白又胖，今日照我的郎又黑又发黄。

小小桌子四角方，他讲我郎会打麻将。我郎打麻将，我郎打麻将。四色好香烟在桌子上，一副麻将放在桌子上。

小小鲤鱼四红腮，上江滩到下江来。

小小郎儿哎，小小郎儿哎，上江吃了多少龙须草，亲哥哥不为小妹子不到下江来。

小小舟船水头漂，郎在船前姐在梢。叫郎慢慢摇，摇到我小妹家中带你玩一交。

姐在田冲插秧棵

姐在田冲插秧棵，抬头撞见娘家哥。田埂上来坐坐，哎哟田埂上来坐坐。

早年在家做女儿呀，一把油头两把梳。梳梳带摸摸，哎呦梳梳带摸摸。

今天在人家做媳妇，轻生活少来，苦生活多，真心累死我，哎呦真心累死我。

早上挑水五六担，晚上做到五更鼓。真心累死我，哎呦真心累死我。婆婆公公去乘凉，我在家中带儿郎，越想越凄惨，哎呦越想越凄惨。

心想脱衣来睡觉，听见村上公鸡叫。赶快把锅烧，哎呦赶快把锅烧。

大伯子起来要饭吃，小叔子起来要开锅。亲丈夫要打我，哎呦亲丈夫要打我。

隔壁老头子来拦架，他就开口把他骂。老头子望他打，哎呦老头子望他打。

姐在房中梦沉沉

姐在房中梦沉沉，一天一夜不作声。

饭不吃来茶不想，四肢无力缺精神。

妈妈听见这一声，赶快上街传医生。

一步走到大门外，二步走到半路上。

三步走到大街上，四步到了药店门。

药店门来药店门，请问可有好先生。

先生已有十八岁，十八岁先生正瞧人。

先生听到这一声，身背药包去动身。

一步要到大门外，二步要到半路上。

三步要到大门口，四步要到堂心中。

端个板凳先生坐，倒杯黄茶给先生。

我家女儿牙床睡，叫声先生进房门。

伸手掀开红罗帐，姐把膀子往外伸。

左手搭脉脉又跳，右手搭脉跳十分。

先生听到这一声，身背药包去动身。

妈妈听到这一声，一把抓着老先生。

我家女儿什么病，为何瞧病不作声。

你家女儿相思病，叫我先生怎作声。

妈妈喊声老先生，把我女儿能瞧好，凤凰不配配先生。

姐家门口一个桥

姐家门口一个桥，姐叫小郎少要跑。

少要跑来少要跑，我家有把希人刀。

你有刀来我有枪，刀刀枪枪玩一场。

要死死在姐怀里，阴魂落在姐身上。

落姐身来姐不慌，一把二把打倒你。

把你甩在臭茅缸。

臭茅缸来郎不慌。变个苍蝇落毛缸，有朝一日姐解手。轻轻巧巧落身上。

落姐身来姐不慌。一把二把打倒你，把你甩在大路上。

大路上来郎不慌，变个树枝子拦路上。

有朝有日姐走过，枝枝杈杈绊裤裆。

绊裤裆来绊裤裆，我家有个木匠郎。

一斧子两斧子砍到你，把你甩在烂柴山。

烂柴山来郎不慌，变个野鸣落柴山。

落柴山来姐不慌，我家有个打野鸡郎。

一枪两枪打倒你，把你甩在长江上。

长江上来郎不慌，变个小船水上滂。

有朝有日如登船，一阵怪风刮长江。

二姑娘倒贴

姐在房中哭啼啼，一把抓着我相好的。有句话来问你，我的相好的，讲一句话我郎你不要见气。

我的郎清早上爬起来，我一盆洗脸水一条毛巾水上漂，牙粉牙刷给你拿来了。你是我相好的，外带一块香肥皂。

我的郎你吃过早饭去把长街上。生丝褂裤呼给穿，龙洋钞票往你口袋里揣。你是我相好的，你哪块热闹哪块跑。

我的郎出门下午不来家，郎定是麻将桌上坐倒了。八圈麻将未打到底，洋钱输掉壹佰儿，输出屁漏哪个给你抵。

我的郎输掉银钱转四家门，在我房中牙床上装死又装吭。我的相好的问死问话不作声，他告诉小妹子小肚子有点痛。

小妹子急得三魂掉两魂。你是我相好的，我身上还有半魂不贴身，小妹子上街来把林先生请。找到镇江江淮人，又找个上海马林老先生。你是我相好的，药水又带几十瓶。

等他毛病瞧好了，叫他出门去玩玩，他讲出门没有一件做客的衣。你是我相好的，小妹妹心里不过意。我的相好的，下半年件件给你做新的。到热天给你买把机器小洋伞，自撑自开的，你出门哪个姑娘嫂子不爱你。

——江宁区档案馆档案资料

横山民歌

养媳妇歌

姐在田里插秧棵呀，抬头看见娘家哥呀，

田埂上来坐坐呀哈，哎哟，田埂上来坐坐呀哈。

亲哥久坐在田埂上呀，我把苦处告诉我的哥，

世上哪有好公婆呀哈，哎哟，世上哪有好公婆呀哈。

往年在家做女儿呀，一把油头两边梳啊。

梳梳再摸摸呀哈，哎哟，梳梳再摸摸呀哈。

今年在人家做媳妇呀，三天捞不到一把梳啊，

虱子动把撸呀哈，哎哟，虱子动把撸呀哈。

人家洗澡去乘凉呀，我在家中抹锅灶啊。

越想越懊糟呀哈，哎哟，越想越懊糟呀哈。

人家乘凉去睡觉呀，我在家中抹凉床啊。

还要带个小儿郎呀哈，哎哟，还要带个小儿郎呀哈。

手端油灯去睡觉呀，都听公鸡咕咕叫啊。

赶快起来把锅烧呀哈，哎哟，赶快起来把锅烧呀哈。

烧到天亮锅没滚呀，湿柴多来干柴少啊。

柴烟抽杀个人呀哈，哎哟，柴烟抽杀个人呀哈。

大伯子起来要早饭呀，小叔子起来要冲锅啊。

小丈夫要打我呀哈，哎哟，小丈夫要打我呀哈。

公公说我怕起早呀，婆婆说我太摸索啊。

小姑子还噜苏呀哈，哎哟，小姑子还噜苏呀哈。

手拿麻绳去上吊呀，隔壁大妈来劝我啊。

这个日子慢慢过呀哈，哎哟，这个日子慢慢过呀哈。

你把儿郎带大了呀，抬房媳妇做婆婆啊，

那个日子就好过了嘀，哎哟，那个日子就好过了啊。

十恨

一恨我的妈呀，我妈无主张，男大女大不把嫁妆打，为何哪一桩。

二恨我公婆呀，公婆你糊涂，男大女大不把喜事办，公婆好糊涂。

三恨我媒人呀，媒人杀头的，两头婚事委托你，你各杀头的。

四恨我的嫂呀，和我一般高，手抱娃娃怀中笑，我越想越懊糟。

五恨我的妹呀，比我小两岁，又成双来又成对，我越想越掉泪。

六恨我的他呀，他是我小冤家，有钱在外面嫖野花，小奴家活守寡。

七恨我的床呀，枕头摆两边，一边一个小凉枕，缺少个小情郎。

八恨我朋友呀，朋友把我丢，十指尖尖扭旋扭，朋友把我丢。

九恨我庙堂呀，庙堂去烧香，早烧香来晚换水，我像个小和尚。

十恨我的命呀，我命不如人，晚上搓根细麻绳，早死早投生。

车水号子

领唱：新打的板凳坐二人，脚底挑开姐罗裙。

合唱：脚底挑开姐罗裙，咿呀嗬嗨，姐罗裙，咿呀嗬嗨。

领唱：姐骂小郎好大胆，青天白日开花门。

合唱：青天白日开花门，咿呀嗬嗨，开花门，咿呀嗬嗨。

领唱：要采鲜花不要紧，要依四桩小事情。

合唱：要依四件小事情，咿呀嗬嗨，小事情，咿呀嗬嗨。

领唱：天上乌云要一朵，海里龙须要四根。

合唱：海里龙须要四根，咿呀嗬嗨，要四根，咿呀嗬嗨。

领唱：苍蝇肚脏要四两，癞蛤蟆眉毛要半斤。

合唱：癞蛤蟆眉毛要四根，咿呀嗬嗨，要四根，咿呀嗬嗨。

领唱：男人一听吃一惊，这朵鲜花采不成。

合唱：这朵鲜花采不成，咿呀嗬嗨，采不成，咿呀嗬嗨。

领唱：天上乌云捞不到，海里捞须海又深。

合唱：海里捞须海又深，咿呀嗬嗨，海又深，咿呀嗬嗨。

领唱：苍蝇肚脏无处买，癞蛤蟆眉毛无处寻。

合唱：癞蛤蟆眉毛无处寻，咿呀嗬嗨，无处寻，咿呀嗬嗨。

领唱：姐骂小郎你好呆，四样东西你解不开。

合唱：四样东西你解不开，咿呀嗬嗨，解不开，咿呀嗬嗨。

领唱：天上乌云是洋伞，海里龙须是珠珠针。

合唱：海里龙须是珠珠针，咿呀嗬嗨，珠珠针，咿呀嗬嗨。

领唱：苍蝇肚脏是花线，癞蛤蟆眉毛是花针。

合唱：癞蛤蟆眉毛是花针，咿呀嗬嗨，是花针，咿呀嗬嗨。

领唱：小郎一听啊一声，明天一早上南京。

合唱：明天一早上南京，咿呀嗬嗨，上南京，咿呀嗬嗨。

领唱：四样东西买现成，半夜送到姐房门。

合唱：半夜送到姐房门，咿呀嗬嗨，姐房门，咿呀嗬嗨。

花灯歌

车上轿反二簧

你也是玩来我也玩，三国吕布戏貂蝉。

龙王调戏三太子，薛平贵调戏王宝钏，薛平贵调戏王宝钏。

钟旭十万有余零，古老二万七千春。

彭祖八百嫌寿短，廉颇返老又重生，廉颇返老又重生。

安达七岁当羽林，周瑜九岁把兵行。

甘罗十二为丞相，解缙十四站朝门，解缙十四站朝门。

土地爷爷笑盈盈，如来笑得眼难睁。

石头狮子笑开了嘴，十八罗汉笑观音，十八罗汉笑观音。

梦醒梦醒真梦醒，梦到朋友真出名。

高山打鼓名在外，井里栽花根太深，久站衙门老光棍。

结伴结伴真结伴，结个朋友带我玩。

要玩就要玩到老，不要半路把脸翻，结个朋友难上难。

小小灯笼圆周周，红心蜡烛插里头。

人人总讲灯笼小，灯笼虽小照九州，照得九州好朋友。

小小鲤鱼是红腮，上江游到下江来 。

上江吃的是灵芝草，下江吃的苦青苔，不为仁兄我不来。

最高高不过天上星，最矮矮不过地下人。

最长长不过长江水，最短短不过绣花针，七长八短是古人。

月亮渐渐高

月亮渐渐高，挂在柳树梢，
小佳人在房中，越想越懊糟；
想起了我的郎，死的真冤枉，
反动派投炸弹，炸死了我的郎；
为什么不报仇?
心想去报仇，家有二公婆，
三岁的小孩儿，丢给哪一个；
那你怎么办呢?
家有姐和妹，组织妇女会，
做鞋子买袜子，慰劳解放军；
慰劳解放军干什么?
打到台湾去，消灭反动派。
后面的老百姓，一起站起来。

花船歌

楝树开花紫微微，各位朋友听我言。

我玩花船来唱歌，唱得朋友都开心。

唱得不好别骂人。

扯白扯白真扯白，六月心里下大雪。

扯谎扯谎真扯谎，三十晚上出太阳。
癞蛤蟆蹬腿过长江。

老汉命苦真命苦，一辈子没抬到好老婆。
人家老婆能绣花朵，他老婆好吃又好赌。
饭不烧来衣不补。
锣鼓声音有高低，像瘤子挑水爬高山。
一脚踩到半截砖，一头翘来一头翻。
残废人生活难上难。
亮亮的洋钱圆又圆，歇了三年没赌钱。
有心娶个好老婆，烧饭做衣生孩子。
一家人恩爱过日子。
老汉花钱娶老婆，烧饭做衣不会做。
叫她洗碗打碎了碗，叫她煮饭砸碎了锅。
老汉气得唱船歌。

十 劝

一劝父子要和好，千万不要来相吵。
个个父亲爱儿子，儿子尊敬老父亲，
一家和气值千金。
二劝母子要和好，千万不要来相吵。
养儿要对母亲孝，养女要报父母恩，
儿女要报父母恩。
三劝姊妹要和好，千万不要来相吵，
世上真情何处有，姊妹之间情最真，
姊妹之间情最真。
四劝婆媳要和好，千万不要来相吵，
婆爱媳妇亲生女，媳妇把婆当亲娘，
人人夸你婆媳亲。
五劝弟兄要和好，千万不要来相吵，
弟兄之间一条心，黄土也能变成金，
黄土也能变成金。
六劝夫妻要和好，千万不要来相吵，
丈夫别嫌妻子丑，妻子别嫌家寒贫，
男帮女衬好家庭。
七劝叔嫂要和好，千万不要来相吵，
宋朝有位包青天，他把嫂嫂当娘亲，
叔嫂要有姐弟情。
八劝姑嫂要和好，千万不要来相吵，
小姑子本是娘家客，嫂嫂才是当家人，
百岁的小姑子是外姓人。
九劝妯娌要和好，千万不要来相吵，
妯娌好比亲姐妹，要比姐妹情谊深，
真情真义是真心。
十劝邻里要和好，千万不要来相吵，
小孩打架别当真，千万不要伤感情，
邻居友好胜亲人。

薅稻歌

1．山歌呀好唱口难开，郎不开心唱不来。
哎……哟荷，郎不开心呀也呀乎咳咳唱不来。
2．太阳呀晒得头发昏，郎薅稻棵没有劲。
哎……哟荷，郎薅稻棵呀也呀乎咳咳没有劲。
3．阿妹呀送茶到田边，郎看妹来好开心。
哎……哟荷，郎看妹来呀也呀乎咳咳好开心。

4. 妹问呀郎哥累不累，妹在哥身边哥不累。哎……哟荷，郎不开心呀也呀乎咳咳哥不累。

5. 妹喊呀郎哥哥来喝水，哥喝茶水哥心甜。哎……哟荷，哥喝茶水呀也呀乎咳咳哥心甜。

6. 妹看哥呀一人干活累，脱掉鞋子就下了田。哎……哟荷，脱掉鞋子呀也呀乎咳咳就下了田。

7. 郎哥呀越干越有劲，妹在后面紧紧跟。哎……哟荷，妹在后面呀也呀乎咳咳紧紧跟。

8. 太阳呀落山过黄昏，阿哥阿妹回家门。哎……哟荷，阿哥阿妹呀也呀乎咳咳回家门。

——采自刘维保《横山文化遗存》

湖熟镇一九五六年“四八”物资交流大会工作总结

一、大会准备过程

本镇“四八”物资交流大会是在市场管理委员会的统一领导下，根据业务需要，责成有关部门，成立了秘书业务（包括供应、统计、集场、座商）、治安、卫生（包括调解）、宣传（包括文字、漫画、广播）等四个大组，负责大会具体工作，并根据市场分布特点，划分五段，设立六个管理站——竹铁器、木器、百货、什货、鸡鸭牲畜交易、座商等，以加强市场管理和控制税收，并动员能够运用的职工、妇女、学生、工商界等 206 人参加大会服务。

为了充分准备资源，满足农民对生产和生活资料的需要，会前市场管理委员会组织有关部门人员分别在丘陵、圩田地区重点调查了两个农业社的经济情况和购买力情况。国合部门除结合当前市场需要和对照历年销售情况，准备物资保证供应外，并召开了工商业者大会，进行物资交流的意义教育，提高经营积极性和服务质量，大量组织货源支持农业生产。

为了防止乘机牟取厚利、杜绝讨价还价，教育工商界订出规格质量，做好明码标价，同时加强了饮食业的教育管理工作，做到使群众有的吃、吃得好，动员和组织饮食商贩临时分设 32 个供应点，改变供应方法，克服过去集中购买、拥挤排队的现象。

二、大会进行情况

大会共进行四天，总的成交额为 65455 元，其中销售额 60562 元，收购额 4893 元，生产资料占 22.99%，生活资料占 77.01%，公私比重：国营占 20.7%，合作社占 30.48%，合营、私营（包括农民）占 48.46%。若与去年同期比较，则今年购销总额较去年购销实绩 76287 元下降 14.2%，其中销售额下降 17.79%，收购额上升 86.61%。

四天来估计到会人数有 59000 人，比去年增加 30% 以上，参加交流商贩有 678 户，比去年减少 657 户。今年市场特点：外来的货品不多，买货的也不多，除小型生产用具镰刀、肩担类供应不足外（因农村妇女都参加了劳动，购买量大，估计需要一万把，由于货源缺乏，仅供应了本区。另行购买的 1180 把，其他区如汤山要买 700 把、禄口要买 340 把、天王寺要买 400 把，均未供应），其余物资一般都供过于求，如本区供销社对生产资料的计划销货额 82000 元，只销了 4062 元，扫帚准备 4000 把，仅销了 350 把，笠帽 5000 多顶，仅销 827 顶，犁头卖出 14 个，大型水车 12 部一部未售。又如去年参加大会的有 14 个外地供销社，今年只有3个，来货总额1750元，只售出600元，占三分之一强。

1. 价格执行方面：本地座商一般都能做到明码标价，符合规格质量的要求，但外来行商和肩挑小贩货物不多，有的是沿街叫卖，管理比较困难，因此有些小贩就乘机抬价，如樟脑丸竟卖到一分钱一颗，在耕牛价格上，交易员互不通气，也存在有高有低现象。

2. 税收方面：四天来共收入650元，今年业务人员由于业务生疏，训练时间匆促，不够数量，因此漏登记、少报数的现象比较严重，估计要占40%左右，如土桥永丰社一、二、丙队卖米糕65元，只报26元。

3. 大会保证工作方面：组织了男女纠察队员40人，分为便衣组散布监视小偷扒手，妇女组配合监视小偷、扒手及来往可疑之人，武装组公开站岗巡逻维持大会秩序，四天内共发生盗窃案件11件，已破获9件，2件未破，调解纠纷6件，赌博2件均及时予以处理教育。

为了加强饮食卫生和游医管理，及提高人民卫生常识，卫生组进行了流动检查和设立了卫生展览会。由于深入检查，发现饮食业菜包子馅内有羊粪和蛆，以及豆沙心发馊问题，均及时责其倒掉。参观卫生展览的四天中计有6600人，参观后，一般的都认识到新法接生好处和老法接生的危害性、怎样带好孩子及血吸虫的危害性。

4. 宣传方面：在形式上除张贴漫画外，并设立了3个广播站，宣传内容选择了合乎当前中心工作等方面的宣传材料14篇，其中包括国际形势、农业生产技术、大会管理规则等，四天来受到教育的约有24000人，今年因缺乏宣传人员，仅设了广播站，因此使宣传工作做得不够普遍和深入，并缺乏反映市场实际情况的宣传材料。

三、体会

今年“四八”会场不如去年秋收后的物资交流大会繁荣，根据供销社和几个合营合作商店匡计，销售实绩仅占计划数的50%左右。其原因，除连日阴雨，远地农民不顾赶集外，而最主要的元麦、菜籽尚未普遍登场，银行亦未投放，农民手中虽然有钱，但有钱不多，因此除草帽、镰刀为农村妇女大量购买的物资以及吃食品外，其余销售有限，大都供过于求。特别是生产资料的销售，只占计划数的三分之一。事实证明，今后会场，将是农民购买小型农具、家庭用具以及娱乐的场所，而不是生产资料供应的场所了。因为农村合作化后，比较大的农具都集中使用统一购买，尤其是社社都签订了《结合合同》，及时送货上门，分散购买的情况已有变更。因此，今年会场出现了来货少、买货少的情况。

江宁县湖熟镇“四八”物资交流大会一般情况汇总表

大会起讫日期：1956 年 5 月 17—20 日，大会工作人员 206 人

大会支出经费 10.22 元，到会农民约 59000 人，到会工商界 678 户

项目＼经济成分		合计		国营企业		合作社		合营、私营个体	
		金额	比重	金额	比重	金额	比重	金额	比重
总计		63569	100.00	13547	100.00	18301	100.00	31721	
销售	小计	58676	92.3%	12138	89.06	14817	80.96	31721	
	商业	31515	53.71%	6167	50.8	8208	5540	17140	54.05%
	工业及手工业	12684	21.62%			6609	44.60	6075	19.15%
	饮食业	5623	9.58%					5623	17.73%
	服务行业	1123	1.91%					1123	3.54%
	其他	7731	13.18%	5971				1760	5.52%
收购	小计	4893	7.7%	1409	10.4	3484	19.04		
	农产品	1409	28.79%	1409	100				
	其他	3484				3484			
银行会期贷款：4000 元 兑换小钞_____元　　会期供应大米 43815 斤、麦面粉 2375 斤									

江宁县湖熟镇“四八”物资交流大会本镇商业销售统计表

一九五六年五月十七日至五月二十日　　　　金额单位：元

类别	户数	合计		国营企业		合作社		合营、私营	
		金额	比重	金额	比重	金额	比重	金额	比重
总计	147	43977		12138		14303		17536	
竹器	2	2925				2925			
木器	2	396				396			
铁器	2	888				888			
棉布	2	3418				1880		1538	
什货	3	1722				459		1263	
烟酒	32	7583		3998		1035		2550	
饮食粮食	26	11594		5971				5623	
副食品	32	5606				3222		2374	
百货	3	4761		2169		859		1723	
其他	43	5084				2639		2465	

江宁县湖熟镇“四八”物资交流大会临时集场销售统计表

一九五六年五月十七日至五月二十日　　　　金额单位：元

类别	户数	合计		合作社		外来商贩及小生产者	
		金额	比重	金额	比重	金额	比重
总计	531	16585		2400		14185	
竹器（包括山货）	119	6236		1521		4715	
木器	25	1360		315		1145	
铁器	8	779		564		215	
百货	54	950				950	
牛	185	2150				2150	
骡驴	20	312				312	
鸡鸭鹅	24	1815				1815	
什货	7	1123				1123	
其他	89	1760				1760	
说明	户数，指参加户数。金额，指成交金额						

江宁县湖熟镇“四八”物资交流大会收购统计表

一九五六年五月十七日至五月二十日

商品	单位	合计			国营企业			合作社		
		数量	金额	比重	数量	金额	比重	数量	金额	比重
总计			4893			1409			3484	
元麦	斤	18720	1404		18720	1404				
菜籽	斤	10	1		10	1				
稻	斤	65	4		65	4				
生猪	头	41	1458					41	1458	
鸡蛋	斤	2042	695					2042	695	
鸭蛋	斤	21	7					21	7	
其他			1324						1324	

——江宁区档案馆档案资料

江宁县横溪乡
五星农业社蚕桑生产情况小结

一、基本情况

五星社是一个多丘陵的大社，有 1118 户、4123 人，1780 个男女劳动力，有水旱田 6848 亩，平均每个人口 1.6 亩；旱地 2100 亩，平均每人 0.51 亩。这个社在蚕桑生产方面是有悠久的历史的，在抗日战争以前曾有桑园约 2000 多亩，年产鲜茧 1200 多担。经过日寇及反动政权对桑园的任意摧残破坏，到解放为止，桑园仅存 7 亩左右。解放后，在党和人民政府大力支持下，从 1952 年起，年年植桑养蚕。到 1957 年春，已有桑园 1033.063 亩。到 1957 年冬，又在荒山荒地拓植桑树，现在全社共有桑园 1415.063 亩。凡是可以种植桑树的荒山荒地都已种植了桑树，平均每户一二亩多一些。目前全社山地 382.2 亩，还有其他林地 912 亩，牧场 191.6 亩，力求在 1962 年以后第三个五年计划期间达到并争取超过战前年产鲜茧 1200 担的生产水平，平均每人收入 30 元左右。

二、发展蚕桑生产的几个主要特点

1. 发展速度快

我们社在发展速度上是非常快的，解放前只有 7 亩桑园，到 1956 年就发展到 337.91 亩，而 1957 年由于高级合作化，一年时间又发展了 705.051 亩，达到总数 1033.063 亩，比 49 年刚解放时增加 146.1 亩。

2. 桑树巩固生长得好

我们社不但很迅速地发展了以上所述的大面积桑园，并且全面巩固下来，桑树生长良好，特别是今年新栽的 705.051 亩桑园，成活率达 95% 以上，没有一亩荒废。同时对过去生长不大好的 337.91 亩老桑园，又加以整理，使桑叶产量大大增加。从现在已经投入生产的 298.806 亩桑园（其中湖桑 281.406 亩，野桑 10.749 亩）来看，1956 年全年（面积与 1957 年同）产叶量只有 900 担，而 1957 年春季就产叶 850 担，加上秋季 430 担，全年达到 1280 担，比 1956 年增加 42%，平均每亩全年产叶 430 斤，可以饲养半张蚕种，生长最好的如建中五小队 1.4 亩桑园，全年产叶 1180 斤，平均每亩能产叶 1300 多斤，估计明年再种 1.4 亩桑园就能养 2 张蚕种。

今年所拓植的 705.051 亩新桑园（只有 20 亩整植，其余都是稀疏）生长也很良好，现在条长达四尺左右的有 400 亩，五尺到六尺的有 155.051 亩，三尺左右的有 150 亩。其中青年队更为突出，今春栽桑 13 亩，其中密植桑 5 亩（每亩 1200 株）条长达 6 尺以上，根围在 2.5 寸左右，每亩可产叶 150—200 斤，每株桑树能产叶 2.5

两到4两，比别处的密植桑产叶量高40%，另8亩稀种植桑，条长亦达到6尺以上，根围在2寸半左右，明春即可全部用“抱嫁接”办法接成湖桑。

3. 产茧量年年增加，获得大数量养蚕实产

由于桑园管理好，产叶量增加快，因而我社每年养蚕张数的单产和总产茧量的增量是相当惊人的。特别是今年，我社养春蚕84.5张，单产71斤，总产茧量6024斤，比51年增加36倍，获得了意想不到的大数量养蚕的丰收。在茧款方面，57年全年共收入7359.89元，占全村农副业总收入的2.56%，占副业收入31.7%，其逐年增长情况详见下表：

年别	春蚕				秋蚕			
	张数	单产（斤）	总产茧量（斤）	比51年增加（%）	张数	单产（斤）	总产茧量（斤）	比52年增加（%）
51	12	35	420					
52	18	38	684	62.4%	3	25	75	
53	29	46	1334	217%	7.5	24.4	183	144%
54	50.5	55.5	2803	567%	8	28.5	228	204%
55	54.25	50.75	2785	563%	16	28.1	450	500%
56	59.5	58.5	3481	728%	39	47.1	1837	2349%
57	84.5	71	6024	1334%	54	51.39	2775	3600%

注：52年前未养秋蚕。

三、几个关键性的问题

1. 统一领导，全面安排，社队成立□□蚕桑组织

整个大队领导上对蚕桑生产是和农业同样进行全面统一安排的，支部和管委全体干部分工掌握各队工作，四个社主任则分四大片领导生产，其中有二名副主任又兼任副业（包括养蚕）和林业（主要桑树主任），具体领导蚕桑工作。除了全面加强业务领导外，还重点在自己分工的片里掌握搞好桑蚕工作，从中发现问题，吸取经验教训，通过管委会指导全面。管委会每一次研究工作、检查、汇报、部署、贯彻，都把蚕桑列为一个必不可少的内容，看作整个生产不可缺少的一部分。因此各片、各队干部和所有支委、管委，对所掌握地区的农业、蚕桑各项生产都要全面负起责任来抓，不会偏废。加以我社领导上，对山区生产发展方向宣传教育比较深刻，可以说是逢会必讲，因此从上到下，从领导干部到每个社员都很关心蚕桑生产，明确蚕桑发展方向，做到家喻户晓，人人皆知，打下了十分坚实的认识基础。

此外，为加强业务指导，管委会下设林业委员会，由林、副业二名主任及各队的林业委员共14人组成。各大队亦以林业委员为主，设立3—5人的林业小组，其任务是做好社队的参谋，开展具体业务工作。这一系列做法不但使蚕桑生产从上到下都有专人掌握，而且“分工不分家”，做到全社人人有责，人人关心，人人动手，统一

步调纳入全社生产工作，使桑蚕工作不会孤单作战，具体问题也便于统筹兼顾。如今年6月间，四大队农活与蚕桑在劳力上曾有些矛盾，经大社帮助，进行农活排队，分别轻重缓急，确定□□和桑园锄草同时进行，其他不急的农活暂缓一步，顺利解决了劳力问题。又如9月份，管委会研究了当前生产情况，决定趁秋收大忙开始前突击完成桑园除草，以免大忙到来发生冲突，结果全社行动起来，以4天时间全部完成了桑园除草工作，做到了农、林两不误。

2. 实行三包一奖，开展检查评比

我社桑园管理、养蚕、嫁接均分别实现了三包一奖或定额包工责任制，分述如下（具体方案附表）：

（1）桑园管理：全部包到生产队，因成林桑面积比较分散，树龄及生长类型不一，暂时只做到常年定额包工，不包产叶量，老桑每亩包9工，新桑每亩6工（植桑、间作、积肥不在内），肥料由社统一支出，并按工种定额规定质量，通过检查，决定奖励或处罚。

（2）养蚕：报告各队饲养小组，今年春秋季全部实行了包工、包本、包产、超产奖励的三包一奖制度。春蚕每张包工161份，包产72斤，包本3.08元；秋蚕每张包工165份，包产42斤，包本为2.5元。超产部分70%奖给饲养小组，30%归社作为公共积累，减产按减收部分50%赔偿。

（3）嫁接：袋接苗每人接200株，成活70%为10分工，管理工每亩60分；抱梁接每人接100株，存活70%为10分工（在桑园中嫁接，故无额外管理工）。

三包方案的制定，是通过管委会、林业委员和饲养员、生产队长在慎重考虑研究后决定的。为了保证按照方案切实执行，如质如量完成任务，管委会并在今年组织力量，深入生产队进行了三次评比检查。第1次是在1月份，以桑园新料和新植桑开垱为内容。第2次是3月份，桑园挑高土和倒流的时候。第3次在7月份，正值夏季锄草、疏芽和种植间作季节。通过三包方案的制定和开展检查评估能力，大力提高了社员的生产积极性。今年共有17个养蚕小组，都超额完成了包产任务，共超产蚕茧506.15斤，得奖金258.88元。其中东岗队每张种即超产11斤4两，得奖金9.5元。桑园管理员嫁接方面通过检查，有三个队得奖（青年队、东岗队、建中五队），分别得到了保健箱、锦旗和喷雾器的奖励。对桑园管理工作搞得差的建中三队、四队则予以批评教育，并扣除其他包工工分的25%作为处分。这样发扬了先进，刺激了落后，更进一步加强了干群的责任感，特别在桑园未进行包产的情况下，严格检查评比制度，更是保证搞好桑园管理的必要措施。

3. 抓住了一系列的技术措施

（1）桑园管理方面

首先，我社注意了就地取材，增施肥料。今年除春秋138.5张蚕粪全部施入桑园外，在1月份每周挑高土130斤左右，作为冬肥。夏伐后，所有用叶的桑园共增施化肥3000斤，猪粪70000斤。同时桑园经常保持干净去草，今年普遍锄草5次，成林桑园多的达7—8次，着重是在夏季，以保新芽良好生长。整枝方面，不但做到了老桑及时夏伐，新桑及时春剪，并在今年加强了疏芽剥芽工作，促使树形整齐，枝条粗壮。为了改良桑园土质，使根部生长变好，成林桑园在去冬还进行了全面冬耕（深度3—4寸），翻成大块，今春捣碎后又浅耕了一遍。在新桑园中，有375亩是荒山，也在去冬全部开垦。今年并在426.6亩新桑园中进行了以豆类为主的合理间作，不但加强了新桑抚育，并获得间作收入4518.56元。

此外，我社一贯有着以“抱娘接”办法改良品种的经验，把实生桑改接成湖桑，以提高桑叶产量。今年共嫁接了5346株，存活率是95%以上，接成的新条高达6尺，圆度有2.5—3寸，嫁接能手王启让接的300多株，只有一株不活。其主要经验是：①抓住季节，在4月初进行（阳历）；②接前3、4天选择优良扦条（粗约6分左右），合理保存贮藏；③粗壮砧木宜在干上接（离地五六寸），瘦小砧木在根上接；④接后遇到干旱时，浇水灌溉；⑤在穗芽长七八寸时，要用绳缚在主干上，以防风害，并使生长通直；⑥到7月份，新芽高1尺5寸左右时，在砧木主干上（接合处上部）剥去半寸宽一圈外皮，使养分集中，并为明年截去砧干作好准备。这套技术在本地已有多年历史，对于定植的野桑改良品种最为相宜，且不影响桑树采叶养蚕。现在我社拥有经验丰富的嫁接刀手100多名，通过他们带徒弟，培养新生力量，今后可以开展大规模的品种改良工作。

（2）养蚕方面

为了保证养蚕丰收，小蚕一律进行集中共有（收归至三龄），以便在对丰产最有关系的稚蚕时期，给予最细致的饲养处理。大蚕则分组饲养。养蚕前，蚕室蚕具进行消毒。小蚕期保持了适当的温湿度，春期注意加温，保持在75度以上（因今春天气阴雨，桑叶发育跟不上，所以还没有加足78度），发育比其他社早3—5天。用叶方面，进行严格选择，小蚕吃野桑，大蚕吃湖桑，采叶时间根据季节，春蚕以傍晚采为主。今秋天旱，天不亮带着露水采叶，克服了自然灾害，保证了桑叶新鲜。在喂叶子上，掌握了稀座、薄饲、勤喂的原则。春蚕小蚕期两个半小时一次，大蚕三小时一次；秋蚕小蚕期两小时一次，大蚕两个半小时一次。做到吃过就喂，叶干就喂，每张种在壮蚕期放25筐。此外为了防止蚕病发生，春长期每岑开叶前，都施用西力生防僵粉一次；秋蚕以防蝇为主，门窗都挂上防蝇网；蚕期中多用焦糠，勤出麸，勤换气，因此蚕病少。在上蔟时全部使用了草龙，大部分搭了高山，做到造熟上山，随熟而上，每条草龙一丈二尺，只上蚕500条左右，并且分批采茧，做好选茧工作，轻放浅装，因此茧质良好，春秋期都分别评到过98.5元和96.5元的优等茧价。

为保证技术贯彻，在稚蚕共有时，都选择养蚕技术最高的饲养员参加通过共育期的培养。在大蚕分发时，即以这一批饲养员作为分组饲养的骨干。整个蚕期要开4次饲养员会议（春期开了5次），第1次是在养蚕前，贯彻消毒及准备工作；第2次在大蚕分发前，贯彻壮蚕饲养技术；上蔟前开第三次会，解决上蔟及采茧、选茧技术问题；蚕期结束再开一次，总结经验教训。通过以上会议，贯彻了新的科学技术，交流了经验，解决了存在的问题。

四、以上是我社在党的正确领导下取得的空前成绩，但我们还嫌不足，还存在一些问题，今后应努力改进

1. 我社桑园虽然有着一定的管理制度，但每遇农忙季节，生产队忙于农业生产，林业没有专门劳动组织，又没有在生产队里推行桑园包本包产，因此有时会被暂时搁在一边，不能及时进行接育，尤其是在夏天桑园除草往往不能及时。如今年6月，四大队农业生产和蚕桑生产在劳力上发生矛盾，后经大社去人帮助安排才得到解决，因此我社决定今秋结合整社，选择有条件的生产大队成立专业劳动组织，同时全社新老桑园进行

三包一奖或五包（包工、包产、包本、包抚育、包成林）一奖，这就可使农业与蚕桑减少矛盾，增加桑园管理的责任感，对搞好桑园起有力的保证作用。

2. 我社养蚕栽桑是有一定基础的，可是目前蚕桑骨干大部分是老年人，青年很少，不但接受新的技术比较困难，在数量上也不能满足今后大发展的需要，而且还必须考虑今后他们年老力衰，是否有人接班的问题。因此必须有计划地培养一批优秀的青年技术骨干，特别是回乡的中小学毕业生，更是培养的主要对象。

3. 我社的桑树品种剪定形式等方面是需要改进的。目前树形都惯于养成离地 4—5 尺高的独干，苗拳 3—4 个，每亩 120—200 株，主干太高，留拳太少，不易丰产，今后打算适当放低主干，多留枝干，多留拳，每亩栽 300 株左右（4 尺 ×5 尺或 3 尺 ×6 尺），以提高产量。并在山地采取株密行疏的等高栽植，以便耕作，不使水土流失。在品种方面，因实生桑对山地适应性强，水分少，发芽早，叶质充实，适宜小蚕饲育，并可适当提早春蚕饲养时间，减少与农忙的劳力冲突，打算选择叶型大、杈枝少的保留 20% 的面积，其他则逐年改接成湖桑，掌握湖桑占 80%，以期提高桑叶产量。

4. 我社桑园面广量大，为了桑叶丰产，必须增施肥料，目前肥料还远不能满足桑树生长的需要，因此必须作出比较长远的肥料规划，尽可能挖掘自然肥料潜力，通过桑园间作绿肥和增养猪羊牲畜等措施，争取在一定时间内逐步达到肥料自给。

附：

桑田定额包工表

类别	工种	定额	工分	质量要求
新栽植桑树（57 年栽）	打垱子	75 个	10	深一尺、1.5 尺见方
	挑肥料	30 丈以内为 100 担	10	每垱子挑半担，每担 130—140 斤
		30—50 丈为 90 担	10	
		50 丈以外为 80 担	10	
	栽植	熟地为 300 株	10	踏实压紧，土块要打碎，成活率要达 95% 以上
		生荒为 200 株	10	
	管理	熟地	40	做好开荒翻土、倒荒、除草、修枝、剪梢拨牙等，不荒不毛，三年成林
		生地	60	
原有桑园（56 年以前的）	冬季翻耕	每亩 200 株	17	全面翻透，深 3—3.5 寸
	挑高土	每亩 200 株	30	每株一担，130—140 斤
	锄草	每亩 200 株	30	3—4 次，包括春季倒土、夏季松土
	修枝整枝补缺	每亩 200 株	10	修得光、修得好、不伤枝、见缺就补
	捉虫、杂事	每亩 200 株	8	见虫就捉
	合计		95	

一九五七年春蚕三包一奖

（一）包工：每张蚕种 161 分

工种	每张工分	天数	质量要求
收蚁到二眠	15	11	温度 78 度，每查值喂叶十次，□□遗失蚕，蚕头稀匀
二眠到三眠	9	6	温度 76 度，每查值喂叶八次
三眠到大眠	19	6	温度 74 度，每查值喂叶八次
大眠到上山	70	8	温度 74 度，每查值喂叶七次，适时上山
房屋用具洗刷消毒、糊篾子、搭蚕架	8		洗刷消毒，要六面干净
下茧子	8		六足天采蚕，好坏分开
打草龙	15		每张打一丈长八寸高的草龙 40 条
卖蚕子	5		不受潮、不闷黄、不发热、不挤压
垔蚕沙	8		开塇垔，垔过后盖土
保管工具	4		养蚕后把所有工具洗刷整理贮藏
共计	161		

（二）包本

蚕种、药品、小蚕成本由大社统一掌握（全社共育至三龄饷食后一天分发各队），分蚕起到蚕期结束，每张包本折合人民币三元零八分，包括下列物品（以每张种计算）：

品种	数量	备注
籼稻草	180 斤	如用晚粳或糯稻草，要用草 200 斤，包括打草龙和撒蚕箕子用，用过后归队，作为养猫补贴。 火油多 1 张加半斤，蜡烛多 1 张加半支。
火油	1 斤	
蜡烛	1 支	
面粉	半斤	
表心纸	一刀半	

（三）包产和超产奖励

每张种最低保证产量 70 斤，争取产量 74 斤，超过 74 斤的，以超产部分 70% 作为奖励，30% 作为公积金公益金，低于 70 斤的按减产部分的 50% 赔偿，各类茧（上茧、下脚茧、双宫茧）按各类的中等价格计标包产。

（四）其他

1. 养蚕的队都要养猫，无猫不得养蚕，养猫费用由稻草补贴。

2. 野桑全部吃完后再吃湖桑。

3. 小蚕由大社集中关育，大餐分至各大队饲养。

4. 分队后，桑叶由大队统一掌握，大社有权调度。

5. 如发生不可抗拒的自然灾害，全社普遍减产时，必须通过管委会决议方可修订方案。

【注】

秋蚕期包工基本与春期相同，但二眠至三眠加一分，三眠至大眠加四分，采蚕工减少一分，故每张工分为 165 分。包产为 42 斤。包本为 2.5 元（因秋蚕量少于春季，草龙用得少，故稻草比春期减少五角八分）。

——江宁区档案馆档案资料

江宁县六郎乡
六郎农业社一九五七年蚕桑生产总结

一、基本情况

六郎社是个多丘陵的社，总农户1079户、人口4420人、劳力1878个，其中整劳力男861个、女724个，半劳力男119个、女124个。有农业包产队48个，林业包产队5个，有耕地面积9663.15亩，其中耕田7874.38亩，地1788.77亩。有山地面积7000亩，其中已造林面积1421.88亩，内有森林面积739.4亩，经济林面积682.48亩，其中果树18.2亩，桑树664.28亩，在桑树地里55年至56年栽植的小家桑287.2亩，57年春植野桑368.4亩，内有密植桑258.96亩，稀植桑109.46亩。

全社在经济林里进行了农林间作，计面积582.2亩，三包集粮产量44161斤，经济作物收益折人民币734元。现经收割情况及才收割的估产，实际可收集粮6万1千多斤，经济作物收益1646.3元。其集粮超过了三包计划38%，经济作物超过224%。

自成立了林业专业社，蚕桑生产的发展趋势一日千里，原来生长在荒山茅草里的小家桑，现已相继成林，今春栽植的密植桑统一管理亦生长繁茂，因此养蚕生产年年沿着直线翻壤似的迅速上升。蚕种张数上1955年2张，1956年8张，1957年比1955年超过17倍。在单位产量上，从1955年40斤，1956年春期45斤，秋期37.9斤，1957年春期67.8斤，秋期55.4斤，1957年比56年春期超过50%，秋期超过47.2%。根据目前桑树生长情况，预计1958年可养蚕75张，比55年超过36倍。

由于以上成绩，以实际的事例教育了广大群众，使林业生产在思想上扎下了根，一致认为林业生产的长远利益与目前利益是能结合的，发展前途确实很大，有“间做丰收蚕茧分产，又增粮食又涨钱，这个副业真不差”的说法。如社支书说：“我们好好地搞好林业，争取五年内养蚕收入达到五万元，超过副业收入。”又如林业队长许立桂及王启仁说：“我们宁死也要在林业里干，下决心把林业干好。”

二、获得以上成绩，主要抓住了以下几点

1. 建立专业组织，划片分队，分工负责包干

为了接受过去“造林不见林，栽桑不见桑”的沉痛教训，于去年春季成立了55个人的林业大队，由管委会委员当林业主任，设大队会计一人，由7人组成林业委员会，领导林业生产，后因造林、护林及间作等任务愈来愈重，于是由55人扩大到126人。为了工作上的便利及加强责任性，根据自然条件及任务大小，分为5大片，成

立了5个林业包产队，每队有正、副队长各一人，记工员一名。各队生产,分清责任,分工负责包干。

2. 订立三包一奖制度

①包产：主要以桑、蚕、间作为重点，切实可行定出指标，使得有产可超，提高社员积极性，并在护林的基础上达到两利的目的。在面积上稀植桑以60%、密植桑以50%、果园以80%的比例进行间作，桑果要保持一尺以上的空隙地。在产量上：间作物因林业地土质较差，各种作物较农业包产率低，同时各队的土质不同，根据情况，进行分队包产。桑树产叶量：根据商业估值数字包产（因较为零星），秋叶以春叶60%包产，密植桑秋季每株包叶2两。蚕茧包产：春蚕65斤，秋蚕40斤。间作物产量花生160斤，绿豆80斤，山芋900斤，南瓜、西瓜各20元。森林方面包成活率，马尾松70%、小叶栎90%，油茶80%，麻栎60%。

②包工：根据与农业同工同酬的原则，确定定额，兼作物以折实面积与农业旱地同，用钉耙翻土另增工分。桑树管理方面：原有桑田（指1955、1956年栽）9.5工，密植桑10.9工，稀植桑9.8工，油茶抚育1.5工。果树根据不同类型、新老果园决定工分。养蚕：春蚕每张18工，秋蚕在春蚕的基础上加采叶23工（因大部分是利用密植桑养蚕）。

③包本：间作物每亩包本0.8元，作物种苗费另加，经济作物肥料费每亩另加2元。桑树另加积肥工在内，密植桑另加化学肥料或人粪，每亩6元。果园每亩加肥料费1.5元。

④奖惩制度

根据农林各种不同要求，订出不同的奖惩办法。

（1）桑叶：超产部分的80%归队，减产10%不赔，低于10%下者，赔减产部分的20%，嫁接苗成活率75%，其中出圃苗90%，超产以80%奖励队，赔以减产部分的35%。

（2）间作物：超产部分的30%作社公积公益金，70%奖励林业队，减产3%以下者减一斤赔一斤。林业队分红以大社工分单价加林业队超产部分进行分配，口粮与农业队同样分配。

（3）蚕茧:超产部分的30%作社公积公益金，70%奖励林业队，再在70%中抽出20%奖励饲养员，减产于20%以下者，减一斤赔一斤。

3. 订立小段计划，按时检查，提高工作效率

根据林活及农活的排队，订立5天或7天的小段计划，决定工种定额，明确交代责任、时间、工分、质量、任务等。由各队以3人或5人进行承包，提高了工作效率，并在工作结束阶段进行大检查，检查优缺点。通过这些办法，林业员工作劲头大，如冬季开桑树沟时，胡光仁在月亮底下开沟，工作效率提高一倍以上。在积肥方面，朱生才等6人，原计划3天割草皮600担，结果在2天内割了800担，超额完成了任务。

三、几点体会

1. 六郎社林业队有三大特点，在农林方面起了很大作用

①林业队在组织上及财务上是独立的，在劳力上是与农业协作的。由于它是一个独立性机构，在生产计划上能按季节及时完成任务；在财务方面，可以自己掌握，统筹规划；在劳力支配上可以根据林活的轻重缓急，灵活运用，如在秋蚕五龄期最紧张的时候,所有劳力全部发动夜里采叶，解决了困难。又如在七月份，因桑田除草旺季，林业队劳力支配不过来,在农业队抽调部分劳力，于5天内全部除清。

②林业队是一个独立机构，可以单独作战，对技术措施的改进亦有了可能。如农林的合理间

作、桑树管理、育苗、养蚕等一般比较合乎要求，尤其对在保护好林的基础上来增产粮食，保证农林两有利，尤其对间作的种类上，全部以豆科作物、花生及蔬菜为主，保持了桑树一定的生产条件。

③通过三包，加强了林业员的责任性，树立了以林为家的思想。过去林业员普遍存在着怕工分低，怕没有超产粮，怕林业干不过农业等顾虑，不安心工作，后经三包一奖后，信心百倍，各地除把应搞的任务完成外，还进行了开荒间作，并且处处动脑筋增加收入，如瓜类收完后，立即间作青菜、萝卜、大蒜等。如新大林业队原经济作物包产 60 元，实际收 917 元，比三包增加 15.3 倍。林业员满怀信心地说，我们只要把林业干好，收入不会低于农业。

2. 社领导重视，社支书亲自抓，亦是完成林业生产任务的一个关键

社领导除在会议上经常进行林业发展的前途教育外，在人力和物力上亦给予很大的支持，如耕牛、农具、劳力等各方面。当农业队与林业队发生矛盾时，特地召开了大队长会议及时解决了问题。在林业收获方面，因农业仓库不给林业堆，林业上单独盖了 6 间新房，并抽出 8 间老屋给林业使用。养蚕上做到全部新蚕点，不放地蚕，因此林业员这样说“没有社的重视，就没有今天的林业”等语。

3. 合理地进行农林间作，是搞好林业、巩固林业队的主要措施

社员是重视目前利益的，因此林业对社领导及社员来讲，存在很多矛盾。社员觉得合乎社的平均工分都不愿干，通过间作，这些矛盾就解决了。因此林业队员亦不闹退队，相反地提高了林业生产的积极性，觉得有奔头，拼命地干。

4. 林业队虽然是一个副业组织，但是骨干力量还是不可缺少的，否则工作非但吃力，并且干得并不漂亮

在这个队里 126 人中间，正劳力 43 个，半劳力 83 个，不会干农业生产的 105 个，并有老年人 12 个（50 岁—70 岁），少年人 25 个（13—16 岁），都是一些农业上不会做的往林业里推。而在政治面貌上，党员 1 人，团员 2 人。由此看来，要搞好林业，必须配备一定力量，加强政治思想领导，对巩固队、增加收入就更有了保证。

5. 三包方面的一个教训

如包本方面，农、林与间作物的成本不能包在一起，以免偏于农，轻了林。在这次三包中，大多数的队多搞了经济作物，把所有成本费集中在少数的地里。大多数的桑树，因没有经费，弄得少下肥，甚至不下肥，影响了桑树的生长。如人评队原包本 45.4 元，而买山芋苗就用去 195.12 元。又新六队原包本 50.69 元，而买蒜头费用去 79.4 元。由此看来，农、林包本必须分开包，分开使用，较为有利。

四．今后改进意见

1.1958 年规划

桑叶：在 1957 年 18800 斤的基础上，增长到 4 万斤、秋叶 3 万斤。

蚕茧：1958 年全年养蚕 75 张，计划茧量 4200 斤，茧款 3760 元，其中春 40 张，单产 65 斤，秋 35 张，单产 50 斤。

间作：以 80% 面积间作花生、瓜类。

2. 组织领导上

①充实林业队的骨干力量，加强训练一定的技术骨干，要求队队有林、蚕、桑的技术员。

②定好 1958 年的三包一奖计划。

3. 加强桑田管理

①施肥，每年二次，冬肥以草皮、塘泥、高土为主，春夏肥以速效性肥料为主，进行全面施。

②冬耕一次，并间作蚕豌豆，于明年开花盛期以 40% 的面积耕作绿化。

4. 养蚕方面

①扩造蚕房 20 间、蚕匾 500 个、蚕架 12 副、大蚕用网 1600 个、竹干 400 根。

②改进养蚕技术，稚蚕共育，温度不低于 78℃，每天喂叶 12 回，盛食增加回数，全岁期于 28 天上蔟。

附各种表格

一亩农林间作的三包标准

<table>
<tr><th rowspan="4">三包项目</th><th colspan="6">间作</th><th colspan="4">桑树</th><th rowspan="4">备注</th></tr>
<tr><th rowspan="3">山芋</th><th rowspan="3">花生</th><th rowspan="3">绿豆</th><th rowspan="3">黄豆</th><th rowspan="3">南瓜</th><th rowspan="3">西瓜</th><th rowspan="3">原有桑树</th><th colspan="3">新植实生桑</th></tr>
<tr><th colspan="2">密植</th><th rowspan="2">稀植</th></tr>
<tr><th>春</th><th>秋</th></tr>
<tr><td>包产</td><td>900 斤</td><td>160 斤</td><td>80 斤</td><td>130 斤</td><td>20 元</td><td>20 元</td><td>18800 斤</td><td></td><td>90 斤</td><td></td><td>原有包产以全部估产计算</td></tr>
<tr><td>包工</td><td>2.6</td><td>4.2</td><td>1.9</td><td>3.6</td><td>1.5</td><td>2</td><td>9.5</td><td colspan="2">10.9</td><td>9.8</td><td></td></tr>
<tr><td>包种苗</td><td>3 元</td><td>8 斤</td><td>3 斤</td><td>8 斤</td><td>1 元</td><td>1 元</td><td></td><td colspan="2"></td><td></td><td></td></tr>
<tr><td>包本</td><td>0.8 元</td><td>0.8 元</td><td>0.8 元</td><td>0.8 元</td><td>0.8 元</td><td>0.8 元</td><td></td><td colspan="2"></td><td></td><td></td></tr>
<tr><td>包肥料</td><td></td><td></td><td></td><td></td><td>2 元</td><td>2 元</td><td></td><td colspan="2">6 元</td><td></td><td></td></tr>
<tr><td></td><td></td><td></td><td></td><td></td><td></td><td></td><td></td><td colspan="2"></td><td></td><td></td></tr>
</table>

一亩桑园周年管理工

工种	原有桑园		密植桑园		稀植桑园		备注
	次数	合计工分	次数	合计工分	次数	合计工分	
翻土	3	1.3 工	3	1.3 工	3	1.3	
倒土	1	0.5	1	0.5	1	0.5	
锄草	3	1.8	3	1.8	3	1.8	
修枝剪梢	2	0.4	2	0.4	2	0.4	
追肥	2	1.6	2	1.6	2	1.6	
积肥		1		1		1	
捉虫		0.3		0.3		0.3	
剥芽			1	0.4	1	0.2	
剪梢			1	0.2	1	0.1	
追肥			1	0.8			
合计		9.5 工		10.9		9.8	质量没详写

一亩成林果树周年抚育工

工种	桃李		柿子		未成林果	
	次数	合计工分	次数	合计工分	次数	合计工分
翻土	3	1.3 工	3	0.6 工	3	1.3 工
倒土	1	0.5			1	0.5
追肥	2	0.4	2	0.4	2	0.4
积肥		0.6				0.6
收果		2.3				
修枝						
锄草	3	1.8	2	0.7	3	1.8
合计		6.9		1.7		4.6

春蚕 20 张的工种定额标准

期别	天数	分队数	每队人数	每人工分	合计工分	杂工名称	施工工分	合计总工分
收小蚕到二眠	10	1	6	5.5 分	330 分	蚕具洗刷消毒、共育室	11 分	
二眠到四眠	12	5	2	5.5	660	稚蚕分发时领蚕	5	
四眠到上山	7	5	4	6	840	分队蚕房蚕具消毒	27.5	
上山到采茧	6	5	1	2	12	打草笼	440	
						搭簇架、捉熟蚕	50	
						采茧	80	
						卖茧	45	
						采叶工	500	
总合计					1842 分		1158.5	3000 分
说明	秋蚕因大部分是利用密植桑养蚕，同时接受春蚕，壮蚕除沙没有蚕网，较为费工，由春蚕每张蚕种 15 工，增加到 21 工。							

一亩嫁接桑苗的周年管理工

工种	次数	计工分	规格
做墒子		52 分	深耕 5 寸、宽 4 尺，井 1.5 尺、深 7 寸，□面耙细耙平
施基肥		8	耕前施入，每亩施肥 200 担左右
移植		38	深度，青黄交接处以上 1.5 寸，移植不倒歪
嫁接		317	三人一组，每天 700 株以上
剥砧芽		8	结合抗旱或疏通排水井
追肥	2	12	人粪一次，化肥一次，第一次稀，第二次浓，每亩 20 担
锄草	4	16	锄早，锄小，锄了
打头	1	2	八月中旬，苗□一寸以上、高 2 尺以上时剪去
□工		6	开排水井，检查、覆土、治虫等。
合计		457	

六郎社沈富珍养蚕小组取得秋蚕产质量全面丰收的经验

六郎社西小林业队沈富珍养蚕小组，今年秋蚕期饲养蚕种六张，取得了产质量的全面丰收。全组共收蚕茧 368 斤，得茧款 343.59 元，平均单产 61 斤 6 两，每张蚕种获得茧款 57.27 元。每张超过三包人民币 34 元的 23.27 元，占 68.44%。同时由于改进了养蚕技术，达到了秋蚕难有的最高茧层率——19.08%，获得了 101.50 元的一级茧价。所以获得秋蚕高产高质的原因，主要有以下原因。

一、设备条件充备

过去一房都是住宅兼用的，苍蝇无法防，鸡、鸭、猪、羊满地跑，空气又不新鲜，卫生又不好。今年改为专用蚕室，每间蚕室有南北窗，四周无住房，门口搭凉棚，既通风又卫生，蚕篮是镂空的，蚕座清洁干燥，茧贝不易生疾病。

二、改进饲养方法

（1）适时收蚁，不用蚕筷拣，不伤小蚕体

收蚁每天上午八时，比过去等到十二点才收的习惯，□吃三回叶，同时蚕□倒在手折的纸盒内。到收蚁时，把纸边推开平放，四周涂墨，这样□粒分布均匀，小蚕见了黑光，就不向四周乱爬。棉纸吸引后，蚕身上撒些细焦糠。至第二次喂叶时，再用鹅毛匀座，这样不但不伤蚕体，而且蚕又不饥饿。

（2）要使蚕儿发育好，精选桑叶，合理贮桑很重要

每次给桑叶前要先选叶，或者边喂边选。因为小宝贝长身体，大宝贝长丝量，并且山区干燥，秋天的天气干，我们采用小宝贝用偏嫩叶，就是开放足，叶色绿的叶，大宝贝不吃过硬叶和虫粪叶。贮桑时用缸，大蚕时，把桑叶倒在清洁的地上，做成狭小的轮子，每隔二小时翻桑叶一次，每次

翻调时，看桑叶的干燥程度，适量的泼清凉的水，既不发热又保新鲜。

（3）多回薄喂，勤出簕，适时开叶和饱眠

接受了春蚕等蚕吃完再上叶，蚕口密，吃叶枯，造成宝贝体虚的教训，今年采用了多回薄喂的方法，充分使蚕吃足桑叶，小蚕是一昼夜上叶14—15回，二眠开叶以后上叶10—11回。小宝贝出簕每回在蚕身下填一些焦糠，蚕座里做到蚕不碰到蚕。三眠吃叶旺的时候，每张十二匾。大眠开叶第四天每张种放二十三匾。上叶时亦避免了绝对的薄喂，主要根据宝贝吃叶的情况，灵活掌握，在开叶的第一天和小蚕时，因为吃的桑叶少，采取少量勤上的办法。大蚕吃满叶时（盛食期），采用多喂并适量补叶的办法，这样大宝贝吃得桑叶多，丝量长得多，老话说："多吃一口叶，多张一寸丝。"这话很对，确实，我们的春宝贝就因为大眠后，没有吃足满叶，所以茧层率只有17.2%。

喂蚕不嫌麻烦，有些眠的时间长，眠得不齐便分批，大眠时共分六批，同时在眠前喂以好叶（即偏嫩叶），开叶时带眠头就开叶，眠和上山的时候有青头，就捻出来另外喂叶，使条条宝贝饱眠，饱上山，所以宝贝第一天上山，第二天就白，改变了春蚕时不管老不老，一把捞上山，到上山后三天，山头上还有不少青蚕的缺点。上山后等茧子结好了，就把一条条草笼拉开松松山，这样既通风，茧色又白。

（4）根据天气变化，采取紧急措施，及时解决问题

今年蚕期的天气很不好，小蚕温高太高，大蚕温度太低，对宝贝生长很不适宜。我们采用了蚕室外搭凉棚，并隔档放蚕匾的办法。蚕开始老的时候，温度很低，就生火加温，这样蚕期上不会拖长。蔟室里在半夜或早晨也生火补湿，避免了熟蚕在山头上不结茧。又因为长期天干，叶子全部采用半夜摘，这样保持了桑叶新鲜，提高了叶质，喂叶时适量给予水叶，但在早晨、夜里，就眠前，见熟后，不吃叶面有水滴的水叶，保持了蚕儿的健康。

三、有健全的组织及合理的三包一奖制度

这期秋蚕不但有专用的蚕室蚕具，在组织上是健全的，人力上是充沛的。有三人组成的养蚕小组，以沈富珍为组长。有林业队组成的采叶小组，兼负打草笼等什事。双方订立包养、包采合同，做到事事有人负责，万无一失，并且社、队、组订立了联合三包合同，建立强烈的责任制度。如大社负责供应养蚕设备，林业队负责供应一定数质量的桑叶，及按时打好草笼，养蚕组织保证技术处理，使得各负其责，分工包干。队组认为三包合理，觉得四十斤的产量可超，工分又较合理，劲头就更大，同时以超额部分的30%归社，70%归队，在70%里抽出20%奖励养蚕人，进一步鼓舞了饲养员的积极性。

——江宁区档案馆档案资料

江宁县江宁乡
司家农业社一九五七年蚕桑生产小结

一、基本情况

司家社是个半山半圩的农业社，全社有404户、人口1576个，男女劳力692个，水稻田3013.33亩、旱地528亩、荒山2000亩。解放前荒山上都是光秃秃的长满了茅草，既没有造林又没有栽桑。解放后，从55年起直播油茶200亩、槲栎100亩、栽桑236亩，包括五七年春栽野桑230亩，五六年春栽4亩家桑。尚有柴山700亩、牧场500亩，计划今冬再栽桑树57亩、茶树50亩。为了进一步搞好林业生产，今社成立了一个32人的林业队，其中有男正劳力26个，半劳力6个，故在饲养秋蚕嫁接桑苗、幼林抚育及育苗等方面，都搞得很出色，获得乡、社、群众的一致好评。

二、几个主要成绩

（1）养蚕

今年第一次养秋蚕四张，总产茧量248斤10两，每张种平均单产62又16分之3两，实得茧款共228.68元，平均每张种茧款57.17元，同时在质量上也比较好，上车成数是96%，茧层率达17.83%。

（2）嫁接桑苗

今春嫁接桑苗20400株，接成株数19788株，成活率97%，其中大号苗占98%计19403株，八分以下的中号苗占2%，385株。

（3）桑树、油茶

1. 桑树：234亩，目前生长很茂盛，高度一般五市尺左右，占总株数的65%，其中最高的有八市尺左右，占总株数的15%，最低的三市尺左右，占总株数的20%。根围粗的有三寸，一般的在二点五寸左右，最低的有一点五寸，一般叶长4.5寸，叶幅4寸。看上去与家桑差不多，平均每棵桑树能采桑叶四两，由于今年初次养蚕，不敢多养，所以还剩下很多的叶子。

2. 油茶：去冬直播200亩，成活率达到80%，现在最高有十六公分（五市寸），占50%，最低的七公分（二市寸）占30%，一般的高度十公分，占20%。

三、获得以上成绩主要环节

（1）关于秋蚕取得高产量的原因：这个社虽然初次养蚕没有老经验，但肯虚心钻研学习新的技术，所以技术处理上基本上适合于蚕的发育，整个蚕期经过只有23天半，突出的高产获得原因有以下几点：

①龄期短

由于龄期中做到勤喂满饲，注意温度的高低，进行人工调剂，如白天外边温度过高时，就关窗并且人工打扇，降低温度。夜里温度过低时，早晚关窗，中午开窗，喂叶次数，小蚕每天12—13次，大蚕期每天8—9次，因为喂得勤，吃叶足，蚕儿发育很正常，所以收蚁时是三批蚕到上蔟仍是三批蚕。

②桑叶质量好

今年饲养期间天气无雨，桑叶容易枯老，在林业队里抽出八个人专门采桑叶，稚蚕期有林业主任负责采叶，在采叶上有三点要求：①早采下午吃。②晚采夜里吃。③天气突变时要采得快、采得好。保证桑叶不发酵，不断供应，在桑叶的质量上，防止偏老、偏嫩叶和虫口叶，对不干净的桑叶在清水塘里洗净擦干了，再给蚕吃，因此蚕儿吃的桑叶都是很新鲜的。

3. 遗失蚕少

首先在收蚁时用绵纸吸引法，将蚁蚕吸引到绵纸上，而在各个筐里的归纸上先撒下一些碎叶，再把已吸收的蚁蚕绵纸重又覆盖在碎桑叶上，好使蚕自动地爬到桑叶上去吃叶，然后抽去收蚁纸。这样做，遗失蚕少，而且不会伤蚁蚕。其次在二、三龄每天除沙二次，除掉的蚕残再经反复找寻，或放在旁边撒些桑叶在上面，待一会再看有没有遗失的蚕，最后还要经过林业主任的检查，才能把残余倒掉。

4. 防鼠防蝇工作做得好

首先填塞老鼠洞，检查到有小洞就用干泥土和白石灰填塞好；其次防蝇，在各个门窗上挂上防蝇网，蚕房又置二把苍蝇拍，于看到苍蝇即拍。有一次蚕室内进二只大麻苍，当时即派二个林业员，专打苍蝇，花了一个多钟头把它捉住了罢休。所以在卖茧子时，很少看到蝇蛆茧。

健全组织，并且林业主任和饲养员的责任心强，吃苦耐劳精神好，且细心胆大，碰到技术上有不明确的问题，就及时到站里联系。

（2）嫁接苗成活率高的原因有以下几点：

1. 参加接苗训练班学习三个人，回社后就以群教评的方法，教会了其他几个青年林业员，而且利用作余休息的时候，学习削接穗头，以在开始接苗后，十六个人在技术上基本学会了。

2. 开始接苗时进行组织分工，明确责任。十六个人，分成四个组。此外，另派一个人专送接穗头，做到事事有固定的专人负责，林业主任全面检查，发现不合规格的及时纠正。

3. 接穗条储获得好：选择高燥的地方，挖一个二尺深的土坑，首先在士坑底下放一层野桑枝条，野桑条上方一层稻草，然后把接穗条一层一层放在稻草上，再在接条上放一层野桑条，并且两端离土坑有五寸，使上下四周不受潮湿。

4、管理得好：移植前每亩地施五十担杂肥做基肥，桑苗成活后第一次（苗高1.5尺左右）施追肥（颗粒肥料）200斤，第二次苗高2市尺左右，再施肥田粉五十斤，并且当幼苗生长到一市尺左右进行第一次护土，苗高1.5市尺左右进行第二次护土，有草即除，有虫即捉。

（3）桑树抚育

开沟塘开得早，使土壤充分风化。栽桑前，培养一批骨干使他们通过实习，基本上掌握了技术，带动社员，把出动的人组织起来，并选出小组长，分工合作，明确包栽包活的责任。在掘苗时组织起苗组，保证苗木不伤根不破皮，栽苗时另外又组织检查链，巡回检查，栽植规格人员从开始到结束不准调动，做到专人起苗，专人栽桑，各负其责。

在栽桑结束后，全部桑园即行开荒倒荒二次。即种上农作物，并且剥芽二次。又在八月份桑地发现严重的虫害，及时发动林业队，集中思想与力量，连续捉了五天，直到捉净为止。

四、今后意见

我社的林业生产，仅仅是去年才开始，对各方面都很缺乏经验，所以今年在经营管理、技术指导上还存在着很多问题，特别是因为没有做好桑蚕、茶、果生产的三包一奖工作，对进一步加强和提高社员的生产责任性和积极性还不够，今后必须从这方面努力改进。

——江宁区档案馆档案资料

江宁县殷巷乡大马墩农业社一九五七年高低干混栽桑园的经验

一、一九五六年高低干混栽桑园的经验

我社1956年春，利用丘陵山地栢植高低干混栽桑园130亩，其中熟荒占80亩，生荒占50亩。土质一般为黄壤士，土层深度30—40公分，栽植形式，以一行湖桑稀植，养成高干，定距为4×12尺，栽苗125株。再在行间以二行实生桑密植，养成低干，定距为1×4尺，栽苗1000株，每亩合计栽苗1125株。栽植时，密植实生桑全部开沟栽植，沟深1.2尺，沟宽1.5尺。稀植湖桑开塘栽植，塘深1.2尺，塘面直径1.5尺，塘底先填熟土二三寸，平均每亩挑施塘泥草皮200挑，充作基肥，然后填土至6—7寸高，并踏实，再将土充分打碎，全部填入沟内齐地平，以一尺距离，用竹签或移植扦、铁链扦入土中，两边摆动，使留出植苗空隙，将苗木根须理直栽入土中，扶苗梢，两脚踏紧根周土壤。最后覆土成鱼背形，栽植深度，因苗木较小（大部分根围仅七分左右），为栽植过深的偏向，提出一般栽植深度在黄根以上为标准，均能做到将桑根理直摆平，栽植后推土踏实，栽后又在离地2—3寸处剪去苗梢。由于掌握了合理栽植的结果，一般成活率较高，密植实生桑的平均成活率达98%，稀植湖桑为75%。在管理方面，四月下旬曾全面剥芽一次，六月下旬及七月上旬，相继除草二次。80亩熟荒中，因系麦田改种，基施充足，均间作了绿豆。生荒50亩，其中40亩在栽后即行开垦10亩。

由于劳力限制，于九月上旬始行开垦。八月下旬，又将生长较差的部分桑田（即新开荒与未开荒的）普遍加施了化肥1000斤。施肥的方法，对密植桑开沟、稀植桑开塘施入，并掌握了丘坡上部的多施，下部少施。根据八月下旬的调查材料，熟荒桑树的生长情况比生荒好，新开荒的又要比未开荒的好。目前一般桑田最好的类型为30亩，占24%；中等类型为60亩，占46%；差的类型为40亩，占30%。其中密植实生桑生长最好者，枝条长度达4.86尺，枝条数3根，根围2.04寸，叶长3.66寸，叶辐3.08寸，平均每斤叶片数384片，每株当年秋期平均产叶片为4.6两，好坏类型平均可以产叶2两。稀植湖桑生长最好者，枝条长度为3.36尺，枝条数为5根，根围1.8寸，叶形长5.6寸，叶幅5.1寸，每斤叶片数180片，每株当年秋期产叶4.5两。桑苗及肥料每亩投资数为10.76元。

我社今春栽植高低干混栽桑园基本上是成功的，但其中尚存在若干问题，需加以研究，以供今后参考与改进。

1. 栽植土地问题

根据我社的实践，说明了高低干混植桑，最

好能选择熟地栽植较为适宜。例如，我社未开荒的10亩生荒（调查时尚未开垦），杂草丛生，桑树生长甚差，新开垦的40亩树，其生长情况虽然较优于未开垦的，但与一般熟地的桑树相比，差别仍远。根据典型调查材料，就产叶量相比，熟地密植实生桑生长较好的每株当年可产秋叶4.6两，新开垦土地的产叶量为0.8两，相差5倍余。未开垦的仅产叶0.4两，相差达10倍。由此可见，对栽植高低干密植桑的土地必须适当先选择好，要求当年采用秋叶养蚕，则不宜用生荒栽植。

2. 高低干混栽桑的栽植型式问题

根据我社现有的两行低干栽植1000株，一行高干栽植125株，每亩1125株的栽植型式，由于高干湖桑在成林之后，全园充满枝条，低干桑树势难生存，那时就只有湖桑的产叶量了。如果10年之后,高干湖桑的产叶量每株以10斤计，每亩仅能产叶1250斤，主要是植株较少，产量不高，对土地的利用上，是浪费的。如能将两行低干一行高干的型式，改为一行低干一行高干，可以增加高干的栽植株数，提高在桑树成林后的产叶量。

3. 肥料问题

培养高低干混栽桑园,必须要有足够的肥料，才能促使生长良好，特别是低干密植桑，要是施肥不足，就难以实现当年栽桑，争取秋季采叶养蚕的愿望。如我社的桑园，现有30亩，熟地新桑生长最好，主要是该片桑园原系麦田，在55年冬种麦时，曾施过一次基施，每亩为牛粪85担。在今春栽桑前，又垩过20余担灰粪，压在麦轮土，由于麦子产量较低，后来改植桑树，复将长了二三寸的麦苗翻入土中，增加了肥力，因以上肥料，过去均未发挥作用，故在栽后虽未施夏肥，但肥力甚足，桑树生长茂盛。反之，在另一片50亩熟地中，由于未曾垩过肥料，因而条短叶黄，生长较差。为此，首先在栽植时，就要施足基肥，栽后应争取施春夏冬肥各一次，如肥原缺乏的地区，至少亦要施冬夏肥各一次。唯有这样，才能确保条的生长良好。

4. 对于密植实生桑的抹芽修枝问题

我社今年柘植的实生桑，由于未能做好抹芽修枝工作(只剥芽一次),因而侧枝横生。据调查，在较好的桑田类型中，平均每株生芽侧枝20—30根,叶形甚小,叶长仅为1.8寸,叶幅为1.58寸，每斤叶片数要达1352片之多。为了压制侧枝横生的习性，促使养分集中，树势平衡发展，达到干粗枝壮、叶形增大、产叶量高的要求，对于实生桑的管理，必须重视抹芽修枝工作，增加抹芽次数，按照目的留条数，进行分次剥芽，或合理整修。

5. 群众的收益问题

种植高低干混栽桑园，投资大，劳力多，技术性高，因而自1956年春期，在本省农业生产展览会将这一新的栽桑型式展出之后，大部分群众均存在着成本大、负担重的思想顾虑，故在全省范围内，很少地区按照这一型式去进行试植。通过我社的现实事例，已有了明确的解答，对群众的收益问题，基本上是有增无减的。根据我社当年投资1076元（按照每亩桑田正常的投资数约为30元，因劳力及麦田肥料等均未计算在内），而在秋期，低干密植桑每亩即可生产秋叶125斤，产茧8.5斤，收入茧款7.65元，问题不大。第二年春秋可以产茧45斤，茧款收益增加数达4.05元。这充分证实了目前与长远利益相结合的栽桑办法，是可以采取这样型式的。但为了充分利用土地，进一步考虑增加长远利益起见，两低一高的栽植型式，可以改为隔行高低栽植，以增加高干的栽植株数，使高干桑成林后能添加产叶总量。

二、一九五七年密植桑园生产情况

我社自去年发展了高低干混合密植速成桑园130亩，并在秋季用叶试养秋蚕获得成功。在这基础上，今年春季又发展了密植桑241.19亩（每亩1000棵），普通植102.81亩（每亩400棵），全部是实生桑，并有77%以上（265.4亩）是利用荒山栽植的。因此，目前桑园面积已发展到483亩（包括9亩原有成林湖桑在内），通过一年来的扶育管理，养蚕张数大大增长。今年春季养蚕15张，单产67.2斤，秋季养蚕14张，单产47.1斤，全年蚕茧收入共达到1273.05元，比起56年的蚕茧210.05元来，增加了五倍以上（今春所栽的密植桑，秋季亦已投入生产），估计明年春蚕可增加到35—40张。当年栽桑、当年养蚕的密植速成办法，在我社已进一步得到成功，现将具体情况简述如下。

（一）抚育管理情况

1. 去年栽的密植桑

今年二月份开设排水沟五条，共105丈。三月份施用了春肥猪粪48511斤，春蚕前（三月底至四月中旬）全面锄草二次，6月份全面夏伐后，从中旬到7月上旬，普遍疏芽二次（这是针对实生桑侧枝多的特点进行的），并全面间作黄豆（130亩）。6月份至8月份，普遍锄草三次。在8月中旬，对生长较善的50多亩桑树，又补施猪粪22135斤。9月下旬到10上旬，全面进行了整修移枝工作。

2. 今年栽的新桑园

二月份在低洼地区挖排沟三条，计60丈。三月份全面进行剪梢，四月份剥芽二次，265.4亩栽桑荒山在四月份全部完成开荒工作。五月份又耕一遍，78.6亩熟地桑园，亦在6月份耕一遍。7月份整地，间作绿豆184亩，在七至八月份全面锄草二次。

（二）春秋季生长及产叶情况调查

1. 春季产叶情况

去年栽的130亩实生桑，今春共产叶13750斤，平均每株单产2.2两，其中产1—1.5两的占23%，2.2两的占63.89%，3两的占5%，4两的占5.74%，7两的占2.37%，每亩平均单产在105斤以上（去年栽时因苗子不足，实际上每亩平均只有800多株）。

2. 秋季生长情况（8月31日调查）

①去年栽的密植桑

一般的占85%，平均高3.61尺，围度2.4寸，每棵发条3.4根，总条长10.26尺，每棵叶片数117.4片，叶长3.04寸，宽2.34寸。好的占7%，平均高5.68尺，围度2.54寸，每棵发条3.8根，总条长16.84尺，每棵叶片数158.4片，叶长3.54寸，宽2.9寸（最大的叶长4.7寸，宽3.7寸），平均每株有秋叶3两2钱，以利用二分之一好叶计算，可采叶1两6钱。

②今年栽的新桑

平均高度2.765尺，发条4根，总条长6.61尺，每棵叶片数70片，叶长3.06寸，宽2.38寸，每斤叶片数为568片。平均有秋叶1两8钱，以制作二分之一好叶计算，可采叶9钱。通过二年来栽培密植桑，我们体会到这个办法确实能够提早收益，在栽桑以后极短的时间内就可以开始用叶养蚕，不但能解决长远利益和目前利益的矛盾，而且能提高干部和群众对蚕桑生产的认识与信心，为发展蚕桑打下良好基础。

——江宁区档案馆档案资料

江宁区非物质文化遗产名录

序号	名称	类别	级别	公布单位	公布时间
1	南京金箔锻制技艺	传统技艺	国家级	中华人民共和国国务院	2006 年 5 月
2	雨花茶制作技艺	传统技艺	国家级	中华人民共和国国务院	2021 年 9 月
3	殷巷石锁赛力	传统体育、游艺与竞技	省级	江苏省人民政府	2009 年 6 月
4	南京板鸭、盐水鸭制作工艺	传统技艺	省级	江苏省人民政府	2007 年 3 月
5	禄口皮毛制作技艺	传统技艺	省级	江苏省人民政府	2016 年 1 月
6	麻雀蹦	传统舞蹈	省级	江苏省人民政府	2007 年 3 月
7	铜山高台狮子舞	传统舞蹈	省级	江苏省人民政府	2009 年 6 月
8	象牙雕刻（南京仿古牙雕）	传统美术	省级	江苏省人民政府	2009 年 6 月
9	窦村石刻技艺	传统技艺	市级	南京市人民政府	2008 年 1 月
10	方山裱画技艺	传统技艺	市级	南京市人民政府	2008 年 1 月
11	马铺锣鼓	传统音乐	市级	南京市人民政府	2008 年 1 月
12	周岗红木雕刻	传统美术	市级	南京市人民政府	2008 年 1 月
13	丹阳龙灯	传统舞蹈	市级	南京市人民政府	2012 年 6 月
14	龙都娃娃鼓	传统舞蹈	市级	南京市人民政府	2014 年 7 月
15	皮老虎	传统舞蹈	市级	南京市人民政府	2012 年 6 月
16	万安脸子会	传统舞蹈	市级	南京市人民政府	2014 年 7 月
17	董永传说	民间文学	市级	南京市人民政府	2008 年 1 月
18	东山再起的历史故事	民间文学	市级	南京市人民政府	2014 年 7 月
19	汤山温泉传说	民间文学	市级	南京市人民政府	2014 年 7 月
20	牛头宗传说	民间文学	市级	南京市人民政府	2014 年 7 月
21	牛首山踏青习俗	民俗	市级	南京市人民政府	2008 年 1 月
22	小马灯	传统舞蹈	区级	江宁区人民政府	2008 年 3 月
23	麒麟献瑞	传统舞蹈	区级	江宁区人民政府	2008 年 3 月
24	跑云灯	传统舞蹈	区级	江宁区人民政府	2008 年 3 月
25	花　船	传统舞蹈	区级	江宁区人民政府	2008 年 3 月
26	荡湖船	传统舞蹈	区级	江宁区人民政府	2008 年 3 月
27	莲湘舞	传统舞蹈	区级	江宁区人民政府	2008 年 3 月
28	旱　船	传统舞蹈	区级	江宁区人民政府	2008 年 3 月
29	小彭龙灯	传统舞蹈	区级	江宁区人民政府	2018 年 12 月
30	佘村锣鼓	传统舞蹈	区级	江宁区人民政府	2018 年 12 月

续表

序号	名称	类别	级别	公布单位	公布时间
31	章山王马灯	传统舞蹈	区级	江宁区人民政府	2021 年 5 月
32	水荆墅马灯	传统舞蹈	区级	江宁区人民政府	2021 年 5 月
33	谷里板凳龙	传统舞蹈	区级	江宁区人民政府	2021 年 5 月
34	江宁民歌	传统音乐	区级	江宁区人民政府	2008 年 3 月
35	十般吹	传统音乐	区级	江宁区人民政府	2008 年 3 月
36	古琴艺术	传统音乐	区级	江宁区人民政府	2018 年 12 月
37	布艺	传统美术	区级	江宁区人民政府	2018 年 12 月
38	金陵玉雕	传统美术	区级	江宁区人民政府	2018 年 12 月
39	江宁烙画	传统美术	区级	江宁区人民政府	2018 年 12 月
40	江宁折纸	传统美术	区级	江宁区人民政府	2018 年 12 月
41	江宁剪纸	传统美术	区级	江宁区人民政府	2018 年 12 月
42	江宁根雕	传统美术	区级	江宁区人民政府	2021 年 5 月
43	南京瓷刻	传统美术	区级	江宁区人民政府	2021 年 5 月
44	制秤技艺	传统技艺	区级	江宁区人民政府	2008 年 3 月
45	铜井挂面制作技艺	传统技艺	区级	江宁区人民政府	2008 年 3 月
46	陆郎茶干制作技艺	传统技艺	区级	江宁区人民政府	2008 年 3 月
47	羊糕制作技艺	传统技艺	区级	江宁区人民政府	2008 年 3 月
48	丹阳羊肉面制作技艺	传统技艺	区级	江宁区人民政府	2008 年 3 月
49	曹村苎麻制作技艺	传统技艺	区级	江宁区人民政府	2008 年 3 月
50	笔杆制作技艺	传统技艺	区级	江宁区人民政府	2018 年 12 月
51	谷里鱼圆子制作技艺	传统技艺	区级	江宁区人民政府	2018 年 12 月
52	朱门臭豆腐制作技艺	传统技艺	区级	江宁区人民政府	2018 年 12 月
53	江宁木榨榨油	传统技艺	区级	江宁区人民政府	2018 年 12 月
54	斫琴技艺	传统技艺	区级	江宁区人民政府	2018 年 12 月
55	宗谱刻绘技艺	传统技艺	区级	江宁区人民政府	2018 年 12 月
56	香肚制作技艺	传统技艺	区级	江宁区人民政府	2018 年 12 月
57	锔瓷技艺	传统技艺	区级	江宁区人民政府	2021 年 5 月
58	蚕丝皂制作技艺	传统技艺	区级	江宁区人民政府	2021 年 5 月
59	六气窖香醪制技艺	传统技艺	区级	江宁区人民政府	2021 年 5 月
60	金陵菜肴烹饪制作技艺	传统技艺	区级	江宁区人民政府	2021 年 5 月
61	南京皮影戏	传统戏剧	区级	江宁区人民政府	2021 年 5 月
62	献花岩传说	民间文学	区级	江宁区人民政府	2008 年 3 月
63	周郎桥传说	民间文学	区级	江宁区人民政府	2008 年 3 月

续表

序号	名称	类别	级别	公布单位	公布时间
64	秦淮河历史故事	民间文学	区级	江宁区人民政府	2008 年 3 月
65	乾隆与江宁的历史故事	民间文学	区级	江宁区人民政府	2008 年 3 月
66	曹雪芹与红楼梦遗址传说	民间文学	区级	江宁区人民政府	2018 年 12 月
67	王羲之宗裔家族的故事	民间文学	区级	江宁区人民政府	2021 年 5 月
68	赛龙舟	传统体育、游艺与竞技	区级	江宁区人民政府	2008 年 3 月
69	湖熟回民生活习俗	民俗	区级	江宁区人民政府	2008 年 3 月
70	江宁传统庙会	民俗	区级	江宁区人民政府	2008 年 3 月
71	雨花茶饮茶礼俗	民俗	区级	江宁区人民政府	2021 年 5 月
72	民间单方中医药诊疗	传统医药	区级	江宁区人民政府	2018 年 12 月
73	傅式接骨术	传统医药	区级	江宁区人民政府	2018 年 12 月
74	中医小儿脾胃外治方法	传统医药	区级	江宁区人民政府	2021 年 5 月
75	江宁老地名	其他	区级	江宁区人民政府	2018 年 12 月

江宁区非物质文化遗产“老地名”及历史地名保护名录

地名类别	首批非物质文化遗产“老地名”（2018年12月公布）	第一批历史地名保护名录（2016年7月公布）	第二批历史地名保护名录（2017年10月公布）	备注
政区名	江宁、秣陵、丹阳、湖熟、上元、东山、汤山、淳化、禄口、谷里、横溪、麒麟、铜井、土桥	江宁、秣陵、丹阳、湖熟、上元、东山、汤山、淳化、禄口、谷里、横溪、麒麟、土桥、陶吴、铜井、龙都、陆郎、上坊、殷巷、上峰	临江、同夏、建兴、惠化、归善、处真、葛仙、驯翠、开元、宣义、永丰、崇礼、神泉、开宁	其中江宁、秣陵、湖熟、汤山已纳入南京市非物质文化遗产“南京老地名”
聚落名	佘村、麻田、坟头、四维村、索墅、山阴村、业村、牧龙、白都湖、大世凹、杨柳村、杜桂、甘茂岗、窦村	市井、骆村、佘村、高庙、麻田、风波坟、作厂、孟墓、坟头、四维村、盛村、索墅、解溪、咸墅、马场山、曹村、山阴村、水荆墅、业村、咎缪、排驾口、徒墟、牧龙、朱门、白都湖、花塘、周村、大世凹、大塘金、广严寺、杜桂、西北村、前元、杨柳村、若城、甘茂岗、陶茂、梅村、高台寺、东流、锁石、窦村	五城、水桥、西阳、秦村街、章村、城墙、倪塘、池田、五库、亭子口、水阁、金村、南关口、葛塘、万安、高庄、孟塘、雪浪庵、詹家边、平墓地、黄栗墅、李岗头、陵里、桥头、后埠、王墅、花坂、老虎洞、浣溪、护驾坊、后阳、牌坊、花塘街、秦桥、良塘、中屯营、赤岸、槐湖、绿杨头、脉腰、龙库、蔡坎、红杨墅、石塘、谢塘、定林	
山水名	土山、牛首山、祖堂山、方山、七仙山、祈泽山、秦淮河、百家湖、汤山温泉	土山、竹山、牛首山、祖堂山、横山、青龙山、方山、将军山、云台山、孔山、射乌山、七仙山、祈泽山、秦淮河、九乡河、百家湖、汤山温泉	铜山、吉山、翠屏山、韩府山、七乡河、西湖	其中方山、牛首山、祖堂山、秦淮河已纳入南京市非物质文化遗产“南京老地名”
胜迹名	初宁陵、万安陵、南唐二陵、阳山碑材、定林寺、洞玄观、郑和墓、李瑞清墓、湖熟清真寺	初宁陵、万安陵、南唐二陵、阳山碑材、定林寺、弘觉寺、幽栖寺、洞玄观、湖熟清真寺、郑和墓、李瑞清墓、横山县抗日民主政府旧址、史量才故居	云居寺、天宁寺、眼香庙、吴帅墩	其中郑和墓已纳入南京市非物质文化遗产“南京老地名”
建筑名	河定桥、东善桥、葛桥、四方井	河定桥、东善桥、高桥、葛桥、乌刹桥、周郎桥、四方井	令桥、司门桥、马木桥、陆郎桥、疏云桥、灵顺桥、布塞亭	
	50	99	77	

参考资料

图书

春秋·左丘明（杨伯峻注）:《春秋左传注》，中华书局，1995 年
战国·谷梁赤 :《春秋谷梁传》，中华书局，2016 年
汉·赵晔（周生春辑校）:《〈吴越春秋〉辑校汇考》，上海古籍出版社，1997 年
南朝宋·刘敬叔 :《异苑》，清乾隆四十二年（1777）刻本
南朝梁·宗懔 :《荆楚岁时记》，民国景明宝颜堂秘籍本
南朝梁·沈约 :《宋书》，中华书局，1974 年
南朝梁·释慧皎 :《高僧传》，中华书局，1992 年
唐·魏征 :《隋书》，中华书局，1973 年
唐·房玄龄 :《晋书》，中华书局，1974 年
唐·李白（瞿蜕园、朱金城校注）:《李白集校注》，上海古籍出版社，1980 年
唐·许嵩 :《建康实录》，上海古籍出版社，1987 年
唐·陆羽 :《茶经》，北京时代华文书局，2020 年
宋·陈达叟 :《本心斋疏食谱》，明嘉靖刻本
宋·周应合 :《景定建康志》，清嘉庆六年（1801）刻本
宋·苏轼 :《苏轼文集编年笺注》，巴蜀书社，2011 年
宋·吴曾 :《能改斋漫录》，上海古籍出版社，1960 年
宋·朱肱 :《酒经》，中华书局，1991 年
宋·张敦颐 :《六朝事迹编类》，南京出版社，2007 年
宋·陆游 :《南唐书》，南京出版社，2010 年
宋·岳珂 :《桯史》，上海古籍出版社，2012 年
宋·朱熹 :《四书章句集注》，中华书局，2012 年
金·元好问 :《续夷坚志》，清刻本
元·张铉 :《至正金陵新志》，南京出版社，1991 年
元·郝经 :《陵川集》，山西古籍出版社，2006 年
元·王祯 :《王祯农书》，浙江人民美术出版社，2015 年
《大明太祖皇帝御制集》，明内府抄本
明·礼部 :《洪武京城图志》，书目文献出版社，2000 年
明·宋濂等 :《元史》，中华书局，1976 年

明 · 解缙等 :《永乐大典》，线装书局，2016 年
明 · 释来复 :《蒲菴集》，明正统五年（1440）孙以宁刻本
明 · 朱孟震 :《河上楮谈》，明万历刻本
明 · 阮大铖 :《咏怀堂诗集》，明崇祯八年（1635）刻本
明 · 葛寅亮 :《金陵玄观志》，南京出版社，2011 年
《明实录》，台湾“中央研究院历史语言研究所”校印，1962—1966 年
明 · 顾起元 :《客座赘语》，南京出版社，2009 年
明 · 程文纂辑 :《弘治句容县志》，句容市史志办公室编，苏州大学出版社，2018 年
明 · 王骥德 :《王骥德曲律》，湖南人民出版社，1983 年
明 · 李得中修 :《万历广德州志》，成文出版社，1985 年
明 · 顾起元 :《客座赘语》，中华书局，1987 年
明 · 周晖 :《金陵琐事》，南京出版社，2007 年
明 · 陈沂 :《献花岩志》，上海书店，1991 年
明 · 盛时泰 :《牛首山志》，上海书店，1991 年
明 · 程三省 :《万历上元县志》，上海书店，1991 年
明 · 沈德符 :《万历野获编》，北京燕山出版社，1998 年
明 · 王诰、刘雨 :《正德江宁县志》，书目文献出版社，2000 年
明 · 葛寅亮 :《金陵梵刹志》，南京出版社，2011 年
明 · 李时珍 :《本草纲目》，辽海出版社，2015 年
明 · 施沛 :《南京都察院志》，《金陵全书》本，南京出版社，2015 年
清 · 张履祥 :《补农书》，清抄本
清 · 陈开虞 :《康熙江宁府志》，清康熙六年（1667）刻本
清 · 张玉书 :《佩文韵府》，清康熙五十年（1785）武英殿本
清 · 佟世燕 :《康熙江宁县志》，中国书店，1992 年
清 · 唐开陶 :《康熙上元县志》，《金陵全书》本，南京出版社，2010 年
清 · 何梦篆、程廷祚 :《乾隆上元县志》，清乾隆十六年（1751）刻本
清 · 张士经 :《张氏宗谱》，清乾隆五十年（1785）刻本
清 · 汪启淑 :《水曹清暇录》，清乾隆五十七年（1792）汪氏飞鸿堂刻本
清 · 洪颐煊 :《台州札纪》，上海古籍出版社，2018 年
清 · 尚兆山 :《赤山湖志》，1914 年《金陵丛书》铅印本
清 · 顾禄 :《清嘉录》，江苏古籍出版社，1999 年
清 · 周宝偀 :《金陵览胜诗考》，清道光元年（1821）刻本

清·朱绪曾：《国朝金陵诗征》，清光绪十二年（1886）刻本
清·俞樾：《右台仙馆笔记》，清光绪二十五年（1899）刻春在堂全书本
清·曹袭先、樊明征：《乾隆句容县志》，清光绪二十六年（1900）刻本
清·侯宗海：《江浦埤乘》，凤凰出版社，2008 年
清·陈作霖：《金陵物产风土志》，清光绪三十四年（1908）可园刊印本
清·陈作霖：《江宁府七县地形考略》，南京出版社，2021 年。
清·黄钺：《壹斋集》，黄山书社，1999 年
清·彭元瑞：《恩余堂辑稿》，清道光刻本
清·齐学裘：《见闻随笔》，清同治天空海阔之居刻本
清·王彦台：《王氏宗谱》，清光绪十八年（1892）刻本
清·陈作霖：《金陵通传》，清光绪三十年（1904）刻本
清·陈作霖：《上元江宁乡土合志》，江楚编绎局，清宣统二年（1910）刻本
清·吕燕昭：《嘉庆新修江宁府志》，江苏古籍出版社，1991 年
清·蒋启勋、赵佑宸：《光绪续纂江宁府志》，成文出版社，1970 年
清·甘熙：《白下琐言》，《南京稀见文献丛刊》本，南京出版社，2007 年
清·钱大昕：《潜研堂集》，上海古籍出版社，2009 年
清·袁枚：《随园食单》，《南京稀见文献丛刊》本，南京出版社，2009 年
清·陈文述：《秣陵集》，《南京稀见文献丛刊》本，南京出版社，2009 年
清·莫祥芝、甘绍盘：《同治上江两县志》，成文出版社，1970 年
清·张廷玉等：《明史》，中华书局，1974 年
清·曹雪芹：《红楼梦》，人民文学出版社，1980 年
清·孙希旦：《礼记集解》，中华书局，1989 年
清·储仁逊：《刘公案》，春风文艺出版社，1997 年
清·尹继善、赵宏恩：《江南通志》，上海人民出版社，1999 年
清·李渔：《闲情偶寄》，上海古籍出版社，2000 年
清·余怀：《板桥杂记》，青岛出版社，2002 年
清·金鳌：《金陵待征录》，《南京稀见文献丛刊》本，南京出版社，2009 年
清·徐珂：《清稗类钞》，中华书局，2010 年
清·钱载：《萚石诗文集》，上海古籍出版社，2012 年
清·朱彝尊：《食宪鸿秘》，中华书局，2013 年
清·李斗：《扬州画舫录》，中国画报出版社，2014 年
民国·溧塘周氏：《同阳周氏宗谱》，1919 年修订本

民国·孙浚源、江庆沅 :《江宁乡土志》，江宁小学教育研究会，1918 年
民国·《绎思堂潘氏宗谱》，1924 年刻本
民国·胡祥翰 :《金陵胜迹志》，1926 年刻本
民国·江宁县政府村政处 :《江宁村制初编》，1928 年
民国·叶楚伧 :《首都志》，南京正中书局，1935 年
民国·严观 :《江宁金石待访目》，商务印书馆，1936 年
民国·乔启明 :《江宁县淳化镇乡村社会之研究》，金陵大学农学院丛刊第 23 号，1934 年
民国·祝振纲 :《皮肤病》，商务印书馆，1934 年
民国·江宁自治县县政府 :《江宁县政概况》，1934 年
民国·邹德民 :《吐血新论》，中和医药社，1935 年
民国·陈景岐 :《本草药性国药字典》，大通图书社，1935 年
民国·严伟 :《南汤山志》，南汤山陶庐，1937 年
民国·卢前 :《冶城话旧》，万象周刊社，1944 年
民国·张若霞 :《草药新纂》，上海经纬书局，1946 年
民国·潘宗鼎 :《金陵岁时记》，《南京稀见文献丛刊》本，南京出版社，2006 年
民国·夏仁虎 :《岁华忆语》，《南京稀见文献丛刊》本，南京出版社，2006 年
民国·朱希祖、滕固等 :《六朝陵墓调查报告》，中央古物保管委员会，1935 年
民国·朱偰 :《金陵古迹图考》，中华书局，2006 年
民国·朱偰 :《建康兰陵六朝陵墓图考》，中华书局，2006 年
民国·张通之 :《白门食谱》，《南京稀见文献丛刊》本，南京出版社，2009 年
民国·张通之 :《冶城蔬谱》，《南京稀见文献丛刊》本，南京出版社，2009 年
民国·王孝煃 :《续冶城蔬谱》，《南京稀见文献丛刊》本，南京出版社，2009 年
民国·陈迺勋、杜福堃 :《新京备乘》，《南京稀见文献丛刊》本，南京出版社，2014 年
民国·方白 :《孕妇和产妇》，中国文化服务社，1944 年
民国·陈作霖、陈诒绂 :《金陵琐志九种》，《南京稀见文献丛刊》本，南京出版社，2008 年
罗尔纲 :《忠王李秀成传》，江苏人民出版社，1954 年
史廉 :《佳肴集锦》，上海文化出版社，1957 年
张厚熙 :《江宁县医药科学研究资料汇编》，内部资料，1962 年
中国音乐家协会江宁分会、江宁县文化馆 :《江宁民歌采风录》，内部资料，1963 年
于安澜 :《越画见闻》，上海人民美术出版社，1963 年
南京博物院等编 :《江苏省出土文物选集》，文物出版社，1963 年
杨荫浏 :《十番锣鼓》，人民音乐出版社，1980 年

段宝麟：《衣食住行史话》，湖南教育出版社，1981年

地质部《地质辞典》办公室编：《地质辞典》，地质出版社，1981年

《金陵百花》编辑部：《南京民间传说》，内部资料，1983年

江宁县地名委员会：《江苏省江宁县地名录》，内部资料，1984年

周振鹤、游汝杰：《方言与中国文化》，上海人民出版社，1986年

马成广：《中国土特产大全》，新华出版社，1986年

傅毓衡：《袁枚年谱》，安徽教育出版社，1986年

马汴梁：《简明中医古病名辞典》，河南科技出版社，1988年

严正德、王毅武：《青海百科大辞》，1988年

南京市公路管理处：《南京古代道路史》，江苏科学出版社，1989年

张增林：《邯郸地区故事卷》，中国民间文艺出版社，1989年

江宁县上坊乡人民政府：《上坊乡志》，内部资料，1990年

卢思聪：《兰花栽培入门》，金盾出版社，1990年

南京医药志丛书江宁县医药公司编纂组：《江宁县医药志》，内部资料，1990年

江宁县医药公司编志办公室：《江宁县医药商业志》，内部资料，1990年

《江宁县县属工业志》编纂小组：《江宁县县属工业志》，南京出版社，1990年

《江宁县民间文学集成》编委会：《江宁县民间文学集成》，江宁县民间文学集成编委会、江宁县文化局编印，内部资料，1990年

南京市地方志编纂委员会：《南京年鉴1990》，南京出版社，1990年

《龙都乡志》编纂领导小组：《龙都乡志》，南京出版社，1992年

谷里乡地方志编纂领导小组：《谷里乡志》，内部资料，1992年

《陶吴镇志》编纂领导小组：《陶吴镇志》，南京出版社，1992年

秣陵镇地方志编纂领导小组：《秣陵镇志》，内部资料，1992年

江宁县禄口镇地方志编纂领导小组：《禄口镇志》，内部资料，1992年

杨晓东：《灿烂的吴地鱼稻文化》，当代中国出版社，1993年

中共铜井乡委员会、铜井乡人民政府：《铜井乡志》，江宁县地方志丛书，南京出版社，1993年

中华人民共和国民政部、中华人民共和国建设部:《中国县情大全华东卷》，中国社会出版社，1993年

《江苏文史资料》编辑部：《溧水风情》，内部资料，1993年

《江宁县交通志》编纂领导小组：《江宁县交通志》，南京出版社，1993年

季士家、韩品峥：《金陵胜迹大全》，南京出版社，1993年

王筱云、韦风娟等:《中国古典文学名著分类集成·小说卷》,百花文艺出版社,1994年

张俊庭:《当代中医师灵验奇方真传》,中国医药科技出版社,1994年

窦天语、张亮:《江宁胜迹》,江宁县政协文史委员会编印本,内部资料,1995年

彭振刚:《秦淮风俗》,南京出版社,1995年

《南京年鉴》编辑部:《南京年鉴1995》,南京出版社,1995年

南京市地区志办公室:《南京生活百事通》,方志出版社,1996年

南京市地方志编纂委员会、南京市文物志编纂委员会:《南京文物志》,方志出版社,1997年

钟文敏:《俗谚大全》,大众文艺出版社,1997年

《读者参考丛书》编辑部:《读者参考丛书·13·感受昨天》,学林出版社,1997年

《中国民间歌曲集成》全国编辑委员会、《中国民间歌曲集成·江苏卷》编辑委员会:《中国民间歌曲集成·江苏卷》,北京中国ISBN中心,1998年

崔乃夫:《中华人民共和国地名大词典》,北京商务印书馆,1998年

贺云翱:《汤山风情》,南京出版社,1998年

金柏东等:《温州名胜古迹》,作家出版社,1998年

江宁县计划经济委员会:《江宁县计划与经济白皮书1998》,内部资料,1999年

冯志华:《中国民间故事精品库·人物传说卷》,中国文联出版社,1999年

陈廷珠:《蜜蜂产品与保健》,中国农业出版社,2000年

颜景农:《江宁颂》,内部资料,2000年

巫声惠:《中华姓氏大典》,河北人民出版社,2000年

江宁区丹阳镇人民政府:《丹阳镇志》,内部资料,2001年

周久耕:《江宁经济志》,江苏人民出版社,2001年

刘先蜀:《蜜蜂育种技术》,北京金盾出版社,2002年

中国大百科全书总编辑委员会:《中国大百科全书(音乐舞蹈)》,中国大百科全书出版社,2002年

王娟:《民俗学概论》,北京大学出版社,2002年

南京文化志编纂委员会:《南京文化志》,中国书籍出版社,2003年

晓庄:《瞬间的回忆(晓庄摄影作品集)》,江苏人民出版社,2003年

江宁区地方志办公室、中共江宁区党史工作办公室:《江宁年鉴2003》,方志出版社,2003年

南京市地方志办公室:《南京民俗志》,方志出版社,2003年

赵慕明:《汤山记胜》,远方出版社,2003年

钱仲联:《清诗纪事》,凤凰出版社,2003年

许耀华、王志高、王泉:《六朝石刻话风流》,文物出版社,2004年

任伟：《西周封国考疑》，社会科学文献出版社，2004年

吴恩泽：《名岳之宗梵净山》，贵州民族出版社，2004年

晓庄：《“文革”岁月》，北京雅昌彩色印刷公司，2004年

黄为之、杨廷治：《元明清诗苑揽胜》，华语教学出版社，2004年

杜小康：《中华民间实用小单方》，珠海出版社，2004年

聂凤乔、赵廉等：《中国烹饪原料大典》，青岛出版社，2004年

魏明孔等：《中国手工业经济通史（明清卷）》，福建人民出版社，2004年

彭胜杰：《民间验方妙方精萃》，人民军医出版社，2004年

朱惠勇：《江南古桥风韵》，方志出版社，2004年

叶皓：《金陵特色文化》，南京出版社，2005年

中共南京市江宁区委党史工作办公室、南京市江宁区地方志办公室、南京市江宁区档案局：《江宁年鉴2005》，方志出版社，2005年

王俊：《马鞍山文物聚珍》，文物出版社，2006年

张秀民：《中国印刷史》（插图珍藏增订版），浙江古籍出版社，2006年

韦世杰：《南京交通年鉴2005—2006》，凤凰出版社，2006年

庞树根、赵鹤康：《江宁史话》，江苏人民出版社，2006年

张泰霖：《磨盘街十号》，人民日报出版社，2006年

赵鹤康：《江宁揽胜》，江苏人民出版社，2006年

中共江宁区委党史办公室、南京市江宁区地方志办公室：《江宁年鉴2006》，方志出版社，2006年

《报刊文摘》编辑部：《健康与养生精选本》，上海远东出版社，2006年

庞树根、卢培金：《江宁物艺》，江苏人民出版社，2006年

张宪文：《南京大屠杀史料集·幸存者调查口述续编》，江苏人民出版社，2007年

齐涛：《中国民俗通志·节日志》，山东教育出版社，2007年

朱国芳：《太湖红梅，何日重绽放—锡剧现状之思考与研究》，内部资料，2007年

中共南京市江宁区委党史工作办公室、南京市江宁区地方志办公室、南京市江宁区档案局：《江宁年鉴2007》，方志出版社，2007年

朱恒夫：《滩簧考论》，上海古籍出版社，2008年

中国人民政治协商会议南京市江宁区委员会（王志高总纂）：《江宁历史文化大观》，南京出版社，2008年

杨国庆、王志高：《南京城墙志》，凤凰出版社，2008年

中共南京市江宁区委秣陵街道工作委员会、南京市江宁区人民政府秣陵街道办事处：《秣陵

志》，江苏人民出版社，2009 年

南京市江宁区文化局：《江宁区第三次全国文物普查新发现》，内部资料，2009 年

南京市江宁区文化局：《江苏省非物质文化遗产普查南京市江宁区资料汇编》，内部资料，2009 年

中共南京市江宁区委员会党史工作办公室等：《江宁年鉴 2009》，方志出版社，2009 年

南京市江宁区文化局：《南京市江宁区非物质文化遗产荟萃》，南京出版社，2009 年

陶思炎：《江苏特色文化》，南京师范大学出版社，2009 年

中共南京市江宁区委员会党史工作办公室等：《江宁年鉴 2010》，方志出版社，2010 年

俞允尧：《秦淮古今大观》，世界图书北京出版公司，2010 年

张玉山：《环境陶艺设计》，湖南美术出版社，2010 年

卫祥云：《中国豆制品产业发展研究》，中国轻工业出版社，2010 年

王付荣、阎文斌：《古里秦淮地名源》，南京出版社，2010 年

《江宁区谷里街道志》编纂委员会：《谷里街道志》，江苏人民出版社，2010 年

《江宁区林牧渔业志》编纂委员会：《江宁区林牧渔业志》，江苏人民出版社，2010 年

南京市江宁区文化广电局、郑和墓园文物保护管理所编：《南都天阙牛首山》，南京出版社，2011 年

江庆柏：《江苏人物传记丛刊》，广陵书社，2011 年

王惟恒、李艳：《中医治验偏方秘方大全》，北京人民军医出版社，2011 年

张秀枫：《历史的罗生门》，二十一世纪出版社，2011 年

东山街道编纂委员会：《东山街道志》，方志出版社，2011 年

江宁区湖熟街道志编纂委员会：《湖熟街道志》，南京市江宁区地方志书，2011 年

南京市江宁区横溪街道志编纂委员会：《横溪街道志》，方志出版社，2011 年

江宁街道志编纂委员会：《江宁街道志》，方志出版社，2011 年

汤山街道晓庄：《红相册（晓庄摄影手记）》，人民出版社，2011 年

志编纂委员会：《汤山街道志》，方志出版社，2011 年

南京市江宁区文化志编纂委员会：《江宁区文化志》，南京出版社，2011 年

禄口街道志编纂委员会：《禄口街道志》，江苏人民出版社，2011 年

蒋友林、程莉萍：《还原＜石头记＞作者之谜》，甘肃人民美术出版社，2011 年

王静：《非凡的心声·世界非物质文化遗产中的中国古琴》，中国摄影出版社，2011 年

南京市江宁区淳化街道工作委员会办公室：《淳化街道志》，方志出版社，2011 年

国家清史编纂委员会：《清代诗文集汇编》，上海古籍出版社，2011 年

王健：《江苏通史·先秦卷》，凤凰出版社，2012 年

《南京地名大全》编委会:《南京地名大全》，南京出版社，2012 年

范金民:《南京通史（明代卷）》，南京出版社，2012 年

吴正明:《庐剧声腔系统》，中西书局，2012 年

逯耀东:《肚大能容》，三联书店出版，2012 年

高安宁:《南京非物质文化遗产:南京白局》，南京出版社，2012 年

中共江宁区委湖熟街道工委员会、江宁区人民政府湖熟街道办事处:《历史文化名镇湖熟之乡风民俗》，中国文史出版，2013 年

程乐卿:《偏方验方集锦》，青岛出版社，2013 年

牟应杭:《中国古地名揽胜》，云南人民出版社，2013 年

中共南京市江宁区禄口街道工作委员会、南京市江宁区人民政府禄口街道办事处:《禄口史话》，中国文史出版社，2013 年

李代广:《人间有味是清欢》，北京工业大学出版社，2013 年

王鹏善编著:《钟山诗文集》，东南大学出版社，2013 年。

南京市地方志编纂委员会办公室:《南京简志》，南京出版社，2014 年

付启元、赵德兴:《南京百年城市史》，南京出版社，2014 年

张慧卿:《南京百年城市史（卫生体育卷）》，南京出版社，2014 年

李文海:《民国时期社会调查丛编·乡村社会卷》，福建教育出版社，2014 年

《中华舞蹈志》编辑委员会:《中华舞蹈志·江苏卷》，学林出版社，2014 年

南京市江宁区地方志编纂委员会:《江宁区志》，方志出版社，2014 年

邵万宽:《中国面点文化》，东南大学出版社，2014 年

王巍:《中国考古学大辞典》，上海辞书出版社，2014 年

邢定康:《守望南京·民国旅游寻寻觅觅》，南京出版社，2014 年

南京博物院编:《南京博物院二〇一三年度征集文物》，内部资料，2014 年

傅斯鸿:《寻路四大名著》，同心出版社，2015 年

元勇:《中国古代音乐史》，东南大学出版社，2015 年

江苏省住房和城乡建设厅:《乡村规划建设》，北京商务印书馆，2015 年

何祥林:《中华仙草霍山石斛》，四川科学技术出版社，2015 年

王烨:《中国古代纺织与印染》，中国商业出版社，2015 年

徐春华:《我与南京白局一生缘》，南京出版社，2015 年

冷坚:《吴中文库·百工呈奇》，凤凰出版社，2015 年

吴建、崔建周:《匾联背后的人文无锡》，南京师范大学出版社，2015 年

夏理然、夏宇:《世家史记》，中国矿业大学出版社，2016 年

薛国安：《金陵琴谱初编》，南京师范大学出版社，2016 年

王露明、万宝宁：《南京历代非物质文化遗产》，南京出版社，2016 年

清镇市民族宗教事务局：《清镇少数民族百科》，贵州民族出版社，2016 年

冯立昇、关晓武等：《工具器械》，大象出版社，2016 年

谢英彪：《金陵医派研究》，东南大学出版社，2017 年

刘守华：《中国民间故事史》，商务印书馆，2017 年

黄尚文、庄勇等：《梵净山佛教文化史料与研究》，贵州大学出版社，2017 年

中国城市规划协会：《中国优秀城市规划作品（2015—2016）》，武汉华中科技大学出版社，2017 年

全国导游人员资格考试统考教材编委会：《全国导游基础知识》，广东旅游出版社，2017 年

郁伟年：《百谷千工》，宁波出版社，2017 年

南京市江宁区文化广电局、南京师范大学：《南京江宁区境秦淮河沿线历史文化资源及遗产调查研究》，内部资料，2017 年

刘啸：《老南京记忆》，北京当代世界出版社，2017 年

谢英彪：《金陵医派研究》，东南大学出版社，2017 年

熊国平：《渔文化生态保护区规划》，东南大学出版社，2017 年

徐耀新：《历史文化名城名镇名村系列 · 杨柳村》，江苏人民出版社，2017 年

《南京市江宁医院志》编纂委员会：《南京市江宁医院志》，方志出版社，2017 年

泉州市文化广电新闻出版局：《泉州非物质文化遗产资源实录（第 2 册）》，2017 年

王胜三、浦善新：《方舆 · 1703 · 行政区划与地名》，中国社会出版社，2017 年

苗明三、孙玉信等：《中药大辞典》，山西科学技术出版社，2017 年

周伟洲、王欣：《丝绸之路辞典》，陕西人民出版社，2018 年

林成西、许蓉生：《< 三国演义 > 中的文化密码》，巴蜀书社，2018 年

高安宁：《千秋风雅 · 秦淮河》，南京出版社，2018 年

赵兴勤：《清代散见戏曲史料研究》，复旦大学出版社，2018 年

吕业明：《古村徐塕》，江苏人民出版社，2018 年

程乐卿：《家有偏方保健康》，青岛出版社，2018 年

明孝陵博物馆：《明初南京五十三年》，东南大学出版社，2018 年

陶思炎：《南京传统风俗》，南京出版社，2018 年

王聿诚等：《江宁地名掌故》，南京出版社，2019 年

晓庄：《面孔（1950—1980 年代）》，江苏人民出版社，2019 年

高有鹏：《中国古代民间文学史》，河南大学出版社，2019 年

逄存磊：《故乡的味道》，北京十月文艺出版社，2019 年
南京市地方志编纂委员会办公室：《南京名志导读》，南京出版社，2019 年
朱明娥：《南京明外郭》，南京出版社，2019 年
封野：《南京佛寺叙录》，凤凰出版社，2019 年
胡阿祥等：《印记 · 江宁非遗地名》，南京大学出版社，2019 年
江宁区地方志编纂委员会办公室、淳化街道青山社区委员会：《诗意青山》，江苏人民出版社，2020 年
中共南京市江宁区委谷里街道工作委员会等编：《胜境谷里》，江苏人民出版社，2020 年
刘维保：《横山文化遗存》，内部资料，2021 年

报刊

清 ·《益闻录》 民国 ·《语丝》
民国 ·《中华周报》
民国 ·《妇女杂志》
民国 ·《逸经》
民国 ·《首都市政公报》
民国 ·《金陵杂志》
民国 ·《内政公报》
民国 ·《大众医学月刊》
民国 ·《中医杂志》
民国 ·《长寿周刊》
民国 ·《食物疗病月刊》
民国 ·《群言》
民国 ·《金陵大学农学院丛刊》
民国 ·《浙江警察杂志》
民国 ·《国学月报》
民国 ·《丝业之友》
民国 ·《现世报》
民国 ·《上海特写》
民国 ·《崇善月报》
民国 ·《卫生报》
民国 ·《青年生活》
民国 ·《天地》
民国 ·《论语》
民国 ·《国民经济》
民国 ·《卫生半月刊》
民国 ·《农村经济》
民国 ·《励志》
民国 ·《大地》
民国 ·《民治周刊》
民国 ·《联谊之友》
民国 ·《丹方杂志》
民国 ·《乡村教会》
民国 ·《常识周刊》
民国 ·《经济通讯》
民国 ·《中西医学报》
民国 ·《大观园》
民国 ·《学生文艺丛刊》
民国 ·《同钟》
民国 ·《小说新报》
民国 ·《每月画报》
民国 ·《商钟半月刊》

民国 ·《立言画刊》
民国 ·《快乐世界》
民国 ·《读书青年》
民国 ·《昌津浦铁路月刊》
民国 ·《地理学报》
民国 ·《学部官报》
民国 ·《申报》
民国 ·《中华小说界》
《勤奋体育月报》
《儿童世界》
《江苏地方志》
《建康如此简单》
《江宁春秋》
《民俗研究》
《寻根》
《北京社会科学》
《印刷杂志》
《设计》
《浙江学刊》
《南京日报》
《科学之友》
《扬州文化研究论丛》
《乐器》
《北京大学学报》
《美食》
民国 ·《农业月报》
民国 ·《军事杂志》
民国 ·《江南警察杂志》
民国 ·《东方杂志》
民国 ·《中国学习（南京）》
民国 ·《地学季刊》
民国 ·《新青年》
民国 ·《地理杂志》
《老年报》
《医学文选》
《金陵神学志》
《金陵晚报》
《现代快报》
《历史研究》
《中国农学通报》
《津图学刊》
《齐鲁学刊》
《东南文化》
《咬文嚼字》
《大众考古》
《南京晓庄学院学报》
《南方文物》
《史志学刊》
《文史天地》
《山东社会科学》

其他

《江宁县湖熟镇“少数民族”调查情况报告》
《江苏省非物质文化遗产代表性项目申报书》
镇江市档案馆馆藏档案
南京市江宁区档案馆馆藏档案

后记

一方水土养一方人。这水土既是物化的气候土壤，也是无形的文化传统与风俗民情，后者就是化育地方文化特质的非物质文化遗产。加强非物质文化遗产的保护和传承，对于延续历史文脉、建设社会主义文化强国具有重要意义。习近平总书记指出，要让活态的乡土文化传下去，要深入挖掘民间艺术、戏曲曲艺、手工技艺、民族服饰、民俗活动等非物质文化遗产。

江宁地区非物质文化遗产资源丰富，且具有鲜明的地域性，是化育江宁文化气质的底色。为江宁文化气质的塑造做一些份内之事，是区十二届政协确立的文史工作的重中之重。向前人致敬，对后人承递，为江宁非物质文化遗产资源立传，这是我们组织编纂《江宁非物质文化遗产资源集萃》一书的初衷。2020 年 6 月，我们委托南京师范大学王志高教授团队主持其事。该团队成员历时一年半，遍访区境城乡智叟野老，遍寻官方典籍民间宗谱，遍查百年来江宁历史档案，又历数月精心编辑排版，最终形成上中下三册，凡近 500 词条、150 余万字、3000 余张图片的江宁非物质文化遗产资源谱系，所收资料截止 2021 年 11 月。

《江宁非物质文化遗产资源集萃》的成功出版，是江宁区委区政府和有关部门直接关心支持的结果。本书编纂方案通过可行性评审后，即获得区党政主要领导的充分肯定，并从立项和财力上给予坚实保障，解决了资料搜集及编纂工作的后顾之忧。区政府分管领导，宣传、财政、文旅、档案等部门和各街道的负责同志积极参与区政协召开的项目动员会，并在后续的田野调查工作中给予全力协助，确保了编纂工作的顺利展开。

《江宁非物质文化遗产资源集萃》的成功出版，是省市区非物质文化遗产工作主管部门和有关老领导、老同志鼓励鞭策的结果。在项目论证、初步评审、阶段性评审和终审各个阶段，我们始终得到了省文旅厅非遗处、市文旅局和非遗处、区文旅局的关注、关心和支持，省市区“非遗”主管部门领导就政策法规、条目分类、意识形态等方面内容给予现场指导，提出关键性的意见和建议。省文物局原局长刘谨胜同志，长期关心这一项目，对我们咨询的各类问题不厌其烦地给予解答，对编纂工作提出了许多站位高、见解深的建议，还热心帮助协调解决相关难题。文化部原副部长王文章同志，作为全国“非遗”主管和研究权威的老领导，在获悉《江宁非物质文化遗产资源集萃》即将出版之后，欣然答应为本书作序，让我们倍受鼓励，倍感荣幸。主管部门和各位领导的以上关心与支持，让我们在编纂工作中倍感温暖、信心满怀。

《江宁非物质文化遗产资源集萃》的成功出版，是江宁众多文史爱好者、研究者和“非遗”传承人、知情人鼎力相助的结果。非物质文化遗产资源根植于民间，存在于特定的社会和文化环境，其挖掘、整理工作无疑须仰赖最接近“非遗”的各位贤达。一年多来，因“非遗”资源而结缘，数以百计的热心人，特别是朱庆舜、茅巧网、陈家邦、程明、邵天武、吕业明、刘维保、赵阳春、许国生、陈西民、俞正根、刘跃进、葛家荣、戴典金、施德荣、傅在发等老江宁人，向我们提供了鲜活的资料，讲述了“非遗”背后的故事，表演了“非遗”技艺和曲目，分享了珍藏的典籍和秘不示人的宗谱，让我们在收获满满的同时，沉浸在满满的感动之中。

《江宁非物质文化遗产资源集萃》的成功出版，是众多专家学者严格把关鞭策的结果。立项伊始，中国近代史遗址博物馆（总统府）副馆长刘刚、南京市文旅局原副巡视员李为民、金陵刻经处陈治国副主任、江宁区博物馆原馆长周维林、江宁区文化馆原馆长张为农等专家就积极为编纂工作建言献策；在词条目录评审期间，全国政协委员、南京大学文化与自然遗产研究所所长贺云翱教授等知名专家亲临现场指导；在编纂工作阶段性成果评审会上，中国民间文艺家协会副主席陶思炎教授字斟句酌、切中肯綮；在书稿终审阶段，南京出版社卢海鸣社长、南京博物院陆建芳研究员、南京师范大学音乐学院施咏教授、中国药科大学马世平教授、南京大学吴桂兵教授、江苏第二师范学院何剑明教授、南京师范大学白莉副教授、南京市社科联谭志云研究员、江宁区民宗局负责人、江宁区地名办负责人等专家分类批阅，悉心以对，又提出不少颇具价值的修改建议，确保了书稿的编纂质量。

《江宁非物质文化遗产资源集萃》的编纂，是一项浩大的文化工程。相关资料或散落在庙堂、乡野，或散落在浩瀚的典籍及街谈巷议、口耳相传中，编纂者从苦苦搜寻到孜孜摩挲，其中的艰辛不足与他人道，其中的意外之喜令人回味。值此书稿刊布之际，谨向参与本书编纂的各位专家学者、提供宝贵资料线索和接受田野调查的单位和个人表示崇高的敬意和衷心的感谢！作为一部集江宁非物质文化遗产资源精华的皇皇巨制，本书参考借鉴了大量的前人研究成果，也在此向这些可爱的江宁“非遗”研究先行者们致敬！

《江宁非物质文化遗产资源集萃》的成功出版，是江宁文化强区建设征途上的一件盛事，是江宁区政协站在两个一百年历史交汇期，围绕中心服务大局书写的浓重一笔。习近平总书记说，发展要“望得见山、看得见水、记得住乡愁”。江宁，青山依旧在，秦淮水长流。希望本书的出版可以留住江宁人心头的乡愁，让生长于斯、奋斗于斯的新老江宁人感受江宁的文化魅力，为江宁非物质文化遗产资源的更好保护传承与合理开发利用，为提升江宁人的文化自信起到激励鼓劲的作用。

本书的编纂，我们一开始就确立了高起点、高标准、高要求的目标。从最初的立项评审，到各环节的推进，从“非遗”资源的田野调查到资料的整理、文稿的编撰，我们都力求达到这一目标。但在实际工作中，我们也切实感到，江宁文化薪火相传五千载，十朝京畿、南北荟萃，与“非遗”相关的资料浩繁如烟，众多能工遗散各地，部分巧艺甚至已经失传多年，加上“新冠”疫情两度反复，其资料搜集任务之繁，难度之大，远远超过我们最初的预期，绝非编纂团队在一年半的有限时间内能够甄别、挖掘、整理穷尽的，更艰巨的任务，我们只能留待后来者。

受编纂者知识结构、能力水平的限制，本书难免存在疏漏和失误，敬请专家和读者批评指正。

《江宁非物质文化遗产资源集萃》编委会

2021 年 12 月